Hubert Irsigler
Zefanja

Herders Theologischer Kommentar
zum Alten Testament

Herausgegeben von

Erich Zenger

Herder   Freiburg · Basel · Wien

Zefanja

Übersetzt und ausgelegt von

Hubert Irsigler

Herder · Freiburg · Basel · Wien

Die Deutsche Bibliothek – CIP-Einheitsaufnahme

Herders Theologischer Kommentar zum Alten Testament /
hrsg. von Erich Zenger. –
Freiburg im Breisgau ; Basel ; Wien : Herder
ISBN 3-451-26800-0

Irsigler, Hubert:
Zefanja / Hubert Irsigler.-Freiburg im Breisgau ;
Basel ; Wien : Herder, 2002
(Herders Theologischer Kommentar zum Alten Testament)
ISBN 3-451-26851-5

Alle Rechte vorbehalten – Printed in Germany
© Verlag Herder, Freiburg im Breisgau 2002
www.herder.de
Umschlaggestaltung: Finken & Bumiller, Stuttgart
Satzherstellung: SatzWeise, Föhren
Gesetzt in der Gill Sans und Aldus
Gedruckt auf umweltfreundlichem, chlorfrei gebleichtem Papier
Druck und Bindung: freiburger graphische betriebe 2002
www.fgb.de
ISBN 3-451-26851-5

Meinen Vorgängern
am Lehrstuhl für Alttestamentliche Literatur und Exegese
an der Albert-Ludwigs-Universität Freiburg,
Herrn Professor Dr. Alfons Deissler und
Herrn Professor Dr. Lothar Ruppert

Inhalt

(Die Gliederungspunkte der Kommentierung entsprechen der strukturalen Textgliederung, wie sie in der Tabelle der Einleitung, S. 45–49, vorgestellt wird.)

Vorwort 13

Allgemeines Literaturverzeichnis für diesen Kommentar 16
1. Texteditionen, Abkürzungen und Zeichen 16
2. Kommentare 19
3. Einzelbeiträge 21
4. Zur Wirkungs- und Auslegungsgeschichte 27

Einleitung

1. Das Zefanjabuch als Kleinkompendium der Prophetie Israels, seine zentralen Themen und Impulse 32
2. Aufbau und Redeformen des Zefanjabuches – der Tag JHWHs als strukturierendes Thema 36
3. Intertextuelle Bezüge des Zefanjabuches 49
4. Der zeitgeschichtliche Rahmen des Zefanjabuches 54
5. Die Entstehung des Zefanjabuches und seine redaktionellen Bezüge im Zwölfprophetenbuch und zu weiteren Prophetenbüchern . . . 58
6. Die Frage nach Person, Zeit und Prophetie Zefanjas 67
7. Die Bearbeitungen der Zefanjaüberlieferung und die prophetische Botschaft des Buches 72
8. Zur Überlieferung und frühen Rezeption des Zefanjatextes . . . 74

Inhalt

Kommentierung

Die Buchüberschrift: Zefanja 1,1 82

Teil I:
Zefanja 1,2–18: Der »Tag« des Gerichts zentral über Jerusalem: Das Gottesgericht über Juda und Jerusalem im Kontext des Tages JHWHs, ausgeweitet zum universalen Endgericht 90

- I.A. Zef 1,2–6: Die Ankündigung des Gottesgerichts universal und zentral über Juda und Jerusalem 94
  - I.A.1. Zef 1,2–3: Das Unheilsmotto: ›Weltgericht‹ als Vernichtung alles Lebendigen mit dem Hauptziel: die Menschen 94
  - I.A.2. Zef 1,4–6: Gegen die Anhänger fremdstämmiger Kulte und einer synkretistischen JHWH-Religion in Juda und Jerusalem (V 4–5), ausgeweitet auf alle Abtrünnigen (V 6) 102
  - Exkurs: Der »König« (MLK) in Zef 1,5 – ein Hinweis auf »Moloch«-Kult? 116
- I.B. Zef 1,7–13: Ankündigung des Gerichts über Jerusalem am nahen Tag JHWHs 121
  - I.B.1. Zef 1,7: Das Motto: der nahe Tag JHWHs, ausgerufen als Schlachtopferfest, von JHWH bereitet. 121
  - Exkurs: Zefanja in der prophetischen Tradition vom Tag JHWHs 127
  - I.B.2. Zef 1,8–9: Gegen die höfischen Herren Jerusalems . . . 135
  - I.B.3. Zef 1,10–11: Aktualisierende Schilderung: Feindeinfall gegen das Krämervolk der (westlichen) Neustadt Jerusalems 145
  - I.B.4. Zef 1,12–13: Gegen die selbstgefälligen Reichen in Jerusalem und ihr Bild vom inaktiv-ungefährlichen Gott . . 156
- I.C. Zef 1,14–18: Der nahe Tag JHWHs als theophanes Ereignis des unheimlichen JHWH-Zorns, ausgeweitet zum ›Weltgericht‹ . . 165
  - I.C.1. Zef 1,14–16: Der nahe Tag JHWHs ausgerufen als kosmisch-kriegerischer Tag des Zorns [gegen Juda] 165
  - I.C.2. Zef 1,17–18: Universale Drangsal und gewaltsamer Tod der Menschen, entfaltet als Weltkatastrophe am Zorntag JHWHs 179

Teil II:
Zefanja 2, 1–3, 8: Der »Tag« des großen Völkergerichts:
Drohung und Mahnung an das Volk von Juda (2, 1–3), begründet
im kommenden Unheil über Nachbarvölker (2, 4–15), in deren
Geschick die Hauptstadt Jerusalem einbezogen wird – als Ziel und
Höhepunkt des Völkergerichts (3, 1–8) 189

II.A. Zef 2, 1–15: Drohung und Mahnung an das Volk von Juda (2, 1–3), begründet im kommenden Unheil als Vernichtungsgericht über Nachbarvölker mit der Assyrerhauptstadt Ninive als Höhepunkt (2, 4–15) 193
  II.A.1. Zef 2, 1–3: Der ›letzte‹ Appell: ironische Aufforderung zur Sammlung vor dem Kriegssturm an das Volk von Juda mit dem Ziel einer äußersten Mahnung, um »vielleicht« am Zorntag JHWHs geborgen zu bleiben 194
  II.A.2. Zef 2, 4–15: Unheilsankündigung gegen Nachbarvölker Judas mit der Assyrerhauptstadt Ninive als Höhepunkt 211
    II.A.2.a.   Zef 2, 4–7: Unheil über die Philister (im WESTEN) mit heilvollem Ausblick für Juda 218
    II.A.2.a.(1) Zef 2, 4: Die Philisterstädte 218
    II.A.2.a.(2) Zef 2, 5–6: Der Landstrich am Meer 232
    II.A.2.a.(3) Zef 2, 7: Verheißung für den Rest des Hauses Juda 247
    II.A.2.b.   Zef 2, 8–11: Unheil über Moab und Ammon (im OSTEN), mit heilvollem Ausblick für das Restvolk, abgeschlossen durch die Verheißung universaler JHWH-Verehrung . . . 254
    II.A.2.b.(1) Zef 2, 8–9.10: Moabs und der Ammoniter Hochmut und Bestrafung, erweitert durch eine Verheißung für das Restvolk JHWHs . . 255
Exkurs: Zur Geschichte des Verhältnisses Israels zu Moab und Ammon als Hintergrund von Zef 2, 8–9 262
    II.A.2.b.(2) Zef 2, 11: Vernichtung der Götter und Bekehrung »aller Inseln der Völker« zu JHWH 271
    II.A.2.c.   Zef 2, 12.13–15: Unheil über Kuschiter (äußerster SÜDEN) und Assur / Ninive (NORDEN) 281
    II.A.2.c.(1) Zef 2, 12: Kuschiter als ›Schwerterschlagene‹: Unheilsbeschreibung, kontextuell als Ankündigung 283

Inhalt

II.A.2.c.(2) Zef 2,13–15: Ende Assurs, Verwüstung Ninives, erweitert durch die Spottklage über die hochmütige Stadt (V 15) 294
Exkurs: Ninive als Residenzstadt des neuassyrischen Reiches . . 304

II.B. Zef 3,1–8: Jerusalem wird als gewalttätige und unbelehrbare Stadt angeprangert und in das Unheilsgeschick der Nachbarvölker Judas (2,4–15) einbezogen, als Höhepunkt eines ins Universale ausgeweiteten Völkergerichts (3,8) 314

II.B.1. Zef 3,1–5: Das Wehe über das gewalttätige Jerusalem und seine korrupte Oberschicht auf dem kontrastiven Hintergrund des stets gerechten Wirkens JHWHs inmitten der Stadt 316

II.B.2. Zef 3,6–8: Scheltwort über Jerusalem, das in ein ins Universale ausgeweitetes Völkergericht am Tag JHWHs mündet, hervorgegangen aus einer begründeten Ansage des Gerichts über Jerusalem durch fremde Völker . . . 340

Teil III:
Zefanja 3,9–20: Der »Tag« der Läuterung und Rettung: Das andere Gesicht des JHWH-Tags: das Völkergericht 3,8 als Läuterungsgericht und als Wende zur heilvollen Zukunft für die Nationen, für Jerusalem und für das Israel in der Diaspora . . . .
363

III.A. Zef 3,9–13: Verheißung: die Läuterung der Nationen und Jerusalems 366

III.A.1. Zef 3,9–10: Die Wandlung der Nationen zur gemeinsamen JHWH-Verehrung, konkretisiert in der Wallfahrt vom fernen Kusch nach Jerusalem, in welche das Diaspora-Israel einbezogen ist (Glosse in V 10) 368

III.A.2. Zef 3,11–13: Die Läuterung des hochmütigen Jerusalem als Verheißung für ein armes und treues Volk inmitten der Stadt als Rest Israels 385

Exkurs: »Ein armes und niedriges Volk« als »der Rest Israels« – Ansätze einer Theologie der Armen im Zefanjabuch . . 393

III.B. Zef 3,14–20: Heilszuspruch und Verheißung für das Jerusalem jenseits des Gerichts 402

    III.B.1. Zef 3,14–18': Aufruf zur Freude und Ermutigung, begründet in JHWHs heilvoller Gegenwart inmitten der Stadt 404

        III.B.1.a. Zef 3,14–15: Aufruf zur Freude an die Tochter Zion, da JHWH nach dem Gericht in Jerusalem als König herrscht 407

        III.B.1.b. Zef 3,16–18': Ermutigungszuspruch an Zion, weil JHWH sich über die Stadt freut und seine Liebe erneuert 418

    III.B.2. Zef 3,18a–20: Heilsankündigung: die Sammlung der Verstreuten Israels (nach Jerusalem) und die neue Ehre des wiederhergestellten JHWH-Volks unter den Nationen der Erde 425

Bibelstellenregister 436

Vorwort

Dem Propheten Zefanja (»Sophonias« in der lateinischen Bibel) weist die Überlieferung ein Büchlein zu, das trotz seiner Kürze ein Kompendium, ein »Mikrokosmos« der Schriftprophetie Israels genannt werden kann. Kein anderes Prophetenbuch der Bibel enthält auf so engem Raum eine solche Spannweite prophetischer Worte, von situativer Unheilsprophetie bis hin zur Verheißung der universalen JHWH-Verehrung der geläuterten Völker. Der »Tag JHWHs« prägt den gesamten Aufbau des Buches. Dieser »Tag« wandelt sich vom göttlichen Gerichtstag zum »Tag« der Läuterung und Rettung. Das Zefanjabuch nimmt Traditionslinien insbesondere von Amos und Jesaja her auf und markiert im Rahmen des Zwölfprophetenbuches die Brücke von der vorexilischen Prophetie in Juda hin zur nachexilischen Prophetie der Bücher Haggai, Sacharja und Maleachi. Ähnlich wie im Buch Ezechiel unter den »großen Propheten« spiegelt sich im Zefanjabuch innerhalb der »kleinen Propheten« der epochale Übergang von der Gerichtsprophetie zur Verheißung von Rettung und Heil nach der Katastrophe Jerusalems und Judas vom Jahre 586 v. Chr.[1]

Nach Jahrzehnten geringer Beachtung in der exegetischen Forschung kann man seit den siebziger Jahren des 20. Jahrhunderts geradezu von einem Aufschwung des Forschungs- und Auslegungsinteresses am Zefanjabuch sprechen. Dieses Interesse war und ist keineswegs »nur« am historischen Verstehen der Zefanjaprophetie orientiert, sondern erkennt auch die motivierenden Impulse des kleinen Büchleins für aktuelle Fragen von Religion und Gesellschaft aus der Sicht eines gegenwartsbezogenen Verstehens und Interpretierens (s. u. die Einleitung unter Nr. 1). Meine Auslegung baut auf dieser Forschungsarbeit auf, kann aber im Rahmen des vorliegenden Kommentars nicht den Anspruch erheben, die Gesamtheit der Forschungspositionen und die Diskussion zu einer Reihe von Einzelfragen zu dokumentieren. In vielen Fällen muss ein Verweis auf das »Allgemeine Literatur-

---

[1] Für die Endgestalt der Zefanjaschrift halte ich aufgrund textinterner Kriterien der Abgrenzung, Kohärenz und Geschlossenheit die Bezeichnung »Buch« für angemessen, auch wenn dieses »Buch« in der Textüberlieferung Teil eines abgeleiteten, späteren »Zwölfprophetenbuches« geworden ist.

Vorwort

verzeichnis« und zumal auf die am Beginn der Auslegungseinheiten angegebene Literaturauswahl genügen.

Der Kommentar verbindet einen grundlegenden »synchronen« Zugang zur Bedeutung des Zefanjabuches und seiner Einzeltexte auf der Ebene ihrer literarischen Kontexte im Buch und ferner im Kontext der übrigen Prophetenbücher wie des biblischen Kanons insgesamt mit einer »diachron« orientierten Sinnerschließung. Sie will dem geschichtlichen Charakter und auch den geschichtlichen Grenzen des biblischen Textes, seiner jeweiligen situativen Verankerung und seinem zeitgeschichtlichen Hintergrund gerecht werden, damit aber auch seiner Kompetenz, ein neues »Gespräch« mit ihm in neuen situativen Kontexten anzuregen, Fragen zu stellen und das »Paradigmatische« an ihm für heutige Leser und Leserinnen zu entdecken. Um die Textbedeutung auf der Ebene des prophetischen Buches zu erfassen, ist es unerlässlich, ein Bild vom Gesamtaufbau wie auch von Substrukturen des Buches in seiner überlieferten Endgestalt zu gewinnen. Der unten in der Einleitung unter Nr. 2 gegebene Aufriss des Zefanjabuches liegt der Kommentierung zugrunde. Sie geht stets von den Großeinheiten aus, die den literarischen Kontext der kleineren Einheiten und Einzelworte bilden. Um die Übersicht über den Zefanjatext zu erleichtern, wird die Übersetzung der Hauptteile des Buches jeweils vor der Einzelauslegung im Zusammenhang dargeboten, zusätzlich zur Übersetzung in den Einzelabschnitten der Auslegung.[2] Bei schwierigem, fehlerhaft überliefertem hebräischen Text gibt die Übersetzung sowohl den Versuch wieder, der überlieferten masoretischen Textgestalt Sinn abzugewinnen, als auch, wenn möglich, einen Textvorschlag, der in den Anmerkungen »Zu Text und Übersetzung« begründet wird. Die »Analyse« des Einzeltextes konzentriert sich auf die Frage nach dem jeweiligen Kontext, nach der literarischen Einheitlichkeit und nach dem Aufbau des Textes, der in einer Übersicht dargestellt wird, ferner auf Fragen der Textsorte / Gattung und der Traditionsvorgaben bei der Textbildung, soweit sie für die »Auslegung« von Gewicht sind. Diese untersucht die textliche Bedeutung der Textelemente, ihre semantischen Beziehungen und ihr Bedeutungspotenzial in Einzeltext und Kontext auf dem Hintergrund und im Vergleich mit semantischen Verwendungsweisen dieser Elemente in biblischer Literatur, aber auch das Wirkpotenzial des Textes. Unter den Stichworten »Situation und Sinn« geht es darum, die situative Verankerung des biblischen Textes, seinen redesituativen und verwendungsbezogenen Hintergrund, seine zeitgeschichtlichen wie auch sozial- und religionsgeschichtlichen Bezüge aufzudecken. Über die Bedeutung des Einzeltextes auf der Buchebene hinaus wird versucht, den Sinn von Einzeltext und Buch-

---

[2] Der Übersetzungstext notiert am Rand die Zählung der hebräischen Sätze innerhalb eines Verses des masoretischen Textes in Kleinbuchstaben (a, b usw.), ebenso die kolometrische Gestaltung (poetische Verszeilen I, II usw. sowie die Versglieder / Kola A, B usw.).

kontext in einem bestimmten geschichtlichen Zusammenhang zu akzentuieren. Daran können sich Hinweise auf Rezeptionen des Textes als neuen Sinngebungen, auf seine theologische Bedeutsamkeit und seine paradigmatischen Impulse für die Gegenwart anschließen.

Die Gliederungspunkte der Kommentierung entsprechen der strukturalen Textgliederung, wie sie in der Tabelle der Einleitung, S. 45–49, vorgestellt wird.

Mir ist bewusst, wie viel ich der geduldigen Bereitschaft anderer zur Mitarbeit bei der Fertigstellung des Kommentars verdanke. Hervorheben darf ich meine beiden wissenschaftlichen Mitarbeiter. Herr Kristinn Ólason war mir stets eine große Hilfe bei der Sammlung, Sichtung, Beschaffung und Verwaltung der Literatur. Frau Carmen Diller hat sämtliche Nachzeichnungen sorgfältig angefertigt und war immer hilfsbereit, wenn es darum ging, die ein oder andere literarische Recherche zu machen oder Darstellungsfragen für die Manuskriptfassung zu klären. Den Großteil des Manuskripts hat meine Freiburger Sekretärin, Frau Rodica Matasariu, geschrieben. Ich danke den Genannten herzlich für treue Mitarbeit über mehrere Jahre hinweg. Beim Korrekturlesen hat mir besonders Herr Dr. Ralf Rothenbusch geholfen, zuletzt noch meine studentische Hiflskraft, Herr Christian Linke. Beiden bin ich dafür dankbar.

Herr Professor Dr. Erich Zenger, der Herausgeber von »Herders Theologischem Kommentar zum Alten Testament«, hat die Fertigstellung meines Kommentars mit freundlichem Interesse begleitet. Ihm danke ich für das Verständnis, wenn besondere Arbeitsbelastung den Fortgang der Kommentierung erschwerte, auch für den sanften Druck, den auszuüben dem Herausgeber obliegt, vor allem aber für die entgegenkommende Aufnahme des Buches in die von ihm konzipierte Kommentarreihe.

Schließlich danke ich sehr herzlich Frau Irmgard Wiedemann, die mich in der Zeit meiner Arbeit am Kommentar in allen häuslichen Belangen tatkräftig unterstützt hat.

Ich widme das Buch in freundschaftlicher kollegialer Verbundenheit meinen Vorgängern am Lehrstuhl für Alttestamentliche Literatur und Exegese an der Albert-Ludwigs-Universität Freiburg, den emeritierten Kollegen Herrn Professor Dr. Alfons Deissler und Herrn Professor Dr. Lothar Ruppert.

Freiburg, im Juni 2002 *Hubert Irsigler*

Allgemeines Literaturverzeichnis für diesen Kommentar

1. Texteditionen, Abkürzungen und Zeichen

Masoretischer Text [MT] / Hebräischer Text [HT]:

Elliger, K. / Rudolph, W. (Hrsg.), Biblia Hebraica Stuttgartensia, Stuttgart ³1987 (= BHS).

Freedman, D. N. u.a. (Hrsg.), The Leningrad Codex: The Facsimile Edition, Grand Rapids, MI 1998.

Goshen-Gottstein, M. H. (Hrsg.), The Aleppo Codex. Printed with massoretic notes and pointed by *Aron Ben Asher,* Jerusalem 1976 (Faksimile).

Kennicott, B., Vetus Testamentum Hebraicae cum variis lectionibus, Tom. II, Oxford 1780, 286–288.

Kittel, R. (Hrsg.), Biblia Hebraica, Stuttgart ¹⁶1971 (= BHK).

Loewinger, D. S. (Hrsg.), Pentateuch, Prophets and Hagiographa. Codex Leningradensis B19A, Jerusalem 1970 (Faksimile).

Loewinger, D. S. (Hrsg.), Codex Cairo of the Bible: from the Karaite Synagogue at Abbasiya, Jerusalem 1971 (Faksimile).

Richter, W. (Hrsg.), Biblia Hebraica transcripta: ATS 33.12, St. Ottilien 1993 (= BH^t).

Rossi, J. B. de, Variae Lectiones Veteris Testamenti, Vol. III–IV et Supplementum, Amsterdam ²1970.

Sperber, A., (Hrsg.), The Prophets according to the Codex Reuchlinianus in a critical analysis. The Hebrew Bible with Pre-Masoretic Tiberian Vocalization, Leiden u.a. 1969.

Strack, H. L. (Hrsg.), Prophetarum Posteriorum Codex Babylonicus Petropolitanus: The Hebrew Bible – The Latter Prophets, New York 1971 (Reprint der Ausgabe 1876).

Qumran:

Allegro, J. M., Commentary on Zephaniah, in: ders. / *Anderson, A. A.* (Hrsg.), Qumran Cave 4 (4Q 158–4Q 186): DJD V, Oxford 1968, 42 Nr. 170 (Pl. XIV).

Barthélemy, D., Les devanciers d'Aquila. Première publication intégrale du texte des fragments du dodécapropheton trouvés dans le désert de Juda: VT.S 10, Leiden u.a. 1963.

Fuller, R. E., The Minor Prophets Manuscripts from Qumran Cave IV, Diss. Harvard University 1988 (Microfilm Ann Arbor, MI).

Fuller, R. E., The Twelve, in: E. *Ulrich* (Hrsg.), Qumran Cave 4. X: The Prophets: DJD XV, Oxford 1997, 221–318 + Plates XL–LXIV.

García Martínez, F. / Tigchelaar, E. J. C. (Hrsg.), The Dead Sea Scrolls Study Edition, Vol. 1, Leiden u.a. 1997.

Horgan, M. P., Pesharim. Qumran Interpretations of Biblical Books: CBQ Monograph Series 8, Washington 1979.

Maier, J., Die Qumran-Essener. Die Texte vom Toten Meer, Bd. I und II: UTB, München 1995.

Milik, J. T., Commentaire de Sophonie, in: *D. Barthélemy* / ders. (Hrsg.), Qumran Cave 1: DJD I, Oxford 1955, 80 Nr. 15 (Pl. XV).
Milik, J. T., Rouleau des douze prophètes (Nr. 88), in: *Benoit, P.* / *Milik, J. T.* / *Vaux, R. de* (Hrsg.), Les grottes de Murabbaʿât, Teilband 1: Textes, 181–205; Teilband 2: Planches, LVI–LXXIII: DJD II, Oxford 1961.
Strugnell, J., Notes en marge du volume V des »Discoveries in the Judaean Desert of Jordan«: RQ 7 (1970) 163–267.
Tov, E., The Greek Minor Prophets Scroll from Naḥal Ḥever (8ḤevXIIgr): DJD VIII, Oxford 1990 (vgl. *L. H. Schiffman*, JBL 111 [1992] 532–535).

Antike Versionen:
Cathcart, K. J. / *Gordon, R. P.*, The Targum of the Minor Prophets, Wilmington 1989.
Dold, A. (Hrsg.), Konstanzer altlateinische Propheten- und Evangelienbruchstücke mit Glossen nebst zugehörigen Prophetentexten aus Zürich und St. Gallen, Beuron 1923.
Dold, A. (Hrsg.), Neue St. Galler vorhieronymianische Propheten-Fragmente, der St. Galler Sammelhandschrift 1398b zugehörig: TAB I/31, Beuron 1940.
Field, F., Origenis Hexaplorum quae supersunt sive Veterum Interpretum Graecorum in totum Vetus Testamentum Fragmenta, concinnavit, emendavit et multis partibus auxit, Tomus II, Oxford 1875.
Gelston, A., The Old Testament in Syriac – according to the Peshiṭta: Dodekapropheton, Leiden u. a.1980.
Gelston, A., The Peshiṭta of the Twelve Prophets, Oxford 1987.
Goshen-Gottstein, M. H. (Hrsg.), The Bible in the Syropalestinian Version, Part I: Pentateuch and Prophets, Jerusalem 1973.
Harl, M., Sophonie, in: dies. / *Dogniez, C.* / *Brottier, L.* / *Casevitz, M.* / *Sandevoir, P.*, La Bible d'Alexandrie. Les douze prophètes 9, Paris 1999, 311–375.
Oesterley, W. O. E., The Old Latin Texts of the Minor Prophets I–VI: JTS 5, London 1904.
Rahlfs, A., Septuaginta, id est Vetus Testamentum, Stuttgart ³1949.
Ribera Florit, J., La versión aramaica del Profeta Sofonías: EstBib 40 (1982) 127–158.
Sanders, H. A. / *Schmidt, C.*, The Minor Prophets in the Freer Collection and the Berlin Fragment of Genesis, London 1927.
Sebök, M., Die syrische Übersetzung der zwölf kleinen Propheten und ihr Verhältnis zu dem masoretischen Text und zu den älteren Üersetzungen, Breslau 1887.
Sperber, A., The Bible in Aramaic, Vol. III: The Latter Prophets According to Targum Jonathan, Leiden u. a.1962.
Walters, P., The Text of the Septuagint. Its Corruptions and their Emendation, Cambridge 1973.
Walton, B., Biblia Sacra Polyglotta, Bd. III, Graz 1964 (Nachdr.).
Weber, R. (Hrsg.), Biblia Sacra iuxta Vulgatam Versionem, Tom. II, Stuttgart 1969.
Zandstra, S. B. D., The Witness of the Vulgate, Peshitta and Septuagint to the Text of Zephaniah: COHP 4, New York 1909.
Ziegler, J., Septuaginta: Vetus Testamentum Graecum, Vol. XIII: Duodecim Prophetae, Göttingen ²1967.³1984.

Allgemeines Literaturverzeichnis

Abkürzungen von Textzeugen und von grammatischen Termini:

MT / HT	Masoretischer Text / Hebräischer Text (/ Konsonantentext)
MurXII (Mur88)	Hebräische Zwölfprophetenrolle aus dem Wādi Murabbaʿāt (Zef-Text nach J. T. Milik, DJD II, 200–202, Nr. 88)
8ḤevXIIgr	Griechische Zwölfprophetenrolle aus dem Naḥal Ḥever (Zef-Text nach E. Tov, DJD VIII, 58–65.94 f.)
LXX	Septuaginta
Vg	Vulgata
La	Vetus Latina
Syr	Syrische Übersetzung / Peschitta
Tg	Targum(e)
ps. / f. / m. / pl. / sg.	Person / feminin / maskulin / Plural / Singular

Weitere Abkürzungen:

Bauer / Leander	H. Bauer / P. Leander, Historische Grammatik der hebräischen Sprache des Alten Testamentes, Hildesheim 1965.
Brockelmann	C. Brockelmann, Hebräische Syntax, Neukirchen 1956.
DDD	K. van der Toorn / B. Becking / P. W. van der Horst (Hrsg.), Dictionary of Deities and Demons in the Bible, Leiden u.a., Grand Rapids (Michigan) / Cambridge (U.K.) ²1999 (¹1995).
EÜ	Einheitsübersetzung der Heiligen Schrift, Stuttgart 1980.
GGG	Keel, O. / Uehlinger, Chr., Göttinnen, Götter und Gottessymbole. Neue Erkenntnisse zur Religionsgeschichte Kanaans und Israels aufgrund bislang unerschlossener ikonographischer Quellen: QD 134, Freiburg ⁴1998.
Joüon / Muraoka	Joüon, P. / Muraoka, T., A Grammar of Biblical Hebrew, transl. and rev. by T. Muraoka, 2 Vol.: SubBi 14, Roma 1991.
NEAEHL	Stern, E. (Hrsg.), The New Encyclopedia of Archaeological Excavations in the Holy Land, Vol. 1–4, Jerusalem 1993.
OEANE	Meyers, E. M. (Hrsg.), The Oxford Encyclopedia of Archaeology in the Near East, 5 Bände, New York Oxford 1997.
RTAT	Beyerlin, W. (Hrsg.), Religionsgeschichtliches Textbuch zum Alten Testament: ATD Ergänzungsreihe 1, Göttingen 1975.
Waltke/O'Connor	Waltke, B. K. / O'Connor, M., An Introduction to Biblical Hebrew Syntax, Winona Lake, Indiana 1990.

Weitere verwendete Abkürzungen folgen dem »Allgemeinen Abkürzungsverzeichnis für alle Bände des Kommentarwerkes«, das in den in HThKAT erschienenen Kommentaren zu Micha und Tobit abgedruckt ist; ferner nach: S. M. Schwertner, Internationales Abkürzungsverzeichnis für Theologie und Grenzgebiete, Berlin / New York ²1992.

Zeichen:

⟨.........⟩	literarisch sekundär
[.........]	hergestellter Text: konjiziert, emendiert
(.........)	Verdeutlichung in der Übersetzung
1a	Satz im MT Vers 1
1 I	poetische Verszeile I im MT Vers 1
1 IA	Kolon A in Verszeile I im MT Vers 1

2. Kommentare

Vorbemerkung: Kommentare werden im laufenden Text nur mit Verfassername und Seitenzahl aufgeführt.

Achtemeier, E., Nahum-Malachi: Interpretation, Atlanta, GA 1986.
Alonso Schökel, L. / Sicre Diaz, J. L., Profetas. Introducciones y commentario II: Ezequiel, Doce Profetas Menores, Daniel, Baruc, Carta de Jeremias, Madrid 1980.
Baker, D. W., Nahum, Habakkuk and Zephaniah. An Introduction and Commentary: TOTC, Leicester 1988.
Beck, J. C., Erklärung der Propheten Nahum und Zephanja nebst einem prophetischen Totalbild der Zukunft, Gütersloh 1899.
Berlin, A., Zephaniah: AncB 25A, Garden City, NY 1994 (Rez. von *A. Spreafico*, Bib 77 [1996] 117–121).
Bernini, G., Sofonia – Giole – Abdia – Giona: NVB 31, Tusculi ²1976.
Bič, M., Trois prophètes dans un temps de ténèbres: Sophonie – Nahum – Habaquq: LeDiv 48, Paris 1968.
Bolle, M., Sefer Ṣefanja: Terē ʿaśar, Jerusalem 1976.
Brandenburg, H., Die Kleinen Propheten I. Joel, Obadja, Jona, Micha, Nahum, Habakuk, Zephania. Die warnenden Wächterstimmen, Gießen / Basel 1963.
Brown, R. E. u. a. (Hrsg.), The New Jerome Biblical Commentary, London 1989 [Reprint 1990].
Buck, F., Prophetas menores: La Sagrada Escritura AT VI, Madrid 1971.
Bullough, S., Obadiah, Micah, Zephaniah, Haggai and Zachariah: CCHS, London 1953.
Carson, J. T., Zephaniah, in: *D. Guthrie*, u. a. (Hrsg.), The New Bible Commentary. Revised, London ³1970, 773–780.
Craigie, P., Twelve Prophets, Vol. 2: Micha, Nahum, Habakkuk, Zephaniah, Haggai, Zechariah, and Malachi: The Daily Study Bible, Philadelphia 1985.
Deden, D., De kleine Profeten: BOT 12, Roermond en Maaseik 1953.
Deissler, A., Sophonie, in: ders. – *M. Delcor*, Les Petits Prophètes II (Michée – Malachie): La Sainte Bible VIII, 1, Paris 1964, 435–472.
Deissler, A., Zwölf Propheten III: Zephanja – Haggai – Sacharja – Maleachi: NEB Würzburg 1988.
Eakin, F. E., Jr., Zephaniah: BBC 7, Nashville, Tenn. 1972, 270–290.
Edelkoort, A. H., Nahum, Habakuk, Zefanja: Drie profeten voor onzen tijd, Amsterdam 1937.
Elliger, K., Das Buch der zwölf kleinen Propheten II: Die Propheten Nahum, Habakuk, Zephanja, Sacharja, Maleachi: ATD 25, Göttingen ⁷1979.
Ewald, H., Die Propheten des Alten Bundes, Bd. 2, Göttingen ²1868.
Freeman, H. E., Nahum – Zephaniah – Habakkuk. Minor Prophets of the Seventh Century B.C.: Everyman's Bible Commentary, Chicago, IL 1973.
George, A., Michée, Sophonie, Nahum: SB(J), Paris ²1958.
Hitzig, F., Die zwölf kleinen Propheten: KEH 1, Leipzig (1838) ²1852.
Hitzig, F. / Steiner, H., Die zwölf kleinen Propheten: KEH I, Leipzig ⁴1881.
Hoonacker, A. van, Les douze petits prophètes, traduits et commentés: EtB, Paris 1908.
Horst, F., Die zwölf kleinen Propheten. Hosea bis Micha *(Th. H. Robinson)*, Nahum bis Maleachi (F. Horst): HAT I,14, Tübingen ³1964.
Junker, H., Die zwölf kleinen Propheten, II. Hälfte: Nahum, Habakuk, Sophonias, Aggäus, Zacharias, Malachias: HSAT VIII/3/II, Bonn 1938.

Allgemeines Literaturverzeichnis

Keil, C. F., Biblischer Kommentar über die zwölf Kleinen Propheten: BC III,4, Leipzig (1866) ³1888.
Keller, C.-A., Sophonie, in: *R. Vuillemeier / C. A. Keller* (Hrsg.), Michée – Nahoum – Habacuc – Sophonie, Neuchâtel 1971 (²1990), 177–216.
Leeuwen, H. van, Zefanja. Verklaring van een bijbelgedeelte, Kampen 1980.
Marti, K., Das Dodekapropheton: KHC XIII, Tübingen 1904.
Motyer, J. A., Zephaniah, in: *Th. E. McComiskey* (Hrsg.), The Minor Prophets. An Exegetical and Expository Commentary, Vol. 3: Zephaniah-Malachi, Grand Rapids, MI 1998, 879–962.
Murphy, R. T. A., Zephanja, Nahum, Habakuk: JBC I, London 1970.
Nötscher, F., Zwölfprophetenbuch oder kleine Propheten: EB, Würzburg 1958.
Nowack, W., Die kleinen Propheten: HK III/4, Göttingen ³1922.
Orelli, C. von, Die zwölf kleinen Propheten: KK V/2, München ³1908.
Patterson, R. D., Nahum, Habakkuk, Zephaniah: The Wycliffe Exegetical Commentary, Chicago, IL 1991.
Peter, A., Die Bücher Zefanja, Nahum und Habakuk: GSL.AT, Düsseldorf 1972.
Renaud, B., Michée, Sophonie, Nahum: SBi, Paris 1987, 175–259 (Rez. von *J. A. Emerton*, VT 42 [1992] 136f.).
Rinaldi, P. G. / Luciani, F., I Profeti Minori, Fasc. III: Michea, Nahum, Abacuc, Sofonia, Aggeo, Zaccaria, Malachia: La Sacra Bibbia. Antico Testamento, Bd. 13, Turin 1968.
Roberts, J. J. M., Nahum, Habakkuk, and Zephaniah. A Commentary: OTL, Louisville, KY 1991.
Robertson, O. P., The Book of Nahum, Habakkuk, and Zephaniah: NIC.OT, Grand Rapids, MI 1990.
Rudolph, W., Micha – Nahum – Habakuk – Zephanja: KAT XIII/3, Gütersloh 1975.
Schulz, W., Commentar über den Propheten Zephanja, Hannover 1892.
Schumpp, P. M., Das Buch der zwölf Propheten: HBK X/2, Freiburg 1950.
Sellin, E., Das Zwölfprophetenbuch übersetzt und erklärt: KAT 12, 2. Hälfte: Nahum-Maleachi, Leipzig ²1930 (¹1922).
Seybold, K., Nahum, Habakuk, Zephanja: ZBK, Zürich 1991.
Smith, J. M. P., A Critical and Exegetical Commentary on the Books of Micah, Zephaniah, Nahum, Habakkuk, Obadiah and Joel: ICC I,19, Edinburgh, Fourth Impression 1959 [= ¹1911].
Smith, R. L., Micah-Malachi: WBC 32, Waco, Texas 1984.
Spreafico, A., Sofonia: Commentario storico ed esegetico all'Antico e al Nuovo Testamento. AT 38, Genova 1991.
Stonehouse, G. G. V., The Books of the Prophets Zephaniah and Nahum with Introduction and Notes: WC, London 1929.
Széles, M. E., Wrath and Mercy. A Commentary on the Books of Habakkuk and Zephaniah: ITC, Grand Rapids, MI 1987.
Taylor, Ch. L., The Book of Zephaniah: IntB VI, New York 1956, 1007–1034.
Ungern-Sternberg, R. Freiherr von, Der Prophet Zefanja: BAT 23, IV, Stuttgart 1960, 73–132.
Vlaardingerbroek, J., Zephaniah: Historical Commentary on the Old Testament, Leuven 1999 (Übersetzung von: ders., Sefanja. Vertaald en Verklaart: COT, Kampen 1993).
Watts, J. D. W., The Books of Joel, Obadiah, Jonah, Nahum, Habakkuk and Zephaniah: CNEB, Cambridge 1975.
Wellhausen, J., Die Kleinen Propheten, Berlin ³1898 (Nachdruck 1963).

Woude, A. S. van der, Habakuk, Zefanja: De Prediking van het Oude Testament, Nijkerk (1978) ²1985.

3. Einzelbeiträge

Vorbemerkung: Hier nicht aufgeführt sind die jeweils nur vor den Auslegungsabschnitten genannten Literaturangaben. Im laufenden Text wird die folgende Literatur in der Regel nur mit Verfassername, Erscheinungsjahr und Seitenzahl zitiert. Überblicke zum Zefanjabuch und zu seiner Erforschung finden sich in: ABD VI, 1075.1077–1080; DB V/2, 1835–1845; DB.S XIII, 1–18; EKL³ IV, 1377 f.; IDB IV, 951–953; IDB.S, 983 f.; LThK³ 10, 1392–1394; NBL III, 1177–1179.1179–1185; RGG VI, 1901 f.; *M. A. Sweeney* 1999, 119–145; *M. H. Floyd* 2000, 163–250.

Albertz, R., Religionsgeschichte Israels in alttestamentlicher Zeit: ATD Ergänzungsreihe Bd. 8,1, Göttingen 1992, bes. 291–321.
Anderson, G. W., The Idea of the Remnant in the Book of Zephaniah: ASTI 11 (1978) 11–14.
Anderson, R. W. Jr., Zephaniah Ben Cushi and Cush of Benjamin. Traces of Cushite Presence in Syria-Palestine, in: *S. W. Holloway / L. K. Handy* (Hrsg.), The Pitcher is Broken. Memorial Essays for *G. W. Ahlström*: JSOT.S 190, Sheffield 1995, 45–70.
Asurmendi, J. M., Sofonias y Jerusalen. Análisis estilistico, in: *R. Aguirre u.a.* (Hrsg.), Escritos de Biblia y Oriente. Miscelánea commemorativa del 25. aniversario del Instituto Español Bíblico y Arqueológico (Casa de Santiago) de Jerusalén, Salamanca 1981, 153–169.
Athanasiou, C. P., To biblion tou Zephaniou: Theol(A) 62 (1991) 417–444.
Bachmann, J., Zur Textkritik des Propheten Zephania: ThStKr 67 (1894) 641–655.
Ball, I. J., The Rhetorical Shape of Zephaniah, in: *E. W. Conrad / E. G. Newing* (Hrsg.), Perspectives on Language and Text. FS *F. I. Andersen*, Winona Lake, IN 1987, 155–165.
Ball, I. J., A Rhetorical Study of Zephaniah, Berkeley, CA 1988 (Diss., Microfilm, Ann Arbor, MI 1972).
Barthélemy, D., Critique textuelle de l'Ancien Testament, Tome 3: Ézéchiel, Daniel et les 12 Prophètes: OBO 50/3, Freiburg (Schweiz) / Göttingen 1992, 881–922.
Ben Zvi, E., A Historical-critical Study of the Book of Zephaniah (Atlanta, Univ. Diss. 1990): BZAW 198, Berlin / New York 1991 (Rez. von *J. Vlaardingerbroek*, BiOr 61 [1994] 640–645).
Ben Zvi, E., A Deuteronomistic Redaction in / among »The Twelve«? A Contribution from the Standpoint of the Books of Micah, Zephaniah and Obadiah: SBL.SP 36, Atlanta, GA 1997, 433–459 [Reprint in: *L. S. Schearing / S. L. McKenzie* (Hrsg.), Those Elusive Deuteronomists. The Phenomenon of Pan-Deuteronomism: JSOT.S 268, Sheffield 1999, 232–261].
Berlin, A., Zephaniah's Oracle against the Nations and an Israelite Cultural Myth, in: *A. B. Beck u.a.* (Hrsg.), Fortunate the Eyes That See. FS *D. N. Freedman*, Grand Rapids, MI 1995, 175–184.
Bosshard-Nepustil, E., Rezeptionen von Jesaja 1–39 im Zwölfprophetenbuch. Unter-

suchungen zur literarischen Verbindung von Prophetenbüchern in babylonischer und persischer Zeit: OBO 154, Freiburg (Schweiz) / Göttingen 1997.

Buber, M. / Rosenzweig, F., Die Schrift: Bücher der Kündung. Verdeutscht von *M. Buber* gemeinsam mit *F. Rosenzweig.* 7., abermals durchges. u. verb. Aufl. d. neu bearb. Ausg., Heidelberg 1978.

Budde, K., Die Bücher Habakkuk und Sephanja: ThStKr 66 (1893) 383–399.

Buhl, F., Einige textkritische Bemerkungen zu den kleinen Propheten: ZAW 5 (1885) 182–184 (zu Zef 2, 11.14;3,17–20).

Cazelles, H., Sophonie, Jérémie et les Scythes en Palestine: RB 74 (1967) 24–44 = Ders., Zephaniah, Jeremiah, and the Scythians in Palestine, in: *L. G. Perdue / B. W. Kovacs* (Hrsg.), A Prophet to the Nation, Winona Lake, IN 1984, 129–149.

Christensen, D. L., Zephaniah 2,4–15. A Theological Basis for Josiah's Program of Political Expansion: CBQ 46 (1984) 669–682.

Clark, D. J., / Hatton, H. A., A Translator's Handbook on the Book of Nahum, Habakkuk and Zephaniah, New York 1989, 141–204.

Cogan, M., Judah under Assyrian Hegemony: A Reexamination of Imperialism and Religion: JBL 112 (1993) 403–414.

Cornill, C. H., Die Prophetie Zephanjas: ThStKr 89 (1916) 297–332.

Dietrich, W. / Schwantes, M. (Hrsg.), Der Tag wird kommen. Ein interkontextuelles Gespräch über das Buch des Propheten Zefanja: SBS 170, Stuttgart 1996.

Dingermann, F., Massora-Septuaginta der Kleinen Propheten. Eine textkritische Studie (maschinenschr. Diss.), Würzburg 1948.

Dobbs-Allsopp, F. W., Weep, O Daughter of Zion. A Study of the City-Lament Genre in the Hebrew Bible: BibOr 44, Rom 1993.

Donner, H., Geschichte des Volkes Israel und seiner Nachbarn in Grundzügen: ATD Ergänzungsreihe 4/2, Göttingen 1986.

Duhm, B., Anmerkungen zu den zwölf Propheten: ZAW 31 (1911) 81–110.161–204.

Edens, A., A Study of the Book of Zephaniah as to the Date, Extent and Significance of the Genuine Writings with a Translation, Ann Arbor, MI 1954 (Mikrofilm).

Edler, R., Das Kerygma des Propheten Zefanja: FThSt 126, Freiburg 1984.

Ehrlich, A. B., Randglossen zur hebräischen Bibel: Textkritisches, sprachliches und sachliches, Bd. 5: Ezechiel und die kleinen Propheten, Leipzig 1912.

Evans, C. D., Judah's Foreign Policy from Hezekiah to Josiah, in: ders. (Hrsg.), Essays on the Comparative Method. Scripture in Context 1, Pittsburg, PA 1980, 157–178.

Eybers, J. H., Zephaniah's Place in Old Testament Prophecy: ThEv 5 (1972) 6–18.

Feix, J. (Hrsg.), Herodotus: Historien, griechisch-deutsch, Bd. 1: Tusculum-Bücherei, Tübingen ²1977.

Fensham, F. C., Art. Book of Zephaniah: IDB Suppl. (1988) Sp. 983–984.

Finkelstein, I. The Archaeology of the Days of Manasseh, in: *M. Coogan* (Hrsg.), Scripture and Other Artifacts. FS *Ph. J. King*, Louisville, KY 1994, 169–187.

Florit, D. E., Sofonia, Geremia e la cronaca di Gadd: Bib 15 (1934) 8–31.

Floyd, M., Minor Prophets, Part 2: FOTL 22, Grand Rapids, MI / Cambridge, U.K. 2000, Zephaniah: 163–250.

Fohrer, G., Die Propheten des AT. Bd. 2: Die Propheten des 7. Jahrhunderts, Gütersloh 1974.

Fuller, R. E., The Form and Formation of the Book of the Twelve. The Evidence from the Judean Desert, in: *J. W. Watts / P. R. House* (Hrsg.), Forming Prophetic Literature. Essays on Isaiah and the Twelve. FS *J. D. W. Watts*: JSOT.S 235, Sheffield 1996, 86–101.

Gerleman, G., Zephanja. Textkritisch und literarkritisch untersucht, Lund 1942.
Gorgulho, G., Zefanja und die historische Bedeutung der Armen: EvTh 51 (1991) 81–92.
Gozzo, S. M., Il profeta Sofonia e la dottrina teologica del suo libro: Anton 52 (1977) 3–37.
Gozzo, S. M., Gli ʿAnawim nel libro di Sofonia, in: Associazione Biblica Italiana (Hrsg.), Evangelizare Pauberibus: Atti della XXIV. Settimana Biblica, Brescia 1978, 237–259.
Grayson, A. K., Assyrian and Babylonian Chronicles: Texts from Cuneiform Sources 5, Locust Valley, NY 1975.
Grol, H. W. M. van, Classical Hebrew Metrics and Zephaniah 2–3, in: *W. van der Meer / J. C. de Moor* (Hrsg.), The Structural Analysis of Biblical and Canaanite Poetry: JSOT.S 74, Sheffield 1988, 186–206.
Haak, R. D., ›Cush‹ in Zephaniah, in: *S. W. Holloway / L. K. Handy* (Hrsg.), The Pitcher is Broken. Memorial Essays for *G. W. Ahlström*: JSOT.S 190, Sheffield 1995, 238–251.
Halévy, J., Recherches bibliques; Le livre de Sophonie: RSEHA 13 (1905) 193–198.289–313.
Hardmeier, Chr., Texttheorie und biblische Exegese: zur rhetorischen Funktion der Trauermetaphorik in der Prophetie: BEvTh 79, München 1978.
Harl, M., Sophonie 3,7b–13 selon Septante et dans la tradition chrétienne ancienne, in: *J.-M. Auwers / A. Wénin* (Hrsg.), Lectures et Relectures de la Bible. FS *P.-M. Bogaert*: BEThL 144, Leuven 1999, 209–229.
Hausmann, J., Israels Rest. Studien zum Selbstverständnis der nachexilischen Gemeinde: BWANT 124, Stuttgart 1987.
Hestrin, R., Inscriptions Reveal. Documents from the Time of the Bible, the Mishna and the Talmud, Jerusalem ²1973.
Hestrin, R., / Dayagi-Mendels, M., Inscribed Seals. First Temple Period, Hebrew, Ammonite, Moabite, Phoenicia and Aramaic; from the Collection of the Israel Museum and the Israel Department of Antiquities and Museums, Jerusalem 1979.
Holladay, W. L., Reading Zephaniah with a Concordance. Suggestion for a Redaction History: JBL 120 (2001) 671–684.
House, P. R., Zephaniah. A Prophetic Drama: JSOT.S 69, Sheffield 1988 (Rez. von *B. Glazier-McDonald,* JBL 108 [1990] 517 f.; *T. Hiebert,* JQR 81 [1990] 175–178).
House, P. R., Dialogue in Zephaniah, in: *R. P. Gordon* (Hrsg.), The Place is too Small for Us. The Isrealite Prophets in Recent Scholarship, Winona Lake, IN 1995, 252–262.
House, P. R., Dramatic Coherence in Nahum, Habakkuk, and Zephaniah, in: *J. W. Watts / J. D. Watts* (Hrsg.), Forming Prophetic Literature. Essays on Isaiah and the Twelve. FS *J. D. W. Watts*: JSOT.S 235, Sheffield 1996, 195–208.
Hyatt, J. P., The Date and Background of Zephaniah: JNES 7 (1948) 25–29.
Ihromi, ʿamm ʿani wadal nach dem Propheten Zephanja, (Diss) Mainz 1972.
Irsigler, H., Gottesgericht und Jahwetag. Die Komposition Zef 1,1–2,3, untersucht auf der Grundlage der Literarkritik des Zefanjabuches: ATS 3, St. Ottilien 1977.
Irsigler, H., Art. Zefanja, Art. Zefanja (Buch): NBL III, Lfg. 14/15 (2001), 1177–1179.1179–1185.
Irsigler, H., Art. Zefanja, Zefanjabuch. I. Altes Testament: LThK³ 10 (2001) 1392–1394.
James, T. G. H., Egypt: The Twenty-Fifth and Twenty-Sixth Dynasties, in: *J. B. Bury* (Hrsg.), The Cambridge Ancient History, Bd. III,2, Cambridge ²1991, 677–747.860–867.
Jones, B. A., The Formation of the Book of the Twelve: A Study in Text and Canon: SBL.DS 149, Atlanta, GA 1995.
Kaminka, A., Studien zur Septuaginta an der Hand der zwölf kleinen Prophetenbücher, Frankfurt a. M. 1928.

Kapelrud, A. S., The Message of the Prophet Zephaniah. Morphology and Ideas, Oslo 1975.
Kapelrud, A. S., Eschatology in Micah and Zephaniah, in: *M. Carrez / J. Doré / P. Grelot* (Hrsg.), De la Torah au Messie. FS *H. Cazelles*, Paris 1981, 225–262.
Kessler, R., »Ich rette das Hinkende, und das Versprengte sammle ich«. Zur Herdenmetaphorik in Zef 3, in: *W. Dietrich / M. Schwantes* (Hrsg.) 1996, 93–101.
King, G. A., The Day of the Lord in Zephaniah: BS 152 (1995) 16–32.
Kirkpatrick, J. D., Eskatologie in die boek Sefanja: Skrif en Kerk 15 (1994) 294–310.
Koch, K., Prophetenbuchüberschriften. Ihre Bedeutung für das hebräische Verständnis von Profetie, in: *A. Graupner / H. Delkurt / A. B. Ernst* (Hrsg.), Verbindungslinien. FS *W. H. Schmidt*, Neukirchen-Vluyn 2000, 165–186.
Kornfeld, W., Unbekanntes Diasporajudentum in Oberägypten im 5./4. Jh. v. Chr.: Kairos 18 (1976) 55–59.
Krinetzki, G., Zefanjastudien. Motiv- und Traditionskritik + Kompositions- und Redaktionskritik: Regensburger Studien zur Theologie 7, Frankfurt / Bern 1977.
Kühner, H. O., Zephanja: Proph, Zürich 1943.
Langohr, G., Etudes sur le livre de Sophonie. Structure – Expressions – Rédaction – Esquisse d'herméneutique, Louvain-la-Neuve 1975.
Langohr, G., Rédaction et composition du livre de Sophonie, in: Travaux de Doctorat, N.S. VI/3, Louvain-la-Neuve 1977, 49f. 51–73 (= Le Muséon 89 [1976] 51–73).
Langohr, G., Le livre de Sophonie et la critique d'authenticité: EThL 52 (1976) 1–27.
Lippl, J., Das Buch des Propheten Sophonias: BSt(F) 15/3, Freiburg 1910.
Lohfink, N., Zefanja und das Israel der Armen: BiKi 39 (1984) 100–108 (englische Übersetzung: Zephaniah and the Curch of the Poor: ThD 32 [1985] 113–118).
Loretz, O., Textologie des Zephanja-Buches. Bemerkungen zu einem Mißverständnis: UF 5 (1973) 219–228.
Maillot, A., Jonas ou les farces de Dieu. Sophonie ou L'erreur de Dieu, Paris u. a. 1977.
Martin, F., Le livre de Sophonie: SémBib 39/40 (1985) 1–22.5–20.
Matthiae, P. Ninive. Glanzvolle Hauptstadt Assyriens, übers. aus dem Ital. von *E. Ambros*, München 1999.
Mayer, W., Politik und Kriegskunst der Assyrer: Abhandlungen zur Literatur Alt-Syrien-Palästinas und Mesopotamiens 9, Münster 1995.
McKay, J. W., Religion in Juda under the Assyrians 732–609 B.C.: SBT 26, London 1973.
Müller, W. E. / Preuß, H. D., Die Vorstellung vom Rest im Altes Testament, Neukirchen-Vluyn 1973.
Na'aman, N., The Kingdom of Judah under Josiah: Tel Aviv 18 (1991) 3–71.
Neef, H.-D., Glaube als Demut. Zur Theologie des Propheten Zephanja: ThBeitr 27 (1996) 145–158.
Neef, H.-D., Vom Gottesgericht zum universalen Heil. Komposition und Redaktion des Zefanjabuches: ZAW 111 (1999) 530–546.
Neef, H.-D., JHWH und die Völker. Beobachtungen zur Theologie der Bücher Nahum, Habakuk und Zefanja: ThBeitr 31 (2000) 82–91.
Nel, P. J., Structural and Conceptual Strategy in Zephaniah, Chapter 1: JNWSL 15 (1989) 155–167.
Nogalski, J. D., Zephaniah 3: A redactional text for a developing corpus, in: *R. G. Kratz / T. Krüger / K. Schmid* (Hrsg.), Schriftauslegung in der Schrift. FS *O. H. Steck*: BZAW 300, Berlin / New York 2000, 207–218.
Nogalski, J. D., Literary Precursors to the Book of the Twelve: BZAW 217, Berlin / New York 1993.

Nogalski, J. D., Redactional Processes in the Book of the Twelve: BZAW 218, Berlin / New York 1993.
Nysse, R. W., A Theological Reading of Zephaniah's Audience: Word and World 1 (1992) 65–73.
O'Connor, M., Hebrew Verse Structure, Winona Lake, IN 1980, 511–527.558–563.
Oeming, M., Gericht Gottes und Geschichte der Völker nach Zef 3,1–13. Exegetische und systematische Erwägungen zur Frage: In welchem Sinne ist der kanonische Endtext normativ?: ThQ 167 (1987) 289–300.
Olmo Lete, G. del, El libro de Sofonías y la filología semítica nor-occidental. A propósito de L. Sabottka, Zephanja: EstB 32 (1973) 291–303.
Patterson, R., A Literary Look at Nahum, Habakkuk, and Zephaniah: GTJ 11 (1991) 17–27.
Rainey, A. F., Manasseh, King of Judah, in the Whirlpool of the Seventh Century B.C.E., in: ders. (Hrsg.), *kinattūtu ša dārâti*: Tel Aviv Occasional Publications 1, Tel Aviv 1993, 147–164.
Redditt, P. L., The Production and Reading of the Book of the Twelve: SBL.SPS 36 Part I, Atlanta, GA 1997, 394–419.
Renaud, B., Le livre de Sophonie. Le jour de YHWH thème structurant de la synthèse rédactionelle: RevSR 60 (1986) 1–33.
Rendtorff, R., How to Read the Book of the Twelve as a Theological Unity: SBL.SPS 36 Part I, Atlanta, GA 1997, 420–432.
Rice, G., The African Roots of the Prophet Zephaniah: JRT 36 (1979/80) 21–31.
Rimbach, J. A., Those Lively Prophets – Zephaniah Ben-Cushi: CThMi 7 (1980) 239–242.
Rohland, E., Die Bedeutung der Erwählungstraditionen Israels für die Eschatologie der alttestamentlichen Propheten, Heidelberg 1956.
Rost, L., Israel bei den Propheten: BWANT IV/19, Stuttgart 1937.
Rüterswörden, U., Die Beamten der israelitischen Königszeit. Eine Studie zu *śr* und vergleichbaren Begriffen: BWANT 17, Stuttgart u. a. 1985.
Ryou, D. H., Zephaniah's Oracles against the Nations. A Synchronic and Diachronic Study of Zephaniah: Biblical Interpretation Series 13, Leiden u. a. 1995.
Sabottka, L., Zephanja. Versuch einer Neuübersetzung mit philologischem Kommentar: BibOr 25, Rom 1972 (Rez. von *D. Pardee*, JAOS 94 [1974] 506–509).
Scharbert, J., Das Verbum PQD in der Theologie des Alten Testaments: BZ NF 4 (1960) 209–226.
Scharbert, J., Die Propheten Israels um 600 v.Chr., Köln 1967.
Scharbert, J., Zefanja und die Reform des Joschija, in: *L. Ruppert* u.a. (Hrsg.), Künder des Wortes. Beiträge zur Theologie der Propheten. FS *J. Schreiner*, Würzburg 1982, 237–253.
Scharbert, J., Zwangsumsiedlungen in Vorderasien zwischen dem 10. und dem 6. Jahrhundert v.Chr. nach altorientalischen und biblischen Quellen: Sudetendeutsche Akademie der Wissenschaften und Künste. Geisteswiss. Klasse, Sitzungsberichte, Jg. 1988, Heft 1, München 1988.
Schart, A., Die Entstehung des Zwölfprophetenbuchs. Neubearbeitungen von Amos im Rahmen schriftübergreifender Redaktionsprozesse: BZAW 260, Berlin / New York 1998.
Schart, A., Zur Redaktionsgeschichte des Zwölfprophetenbuchs: VF 43 (1998) 13–33.
Schmidt, H., Israel, Zion und die Völker. Eine motivgeschichtliche Untersuchung des Universalismus im Alten Testament, Marburg 1969.
Schunck, K.-D., Juda in der Verkündigung des Propheten Zefanja, in: *J. Hausmann / H.-J.*

Zobel (Hrsg.), Alttestamentlicher Glaube und Biblische Theologie. FS *H. D. Preuß*, Stuttgart u. a. 1992, 174–179.

Schwally, F., Das Buch Sefanja. Eine historisch-kritische Untersuchung: ZAW 10 (1890) 165–240.

Schwantes, M., »Jhwh hat Schutz gewährt«. Theologische Anmerkungen zum Buch des Propheten Zefanja, in: *W. Dietrich* / ders. (Hrsg.) 1996, 134–153.

Seipel, W. / *Wieczorek, A.* (Hrsg.), Von Babylon bis Jerusalem: die Welt der altorientalischen Königsstädte, Bd. 1, Milano 1999.

Seybold, K., Satirische Prophetie. Studien zum Buch Zefanja: SBS 120, Stuttgart 1985.

Seybold, K., Die Verwendung der Bildmotive in der Prophetie Zefanjas, in: *H. Weippert* u. a. (Hrsg.), Beiträge zur prophetischen Bildsprache in Israel und Assyrien: OBO 64, Freiburg (Schweiz) / Göttingen 1985, 30–54.

Sharp, D. B., The Remnant of Zephaniah. Identifying »A People Humble and Lowly«: Irish Biblical Studies 18 (1996) 2–15.

Smit, E. J., The Dating of the Book of Zephaniah: OTWSA 13/14 (1970/71) 70–74.

Smith, L. P. / *Lacheman, E. R.*, The Authorship of the Book of Zephaniah: JNES 9 (1950) 137–142.

Snijman, P. C., De profetie van Zefanja, (Diss.) Rotterdam 1913.

Snyman, S. D., In Search of Tradition Material in Zephaniah 1:7–13: Acta Theologica 20 (2000) 111–121.

Spalinger, A. J., Assurbanipal and Egypt. A Source Study: JAOS 94 (1974) 316–328.

Spalinger, A. J., Egypt and Babylonia. A Survey (c. 620 B.C. – 550 B.C.): SAÄK 5 (1977) 228–244.

Spieckermann, H., Juda unter Assur in der Sargonidenzeit: FRLANT 129, Göttingen 1982.

Spieckermann, H., Dies irae. Der alttestamentliche Befund und seine Vorgeschichte: VT 39 (1989) 194–208.

Steck, O. H., Der Abschluß der Prophetie im Alten Testament. Ein Versuch zur Frage der Vorgeschichte des Kanons: BThSt 17, Neukirchen-Vluyn 1991.

Striek, M., Das vordeuteronomistische Zephanjabuch: BET 29, Frankfurt a. M. 1999.

Sullivan, K., The Book of Sophonias: Worship 31 (1957) 130–139.

Sweeney, M. A., A Form-Critical Reassessment of the Book of Zephaniah: CBQ 53 (1991) 388–408.

Sweeney, M. A., Zephaniah: A Paradigm for the Study of the Prophetic Book: Currents in Research, biblical studies 7 (1999) 119–145.

Uehlinger, Chr., Gab es eine joschijanische Kultreform? Plädoyer für ein begründetes Minimum, in: *W. Groß* (Hrsg.), Jeremia und die »deuteronomistische Bewegung«: BBB 98, Weinheim 1995, 57–89.

Uehlinger, Chr., Astralkultpriester und Fremdgekleidete, Kanaanvolk und Silberwäger, in: *W. Dietrich* / *M. Schwantes* (Hrsg.) 1996, 49–83.

Veijola, T., Zefanja und Joschija, in: *W. Dietrich* / *M. Schwantes* (Hrsg.) 1996, 9–18.

Weigl, M., Zefanja und das »Israel der Armen«. Eine Untersuchung zur Theologie des Buches Zefanja: ÖBS 13, Klosterneuburg 1994 (Rez. von *E. Otto*, ThLZ 121 [1996] 934–936; *R. Kessler*, BZ NF 42 [1998] 122–124).

Weigl, M., Zefanja und das »Israel der Armen«. Zu den Ursprüngen biblischer Armentheologie: BiKi 50 (1995) 6–11.

Weimar, P., Zefanja – Aufbau und Struktur einer Prophetenschrift: UF 29 (1997) 723–774.

Weimar, P., Zef 1 und das Problem der Komposition der Zefanjaprophetie, in: *M. Diet-*

rich / I. Kottsieper (Hrsg.), »Und Mose schrieb dieses Lied auf...«. FS *O. Loretz*: AOAT 250, Münster 1998, 809–832.
Willi-Plein, I., Das Zwölfprophetenbuch: ThR 64 (1999) 351–395.
Williams, D. L., Zephaniah. A Re-Interpretation, Diss. Duke Univ. 1961, Ann Arbor, MI 1962 (Mikrofilm).
Williams, D. L., The Date of Zephaniah: JBL 82 (1963) 77–88.
Wischnowsky, M., Tochter Zion. Aufnahme und Überwindung der Stadtklage in den Prophetenschriften des Alten Testaments: WMANT 89, Neukirchen-Vluyn 2001.
Woude, A. S. van der, Predikte Zefanja een wereldgericht?: NedThT 20 (1965) 1–16.

4. Zur Wirkungs- und Auslegungsgeschichte

Zur Zefanja-Apokalypse (nur fragmentarisch erhalten, Endredaktion kaum vor dem Ende des 2. Jhs. n. Chr.):
Diebner, B., Literarkritische Probleme der Zephanja-Apokalypse 1: DBAT 12 (1977) 30–45.
Diebner, B., Bemerkungen zum Text des sahidischen und des achmimischen Fragments der sog. Zephanja-Apokalypse: DBAT 14 (1979) 54–60.
Diebner, B., Zephanjas Apokalypse: JSHRZ V/9, Gütersloh (im Druck).
Oegema, G. S., Apokalypsen: JSHRZ VI/1, 5, Gütersloh 2001, 182–191.
Wintermute, O. S., The Apocalypse of Zephaniah, in: *J. H. Charlesworth* (Hrsg.), The Old Testament Pseudepigraphia, Garden City, NY 1983, 497–515.
Wintermute, O. S., Art. Zephaniah, Apocalypse of: ABD VI (1992) 1075–1077.

Literaturauswahl zur jüdischen und christlichen Auslegungsgeschichte:
Albertus Magnus, In Sophoniam prophetam enarratio, in: Opera Omnia, Bd. 19, hrsg. von *A. Borgnet*, Paris 1892, 457–488.
Anton, C. T., Capitis III Zephaniae versio et nova eiusdem versus 18. exponendi ratio, Görlitz 1811.
Ashby, G. W., The Hermeneutic Approach to the Old Testament of Theodoret of Cyrrhus with Special Reference to Certain Prophets: OTWSA 13/14 (1970–71) 41–53.
Augustinus, De civitate dei: Corpus Christianorum, Series Latina 47/2, Turnholti 1956, 624–629 (zu Zef 3, 8.9–10.11–13).
Bucer, M., TZEPHANIAH, quem Sophoniam vulgo vocant, prophetarum epitomographus, ad ebraicam veritatem versus, et commentario explanatus, Straßburg 1528.
Calvin, J., Opera quae supersunt omnia, Bd. 44, Braunschweig 1890 (repr. 1964) (zu Zef: 1–78).
Carpzov, D. J. G., Introductio ad libros canonicos bibliorum veteris testamenti, Bd. III: praecognita critica et historica, ac autoritatis vindicias exponens, Leipzig ²1731 [= ¹1721] (zu Zef: 412–422).
Coelln, D. A., Spicilegium observationem exegetico-criticarum ad Zephaniae Vaticinia, Breslau 1818.
Cyrillus Alexandrinus, Commentarius in Sophoniam Prophetam: Patriologia Graeca 71, Paris 1864, 943–1022.
Eichorn, J. G., Die hebräischen Propheten, Bd. 2, Göttingen 1819 (zu Zef: 305–312.353–357.540–545).

Allgemeines Literaturverzeichnis

Fahey, M. A., Cyprian and the Bible: A Study in Third-Century Exegesis: Beiträge zur Geschichte der biblischen Hermeneutik 9, Tübingen 1971 (zu Zef: 251–252).

Greenup, A. W. (Hrsg.), The Yalkut of R. Machir Bar Abba Mari on Joel, Zephaniah, Haggai and Malachi, London 1913, 1–27.

Haymon (von Auxerre), In Sophoniam prophetam, in: ders., Opera omnia: Patrologia Latina 117, Paris 1862, 195–242.

Hesychios (von Jerusalem), In XII prophetas minores, in: ders., Opera omnia: Patrologia Graeca 93, Paris 1865 (zu Zef: 1359–1360).

Hieronymus, Commentarii in Prophetas Minores. Commentariorum in Sophoniam Prophetam Liber Unus: Corpus Christianorum, Series Latina 76A, Turnholti 1970, 655–711.

Ibn Caspi, Joseph, 'Adnê Keseph. Part II, hrsg. von *I. Last*, London 1912 (zu Zef: 124–129).

Luther, M., Die deutsche Bibel. Die Übersetzung des Prophetenteils des Alten Testaments (Daniel bis Maleachi), in: ders., Werke. Kritische Gesamtausgabe (Weimarer Ausgabe), Bd. 11, Weimar 1889 (Reprint 1960) (zu Zef: 310–319).

Luther, M., Praelectiones in prophetas minores. 1524–26: Zephanja, in: ders., Werke. Kritische Ausgabe (Weimarer Ausgabe), Bd. 13: Zephanja a, 449–479; Zephanja b, 480–509, Weimar 1889 (Reprint 1966).

Mann, J., The Bible as Read and Preached in the Old Synagogue. A Study in the Cycles of the Readings from Torah and Prophets, as well as from Psalms, and in the Structure of the Midrashic Homilies, Vol. 1: The Palestinian Triennial Cycle: Genesis and Exodus, with a hebrew section containing manuscript material of midrashim to these books, Cincinnati, Ohio 1940, 91–95 (Haftara Zef 3,9–17.20 zu Seder 9 der Tora). Vol 2: The Palestinian Triennial Cycle: Leviticus and Numbers to Seder 106, with a hebrew section containing manuscript material of midrashim to these Books, Cincinnatti, Ohio 1966, 201–208 (Haftara Zef 3,7–15.20 zu Seder 104). Siehe Kommentar zu Zef 3,9–10 (»Situation«).

Miqraot Gedolot: Twelve Prophets. A New English Translation: Translation of Text, Rashi, and Commentary, Bd. 2, hrsg. von *A. J. Rosenberg*, New York 1991 (zu Zef: 283–301).

Noltenius, J. A., Commentariolus in Zephaniae vaticinia, Frankfurt a.d. Oder 1724.

Origenes, Hexaplorum quae supersunt (continuatio et finis): Patrologia Graeca 16/3, Paris 1863 (zu Zef: 2997–3002).

Perrot, C., La Lecture de la Bible dans la Synagogue. Les anciennes lectures palestiniennes du Shabbat et des fêtes, Hildesheim 1973.

Raschi: Parschandatha. The Commentary of Raschi on the Prophets and Hagiographs, hrsg. v. *I. Maarsen*, Amsterdam 1930 (zu Zef: 79–82).

Rosenmüller, E. F. C., Scholia in Vetus Testamentum, Pars VII: Prophetae minores annotatione perpetua, Vol. IV: Zephania, Haggai, Zacharias, Maleachi, Leipzig 1816, 1–73.

Rupert von Deutz, R. D. D., In Sophoniam Prophetam: Patrologia Latina 168, Paris 1893, 646–684.

Schwartz, J., Gallus, Julian and Anti-Christian Polemic in Pesikta Rabbati: ThZ 46 (1990) 1–19 (zu Zef 1,10–11.12–13).

Schwemer, A. M., Vitae prophetarum: JSHRZ I/7, Gütersloh 1997 (539–658, zu Zef: 629).

Strauss, F. A., Vaticinia Zephaniae, Berlin 1843.

Theodoret von Cyrus, Commentarius in XII prophetas minores: Opera omnia II: Patrologia Graeca 81, Paris 1864 (zu Zef: 1837–1860).

Theodor von Mopsuestia, Commentarius in XII prophetas, hrsg. von *H. N. Sprenger*: Göttinger Orientforschungen, V. Reihe: Biblica et Patristica 1, Wiesbaden 1977, 281–301.

Werbeck, W., Art. Zwölfprophetenbuch: RGG 6 (^{3}1962) 1969–1970 (Lit. zur Auslegungsgeschichte).

Zwingli, H., Sophonias, in: Huldreich Zwinglis sämtliche Werke XIV: Exegetische Schriften: Corpus Reformatorum 101, Zürich 1982, 831–837.

Einleitung

1. Das Zefanjabuch als Kleinkompendium der Prophetie Israels, seine zentralen Themen und Impulse

Das Buch Zefanja enthält nur drei Kapitel mit insgesamt 53 Versen nach dem masoretischen Text und ist doch gleichwohl ein dichtes und vielschichtiges Kompendium der Prophetie Israels. Es steht an neunter Stelle in der Reihe der kleinen Propheten im Dodekapropheton, nämlich nach den Büchern Nahum und Habakuk, die insgesamt noch als vorexilisch gelten. Auf Zefanja hingegen folgen nur noch die Bücher der nachexilischen Propheten Haggai, Sacharja und Maleachi. So leitet demnach die Zefanjaschrift im Kontext des überlieferten Zwölfprophetenbuches von der vorexilischen Königszeit Judas über zur exilischen und nachexilischen Zeit Judas und Jerusalems. Die Zefanjaschrift ist ein Buch des Übergangs. Jener Übergang vom katastrophalen Untergang Judas und Jerusalems zu Ansätzen einer neuen Hoffnung, den wir bei Ezechiel auch an seiner prophetischen Biographie ablesen können, zeigt sich im Zefanjabuch mit aller Deutlichkeit. Der Buchkontext deutet den Namen Zefanja »JHWH hat (schützend) geborgen« (s. u. zu Zef 1,1!) im Sinne dieses Übergangs vom Gericht zu einer möglichen Bewahrung mitten im Gerichtssturm (2,3) bis hin zur Rettung eines armen und niedrigen Restvolks, das »im Namen JHWHs Zuflucht sucht und findet« (3,12).

Das Bild Zefanjas in der Tradition In der jüdischen und christlichen Tradition hat sich Zefanja eingeprägt mit seiner Ankündigung des Tages JHWHs als des großen Zorntags, verstanden als eschatologisches Gottesgericht (s. u. zu Zef 1,14–18). Ein bekanntes Zeugnis für die inspirierende Kraft seiner Rede auch noch in der lateinischen Vulgata-Fassung ist der mittelalterliche Hymnus »Dies irae dies illa«.[1] Der Hymnus geht auf Zef 1,15–18 zurück, aber auch auf Offb 6,17, wo wieder indirekt Zef 1,14.18 und Joel 2,11 zitiert wird. Das »Dies irae« hat *J. W. von Goethe* bekanntlich in die Domszene seines »Faust«, Teil I, aufgenommen (Goethe Werke. Jubiläumsausgabe, 3. Bd., Darmstadt 1998, 135–137).

In der Ikonographie wird Zefanja gern mit einer Laterne dargestellt. So z. B. in einem Zyklus von vier textillustrativen Darstellungen zu Zef 1,12–13 und Zef 2,12–14 in Reliefs der West-Fassade der Kathedrale von Amiens, 13. Jh.[2] Diese Darstellung geht zurück auf den Text Zef 1,12–13, wo es al-

---

[1] Der Hymnus wurde als sog. Sequenz in der Totenmesse des Missale Romanum von 1570–1962 verwendet. Nach dem II. Vatikanum blieb er nur im Stundengebet der Lesehore von Allerseelen erhalten. Der Hymnus wurde Thomas von Celano (gest. 1260) zugeschrieben, dem Gefährten und Biographen des Franz von Assisi. Als Verfasser kommt er allerdings nicht in Frage. Nach *A. Heinz* (LThK³ 3 [1995] 219; siehe auch *L. Kunz*, LThK² 3 [1959] 380 f.) hat Thomas von Celano der Sequenz höchstens die Endfassung gegeben.

[2] Lexikon der christlichen Ikonographie, hrsg. von *E. Kirschbaum* SJ, Rom Freiburg u. a. 1972 [Sonderausgabe 1994], Bd. 4, 181 f., ebd. zu weiteren ikonographischen Aufnahmen von Zefanja-Texten in illustrierten Bibeln; Bd. 3, 462.

lerdings von JHWH selbst, nicht vom Propheten heißt: »Ich werde Jerusalem mit Lampen / Leuchten durchsuchen und ich werde heimsuchen die Männer, die eindicken auf ihren Weinhefen, die im Herzen sagen: Nicht Gutes tut JHWH und nicht Böses!« Das Bild von Zefanja mit der Laterne erinnert an den kynischen Popularphilosophen Diogenes von Sinope (gest. 323 v. Chr. in Korinth). Er soll bei helllichtem Tag durch die Straßen gegangen sein mit einer brennenden Kerze oder Laterne in der Hand. Auf Befragen, was das denn bedeuten solle, habe er gesagt, er suche Menschen. Die Kyniker sind mit ihren Sarkasmen und ihrem schlagfertigen Witz die Väter der sog. »zynischen Rede« geworden. Ob ikonographisch in der Laterne Zefanjas seit dem 13. Jh. eine gewisse Angleichung an Diogenes zu erkennen ist, scheint mir allerdings sehr fraglich. Dass sich freilich sarkastische Töne, satirische oder besser ironische Anspielungen bei Zefanja finden, lässt sich in einigen Fällen nicht von der Hand weisen. Besonders *K. Seybold* hat in seinem Büchlein über die satirische Prophetie bei Zefanja (1985) auf diese Züge von Ironie und Sarkasmus bei Zefanja hingewiesen, vielleicht manchmal etwas angestrengt, aber im Wesentlichen zu Recht. Zefanja scheint ein Meister solcher entwaffnender ironischer Anspielung und verschärfender Verlebendigung der Rede zu sein. Eben dies hat viel zu tun mit einem Charakteristikum von Poesie, nämlich der Verfremdung gewöhnlicher Wahrnehmung. Ohne Zweifel darf man Zefanja und sein Buch als ein durchgehend poetisch geformtes Werk betrachten.

Der Straßburger Reformator *Martin Bucer* hat ein treffendes, bis heute gültiges Urteil über das Buch Zefanja abgegeben. In der Einführung zu seinem Zefanjakommentar von 1528 unter dem Titel »Argumentum in Ztephaniah [sic!] prophetam« bezeichnet er das ganze Buch Zefanja als ein Kompendium prophetischer Verkündigung und Lehre. Wörtlich sagt *Bucer*: »Porro ista quae prophetae singuli tractant ... haec inquam propheta noster ... mira et luculenta brevitate in compendium redigit.« Was also die einzelnen Propheten jeweils behandeln, das hat Zefanja kurz und knapp in wunderbarer und trefflicher Kürze in ein Kompendium gebracht. Das Büchlein Zefanja ist wahrhaft »ein prophetischer Mikrokosmos« (so *W. Dietrich*, in: ders. / *M. Schwantes* [Hrsg.] 1996, Vorwort S. 7). Die wesentlichen Elemente prophetischer Verkündigung sind enthalten, nämlich Unheilsworte gegen das eigene Volk wie gegen fremde Völker, aber auch Heilsworte für das eigene Volk wie für fremde Völker. Das Buch zeigt alle Facetten konkreter, situativer wie auch literarischer Prophetie bis hin zum apokalyptischen Ausblick. Die charakteristischen *Unheilsankündigungen* mit implizierten Begründungen wenden sich gegen Juda und Jerusalem in 1,4–16; 2,1–3; 3,1–4.5.6–8 und näherhin gegen gesellschaftlich tonangebende und führende Kreise. Die Worte gegen die gesellschaftliche Oberschicht sind religiös und sozialkritisch motiviert in 1,8–13 und 3,1–4.5. Die Unheilsankündigung mit kult- bzw. religionskritischer Zielrichtung in 1,4–5.6 betrifft die offizielle

Das Buch Zefanja als prophetisches Kompendium

Einleitung

wie auch die familiäre Religion. Unter den Unheilsworten gegen das eigene Volk im weiteren Sinne findet sich aber auch ein Mahnwort an eine breitere Volksschicht Judas in 2,1–3 bzw. an eher sozial schwächere Kreise, die in 2,3 ausdrücklich als religiös demütige, JHWH-treue Gruppen angesprochen werden. Zu den Worten gegen Juda und Jerusalem kommen Unheilsworte gegen einzelne Nachbarvölker in 2,4–15 wie nach dem MT gegen Völker und Königreiche insgesamt in Zef 3,8. Alle diese Gerichtsworte gegen das eigene Volk, Juda und Jerusalem, zugespitzt in den Ankündigungen des nahen Tages JHWHs in 1,7 und 1,14–16 wie auch die Worte gegen Nachbarvölker stehen im Kontext des Zefanjabuches im Horizont eines universalen Endgerichtes über Menschen und die ganze Erde in 1,2–3; 1,17–18 und 3,8d. Aber auch die *Heilsankündigungen* sind in allen wichtigen Facetten im Zefanjabuch vertreten. Zunächst nur als ein »Vielleicht« der Rettung für die Armen bzw. Gebeugten in Zef 2,3, dann als Verheißung für das arme und demütige Volk als den Rest Israels in Jerusalem nach 3,11–13. Diese Verheißung setzt sich fort im Freudenaufruf und Ermutigungszuspruch für die Tochter Zion bzw. Jerusalem in 3,14–15 und 3,16–17, verbunden mit dem Thema der heilvollen Königsherrschaft Gottes inmitten Zions in 3,15. Endlich mündet die Heilsankündigung für das eigene Volk in die göttliche Ankündigung der Befreiung und Sammlung des ganzen zerstreuten Zionsvolkes und einer großartigen Schicksalswende von der Schmach zu Ruhm und Ehre unter den Völkern in 3,18–20. Besonderes theologisches Gewicht kommt aber unter den Heilsankündigungen den Verheißungen einer universalen JHWH-Verehrung in Zef 2,11 und 3,9–10 zu. Sie bilden das heilseschatologische Pendant zur universalen Gerichtsbotschaft des Buches.

Zentrale Themen und Impulse
Mit dieser Spannweite des Zefanjabuches als eines prophetischen Mikrokosmos ist auch eine Reihe von Themen und Impulsen gegeben, die die theologische Reflexion und die Glaubenspraxis herausfordern. Ich hebe sechs zentrale Themen hervor:

(1.) Das Thema vom Tag JHWHs kann als textprägend verstanden werden. Es durchzieht (vor allem aufgrund kompositorischer Verknüpfung) das ganze Zefanjabuch. Der Tag JHWHs wird vorgestellt als partikulares geschichtlich-konkretes Eingreifen Gottes (1,7; 1,14–16; 2,1–3), aber auch entschränkt, universalisiert und eschatologisiert auf ein Weltgericht über Menschen und Schöpfung sowie die Völker insgesamt (1,2–3; 1,17–18; MT 3,8). Damit ist das theologische Problem eines Endes der Zeit und eines universalen Gerichts gegeben. Positiv gewendet erscheint der »Tag« in Zef 3,9–20 in der Nachinterpretation zu 3,8 als Tag der Läuterung und Rettung für die Völker und für Jerusalem.

(2.) Ein zweites Thema, untergeordnet, betrifft die Frage: Wie kann sich der JHWH-Glaube inkulturieren in der Lebenswelt Palästinas vor allem in der von Assyrien her dominierten Zeit des 7. Jhs. v. Chr. (vgl. 1,4–5; 1,8–9). Dieses Thema ist grundsätzlicher Natur und betrifft das Verhältnis von

Glaube und seiner Inkulturation in die Geschichte, Kultur und Lebenswelt der Menschen hinein. Die Frage stellt sich: Wo ist die Grenze des Synkretismus erreicht, wo wird Glaube, hier verstanden als JHWH-Glaube und JHWH-Religion, dominiert, verfälscht und interpretiert in einem fremdartigen Gewand, wo verliert Glaube sein Profil durch Inkulturation und durch die Faszination der je größeren Kultur, für Zefanja vor allem der Kultur des assyrisch-aramäischen Raumes?

(3.) Ein dritter Bereich, der in der konkreten Anklage und Kritik Zefanjas auftaucht, kann etwa mit der Frage des »praktischen Atheismus« umschrieben werden. Es geht letzten Endes um die übergreifende Frage nach einem Einwirken und Eingreifen Gottes in die Geschichte der Menschen. Zefanja wendet sich in Zef 1,12–13 offensichtlich gegen reiche Herren der Oberschicht, die gewiss nicht die Existenz Gottes bestreiten würden, aber sein praktisches Wirken und Intervenieren in ihrer eigenen Lebensgeschichte verneinen. Hiermit ist das Problem eines letzten Endes »deistisch« vorgestellten fernen und weltabgewandten Gottes gegeben, ein Problem, das in unserer Zeit durchaus in die Augen springende Analogien und Parallelen hat.

(4.) Ein viertes Thema betrifft das Verhältnis von partikularer und näherhin nationaler Religion zu einer umfassenden religiösen Hoffnung für alle Völker (vgl. 2,11; 3,9–10; auch 3,8). Verknüpft damit ist die Frage nach dem Verhältnis von Nation, Rasse und Religion. Die Frage entzündet sich schon an der Gestalt Zefanjas selbst. Er wird ja in der Überschrift 1,1 als Sohn eines Kuschi eingeführt. Als Kuschiter aber gelten doch wohl in Zef und meist auch sonst in der Bibel konkret die Nubier im Süden Ägyptens. Es ist ganz auffällig, dass das kleine Zefanjabuch gleich zweimal von Kusch bzw. von den Kuschitern spricht: das eine Mal in einem Unheilswort 2,12, das andere Mal in einem Wort umfassenden Heils für die fernsten Völker 3,10 (V 9–10).

(5.) Ein fünftes großes und wirkungsgeschichtlich bis heute vor allem in der latein-amerikanischen, aber auch einer afrikanischen Befreiungstheologie wichtiges Thema ist die soziale und theologische Frage der Armen Israels im Zefanjabuch. Inwieweit verbindet sich hier soziale Armut mit religiöser Demut (vgl. Zef 2,1–3; 3,11–13)? Kann man von einer Spiritualisierung der Armut im Zefanjabuch sprechen, genauer von einer Spiritualisierung der Armen des Landes und des armen Restes Israels in Jerusalem als eines religiös demütigen Volks nach Zef 3,12? Oder ist durchwegs von sozialer Armut auszugehen? Und was bedeutet die Hoffnung für die Armen im Zefanjabuch? Dass hier befreiungstheologische Denkansätze vorgegeben sind, liegt auf der Hand. *N. Lohfink* wird Recht haben mit seiner Behauptung (BiKi 39 [1984] 108): »Das Zefanjabuch ist der Anfang aller Rede von der ›Kirche der Armen‹ und von der ›armen Kirche‹ ...« Ein besonderes Leseinteresse an der Zefanjaschrift unter dem Aspekt der ›Option für die Armen‹, einer befreiungstheologischen Hermeneutik und der Frage nach dem Verhältnis von nationaler Religion und universaler Hoffnung ist in den Beiträgen eines »interkontextuellen« Kolloquiums über das Buch des Propheten Zefanja, das 1995 in Bern stattfand, dokumentiert (W. Dietrich / M. Schwantes [Hrsg.] 1996). Die Frage nach Ansätzen einer Theologie der Armen in Zef wird in der Auslegung zu Zef 3,11–13 in einem Exkurs aufgegriffen.

(6.) Als letztes sei das Thema ›Jerusalem als Gottesstadt‹ genannt. Der Freudenaufruf an die Tochter Zion bzw. an Jerusalem in 3,14 ff. stellt Jerusalem als heilvoll von der Gegenwart des Königsgottes JHWH erfüllte Stadt vor. Dieses Modell der Gemeinschaft Gottes mit den Menschen lebt weiter im letzten Buch des Neuen Testaments, im Bild vom himmlischen Jerusalem (Offb 21,1–22,5).

Neues Forschungsinteresse

Es muss auffallen, dass seit den siebziger Jahren des 20. Jhs. bis in die jüngste Zeit eine ganze Reihe gewichtiger Monographien zu diesem kleinen Propheten erschienen sind, nachdem die Forschung ihm zuvor jahrzehntelang wenig Aufmerksamkeit geschenkt hatte. Vor allem dürfte dies damit zusammenhängen, dass man den Facettenreichtum, die Vielseitigkeit und Intensität dieses Prophetenbuches neu entdeckt hat. In den Jahren von 1972 bis 1999 sind vierzehn Monographien und vier monographische Kommentare zu Zefanja erschienen![3]

Die intensiven Bemühungen um das Buch weisen zum einen auf die zum Teil nicht geringen textlichen und Verständnisschwierigkeiten hin, die uns auch heute noch das Buch stellt, zum anderen aber manifestieren sie noch mehr, dass das Zefanjabuch trotz seiner Kürze eine wichtige prophetische Botschaft enthält.

2. Aufbau und Redeformen des Zefanjabuches – der Tag JHWHs als strukturierendes Thema

Ein von Anfang bis Ende durchdachter Aufbau ist nur dann zu erwarten, wenn das Prophetenbuch von vornherein als eine geschlossene literarische Einheit betrachtet werden kann. Das ist aber auch im Zefanjabuch sicher nicht der Fall, obwohl die literarische Einheitlichkeit bzw. eine kohärente Struktur (abgesehen von einigen Glossen) gelegentlich auch heute noch be-

---

[3] *Ivan Jay Ball* 1972 (neu erschienen 1988), *Ihromi* 1972, *Ludger Sabottka* 1972, *Arvid S. Kapelrud* 1975, *Guy Langohr* 1975, *Hubert Irsigler* 1977, *Günter Krinetzki* 1977, *Hans van Leeuwen* 1980 (Komm.), *Rainer Edler* 1984, *Klaus Seybold* 1985 (»Satirische Prophetie«), *Paul R. House* 1988, *Ambrogio Spreafico* 1991 (Komm.), *Ehud Ben Zvi* 1991, *Adele Berlin* 1994 (Komm.), *Michael Weigl* 1994, *Daniel Hojoon Ryou* 1995, *Marco Striek* 1999, *Johannes Vlaadingerbroek* 1999 (engl. Fassung des holländischen Kommentars 1993).

hauptet wird, z.B. von *M. A. Sweeney* 1991. Man kann sich freilich auch von der diachronen Frage ganz dispensieren und sich auf die überlieferte Endgestalt des Buches in der Auslegung konzentrieren, wie dies exemplarisch als ›close reading‹ *P. R. House* 1988 (Zef als prophetisches ›Drama‹) und aus jüdischer Tradition *A. Berlin* (Komm. 1994) tun. Wenn wir aber aufgrund einer literar- und redaktionskritischen Analyse davon ausgehen müssen, dass die Endgestalt des Prophetenbuchs durch Komposition vorgegebener textlicher Einheiten, durch ihre Fortschreibung und ihre redaktionelle Bearbeitung entstanden ist, dann haben wir mit einer komplizierteren Gesamtstruktur zu rechnen, d.h. mit unterschiedlich gewichteten Strukturierungsebenen. Dies zeigt sich schon an traditionellen Gliederungen des Zefanjatextes in den großen mittelalterlichen Handschriften des masoretischen Textes, in BHS (BHK), wie auch an den traditionell in der Exegese angenommenen Gliederungen nach den sog. eschatologischen Schemata der Prophetenbücher.

Traditionelle Gliederungen des Zefanjabuches

Im masoretischen Text, der uns von jüdischen Gelehrten des hohen Mittelalters als sog. textus receptus der hebräischen Bibel tradiert ist, umfasst das Büchlein Zefanja ein sog. Seder (סֵדֶר), d.h. Ordnung, Reihe oder Abschnitt. Das Zeichen für diesen Großabschnitt ist ס neben Zef 1,1 und Zef 3,20, jeweils mit Pazer als einem trennenden Akzentzeichen. Diese Einteilung nach Sedarim oder Wochenabschnitten für die synagogale Lesung stammt aus Palästina.

Gliederung in mittelalterlichen Codices

In den großen mittelalterlichen Handschriften der hebräischen Bibel finden sich aber noch weitere Gliederungsmerkmale, kleinere Abschnitte. Es handelt sich um die Setuma, d.h. den geschlossenen, (ursprünglich) durch einen Zwischenraum innerhalb einer Zeile markierten Abschnitt, und die Petuḥa, d.h. den offenen, mit Beginn einer Zeile einsetzenden Abschnitt. Im Codex L, der BHS (BHK) zugrunde liegt, enthält das Buch Zefanja nur geschlossene Abschnitte. Die Setuma wird hier durch einen kleineren Buchstaben ס angezeigt. Die Einteilungen des Zefanjatextes in den großen mittelalterlichen Codices sind nicht ganz einheitlich, trotzdem interessant und aufschlussreich für das Verständnis des Textes (zur folgenden Aufstellung vgl. auch *A. Berlin* 18; die Texteditionen des MT sind oben im »Allgemeinen Literaturverzeichnis« unter Nr. 1 aufgeführt).

Was können wir aus der folgenden Übersicht über die Einteilungen in diesen vier Codices erschließen? Am wenigsten einheitlich scheint die Einteilung für Zefanja Kap. 1 zu sein. Immerhin fällt auf, dass sich die Zäsuren an redaktionellen Verknüpfungsformeln in 1,8; 1,10; 1,12 orientieren. Geradezu ins Auge springt die Abgrenzung von 2,1–4. Die Masoreten verstanden hebräisches כי in 2,4 als begründend im Sinne von »denn« oder »weil« und schlossen daher 2,4 an den drohenden Mahnruf von 2,1–3 an. Das bedeutet, dass sie das sichere Gericht, das den Philisterstädten in 2,4 angekündigt

Einleitung

Codex Cairensis [= C, 895 n. Chr.]	Codex Babylonicus Petropolitanus [= P, 916 n. Chr.]	Codex Aleppo [= A / א), 1. Hälfte des 10. Jh.]	Codex Petropolitanus (Leningradensis) [= L, 1008 n. Chr.]
1,1–7	1,1–7	1,1–11	1,1–9
1,8–9	1,8–9		
1,10–11	1,10–11		1,10–18
1,12–18	1,12–18	1,12–18	
2,1–4	2,1–4	2,1–4	2,1–4
2,5–15	2,5–15	2,5–15	2,5–15
3,1–13	3,1–7	3,1–13	3,1–13
3,14–20	3,8–15	3,14–15	3,14–20
	3,16–20	3,16–20	

wird, als drängendes Motiv der Mahnung besonders von 2,3 verstanden haben: »Sucht JHWH, ... sucht Gerechtigkeit, sucht Demut, vielleicht bleibt ihr geborgen am Tag des Zornes JHWHs«. Damit ist ein wichtiger Fingerzeig für das Verständnis der Gerichtsworte gegen Nachbarvölker Judas gegeben. Sie haben kompositionell nicht primär eigenständige Bedeutung. Vielmehr sind sie Motiv der drängenden Mahnung an das Volk von Juda nach 2,3. Ebenso wie die Verse 2,1–4 in allen vier genannten Codices abgegrenzt werden, trifft dies für die weiteren Völkerworte in 2,5–15 zu. Für Zefanja Kap. 3 fällt auf, dass immerhin drei der genannten großen Codices des Mittelalters Zef 3,1–13 abgrenzen. Hier scheint in der Tat eine primäre Komposition von Worten über Jerusalem vorzuliegen. Sie stellt Jerusalem einerseits als dem Gericht verfallen dar, andererseits beschreibt sie den aus einem Läuterungsgericht hervorgegangen Rest des Volkes als ein armes und niedriges Volk in Jerusalem und als den heiligen JHWH-treuen Rest Israels. Interessant ist auch die Abgrenzung von Zef 3,8–15 im Codex Babylonicus Petropolitanus. Sie setzt allem Anschein nach ein heilvolles Verständnis des Ausrufs von 3,8 voraus (»Daher wartet auf mich ...!«) und sieht die Wandlung vom Zorngericht zur Läuterung bei den Völkern wie bei Jerusalem in einem einzigen Abschnitt verknüpft.

Gliederung in Qumrantexten? Die Einteilungen des Zefanjabuches in den großen mittelalterlichen Handschriften haben offenbar eine alte Tradition. Leider können uns die Qumran-Texte nicht präzise für Zefanja Auskunft geben, wie das Buch bei den Schreibern von Qumran gestaltet und gegliedert worden ist. Immerhin weist die hebräische Zwölfprophetenrolle aus dem Wādi Murabbaʿāt (MurXII / Mur88) darauf hin, dass in Zef 2,5 und in 3,14 allem Anschein nach neue Abschnitte beginnen. Die griechische Zwölfprophetenrolle aus Naḥal Ḥever (8ḤevXIIgr) wird ähnliche Einteilungen gekannt haben, wie sie uns etwa im Codex L bis heute vorliegen (vgl. *E. Tov,* DJD VIII [1990]).

Einteilung in drei Kapitel Welche Kriterien dürften für die Einteilung der Zefanjaschrift in drei Kapitel (nach der ursprünglich für die lateinische Bibel um 1205 n. Chr. vorgenommenen Kapiteleinteilung durch *Stephan Langton*) maßgeblich gewesen sein? Die Abgrenzung von Kap. 1 lässt sich jedenfalls gut nachvollziehen. Das in Kap. 1 angekündigte Gericht Gottes über Juda und Jerusalem und die Ankündigung des Tages JHWHs erhalten durch 1,2–3 und 1,17–18 einen universalen Rahmen, werden entfaltet zur Szenerie eines Gerichts über die ganze Erde. Das mit Imperativen neu einsetzende Kap. 2 wird allem Anschein nach deshalb abgegrenzt, weil es hauptsächlich das Gericht über die Nachbarvölker Judas in 2,4 und 2,5–15 zum Gegenstand hat. Nun gehört aber auch 2,1–3 zu diesem Kapitel von den fremden Völkern. 2,1–3 aber handeln ganz offensichtlich noch von Juda bzw. von allen Armen des Landes nach 2,3. Vor allem dürfte bei der Kapiteleinteilung berücksichtigt worden sein, dass 2,4 (auch in der Vulgata) begründend gegenüber 2,3 angefügt ist. Dies entspricht auch der älteren Einteilung in den genannten mittelalterlichen hebräischen Codices. Dass endlich Kap. 3 im Zefanjabüchlein abgegrenzt wurde, dürfte einfach mit dem Hauptgegenstand der darin gesammelten Worte zu tun haben: Das Kapitel handelt hauptsächlich von Jerusalem in Gericht, Läuterung und neuem Leben des Restvolkes. Kap. 3 mündet in einen bewegten Jubelruf an die Tochter Zion und in einen Aufruf der Ermutigung an Jerusalem, der in der neuen Gegenwart Gottes in der Stadt begründet ist. Am Ende tut sich der weltweite Horizont der Diaspora des JHWH-Volkes auf, dem Heimkehr und Restitution des Ansehens und der Ehre unter den Völkern versprochen wird.

In der Exegese des Zefanjabuches hat man sich mit der Kapiteleinteilung als Gliederungsprinzip verständlicherweise nicht zufrieden gegeben. Wie hat die Redaktion des Prophetenbuches den Aufbau dieser Schrift verstanden? Welche Kriterien ergeben sich vom Buch selbst her, um die Makrostruktur zu bestimmen? Gerne hat die Exegese auf geläufige bekannte Muster der Prophetenbuchgliederung hingewiesen. Es handelt sich um die sog. redaktionellen eschatologischen Schemata. Sie liegen im Wesentlichen in zwei Formen vor: Da ist einmal die Folge ›Gericht – Heil‹, zum anderen die Folge ›Unheil bzw. Gericht für das eigene Volk – Unheil für fremde Völker – Heilsbotschaft für das eigene Volk‹. Eine solche Anordnung wandelt das Gericht über das JHWH-Volk von der Katastrophe zum Durchgangsstadium und will offenbar selbst zur Verwirklichung der Heilszeit beitragen. Grund dieser redaktionellen Anordnung in überlieferten Prophetenbüchern ist ohne Zweifel die tatsächliche geschichtliche Erfahrung eines Wandels in der Prophetie nach dem Untergang Judas von der Gerichts- zur Heilsbotschaft. Er ist besonders gut greifbar bei Ezechiel (vgl. zu diesen Schemata der Prophetenbuchredaktionen *W. Zimmerli*, Vom Prophetenwort zum Prophetenbuch: ThLZ 104 [1979] 481–496). Das zweiteilige redaktionelle Schema lässt sich recht deutlich in den Büchern Amos, Hosea und Micha feststellen. In Zef liegt es in 1,2–3,8 ›Unheil‹ und 3,9–20 ›Heilsbotschaft‹ vor.

›Eschatologische Gliederungsschemata‹

Natürlich genügt diese Einteilung nicht, um das Zefanjabuch wirklich zu erfassen.

Wie könnte sich das dreiteilige Schema, wie es sich in Ez, in LXX Jer sowie z. T. in Protojesaja findet, im Zefanjabuch ausprägen? Man kann etwa einteilen: (1.) Zef 1,2–2,3 Gerichtsworte gegen Juda und Jerusalem im Kontext eines weltumspannenden Gerichts; (2.) Zef 2,4–3,8 in der Buchendfassung als Fremdvölker-Teil; (3.) Zef 3,9–20 als ausleitende Heilsbotschaft, allerdings sowohl für die Völker als auch für Jerusalem und den Rest Israels. Aber im überlieferten Text ist ein doppelter Wechsel vom Gericht über Juda und Jerusalem zum Gericht über die Völker feststellbar. Denn diese Folge liegt nicht nur im Verhältnis von Kap. 1 zu Kap. 2 vor, auch in Kap. 3 folgt auf die Bedrohung Jerusalems in 3,1–5 + 6–7 jetzt nach MT in 3,8 ein Völkergericht in einem Weltgerichtshorizont. Das Wehe- und Drohwort 3,1–4.5 erscheint zudem gezielt angleichend an die Unheilsankündigung gegen Assur und Ninive in 2,13–15 angeschlossen. Das dreiteilige redaktionelle Schema kann also den Gesamtaufbau des Zefanjabuches auch nicht glatt erklären.

Allerdings lässt sich Kap. 3 überzeugend nach diesem dreiteiligen redaktionellen Schema verstehen. Zef 3,1–5 und 6–7 wenden sich drohend und scheltend gegen Jerusalem. Zef 3,8 ist jetzt als Unheilswort gegen die Völker und über die ganze Erde formuliert. Darauf folgt symmetrisch das Heilswort für die Völker 3,9–10 und 3,11–20 für Jerusalem / Israel.

Neuere Strukturanalysen und ein Resümee zu Redeformen und Aufbau des Buches

Die Struktur des Buches in seiner Endgestalt wird in der Forschung besonders für Zef 2 und 3 je nach Gewichtung der Kriterien unterschiedlich bestimmt. Hierin wirkt sich auch die Überlagerung verschiedener kompositioneller Ebenen in der Entstehungsgeschichte des Buches aus. Folgende Hauptpositionen werden vertreten: (siehe auch *P. Weimar* 1997, 724–729): (1.) Die wichtigsten Textzäsuren fallen mit den Kapitelgrenzen zusammen, so neuestens bes. *P. Weimar* 1997 und 1998, der symmetrische Kompositionsstrukturen mit kontrastierenden Elementen in den drei Kapiteln annimmt, was zumindest für Zef 2 schwierig erscheint.

(2.) Ausgehend von der auffälligen refrainartigen Wiederholung der universalgerichtlichen Ankündigungen 1,18b und 3,8d ergibt sich eine dreiteilige Gliederung (ausgenommen die Überschrift 1,1) in die Hauptteile 1,2–18; 2,1–3,8; 3,9–20, so *B. Renaud* 1986 und im Kommentar 1987 mit Betonung des Tages JHWHs als dem strukturbildenden Buchthema; entsprechend *D. H. Ryou* 1995, bes. 281–286; *A. Schart*, BZAW 260 (1998), 204 f. 206–218. Eine Variante dieses dreiteiligen Aufbaus vertritt *M. H.*

Floyd 2000, 165 f.(163–250): 1,2–18; 2,1–3,13!; 3,14–20. Diese Variante akzentuiert gewichtige Neueinsätze mit Imperativen in 2,1 und 3,14. Allerdings schließt 3,14 gleichwohl nach Adressat und Inhalt unverkennbar an 3,11–13 an.

(3.) Die neueren Versuche, Ringkompositionen in 1,2–18; 2,1–3,5 (eine Hauptzäsur nach 3,5?!) und 3,6–20 nachzuweisen, sind eher thematisch-inhaltlich bestimmt, so bei *N. Lohfink* 1984, 100–108; *M. Weigl* 1994, 230–254; im Anschluss daran *E. Zenger*, Einleitung in das Alte Testament, Stuttgart u.a. ³1998, 516–518. Dabei wird zumal der Gegensatz zwischen der Oberschicht und den Reichen Jerusalems und den Armen des Landes bzw. dem armen Israel akzentuiert (z.B. 2,1–3 als Kontrastbild zu 3,1–5).

(4.) Wo mehr als drei Hauptteile im Aufbau des Zefanjabuches angenommen werden, lässt sich vorab das Bestreben erkennen, der relativen Eigenständigkeit von Zef 3 und der darin enthaltenen Gruppierung von Texteinheiten gerecht zu werden. So kommen *J. Vlaardingerbroek* (Komm. 1999) und *H.-D. Neef* 1999, 530–546, zu einer vierteiligen kompositionellen Anlage: 1,2–2,3 (mit 2,1–3 als abschließender Mahnrede); 2,4–15 (gegen fremde Völker); 3,1–8 (gegen Jerusalem); 3,9–20 (Heil für Völker und Jerusalem / Israel).

Eine Zusammenschau sprachlicher und literarischer Textsignale mit thematischen, redefunktionalen und kommunikativen Kriterien spricht m.E. eher für jene Position (2.) als dem übergreifenden Strukturansatz in der Endgestalt des Buches, die in Zef 1,18 und 3,8 jeweils den universalgerichtlichen Abschluss eines Textprozesses erkennt. Das Thema des JHWH-Tags erscheint durchwegs als strukturprägend.

Dann enthält *Teil I (1,2–18)* universalgerichtlich (1,2–3; 1,17–18) gerahmte Worte gegen Juda und Jerusalem mit den Segmenten 1,2–6 (2–3.4–6) + 1,7–13 (7–9.10–11.12–13: das Gericht über Jerusalem am Tag JHWHs als kompositionelles Zentrum!) + 1,14–18 (14–16.17–18). Das in Gottesrede angekündigte Unheil wird als Geschehen am Tag JHWHs (1,7.14–16.18b) interpretiert. *Teil II (2,1–3,8)* umfasst nach der von Teil I her überleitenden komplexen Mahnrede an das (einfache) Volk von Juda 2,1–3, die ein »Vielleicht« der Rettung am Tag JHWHs offen lässt, zentral die erweiterte Sammlung der Worte gegen Fremdvölker in 2,4–15 (4–7 [Westen] + 8–11 [Osten] + 12–15 [Süden + Norden]). Sie schließt jetzt als warnender Hinweis auf das als sicher angekündigte Gericht an den Nachbarvölkern begründend an den Mahnruf von 2,3 zu »Gerechtigkeit« und »Demut« an. In Entsprechung zu Drohung und Schelte gegen Ninive (2,13–15) folgt ein Wehewort gegen Jerusalem 3,1–5, das sich in einem göttlichen Gerichtswort (primär) gegen die Stadt und ihre Bewohner 3,6–8 fortsetzt. Allem Anschein nach stand bei der Bildung des Zusammenhangs Zef 2,4–15 + 3,1–5 (+ 3,6–8) die Völkerwortkomposition in Am 1,3–2,16 mit ihrer Schluss- und Zielstrophe gegen Israel Pate (vgl. *A. Schart*, BZAW 260 [1998] 212).

> Teil I und II: der »Tag« des Gerichts

Einleitung

Für die Abgrenzung von 2,1–3,8 als großem Mittelteil II des Zefanjabuches spricht nicht zuletzt die kontrastive Entsprechung, die wir zwischen dem Eingangsabschnitt 2,1–3 und 3,1–8, insbesondere 3,6–8, beobachten können (vgl. auch *H-D. Neef* 1999, 539; *D. H. Ryou* 1995, 284f.). Wie die drängenden Mahnrufe in 2,3 noch eine Rettungsmöglichkeit vorsehen, wenn auch nach 2,3a nur noch für die Frommen des Landes, so setzt ähnlich der innere Monolog JHWHs in 3,7 im Zusammenhang mit 3,6 voraus, dass JHWH eine Verhaltensänderung von Jerusalem aufgrund der Warnung durch göttliche Gerichtstaten an Völkern erwartete und dann eine Verschonung in Aussicht gestellt hätte. Doch dies kann JHWH nur noch im enttäuschten Rückblick formulieren: Jerusalem hat die Mahnung und Rettungschance verspielt. Nachdem die Stadt den mahnenden (prophetischen) Ruf (3,2 im Rückblick bes. auf 2,3) und auch die durch das Gericht an Nachbarvölkern 2,4–15 ergehende Warnung nicht angenommen hat (3,6–7), folgt notwendig die Gerichtsansage, die nach MT 3,8 jedoch über die Jerusalemer im Rahmen eines Völker- bzw. »Welt«-Gerichts ergeht. 3,6–8 wirken wie eine Zusammenfassung des Gerichts JHWHs an den Völkern 2,4–15 und als Aufweis der notwendigen Gerichtsfolge für Jerusalem. 3,6–8 bringt damit die Verflechtung des Unheilsgeschicks Judas bzw. Jerusalems mit jenem der Völker von 2,1–3,5 her zum Abschluss im universalen Gericht. Dieses ist als Zorngericht am Tag des Aufstehens JHWHs als *Zeuge* (/ Ankläger) [korr. Text] qualifiziert, was auf 2,3 (2,2–3, vgl. 1,15.18) zurückgreift. Der Tag JHWHs wird erst von 3,8 her ausdrücklich zum umfassenden und beherrschenden Kontext auch des Völkergerichts, wiewohl schon durch 2,4ff. im Begründungsverhältnis zu 2,1–3 das Gericht über die Nachbarvölker kompositionell in diesen Rahmen gestellt wurde.

Teil III: der »Tag« der Läuterung und Rettung

Im *Teil III (3,9–20)* der Endtextebene wird das Völkergericht am JHWH-Tag von MT 3,8 als Läuterungsgericht interpretiert und von daher eine heilvolle Zukunft für Völker, Jerusalem und das Israel in der Diaspora eröffnet. 3,9 setzt nach dem Begründungssatz 3,8d mit emphatischem כי אז »Ja, dann (aber)« neu ein. Es parallelisiert die Wandlung der Nationen 3,9 mit der Reinigung Jerusalems von seiner hochmütigen Oberschicht in 3,11b (hier jedoch begründend zu 11a). Anfang und Ende des dritten Teils sind motivisch, zum Teil auch lexematisch, inkludierend aufeinander bezogen: (1.) Nur in 3,9 und 3,20c begegnet der Plural עמים als Bezeichnung der »Völker / Nationen« (vgl. dagegen גוי / גוים in 2,1–3,8: 2,1.5.9.11.[14]; 3,6.8). (2.) Das Motiv der »Schande« Jerusalems vor den Völkern, das in 3,11a (לא תבושי »Nicht mehr wirst du zuschanden werden / dich schämen müssen ...«) kontextuell als Vermittlung zu 3,9–10 betrachtet werden kann, taucht wieder in 3,18 (חרפה »Schmach«) und 3,19 (Glosse בשתם »ihre Schande«) bzw. kontrastiv im Spiegel der angekündigten neuen Ehre vor den »Völkern der Erde« (3,20c) in 3,19–20 auf. (3.) Auch das Motiv von der Wallfahrt nach Jerusalem bzw. der Sammlung des zerstreuten JHWH-

Volks nach Jerusalem verknüpft Anfang und Ende des dritten Hauptteils: 3,10 (mit Glosse) und 3,19b–c (auch 3,18 nach MT!). (4.) Insgesamt zeigt sich im Aufbau von 3,9–20 eine Symmetrie der drei genannten betroffenen Größen: »Nationen« (3,9) + Diaspora (»Tochter meiner Verstreuten« 3,10) + Jerusalem (als Adressat in 3,11–12) // Jerusalem (»Tochter Zion« usw. 3,14 + 3,16 als Adressat in 3,14–15.16–17.18–19) + Diaspora (3,19; MT 3,18) + »Nationen« (3,20c). Zef 3,9–20 mit seinen gegliederten Hauptteilen 3,9–13 und 3,14–20 zeigt somit das andere Gesicht des JHWH-Tags: Aus dem Strafgericht über Völker und Jerusalem 3,8 wird ein Gericht der Läuterung der Völker 3,9–10 und der Reinigung Jerusalems 3,11–13. Jenseits dieses Läuterungsgerichts ist Zion Adressat eines prophetischen Freudenaufrufs und Ermutigungsworts (3,14–15.16–17/18′) und kann sich dann Jerusalem der heilvollen Gegenwart JHWHs als des mächtigen schützenden Königs (3,15) und als des rettenden Kriegshelden und liebenden Bräutigams (3,17) erfreuen. Jerusalem wird die Heimkehr des zerstreuten JHWH-Volks und dessen neuen Ruhm unter den Völkern erleben (3,18–19.20).

Nun lässt sich allerdings nicht übersehen, dass Kap. 3 des Zefanjabuches vorab das Geschick Jerusalems in den Blick rückt, freilich mit dem Geschick der Völker verknüpft. Für sich genommen zeigt Zef 3 Aufbaumerkmale einer weiteren abgeleiteten Großeinheit: Unheil für Jerusalem 3,1–5 + 3,6–8 und für die Völker 3,8 (mit 3,6) – Heil für die Völker 3,9–10 und für Jerusalem 3,11–13.14–20. Ähnlich wie jedoch 3,6–8 nicht nur auf der Ebene von Kap. 3, sondern im Zusammenhang von 2,1–3,8 insgesamt als universaler Gerichtsabschluss fungiert, interpretiert auch die Heilsverheißung für die Völker 3,9–10 in Reaktion auf 3,8 nicht nur im Rahmen von Kap. 3 das Geschick der Völker neu. 3,9–10 zielt vielmehr über 3,6–8 hinaus *kontrastiv* auch auf die Ankündigungen gegen die Fremdvölker in Kap. 2. Die Verschränkung des Geschicks Jerusalems in Läuterung und neuem Heil mit jenem der Völker in 3,9–13, die in 3,(19.)20 ihren Widerhall findet, erscheint insgesamt als Gegenbild zu 2,1–3,8 und letzten Endes zur Großkomposition der Unheilsworte in 1,2–3,8 als ganzer. Alles Unheil und Strafgericht von 1,2–3,8 wandelt sich zum Durchgang, zum endgültigen und insofern eschatologischen Heil in 3,9–20.

Der Gesamtaufbau des überlieferten Zefanjatextes führt uns auf ein recht komplexes Beziehungsgeflecht. Trotz der als dominant erkennbaren Struktureinheiten zeigen sich auch strukturelle Überlagerungen. Sie prägen nicht nur die Gestalt des überlieferten Endtextes bzw. relativieren das Gewicht der Hauptzäsuren, sondern weisen auch auf Substrukturen, die sich als dem Endtext vorgegebene Primärkompositionen beschreiben lassen. Sie lassen sich vor allem an den jeweils betroffenen Personen und Bereichen ablesen. So handelt die Komposition 1,4–2,3* (1,4–6.7–13.14–16; 2,1–3) von Juda und Jerusalem am Gerichtstag JHWHs, einsetzend mit religiös-kultischen Vergehen (1,4–5*.[6]) und abschließend mit einem drastischen ›letzten‹

Primärkompositionen als Substrukturen

Einleitung

Mahnruf an das judäische Volk (2,1–3*). Die Fremdvölkerworte 2,4–15* schließen sich als eigene Komposition an. Sie sind durch die Anfügung der Jerusalemworte 3,1–4.5 und sodann auch 3,6–8 zu einer Großkomposition 2,4–3,8 (nach dem Modell von Am 1,3–2,16) ausgebaut. Andererseits erscheinen die auf Jerusalem bezogenen Worte innerhalb von 3,1–13 gegenüber ihrem literarischen Kontext als eine eigene Komposition 3,1–13*. Sie handelt von dem durch Gewalttätigkeit verunreinigten und durch das Gericht (mit Völkern als Gerichtswerkzeug JHWHs!) geläuterten Jerusalem, dessen »armes und demütiges Volk« als »Rest Israels« sicher wohnen wird (3,1–4.[5].6–8.11–13). Erweiternd folgt die mit dem Freudenaufruf 3,14 neu einsetzende Kleinkomposition 3,14–17/18'. Sie ist ihrerseits durch die Verheißung der Heimkehr und Schicksalswende für das JHWH-Volk in 3,18–19.20 erweitert.

Kolometrische Gestaltung

Das Buch Zefanja ist mit wenigen Ausnahmen (1,2–3; 1,6; [1, 13c–f]; 1, 18b–c; [2,7]; 2,10.11; [3, 5c–e]; 3,18–20) durchwegs in poetischen Verszeilen geformt. Sie werden im Kommentar in der kolometrischen Anordnung des Übersetzungstextes zusammen mit ihren Versgliedern (Kola) notiert. Die Anordnung beruht auf Merkmalen syntaktisch-stilistischer Symmetrie (parallelismus membrorum) und rhythmischer Gestaltung (Wortakzent, Silben- und Buchstabenzahl der Kola). Entsprechende kolometrische Analysen und Anordnungen haben für das Zefanjabuch O. *Loretz* (1973, 219–228), M. *O'Connor* (1980, 511–527.558–563) und W. M. *van Grol* (1988, 186–206) vorgelegt.

Redeformen

Welche Redeformen sind im Zefanjabuch vertreten? Es fällt auf, dass die Form der einteiligen Unheilsankündigung (mit implizierter Begründung) in der 1. Person der JHWH-Rede, abgesehen von 2,5–6, ausschließlich in Kap. 1 begegnet: 1,4–5.(6); 1,8–9; 1,12–13, dazu 1,2–3 und 1,17–18a. Singulär in MT ist das formal im Nominalsatz darstellende Unheilswort über die Kuschiter in 2, 12, das kontextuell allerdings als funktionale Unheilsankündigung verstanden werden soll. Eine klar zweiteilige Struktur mit begründendem Lagehinweis und Unheilsankündigung bezeugen hingegen die Gottesreden 2,8–9 und 3,6–8.

In ankündigenden Verbalsätzen formulierte Unheilsansage in Prophetenrede findet sich als selbstständige Spruchheit nur in 2, 4 und 2,(12*?.)13–14, hier erweitert durch den begründenden Vers 2, 15 in der Form einer spöttischen Untergangsklage (›prophetisches Leichenlied‹). Unheilsansagender redaktioneller Zusatz in Prophetenrede ist 1, 18b–c, ferner funktional als Ankündigung des Untergangs aller Götter 2, 11 (im Anschluss an den feststellend-begründenden Zusatz 2, 10). Ein eigenständiges Gepräge verraten die funktionalen Ankündigungen des Tages JHWHs in Prophetenrede: 1, 7 als begründeter Aufruf zur Stille vor der Gegenwart JHWHs mit kultischer Konnotation; 1,14–16 als höchst eindrucksvoller atypischer beschreibender Hymnus (bes. 1,15–16) auf den nahen JHWH-Tag; 2,1–3 als drohendes Mahnwort, das nur einen Schimmer an Hoffnung übrig lässt. Hinzu kommt die mit einem Ausruf »Horch!« einsetzende aktualisierende Schilderung eines wahrgenommenen Feindeinfalls in der Neustadt Jerusalems 1,10–11, die in 1, 11 die Form eines ›Aufrufs zur Volksklage‹ verwendet. Wie die Untergangsklage von 2, 15 stammen letztlich aus der Situation der Totenklage die Formen der Wehe-Worte in 2,5–6 (nach MT sind 2, 5a–b Prophetenrede, 2, 5c–6 Gottesrede) und 3,1–4.5 (als Prophetenrede).

Ankündigende Gottesreden als Verheißungen haben für den Redeprozess wie für die Theologie des Zefanjabuches höchstes Gewicht in 3,9–10 (Heil für die Völker) und 3,11–13 (Rettung des armen und demütigen Restvolks Israels). Als Fortschreibung von 3,14–17/18' schließt verheißende Gottesrede in 3,18–20 das Prophetenbüchlein ab; die Gottesspruchformel 3,20d schafft eine Inklusion zur Überschrift 1,1. Heilsankündigende Prophetenrede ist nur in eindeutigen Zusätzen vertreten in 2,7 (für den Rest des Hauses Juda) und in der außergewöhnlichen Verheißung universaler JHWH-Verehrung 2,11. Der geballte prophetische Aufruf zur Freude an die Tochter Zion 3,14–15 leitet den Buchabschluss ein; sein redefunktionales Gegenstück ist der Aufruf zur Volksklage von 1,11. Dem Freudenaufruf folgt ergänzend ein prophetischer Ermutigungszuspruch 3,16b–17/18', der die Redeform des priesterlich-prophetischen Heils- oder Erhörungsorakels aufnimmt. Beide Texteinheiten deuten auf einen Vortrag der Zefanjaschrift in wortgottesdienstlichen Versammlungen hin.

Eine Übersicht soll Aufbau und Redeformen des Zefanjabuches zusammenfassen:

			REDEARTEN, TEXT-SIGNALE und -BEZÜGE (G = Gottesrede P = Prophetenrede)
Überschrift 1,1			
I.	1,2–18	**Das Gottesgericht über Juda und Jerusalem im Kontext des Tages JHWHs, ausgeweitet zum universalen Endgericht**	
A.	1,2–6	Ankündigung des Gottesgerichts universal und zentral über Juda und Jerusalem	G (V 6 P)
1.	1,2–3	Das Unheilsmotto: ›Weltgericht‹ als Vernichtung alles Lebendigen mit dem Hauptziel: die Menschen	→1,17–18a(18b–c)
2.	1,4–6	Gegen die Anhänger fremdstämmiger Kulte und einer synkretistischen JHWH-Religion in Juda und Jerusalem (V 4–5), ausgeweitet auf alle Abtrünnigen (V 6).	**1,4–2,3* JUDA und JERUSALEM** (Primärkomposition)
B.	1,7–13	Ankündigung des Gerichts über Jerusalem am nahen Tag JHWHs	V 7 P, V 8–13 G (V 8a.10ab P, 10c–11 G aus P)
1.	1,7	Das Motto: der nahe Tag JHWHs, ausgerufen als Schlachtopferfest, von JHWH bereitet: 1,7–9 Der nahe Tag JHWHs als Gericht über die herrschenden Kreise am Hof; in 1,10–13 ferner konkretisiert auf das Händlervolk und die Reichen in Jerusalem	Aufruf: »Stille …!« 7a 1,7 → 1,14

2.	1,8–9	Gegen die höfischen Herren Jerusalems	
3.	1,10–11	Aktualisierende Schilderung: Feindeinfall gegen das Krämervolk der (westlichen) Neustadt Jerusalems	Ausruf: »Horch …!« 10c, ›Aufruf zur Volksklage‹ V 11
4.	1,12–13	Gegen die selbstgefälligen Reichen in Jerusalem und ihr Bild vom in-aktiv-ungefährlichen Gott	
C.	1,14–18	Der nahe Tag JHWHs als theophanes Ereignis des unheimlichen JHWH-Zorns, ausgeweitet zum ›Weltgericht‹	
1.	1,14–16	Der nahe Tag JHWHs, ausgerufen als kosmisch-kriegerischer Tag des Zorns [gegen Juda]	P: ›hymnische Beschreibung‹ 1,14 → 1,7 → 1,2-3
2.	1,17–18	Universale Drangsal und gewaltsamer Tod der Menschen, entfaltet als Weltkatastrophe am Zorntag JHWHs	
a.	1,17–18a	Vernichtung der Menschen ohne Rettungsmöglichkeit	G (17c P) → 1,2-3
b.	1,18b–c	Ende der Erde und ihrer Bewohner: »… und im Feuer seines Eifers wird die ganze Erde verzehrt« 18b	P 1,18b → 3,8d
II.	2,1–3,8	**Drohung und Mahnung an das Volk von Juda (2,1–3), begründet im kommenden Unheil über Nachbarvölker (2,4–15), in deren Geschick die Hauptstadt Jerusalem einbezogen wird – als Ziel und Höhepunkt des Völkergerichts (3,1–8)**	
A.	2,1–15	Drohung und Mahnung an das Volk von Juda (2,1–3), begründet im kommenden Unheil als Vernichtungsgericht über Nachbarvölker mit der Assyrerhauptstadt Ninive als Höhepunkt (2,4–15)	

1.	2,1–3	Der ›letzte‹ Appell: ironische Aufforderung zur Sammlung vor dem Kriegssturm an das Volk von Juda (in V 3 präzisiert als die Armen / Demütigen im Land) mit dem Ziel einer äußersten Mahnung, um »vielleicht« am Zorntag JHWHs geborgen zu bleiben	P; Imperativ pl. V 1+3 → Verhaltenserwartung und Rettungsmöglichkeit auch in 3, 7, jedoch im enttäuschten Rückblick → die Armen 2, 3 im Kontrast zu 1, 6 und zu 1, 8–13 u. 3, 1–4; in Entsprechung zum armen Volk 3, 12
2.	2,4–15	**Unheilsankündigung gegen Nachbarvölker Judas mit der Assyrerhauptstadt Ninive als Höhepunkt**	**Komposition 2,4–15*, motivierend angefügt an 2,1–3, erweitert durch 3,1–5 + 6–8**
a.	2,4–7	Unheil über die Philister (im WESTEN) mit heilvollem Ausblick für Juda	V 4 (P), V 5–6 G(5b_5a P) V 7 P
(1)	2, 4	Die Philisterstädte	
(2)	2, 5–6	Der Landstrich am Meer	
			»Wehe« → 3, 1; Anrede
(3)	2, 7	Verheißung für den Rest des Hauses Juda	
b.	2,8–11	Unheil über Moab und Ammon (im OSTEN), mit heilvollem Ausblick für das Restvolk, abgeschlossen durch die Verheißung universaler JHWH-Verehrung	
(1)	2,8–9.10	Moabs und der Ammoniter Hochmut und Bestrafung, erweitert durch eine Verheißung für das Restvolk JHWHs	V 8–9 G, V 10 P
(2)	2, 11	Vernichtung der Götter und Bekehrung »aller Inseln der Völker« zu JHWH	P; → 3,9–10
c.	2, 12.13–15	Unheil über Kuschiter (äußerster SÜDEN) und Assur / Ninive (NORDEN)	
(1)	2, 12	Kuschiter als ›Schwerterschlagene‹: Unheilsbeschreibung, kontextuell als Ankündigung	G (aus P?); Anrede
(2)	2, 13-15	Ende Assurs, Verwüstung Ninives, erweitert durch die Spottklage über die hochmütige Stadt (V 15)	P; ›Modell‹ für Jerusalem 3, 1–4

Einleitung

			3,1–20 JERUSALEM und die VÖLKER
B. 3,1-8		Jerusalem wird als gewalttätige und unbelehrbare Stadt angeprangert und in das Unheilsgeschick der Nachbarvölker Judas (2, 4-15) einbezogen, als Höhepunkt eines ins Universale ausgeweiteten Völkergerichts (3, 8)	**3,1–13* + 3,14 ff.** **JERUSALEM** **(Komposition mit Erweiterung)**
	1. 3,1-5	Das Wehe über das gewalttätige Jerusalem und seine korrupte Oberschicht auf dem kontrastiven Hintergrund des stets gerechten Wirkens JHWHs inmitten der Stadt	P »Wehe« (+ Anrede) → 2, 5
	a. 3,1-4	Das Wehe über Jerusalem	→ 2, 13–15; 3, 2 → 2, 3
	b. 3,5	JHWHs gerechtes Wirken inmitten der Stadt	→ 3, 15.17
	2. 3,6-8	Scheltwort über Jerusalem, das in ein ins Universale ausgeweitetes Völkergericht am Tag JHWHs mündet, hervorgegangen aus einer begründeten Ansage des Gerichts über Jerusalem durch fremde Völker	G 3, 6–7 → 2, 1–3+2, 4 ff.; enttäuschte Erwartung 3, 7 ↔ 2, 1–3; Untaten 3, 7e–f → 3, 1–4; Imp. pl. 3, 8a → 2, 1.3; Zornglut 3, 8c → 2, 2+3
		»Ja, im Feuer meines Eifers wird die ganze Erde verzehrt« 8d	3, 8d → 1, 18b
III. 3,9–20		**Das andere Gesicht des JHWH-Tags: das Völkergericht 3, 8 als Läuterungsgericht und als Wende zur heilvollen Zukunft für die Nationen, für Jerusalem und für das Israel in der Diaspora**	→ 3, 8
A. 3,9–13		Verheißung: die Läuterung der Nationen und Jerusalems	G(+9B.12b P) Anrede 3, 11a–12a → 3, 1–8 »Ja, dann« 3, 9.11b → 3, 8
	1. 3,9–10	Die Wandlung der Nationen zur gemeinsamen JHWH-Verehrung, konkretisiert in der Wallfahrt vom fernen Kusch nach Jerusalem, in welche das Diaspora-Israel einbezogen ist (Glosse V 10)	Anrufung des JHWH-Namens 3, 9 → 12 3, 10 → 3, 18–19.20 (Sammlung nach Jerusalem)

2.	3,11–13	Die Läuterung des hochmütigen Jerusalem als Verheißung für ein armes und treues Volk inmitten der Stadt als Rest Israels	Schande Jerusalems vor »Nationen« 3,9–10.11a → 3, 18.19d20c Zuflucht beim JHWH-Namen 3, 12 → 3,9
B.	3,14–20	Heilszuspruch und Verheißung für das Jerusalem jenseits des Gerichts	**Freudenaufruf als Buchabschluss**
1.	3,14–18′	Aufruf zur Freude und Ermutigung, begründet in JHWHs heilvoller Gegenwart inmitten der Stadt	P, Anrede an f. sg. (14b pl.)
a.	3,14–15	Aufruf zur Freude an die Tochter Zion, da JHWH nach dem Gericht in Jerusalem als König herrscht	3, 15 → 3, 8c
b.	3,16–18′	Ermutigungszuspruch an Zion, weil JHWH sich über die Stadt freut und seine Liebe erneuert	
2.	3, 18a–20	Heilsankündigung: die Sammlung der Verstreuten Israels (nach Jerusalem) und die neue Ehre des wiederhergestellten JHWH-Volks unter den Nationen der Erde	G → 3, 10 3, 18.19d.20c → 3,9–10.11a
a.	3, 18a–19	JHWH macht den Unterdrückern Jerusalems ein Ende, sammelt das Diaspora-Volk und bringt es zu Ehren auf der ganzen Erde	Anrede an f. sg. 19a
b.	3, 20	Steigerung: Sammlung und neue Ehre des erniedrigten Volks unter den Nationen als Schicksalswende, noch in der Gegenwart der Angesprochenen	Anrede an pl. »Spricht JHWH« 3, 20d → 1, 1

3. Intertextuelle Bezüge des Zefanjabuches

Was bedeutet »Intertextualität«? Kurz gesagt, es geht um die eigentlich uralte, aber erst im 20. Jahrhundert zu einem literaturwissenschaftlichen Konzept ausgearbeitete Erkenntnis, dass jeder Text in irgendeiner Weise auf anderen Texten aufbaut und selber wieder anregend für andere Texte wirken kann.[4] Intertextualität bedeutet allerdings nicht nur unterschiedli-

---

[4] Für den biblischen Bereich vgl. exemplarisch D. N. Fewell (Hrsg.), Reading Between Texts. Intertextuality and the Hebrew Bible, Louisville, KY 1992; G. Aichele and G. A. Phillips (Hrsg.), Intertextuality and the Bible: Semeia 69/70, Atlanta, GA 1995.

Einleitung

che Formen der Abhängigkeit von Texten voneinander, einerseits als Prätexte oder Spender-Texte und andererseits als rezipierende oder Empfänger-Texte. Vielmehr geht es synchron gesehen darum, dass verschiedene Texte analoge Elemente enthalten und damit zu Kontexten werden, von denen her ein Hörer oder Leser einen bestimmten Text wahrnimmt und interpretiert. Intertextualität ist also nicht auf die Ebene der Produktion von Texten beschränkt, sondern betrifft auch die Ebene der Rezeption, des Lesens und Hörens und des Interpretierens von Texten durch die Leser. Dadurch werden Texte deutungsoffen, polyvalent. Hier sollen nur jene intertextuellen Bezüge zu Wort kommen, die sich mehr oder minder ausdrücklich feststellen lassen und von besonderem Gewicht für das Verständnis des Zefanjatextes sein können. Dabei geht es einfach um textliche Analogien als solche, noch nicht um die Feststellung von Abhängigkeitsbezügen. Der Überblick soll zeigen, in welchem literarischen Horizont das Zefanjabuch als Ganzes steht, wie weit dieser Horizont reicht, wie vielfältig er ist, aber auch, wo und in welcher Richtung die Schwerpunkte der Analogien liegen. Vollständigkeit ist dabei nicht intendiert.

Wir gehen den Zefanjatext entlang und notieren die wichtigsten Analogien:

Zef 1,1:
- *nominalisierte Wortereignisformel* Zef 1,1 und Hos 1,1; Mi 1,1; Joel 1,1; LXX Jer 1,1

Zef 1,2–3:
- Lebewesen wegraffen »weg von der Fläche des Erdbodens« Gen 6,7 und 7,4 (Sintflut)
- Ende der Lebewesen Hos 4,3 (4,1–3); Ez 38,20; vgl. Jer 4,23–26; 12,4

Zef 1,4–6:
- 1,4–5   –   2 Kön 23,4–14 (Reform Joschijas):
  1,4 »der Baal«   23,4.5
  1,4 »die Fremdpriester« (הַכְּמָרִים)   23,5
  1,5 »auf den Dächern«   23,12 »auf dem Dach«,
                                  vgl. Jer 19,13; 32,29

  1,5 »das Heer des Himmels«   23,4.5
  1,5 »ihr MLK«   23,10 »für den MLK«
                                  (nicht »Milkom« V 13!)

- 1,4b (ausrotten) »von diesem Ort« – Dtn 12,3e
- 1,6 (Kontrast zu 2,3a) Abkehr von JHWH – Jes 59,13

Zef 1,7 und Zef 1,14–16:
- 1,7 Schlachtopferfest – Jes 34,6; Jer 46,10; Ez 39,17
- 1,7a *liturgische Schweigensformel* – Hab 2,20b; Sach 2,17a

- 1,7b.14a.b ›*Tag-JHWH-Ankündigungsformel*‹ – Ez 7,7; 30,3; Obd 15; Jes 13,6; Joel 1,15; 2,1; 4,14; vgl. Mal 3,13–21;
  Prätexte: Am 5,18–20; Jes 2,12–17
- 1,15a und 1,18b; 2,2c.3d; 3,8 Zorn-Tag JHWHs – Ps 110,5; Klgl 2,1.21.22
- 1,15c »Drangsal und Bedrängnis« – Dtn 28,53.55.57

Zef 1,8–13:
- 1,13c–f ›*Vergeblichkeitsfluch*‹ – Am 5,11c–f; Dtn 28,30c–f; 28,39 (positiv Jes 65,21.22; Jer 29,5; Am 9,14)

Zef 1,17–18:
- 17b ›gehen wie Blinde‹ – Dtn 28,29
- 1,18a(b) wertloser Besitz → Ez 7,19; Ps 49,8–9; Spr 11,4
- 1,18b – Zef 3,8d!, verzehrendes Zornesfeuer Jes 30,27.30; 33,11–12.14 u.a.
- 1,18c Ende der Erdenbewohner – Jes 10,23; 28,22

Zef 2,1–3:
- Zorn-Tag 2,2c.3d s.o. zu Zef 1,7 und 1,14–16
- 2,3a ›JHWH suchen‹ (vgl. 1,6!) – Ps 9,11; 24,6; 27,8; 40,17 u.a.
- 2,3a »alle Gebeugten des Landes« – עני(ה)ארץ / עניי ארץ Am 8,4; Ijob 24,4; Jes 11,4; Ps 76,10; עניים Jes 29,19; 61,1; Ps 9,13.19; 10,12.17; Ps 22,27 ... Ps 149,4
- 2,3b–c Streben nach Gerechtigkeit und Demut – Mi 6,8
- 2,3c »Demut« – Spr 15,33; 18,12; 22,4, vgl. Sir 3,17–19
- 2,3d »*Vielleicht*« der Rettung – Am 5,15; Joel 2,14; Jona 3,9

Zef 2,4–15:
- ›geographisches Schema‹ von Fremdvölkerworten
  vgl. Am 1,3–2,16; Jes 13–23; Jer 46;51; Ez 25–30
- + Wort gegen Jerusalem Zef 3,1–5 (1–8) – Am 1,3–2,16*
- 2,11–13(11–15) Folge: »Inseln der Völker« – Kusch – Assur und Ninive – Gen 10,5–11 (Völkertafel)
- 2,11 universale JHWH-Verehrung – vgl. Mal 1,11; Ps 22,28c
- 2,15a »die fröhliche / prahlerische Stadt« – Jes 22,2; 23,7; 32,13
- 2,15 »ich und niemand sonst« (15b-c) – *Jes 47,8 (und 10)*; Untergangsklage Jer 50,23c; 51,41c

Zef 3,1–8:
- 3,3–4 + 3,8 Ständepredigt und ›Ausgießen des Zorns‹ → Ez 22,23–31
- 3,2a–b ›auf keine Stimme hören, keine Zurechtweisung annehmen‹ (vgl. 3,7) – Jer 7,28 (2,30; 5,3 u.a.), vgl. Spr 1,3; 8,10; 24,32
- 3,3 MT »Wölfe des Abends« – MT Hab 1,8
- 3,7b JHWH-Furcht (ethisch geprägt) – Spr 10,27; 14,26.27; 15,16.33 u.a.
- 3,5 Gerechtigkeit JHWHs – Dtn 32,4; Klgl 1,18; Dan 9,14

Zef 3,9–10:
- 3,9 (3,9–17) Hafṭara (Prophetenlesung) zur Tora-Lesung *Gen 11,1* (11,1–9) in der altpalästinischen Synagoge

Einleitung

- 3,10 Wallfahrt von Kusch nach Jerusalem – Jes 18,7 (Ps 68,32; Jes 19,21)
- Glosse in 3,10 »… meine Anbeter – die Tochter meine(r) ›Verstreuten‹ …«
  – Jes 66,20; auch Jes 49,22; 60,4

Zef 3,11–13:

- 3,11a Sich-Schämen-Müssen über Untreue (objektiv) – vor sich selbst Abscheu empfinden (subjektiv) Ez 6,9; 16,61; 20,43; 36,28–32
- 3,11b »deine stolz Frohlockenden« (vgl. 2,15) – Jes 13,3
- 3,12b – ›Zuflucht bei JHWH suchen‹ in Psalmen (Ps 2,12; 7,2; 11,9 u.a.); zusammen mit Bitte um Abwendung der Schande (Zef 3,11a) Ps 25,20; 31,2; 71,1
- 3,13a–c JHWH-treues Leben des Restvolks – Jes 11,9
- 3,13c keine »Zunge des Trugs« – Jes 53,9
- 3,13f »ohne dass einer aufschreckt« – Topos in Heilsschilderungen (Lev 26,6; Ez 34,28; 39,26; Mi 4,4 u.a. bes. Jes 17,2; Ijob 11,19)

Zef 3,14–18′:

- 3,14 Aufruf zur Freude an Zion – Jes 54,1 (54,1+4 → Zef 3,14+16b); Jes 12,6; Sach 2,14; 9,9–10
  → (Deutero)Jes 44,23; 49,13; 52,9; (Trito)Jes 65,18; 66,10; Psalmen (32,11; 47,2 u.a.)
- 3,15c JHWH König in Zion (Israel) – vgl. Ps 46,6; 48,3; Jer 8,19; Jes 44,6 u.a.
  Zef 3,15c primärer Text: יהוה מֶלֶךְ → JHWH-König-Psalmen Ps 47,9; 93,1; 96;10; 97,1; 99,1; → (Deutero)Jes 52,7
- 3,16b »Fürchte dich nicht, Zion!« (/ Israel!) – (Deutero)Jes 54,4; 41,10.14; 43,1.5 u.a., vgl. Sach 8,9–15
- 3,17c–e (18′) Jubel JHWHs über Zion aus erneuerter Liebe – (Trito)Jes 62,5; 65,19

Zef 3,18a–20:

- 3,18a.19e Schande → 3,11a
- »deine Unterdrücker« 3,19a – (Trito)Jes 60,14
- 3,19b–c // Mi 4,6a–c Paralleltexte: Hirtenmetaphorik (vgl. Ez 34,11–16)
- 3,19d »Ruhm und Name« (3,20c »Name und Ruhm«) – Dtn 26,19; (Jer 13,11; 33,9)
- 3,20 Zusammenführung der Verstreuten + Schicksalswende (שׁוּב שְׁבוּת)
  – Dtn 30,3–4; Jer 29,14; → שׁוּב שְׁבוּת für Israel / Juda / Zion in Zef 2,7e; 8mal in Jer (29,14; 30,3.18; 31,23 u.a.); (sekundär in) Hos 6,11; Am 9,14; Ez 39,25; ferner Ps 14,7 = 53,7; 126,1; Klgl 2,14

Resümee Im Wesentlichen gilt, was *A. Berlin*, (Komm. 1994, 13–17), für das Zefanjabuch feststellt: Das Buch zeigt Bezüge zu Gen 1–11, zum Dtn, zur prophetischen Literatur, zu den Psalmen und ferner zur Weisheitsliteratur. In meiner Darstellung der intertextuellen Bezüge habe ich auf Motive und

Themen verzichtet, sofern sie sich nicht in sprachlichen Entsprechungen hinreichend klar kundgeben. Es deutet sich an, dass die erstaunliche Bandbreite der Textbezüge in erster Linie durch Fortschreibungen bzw. Bearbeitungen im Zefanjabuch zustande kommt.

(1.) Der Bezug zu Gen 1–11: In Zef 1,2–3; 3,9 und auch 2,11–13 finden wir Bezüge zur biblischen Urgeschichte in Gen 1–11, genauer zur Sintfluterzählung Gen 6–8, auch zur Priesterschrift in Gen 1 und zur Turmbau-von-Babel-Geschichte Gen 11, dazu auch zur Völkertafel Gen 10,5–11. Keinerlei auffällige Referenzen gibt es jedoch zu den Patriarchen- oder Erzelternerzählungen Gen 12–50 oder zu den Exodus- und Sinaikomplexen, d.h. die grundlegenden Erwählungstraditionen des Pentateuchs spielen im Zefanjabuch keine erkennbare Rolle. Die genannten Urzeittraditionen aber geben das Vorstellungsmuster und das Formulierungsmaterial ab, um endzeitliche Aussagen zu treffen.

(2.) Die Bezüge zum Buch Deuteronomium und zur deuteronomistischen Literatur, d.h. zum deuteronomistischen Geschichtswerk, aber auch zur deuteronomistischen Bearbeitung von Prophetenbüchern: In Zef 1,4b und 13c–f, wie auch Zef 3,20 (vgl. 1,17b; 3,5) zeigen sich direkte Bezüge zum Buch Deuteronomium. Auf ein analoges Sprachmilieu deutet die Entsprechung von Zef 1,15b und Dtn 28,53.55.57. Unverkennbar sind für Zef 1,4–5 die Bezüge zum Bericht von der Reform Joschijas 2 Kön 23 im Deuteronomistischen Geschichtswerk. Hinreichend deutlich sind ebenfalls die Beziehungen zur deuteronomistischen Bearbeitung des Jeremiabuchs (vgl. Zef 3,2; auch 1,1; 1,5; 3,20). Die deuteronomistische Bearbeitung und Herausgabe einer älteren Gestalt von Prophetenbüchern wird in Zef 1,1; Hos 1,1; Mi 1,1; LXX Jer 1,1 deutlich, nachgeahmt in Joel 1,1.

(3.) Die Bezüge Zefanjas zur weiteren prophetischen Literatur: Neben dem schon genannten Jeremiabuch sind besonders signifikant die Bezüge zum gesamten Jesajabuch, ganz besonders zu seinen späteren Teilen. So zeigen sich Verbindungen zu Protojesaja (vgl. Zef 1,7.14–16: Tag-JHWH-Motivik Jes 2,12–17 und Jes 13; vgl. Jes 18,7 zu Zef 3,10). Vor allem aber ist auf die Bezüge zu Deuterojesaja hinzuweisen (vgl. vorab Zef 3,14–17; auch 2,3a; 2,15) und Tritojesaja (vgl. Zef 1,6; Zef 3,10; 3,14.17.19a). Intensive Verbindungen bestehen zum Ezechielbuch (vgl. Zef 3,1–8; auch 3,11 und 1,7.14). Das Amosbuch erweist sich als ›Spender-Text‹ für Zef (vgl. Zef 1,13;1,14–16; 2,3; 2,4–3,5.6–8). Auch zum Michabuch zeigen sich Verbindungen (vgl. Zef 1,1; 3,19!) und eklatant natürlich zum Joelbuch (Tag JHWH-Thematik), ferner zum Buch Sacharja (vgl. Zef 3,14) und zu Maleachi (vgl. Zef 2,11 und Zef 1,7.14). Nur eingeschränkt auf die Überschrift und ferner auch Zef 1,2–3 (vgl. Hos 4,3) fallen die Bezüge zum Hoseabuch aus.

(4.) Zefanja und die Psalmensprache: Verständlicherweise hat besonders in den späteren Teilen des Zefanjabuches Psalmensprache Eingang gefunden. Exemplarisch dafür steht die Rede von den Armen oder Demütigen des Landes in 2,3a, die an die häufige Selbstbezeichnung der Beter in den Psalmen als »Demütige« / »Gebeugte« (ענוים) anschließt, die Formel vom »Suchen JHWHs«, ebenso die Redewendung vom Zuflucht-Suchen im Namen JHWHs 3,12b bzw. bei JHWH in Psalmen. Aber auch der primäre Zefanjatext baut auf Psalmensprache auf, wenn er in 1,14–16 an die Hymnenform anschließt und m. E. deutlich an die heilsprophetische Zusage der Hilfe für den König am »Tag des Zornes JHWHs« Ps 110,5 erinnert, aber auch an das Buch der Klagelieder (Klgl 2,1.21 f.).

(5.) Weisheitliches Sprachmaterial begegnet eingeschränkt bzw. indirekt, etwa in der Wendung »Zucht annehmen« Zef 3,2.7 (Spr 1,3; 8,10; 24,32) und im Motiv von der Gottesfurcht 3,7 (vgl. Spr 1,7; 9,10; 10,27 u.a.), auch in der Rede von »Demut« Zef 2,3c. Indirekt ist ein Anschluss an den weisheitlichen Mahnspruch in 2,1–3 (bes. 2,3) erkennbar.

Was ein ›idealer Leser‹ auf der Ebene des biblischen Kanons, ganz abgesehen von möglichen weiteren Referenztexten, an Anspielungen und Analogien zum Zefanjatext entdecken kann, ist Impuls zu einer je besonderen kontextuellen Deutung, Konnotation oder Assoziation. Ein geschichtliches Textverstehen erfordert jedoch auch eine begründete Einsicht in das diachrone Verhältnis der Texteinheiten und in Grundlinien der Textentstehung.

4. Der zeitgeschichtliche Rahmen des Zefanjabuches

Literatur
An Speziallliteratur zu der für Zefanja relevanten Epoche der späten Assyrerzeit Palästinas seien folgende Arbeiten genannt: *R. Albertz*, Religionsgeschichte 1992, bes. 291–360.360 ff. – *E. Ben Zvi*, Prelude to a Reconstruction of the Historical Manassic Judah: BN 81 (1996) 31–44. – *M. Cogan* 1993, 403–414. – *I. Finkelstein* 1994, 169–187. – GGG, bes. 322–429. – *M. Heltzer*, Some Questions Concerning the Economic Policy of Josiah, King of Judah: IEJ 50 (2000) 105–108. – *W. Mayer* 1995 (Assyrer). – *J. W. McKay* 1973. – *N. Na'aman* 1991 (Josiah), 3–71. – *N. Na'aman*, Chronology and History in the Late Assyrian Empire (631–619 B.C.): ZA 81 (1991) 243–267. – *A. F. Rainey* 1993, 147–164. – *H. Spieckermann* 1982.

Welche Zeitbezüge stellt das Zefanjabuch auf der Endtextebene her? Welche Zeitverhältnisse werden ausdrücklich referiert? Welche Zeitverhältnisse werden im Buch textlich-semantisch vorgestellt oder vorausgesetzt? Es soll zunächst darum gehen, einen Rahmen und allgemeinen zeitgeschichtlichen Hintergrund für die Zefanjaschrift zu umreißen. Auszugehen ist von der Überschrift Zef 1,1. Sie ordnet die Zefanjaprophetie insgesamt der Zeit des letzten politisch und religiös sehr bedeutenden Königs Joschija von Juda zu, dessen Herrschaftsjahre allgemein zwischen 640 und 609 v. Chr. angesetzt werden (bzw. 641/639–609 v. Chr.; s.u. zu Zef 1,1!). Damit stehen wir in einer entscheidenden Phase der assyrischen Dominanz über Palästina, aber auch in der Zeit der allmählichen Schwächung der Macht Assurs bis hin zum Untergang des neuassyrischen Reiches. *Kulturgeschichtlich* gehört das Juda des (späten) 7. Jhs. in eine Epoche hinein, die man als eine Art Achsenzeit des Alten Vorderen Orient bezeichnet hat: eine Epoche der Restauration, der Orientierung am Alten und Klassischen, wie sie im Alten Orient des 7. und 6. Jhs. beobachtet werden kann (vgl. *H. Donner*, Geschichte 1986, S. 368 f.). Der Staat Juda war seit 733 v. Chr. unter König Ahas assyrischer Vasallenstaat, der Tribut zu leisten hatte, wie auch Nachbarstaaten Judas seit dem ausgehenden 8. Jh. v. Chr. (s. u. Abb.18 zu Zef 2,4–7). Gleichwohl scheint sich ein Einfluss der dominanten assyrischen Kultur und aramäisch-assyrischer Religion (zumal der Astralkulte) in Kreisen der Oberschichtsbevölkerung Judas und Jerusalems sowie am judäischen Königshof ohne besonderen Widerstand durchgesetzt zu haben (s. u. zu Zef 1,4–5 und 1,8–9!). In der Zeit des lange regierenden assurhörigen Königs Manasse von Juda (699–943 bzw. 697–642 v. Chr.) kam es zu einem bisher in Juda nicht gekannten Ausmaß an synkretistischer Religion bzw. einer kanaanäisch, aramäisch und assyrisch untermalten JHWH-Verehrung, die sowohl die offizielle Religion wie die familiäre Frömmigkeit erfasste. Auch wenn man der deuteronomistischen Darstellung der Regierungszeit Manasses in 2 Kön 21,1–18 historisch nicht allzu viel zutrauen mag, so geht doch aus der Primärform des Berichts von der Kultreform Joschijas (2 Kön 23,4–20*, s. u. zu Zef 1,4–5!) im Jahre 622 v. Chr. hervor, dass die Situation in Juda in religionspolitischer Hinsicht für den JHWH-Glauben äußerst bedrohlich war. Dies gilt auch dann, wenn man davon ausgeht, dass die Assyrer gegenüber dem Vasallenstaat Juda nicht eine eigentlich aggressive Religionspolitik verfolgt haben dürften (vgl. zur Diskussion neben *J. W. McKay* 1973 bes. *M. Cogan* 1993, 403–414, und *W. Mayer* 1995, 65, gegen die Annahme einer repressiven Religionspolitik der Assyrer bei *H. Spieckermann* 1982, 322–372; auch *R. Albertz* 1992, 293 f. Anm. 5). Allerdings gibt es auch archäologische und textliche Anzeichen dafür, dass in der Zeit des religiös als so anrüchig beurteilten Realpolitikers Manasse tatsächlich eine gewisse politische Beruhigung und wirtschaftliche Prosperität eintrat, was sich auch in einem nationalen Bauprogramm niederschlug (s. u. zu Zef 1,10–11 und bes. 1,12–13!). In der zweiten Hälfte des 7. Jhs. konnten allem Anschein nach Oberschichtskreise in Jerusalem zu einem gewissen Wohlstand gelangen, sei es auf rechtmäßige oder eher zweifelhafte Weise. Jerusalem selbst war nach dem Untergang des Nordstaats Israel 722 v. Chr. und der Zeit des Königs Hiskija von Juda (728–699 bzw. 726–697 v. Chr.) zumal durch Bevölkerung aus Samaria beträchtlich angewachsen (s. u. zu Zef 1,10–11!). Im Juda des späten 7. Jhs. entsteht aus dem Zusammenwirken national-religiöser Kreise ein »Ur-Deuteronomium« als eine konstruktive Rückbesinnung auf das Programm der Alleinverehrung JHWHs als ein restauratives Ordnungsmodell für das Leben des JHWH-Volks. Die Kultreform Joschijas 622 v. Chr., die mit politischen Expansionsbestrebungen einhergeht, dürfte nach einer alten und gut begründeten These mit einer Urgestalt des Deuteronomiums zusammenhängen (z.B. *H. Donner*, Geschichte 1986, 350–356). Diese Reform im 18. Jahr der Regierung Joschijas (2 Kön 22,3; die Angaben von 2 Chr 34,3–7 verdanken sich mehr dem chronistischen Joschijabild als der geschichtlichen Realität) ist mit Recht traditionell ein Angelpunkt in der Frage der Datierung der primären Zefanjaprophetie (s. u. Nr. 6 der Einleitung). Ähnliches lässt sich von der Ankündigung des Untergangs Assurs und Ninives in Zef 2,13–15 (primär 2,12*.13–14*) sagen. Dieses Unheilswort wird – wie die primäre Zefanjaprophetie insgesamt – noch vor dem Fall der Hauptstädte Assur und Ninive (614 bzw. 612 v. Chr.) zu datieren sein (s. u. Nr. 6 und die Auslegung von Zef 2,12.13–15, wonach sich 2,12 ursprünglich auf den Untergang der »äthiopischen« Dynastie in Ägypten mit der Eroberung Thebens 664 v. Chr. durch die Assyrer und mit der uneingeschränkten Herrschaft der Saïten seit 655 v. Chr. beziehen dürfte). Das Zefanjabuch nimmt aber auch den Untergang Jerusalems in den Jahren 597 und bes. 587/86 v. Chr. in den Blick, und zwar nachdrücklich in Zef 3,6–8.9–13. Eindeutig die Zeit nach dem Strafgericht über Jerusalem stellen dagegen im Anschluss an 3,11–13 die Verse 3,14–20 vor, also die exilische und nachexilische Epoche Palästinas. Eine weltweite Diaspora Israels und die Hoffnung auf Schicksalswende und neue Ehre für den Rest Israels bei den Völkern nach der Schande des Strafgerichts, der Zerstörung und der Zerstreuung ist in Zef 3,18–20 und in MT 3,10 anvisiert. Damit stehen wir sicher längst in der Zeit nach dem babylonischen Exil, also nach 539 v. Chr. mit dem triumphalen Einzug des Perserkönigs Kyros II. in die Stadt Babel und nach dem sog. Kyros-Edikt von 538 v. Chr., das die Heimkehr der Judäer ermöglichte. Es ist die persische Epoche Palästinas von 538 bis ca. 330 v. Chr., bis zum Aufstieg des griechisch-mazedonischen Welteroberers Alexander des Großen und zum definitiven Anbruch der hellenistischen Zeit Palästinas (330–64 v. Chr.). Möglicherweise ist vereinzelt im Zefanjabuch auch noch eine (frühe) Phase der hellenistischen Zeit vorausgesetzt (vgl. die Auslegung zu Zef 1,18b–c; 3,8d; 3,18–20 und zur Glosse in 3,10).

Eine Tabelle fasst die wichtigsten Daten zur Zeitgeschichte Judas und seiner Umwelt vom 8. bis zum 6. Jh. v. Chr. zusammen:

ÄGYPTEN	JUDA (und ISRAEL)	ASSUR	PHILISTER, BABEL u. a.
25. Dynastie (Äthiopen / Nubier) ca.750–664/656	Hoschea von Israel 731–722 722 Fall Samarias: Ende des Staates Israel	Tiglatpileser III. in Assur und Babel 745–727	

ÄGYPTEN	JUDA (und ISRAEL)	ASSUR	PHILISTER, BABEL u. a.
	Ahas 734–728 733 – ca. 622: Juda assyrischer Vasall		
		Salmanassar V. 727–722	Merodach-Baladan 721–710 + 703
	Hiskija 728–699 (726–697)	Sargon II. 722–705	712/11 Zug Assurs gegen die Philisterstädte (Aschdod)
	701 Sanherib vor Jerusalem	Sanherib 705–681	689 Zerstörung Babels durch Sanherib
Taharqa / Tirhaka 690–664 Assyrische Besetzung 671–664 671 Memfis erobert 664/3 Theben erobert 26. Dynastie (Saïten) 664–525	Manasse 699–643/2 (697–642)	Asarhaddon 681–669	Wiederaufbau Babels unter Asarhaddon
	Amon 642–641/40 Joschija 640/39–609	Assurbanipal 669–627 Aššur-etel-ilāni 627–623	Šamaš-šum-ukīn (652–648) Vizekönig Nabopolassar 625–605 Neubabylonische Chaldäer 625–539 in Babel
Psammetich I. 664–610, ab 655 Alleinherrscher über Ägypten Necho II. 610–595	622 Beginn der Reform Joschijas	Sîn-šar-iškun 623–612 614 Fall Assurs durch Meder 612 Fall Ninives durch Meder und Babylonier	616 Skythen von Medern geschlagen, Zug des Pharao gegen Babylonier, Ägypter gewinnen Hoheit über Philister
	Joahas 609 Jojakim 609–598	609 Pharao Necho II. kommt Assur zu Hilfe Aššur-uballiṭ II. 612–605 (?), endgültiger	605 Schlacht bei Karkemisch Nebukadnezzar II. 605–562
Psammetich II. 594–589	Jojachin 598/7 597 erste Eroberung Jerusalems Zidkija 597–586	Untergang der Macht Assurs	604 Aschkelon erobert, 603 (?) Ekron

ÄGYPTEN	JUDA (und ISRAEL)	ASSUR	PHILISTER, BABEL u. a.
Apries (Hofra) 589–570	586 (587) Fall Jerusalems		Amēl-Marduk (Ewil-Merodach) 562–560, Nabonid 556–539
Amasis 570–526 525 Eroberung durch den Perser Kambyses II.	Babylonisches Exil 586–538 (538 Edikt des Kyros)		539 Babel fällt durch den Perser Kyros II. 559–530

5. Die Entstehung des Zefanjabuches und seine redaktionellen Bezüge im Zwölfprophetenbuch und zu weiteren Prophetenbüchern

Nach dem Überblick über den zeitgeschichtlichen Rahmen des Zefanjabuches versucht die folgende Darstellung, den *Entstehungsgang des Buches* nachzuzeichnen.

Vom Beginn der kritischen literarhistorischen Forschung am Zefanjabuch im frühen 19. Jh. an bis zum Beginn des 20. Jhs., genauer bis zu *C. Steuernagel* 1912 (Lehrbuch der Einleitung in das Alte Testament, Tübingen 1912, 636) wurden fast durchwegs größere Redeeinheiten im Zefanjabuch angenommen. Erst *Steuernagel* hat eine Reihe kleinerer Einheiten erkannt, abgegrenzt und vorgeschlagen. Das Buch besteht dann nicht aus einer großen Prophetenrede, sondern aus markanten kleineren Einheiten, die auch auf verschiedene Redesituationen verweisen können. Hinter diese Erkenntnis sollte auch eine moderne Endtext-Exegese nicht mehr zurückfallen. In welchem Umfang allerdings literarisch primäre Einheiten auf Zefanja als einen Propheten zur Zeit des Königs Joschija von Juda zurückgeführt werden können, ist umstritten. Eine Maximalposition vertreten heute z. B. *N. Lohfink* 1984 und *M. Weigl* 1994. Danach sollen nicht nur die Einheiten, sondern auch die angenommenen Kompositionen in Zef 1,2–3,15 im Wesentlichen auf Zefanja selbst zurückgehen. Ähnliche, wenn auch im Einzelnen unterschiedliche Positionen, vertreten u. a. *A. S. Kapelrud* 1975, *W. L. Holladay* 2001, 671–684 (abgesehen von wenigen Zusätzen, allerdings auch insgesamt 1,14–18!, ebd. 684) sowie die Kommentare von *A. S. van der Woude* und *W. Rudolph*. Eine weitgehende Gegenposition vertritt in neuerer Zeit *E. Ben Zvi* 1991 (u. a. 347–358). Er versteht das Buch als ein nachkönigszeitliches und damit nachexilisches Pseudepigraph, das allerdings ältere sog. vorkompositionelle Elemente enthält. In dieser Hinsicht führt er auf eine etwas moderatere Weise die Radikalposition weiter, die *L. P. Smith* und *E. R.*

Lacheman bereits 1950 vorgeschlagen haben. Nach *L. P. Smith* und *E. R. Lacheman* ist das Zefanjabuch sogar ein Pseudepigraph aus der Zeit um 200 v. Chr. und basiert neben einem älteren Orakel in 1, 4 ff. auf den Büchern Jeremia, Ezechiel und vor allem auch Deuterojesaja. Es soll von einem apokalyptisch orientierten Schreiber aus der Nähe des Verfassers des Buches Daniel stammen. Hier, wie auch in der Arbeit von *E. Ben Zvi* und im Gefolge von letzterem im Kommentar von *A. Berlin*, rächt sich eine fehlende literarkritische Abgrenzung der Einheiten und ihre diachrone Verhältnisbestimmung, trotz vieler ausgezeichneter Beobachtungen zu literarischen Merkmalen.

Häufiger jedoch rechnet man heute mit einer begrenzten Anzahl primärer und vor allem unheilsdrohender Einheiten innerhalb 1,2–3,13 oder 1,2–3,8, die sich mehr oder weniger sicher auf einen Propheten Zefanja aus dem Ende des 7. Jhs. zurückführen lassen, so die Kommentare von *K. Elliger*, *B. Renaud*, *K. Seybold* sowie *G. Krinetzki* 1977, *H. Irsigler* 1977, *G. Langohr* 1975 (und 1976 sowie 1977), *R. Edler* 1984, *D. H. Ryou* 1995 u. a. *M. Striek* 1999 (bes. 217–233) vertritt die These, dass Zefanja selbst um 604 v. Chr. aus seinen ursprünglichen Worten ein vordeuteronomistisches Zefanjabuch *1,3–3,8* als Mahnrede an die Judäer und Jerusalemer verfasst habe. Anlass dieser von Zefanja selbst durchgeführten Sammlung sei die Erfahrung gewesen, dass sich bereits Fremdvölkerworte in 2,4.5–7 gegen die Philister und 2,13–14 gegen Assur / Ninive erfüllt haben und dass der Tag JHWHs für Zefanja als unmittelbar nahe gegolten habe (ebd. 233). Eine noch vorexilische, d. h. noch vor der Zerstörung Jerusalems 586 v. Chr. erfolgte Sammlung und Komposition primärer Zefanjaworte scheint möglich, allerdings dürfte diese Sammlung noch keinen eigentlichen Buchcharakter erhalten haben. Eine solche noch vorexilische Redaktion nehmen auch *G. Langohr*, 1977, 67–69 und *D. H. Ryou* 1995, 291–343.354 f. an.

Der Werdegang des Zefanjabuches vollzieht sich nach der in diesem Kommentar vorausgesetzten Analyse in etwa zehn Stufen der Überlieferung und Bearbeitung, die jeweils eine gleichförmige Tendenz erkennen lassen. Das schließt nicht aus, dass sich innerhalb der Bearbeitungsstufen Unterschiede ergeben, dass zumindest in einigen dieser Etappen mehrere Hände am Werk waren, so dass wir eigentlich mit deutlich mehr Einzelschritten der Buchwerdung rechnen müssen. Sie konzentrieren sich auf *vier Hauptetappen*. Den Ausgangspunkt bilden die auf Zefanja rückführbaren Logien. Eine noch spätvorexilische Komposition und Bearbeitung schließt sich an. Die exilische Epoche und dann noch mehr die nachexilische Zeit haben kräftige Spuren in die Zefanjaschrift eingeschrieben.

(1.) Ausgangspunkt der Buchwerdung sind ca. 11 *primäre Logien*, die sich mit einiger Sicherheit auf Zefanja zurückführen lassen. Es handelt sich um Worte in Gottesrede gegen Juda / Jerusalem 1,4–5*; 1,8–9*; 1,12–13*. Dazu kommen Prophetenworte als Ankündigungen des Tages JHWHs in 1,7 und

Primäre Logien

Einleitung

1,14–16 und ein komplexes Mahnwort in 2,1–2*.3b–d. Damit konvergiert das Stück 1,10–11* in der Form eines Aufrufs zur Volksklage, eine eindrucksvolle Schilderung eines an den hörbaren Folgen wahrnehmbaren Feindeinfalls in Jerusalem. Schließlich dürfte auch das Wehewort über Jerusalem in 3,1.3–4 noch von Zefanja stammen. Von den Völkerworten kommen als zefanjanisch am ehesten in Frage 2,4 und 2,5–6* gegen die Philisterstädte bzw. das Philisterland, sowie 2,12*.13–14* gegen Assur und Ninive, ausgehend von der Feststellung des schon eingetretenen Unheils über die Kuschiter. Die Zefanjalogien werden noch vor dem Untergang Assurs und Ninives, d.h. noch vor 614 bzw. 612 v.Chr., und nach der Kultreform von 622, sei es von Zefanja selbst oder wahrscheinlicher von einem frühen Zefanjatradenten auf einer Schriftrolle gesammelt worden sein. Auf dieser Ebene der Textüberlieferung dürften die Gottesreden noch nicht mit den Prophetenworten vom nahen Tag JHWHs durch Verknüpfungsformeln verzahnt worden sein. Die Zefanjaworte konnten als durch die Kultreform Joschijas bestätigt bzw. »erfüllt« betrachtet werden. Andererseits konnten sie als Warnung für die verantwortlichen führenden Kreise in Jerusalem wie als Vergewisserung des sich abzeichnenden Niedergangs der Macht Assurs begriffen werden, in den die wirtschaftlich bedeutenden Philisterstädte hineingezogen werden sollten. Die Philisterworte Zef 2,4 und 2,5–6* lassen sich nach Aussage und Intention schwerlich als eine Unterstützung von politischen Expansionsbestrebungen Joschijas verstehen (vgl. dazu die Einleitung zu Zef 2,4–15: die Positionen zur Auswahl der Völker nach D. L. Christensen 1984 und J. Vlaardingerbroek).

Vorexilische Komposition

(2.) *Die noch vorexilische erste Gesamtkomposition der Zefanja-Logien*: Die älteste Kleinkomposition von Zefanjaworten dürfte in Zef 1,7–13 (1,7–9 + 1,10–13*) vorliegen. Sie steht unter dem Motto des nahen JHWH-Tags als eines »Schlachttags« und ist sicher redaktionell von einem Zefanjatradenten gebildet. Für redaktionelle Bildung sprechen die Verknüpfungsformeln in 1,8a.10a.12a, die eine Gleichzeitigkeit des Geschehens herstellen und 1,8–13 einheitlich als Gottesrede auf die Tag-JHWH-Ankündigung von 1,7 folgen lassen. Das bedeutet, dass die primäre Prophetenrede 1,10–11 nun zur Gottesrede umfunktioniert ist. Die an den »Schlachttag« erinnernde Klage in Klgl 2,21 könnte dafür sprechen, dass Zef 1,7–13 erst nach 586 v.Chr. zusammengestellt wurde. Allerdings ist dies nicht sicher, da die Verknüpfungsformel Zef 1,8a, die vom Tag von JHWHs Schlachtopfer redet, unmittelbar aus 1,7 entwickelt ist und nicht notwendig schon auf die in Klgl vorausgesetzten Erfahrungen sich beziehen muss. Die Komposition 1,7–13 wird erweitert und gerahmt durch die Texte 1,4–5* und 1,14–16 + 2,1–3*. Dieses letzte Stück 2,1–3* versteht sich als letzter Appell an das Volk von Juda vor dem hereinbrechenden JHWH-Tag, ein äußerst dringlicher Mahnruf. Genau an diesen Mahnruf schließen sich im Sinne der Redaktion begründend die Aussagen sicheren Unheils gegen die Philister und vor allem das übermächtige Assur und Ninive an in 2,4 + 2,5–6* einerseits und 2,12*.13–14* andererseits. Das abschließende Wehewort über Jerusalem in 3,1.3–4 parallelisiert das drohende Geschick Jerusalems mit jenem Ninives. Wohl ganz von einem frühdeuteronomistisch beeinflussten Bearbeiter bzw. Herausgeber stammt die begründete Unheilsansage gegen die Jerusalemer in 3,6–8*. Primär ist dieses Stück eindeutig gegen die Jerusalemer gerichtet, selbst wenn man im MT von 3,8 die Präpositionalverbindung »über sie« belassen und nicht ein ursprüngliches »über euch« als Ziel des Zornes JHWHs annehmen will. Jedenfalls handelt es sich in 3,6–8 um eine Fortschreibung von 3,1–4* im Rückblick auf die bereits als erfüllt betrachteten Fremdvölkerworte, nämlich am wahrscheinlichsten auf den Fall Ninives im Jahre 612 v. Chr. und den Fall Aschkelons durch den Neubabylonier Nebukadnezzar II. im Jahre 604 v. Chr.: Jerusalem hat die im geschichtlichen Eingreifen JHWHs gegen Nachbarvölker liegende Lehre und Warnung nicht angenommen, wie 3,6–7 unterstreicht, vgl. auch deuteronomistisch 3,2. Diese erste Gesamtkomposition von Zefanjaworten innerhalb von Zef 1,4–3,8 scheint mir plausibel in die Zeit zwischen der ersten und der zweiten Eroberung Jerusalems durch Nebukadnezzar, also zwischen 597 und 586 v. Chr., datiert werden zu können. Dafür spricht u. a. die dezidierte Ausrichtung der Komposition 1,7–13 wie auch des Stücks 3,6–8* (ohne den redaktionellen Abschluss in V 8d) auf Jerusalem und seine Oberschicht. Sie dürfte mindestens schon die Ereignisse von 598/97 v. Chr. einschließlich der ersten Deportation nach Babel voraussetzen. Andererseits lässt sich 3,8a als primäre Gerichtsansage gegen die Jerusalemer, wohl mit sarkastischer Ironisierung einer Hoffnung auf JHWHs Eingreifen gegen Nebukadnezzar, leichter aus der Situation noch vor der Katastrophe Jerusalems 587/86 v. Chr. verstehen. Die Ironie wird greifbar in der Einleitung von V 8 als Beginn der eigentlichen Gerichtsansage nach V 6–7, wenn es heißt: »Wartet [/ warte] mir nur, spricht JHWH, auf den Tag, da ich [als Zeuge / Richter / Ankläger] aufstehe!« Dass wir tatsächlich in der Zeit zwischen der ersten und der zweiten Eroberung Jerusalems mit einer solchen Hoffnung auf JHWHs Eingreifen gegen den Neubabylonier Nebukadnezzar am Hof in Jerusalem rechnen dürfen, dafür sprechen deutlich Texte wie Jer 21,2; Jer 28*–29*; Jer 37,9. Jedenfalls setzt die rückblickende Scheltrede und Gerichtsbegründung Ez 22,23–31 aus exilischer Zeit, wie mit Recht zumeist angenommen wird, bereits Zef 3,1–4* + 6–8* (genauer V 3–4 und wohl auch V 8) voraus.

(3.) *In exilischer Zeit* dient die erweiterte Zefanjaschrift vor allem als *Dokumentation*, die das eingetretene Gottesgericht über Juda und Jerusalem begründet. **(3a.)** Von einer *deuteronomistisch* geprägten, aber nicht notwendig einheitlichen Redaktion stammt wohl schon die Buchüberschrift 1,1, die die Zefanjaschrift insgesamt als prophetisch vermitteltes »Wort JHWHs« erklärt. Für die Herkunft der Überschrift 1,1 von einer prophetisch-deuteronomistischen Bearbeitung sprechen vor allem zwei Aspekte.

Die Zefanjaschrift in der Exilszeit

Einleitung

Zum einen ist es die nominalisierte Wortereignisformel »das Wort JHWHs, das ergangen ist an Zefanja ...«. Sie findet sich entsprechend wieder in Hos 1,1; Mi 1,1; Joel 1,1 und in der LXX von Jer 1,1, außerdem in ähnlichen Formen in Jer 1,2; 7,1; 14,1 u.a. Sie führt zusammen mit der in Zef 1,1 belegten Datierungsform auf einen judäischen Bearbeiterkreis, der deuteronomistischer Sprach- und Denkwelt nahesteht (vgl. die Analyse und Auslegung von Zef 1,1). Auf eine Orientierung am Dtn (Gemeindegesetz Dtn 23,8–9) führt in Zef 1,1 außerdem die viergliedrige Genealogie des Propheten (s. ebenfalls unten zu Zef 1,1). Nicht originär, möglicherweise aber im Sinne der deuteronomistischen Redaktion, soll der Name Hiskija als letztes Glied der Genealogie auf den Reformerkönig des ausgehenden 8. Jhs. v.Chr. verweisen, neben dem in der Datierung genannten berühmten Reformer Joschija. Der prophetisch-deuteronomistische Bearbeiter, von dem Zef 1,1 stammt und der offensichtlich enge Beziehungen zur deuteronomistischen Bearbeitung des Jeremiabuches zeigt, wie auch zur Bearbeitung weiterer Prophetenbücher, will nach der Katastrophe Judas und Jerusalems die Sammlungen der prophetischen Überlieferungen als Dokumentation der Verfehlungen Judas und Jerusalems verstehen und begründen, wie es zum Ende Jerusalems und des Staates Juda und zuvor schon zum Untergang Nord-Israels kommen konnte. Die prophetischen Wortsammlungen dienen daher in der Tat als eine »Bilanz« nach dem Untergang des Staates Juda. Im Zefanjabuch dürfte sich eine deuteronomistische Redaktion auch in Zef 3,2 zu Wort melden. Sie beklagt hier die Vergeblichkeit der prophetischen Mahnung und Warnung und formuliert ganz ähnlich wie der sicher deuteronomistische Text Jer 7,28. Der deuteronomistischen Redaktion gehören auch die Zusätze »von diesem Ort«, nämlich Jerusalems, in 1,4b (vgl. Dtn 12,3) und der Zusatz in Form eines sog. Vergeblichkeitsfluches in 1,13c–f an. Zef 1,13c–f erinnert nicht nur an Am 5,11, sondern auch besonders an Dtn 28,30.39. Dieser Bearbeiter will das unheilvolle Zefanjawort als Einlösung der Fluchandrohung des Buches Deuteronomium verstanden wissen. Eher spätdeuteronomistisch ist Zef 1,6 formuliert und entsprechend auch Zef 1,17c. Mit dem Schuldaufweis, wie es zur Katastrophe Jerusalems kommen musste, im engen Anschluss an 3,6–8*, ist auch eine Theodizeetendenz verknüpft. Das hebräische Wort משפט 3,8* akzentuiert auf der Ebene der deuteronomistischen Redaktion das JHWH zustehende »Recht« zu strafen: 3,8 wird also im Sinne verstanden: »denn mein Recht ist es, Völker zu versammeln, Königreiche zusammenzubringen, um über sie (die Jerusalemer!) meinen Grimm auszugießen, die ganze Glut meines Zorns«. **(3b.)** Eine ähnliche Theodizeetendenz wie die deuteronomistische Redaktion vertritt auch der doxologische Nachtrag Zef 3,5, wohl noch aus exilischer Zeit. Er formuliert und unterstreicht die Gerechtigkeit JHWHs ähnlich wie Dtn 32,4; Klgl 1,18 u.a.

(4.) *Exilische Ergänzungen von Gerichtsworten gegen Völker:* Ebenfalls aus exilischer Zeit stammt das Gerichtswort gegen Moab und Ammon in *Zef 2,8–9* (wohl zunächst ohne 9e–f) mit einer späteren Ergänzung in 2,10. Es erinnert deutlich an Ez 21,33 und Ez 25,1–11. Dieses Gerichtswort ergänzt den östlichen Part in der Völkerwortreihe im Zefanjabuch. Das spöttische Klagelied über Ninive in *Zef 2,15* erinnert sehr auffällig an Deuterojesaja 47,8 (und 10), d.h. an die Untergangsankündigung gegen Babel und steht zugleich in einer gewissen Spannung zum Vortext Zef 2,13–14. Zef 2,15 dürfte aus spätexilischer Zeit stammen und als Aufweis der Schuld Ninives bereits Jes 47,8 zitieren und implizit auf das Gericht gegen Babel zielen (Vgl. die Analyse von Zef 2,13–15). In diesem Sinne versteht E. *Bosshard-Nepustil* 1997, 324.393 ff., Zef 2,13–15 insgesamt, d.h. als Babel-Redaktion im Zwölfprophetenbuch, was jedoch nicht für Zef 2,13–14 zutrifft.

Blicken wir nun auf die vor allem *nachexilischen Redaktionsstufen* des Zefanjabuches. Nachexilisch werden in verschiedenen Etappen Heilsverheißungen für Jerusalem, den Rest Israels und die Völker angefügt, aber auch das einstmals geschichtlich konkret bezogene Gottesgericht universalisiert und eschatologisiert.

(5.) *Verheißung eines armen Restvolkes in Israel und Ermutigung der JHWH-Treuen im Land*: **(5a.)** Jedenfalls frühnachexilisch, vielleicht aber auch noch spätexilisch ist die Verheißung eines nicht mehr hochmütigen, JHWH-treuen »armen und geringen Volks« als »Rest Israels« in Jerusalem in *Zef 3,11–13* zu datieren. Dieser Text bedenkt die Konsequenz der Katastrophe Jerusalems, von der Zef 3,8 redet. Er bildet sehr wahrscheinlich einen *vorläufigen Abschluss des Zefanjabuches*. **(5b.)** Die Ankündigung des »armen und geringen Volks« in Jerusalem von Zef 3,11–13 dürfte später die ermutigende Mahnung »an alle Armen / Demütigen des Landes« in *Zef 2,3a*, die nach einem nachexilischen Frömmigkeitsideal leben, ausgelöst haben.

Die Zefanjaschrift in der nachexilischen Zeit

(6.) *Nationalprophetische Verheißungen für das Restvolk von Juda*: Von anderer Hand ist erst nachexilisch die Verheißung für »den Rest des Hauses Juda« in Zef 2,7 an 2,5–6* angefügt worden. Sie stellt aus der bedrückten Perspektive dieses Restes eine Gebietserweiterung gegen Westen in Aussicht. Wahrscheinlich wird auch Zef 2,9e–f als Ergänzung, die von einem »Rest meines Volkes« und einer Gebietserweiterung gegen Osten spricht, nachexilisch angefügt sein, nicht unbedingt vom Verfasser von 2,7.

(7.) *Der Aufruf zur Freude Zef 3,14–15* (vgl. Sach 2,14; 9,9–10 u.a.) und das *Ermutigungswort an Zion Zef 3,16–17/18'* setzen durchwegs die Sprache Deuterojesajas und die Wende der Exilsnot für die frühnachexilische Zionsgemeinde voraus.

(8.) Das Anliegen *universaler und eschatologischer Ausweitung von Zefanjas Unheilsbotschaft vom JHWH-Tag* vertreten nachexilisch **(8a.)** die Rahmentexte Zef 1,2–3*, ein Text, der die Schöpfung und Sintflut nach der Priesterschrift bereits voraussetzt, und am Ende von Zef 1 der Text

Einleitung

1,17*–18a, als ältere Fortschreibung zu 1,14–16; sie geht dem einleitenden Motto 1,2–3 sachlich und zeitlich bereits voraus. **(8b.)** Noch später datieren die protoapokalyptischen Sätze vom Weltende durch das Zornesfeuer von JHWHs »Eifer« in 1,18b–c und in 3,8d. Dieser Zusatz in 3,8d interpretiert die Gerichtsaussage von 3,8 insgesamt im Sinne eines Völker- und Weltgerichts. Sehr wahrscheinlich geht das Verständnis von 3,8 als Völkergericht diesem Zusatz 8d schon voraus. Die Völkerverheißung von 3,9–10 gibt auf den so verstandenen Vers 3,8 eine positive Antwort. 3,8d scheint dann erst nachträglich in den Zusammenhang von 3,8 und 3,9–10 eingefügt zu sein, so dass 3,8d wie 1,18b–c noch später als die universalen Verheißungen 3,9–10 und 2,11 datieren dürften, d. h. wohl schon in die frühhellenistische Zeit um 300 v. Chr. (s. u. zu 3,6–8 unter »Situation«!).

(9.) Der universalen Gerichtsbotschaft über »Völker und Reiche« von Zef 3,8 stehen jedoch die beiden *Heilsverheißungen für die Völker* aus spätnachexilischer Zeit in Zef 2,11 und 3,9–10 gegenüber. Sie stammen von verschiedenen Händen. **(9a.)** *Zef 3,9–10** stellt eine Wallfahrt nach Jerusalem aus dem fernen Kusch vor und denkt dabei an JHWH-Verehrer aus dem Heidentum. Der Text erinnert an die Rede von den Kuschitern in Jes 18,1.7 und ähnlich auch an Ps 68,30.32. **(9b.)** Zef 2,11 spricht von einer universalen Götterdämmerung in einem sehr plastischen Bild, da JHWH alle Götter der Erde – wörtlich – »abmagern« lässt. Folge des Untergangs der Götterwelt wird dann sein, dass sogar auch die Menschen der fernsten Inseln der Völker, die man doch wohl in den West-Ländern von Palästina aus gesehen suchen muss, sich niederwerfen werden vor JHWH, jeder von seinem Ort aus. Zef 2,11 kennt also keine Wallfahrt nach Jerusalem. Der Text erinnert an Ps 96,4–5, vor allem aber an Mal 1,11.14.

(10.) *Verheißung der Sammlung des verstreuten JHWH-Volks und einer ruhmvollen Schicksalswende*: Mit Zef 3,18–19 und 3,20 einerseits und der Glosse »meine Anbeter – die Tochter meine(r) Verstreuten« in Zef 3,10 andererseits tritt am Ende des Buches die Sammlung der jüdischen Diaspora, ihre Schicksalswende und das ruhmvolle Ansehen der gesammelten Gemeinde Israels als Thema einer spätnachexilischen gestuften Bearbeitung hervor. Das schöne Bild von Zef 3,19, die Herdenmetaphorik, wonach der Hirte JHWH sein verstreutes Restvolk sammelt und nach Jerusalem bringt, dürfte unmittelbar von Mi 4,6–7 (vgl. 2,12 und Ez 34) angeregt sein. Zef 3,18–19 – und als spätere Ergänzung dazu Zef 3,20 – scheint schon in die frühe hellenistische Zeit Palästinas nach den Eroberungszügen Alexanders des Großen zu gehören und näherhin in die Zeit der ptolemäischen Herrschaft über Palästina im 3. Jh. v. Chr. (s. u. zu Zef 3,18a–20). Die Glosse in Zef 3,10 ist wahrscheinlich im Sinne von Jes 66,20 zu verstehen, d. h. die aus den Heiden kommenden Verehrer JHWHs – »meine Anbeter« – werden sogar vom Uferland der Ströme von Kusch »die Tochter meiner Zerstreuten« JHWH als Opfergabe herbeibringen. Die Glosse kann nicht älter als das 2. Jh.

v. Chr. sein, da sie (wie auch die Glosse in Zef 1,3) in der ältesten erreichbaren Textform der LXX noch fehlt.

Das Zefanjabuch ist, wie der Überblick zeigt, im Wesentlichen in einem Zeitraum vom 7. Jh. bis in das 3. Jh. v. Chr. entstanden; die Glossen in Zef 1,3 und 3,10 zumindest führen darüber hinaus in das 2. Jh. v. Chr.

Redaktionelle Bezüge von Zef im Dodekapropheton, zu Jes, Jer und Ez

Übergreifende redaktionelle Verknüpfungen der Zefanjaschrift im Kontext des Zwölfprophetenbuchs wie insbesondere auch redaktionelle Bezüge zum Jesajabuch werden in neuerer Zeit verstärkt untersucht. O. H. Steck 1991, 37.83, teilt Zef 3,8.14–19 (trotz der Unterschiede in Profil und Herkunft dieser Textteile!) zusammen mit Joel 4; Obd 15 ff. und Micha (bes. Mi 7,12 f.) seiner Fortschreibung I im Mehrprophetenbuch zu; sie fügt die Weltgerichtsperspektive ein und korrespondiert nach *Steck* einer Jesajafortschreibung I (s. u. zur »Situation« im Komm. zu Zef 3,8); vgl. noch ders., Zu Zefanja 3,9–10: BZ NF 34 (1990) 90–95. *J. Nogalski*, BZAW 217 [1993], 45–51.170–215, untersucht den Zusammenhang Habakuk – Zefanja – Haggai und stellt den Rückverweis von Zef 3,18–20 auf Mi 4,6–7 heraus. In BZAW 218 [1993], zusammenfassend 274–280, begründet er seine These von zwei dem Dokekapropheton vorausliegenden mehrbändigen Textkorpora, nämlich einem deuteronomistischen Korpus Hosea, Amos, Micha, Zefanja und einem zunächst separaten Korpus Haggai – Sacharja (Sach 1–8). Diese beiden Textkorpora seien durch eine Joel-bezogene Redaktionsschicht verknüpft und erweitert worden, indem Joel, Obadja, Nahum, Habakuk und Maleachi eingefügt wurden. *A. Schart*, BZAW 260 [1998], 205–218, untersucht die deuteronomistische Redaktion im Zwölfprophetenbuch und versteht analog zu *Nogalski* Hosea, Amos, Micha, Zefanja als eigene Sammlung. *E. Bosshard-Nepustil* 1997, 269–276.317–359.393–408.409 ff.422–431, legt weitgehende Annahmen zu einer Assur / Babel- und einer Babel-Bearbeitung (s. u. zu Zef 2,15!) sowie zu einer Theokratie-Bearbeitung vor. *B. G. Curtis*, The Daughter of Zion Oracles and the Appendices to Malachi: SBL Seminar Papers 37, Part II, Atlanta, GA 1998, 872–892, untersucht die Verbindungen zwischen Zef 3,14–20 und Sach 9 sowie Maleachi 3,22–24, d. h. die Verknüpfung von Zef mit dem Korpus Haggai-Sacharja-Maleachi.[5]

Die Zefanjaschrift dürfte aufgrund einer Reihe von literarischen Vernetzungen bereits zu einem älteren Stadium der Entstehung des Zwölfprophetenbuches gehört haben. Dafür spricht schon die Überschrift Zef 1,1, die demselben Verfasserkreis angehört wie die Überschriften des Hosea- und Michabuches, ferner (nachgeahmt, ohne Datierung) des Joelbuches. Mit

---

[5] Zur Redaktionsgeschichte des Zwölfprophetenbuches vgl. bes. noch *B. A. Jones*, The Formation of the Twelve. A Study in Text and Canon: SBL.DS 149, Atlanta, GA 1995; *J. D. Nogalski* and *M. A. Sweeney* (Hrsg.), Reading and Hearing the Book of the Twelve: SBL. Symposium Series 15, Atlanta, GA 2000.

dem Amosbuch verbindet die Zefanjaschrift die redaktionelle Erweiterung 1,13c–f mit Bezug zur deuteronomischen Fluchbestimmung (Dtn 28,30.39). Die Großkomposition Zef (2,1–3 +) 2,4–15 + 3,1–5.6–8 setzt wahrscheinlich das Modell der Völkerwortkomposition Am 1,3–2,16* schon literarisch voraus. Die Prophetenschriften Hosea, Amos, Micha und Zefanja liegen in Primärformen am wahrscheinlichsten schon in exilischer Zeit als ein erstes Mehrprophetenkorpus vor, das insgesamt die prophetische Begründung für den Untergang der Staaten Israel und Juda dokumentiert. Ein deuteronomistischer Einschlag dieser Prophetenbuchbearbeitung zeigt sich exemplarisch an den analogen Überschriften (s. u. zu Zef 1,1!). Sie steht der deuterojeremianischen, prophetisch-deuteronomistisch geprägten Jeremiabuchbearbeitung nahe. Mit ihr ist das Zefanjabuch über die Überschrift hinaus enger verknüpft, wie insbesondere Zef 3,2 zeigt (vgl. unten Komm. z. St.). Anderer Art ist die sehr späte Fortschreibung in Zef 3,18a–19.20, die in 3,19b–c bereits von Mi 4,6 (vgl. Mi 2,12) abhängen dürfte. Weniger deutlich scheint mir eine Verknüpfung der Zefanjaschrift mit dem Jonabüchlein zu sein, die von *P. Weimar* 1997, 727 f. Anm. 17, favorisiert wird. Sie wird vom Zusammenhang des Drohworts gegen Assur und Ninive in Zef 2,13–15 mit der Rede von der gewalttätigen Stadt (העיר היונה) in Zef 3,1 her begründet. Tatsächlich hat in der Auslegungsgeschichte jedenfalls die syrische Übersetzung einen Anklang in Zef 3,1 an die Stadt des Jona, eben Ninive, gefunden. Allerdings dürfte sich diese mögliche Assoziation des Partizips יונה »gewalttätig« an den kleinen Propheten Jona nicht in der Reihenfolge des Zefanjabuches im Dodekapropheton ausgewirkt haben. Die Tatsache, dass das Zefanjabuch an neunter Stelle im Dodekapropheton sowohl im MT als auch in LXX nach Habakuk und vor Haggai, Sacharja und Maleachi eingefügt ist, wird wesentlich mit der Auffassung des Buches als einer Brücke von der spätvorexilischen Zeit hin zur frühen nachexilischen Prophetie zu tun haben. Das sog. Gebet des Habakuk in Hab 3 verknüpft in der visionären Schilderung von Hab 3,3–15 Theophanie- und Kriegstraditionen und zeigt in zentralen Motiven Gemeinsamkeiten mit der hymnischen Beschreibung des nahen Tages JHWHs in Zef 1,14–16 (s. u. dazu die Analyse). Die Jubelrufe von Zef 3,14–15 zusammen mit den Erweiterungen in 3,16–20 weisen auf den Freudenaufruf von Sach 2,14 und Sach 9,9–10 voraus und leiten zur restaurativen Prophetie der Bücher Haggai und Sacharja über (s. u. Nr. III.B. zu Zef 3,14–20 als Überleitung zu Hag und Sach). Redaktionelle Bezüge zum Jesajabuch zeigen sich vermutlich in Zef 2,15, wo zumindest ein gleiches Sprachmilieu in Jes 47,8.10 vorauszusetzen ist. Möglicherweise hat die Kleinkomposition von Freudenaufruf und Ermutigungszuspruch in Zef 3,14–15.16–17 in der auffallend ähnlichen spätdeuterojesajanischen Komposition Jes 54,1–3.4–8 ihr Modell; sprachlich und motivisch zeigen diese Zefanjatexte auch weitere Bezüge zu Deutero- und Tritojesaja (s. u. zu Zef 3,14–18').

6. Die Frage nach Person, Zeit und Prophetie Zefanjas

Hinter den literarisch primären Logien im Zefanjabuch wird das Profil einer prophetisch wirksamen Person mit eigenständiger Sprach- und Textkompetenz als Auslöser des Textbildungsprozesses erkennbar. Ihr Name Zefanja (»Gott hat schützend verborgen«) ist in der spätvorexilischen Königszeit Judas und insgesamt vom Ausgang des 8. bis ins 6. Jh. v. Chr. auch in außerbiblischen Siegelinschriften gut bezeugt. Jedoch ist der Zefanja des Prophetenbuches mit keinem der biblisch oder epigraphisch bezeugten Träger des Namens Zefanja identisch, gewiss auch nicht mit dem hochrangigen Priester Zefanja am Jerusalemer Tempel zur Zeit des Propheten Jeremia (Jer 21,1; 29,25.29 u.a.; 2 Kön 25,18 u.a., gegen *D. L. Williams* 1961, 32). Name, Genealogie und Herkunft Zefanjas in der Zeit Joschijas von Juda werden unten zu Zef 1,1 kommentiert. Was lässt sich über Zefanjas Selbstverständnis aus den primären Logien erschließen? Dass Zefanja wahrscheinlich Jerusalemer war, wird zu Recht häufig angenommen. Dafür spricht das unübersehbare Interesse an Jerusalem und die gute Kenntnis der Stadt (vgl. 1,7–13*; 3,1–4*). Jedoch identifiziert sich Zefanja, wenn wir Zef 3,1.3–4 wohl doch für den Propheten in Anspruch nehmen dürfen, gerade nicht mit den Nabi-Propheten Jerusalems, am wahrscheinlichsten dem Tempel nahestehende Propheten. Vielmehr setzt er sich von ihnen ab und spricht das »Wehe« über ihr korrumpiertes, protziges und treuloses prophetisches Reden aus (s. u. zu Zef 3,4 im Zusammenhang von 3,1–5). Zefanja tritt mit einem hohen prophetischen Anspruch auf. In seinem Wort kommt mehrfach das Ich der Gottesrede zum Ausdruck, ohne dass er eine Gottesspruchformel oder auch die Botenformel (»So spricht hiermit JHWH«) verwendet (1,10a–b und 2,5b sind literarisch sekundär). In diesem Anspruch gleicht er dem hundert Jahre früher aufgetretenen Jesaja, der solche Redeformeln zwar verwendet, aber keineswegs notwendig und konsequent (*H. Wildberger*, BK X/3 [1982], 1591–1595).

Sofern man von einer primären Zefanjaprophetie und einem Propheten des ausgehenden 7. Jhs. v. Chr. in der Forschung ausgeht, werden in der Hauptsache drei Datierungsvorschläge diskutiert und angenommen:

Forschungspositionen zur Datierung der Zefanjaprophetie

(1.) Am häufigsten wird Zefanja gemäß der Überschrift Zef 1,1 in die Zeit Joschijas datiert (640/39–609 v. Chr.). Joschija wurde im Alter von acht Jahren König von Juda (2 Kön 22,1). In der Exegese wird meist angenommen, der Prophet Zefanja sei in der Jugendzeit des Königs Joschija aufgetreten, jedenfalls im Wesentlichen noch vor der mit dem Jahr 622 einsetzenden Kultreform des Königs (vgl. oben Nr. 4 der Einleitung). Dann müsste Zefanja etwa um die Mitte des 7. Jhs. v. Chr. geboren sein.

(2.) Eine Datierung nach der Reform des Joschija, also jedenfalls nach 622 v. Chr., etwa um 615 v. Chr., vertritt in neuerer Zeit besonders *K. Seybold* (Satirische Prophetie 1985; auch im Kommentar 1991). Er geht dabei davon

Einleitung

aus, dass in der Zeit Zefanjas die joschijanische Reform schon obsolet geworden sei und missachtet wurde. Sie habe ihre Wirkung längst verloren (Komm. 88). Außerdem ist für *Seybold* bezeichnend, dass er Zef 1,4–5 bzw. 1,4–6 insgesamt als Arbeit der deuteronomistischen Redaktion einstuft, was für die Primärgestalt von 1,4–5 kaum zutreffen dürfte.

(3.) Häufiger wird auch eine Datierung in die Zeit des Königs Jojakim von Juda (609–598 v. Chr.) vorgeschlagen. So (wie bereits *E. König*, Einleitung in das Alte Testament, Bonn 1893) besonders *J. P. Hyatt* 1948, 25–29; *A. Edens* 1954, bes. 109–114; *D. L. Williams*, The Date of Zephaniah 1963, 77–88. In neuester Zeit schließt sich dieser Datierung auch *J. Nogalski*, BZAW 117 [1993], 179–180, an. Diese Position argumentiert etwa damit, dass die Völkerworte erst in der Zeit Jojakims voll verständlich seien. Dabei bezieht man sich auf Zef 2,8–10, das Wort gegen Ammoniter und Moabiter, dessen historischer Hintergrund in 2 Kön 24,2 beschrieben sei, wonach Moab und Ammon im Auftrag der Babylonier Juda bekämpft haben. Auch wird in Zef 1,4 die Rede vom Rest Baals wörtlich genommen im Sinne eines von der Reform Joschijas übriggebliebenen Restes an Fremdkulten und Götzenkult. Außerdem wird das Wort der reichen Herrn in Jerusalem »JHWH tut weder Gutes noch Böses« Zef 1,12 als ein Wort der Enttäuschung über den Misserfolg der Reform Joschijas verstanden.

Datierung nach 622 v. Chr.?

Gegen die Positionen 2 und 3, d. h. gegen eine Datierung sämtlicher primärer Zefanjaworte etwa um 615 v. Chr., also kurz vor dem Untergang Assurs und Ninives, oder noch später in der Zeit des Königs Jojakim 609–598 v. Chr. lassen sich gewichtige Argumente vorbringen. So ist z.B. die Rede vom Rest Baals in Zef 1,4 keineswegs ein überzeugender Hinweis auf eine Datierung nach der Reform des Joschija oder gar erst in die Zeit Jojakims, denn dieses Wort kann sehr wohl bedeuten, dass JHWH den Baalsdienst bis zum letzten Rest ausrotten will, nicht aber dass noch ein Rest des Baalsdienstes vorhanden sei. So ist auch das Wort gegen Moab und Ammon in Zef 2,8–10 eher in die Exilszeit zu datieren, für die das Hohngelächter, die Schadenfreude der Ammoniter und Moabiter gegenüber Juda z.B. in Ez 21,33 und Ez 25,1–7 eindrücklich belegt ist. Zef 1,12 spricht von dem Bild eines inaktiv-ungefährlichen Gottes und lässt viel eher auf die große Selbstgewissheit dieser Reichen als auf eine Enttäuschung über die Reform des Joschija schließen. Sehr auffällig wäre für eine Datierung unter Jojakim die Tatsache, dass Zefanja den König weder erwähnt, noch kritisiert, obwohl von Jeremia sehr harte Worte gegen diesen König überliefert sind (Jer 22,13–19). Gegenüber einer Datierung der primären Zefanjaworte um 615 lässt sich einwenden, dass eine Missachtung der Reform innerhalb so weniger Jahre nach 622 eine nicht ganz leicht zu begründende Annahme darstellt. Außerdem sind die Hinweise auf den Einfluss der assyrischen Kultur und assyrisch-aramäischer Religion in Juda zu beachten. Von einem assyrischen Kultur- und Religionsdruck kann man nach ca. 620 v. Chr. so gut wie sicher nicht mehr sprechen. Dann ist aber ein Wort wie Zef 1,8–9, wo deutlich noch von einem fremdländischen und assyrisch zu interpretierenden Einfluss die Rede ist, nach 620 kaum verständlich. Im Übrigen zeigt Zef 1,4–5, wenn man den primären Text (anders als *Seybold*) doch nicht als deuteronomistisch qualifiziert, dass ein religiös-kultischer Einfluss auf Juda in der vom Text vorausgesetzten Situation noch lebendig zu spüren ist.

Zefanja trat nach Zef 1,1 in der Zeit des judäischen Königs Joschija als Prophet auf. Die primären Einheiten der Zefanja-Prophetie bestätigen nach einem weitgehenden Konsens der Forschung im Wesentlichen diesen Datierungsansatz. Dann ist Zefanja ein Zeitgenosse des »frühen« Jeremia (vor 609 v. Chr.). Spätere Datierungen der primären Zefanja-Prophetie sind kaum überzeugend. Für das Jahrzehnt ca. zwischen 630 (nach dem Tod Assurbanipals 627 v. Chr.) und 620 v. Chr., d. h. im Wesentlichen noch vor der 622 v. Chr. einsetzenden sog. Reform Joschijas (z. B. *E. J. Smit* 1970/71, 70–74; *R. Edler* 1984, 40–49; *B. Renaud* 1987, 183–185), spricht (1.) der (noch) greifbare virulente Einfluss assyrisch geprägten »fremden« Lebensstils am Königshof (1,8–9) und der kultische Synkretismus (1,4–5*) mit assyrisch-aramäischem Hintergrund. (2.) Immer noch hat der Hinweis auf die Tatsache, dass zwar die königlichen Prinzen bzw. die Amtsträger am Königshof in 1,8 (und 3,3–4) erwähnt werden, nicht aber der König selbst, einiges Gewicht. Damit sind die politisch Hauptverantwortlichen wahrscheinlich in der Zeit der Jugend bzw. Minderjährigkeit Joschijas genannt. (3.) Hinzuweisen ist auch auf die auffällige Parallele zwischen Zef 2,12 (die konstatierte Vernichtung der »Kuschiten« als *Rückblick* auf den Untergang der »äthiopischen« Herrschaft in Ägypten durch die Assyrer) und 2,13–14 (Ankündigung des Endes von Assur und Ninive) einerseits und der Untergangsdrohung Nahums gegen Ninive auf entsprechendem Hintergrund (Fall Thebens 664 v. Chr.) in Nah 3,8.9 (8–13) andererseits; diese Parallele widerrät, Zefanja zu weit vom Wirken Nahums (ca. zwischen 650 und 630 v. Chr.) abzusetzen. Wenn Zefanja um die Zeit des Todes Assurbanipals, also um 627 bzw. kurz danach angesetzt werden darf, könnte sich der Zusammenhang zwischen Zef 2,12 und 13–14 gut erklären: Assurbanipal, der von 669 bis 627 v. Chr. regiert hat, war der große assyrische Herrscher, der Theben eroberte und in dessen Zeit der Untergang der kuschitischen Dynastie Ägyptens liegt. (4.) Die Überlegungen zur Datierung von Zef 2,4 (s. u. den Komm.) führen ebenfalls in eine Zeit deutlich vor 616 v. Chr. bzw. eher noch vor 620 v. Chr.[6]

Die in der Forschung im Anschluss an *Herodot* (Historien I, 104–105)

Resümee zur Datierungsfrage

---

[6] Auf eine Zeit der Wirksamkeit Zefanjas im Wesentlichen noch vor 622 könnte auch die Tatsache schließen lassen, dass nach 2 Kön 22,13.14–20 der König Joschija vor seiner Reform nicht etwa Zefanja oder Jeremia, sondern die Prophetin Hulda, die in der Neustadt Jerusalems wohnt, befragen lässt.

Einleitung

häufiger geäußerte Vermutung, ein Skythenzug durch Palästina in Richtung auf Ägypten habe die JHWH-Tag-Prophetie Zefanjas angeregt, bleibt Spekulation; für die Unheilsszenerie in Zefanja-Worten ist eine (mögliche) Bewegung skythischer Verbände zumindest nicht entscheidend (s. u. den Komm. zu 1,10–11 unter »Situation«).

Primäre Prophetie Zefanjas Die primäre Zefanja-Prophetie, die uns in etwa 11 Logien überliefert ist, verrät ihre Herkunft aus mündlichem, rhetorisch wirksamem Vortrag vor allem durch die knappe aphoristische Spruchform, die Vorliebe für Lautgleichklang und Wortspiel (2,4!), Wort- und Silbengradation (von kürzeren zu längeren Einheiten, z. B. 1,4*–5*; 1,8–9*; 1,15–16), Ausruf und imaginative Vergegenwärtigung (z. B. 1,7; 1,10–11), irritierende und ironisierende Ambiguität, Anspielung und Bildsprache (z. B. 2,1; 3,1, sowie 1,7; 1,12; 2,14; 3,3, vgl. bes. *K. Seybold*, Bildmotive 1985, 30–54). So tritt Zefanja nach 1,7 wie ein Priester auf, der in kultischem Rahmen zur Stille vor dem Kommen und der Präsenz JHWHs aufruft, jedoch nur um sogleich diesen Aufruf zu parodieren. Denn nicht JHWHs heilvolles Kommen, nicht die Nähe eines glücklichen Tages JHWHs für die Adressaten, sondern ein irritierendes Schlachtopferfest sagt der Prophet an, eine schockierende »Gegenliturgie«. Allein durch Höreffekte erzeugt Zefanja nach 1,10–11 die bedrängende Wahrnehmung, dass ein Feind aus dem Norden in Jerusalem dem Krämervolk zu Leibe rückt. In kräftiger Ironie zeichnet der Prophet in Zef 1,12 jene reichen Herren in Jerusalem, die »auf ihren Weinhefen eindicken« und daher selbst nur noch einen unbeweglichen Gott glauben können. JHWH wird sie in Jerusalem aufstöbern, wie eine Frau mit einer Lampe ihr Haus durchsucht. In Zef 2,1 ruft der Prophet wie ein Unheilsherold nicht einfach zur Sammlung in die befestigten Städte auf. Er ironisiert sofort ein solches Bemühen, indem er diese Sammlung wie ein vergebliches Aufhäufen von Strohstoppeln vor dem Sturm und dem Feuer erscheinen lässt. Im Weheruf von Zef 3,1 endlich könnte zunächst ebenso die angesehene, illustre, wie auch die störrische und trotzige Stadt sich angerufen wissen. Die kräftigen Tiermetaphern von 3,3 klagen nur noch sarkastisch die ausbeuterische Gewalttätigkeit der Beamten und Richter an. Jedes vornehme Gehabe dieser angesehenen Kreise ist entlarvt.

Inhaltlich stellt die Prophetie Zefanjas ihre Adressaten mit unerbittlichem Ernst vor die Wirklichkeit des sicheren Gottesgerichts und des unausweichlich hereinbrechenden Tages JHWHs. Zefanja lässt sich nicht unmittelbar als Parteigänger der Kultreform Joschijas (2 Kön 23*) erweisen. Er stellt seine Adressaten vor die unabweisbaren Unheilsfolgen ihres Tuns und das sichere Einschreiten Gottes. Seine Prophetie zielt nicht auf Reform. Wohl aber scheint sie motivierend und inspirierend von den Kreisen aufgenommen worden zu sein, aus denen die Reformbewegung erwuchs (vgl. *J. Scharbert* 1982, 237–253; zu Indizien der joschijanischen Reform *Chr. Uehlinger* 1995, 57–89). Während JHWH nach 1,4–5* (vordeuteronomistisch!) gegen Baalsdienst, Gestirnverehrung und Synkretismus (JHWH // ihr König[sgott]) einschreitet, verbinden andere Logien religiöse und soziale Kritik: 1,8–9 gegen die hohen Amtsträger am Hof mit ihren fremdländischen, d. h. dem eigenen Volk und dem Gotteswillen entfremdeten Moden und ihrem gewalttätigen und betrügerischen Gewinnstreben; 1,10–11 als Schilderung des Feindeinfalls in Jerusalems Neustadt vom Norden her, gegen das »Kanaansvolk« der Händler; 1,12–13* gegen die auf ihren Weinhefen »erstarrten« reichen Herren, die selbstgewiss von JHWH keinerlei Einschreiten erwarten; 2,1–3* als aufstörender ›letzter‹ Warn- und Mahnruf wohl primär an das »ohne Antrieb« dahinlebende (einfache) Volk von Juda, durch Suche nach ›gerechtem Gemeinschaftssinn‹ und ›Beugung‹ bzw. ›Demut‹ (vor Gott) »vielleicht« im Sturm des Zorntages JHWHs geborgen zu bleiben. Die dunkle Seite des unausweichlich gewordenen Einschreitens JHWHs stellt Zefanja in der von Am 5,18–20 und Jes 2,12–17 her rezipierten Rede vom »Tag JHWHs« vor, den er bedrängend »nahe« sieht, in Umkehrung heilvoller Traditionen als ›Schlachttag‹ in 1,7 und als Tag des Zorns, der Theophanie und des kriegerischen Einschreitens JHWHs nicht gegen Israels Feinde, sondern gegen das eigene Volk (Juda und Jerusalem) in 1,14.15–16. Erst kompositorisch werden die Drohworte gegen die Philister im Westen (2,4; 2,5–6*) und entscheidend gegen Assur und Ninive im Norden (2,12*.13–14) unter das Vorzeichen des Tages JHWHs gestellt. Dass sich die Stoßrichtung der Gerichtsprophetie Zefanjas auf Jerusalem und seine korrupte Oberschicht zuspitzt, macht 3,1.3–4 (Beamte, Richter, Propheten, Priester, ohne Nennung des Königs!) als wahrscheinlich letztes der primären Zefanja-Worte deutlich.

Zielt die Botschaft Zefanjas vom unausweichlich gewordenen Einschreiten JHWHs und vom düsteren Tag des Zorns auf definitiven Untergang? Auch wenn die Ich-Reden Gottes in der Prophetie Zefanjas keine textlich eigenständigen, sondern in Beschreibungen implizierte Begründungselemente enthalten, lässt Zefanja doch keinen Zweifel daran, dass das Gottesgericht nicht in blindem Zorn wütet, sondern notwendig gewordene Rechtsfolge des Lebens und Verhaltens zumal der führenden Kreise in Juda und Jerusalem ist. Für diese scheint die Ankündigung des Unheils schwerlich ein äußerster Appell zu sein, der noch mit der Möglichkeit der Umkehr und eines Neubeginns rechnet. Nach 2,1–3* sieht Zefanja nur noch für das einfache Volk von Juda die Hoffnung, nicht vor dem Zorntag, aber doch mitten im Gerichtssturm geborgen zu bleiben.

7. Die Bearbeitungen der Zefanjaüberlieferung und die prophetische Botschaft des Buches

Die bei Zefanja angelegten Linien seiner Botschaft werden exilisch und vor allem nachexilisch kräftig ausgebaut (s. o. Nr. 5 zur Entstehung des Buches). Die Nachbearbeitungen von Zefanjas Prophetie, Fortschreibungen und Ergänzungen, nehmen einerseits die Unheilslinie seiner Botschaft auf, noch ausführlicher aber die bei Zefanja sich nur einmal im »Vielleicht« von 2,3 andeutende Hoffnung auf Bewahrung durch das Zorngericht des Gottestages hindurch. Durchwegs ist die Anknüpfung an den »Tag JHWHs«, verstanden als integrierende Mitte von Zefanjas Botschaft, erkennbar. Die Gerichtsbotschaft betrifft Jerusalem (3,6–8*), Einzelvölker (2,8–9 + 10; 2,15), alle Lebewesen (1,2–3*) bzw. die Menschen schlechthin (1,17*–18a), die ganze Erde mit ihren Bewohnern (1,18b–c) bzw. die Völker und die Erde insgesamt (3,8 MT). Heilvolle Zukunft gibt es für Jerusalem nur durch ein Läuterungsgericht am (so neu verstandenen) Tag JHWHs hindurch (3,11–13 mit Erweiterungen in 3,14–15*; 3,16–17/18'). Daran setzt die bei Zefanja grundgelegte, in seiner Unheilsankündigung gegen Oberschichtskreise und zumal in 2,3* erkennbare, erst aber auf der (frühnachexilischen) Buchebene als gewiss formulierte Hoffnung für »ein armes und geringes Volk« in Jerusalem als JHWH-treuer »Rest Israels« an (3,12–13). Im Gegensatz zu den im Gericht hinweggefegten »hochmütigen Prahlern« (3,11) wird es kontextuell als religiös »demütiges« Volk vorgestellt (vgl. *H.-D. Neef* 1996, bes. 153 f.). Entsprechendes gilt bereits im Gefolge von Zef 3,11–13 für »alle Gebeugten des Landes« in 2,3a (vgl. Ps 76,10 und Jes 14,32c!, dazu Jes 11,4; Am 8,4; Ijob 24,4). Ansätze einer Theologie des armen und demütigen Restes Israels werden sichtbar. Mit gutem Grund wurden im Buch Zefanja Impulse für eine ›Befreiungstheologie‹ und eine ›Kirche der Armen‹ erkannt (*N. Lohfink* 1984; *M. Weigl* 1994, 255–284; *W. Dietrich / M. Schwantes* [Hrsg.] 1996; s. u. den Komm. zu Zef 3,11–13 und den dortigen Exkurs). Weit über den Horizont der Hoffnung auf Sammlung aller zerstreuten Zionskinder und ihrer neuen Ehre bei den Völkern hinaus führen die einzigartigen Verheißungen einer universalen einmütigen JHWH-Verehrung (im Gefolge Deuterojesajas: Jes 45,22 f.; 49,1–6) durch die im Gericht geläuterten Völker; sie bringen selbst aus dem fernen Kusch (Nubien / Äthiopien) Gaben 3,9–10* (in V 10 sekundär auf die Diaspora bezogen). Neben die Wallfahrtsvision (vgl. Jes 2,2–5 // Mi 4,1–3; Sach 14,16–19; Tob 13,13) tritt in 2,11 der grandiose Ausblick auf die universale Götterdämmerung und die Verehrung des einen Gottes selbst durch die fernsten Völker (»Inseln«), jeweils von ihrem Lebensbereich aus.

In seiner Endgestalt versteht sich die Zefanjaschrift als ein geschlossenes Werk, das den Namen »Buch« verdient, trotz seiner Anbindung und Einfügung in ein wachsendes Korpus des Zwölfprophetenbuches (dieses liegt erst um 200 v. Chr. endgültig vor, vgl. Sir 49,10). Durch die große Klammer von Zef 1,1 und 3,20d ist das Zefanjabuch über alle Unterschiede in den Redeformen hinweg als einheitliches, gültiges und zukunftsträchtiges Gotteswort, das in bestimmter geschichtlicher Stunde ergangen ist, deklariert. Der Redeprozess stellt sich als ein einheitlicher »Weg« dar. Ihn mussten Judäer und Jerusalemer geschichtlich erleben und gehen, um durch das Gottesgericht hindurch zur Läuterung und zu neuer Hoffnung auf eine heilvolle Zukunft geführt zu werden. Für Jerusalem als »Tochter Zion« (3,14ff.) bleibt die Wiederherstellung des ganzen JHWH-Volks ein Prospekt der Sehnsucht und Hoffnung auf JHWH. Er ist aber auf der Buchebene an den Horizont eines weltweiten Gerichts gebunden, das seinerseits zum unerlässlichen Durchgangsstadium hin zur Hoffnung für Juda und seine JHWH-Treuen und darüber hinaus zur Hoffnung auf Bekehrung und Heil für alle Völker der Erde wird (vgl. den Übergang von 1,18 zu 2,1–3 sowie jenen von 3,8 zu 3,9–10 und 3,11–13, aber auch 2,11 im Kontext von 2,4–15).

Der Rezipient, Leserinnen und Leser, sollen das Zefanjabuch nicht nur als Warnung und Mahnung sowie als Hoffnungsschilderung wahrnehmen, sondern seinen Redeprozess mitgehen. Dieser führt von der kosmischen Unheilsszenerie als Ausgangspunkt für das Gottesgericht und den dunklen JHWH-Tag über Juda und Jerusalem zunächst hin zur Hoffnung auf mögliche Bewahrung im Gerichtssturm (2,3). Er erfasst die Völker und bezieht Jerusalem in das Völkergeschick ein (2,4–15 + 3,1–8). Aber schon in 2,11 als der inneren Sinnspitze des Völkergerichts von 2,4–15 ist aus dem Unheilsgeschick von Völkern der Ausblick auf ein Gericht über alle Götter der Erde geworden. Dessen Folge ist, dass der eine Gott von aller Welt erkannt und verehrt wird. Dann ist auf der Buchebene der Weg zur Hoffnung bereitet, dass aus der Sammlung von Völkern und Reichen zum Gericht und aus dem verzehrenden Zornesfeuer über die Erde hin die umstürzende Läuterung aller Nationen und ihre Hinwendung zum einträchtigen JHWH-Dienst hervorgeht. Dann wird auch das Restvolk Israels JHWH treu ergeben sein, so dass es untereinander solidarisch und in ungestörtem Frieden leben kann (3,8.9–10.11–13). Am Ende des Buches steht als gewaltiger Schlussakkord der Aufruf zum Jubel an die »Tochter Zion«, an das Israel, das seine Sammlung und Wiederherstellung erhoffen darf (3,14–20). Nach der Erfahrung der gefährlichen, verzehrenden Nähe des Richtergottes und durch sie hindurch leuchtet endlich seine rettende Nähe und Liebe als Ziel des Textprozesses auf (3,14–17/18'). Der düstere »Tag« des Unheils ist zum »Tag« der Läuterung, Rettung und heilvollen Zukunft Israels und der Völker geworden. Da sie alle »den Namen JHWHs anrufen« und »ihm einträchtig dienen« (3,9), werden sie zusammen mit dem treuen JHWH-Volk Israel zu dem einen großen Gottesvolk, in dem gleichwohl nicht die besondere Geschichte und Eigenart Israels wie auch der Völker nivelliert wird. Alle aber sind geeint durch die Treue und Hingabe an JHWH als den einen Gott aller Menschen. In keinem Prophetenbuch der Bibel ist auf so engem Raum eine solche Spannweite zwischen partikular-nationaler Religion und einer Sprengung aller Grenzen in einer eschatologischen Schau sowohl des universalen Gerichts als auch des umfassenden Heils der Völker gebündelt.

8. Zur Überlieferung und frühen Rezeption des Zefanjatextes

Hebräische Textgrundlage

Grundlage der Bearbeitung des hebräischen Textes sind die Manuskript-Codices des Mittelalters (s. o. Abschnitt 2: Gliederungen des Buches Zefanja in hebr. Mss. des Mittelalters, dazu die Texteditionen des ›Masoretischen Textes‹ im Literaturverzeichnis). Das Zwölfprophetenbuch wurde für die »Biblia Hebraica, ed. R. Kittel« (BHK) von O. Procksch (1933) bearbeitet, für die »Biblia Hebraica Stuttgartensia« (BHS) von K. Elliger (1970). Die Edition des »Hebrew University Bible Project« liegt für die Kleinen Propheten noch nicht vor.

Texte aus der Wüste Juda

Etwa 800 Jahre älter als der älteste Propheten-Codex des Mittelalters, der Codex Cairensis (895 n. Chr.), ist das hebräische Manuskript der Zwölfpropheten »Murabbaʿāt 88 (MurXII)« aus der Wüste Juda. Insgesamt sind in den Manuskripten aus Qumran bzw. der Wüste Juda mehrere hebräische Zefanjatexte bezeugt (vgl. auch R. Fuller, The Form and Formation of the Book of the Twelve 1996, 86–101, ebd. 99–101). Die folgende Übersicht gibt neben der Bezeichnung des Manuskripts den jeweiligen bezeugten Zefanjatext und die Textedition (auch Übersetzung) an (vgl. Allgemeines Literaturverzeichnis Nr. 1):

1QpZef (= 1Q15): Zef 1,18b–2,2: J. T. Milik, DJD I (1955), 80 [Plate XV]; M. P. Horgan 1979, 63–65; F. García Martínez / E. J. C. Tigchelaar I (1997), 20–23; J. Maier I (1995), 208.

4QXII^b (= 4Q77): Frg. 1: Zef 1,1–2: R. E. Fuller, DJD XV (1997), 234 [Pl. XLIII].
Frg. 2: Zef 2,13–15: R. E. Fuller, DJD XV (1997), 234 [Pl. XLIII].
Frg. 3: Zef 3,19-Hag 1,2: R. E. Fuller, DJD XV (1997), 235 [Pl. XLIII].

4QXII^c (= 4Q78): Frg. 34: Zef 2,15–3,2: R. E. Fuller, DJD XV (1997), 249 [Pl. XLVI].

4QXII^g (= 4Q82): Frg. 103: Zef 3,3–5: R. E. Fuller, DJD XV (1997), 317 [Pl. LX].

4QpZef (= 4Q170): Zef 1,12–13a: J. M. Allegro, DJD V (1968), 42 [Pl. XIV]; J. Strugnell 1970, 210–211; M. P. Horgan 1979, 191–192; F. García Martínez / E. J. C. Tigchelaar I (1997), 340–341; J. Maier II (1995), 93.

Murabbaʿât 88 / MurXII: Zef 1,1.11–3,20: *J. T. Milik*, DJD II (1961), 182–184.200–202[Pl. LXIX–LXXI].
In 8HevXIIgr, der griechischen Zwölfprophetenrolle vom Naḥal Ḥever, sind folgende Zefanjatexte bezeugt: Zef 1,1–6*.13–18; 2,9–10; 3,6–7: *E. Tov*, DJD VIII (1990), 58–65.94f. (Col. 20–23, Pl. XIV–XV); *D. Barthélemy*, Les devanciers d'Aquila 1963, 176f.

Der in den Schriftrollen bezeugte Zefanjatext ist weitestgehend mit dem überlieferten hebräischen Text (HT) identisch und erweist damit MT als eine verlässliche, wenngleich an einigen Stellen verderbte bzw. fehlerhafte (vgl. bes. Zef 2,2a; 2,6.7a; 2,14c–d; 2,17d; 3,18!; 3,20a–b; auch 1,14c–d!) Textgrundlage. Die Abweichungen sind minimal und betreffen etwa die Artikelsetzung (vgl. jeweils die Textanmerkungen zu MurXII in 2,3a und 3,9), eine erleichternde Pluralform nach MurXII in 3,15b oder die Setzung von nota objecti in 4Q78, Frg. 34, zu Satz Zef 2,15 f. 8HevXIIgr setzt in Zef 3,7 מעינה voraus und stützt damit die LXX-Lesung (»aus ihren Augen«, s.u. den Text z. St.).

Im Kommentar ist in jedem Fall der masoretische Text (MT) sowie der ihm zugrunde liegende autoritative hebräische Buchstabentext (HT) als eine exemplarische und normativ gewordene Textform des Zefanjatextes zu erläutern. Gleichwohl stellt MT nur *einen* Textzeugen der Bibel unter anderen Textüberlieferungen dar (vgl. *E. Tov*, Der Text der Hebräischen Bibel, Stuttgart u.a. 1997, 136–148, z.B. 140). Deren Textformen, ihre Merkmale und Tendenzen sind je eigenständig zu würdigen. Der Kommentar verzichtet nicht darauf, in Fällen, in denen der MT einen sprachlich und sachlich anstößigen Text bietet, nach einer konsistenteren und gegenüber MT primären (nicht »ursprünglichen«) Lesart zu fragen.

<small>Weitere Textzeugen / Versionen im Verhältnis zum MT</small>

Die Übersetzung des Dodekapropheton in der LXX, der ältesten der antiken Versionen, ist wahrscheinlich in der ersten Hälfte des 2. Jhs. v.Chr. entstanden (vgl. *A. Kaminka* 1928, 47; *F. Siegert*, Zwischen Hebräischer Bibel und Altem Testament. Eine Einführung in die Septuaginta, Münster 2001, 42; das Jesajabuch ist erst nach dem Dodekapropheton ins Griechische übertragen worden, vgl. *M. Hengel*, in: Der leidende Gottesknecht: FAT 14, Tübingen 1996, 75 mit Anm. 117; Text, Einheitlichkeit der Übersetzung und Abhängigkeitsbezüge des Dodekapropheton zu anderen Teilen der LXX erörtert *T. Muraoka*, Introduction aux Douze Petits Prophètes, in: La Bible d'Alexandrie 23.1: Les Douze Prophètes, Osée, Paris 2002, I–XXIII). Auch für die LXX-Version gilt, dass sie nicht auf einem Paralleltext zum MT, sondern auf einer gemeinsamen Vorlage beruht wie entsprechend die Qumran-Manuskripte des Zwölfprophetenbuchs: »Often the variant readings of the 4QXII manuscripts, M, and G [d.h. LXX] seem to depend on a single underlying consonantal *Vorlage*, which was read differently or spelled differently in one or more of the traditions« (*R. E. Fuller*, Diss. 1988, 153). In mancher Hinsicht erweist sich LXX Zef nicht nur als Übersetzung, sondern als ein ältester »Kommentar« zum Text (vgl. schon *S. B. D. Zandstra* 1909, 24–35; *J. Lippl* 1910, 42–51; *G. Gerleman* 1942; *F. Dingermann* 1948, 180–191; die derzeit beste kritische Bearbeitung mit Übersetzung von LXX

<small>Septuaginta</small>

Einleitung

Zef stammt von *M. Harl*, LXX Sophonie 1999, 311–375; in der wichtigsten Textedition von *J. Ziegler* ³1984 ist 8ḤevXIIgr noch nicht berücksichtigt). So zeigt sich mehrfach die Tendenz zu einer ethischen und spezifisch religiösen Gerichtsbegründung (bes. 1,9; 1,12 IIA [Umdeutung des Bildes vom Eindicken auf den Weinhefen zur Verachtung der zu beobachtenden Verpflichtungen]; 2,1; 3,6 [aus den »Völkern« des MT werden die »Hochmütigen«, vgl. 3,11b]). Hinzu kommen weitere Umdeutungen von Bildsprache (in 2,2 wird aus der ›Spreu‹ des MT das Bild von der verwelkenden Blume). Mögliche ambivalente Konnotationen in Zef 3,1 werden auf eine eindeutig positive Interpretation von vergangenem oder zukünftigem Sein und Ergehen Jerusalems festgelegt. Eine konkrete Kenntnis der Topographie Jerusalems verrät die LXX-Übertragung von Zef 1,10–11 nicht. Auf eine gegenüber MT sprachlich und sachlich vorzuziehende Lesart sowie auf späte Glossierung des hebräischen Textes führt LXX in Zef 1,3.4.5; 2,2a.6.7.9; 3,3b.8a.10.15c(d).17d.e/18' (siehe jeweils den Text z. St.).

Peschitta Die syrische Version von Zef (»Syr« / Peschitta) liegt in der kritischen Edition von *A. Gelston* des wohl von verschiedenen Übersetzern stammenden syrischen Zwölfprophetenbuches vor (1980, 64–69; sowie die Bearbeitung 1987, danach stammt das syrische Dodekapropheton aus Kreisen jüdischer Übersetzer und datiert etwa um die Mitte oder im späten ersten Jh. n. Chr.; vgl. schon *M. Sebök* 1887, 63–66; und *S. Zandstra* 1909, 18–24; *J. Lippl* 1910, 56–59). Auf eine von HT (MT) und der Vorlage der LXX abweichende hebräische Textvorlage lässt sich nur ganz selten schließen, so in 1,1 (ḤLQY'), kaum jedoch in 2,14, wo Syr *bbtyh* »in ihren [Ninives] Häusern« statt MT בכפתריה »auf ihren Säulenkapitellen« liest. Neben Stellen, an denen Syr mit der Textdeutung der LXX übereinstimmt, ohne eine von MT verschiedene Textgrundlage zu haben (z. B. 1,12 IIA; 2,3a mit Imperativ statt Relativsatz des MT; 3,1), sind jene Belege wichtig, in denen Syr allem Anschein nach die LXX-Lesart aufnimmt bzw. bestätigt und damit auf eine von HT / MT verschiedene Vorlage schließen lässt: 2,2a (ohne MT יום »Tag«); 2,7; 3,7d (»aus ihren Augen«); 3,8a; 3,10 (ohne Glosse!); (3,15d); 3,17d.18' (s. u. z. St.!). Wie eigenständig Syr den Text deutet, zeigt sich etwa an 3,1, wo Syr sicher Ninive statt Jerusalem einliest (s. u. z. St.!) und am Text von 3,7e–f, den Syr zu Imperativen (Plural) umdeutet als Aufforderungen an die Feinde (Völker), strafend gegen Jerusalem / Juda vorzugehen, weil es sich nicht warnen ließ.

Targum Die aramäische Version, das Prophetentargum Jonathan, datiert in der überlieferten Form jedenfalls später als Syr und beruht für Zef wohl durchwegs auf dem autoritativen HT (MT). Die Bedeutung des Targums liegt vor allem darin, ein frühes Dokument einer orthodoxen jüdischen Auslegung des Zefanjabuches zu sein. Seine Charakteristika sind eingehend erörtert bei *K. J. Cathcart / R. P. Gordon* 1989, 1–19.165–174, und *J. Ribera Florit* 1982, 127–135.136–158: so die Vermeidung von anthropomorpher Rede von Gott (vgl. 1,12), die Einführung der »Schechina« als der hypostasierten Gottesgegenwart (3,5.7.15.17) sowie des »Memra« / des Wortes statt direkter Nennung Gottes (3,8.11), Moralisierung und Einschränkung der Unheilsansage auf die Frevler (1,7.18; 3,8) auf dem Hintergrund des geforderten Tora-Gehorsams (2,1!, auch 1,5.6.9; 2,3; 3,2.7), dazu die Betonung der Verheißungen Gottes (2,11; 3,5.15), sogar mit heilvoller Umdeutung (פקד 3,7).

Vulgata Die lateinische Version des Hieronymus, die er seinem Zefanja-Kommentar zugrunde legt, bzw. die (spätere) Vulgata schließt sich trotz mancher Übersetzungen ›ad sensum‹ so eng an den überlieferten HT (MT) an, dass sich Unterschiede der Textvorlage von Vg gegenüber HT nur selten mit einiger Sicherheit ausmachen lassen (vgl. schon *S. Zandstra* 1909, 6–17). So darf in Zef 2,6 (»requies pastorum«) auf das Fehlen der Variante כרת »Auen« in der Vorlage der Vg geschlossen werden (s. u. zum Text Zef 2,6). In 2,14d (»corvus«) und 3,8a (»expecta [Singular!] me«) scheint sich Hieronymus schwerlich nur an LXX angeschlossen zu haben, obwohl er den LXX-Text im Kommentar zusätzlich aufnimmt und zum Teil auch erläutert. Denn gerade auch an schwierigen und verderbten Stellen des HT, denen Hieronymus einen Sinn abzuringen sucht, erweist er sich gegenüber LXX nach Textvorlage und Übertragung als eigenständig (2,2a; 3,17d; 3,18!, auch 1,3; 3,10).

Das Zefanjabuch wurde in eschatologisch-apokalyptisch orientierten Kreisen des frühen Judentums gerne gelesen. Es wurde in Qumran apokalyptisch auf das bevorstehende Endgericht und die Rolle der Qumran-Gemeinde in diesen letzten Tagen interpretiert. Leider sind nur sehr dürftige Ansätze der Kommentare (Pescharim) zu Zefanjatexten in 1QpZef und 4QpZef erhalten (vgl. bes. *M. P. Horgan* 1979, 63–65.191 f.). Im Neuen Testament scheint das Buch Zefanja nur sporadisch in eschatologischem Zusammenhang rezipiert (1,3 in Mt 13,41; 1,14f. wohl in Offb 6,17; dazu möglicherweise 3,8 in Offb 16,1 und 3,13 in Offb 14,5). Die neutestamentlichen Rezeptionen des Zefanjabuches zumal in Offb erkennen demnach in der Zefanjaprophetie eschatologische Ankündigungen, deren Erfüllung noch aussteht. Ohne ausdrücklichen Bezug auf den Zefanjatext hat allerdings der Kämmerer der äthiopischen Königin nach Apg 8,27 (8,26–39) die in Zef 3,10 verheißene Wallfahrt von JHWH-Verehrern aus Kusch (Nubien / Äthiopien) nach Jerusalem für seine Person verwirklicht.

Rezeption in eschatologischen Kontexten

Qumran

Neues Testament

Aus frühjüdischer Zeit stammt eine Apokalypse des Zefanja, deren Endredaktion kaum vor dem Ende des 2. Jh. n. Chr. liegt und vermutlich von koptischsprachigen (monastischen) Christen Ägyptens vorgenommen wurde (*G. S. Oegema*, JSHRZ VI/1,5, 183–186). Sie ist allerdings nur fragmentarisch aus einem Zitat bei Clemens von Alexandrien (Stromata 5,11.77) und aus zwei koptischen Handschriften bekannt (zur Literatur vgl. das Allgemeine Literaturverzeichnis Nr. 4). Die Apokalypse stellt eine Gerichtsszenerie mit einer Himmels- und Höllenvision des Zefanja vor, der hier in der 1. Person redet und zeigt, was die einzelnen Menschen nach dem Tod erleben werden. Die karitativen Pflichten werden im Sündenregister der Menschen aufgeführt. Die Patriarchen und alle Gerechten beten für die Bestraften. An die universale Ausweitung des Zorntags Gottes im Zefanjabuch (bes. 1,18; 3,8) erinnert der Endzeitausblick im letzten erhaltenen Kapitel der Apokalypse.

Zefanjaapokalypse

In den Synagogen der Gegenwart wird Zefanja nicht als Prophetenlesung (Haftara) im Sabbatgottesdienst verwendet. Anders war dies in der altjüdischen Synagoge. (1.) Im Dreijahreszyklus der Tora-Lesung in Palästina bildete Zef 3,9–17.20 (ferner auch 3,9–19) die Haftara zu dem Tora-Abschnitt, der mit Gen 11,1 beginnt. (2.) Zu dem mit Num 4,17–18 beginnenden Abschnitt wurde Zef 3,7–15.20 als Haftara gelesen (s. u. im Kommentar

Zef als synagogale Prophetenlesung

zu Zef 3,9–10 »Zur Rezeption und Wirkung«!). (3.) Möglicherweise wurde Zef 3,20 zusammen mit dem »Gebet des Habakuk« Hab 3,3–11 am Wochenfest (Pfingsten) zusammen mit Dtn 16,9f. und Ex 19,1f. gelesen (*M. Harl*, LXX Sophonie 1999, 329f.). (4.) Ebenso wurde die These vorgeschlagen, dass Zef 1 wegen einer Verknüpfung der »Lampen« von Zef 1,12 mit den Chanukka-Leuchten als Prophetenlesung an einem der Sabbate des Chanukka-Festes gelesen wurde (*J. Schwartz*, Gallus, Julian and Anti-Christian Polemic in Pesikta Rabbati: ThZ 46 [1990] 16 mit Anm. 86).

Zef im Talmud

Das Zefanjabuch wird in der Mischna, die die religiösen Gesetze der jüdischen mündlichen Tradition enthält, nicht zitiert. Allerdings werden 18 von den 53 Versen des Büchleins im Babylonischen Talmud referiert.[7] Am häufigsten erscheint der »Zorntag« von Zef 1,15 rezipiert (6mal), auch als Hinweis auf das jenseitige Gerichtsfeuer (3mal, s.u. den Kommentar zu Zef 1,14–16 »Rezeption«). Von den wichtigen heilsuniversalen Texten Zef 2,11 und 3,9–10 referiert der Talmud nur 3,9 und deutet den Vers auf die Proselyten, die sich in der kommenden Welt dem Judentum anschließen werden (bAboda Zara 24a). Allerdings zitiert der Midrasch Genesis Rabba (88,7) Zef 3,9 als Hoffnung auf die unerwartete gottgewirkte Einheit aller Welt (s.u. zu Zef 3,9–10 »Rezeption«).

Zef bei frühen Kirchenschriftstellern

Im Vergleich zur Rezeption von Büchern des Dodekapropheton wie Hosea, Amos, Sacharja und Maleachi wurde auf das Zefanjabuch im frühen rabbinischen Judentum wie auch in der christlichen Schriftinterpretation der ersten Jahrhunderte der Kirche insgesamt gesehen seltener Bezug genommen.[8] Gleichwohl haben einige Kirchenschriftsteller auslegungsgeschichtlich bedeutsame fortlaufende Kommentierungen zum Zefanjabuch vorgelegt (vgl. Allgemeines Literaturverzeichnis Nr. 4). Für das griechischsprachige christliche Altertum sind vorzüglich zu nennen: Theodor von Mopsuestia (ca. 350–428 n.Chr.), der anlässlich seiner Erläuterung zu Zef 1,5 mit Nachdruck die LXX-Version gegenüber den anderen Textüberlieferungen hervorhebt, Kyrillos (Cyrill) von Alexandrien (gest. 444 n.Chr.), Theodoretos von Kyros (ca. 393–460 n.Chr.) sowie Hesychios von Jerusalem (5. Jh. n.Chr.). Im lateinischen Westen hat der Zefanjakommentar des Hieronymus (ca. 347–419/20 n.Chr.) exemplarische Bedeutung erlangt. Im

---

[7] In der Gemara, dem Kommentar zur Mischna: Zef 1,1 – Megilla 15a; Zef 1,2–3 – Aboda Zara 55a; Zef 1,12 – Pesachim 7b; Zef 1,15 – Schabbat 118a, Baba Batra 10a + 10b + 116a + 141a, Aboda Zara 18b; Zef 2,1 – Baba Metsia 107b, Baba Batra 60b, Sanhedrin 18a + 19a; Zef 2,3 – Chagiga 4b; Zef 2,4 – Megilla 6a; Zef 2,5 – Qidduschin 72a; Zef 2,14 – Sota 48a; Zef 3,6–7 – Jebamot 63a; Zef 3,9 – Aboda Zara 24a; Zef 3,11–12 – Sanhedrin 98a; Zef 3,13 – Pesachim 91a, Qidduschin 45b, Baba Metsia 106b; Zef 3,15 – Schabbat 139a, Sanhedrin 98a; Zef 3,18 – Berakhot 28a. Vgl. auch *E. Ben Zvi* 1991, 26, der allerdings nur 14 Verse als aus Zef referiert zählt.

[8] Vgl. *E. Ben Zvi* 1991, 24–27; ebd. 25 mit Anm. 24 und 25: Zefanja wird nur 20mal nach der »Biblia Patristica« (hrsg. von *J. Allenbach, A. Benoit* u.a., Vol. 1 und 2, Paris 1975) in der patristischen Literatur bis zum 3. Jh. n.Chr. (ausgenommen Origenes) referiert, etwa im Vergleich mit den 76 Bezügen zum Jonabuch.

Mittelalter schließen sich an Hieronymus die Kommentare von Haymon von Auxerre (9. Jh.), Rupert von Deutz (1075/76 – 1129) und vor allem der Kommentar von Albertus Magnus (ca. 1200–1280) an, der eine Fülle intertextueller Bezüge und Assoziationen zum Zefanjatext in moralisch-geistlicher Ausrichtung nennt. Verständlicherweise fanden zumal die universal gerichteten heilseschatologischen Texte in Zef 2,11 und 3,8.9–10 sowie die Verheißung für den armen und demütigen »Rest Israels« in 3,11–13 bei den frühen Kirchenschriftstellern nachhaltiges Interesse. Seit Origenes werden die genannten Zefanjatexte als Verheißung der Berufung der Völker bzw. der Kirche aus den Heidenvölkern und des Heiles für ganz Israel gedeutet. Insbesondere setzt sich eine theologische Interpretation von Zef 3,8 auf die Auferstehung Jesu (ἀνάστασις, nach LXX Satz 3,8a!) durch. Von einer solchen Deutung her erklärt sich, dass in der alten byzantinischen Liturgie an Ostern bzw. in der Ostervigil die Perikope Zef 3,8–15 gelesen wurde (s. u. den Kommentar zu Zef 2,11, zu 3,6–8 sowie 3,9–10 jeweils zur Rezeption unter »Situation und Sinn«, dazu bes. *M. Harl*, Sophonie 3,7b–13 selon la Septante et dans la tradition chrétienne ancienne 1999, 209–229, sowie dies., LXX Sophonie 1999, 331–335, und 354 f.363–370).

E. Ben Zvi 1991, 21–38, bietet einen konzentrierten Aufriss der Geschichte der Auslegung des Zefanjabuches vom Altertum bis in die Gegenwart, ohne eine eigenständige monographische Aufarbeitung dieser Geschichte ersetzen zu wollen. Nur in wenigen Strichen seien hier im Sinne eines Ausblicks die Etappen der weiteren Auslegungsgeschichte angedeutet. Die bedeutenden jüdischen Exegeten des hohen Mittelalters wie Raschi (Solomon Yishaqi 1040–1105), Joseph Kara (1050–1125), Abraham Ibn Esra (1089–1164) und Radak (David Kimḥi, ca. 1160–1235) begründen auch für das Zefanjabuch einen neuen philologischen und literarisch-intertextuellen Zugang zum masoretischen Text. Die Hinwendung zur hebräischen Bibel bei den Reformatoren führt zu den nicht nur theologiegeschichtlich, sondern auch philologisch und in einigen Ansätzen historisch-kritisch beachtlichen Zefanjakommentaren des Straßburger Reformators Martin Bucer (Tzephaniah 1528, s. o. Nr. 1!) und Johannes Calvins (Opera Bd. 44, 1–78). Für Martin Luther tut sich Zefanja unter den kleinen Propheten als Verkünder des Reiches Christi hervor (»Clarissime autem inter minores prophetas de regno Christi prophetat …«, Werke Bd. 13, Zephanja b, 480). Wie bei Calvin sind es für Luther vorab die Verse Zef 3,9–10 und auch 2,11, die das Evangelium für die Völker ankündigen – im erkennbaren Anschluss an die Väterexegese. Die Authentizität des ganzen Zefanjabuches stand auch noch für die Vertreter der beginnenden historisch-kritischen Forschung seit ca. 1800 fest (vgl. den Überblick zur Exegesegeschichte des Zefanjabuches vom Beginn des 19. Jhs. bis ca. 1970 bei *H. Irsigler* 1977, 71–93). Dabei nahm man die Einheit des Buches oder zwei bis drei längere Reden an (so schon *J. A. Noltenius* 1724 und z. B. *C. T. Anton* 1811 und *F. A. Strauss* 1843). Während sich die Auffassung von der Einheit von Buch und Verfasser noch bis zum Beginn des 20. Jhs. verfolgen lässt, war doch schon seit der ersten Hälfte des 19. Jhs. der Weg zur Unterscheidung zwischen älterer Zefanjaprophetie und späteren Teilen des Buches gewiesen (seit *J. G. Eichhorn*, Die hebräischen Propheten, Bd. 2, Göttingen 1819). Erst *C. Steuernagel* (1912, s. o. zu Beginn von

Ein Ausblick

Einleitung

Nr. 5) hat – zusammen mit der Unterscheidung von primären und sekundären Teilen – die bis heute gültige exegetische Position begründet, dass im Zefanjabuch Sammlungen kurzer Sprucheinheiten vorliegen. Von dem in der ganzen Auslegungsgeschichte der drei Zefanjakapitel ungewöhnlich intensiven neueren Interesse an Gestalt und Gehalt dieses kleinen Prophetenbuches, an seinen zentralen Themen wie der Eschatologie, an der Verheißung eines armen und demütigen Restes Israels, an den Ansätzen einer Theologie der Armen wie an einer befreiungstheologischen Hermeneutik des Buches war schon oben in Nr. 1 dieser Einleitung die Rede.

ABBYY# Kommentar

Die Buchüberschrift: Zefanja 1,1

Literatur R. W. *Anderson* 1995, 45–70. – G. I. *Davies*, Ancient Hebrew Inscriptions, Cambridge 1991. – R. D. *Haak* 1995, 238–251. – J. *Heller*, Zephanjas Ahnenreihe. Eine redaktionsgeschichtliche Bemerkung zu Zef 1,1, in: ders. (Hrsg.), An der Quelle des Lebens. Aufsätze zum Alten Testament. Frankfurt a. M. u. a. 1988, 53–55. – H. *Irsigler* 1977, 431–440. – K. *Koch* 2000, 165–186. – E. *Lipiński*, Besprechung von A. S. *Kapelrud* 1975: VT 25 (1975) 688–691. – G. *Molin*, 'Ebed-Melek, der Kuschit. Bemerkungen zu Jer 38,7–13 und 39,15–18, in: R. G. Stiegner (Hrsg.), Al-Hudhud. FS M. Höfner, Graz 1981, 219–223. – G. *Rice* 1979/80, 21–31. – J. A. *Rimbach* 1980, 239–242. – W. H. *Schmidt*, Art. דבר *dābar*: ThWAT II (1977) 116–118.118–122 (101–133). – Th. *Seidl*, Die Wortereignisformel in Jeremia. Beobachtungen zu den Formeln der Redeeröffnung in Jeremia, im Anschluß an Jer 27,1.2: BZ NF 23 (1979) 20–47. – H.-M. *Wahl*, Die Überschriften der Prophetenbücher. Anmerkungen zu Form, Redaktion und Bedeutung für die Datierung der Bücher: EThL 70 (1994) 91–104.

Text

Übersetzung *Das Wort JHWHs, das erging an Zefanja, den Sohn Kuschis, des Sohnes Gedaljas, des Sohnes Amarjas, des Sohnes Hiskijas, in den Tagen Joschijas, des Sohnes Amons, des Königs von Juda.*

Zu Text und Übersetzung Statt »Hiskija« (חזקיה) bieten einige hebr. Manuskripte und Syr den Namen »Hilkija« (חלקיה), vgl. 2 Kön 18,37; 22,8.10.12 u. a. Das Qumran-Fragment von Zef 1,1–2 aus 4QXII^b belegt für V 1 nur die Apposition »König von Juda«.

Analyse

Die Überschrift erklärt auf Endtextebene das gesamte Zefanjabuch als »Wort JHWHs, das an Zefanja erging«, unabhängig davon, ob die nachfolgenden Worte stilistisch Gottesrede oder Prophetenrede sind, ganz unabhängig auch davon, ob primäre Zefanjaworte oder demgegenüber sekundäre Fortschreibungen und Bearbeitungen vorliegen. Die Überschrift hebt also qualitativ, nicht stilistisch, auf den göttlich inspirierten Ursprung der gesamten Zefanjaprophetie ab und ordnet alles Folgende einer bestimmten geschichtlichen Situation, nämlich der Zeit des Königs Joschija (640/639–609 v. Chr.), zu. Allerdings ist die Überschrift nicht von vornherein auf das Buchganze angelegt, sondern leitet ursprünglich eine kleinere Zefanjaschrift ein, die wahrscheinlich innerhalb von Zef 1,4–3,8 vorliegt (s. o. in der Einleitung Nr. 5 zur Entstehung des Buches). Die Form 1 der nominalisierten Wortereignisformel

Wortereignisformel

»das Wort JHWHs, das erging an + Personenname« verbindet Zef 1,1 eng mit den Überschriften in Hos 1,1; Mi 1,1; Joel 1,1 und mit der LXX-Version von Jer 1,1 (LXX gleicht aber hier sekundär an Form 1 an; vgl. jedoch Jer 1,2). Ähnlich sind weitere Formen der Wortereignisformel im Jeremiabuch. Das gilt besonders für Form 2 der nominalisierten Wortereignisformel »das Wort, das an Jeremia erging von JHWH her« (Jer 7,1; 11,1; 18,1; 21,1; 30,1; 32,1; 34,1.8; 35,1; 40,1, dazu 25,1; 44,1). Eine dritte Form »was als Wort JHWHs an Jeremia erging« ist seltener (Jer 14,1; 46,1; 47,1; 49,34).

Die Datierung »in den Tagen von ...« mit Angabe der Könige von Juda (und Israel) begegnet nur in den Einleitungen zu Büchern vorexilischer Propheten. Dreimal schließt sie sich an die genannte Form 1 an: Hos 1,1; Mi 1,1; Zef 1,1; keine Datierung ist in Joel 1,1 enthalten. Nur noch Jer 1,2 datiert im Anschluss an die Wortereignisformel, die hier im Relativsatz steht, genau wie in Zef 1,1: »... in den Tagen des Joschija, des Sohnes Amons, des Königs von Juda ...« Während aber Jer 1,2 noch eine Präzisierung anfügt (»im dreizehnten Jahr seiner Regierung«) und Jer 1,3 eine zusätzliche Datierung des Prophetenworts in die Zeit Jojakims und Zidkijas bringt (vgl. Jer 35,1), wird das Wortereignis an Zefanja innerhalb der Regierungszeit Joschijas nicht näher eingegrenzt. Die genannte Datierungsform begegnet noch unabhängig von der Wortereignisformel in Am 1,1 und Jes 1,1. Wir stoßen also auf den Prozess der Kanonwerdung prophetischer Überlieferung, und zwar auf eine Vorstufe der Bildung eines späteren Zwölfprophetenbuches. In ihr gehören jedenfalls die Bücher Hosea, Micha und Zefanja enger zusammen. Außerdem ist eine Nähe der Zefanjaüberlieferung zur Jeremiaüberlieferung bzw. eine Nähe der Bearbeitungen dieser beiden Prophetenschriften zueinander schon von der Überschrift her nicht zu übersehen.

Datierung in 1,1

Die nominalisierte Wortereignisformel mit der Datierungsform, wie sie in Zef 1,1 vorliegt, lässt sich am ehesten einem judäischen Bearbeiterkreis einer vorexilischen Prophetenbuchreihe aus der Zeit des Exils im 6. Jh. v. Chr. zuschreiben, der deuteronomistischer Sprach- und Denkwelt nahesteht (*H. W. Wolff*, Hosea: BK XIV/1 [⁴1990], 2; *A. Schart*, BZAW 260 [1998], 39–46; vgl. *H. Irsigler* 1977, 436–440; *M. Striek* 1999, 235–241). Allerdings greift der Bearbeiter auf ihm vorgegebene Angaben zurück, so wahrscheinlich auf die ungewöhnlich ausführliche Genealogie des Propheten (s. u. in der Auslegung!) und auf das Wissen, dass Zefanja in der Zeit des Königs Joschija aufgetreten ist. Dem Bearbeiter(kreis) liegt allem Anschein nach daran, die Prophetie Zefanjas mit der Reform des von den Deuteronomisten so hoch geschätzten Königs Joschija nach 2 Kön 22–23 zu verbinden (vgl. auch *A. Schart*, BZAW 260 [1998], 44f.). *K. Koch* 2000 sieht die Prophetenbuchüberschriften, zumal jene nach dem »Dabar-Muster« (»Worte des N.N., aber auch in der Form von Zef 1,1 u.a.), in weisheitlicher Tradition verwurzelt (166 ff.172 ff.). Mit Recht macht er darauf aufmerksam, dass die Überschriften aus unterschiedlichen Überliefererkreisen von Prophetenschriften stammen, die nicht allzu weit vom geschichtlichen Auftreten der Propheten abgesetzt werden dürfen und nicht pauschal als »deuteronomistisch« qualifiziert werden können. Allerdings scheinen die Verfasser der Prophetenbuchüberschriften konzeptionell ein ähnliches Prophetenbild zu vertreten wie die Verfasser und Bearbeiter des deuteronomistischen Geschichtswerks (Dtn; Jos, Ri, Sam, Kön), trotz der unleugbaren Unterschiede zwischen beiden Gruppen (»Wort JHWHs« bezieht sich in den Büchern Jos bis Kön auf einzelne prophetische Aussprüche in bestimmten Situationen [1 Sam 15,26f.; 2 Sam 7,4; 24,11 u.a.], nicht auf die gesamte Botschaft eines Propheten wie z.B. in Zef 1,1).

Judäische Prophetenbuchbearbeitung

Die Buchüberschrift: Zefanja 1,1

Der Überschrift »Das Wort JHWHs ...« Zef 1,1 korrespondiert der letzte Satz des Buches אמר יהוה »... spricht (hiermit) JHWH« Zef 3,20d. Gewiss bezieht sich dieser letzte Satz primär auf die abschließende Gottesrede in Zef 3,18a–20. Auf Buchebene erhält er jedoch zusätzlich die Funktion einer ›Unterschrift‹, die die Qualität aller überlieferten ›Zefanjaworte‹ als Gotteswort am Buchende nochmals unterstreicht.

Auslegung

Die Überschrift markiert, wie in der Analyse erörtert, die gesamte Zefanjaschrift mit ihren 53 Versen als geschichtlich ergangenes, überlieferungswürdiges und daher auch jeweils gegenwartswirksames »Wort JHWHs«. Der Name צפניה »Zefanja« ist die verkürzte Variante der Namensform צפניהו »Zefanjahu« und bedeutet etymologisch als theophorer Dankname »JHWH hat (schützend) geborgen / verborgen« (Suffixkonjugation von der Basis ṢPN »verbergen, aufbewahren«)[1]. Den Sinn des Namens verdeutlichen Psalmtexte wie Ps 27,5; 31,20.21; 83,4, die von der Geborgenheit bei JHWH sprechen. Der Verbalsatzname Zefanja kann als transparent für die Zielrichtung und Intention des gesamten Zefanjabuches verstanden werden. Der Name weist so auf die Hoffnung hin, »vielleicht« mitten im Gerichtssturm *bewahrt / geborgen* zu bleiben, wie sie in Zef 2,3 den »Gebeugten« des Landes zugesprochen wird. Diese Hoffnung steigert sich in Zef 3,12–13 zur verheißenen Rettung eines armen und demütigen Restvolks in Jerusalem, das als Rest Israels »im Namen JHWHs« *sich bergen bzw. Zuflucht suchen und finden* wird.

Wenig wahrscheinlich ist die Deutung des Namens als identifizierender Nominalsatz »(der Gott) Ṣapōn [= ugaritisch ṣpn bzw. bʿl / il ṣpn] ist JH bzw. JHWH«. Diese Auffassung als Identifikationsname vertritt z.B. *L. Sabottka* 1972, 1–3. Dabei wird Ṣapōn als kanaanäisch-ugaritische Gottheit, als Manifestation des Gottesberges von Ugarit angesehen (vgl. dagegen *W. Rudolph* 258; *H. Irsigler* 1977, 431f. Anm. 495; *B. Renaud* 195). Als Gottesname ist Ṣapōn alttestamentlich nicht belegt. Der Name Zefanja kommt im Alten Testament insgesamt 10mal vor: 8mal צפניה (Jer 21,1; 29,25.29; 52,24; Zef 1,1; Sach 6,10.14; 1 Chr 6,21), 2mal צפניהו (2 Kön 25,18; Jer 37,3). Als theophore Namensvarianten kommen Elizafan (MT 4mal) und Elzafan (MT 2mal) »Gott hat geborgen« hinzu. Eigenartig ist allerdings die Wiedergabe des Namens Zefanja in der LXX mit Σοφονίας (1 Chr 6,21 Safania) bzw. in der Vg mit »Sophonias (Sofonias)«. Hieronymus schreibt da-

---

[1] Vgl. *M. Noth*, Die israelitischen Personennamen im Rahmen der gemeinsemitischen Namengebung, Hildesheim 1966 (Nachdruck der Ausgabe Stuttgart 1928), 178, Nr. 1210 und abgekürzt 1209; *J. D. Fowler*, Theophoric Personal Names in Ancient Hebrew, Sheffield 1988, 358.

zu in seinem Kommentar zu Sophonias: »nomen Sophoniae alii speculam, alii arcanum domini transtulerunt. Sive igitur specula, sive absconditum domini interpretetur utrumque prophetae convenit« (I., Z. 13–16). Bei Hieronymus wie auch in der LXX wird der Name Zefanja offenbar als eine status-constructus-Verbindung aufgefasst. Zugrunde liegt eine Ableitung von einem Substantiv, das von der Basis צפה »spähen, ausschauen« oder von der Basis צפן »verbergen« gebildet ist. »Zefanja« hieße demnach entweder specula domini d. h. Beobachtungsstelle, Warte, Wachturm des Herrn oder absconditum domini d. h. verborgenes oder kostbares Kleinod des Herrn. In der Tat scheint LXX von einer Wortfügung *ṣapūn-YH im Sinne von »verborgenes Kleinod JHWHs« auszugehen, ähnlich צפוני »mein verborgener / kostbarer Besitz« Ez 7,22 (in Gottesrede), entsprechend LXX, Vg (arcanum meum) und Aquila z. St. (vgl. auch Hieronymus, Aquila und Symmachus zu Ps 83,4). Weniger wahrscheinlich gehen LXX und Vg von einem Imperativ ṣpon aus, so dass ein Bittname vorläge: »birg schützend, JHWH!« (J. J. M. Roberts 165).

Außerbiblisch ist der Name Zefanja mehrfach in althebräischen Inschriften belegt (meist auf Siegeln und Siegelabdrucken, 2mal auf Ostraka). Anders als im Alten Testament begegnet häufiger die Langform ṣpnyhw (8mal nach G. I. Davies 1991, 477 f.), seltener die jüngere Form ṣpnyh (2mal nach G. I. Davies, 477). Am häufigsten ist die hypokoristische Form ṣpn belegt, die das theophore Element voraussetzt: »[die Gottheit] hat (schützend) geborgen«.[2] Insgesamt bezeugen die biblischen althebräischen Belege, dass der Name Zefanja vor allem in der späten vorexilischen Zeit bis hinein in die exilische Epoche (vom Ausgang des 8. Jhs. bis zum 6. Jh. v. Chr.) ein beliebter Name in Juda gewesen sein muss (außerbiblische Belege stammen wohl durchwegs von judäischen Fundorten, darunter mindestens 4mal von Jerusalem).[3] Ganz unsicher ist die Identität des Propheten Zefanja mit dem in einer Siegelinschrift aus Lachisch (frühes 6. Jh. v. Chr.) genannten Zefanja: l-yrmyhw bn ṣpnyhw bn nby[ʾ?] (vgl. Davies 1991, 154; K. Seybold, Satirische Prophetie 1985, 64 f.).

Als Träger des Namens Zefanja lassen sich alttestamentlich vier Personen unterscheiden: (1.) Der Prophet, nach dem das Buch Zefanja benannt ist. (2.) Zefanja (Jer 21,1; 29,25.29; 52,24) oder Zefanjahu (2 Kön 25,18; Jer 37,3), der Sohn des Maaseja (Jer 21,1; 29,25; 37,3), ein hochrangiger Priester (»zweiter Priester« 2 Kön 25,18; Jer 52,24) am Jerusalemer Tempel zur Zeit des Königs Zidkija von Juda (597–586 v. Chr.). (3.) Zefanja, der Vater des Joschija, eines führenden Familienoberhaupts unter den Heimkehrern aus dem babylonischen Exil nach Sach 6,10 und 14 (statt MT

Außerbiblische Belege

Träger des Namens Zefanja

---

[2] 13mal nach G. I. Davies, 477, dazu 1mal als Scherbeneinritzung nach HAE I, 268; vgl. zu den außerbiblischen Namensbelegen auch J. H. Tigay, You Shall Have No Other Gods, Atlanta, GA 1986, 61.79; N. Avigad, Hebrew Bullae from the Time of Jeremiah. Remnants of a Burnt Archive, Jerusalem 1986, 53 f. Nr. 53–54 und 98–100 Nr. 154–155.
[3] Als theophore Namen von der Basis ṢPN sind außerhebräisch zu nennen: ägyptisch-aramäisch ṣpnyh, der punische feminine Personenname ṣpnbʿl und wohl als Hypokoristikon auch keilschriftlich Ṣa-pa-nu (Nachweise bei HAE II/1, 83; HALAT 982b), dazu ein mit ṣpn gebildeter Personenname von einem philistäischen Ostrakon aus Aschkelon nach F. M. Cross, BAR 22 (1996) 64 f.

Die Buchüberschrift: Zefanja 1,1

»für Hen [bzw. zur Gunst des], Sohn Zefanjas«, vgl. BHS z. St.). (4.) Zefanja, ein Nachkomme des Levisohns Kehat, der im Stammbaum des Sängers Heman (1 Chr 6,18–23) als dessen Ahnvater im 14. Glied in 1 Chr 6, 21 (an der Stelle des Kehatiters Uriël 1 Chr 6, 9, vgl. 1 Chr 15, 5) genannt wird.

»Zefanja, der Sohn Kuschis« – zur Genealogie

Hinter den literarhistorisch primären Texteinheiten des Buches wird eine prophetisch wirksame Person mit eigenständiger Sprach- und Textkompetenz als Auslöser des Textbildungsprozesses erkennbar (z. B. *K. Seybold*, Satirische Prophetie 1985, 66 ff.). Ganz ungewöhnlich ist in einer Prophetenbuchüberschrift die viergliedrige Genealogie des Propheten (vgl. *J. Heller* 1971/88; *G. Rice* 1979/80). Wahrscheinlich erklärt sie sich aus dem Bemühen, durch Erweiterung um drei JHWH-haltige Personennamen über den Vaternamen Kuschi hinaus ein mögliches Missverständnis dieses Namens als gentilicium »Kuschiter« im Sinne von ›Nubier‹ / ›Äthiopier‹ abzuwehren. Klar einen dunkelhäutigen Menschen bezeichnet Kuschi in Jer 13, 23: »Ändert wohl ein Kuschi seine Hautfarbe …«. Allerdings hat die Redaktion gewiss nicht ohne Anhalt in der Überlieferung die ungewöhnlich lange genealogische Angabe beigefügt. Für Juda sind die Namen des Vaters, Groß- und Urgroßvaters Kuschis gut bezeugt: Gedalja (/ Gedaljahu), Amarja (/ Amarjahu) und Hiskija (die Form Hiskijahu ist im Alten Testament nur für den König von Juda nach 2 Kön 18–19 u. a. belegt). Korrespondierend zur Vorschrift des Gemeindegesetzes Dtn 23,8–9 garantieren die drei dem Vater Zefanjas vorausgehenden Generationen, dass dieser echter JHWH-treuer Judäer war. Nicht originär, möglicherweise aber im Sinne der Redaktion, soll der Name Hiskija als letztes Glied der Genealogie auf den Reformerkönig des ausgehenden 8. Jhs. v.Chr. verweisen, neben dem in der Datierung genannten berühmten Reformer Joschija. Eine Herkunft Zefanjas aus dem Königshaus Judas als Nachfahre des Königs Hiskija lässt sich von daher gewiss nicht behaupten (gegen eine in der Zefanja-Auslegung häufigere Annahme, so schon *Ibn Esra* 1089–1164, nach Miqraot Gedolot, ebenso *G. Rice* 1979/80, 21.28 f.). Man darf davon ausgehen, dass die in der Überschrift genannten Namen der Vorfahren Zefanjas nicht reine Erfindung sind, sondern auf Überlieferung beruhen. Anstelle des in der Überschrift als letztes Glied genannten Namens Hiskija liest die syrische Bibel den Namen Hilkija. Schon dies weist darauf hin, dass man in der Überlieferung nicht von vornherein und selbstverständlich mit dem Namen Hiskija den König von Juda verbunden hat. Ohnehin fehlt in Zef 1,1 der Königstitel bei dem Namen Hiskija im Gegensatz zu dem Namen Joschija.

Zur Bezeugung des Namens »Kuschi«

Dass der noch in Jer 36,14 belegte Personenname Kuschi denselben Namensträger wie in Zef 1,1 bezeichnet, ist kaum wahrscheinlich (vgl. *R. W. Anderson* 1995, 53–55). Außer an diesen beiden Stellen ist »Kuschi« im Alten Testament nicht mehr als Personenname belegt. Jedoch taucht »Kuschi« als Personenname auch auf einem hebräischen Siegel aus dem 7. oder 6. Jh. v. Chr. auf, das von *N. Avigad* (in: *S. Abromsky* and *Y. Aharoni* [Hrsg.], Seper Shmuel Yeivin, Jerusalem 1970, 305 Nr. 1) herausgegeben wurde (vgl. *G. I. Davies* 1991, 184 Nr. 100.494.2, auch S. 363 und 387): *lkšy yd'yhw* »dem Kuschi (Sohn des) Jedajahu (gehörig)«.

Alle übrigen alttestamentlichen Belege von »Kuschi« verstehen das Wort als nomen gentilicium (mit Nisbe-Endung -*ī*) im Sinne von »Kuschiter« bzw. »Nubier«. So wird ein Sklave Joabs 2 Sam 18, 21.23.31 f. Kuschiter genannt. Ebenso ist von einem Kuschiter als Diener des Königs am Hof Zidkijas zur Zeit Jeremias mit Namen Ebed-Melech die Rede. Er wird zu einem Retter des Propheten Jeremia, da er ihn aus der Zisterne zieht und von Jeremia dann auch ein heilvolles Wort zugesprochen erhält, vgl. Jer 38,7–13; 39,16–18. Die Frau oder eine Frau des Mose wird in Num 12,1, einem ziemlich späten Text, »kuschitische Frau« genannt, vielleicht weil man sie als »Dunkelhäutige« oder als zu dem in Hab 3,7 belegten Nomadenstamm Kuschan gehörig bezeichnen wollte; dieser Stamm hatte südlich von Juda seinen Einzugsbereich und darf wohl zu den Midianitern gezählt werden. Ebenso spät und nur in der Chronik ist von einem Kuschiterfürsten Serach die Rede in 2 Chr 14,8. Hier ist es kaum möglich, unmittelbar an einen aus Nubien stammenden Fürsten zu denken, vielmehr wird es sich um einen kleinen Volksstamm südlich des israelitischen Siedlungsgebietes handeln, wie auch immer dessen Existenz und dessen eventuelle Verbindung mit Nubien-Kusch zu erklären ist. Kuschiter waren vor allem in der Zeit der 25. ägyptischen Dynastie, der sog. kuschitischen oder nubischen bzw. ›äthiopischen‹ Dynastie, auch in Palästina vertreten, wohl aber auch schon vorher (vgl. 2 Sam 18,21–32). Der Name Kuschi ist daher in Palästina nicht völlig außergewöhnlich, er ist sowohl in Phönizien, als auch im aramäischen Sprachbereich belegt und bezeichnet dort jedenfalls nicht unmittelbar etwa einen Nubier, sondern durchaus autochtone Personen.[4]

Der Name »Kuschi« könnte einfach auf die Dunkelhäutigkeit des Vaters Zefanjas hinweisen oder eventuell als eine Art Spitzname verstanden werden. Wahrscheinlich aber hängt der Name »Kuschi« doch mit der Tatsache zusammen, dass vor allem, wenn auch nicht ausschließlich, in der Zeit der 25. ägyptischen Dynastie auch eine enge Verbindung des Pharaonenhauses mit dem Reich Juda in diplomatischer und wohl auch militärischer Hinsicht bestand. König Hiskija hatte am Ende des 8. Jhs. konspirativ eine solche Verbindung mit der sog. äthiopischen Dynastie gesucht, um Ägypten als Verbündeten gegen die Assyrer zu gewinnen. Es ist möglich, dass gerade in dieser Zeit der äthiopischen Dynastie am Ende des 8. Jhs. und im 7. Jh. v. Chr. sich nubische Söldner oder auch Kaufleute und Diplomaten in Palästina niederließen und dort auch Ehen eingingen bzw. dass entsprechend nubische Frauen sich mit Judäern verheirateten. Man kann etwa mit *G. Rice* (1979/80, 28), der die afrikanischen Wurzeln Zefanjas zu begründen sucht,

Afrikanische Wurzeln Zefanjas?

---

[4] Vgl. zur Bezeugung des Namens »Kuschi« vor allem *E. Lipiński* 1975, 689–691; *R. W. Anderson* 1995, 45–70; auch *E. Ben Zvi* 1991, 44; *R. D. Haak* 1995, 250 mit Anm. 37; außerdem die Arbeiten von *G. Molin* 1981, 219–223 sowie (s. u. Literatur zu Zef 2, 12) *Inge Hoffmann* 1981, 9–10, *S. Hidal* 1976/77, 97–106; *C. B. Copher* 1986, 163–178, ebd. 172 ff.

Die Buchüberschrift: Zefanja 1,1

spekulieren, dass Gedalja, der Großvater Zefanjas, der mit Sicherheit in der Zeit der kuschitischen Dynastie Ägyptens gelebt hat, mit einer kuschitischen Frau eine Ehe einging und seinen Sohn »Kuschi« nannte. Weniger wahrscheinlich ist die Annahme, dass der Name »Kuschi« sich aus einer Verbindung mit einem südlich von Juda operierenden Nomadenstamm erklärt, der in Hab 3,7 »Kuschan« genannt wird. Dieser Nomadenstamm kann spätalttestamentlich auch einfach »Kuschim« also Kuschiter genannt werden, so jedenfalls nach 2 Chr 14,8–12 und 2 Chr 21,16 (vgl. auch Num 12,1). Das Verständnis von »Kuschiter« in 2 Chr ist allerdings keineswegs einheitlich. Auch die Rede von Kuschitern in 2 Chr 14,8–12 und 2 Chr 21,16, wie auch eventuell Num 12,1, dürften sich letzten Endes eben doch von der ursprünglichen Bedeutung ›Nubier‹ herleiten. Möglicherweise hat der Chronist die Kuschiter nach 2 Chr 21,16 bewusst in die geographische Nähe Judas gerückt, um den suggestiven Namen der mächtigen Äthiopier gewissermaßen als Modell für die Feinde Judas in seiner Gegenwart zu verwenden (vgl. J. *Becker*, 2 Chronik: NEB, Würzburg 1988, 51 zu 2 Chr 14,8).

Zefanja in der Zeit des Königs Joschija

Als Zeitraum, für das prophetische Wirken Zefanjas gibt die Überschrift die Regierungszeit des Reformerkönigs Joschija an (640/39 – 609 v.Chr., nach G. *Galil*, The Chronology of the Kings of Israel and Judah, Leiden u.a. 1996, 147; M. *Weinfeld*, EJ 10 [1971] 288–293; T. *Veijola* 1996, 9–18; vgl. 2 Kön 22–23 // 2 Chr 34–35, dazu H. *Donner*, Geschichte 1986, 343–357; A. *Moenikes*, NBL II, Lfg. 8 [1992] 383–385). Diese Zeitspanne wird nicht näher eingegrenzt. Für eine Datierung der primären Zefanja-Logien noch in die Zeit vor der Kultreform Joschijas (622/21 v.Chr.) sprechen plausible Gründe (s.o. in der Einleitung zum Kommentar Nr. 6 zur Diskussion der Datierungsvorschläge). Zefanja dürfte um die Zeit des Todes des Assyrerkönigs Assurbanipal (627 v.Chr.), also ca. 630–625 v.Chr. in Jerusalem prophetisch aufgetreten sein. Joschija wurde als Achtjähriger vom »Volk des Landes«, d.h. den freien, grundbesitzenden Bürgern, auf den Königsthron gebracht (2 Kön 21,24; 22,1). Das hohe Ansehen, das er in der deuteronomistischen Geschichtsdarstellung gewonnen hat (2 Kön 23,25), verdankt er der von ihm durchgeführten religiösen Reform, die den legitimen JHWH-Kult allein auf Jerusalem konzentrierte (2 Kön 23). Politisch wurde die Reform durch die Loslösung von der assyrischen Vasallität begleitet. In religiöser Hinsicht wurde sie durch das religiöse und soziale Programm eines »Ur-Deuteronomiums« begründet (vgl. 2 Kön 22). Noch für den späten Jesus Sirach (Ben Sira um 180 v.Chr.) gleicht der Name Joschija »duftendem Weihrauch«, sein Andenken ist »wie Honig auf dem Gaumen und wie ein Lied beim Weingelage« (Sir 49,1, vgl. 49,1–4). Ganz anders dagegen die unmittelbaren Vorgänger Joschijas! Sein Vater Amon (642/41 – 640/39 v.Chr.) führte die von den Deuteronomisten heftig angeprangerte Religionspolitik seines Vaters Manasse (697/96 – 642/41 v.Chr., vgl. 2 Kön 21,1–18) fort und wird deshalb als ebenso verwerflich eingeschätzt (2 Kön

21,19–26). Er fiel einer Verschwörung seiner Diener im Königspalast zum Opfer (2 Kön 21, 23).

Das besondere Interesse an Jerusalem in primären Worten der Zefanja-Prophetie (vgl. 1, 4.12 und insgesamt 1,7–13; dazu 3,1–4) dürfte dafür sprechen, dass Zefanja Jerusalemer war. Aus Zef 3, 4 geht hervor, dass er sich mit den »Propheten« Jerusalems nicht identifiziert hat (s. u. zur Auslegung von 3,1–4). Eine Kuriosität zur Spekulation über Zefanjas Herkunft soll nicht ungenannt bleiben. Die griechisch überlieferte »Vita Prophetarum«, eine jüdische Schrift, deren Traditionen in die Zeit noch vor 70 n. Chr. zurückreichen, will wissen, dass Zefanja wie auch Nahum und Habakuk aus dem Stamm Simeon südlich von Juda kommt: »Sophonias war aus dem Stamm Simeon vom Gehöft Sabaratha; er weissagte über die Stadt und über das Ende der Heiden und die Schande der Gottlosen. Und als er starb, wurde er auf seinem Gehöft begraben« (nach *A. M. Schwemer* in: JSHRZ I/7 [1997], 629, vgl. ebd. 540–549). Hinter diesem Hinweis auf den Stamm Simeon, könnte die im Alten Testament späte, wesentlich nur in 2 Chr bekannte Bezeichnung eines Nomadenstammes südlich von Juda als »Kuschiter« stehen, wohl identisch mit dem Stamm Kuschan von Hab 3, 7.

Herkunft Zefanjas

Situation und Sinn

Noch in der Exilszeit des 6. Jhs. erhält die erste Großkomposition von Zefanjaworten innerhalb von Zef 1,4–3,8 mit ihren Teilkompositionen (1,4–2,3*; 2,4–15* und 3,1–8*), Fortschreibungen (2,8–9.10 und 2, 15; 3,6–8 und 3, 5) und älteren kleineren Bearbeitungen (Zusätze in 1, 4b; 1, 13c–f; 3, 2) die Überschrift Zef 1, 1. Die Zefanja-Schrift dient als Dokumentation der Wahrheit und göttlichen Legitimation der prophetischen Unheilsbotschaft und damit als Begründung des 586 v. Chr. katastrophal eingetretenen Gottesgerichts über Juda und Jerusalem. Eine umfassende Völkergerichts- oder gar ›Weltgerichtsperspektive‹ (1,2–3; 1,17–18; 3, 8 MT) und erst recht ausgesprochene Heilsworte (2, 11; 3,9–20) sind auf dieser Ebene noch nicht in Sicht.

Auf der Ebene des Zefanjabuches hebt die Überschrift hervor, dass derselbe Anspruch, »Wort JHWHs«, wirksame Anrede Gottes zu sein, allen Einzelworten des Buches eignet. Als Wort des Gerichts, das in bestimmter geschichtlicher Stunde durch Zefanja ergangen ist, hat es sich über Juda und Jerusalem sowie benachbarte Nationen erfüllt und bewahrheitet. Als Mahnung für zukünftige Generationen bleibt es – ausgeweitet zum Völker- und ›Weltgericht‹ – weiterhin wirksame »Anrede«. Vor allem aber weist die Botschaft des Buches in den Heilsworten für Jerusalem und für die Völker (2, 11; 3,9–20) sowie für den Rest von Juda (2, 7; 2, 9e–f) auf den Gott hin, dessen Wort nicht im unausweichlich gewordenen Gericht seine Sinnspitze findet, sondern zuletzt auf ein heilvolles neues Leben zielt. Der Name Zefanja »JHWH hat (schützend) geborgen« erhält auf der Buchebene eine überraschende Deutung durch die Hoffnung auf eine Bewahrung mitten im bzw. durch das Gottesgericht hindurch (vgl. Zef 2, 3 und bes. auch 3, 12).

Bezüge von Zef 1, 1 zu anderen Prophetenbuchüberschriften, die ebenfalls prophetische Botschaft als »Wort JHWHs« deklarieren (s. o. die Analyse), deuten aber auch darauf hin, dass der eine und selbe Gott in je verschiedenen geschichtlichen Situationen und mit unterschiedlichen Stimmen spricht. So sehr jede einzelne Prophetenschrift beansprucht, JHWHs Wort zu sein, so gewiss ist der Leser auch gehalten, immer neu in einer Zusammenschau der geschichtlichen Wortereignisse den Willen und die Anrede Gottes auch für seine Zeit zu erkennen.

Teil I:
Zefanja 1,2–18:
Der »Tag« des Gerichts zentral über Jerusalem: Das Gottesgericht über Juda und Jerusalem im Kontext des Tages JHWHs, ausgeweitet zum universalen Endgericht

Der Text im Überblick

1, 2a		*Raffen, ja wegraffen will ich alles hinweg von der Fläche des Erdbodens,*
	b	*Spruch JHWHs.*
1, 3a		*Wegraffen will ich Mensch und Vieh,*
	b	*wegraffen will ich die Vögel des Himmels und die Fische des Meeres,*
		⟨nämlich was die Frevler zu Fall bringt;⟩
	c	*so werde ich die Menschen austilgen hinweg von der Fläche des Erdbodens,*
	d	*Spruch JHWHs.*

1,4	a	IA	*Ich werde meine Hand ausstrecken gegen Juda*
		IB	*und gegen alle Bewohner Jerusalems,*
	b	IIA	*und werde austilgen ⟨von diesem Ort⟩ (selbst noch) den Rest des Baal(sdienstes),*
		IIB	*den Namen der Fremdpriester ⟨samt den Priestern⟩,*
1,5		IA	*und die sich niederwerfen auf den Dächern*
		IB	*vor dem Heer des Himmels,*
		IIA	*und die sich niederwerfen ⟨, die schwören⟩ vor JHWH,*
		IIB	*aber (zugleich) schwören bei ihrem König(sgott);*
1,6			*⟨und die von JHWH sich Abkehrenden*
	a		*und die JHWH nicht suchen*
	b		*und nicht nach ihm fragen.⟩*

1,7	a	IA	*Still vor der Gegenwart des Herrn JHWH!*
	b	IB	*Denn nahe ist der Tag JHWHs.*
	c	IIA	*Ja, bereitet hat JHWH ein Schlachtopfermahl,*
	d	IIB	*geweiht hat er (schon) seine Geladenen.*

1,8	a		*⟨Und geschehen wird es am Tag von JHWHs ›Schlachtopfer‹:⟩*
	b	IA	*da werde ich (richterlich) einschreiten gegen die Oberbeamten*
		IB	*und gegen die ›Söhne des Königs‹*
		IIA	*und gegen alle, die sich kleiden*
		IIB	*in fremder Tracht.*
1,9		IA	*Ich werde einschreiten gegen jeden, der da hüpft*
		IB	*über den Schwellenstein ⟨an jenem Tag⟩,*
		IIA	*die das Haus ihres Herrn anfüllen*
		IIB	*mit Gewalt und Betrug.*

1,10	a		*⟨Und geschehen wird es an jenem Tag –*
	b		*Spruch JHWHs:⟩*
	c	IA	*Horch! Wehgeschrei vom Fischtor her*
	d	IB	*und Geheul vom Neustadtbezirk*
	e	IC	*und lautes Niederkrachen von den Hügeln her!*
1,11	a	IA	*Heult, Bewohner des Mörsers!*
	b	IB	*Denn vernichtet ist das ganze Kanaanshändler-Volk,*
	c	IC	*ausgetilgt sind alle Silber-Schweren!*

1,12	a		*⟨Und geschehen wird es in jener Zeit:⟩*
	b	IA	*Ich will Jerusalem mit Leuchten durchsuchen*
	c	IB	*und werde einschreiten gegen die Männer,*
		IIA	*die auf ihren Weinhefen eindicken,*
		IIB	*die bei sich sagen:*

Teil I: Zefanja 1,2–18

	d	IIIA	»Weder Gutes wirkt JHWH,
	e	IIIB	noch tut er Böses.«
1,13	a	IA	Dann verfällt ihr Besitz der Plünderung
	b	IB	und ihre Häuser der Verwüstung.
	c		⟨Sie werden (zwar) Häuser bauen,
	d		aber nicht bewohnen;
	e		sie werden Weinberge pflanzen,
	f		aber nicht deren Wein trinken.⟩

1,14	a	IA	Nahe ist der große Tag JHWHs,
	b	IB	nahe und sehr schnell!
	[c	IIA]	[Flinker als ein Läufer ist] der Tag JHWHs
	[d	IIB]	[und rascher als] ein (Kriegs-)Held!
			MT 14c Horch, der Tag JHWHs!
			d Bitter schreit auf ein Held!
1,15	a	IA	Tag des Zorns ist jener Tag,
	b	IB	Tag der Drangsal und Bedrängnis,
	c	IIA	Tag der Vernichtung und Verwüstung,
	d	IIB	Tag der Dunkelheit und Finsternis,
	e	IIIA	Tag des Gewölks und Wolkendunkels,
1,16		III*B	Tag des Widderhorns und Kriegsgeschreis
		IA	gegen die ummauerten Städte
		IB	und gegen die hochragenden Zinnen.

1,17	a	IA	Da werde ich die Menschen in Drangsal stürzen,
	b	IB	so dass sie wie Blinde dahingehen.
	c		⟨Denn gegen JHWH haben sie gesündigt.⟩
	d	IIA	Da wird ihr Blut verschüttet werden wie Staub
	e	IIB	und ihr [Lebenssaft] wie Kotballen.
1,18	a	IA	Auch ihr Silber wie ihr Gold
		IB	vermag sie nicht zu retten!

1,18	b	⟨Am Tag des Zornes JHWHs und im Feuer
		seines Eifers wird die ganze Erde verzehrt werden.
	c	Denn Untergang, ja ein jähes Verderben
		wird er allen Bewohnern der Erde bereiten.⟩

Literatur H. Irsigler 1977. – P. J. Nel 1989, 155–167 (Structural and Conceptual Strategy in Zephaniah, Chapter 1). – P. Weimar 1998 (Zef 1), 809–832. – H. Weiss, Zephanja Kap. 1 und seine Bedeutung als religionsgeschichtliche Quelle. Inaugural-Dissertation, Königsberg i. Pr. 1922.

Kontext und Komposition

Die äußere Abgrenzung von Zef 1,2–18 ist vor allem in der Inklusion der Weltgerichtsansagen begründet, die sich in 1,2–3 und 1,17–18 finden. Hinzu kommt der imperativische Neueinsatz in 2,1–3. Aus diesem ersten Hauptteil des Buches lässt sich eine größere Primärkomposition herausschälen. Sie verknüpft die Gerichtsankündigungen in der 1. Person der Gottesrede mit Worten vom Tag JHWHs, die JHWH in 3. Person einführen. Ihr Thema ist das angedrohte Gericht »über Juda und alle Bewohner Jerusalems« 1,4a. Diese Primärkomposition in 1,4–2,3* enthält demnach folgende Einzelworte: 1,4–5(6).7.8–9.10–11.12–13.14–16 und als abschließenden Appell 2,1–3 (vgl. oben die Einleitung zum Kommentar Nr. 2 – Ende).

Syntaktische und thematische Merkmale sprechen in 1,2–18 für eine Dreiteilung. Verbale Progressformen in der Gottesrede als Unheilsankündigung in 1,2–6 werden abgelöst durch einen asyndetischen Neueinsatz und Aufruf in 1,7. Ebenso werden die Ankündigungen in Gottesrede, die jetzt in 1,8–13 verknüpft sind (auch 1,10–11 ist gemäß 10a–b Gottesrede!), abgelöst durch die asyndetischen Nominal- bzw. Partizipialsätze in 1,14. Die Ankündigungen des Tages JHWHs in den Nominalsätzen von 1,7 und 1,14 führen somit jeweils neue Abschnitte ein. In ihnen wird die dominierend vorangestellte Ankündigung des nahen Tages JHWHs (1,7 bzw. 1,14–16) jeweils durch Ankündigungen in der 1. Person der Gottesrede entfaltet (1,8–13 einschließlich V 10–11 bzw. 1,17–18a mit der Erweiterung in Rede von Gott in 3. Person 1,18b–c). Daher ist abzugrenzen: A. 1,2–6; B. 1,7–13; C. 1,14–18.

Abschnitt A geht von der universalen Perspektive der Unheilsansage zur Gerichtsrede über Juda und die Bewohner Jerusalems über. Der zentrale Abschnitt B konzentriert sich auf den Schauplatz Jerusalem. Der dritte Abschnitt C hingegen wendet sich mit den »befestigten Städten« von 1,16 wieder einem weiteren Raum zu, der in der Leserichtung von 1,4 her nur das Land Juda sein kann. Über Juda hinaus aber weitet sich der Blick wie in 1,2–3 allgemein auf »den Menschen« in 1,17–18a und endlich auf die ganze Erde und alle ihre Bewohner in 1,18b–c. Der planmäßige Aufbau von Teil I des Zefanjabuches verrät über die Komposition der Einzelworte (1,7–13 bzw. 1,4–16 mit Abschluss in 2,1–3) hinaus eine Redaktion, die das Geschick Jerusalems in einen weltweiten Unheilshorizont einbindet (vgl. auch Zef 3,1–5.6–8; zur Strategie in Zef 1 bes. *P. J. Nel* 1989).

Teil I: Zefanja 1,2–18

I.A.
Zef 1,2–6: Die Ankündigung des Gottesgerichts universal und zentral über Juda und Jerusalem

Der Kontext Der Abschnitt 1,2–6 zeigt keine syntaktische Zäsur. Die Progressformen von 1,2–3 gehen in 1,4 weiter. Aber die von den Unheilsaussagen betroffenen Bereiche sind völlig verschieden: weltweite Vernichtung in 1,2–3 – Unheil über Juda und alle Bewohner Jerusalems in 1,4–6. Die weltweite Vernichtung lässt primär keine Begründung erkennen. Die Glosse in V 3 holt das sekundär nach (bezogen auf Idolatrie: Götzenbilder bringen die Menschen als Frevler zu Fall). 1,4–6 lässt jedoch in der Nennung der betroffenen Gruppen und Bereiche klar genug erkennen, weshalb das Unheil kommen muss. Es geht um religiösen Fremdeinfluss, um Synkretismus und wohl insgesamt um baalisierte JHWH-Religion und am Ende in V 6 um den Abfall von JHWH in einem weiten und grundsätzlichen Sinn.

Eine Motivation, eine Begründung für die weltweite Vernichtung, das »Hinwegraffen« JHWHs in 1,2–3 kann demnach nur im Folgenden, in 1,4–6 und darüber hinaus in allen folgenden Unheilsworten mit ihren expliziten oder impliziten Schuldfeststellungen gesucht werden: 1,2–3 stellen dann die universale Wirkung der ab 1,4 geschilderten Verderbtheit von Menschen, geschichtlich konkret von Juda und Jerusalem, vor. Als Überleitung zu 1,4ff. dient 1,3c–d, wonach die Vernichtung sich gerade auf die Menschen konzentriert.

I.A.1.
Zef 1,2–3: Das Unheilsmotto: ›Weltgericht‹ als Vernichtung alles Lebendigen mit dem Hauptziel: die Menschen

Literatur Ch. Barth, Art. בָּשַׁל kāšal: ThWAT IV (1984) 367–375. – F. Baumgärtel, Die Formel $n^{e^e}um\ jahwe$: ZAW 32 (1961) 277–290. – G. F. Hasel, Art. כָּרַת kārat: ThWAT IV (1984) 355–367. – H. Lamberty-Zielinski / M. Ottosson, Art. סוּף sûp: ThWAT V (1986) 794–800. – M. de Roche, Zephaniah 1,2–3. The »Sweeping« of Creation: VT 30 (1980) 104–108.

Text

Übersetzung 2 a *Raffen, ja wegraffen will ich alles hinweg von der Fläche des Erdbodens,*
       b *Spruch JHWHs.*
   3 a *Wegraffen will ich Mensch und Vieh,*

b wegraffen will ich die Vögel des Himmels und die Fische des Meeres,
   ⟨nämlich was die Frevler zu Fall bringt;⟩
c so werde ich die Menschen austilgen hinweg von der Fläche des Erdbodens,
d Spruch JHWHs.

2a.3a.b: MT verknüpft den Infinitivus absolutus von אסף G-Stamm »einsammeln, wegnehmen, hinraffen« mit der Kurzform der Präfixkonjugation von סוף H-Stamm »ein Ende machen / vernichten«. Entsprechend verbindet noch Jer 8,13 die beiden Verbalstämme, der einzige weitere Beleg von סוף H-Stamm im MT, der jedoch mit BHS u.a. zu korrigieren ist (»Ich will ihre Ernte einbringen«). MT will mit der Lesung אָסֵף »ich will ein Ende machen« (Präfixkonjugation-Kurzform 1. ps. ist sehr selten statt der erwarteten Kohortativform belegt) am ehesten den Ausdruck von Untergang und Vernichtung sicherstellen bzw. unterstreichen. Dasselbe leistet aber auch das Verb אסף. Die antiken Versionen, LXX und entsprechend La (Fragmenta Sangallensia), Syr, Vg sowie höchstwahrscheinlich die griechische Zwölfprophetenrolle 8ḤevXIIgr (Συ]ναγωγῇ συν[αγ... nach *E. Tov*, DJD VIII [1990], 59) leiten die beiden Verbalformen am Beginn von Zef 1, 2 von ein und derselben Verbalbasis her. Morphologisch und semantisch empfiehlt es sich, in Zef 1, 2a von einer Paronomasie von Formen derselben Verbalbasis auszugehen. Dann ist das finite Verb auch in 3a und 3b als 1. ps.sg. Präfixkonjugation G-Stamm von אסף zu lesen: אֹסֵף. »einsammeln / hinraffen werde ich«. Vgl. dazu und auch zu weiteren Vorschlägen *H. Irsigler* 1977, 6–11; *J. Vlaardingerbroek* 1999, 57–59. Der Formulierung in V 3a–b steht besonders Hos 4,3 (mit אסף N-Stamm) nahe. אסף »sammeln« (Zef 3, 8), »wegnehmen« (Zef 3, 18) assoziiert in Zef 1,2–3 die Vorstellung von Ernte (»einsammeln«) und Gericht (»hinwegraffen«), vgl. neben Jer 8,13 und Hos 4,3 zur Erntemetapher für das Gottesgericht Am 2,13; 8,1–3; Joel 4,13; Mt 13,36–43; Offb 14,14–20.

3b: »nämlich was ...«: MT הַמַּכְשֵׁלוֹת kann hier nicht wie in Jes 3,6 (sg.) »die Trümmer(-stätten)« bedeuten. Vielmehr liegt ein Verständnis entsprechend Substantiv m. מִכְשׁוֹל »Anstoß, Ärgernis« nahe. So interpretieren wichtige Textzeugen: Symmachus (τὰ σκάνδαλα), Syr, Tg. Ähnlich eines der seltenen Zitate aus Zef im Neuen Testament: Mt 13, 41, ebenfalls in eschatologischem Kontext. Diesen Text des Matthäusevangeliums übernimmt ein Fragment der syropalästinischen Übersetzung direkt in den Zef-Text 1, 3: »und sie sammeln ... alle Ärgernisse *(kwl mkšwly')* ein, diejenigen, die Gesetzesübertretung begehen« (vgl. *M. H. Goshen-Gottstein*, Syropalaestinian Version 1973, 108).

Am einfachsten erklärt sich die Schreibung המבשלות als Partizip f. pl. von כשל H-Stamm (*G. G. V. Stonehouse, A. S. van der Woude, I. J. Ball, W. Rudolph, J. Vlaardingerbroek*, u.a., z. St.). Die Phrase bedeutet dann: »die Dinge, welche die Frevler / Gottlosen straucheln lassen«. Sie fehlt in LXX (und La) und ist auch kontextuell sicher als Glosse erkennbar, die keinen weiteren Objektsbegriff hinzufügt, sondern die vorangehende Objektreihe resümiert und neu interpretiert als die Götzen der Gottlosen, siehe Auslegung.

Zu Text und Übersetzung

Teil I: Zefanja 1,2–18

Analyse

Zur Einheitlich-keit von 1,2–3

Das Textstück 1,2–3 ist durch die Inklusion der Gottesspruchformel נאם יהוה »Spruch JHWHs« in 2a und 3d markiert und vom Folgenden abgehoben. Diese Gottesspruchformel findet sich im Zefanjabuch sonst nur noch in Texten der Fortschreibung und Bearbeitung, also redaktionell in 1,10b; 2,9b; 3,8b. Gleichwohl lässt die Verbalform von Satz 3c והכרתי »ich werde austilgen« keinen Zweifel daran, dass dieser einleitende Mottotext überleiten will zu der Gerichtsankündigung gegen Juda und die Bewohner Jerusalems, die ab 1,4 folgt. Denn die genannte Verbalform in 3c, die die Vernichtung »des Menschen« ankündigt, ist identisch mit jener in 1,4b, die die Anhänger des ›Götzendienstes‹ bedroht. Erkennt man diese Überleitungsfunktion von 1,3c, dann wird auch verständlich, weshalb am Ende des Textstücks das Verb variiert wird (כרת-H »austilgen« statt אסף-G »einsammeln, wegraffen« von 2a.3a.b): 1,3c nimmt 1,4b auf und vorweg. Es wird auch klar, weshalb die universale, alle Lebewesen bis hin zu den Meeresfischen umfassende Vernichtungsansage sich am Ende auf »den Menschen« konzentriert. Denn um Menschen, freilich viel konkreter gefasste Menschen, geht es in den Ankündigungen ab 1,4. Dann besteht kein Grund, mit *M. Striek* (1999, 89) von einer »unerträglichen Spannung« zu sprechen, in der 1,3c zu 1,2 und 3a–b stehen soll. Wir können 1,2–3 nicht etwa in einen älteren Teil 1,3c und einen jüngeren 1,2–3b zerlegen. Vielmehr müssen wir den Text insgesamt als Motto über mindestens die Unheilsworte der Zefanjaschrift und als Überleitung zu 1,4ff. verstehen.

So bleibt literarkritisch nur die Glosse in 1,3b »und / nämlich alles was die Frevler zu Fall bringt« zu notieren. Als Glosse ist sie nicht nur textkritisch (fehlt in LXX*, La), sondern auch literarkritisch sicher erkennbar. Nur sie trägt massive negative Wertungen in die Texteinheit ein.

Struktur

Der Text setzt mit einer Infinitivus-absolutus-Paronomasie wie mit einem Paukenschlag ein. Die dichten Wort- und Wortgruppenwiederholungen geben dem Stück den Charakter eines wuchtigen Epigramms: 4mal die Verbalbasis אסף, 3mal davon in der (primären) 1. ps.sg. Präfixkonjugation אֹסֵף »ich will einsammeln / wegraffen«; 2mal als Rahmen »weg von der Fläche des Erdbodens, Spruch JHWHs« 2a–b und 3c–d. Die Zuspitzung auf den »Menschen« zeigt sich in der Aufnahme von indeterminiertem אדם aus 3a nun mit Artikel in 3c und in dem im Abschnitt nur hier verwendeten Verb כרת-H in 3c. Es ergibt sich ein einfacher, durchsichtiger Aufbau von 1,2–3, einmal abgesehen von der Glosse in 3b:

Thema   2a–b אסף »wegraffen«   »alles«
                        (Paronomasie 2a)
Durchführung 3a–b אסף »wegraffen«   »Mensch« + »Vieh«

                                                  Vögel des Himmels« + »Fische des Meeres«
Ziel   3c–d כרת-H »austilgen«: הָאָדָם »den / die Menschen«

Zef 1,2–6: Die Ankündigung des Gottesgerichts

Lexik und Syntax machen kontextuell das Wort בהמה »Vieh« 3a doppeldeutig. Auf der Ebene der substantivischen Reihe der Lebewesen in 3a+b bezeichnet das Wort die Landtiere im Gegensatz zu Vögeln und Fischen. Dann liegt ein einfacher Merismus vor (Bildung des Ganzen durch Aufzählung der Teile). Beachtet man jedoch, dass die gleichgebauten Sätze 3a und b Mensch und Vieh einerseits und Vögel und Fische andererseits zusammenordnen, dann erscheinen kontextuell »Mensch und Vieh« in 3a als polarer Ausdruck, d. h. »Vieh« bedeutet dann »Getier überhaupt« und wird durch »Vögel« und »Fische« (3b) erläutert. Wir stoßen auf sprachlich mehr oder weniger festgeprägte Gliederungen der belebten Welt. Allein an der Verwendung solch festgeprägter Reihen von Lebewesen liegt es, dass der Autor es sich leisten kann zu sagen: »Ich raffe alles von der Oberfläche des Erdbodens / der bewohnbaren Erde hinweg« und dabei auch die Vögel und vor allem die Meeresfische mit einbezieht (vgl. die Auslegung).

Auslegung

–3b*.c-d   Warum beginnt das Zefanjabuch mit einem derart düsteren Auftakt, der den Leser und Hörer geradezu vor den Kopf stößt? Mit einem vehement geäußerten Willensentschluss setzt die Gottesrede ein. Dabei ist zunächst noch gar nicht völlig klar, was JHWH genau zu tun vorhat. אסף hat eine ziemliche Bedeutungsbreite. Es kann »einsammeln« und »versammeln« heißen (so Zef 3,8), aber auch »ernten« (Ex 23,10.16; Dtn 16,13; Ijob 39,12) und die »Lese« (Ex 23,16; 34,22) »halten« (korr. Jer 8,13). An eine Art Ernte könnte auch in Zef 1,2a gedacht sein, wenn JHWH alles von der אדמה, der »bewohnbaren Erde« weg einsammeln und ernten will. Denn wie eng oder weit man diese אדמה auch immer fasst, es ist doch der Lebensraum von Menschen und Tieren und zuallererst der fruchtbare Ackerboden, wie er uns aus der alten Menschenschöpfungserzählung von Gen 2,5 ff. bekannt ist. Die אדמה als Lebensraum rahmt und dominiert im Text die ebenfalls genannten Räume »Himmel« und »Meer« (3b). Der Gedanke ist nicht abzuweisen: JHWH will vom fruchtbaren Erdboden, vom bergenden und tragenden Lebensraum, »alles« einernten, wie 2a mit seiner Verb-Paronomasie und der bündigen Gottesspruchformel hervorhebt. Dass diese Ernte aber kein freudiges Ereignis sein wird, macht spätestens 3a–b klar: alle lebenden Wesen mit dem Menschen an der Spitze sollen »eingesammelt« werden (die Pflanzen gelten nicht als lebende Wesen!). Das Leben einsammeln aber bedeutet Tod bringen, sterben lassen (so Ps 26,9; 104,29; Ijob 34,14). Darum heißt »zu seinen Verwandten versammelt werden« soviel wie sterben (Gen 25,8.17 u.a. אסף-N). אסף bedeutet ja auch »etwas wegnehmen« im positiven Sinn (vgl. Zef 3,18), wie auch negativ bis hin zu »wegraffen« und »vernichten« (2 Sam

»einsammeln« und »wegraffen«

Teil I: Zefanja 1,2–18

15,6). Dieser textliche Sinn von אסף drängt sich schon in 3a–b auf und wird am Ende durch die Verwendung von כרת-H 3c im Sinne von »austilgen / ausrotten« ganz eindeutig. Eben dieses Verständnis unterstreichen die Masoreten, wenn sie statt des sinnoffenen אסף den H-Stamm von סוף »ein Ende bereiten« (Präfixkonjugation-Kurzform 1. ps.sg.) lesen. Mit dieser Bedeutung »wegraffen« ist aber die Konnotation der Ernte nicht abgetan. »JHWHs Ernten« ist Metapher für sein Gericht, für seine Abrechnung und sein Einschreiten, freilich sonst im strafenden Sinn, nicht blindlings und unterschiedslos, wie es in Zef 1,2–3 der Fall zu sein scheint. Man vergleiche nur Jer 8,13; Am 2,13; 8,1–3; Joel 4,13; Mt 13,36–43; Offb 14,14–20.

Begründung für das Ende allen Lebens? Die offene Sprache von Zef 1,2–3 und zugleich das unterschiedslos alle lebenden Wesen treffende Todesgeschick zwingt den Leser und Hörer zur Frage nach einer ratio, einer Begründung, einem Sinnzusammenhang und damit auch nach Vorstellungsmodellen für das angekündigte Geschehen. Wir sind zunächst nur auf den engeren literarischen Kontext verwiesen. Die folgenden Gottesworte in 1. Person sprechen vom Gericht über Juda und Jerusalem, aber nicht unterschiedslos, sondern sehr gezielt (1,4–6.8–13). Sie lassen jeweils durchaus eine Begründung des göttlichen Einschreitens erkennen. Soll man also die göttliche Unheilsansage über die אדמה in 1,2–3 auf den Lebensraum, das Territorium von Juda eingrenzen, wie es ziemlich häufig in der Exegese geschieht (so schon Radak / David Kimḥi, ca. 1160–1235, zuletzt wieder *M. Striek* 1999, 98–91 für Zef 1,3c–d; *J. Vlaardingbroek* 50.56f.; *K. Seybold* 93f., für 1,2a–b)? Damit wäre das Problem nur verschoben. Warum sollten zuerst »die Menschen« insgesamt vom Land Juda ›ausgerottet‹ werden, wenn die Ankündigung danach noch spezifisch mit einzelnen Gruppen ins Gericht geht? Nein, Zef 1,3c–d leitet gewiss über zu 1,4ff., die Verse 2–3 dürfen aber ihrer universalen Weite nicht beraubt werden. Dafür spricht im Kontext von Zef 1 besonders auch die unterschiedslose Rede von »den Menschen«, denen es JHWH eng machen wird, so dass sie wie Blinde dahin tappen in Zef 1,17*–18a. Dieser Text dürfte als Fortschreibung zur Schilderung des JHWH-Tags in 1,14–16 entstanden und sogar älter sein als Zef 1,2–3 (s.u.!). Was 1,17–18a vom schrecklichen Unglück der Menschen schlechthin sagt, das entfaltet 1,2–3 in einer alles Leben treffenden universalen Untergangsszenerie. Der Verfasser von 1,2–3 hat eben nicht nur die konkreten Worte über Juda und Jerusalem vor Augen, sondern auch die Ankündigung des Tages JHWHs. Er versteht diesen Tag schon als weltweites Wetterleuchten des Untergangs. Über eine solche »Ernte« von Zef 1,2–3 hinaus ist kein neues Leben in Sicht. Dieses »Wegraffen« bedeutet Ende dieses Äons, dieser Welt als Welt der Menschen, auf die alles abzielt. Wir treffen auf eine proto-apokalyptische Sicht der Zeit. Aber es wird deutlich, dass für den Verfasser von 1,2–3 dieses Ende des Lebendigen auf dem Lebensraum des »Erdbodens« nicht aus blinder Willkür kommt, sondern eine Summe zieht, eben »Ernte« ist nach einer

Zef 1,2–6: Die Ankündigung des Gottesgerichts

langen Zeit des Wachsens aber auch des Verderbens. Für den Verfasser ist die konkrete Unheilsprophetie Zefanjas in den nachfolgenden Worten nur Symptom für die aufgehäufte und nun erntereife Verfehlung »des Menschen«, der auch die übrigen Lebewesen in sein Verderben hineinzieht. Daher kommt der Text in Satz 3c an sein Ziel, lautmalend mit einem etymologischen Wortspiel unterstrichen: Der »Erdenmensch« (אדם) muss vom »Erdboden« (אדמה) verschwinden.

Aber woher nimmt der Verfasser seine Vorstellung von universaler Lebensvernichtung? Sehr wahrscheinlich wird er bereits von dem Erweiterungstext Zef 1,17–18a wie gewiss auch von der Tag-JHWH-Ankündigung in Zef 1 insgesamt inspiriert. Vielleicht kennt der Verfasser auch schon Hos 4,1–3 insgesamt, wonach das Land (Israel) zusammen mit allen Lebewesen zu Grunde geht wegen der fehlenden Gotteserkenntnis und Bosheit seiner Bewohner. Während Hos 4,3 (eine spätere Erweiterung) und mit ähnlicher Begründung auch Jer 12,4 an eine gewaltige Dürre denkt, sagt Zef 1,2–3 nicht, wie das »Wegraffen« vor sich gehen soll. Ähnliche Zusammenhänge zwischen menschlicher Schuld und universaler Vernichtung setzen auch spätprophetische (nachexilische) Texte wie Jer 4,23–26 (mit 27–28) und Jes 24,1–6 (bes. 3–6) voraus. Am wahrscheinlichsten sieht der Verfasser von Zef 1,2–3 die angesagte weltweite »Ernte« in ihrer Wirkung ähnlich wie die Sintflut, in der JHWH den Menschen und die lebendigen Wesen vom Erdboden wegtilgen wollte (Gen 6,7; 7,4). Nur bedarf JHWH dann nicht mehr irgendwelcher Fluten, das »Wie« der Vernichtung bleibt offen, jedenfalls wird es eine große vernichtende Ernte sein. Dass über den Anschluss an die Sintflutüberlieferung und die Erntevorstellung hinaus das kommende Unheil geradezu eine Umkehrung des Schöpfungswerks JHWHs sein wird, lehrt ein Blick auf den priesterschriftlichen Text Gen 1,20–28: Danach hat Gott die Fische, die Vögel, Landtiere und endlich den Menschen – in dieser Reihenfolge – erschaffen. Die Ansage des Untergangs in Zef 1,2–3 aber setzt gerade nach 3a–b beim Menschen an, um dann über das Vieh zu den Vögeln des Himmels und den Fischen des Meeres voranzuschreiten, also in umgekehrter Folge gegenüber Gen 1,20–28 (vgl. dazu *M. De Roche* 1980, 104–108; allerdings lässt sich seine Herleitung des Textes von Zefanja ebensowenig halten, wie die Begrenzung des Blickwinkels auf Israel, ebd. 107). Nichts weniger als eine Umkehrung bzw. Rücknahme der Erschaffung aller Lebewesen wird die Vernichtung sein, die Zef 1,2–3 ankündigt.

Literarischer Horizont: ›Umkehrung‹ der Schöpfung

Die geprägte Redeweise von den Lebewesen in Zef 1, 3a–b, seine Gliederung der belebten Welt, kennt der Verfasser allerdings kaum nur aus dem Schöpfungsbericht der Priesterschrift und aus den Sintfluttexten. Vielmehr greift er auf längst bekannte Reihen zurück, in denen ursprünglich die Weisheitstradition in Israel die Wesen der belebten Welt benannt hat (vgl. Ijob 38/39; Sir 43; Ps 148; Dan 3,52–90 LXX). Letztlich stammen solche Reihenbildungen aus der enzyklopädischen Listenwissenschaft,

Die Reihe der Lebewesen

Teil I: Zefanja 1,2–18

wie sie aus Ägypten und Mesopotamien schon längst bekannt ist (vgl. H. Irsigler 1977, 407 mit Anm. 467). Zef 1, 3a–b führt auf folgende Reihen:

Viererreihen: **Mensch + Landtiere + Vögel + Fische:**
Dtn 4, 16.17.18; Hos 4, 3b.c; Zef 1, 3a.b; Ez 38, 20;
Dan 3,79–82 LXX
Vgl. Gen 1,20–23.24–25 + 1,26–28 (umgekehrte Folge)

Dreierreihen: **Mensch + Landtiere + Vögel:**
Gen 6, 7; 7, 21.23, vgl. Jer 12, 4
Landtiere + Vögel + Fische:
Gen 1, 26.28; 9, 2; Lev 11, 46; 1 Kön 5, 13; Ps 8,8–9;
Ijob 12,7–8

Zweierreihe: »Mensch« + »Vieh«: bes. in der Priesterschrift (Ex 8, 13.14;
9, 9.10.22 u. a.), in Jer (7, 20; 21, 6; 27, 5 u. a.) und
Ez (14, 13.17.19.21 u. a.)

Auf weisheitlichen Hintergrund führen im Alten Testament insbesondere die Reihen der Lebewesen in 1 Kön 5, 13; Ps 8,8–9; Ijob 12,7–8 und noch der späte Hymnentext Dan 3,79–82 LXX. Der Autor von Zef 1,2–3 setzt allerdings sicher schon die Aufnahme und Verwendung solcher Reihen aus weisheitlicher Tradition in der Priesterschrift sowie in der (späten) Prophetie voraus (vgl. Gen 6,7; 7,21.23; auch 1, 26.28; 9, 2; Hos 4, 3; Ez 38, 20; auch Dtn 4, 16.17.18). Das Wortpaar »Mensch und Vieh« ist in der ganz überwiegenden Zahl seiner Belege (18mal in der Priesterschrift, 10mal in Jer, 7mal in Ez, vgl. H. Irsigler 1977, 406) in Unheilskontexten vertreten.

Die Glosse in 1, 3b Das Unheilsmotto Zef 1,2–3 wurde durch die Glosse in 1, 3b »und / nämlich was Frevler zu Fall bringt« nachinterpretiert. Mit gewichtigem Ergebnis! Die Glosse schließt erläuternd, nicht einfach koordinierend an die Reihe der Lebewesen an. Sie interpretiert wohl nicht nur die genannten Tiere – Vieh, Vögel des Himmels, Fische des Meeres – als Steine des Anstoßes für die Frevler in der Form von Götzenbildern, wie meist angenommen wird (z. B. J. Vlaardingerbroek 50 f.; M. Striek 1999, 88). Eher deutet die Glosse mit והמכשלות »nämlich das, was zu Fall bringt« die ganze Reihe der Wesen von 3a und 3b, einschließlich des Menschen, der in 3a im Gegensatz zu 3c indeterminiert eingeführt wird. Denn zu den Idolen, den attraktiven, verführerischen Götzenbildern, gehören nach dem Bilderverbot der beiden Dekaloge gewiss auch menschengestaltige Bilder, Männer- und Frauendarstellungen (Ex 20, 4 als eigenes Bilderverbot nach dem Fremdgötterverbot; Dtn 5, 8 als Auslegung des Fremdgötterverbots durch das Bilderverbot). Ausdrücklich sind menschengestaltige Idole in der Zef 1, 3a–b nahestehenden viergliedrigen Reihe von Dtn 4, 16.17.18 genannt. Dann aber handelt es sich bei den »Frevlern / Abtrünnigen«, die durch die Götzenbilder zu Fall kommen, kontextuell um האדם (mit Artikel), d. h. »die Menschen« von Zef 1, 3c als Ziel und Inbegriff der Unheilsabsicht JHWHs. Auf diese Weise erscheint die Glosse in 1, 3b nicht nur als punktuell erklärender Eintrag, der einen Grund liefern will, weshalb auch die Tiere in die Vernichtung einbezogen werden. Die Glosse interpretiert dann den Text vielmehr insgesamt neu: Es geht nicht um eine endzeitliche Vernichtung aller Lebewesen, sondern um das Ende der Götzenbilder und Götzendiener insgesamt. Da die Glosse in der primären Form der LXX (und in La) noch fehlt, kann sie kaum vor dem 2. Jh. v. Chr. entstanden sein. Die geistige Welt des Glossators und seine Intention stimmen am ehesten mit den Götzenbilderpolemiken des »Briefs des Jeremia« in der LXX (= Baruch 6 in der Vg) und im Buch der Weisheit überein (vgl. Weish 13,1–15,19 und die Polemik gegen ägyptischen Tierkult ebd. 11,15; 12,23–27; 13,10; 15,18–19). Wir sind dann auf einen frühhellenistischen Lebenskontext des Verfassers verwiesen.[5]

Situation und Sinn

Zef 1,2–3 stammt von einer nachexilischen spätprophetischen Bearbeitung, die mit ihrer Vorstellung von einer universalkosmischen Lebensvernichtung schon auf dem Wege ist zu den entfalteten Bildern und Texten vom Endgericht in der frühjüdischen apokalyptischen Literatur (vgl. z. B. *J. Schreiner*, Alttestamentlich-jüdische Apokalyptik, München 1969). Für eine spätnachexilische Entstehung sprechen die Abhängigkeit von dem Erweiterungstext Zef 1,17–18a, von der Sintflutüberlieferung der Genesis und insbesondere von der Priesterschrift sowie die verwandten universalgerichtlichen Texte im literarischen Horizont von Zef 1,2–3 (s. o. Hos 4,3 u. a.). Zef 1,2–3 dürfte in zeitlicher Nähe zu der protoapokalyptischen Bearbeitung in Zef 1,18b–c und 3,8d anzusetzen sein (s. u. zum Kommentar zu 1,18b–c und 3,8d mit einer Datierung in die frühhellenistische Zeit etwa um 300 v. Chr.). Allerdings wird dieses Motto des Zefanjabuches älter sein als die literarisch letzte unheilsuniversale Bearbeitung in 1,18b–c und 3,8d. So dürfte sich für 1,2–3 kaum noch das 5., eher schon das 4. Jh., aber wohl nicht erst das (späte) 3. Jh. v. Chr. nahe legen. Die universale Heilsperspektive für die Völkerwelt von Zef 3,9–10 und 2,11 scheint dem Motto Zef 1,2–3 noch nicht bekannt zu sein, sie könnte vielmehr schon die Heilsantwort auf ein ›Völkergericht‹ in Zef 3,8 und auf den düsteren Ausblick von Zef 1,2–3 bilden.[6]

Mit welchem Recht, von welcher Erfahrung her, theologisch gesprochen: aufgrund welcher Gottesgewissheit kommt der Verfasser dazu, die einst-

---

[5] Zur Datierung von Baruch 6 = EpJer vgl. *R. G. Kratz*, in: ATD Apokr. 5, 1998, 82: Wende vom 3. zum 2. Jh. v. Chr.; zum Buch der Weisheit vgl. *A. Schmitt*, NEB 1989, 6: Ausgang des 2. bis Anfang des 1. Jhs. v. Chr., anders *H. Engel*, Neuer Stuttgarter Kommentar AT 16, 1998, 34: römische Zeit zwischen Augustus und Caligula, vor 41 n. Chr.

[6] Vgl. auch *H. Wildberger*, Jesaja: BK X/2 (1978), 905–911 zur Datierung von Jes 24,1–6 und des Grundbestands von Jes 24–27 noch in die Perserzeit. *M. Striek* 1999, 91, will allerdings Zef 1,2–3a.b apokalyptischen Kreisen erst des 3. oder 2. Jhs. v. Chr. zuschreiben. Das 2. Jh. scheidet jedoch schon deshalb aus, weil wir um 200 v. Chr. das Zwölfprophetenbuch als weitestgehend abgeschlossen ansehen müssen (vgl. Sir 49,10) und dessen LXX-Übersetzung im 2. Jh. jedenfalls den Abschluss auch des Zefanjabuches voraussetzt, abgesehen von der Glosse von 1,3b.

mals am Ende der Sintflutgeschichte gegebene göttliche Lebens- und Bestandszusage nunmehr zurückzunehmen? In Gen 8,21 verheißt JHWH: »... ich will künftig nicht mehr alles Lebendige schlagen, wie ich es getan habe.« (8,21–22!), und im Noachbund Gottes mit der Menschheit nach der Priesterschrift sagt Gott in Gen 9,11 verheißend zu: »... nicht mehr soll alles Fleisch durch die Wasser der Flut ausgerottet werden ...« Es müssen lange und sehr schmerzliche Erfahrungen vor allem mit dem herrscherlichen »Menschen« sein, die einen schon apokalyptischen Gedanken nahestehenden Autor dazu bringen, in der Gewissheit göttlicher Rede solche göttlichen Zusagen im Hinblick auf die Unheilsankündigungen im Zefanjabuch zu widerrufen. Der Zusammenhang von menschlicher Schuld (Zef 1,4ff.) und kosmischer lebensbedrohender Unheilswirkung (1,2–3) tritt wie in der Sintfluttradition (Gen 6–9) mit allem Nachdruck vor Augen. Zu bedenken bleibt: Nicht der Lebensraum, nicht der »Erdboden« soll vernichtet werden, sondern die Lebewesen darauf, allen voran und zugespitzt der Mensch! Man darf doch wohl die Katastrophen Israels und Judas, aber auch die Unterdrückung durch die Weltmächte der Assyrer, Babylonier und der Perser als Hintergrund unseres Textes erkennen. Die Frage ist: Müssen wir nicht dieses glühende Ausschauen nach dem Ende des Menschen, ja diese ungeheure Gewissheit des Endes als einen Schrei nach Recht und nach dem Erweis der Gottheit Gottes in und gegenüber der Menschengeschichte verstehen? Deren Ambivalenz schärft das Unheilsmotto von Zef 1,2–3 auf der Buchebene ein: Sie behält auch angesichts großartiger Visionen von universalem Heil (2,11 und 3,9–10) die abgründige Möglichkeit umfassender Lebensvernichtung.

I.A.2.
Zef 1,4–6: Gegen die Anhänger fremdstämmiger Kulte und einer synkretistischen JHWH-Religion in Juda und Jerusalem (V 4–5), ausgeweitet auf alle Abtrünnigen (V 6)

Literatur   W. *Dietrich*, Der eine Gott als Symbol politischen Widerstands. Religion und Politik im Juda des 7. Jahrhunderts, in: ders. / M. A. *Klopfenstein* (Hrsg.), Ein Gott allein? JHWH-Verehrung und biblischer Monotheismus im Kontext der israelitischen Religionsgeschichte: OBO 139, Freiburg (Schweiz) / Göttingen 1994, 463–490. – M. *Görg*, Die Priestertitel *kmr* und *khn*: BN 30 (1985) 7–14. – B. *Halpern*, The Baal (and the Asherah) in Seventh-Century Judah: Yhwh's Retainers Retired, in: R. *Bartelmus* / Th. *Krüger* / H. *Utzschneider* (Hrsg.), Konsequente Traditionsgeschichte. FS K. *Baltzer*: OBO 126, Freiburg (Schweiz) / Göttingen 1992, 115–154. – W. *Herrmann*, Art. Baal בעל: DDD² (1999) 132–139. – P. *Humbert*, »Étendre la main«: VT 12 (1962) 383–395. – K. *Jeppesen*, Zephaniah 1,5B: VT 31 (1981) 372f.- J. *Jeremias*, Der Begriff »Baal« im Hoseabuch und seine Wirkungsgeschichte, in: W. *Dietrich* / M. A. *Klopfenstein* (Hrsg.), Ein Gott allein?: OBO 139, Freiburg (Schweiz) / Göttingen 1994, 441–462. – *M. J. Mulder*, Art. בַּעַל: ThWAT I (1973) 706–727. – *S. Norin*, Baal, Ashera och himmelens hela härskara. Om kult i Jerusalem under 600-talet f.Kr.: SEÅ 65 (2000) 33–41. – *H. Ringgren*, Art. צָבָא *ṣābāʿ*: ThWAT VI (1989) 873–874 (871–876). – *J. Scharbert* 1982, 237–253 (Zefanja und die Reform des Joschija). – *H. Spieckermann* 1982. – *Chr. Uehlinger* 1995, 57–89 (Joschijanische Kultreform). – *Chr. Uehlinger* 1996, 49–83.

Zur Frage des Moloch- / Molek-Kults (Auswahl!): *S. Ackerman*, Under Every Green Tree. Popular Religion in Sixth-Century Judah: HSM 46, Atlanta, Georgia 1992, bes. 101–143. – *R. Albertz*, Religionsgeschichte 1992, 297–303. – *M. G. Amadasi Guzzo*, Die epigraphischen Zeugnisse aus dem Tofet von Motye und das Problem des Molk-Opfers, in: W. Huss (Hrsg.), Karthago: WdF 654, Darmstadt 1992, 370–393. – *W. B. Barrick*, The King and the Cemeteries. Toward a New Understanding of Josiah's Reform: VT.S 88, Leiden u. a. 2002. – *K. Bieberstein*, Die Pforte der Gehenna. Die Entstehung der eschatologischen Erinnerungslandschaft Jerusalem, in: B. Janowski und B. Ego (Hrsg.), Das biblische Weltbild und seine altorientalischen Kontexte: FAT 32, Tübingen 2001, 503–539. – *J. Day*, Molech. A god of human sacrifice in the Old Testament: UCOP 41, Cambridge 1989. – *J. Day*, Yahweh and the Gods and Goddesses of Canaan, in: W. Dietrich / M. A. Klopfenstein (Hrsg.), Ein Gott allein?: OBO 139, Freiburg (Schweiz) / Göttingen 1994, 181–196. – *J. A. Dearman*, The Tophet in Jerusalem. Archaeology and Cultural Profile: JNWSL 22 (1996) 59–71. – *J. Ebach*, Art. Moloch: NBL II, Lfg. 10 (1995) 829–831. – *J. Ebach / U. Rüterswörden*, ADRMLK. »Moloch« und BAʾAL ADR. Eine Notiz zum Problem der Moloch-Verehrung im alten Israel: UF 11 (1979) 219–226. – *K. Grünwaldt*, Das Heiligkeitsgesetz Leviticus 17–26. Ursprüngliche Gestalt, Tradition und Theologie: BZAW 271, Berlin u. a. 1999 (S. 187–191.379–385). – *G. C. Heider*, The Cult of Molek. A Reassessment: JSOT.S 43, Sheffield 1985. – *G. C. Heider*, Art. Molech מֹלֶךְ: DDD² (1999) 581–585. – *K. Koch*, Molek astral, in: A. Lange u. a. (Hrsg.), Mythos im Alten Testament und seiner Umwelt. FS H.-P. Müller: BZAW 278, Berlin New York 1999, 29–50. – *E. Lipiński*, Art. MOLK: Dictionnaire de la civilisation phénicienne et punique, Brépols 1992, 296–297. – *P. G. Mosca*, Child Sacrifice in Canaanite und Israelite Religion. A Study in Mulk and MLK, Harvard 1975 (Diss.). – *H.-P.Müller*, Art. מֹלֶךְ *molæk*: ThWAT IV (1984) 957–968. – *H. Niehr*, Herkunft, Geschichte und Wirkungsgeschichte eines Unterweltsgottes in Ugarit, Phönizien und Israel: UF 30 (1998 [1999 erschienen]) 569–585. – *W. Röllig*, Art. Kinderopfer: RLA V (1980) 600–603. – *K. A. D. Smelik*, Moloch, Molekh or Molk-Sacrifice? A Reassessment of the Evidence concerning the Hebrew Term Molekh: SJOT 9 (1995) 133–142. – *M. Weinfeld*, The Worship of Molech and the Queen of Heaven and its Background: UF 4 (1972) 133–154. – *M. Weinfeld*, Burning Babies in Ancient Israel. A Rejoinder to M. Smith's Article in JAOS 95 (1975) 477–479: UF 10 (1978) 411–413.

Text

4 a	IA	Ich werde meine Hand ausstrecken gegen Juda	Übersetzung
	IB	und gegen alle Bewohner Jerusalems,	
b	IIA	und werde austilgen ⟨von diesem Ort⟩ (selbst noch) den Rest des Baal(sdienstes),	

Teil I: Zefanja 1,2–18

	IIB	den Namen der Fremdpriester ⟨samt den Priestern⟩,
5	IA	und die sich niederwerfen auf den Dächern
	IB	vor dem Heer des Himmels,
	IIA	und die sich niederwerfen ⟨, die schwören⟩ vor JHWH,
	IIB	aber (zugleich) schwören bei ihrem König(sgott);
6		⟨und die von JHWH sich Abkehrenden
a		und die JHWH nicht suchen
b		und nicht nach ihm fragen.⟩

Zu Text und Übersetzung

4b: »von diesem Ort« bezieht sich auf Jerusalem bzw. den Tempel und ist Zusatz, vgl. die Analyse.

MT »den Rest des Baal« hat Anlass gegeben, Zefanja erst nach der Reform des Joschija zu datieren, vgl. die Auslegung sowie oben die Einleitung zum Kommentar Nr. 6. Jedoch wird MT mit seiner Parallelisierung von שְׁאָר »Rest« und שֵׁם »Name« die völlige, restlose Ausrottung allen Baalsdienstes im Blick haben, wie dies entsprechend von der Vernichtung (כרת-H!) Babels in Jes 14, 22 gesagt wird (שֵׁם וּשְׁאָר »Name [Ruhm] und Rest«). Vgl. aber שֵׁם וּשְׁאֵרִית 2 Sam 14,7 im Sinne von »Name und Nachkommenschaft«. Gegenüber der Doppellesung τὰ ὀνόματα »die Namen« des Baal bzw. der Priester in LXX verdient MT sicher den Vorzug. *L. Sabottka* (1972, 15–18) schlägt vor, in Zef 1,4 שְׁאֵר הַבַּעַל »Sippe des Baal« zu lesen, vgl. auch *H. Irsigler* (1977, 16–18), *B. Renaud* (1987, 198.200 f.). Der Einwand *G. Gerlemans*, VT 23 (1973) 255, שְׁאֵר »Fleisch⟩Verwandtschaft« sei nie kollektiv gebraucht, verfängt kaum, vgl. z. B. Lev 25,49 (»[einer] von seinen leiblichen Verwandten«). Es müsste auch nicht notwendig die konkrete Gottheit »Baal« vorausgesetzt sein anstelle einer »Kollektivbezeichnung für alle möglichen Arten des Fremdgötterdienstes«, wie *M. Striek* (1999, 95 Anm. 268) gegen den Ansatz *L. Sabottkas* einwendet. Auch »Sippe des Baal« könnte (metaphorisch) die Anhänger (aller Arten) des Baalsdienstes bezeichnen. Allerdings ist auch die Lesart des MT kontextuell verständlich und daher in obiger Übersetzung beibehalten. Eine Konjektur, wie etwa »›die Aschera‹ des Baal« (*W. Dietrich* 1994, 466 f.) ist schwerlich gerechtfertigt.

Die *asyndetische* Anreihung von »den Namen der Fremd- / Götzenpriester« (כמרים, vgl. die Auslegung) kann als Bezeichnung eines explikativen bzw. komplementären Verhältnisses zum »Rest des Baal« verstanden werden und sollte nicht mit 15 Manuskripten (nach *B. Kennicott,* Vetus Testamentum II, 1780, 286a), LXX, Syr, Vg und einigen Tg-Editionen durch syndetischen Anschluss (... וְאֵת, vgl. BHS) ersetzt werden.

Die Glosse »samt den Priestern« fehlt am wahrscheinlichsten in der älteren LXX-Überlieferung (und entsprechend in La). Motiv der Zufügung könnte sein, das seltene כמרים durch die geläufige Beziehung כהנים »Priester« zu erklären. Wahrscheinlicher will ein Glossator neben den eigentlichen Fremdkultpriestern bzw. Baalspriestern noch die untreuen ›JHWH-Priester‹ getroffen sehen. Ganz anders fällt allerdings die Anklage der »Priester« in Zef 3, 4 aus. Eine interessante Deutungsvariante bietet das Targum 1,4: »den Rest Baals, den Namen ihrer Verehrer (zusammen) mit ihren heidnischen Priestern« *(kwmryhwn).* Hier sind gerade aus den כהנים »Priestern« des MT die als heidnische bzw. Götzenpriester verstandenen *kmr-*Priester geworden. Das Nebeneinander von Baalsdienern im allgemeinen und spezifischen Baalspriestern erinnert an die zum Baalsfest Geladenen in der Jehu-Erzählung 2 Kön 10, 9.

Demnach zielte die Glosse im MT Zef 1,4 auf ein solches Nebeneinander als die Gesamtheit aller Baalsanhänger.

5 IIA: In der griechischen Überlieferung kommen mehrere Varianten als Wiedergabe der beiden asyndetischen Partizipien in Kolon 5 IIA vor, in der LXX fehlt das erstere Partizip von חוה Št-Stamm »die sich Niederwerfenden«, erwartungsgemäß wie in 5 I mit ל konstruiert (vgl. *J. Ziegler* z. St.). Eher sind jedoch »die Schwörenden« Zusatz (BHS z. St.), da die Doppelung der Partizipialform שבע N-Stamm in derselben Verszeile (!) 5 II sich am einfachsten als versehentliche Vorwegnahme oder eher noch als bewusste Angleichung an die in 5 IIB folgende und wie häufig mit ב konstruierte Form erklärt. Der MT von V 5 II hat in seiner vorliegenden durch Glosse erweiterten Form gleichwohl einen plausiblen Sinn, da נשבע ל nun als »sich JHWH zuschwören, sich zu ihm bekennen« verstanden werden kann, vgl. Jes 19, 18; 2 Chr 15, 14; *K. Jeppesen* 1981, 372 f.

5 IIB: Statt MT »bei ihrem König« 5 IIB liest die lukianische Rezension von LXX sowie Syr und Vg »Milkom«. Dem folgen viele Kommentatoren. Jedoch ist Milkom sonst stets nur im klaren Zusammenhang mit den Ammonitern als deren Nationalgott alttestamentlich belegt (1 Kön 11, 5.33; 2 Kön 23, 13, dazu mit emendiertem Text in 1 Kön 11, 7; 2 Sam 12, 30; 1 Chr 20, 2; Jer 49, 1.5). Eine Untergruppe der Lukian-Rezension (sowie ein Teil der koptischen Überlieferungen) bezeugt μολοχ (vgl. *J. Ziegler* z. St.). S. u. die Auslegung!

6: Der Vers 1, 6 ist Zusatz, vgl. die Analyse.

Analyse

Mit Zef 1, 4 setzt eine Primärsammlung von Zefanjalogien 1,4–2,3* ein. Ihr Gegenstand ist nach 1,4a Juda und alle Bewohner Jerusalems (s. o. die Einleitung zum Kommentar Nr. 2). Zef 1,2–3 und 1,4–5.6 können nicht auf derselben literarischen Ebene liegen. Die unterschiedslose totale Ausrottung des Menschen nach 1, 3c und die differenzierte Anklage und Gerichtsankündigung gegen bestimmte Gruppen in Juda und Jerusalem lassen sich nicht miteinander zu einem einheitlichen Text verbinden. Kann aber 1, 4 mit einer *w=qatal*-Form einen Text beginnen? In der Redeeröffnung ist dies doch syntaktisch möglich (vgl. dazu Zef 1, 8b nach einer redaktionellen Verknüpfung und Ez 11, 17; 25, 13; Ges-K [G. Bergsträsser] II § 9g und 9a).

Kontext und literarische Abgrenzung

Das Ende des Textes ist zwar spätestens mit 1,6 erreicht, da 1, 7 asyndetisch und mit einem Aufruf neu einsetzt. Aber 1, 6 kann schwerlich zum primären Text gehören. Zwar kommt schon in 1, 5 IIA der Gottesname JHWH in der 1. Person der Gottesrede vor. Aber hier ist er durch die Parallele »ihr MLK« im Sinne »ihr Königsgott« abgesichert. Die Lesung »Milkom« würde den Kontrast der Gottesnamen noch deutlicher machen, ist aber an dieser Stelle wenig wahrscheinlich. In 1, 6 dagegen ist von Gott ausschließlich in der 3. Person die Rede, der Vers verwendet ganz selbstverständlich den JHWH-Namen. 1, 6 ist auch inhaltlich eine Erweiterung, Ausdehnung der Anklage auf alle von JHWH Abtrünnigen, auf alle, die nicht JHWH suchen, also nicht nach seiner Ordnung leben. Diese Aussage weitet den Kreis der Betroffenen weit über die Fremdkultanhänger und die Anhänger eines verfremdeten JHWH-Kults hinaus. 1, 6 ist ein die Unheilsankündigung erweiternder und auf eine neue Situation hin beziehender Nachtrag. In ihr scheint der Fremdkult keine beherrschende Rolle mehr zu spielen. Es geht um Abtrünnige und um Untreue in einem weiteren Sinn.

Ein Zusatz liegt am wahrscheinlichsten auch in der Separativangabe »von diesem Ort« in 1,4b vor. Gewiss fügt sich das Verb כרת-H häufig mit einem Separativ מן »weg von ...« wie in Zef 1,3c. Gleichwohl ist es auffällig, dass JHWH nach 1,4a seine Hand (Gewalt und Geschichtsmacht!) gegen Juda und alle Bewohner Jerusalems ausstreckt und dann nur »von diesem Ort« den Falschkult tilgen sollte. Hebräisch מקום »Ort« bzw. »Kultstätte« kann in diesem Kontext kaum etwas anderes sein als eben Jerusalem. Was ist aber dann mit Juda? Sollte es da etwa die Falschkulte nicht geben, die in 1,4–5 mit der Vernichtung bedroht werden? Nein, die Wortgruppe »von diesem Ort« verengt den Blickwinkel gezielt auf Jerusalem und dort näherhin auf den Tempel. Der Eintrag verdankt sich am ehesten einer deuteronomistischen Redaktion. מקום ist der »Kultort« wie in Dtn 12,3, wo es heißt: »... ihr sollt ihre Namen [der fremden Götter] austilgen von jenem Ort.« Wahrscheinlich zielt schon diese Rede »von jenem Ort« im Singular statt von den vielen Kultstätten von Dtn 12,2 voraus auf den einen Kultort von Dtn 12,5, den JHWH erwählen wird, um dort seinen Namen wohnen zu lassen – sachlich kein anderer als Jerusalem. Allerdings könnte man in Dtn 12,3 die Wortgruppe »von jenem Ort« auch im distributiven Sinn verstehen (»von dem jeweiligen Ort«), so EÜ. Wahrscheinlicher aber ist der Vorausverweis, weil auch das Stichwort »Name« schon auf V 5 hindeutet. Durch die Glosse in Zef 1,4b wird Zefanja zum programmatischen Verkünder des Anliegens von Dtn 12, der Kultreinigung und letzten Endes der Kultzentralisation (vgl. bes. Dtn 12,2–7.8–12.13–20). Dann hat im Sinne des Bearbeiters bereits Zefanja einen von Fremdkulten gereinigten einzig legitimen Kultort Jerusalem verkündet.

Verhältnis zu 2 Kön 23

Hat Zef 1,4–5 eine textliche Vorlage? Zwischen Zef 1,4–5 und dem Bericht von der Kultreform König Joschijas in 2 Kön 23, bes. V 4–13, bestehen auffällige sprachliche und sachliche Beziehungen (z.B. *J. Scharbert* 1982, 247 f.). Sie betreffen die Erwähnungen des Baal, der Fremdpriester, der Verehrung auf den Dächern, die dem Himmelsheer gilt, aber auch den Gottesnamen bzw. das Gottesepitheton, das in Zef 1,5 einen ›Königsgott‹ (מלך) im Kontrast zu JHWH bezeichnet (vgl. MT »Molek« 2 Kön 23,10 gegenüber dem ammonitischen »Milkom« 2 Kön 23,13). Zef 1,4–5* ist jedoch nicht von 2 Kön 23 abhängig (anders *K. Seybold* 1991, 95). Gegen eine Abhängigkeit von 2 Kön 23 spricht vor allem, dass in Zef 1,4–5 Elemente fehlen, die in 2 Kön 23 besonders wichtig sind, wie die Aschera (Kultpfahl) und die Kulthöhen. Zef 1,4–5* verrät eigenständiges, in seiner primären Form auch kolometrisches Profil. Die Verszeilen verdichten sich von Zeile 4 I (3+3 Hebungen) über 4 II (3+2) zu den Zeilen 5 I und II (jeweils 2+2). Der Text verdeutlicht auf seine Weise die religiösen Zustände vor der Reform Joschijas (vgl. *W. Dietrich* 1994, 466 f.), die in dem Bericht 2 Kön 23 gewiss auf der Basis älteren Materials, aber aus späterer deuteronomistischer Sicht ausdrücklich vorgestellt werden.[7]

---

[7] Zur Analyse des Reformberichts 2 Kön 23 (V 1–20.24) und zu seinen religionsgeschichtlichen Hintergründen vgl. bes. *Chr. Hardmeier*, König Joschija in der Klimax des DtrG (2Reg 22 f.) und das vordtr. Dokument einer Kultreform am Residenzort (23,4–15*), in: *R. Lux*, Erzählte Geschichte: BThSt 40 Neukirchen Vluyn 2000, 81–145; *H. Spieckermann* 1982, 79–130; *P. Tagliacarne*, »Keiner war wie er«. Untersuchung zur Struktur von 2 Kön 22–23: ATS 31, St. Ottilien 1989, 166 ff. 345 ff. 364 ff. 382–392; *Chr. Uehlinger* 1995, 57–89, in Auseinandersetzung mit *H. Niehr*; *W. B. Barrick* 2002, bes. 27 ff.64 ff.; vgl. auch *B. Gieselmann*, Die sogenannte josianische Reform in der gegenwärtigen Forschung: ZAW 106 (1994) 223–242.

Zef 1,4–6: Gegen die Anhänger fremdstämmiger Kulte

Das Stück Zef 1,4–5 ist Unheilsankündigung in der 1. Person der Gottheit. **Struktur**
Die Begründung wird nicht eigenständig als Schuldfeststellung gegeben, sondern ist in den Objekten impliziert, die von der Vernichtung bedroht werden. Die beiden Verbalsätze 1,4a und b sind syntaktisch interdependent, sie beziehen sich inhaltlich im Sinne von Thema und Ausführung bzw. Grund und Folge aufeinander: wenn – dann. Von dem Verb כרת-H »vernichten, austilgen« hängen syntaktisch vier Objektglieder ab, die jeweils durch nota objecti את eingeführt werden (4b–5). Die Aufreihung der vier Objekte signalisiert einen inneren Zusammenhang und eine Totalität, eine Ganzheit der mit Vernichtung bedrohten Menschengruppen. Über die bloße Aufreihung hinaus ist aber eine syntaktisch durch Asyndese und Syndese angezeigte Zuordnung zu beobachten. Das Objekt »der Rest des Baal / Baalsdienstes« wird zunächst asyndetisch weitergeführt. Dies kann auf einen Erläuterungszusammenhang hindeuten. Dann sind »der Name der Fremdpriester« und die Verehrer des Himmelsheeres wie auch die Synkretisten, die JHWH und ihren Königsgott zugleich verehren, insgesamt nähere Erläuterung dafür, was mit dem Baalsdienst, der bis zum letzten Rest ausgerottet werden soll, gemeint ist:

Thematische Eröffnung 4a:
    Drohgestus (נטה) → Gesamtbereich des Gerichts: Juda, Bewohner Jerusalems

Ausführung 4b–5:
    Vernichtungstat (כרת-H) → Konkretisierung des Gerichts mit implizierter Begründung
    ↓

4 Objekte: 1. »Rest des Baals(dienstes)«:
            2. »Name der Fremdpriester« (הכמרים)
            3. Verehrer des »Himmelsheeres«
            4. ›Synkretisten‹: JHWH ↔ »ihr MLK« (Königsgott)

Auslegung

4a In Satz 4a findet sich die Wendung vom Ausstrecken oder Ausrecken der **Die**
Hand im Sinne von Macht, Gewalt und Kraft (Dtn 32,36; 2 Sam 8,2; Jes **ausgestreckte**
28,2 u.a.). Dieselbe Wendung ist im Zefanjabuch nochmals in 2,13 belegt. **»Hand«**
Die Redewendung vom Ausstrecken der Hand mit göttlichem Subjekt ist fast ausschließlich in prophetischer Rede zu finden (insgesamt 13mal, 8mal bei Ez und 3mal in Jer). Auffällig ist ihr Gebrauch auch in der Exodus- und Plagentradition des Pentateuchs bis hinein in die priesterschriftliche Überlieferung. Die Wendung scheint gerade hier in der Verbindung von Hand und Gottesstab des Mose und Aaron charakteristisch zu sein als Beschrei-

Teil I: Zefanja 1,2–18

bung einer magischen Symbolhandlung (vgl. Ex 9,23 Stab und Ex 7,19 Hand; auch Ex 8,1).

Der bedrohte Bereich — Die »Hand« JHWHs richtet sich drohend »gegen Juda und gegen alle Bewohner Jerusalems«. Auf den Letzteren liegt der Nachdruck (das Kolon 4 IB ist Ballastvariante zu »Juda« in 4 IA). Doch die »Hand« schlägt nicht wahllos zu, wie das Folgende zeigt. Die Angabe des bedrohten Bereichs in 1,4a bezieht sich auf die in 1,4–5(6) benannten Verhältnisse und Praktiken des offiziellen wie auch des familiären Kults in Juda und Jerusalem. Sie dient aber auch kompositionell dazu, den Raum abzustecken, von dem in Zef 1,4–2,3 die Rede ist.

Die Folge »Juda und alle Bewohner Jerusalems« hat im Weinberglied Jesajas in Jes 5,3 ein älteres Pendant, das jedoch in der für den (primären) Jesaja charakteristischen Weise Jerusalem zuerst nennt (»Bewohner Jerusalems und Männer von Juda«, vgl. Jes 3,1.8; 22,21). Die in Zef 1,4a belegte Folge steht den späteren (deuteronomistischen) Belegen in 2 Kön 23,2 (»alle Männer Judas und alle Bewohner Jerusalems«, par. 2 Chr 34,30) und Jer 17,20 (»ganz Juda und alle Bewohner Jerusalems«) nahe (vgl. Jer 11,2; 18,11 u.a.; 2 Chr 20,18.20; 21,13 u.a.). Die spezifische Formulierung von Zef 1,4a (vgl. 2,13a!) lässt sich jedoch nicht als von diesen späteren Texten abhängig erweisen (so auch *H. Spieckermann* 1982, 72 Anm. 88).

Bannformel — Die Zusammenstellung von »ausstrecken« und »austilgen« (נטה – כרת-H) 4b
ist ebenso in Ez 25,13.16 belegt, scheint also eine gewisse Prägung zu verraten. In Satz 4b treffen wir mit dem Verbum כרת-H auf die Reminiszenz einer alten kultisch-sakralen Bannformel, die im Heiligkeitsgesetz und in der Priesterschrift besonders belegt ist. Ganz ähnlich wird sie in Ez 14,8–9 gegen götzendienerische Praktiken verwendet (vgl. Jes 14,22; Sach 13,2). Der Zusatz »von diesem Ort« in Zef 1,4b lenkt den Blick auf den *einen* Kultort Jerusalem (Dtn 12,3.5) und deutet Zefanja als eine Art Vorläufer der Kultzentralisation unter König Joschija (s.o. in der Analyse).

Am auffälligsten und schwierigsten ist in Zef 1,4b der Ausdruck »der Rest des Baal«. Nach Jes 14,22 kann man diesen Ausdruck mit *W. Rudolph* u.a. im Sinne von ›Baal bis zum letzten Rest‹ verstehen. Nicht völlig ausgeschlossen ist aber auch der Vorschlag *L. Sabottkas* 1972, שְׁאָר im Sinne von
»der Baal« — »der Anhang / die Sippe« des Baal zu lesen (s.o. die Textanmerkung). Was aber ist mit Baal, genauer mit »dem Baal« (mit Artikel) in Zef 1,4b gemeint? Wenn der Rest des Baal bzw. der Baal bis zum letzten Rest ausgerottet werden soll, kann es sich nicht um die Gottheit primär handeln. Ein weiterer und metaphorischer Sinn ist erforderlich. Es geht um den Baalsdienst, um die Gesamtheit fremdreligiöser Praktiken, die mit dem Etikett Baal versehen werden. Eine knappe und treffende Zusammenstellung der Bedeutung und Geschichte des Namens Baal im Alten Testament bis hin zur Verwendung in der deuteronomistischen Literatur findet sich bei *H. Spieckermann* (1982, 200–212). Für Zef 1,4 ist ein doppelter Aspekt wichtig. Einerseits könnte

der Hinweis auf den Baal an die Praktiken bodenständiger kanaanäischer Baalskulte anschließen, wie sie vorab aus dem ehemaligen Nordreich Israel und aus dem Buch Hosea bekannt sind. Andererseits ist der Terminus »der Baal« sehr weitgefasst und bezeichnet einfach den zeitgenössischen Götzendienst insgesamt (J. Wellhausen 151: »der ganze Götzendienst mit allem was drum und dran hängt«). Von daher erklärt sich auch die thematische Spitzenstellung des Baal in Zef 1,4b. Alles Folgende ist in diesem weiteren Sinne Baalsdienst. J. Jeremias (1994, 441–462) hat gezeigt, dass der Begriff Baal bereits im Hoseabuch zu einem Inbegriff des verfehlten Gottesverhältnisses und des verfehlten Gottesdienstes Israels geworden ist (vgl. z. B. Hos 13,1). Baal bezeichnet demnach die Gesamtheit des verfehlten Gottesverhältnisses und Gottesdienstes. Die Wirkung dieses Verständnisses von Baal ist bei Jeremia zu erkennen, in der deuteronomistischen Bearbeitung des Jeremiabuches und im deuteronomistischen Geschichtswerk. So nennt Jeremia nach Jer 23,13 ff. in Entsprechung zu den Propheten Samarias, die »bei dem Baal« weissagten, das Wirken der Propheten im Südreich Juda Lüge oder Trug (שקר). Dieses abstrahierende Verständnis von Baal wird allerdings bei den deuteronomistischen Schriftstellern und Pädagogen nicht durchgehalten. Sie konkretisieren den Begriff »Baal« in ihrer Fremdgötterpolemik. Danach ist Baal konkret der Gott, dem Juda räuchert, und der als Fremdgott schroff JHWH gegenüber steht (vgl. Jer 7,9 bis hin zu Jer 32,29). Man kann mit J. Jeremias sagen, dass Baal im deuteronomistischen Denken zum Oberbegriff für den Bruch des ersten Dekaloggebots wird. In Zef 1,4–5 entspricht der Gebrauch des Namens »der Baal« in etwa dem Gebrauch beim primären Jeremia (Jer 2,8.23; 23,13 f.) und auch bei Hosea. »Der Baal« bezeichnet dann in Zef 1,4 eine vom Baalskult durchformte JHWH-Verehrung, Kultpraktiken und deren Anhänger, die der Verehrung JHWHs im Sinne des prophetischen Sprechers entgegenstehen. Baal ist dann nicht ein bestimmter Gott unter vielen anderen, etwa der Baalschamem »der Herr des Himmels« der phönizischen Religion. Möglicherweise verbirgt sich hinter diesem Gebrauch von Baal religionsgeschichtlich auch der im 7. Jh. vom aramäischen Raum her nach Juda eingedrungene Kult des Mondgottes Sin von Haran (in diesem Sinne Chr. Uehlinger 1996, 74 f.). Auch eine Anwendung des Baals-Titels (»der Herr«) auf den assyrischen Staatsgott Assur ist möglich, ohne dass deshalb »der Baal« ausschließlich eine interpretatio canaanaica des Gottes Assur (wie etwa auch die Aschera in Juda für die assyrische Ischtar) wäre (vgl. H. Donner, Geschichte 1986, 334 f. 338).

Die כמרים »Fremdpriester« in Zef 1,4b sind im Alten Testament nur im Plural in Hos 10,5 und 2 Kön 23,5 neben Zef 1,4 belegt (die Konjektur dieses Wortes in Dtn 18,8 und Hos 4,4 nach HALAT 459b überzeugt nicht). Im Akkadischen ist das Wort als Priesterbezeichnung *kumru* bzw. feminin *kumirtu* vor allem in Mari und im kleinasiatischen Raum belegt (CAD s.v. 534 f., vgl. zur Ableitung und Verbreitung dieser Priesterbezeichnung auch

»Fremdpriester« (im Astralkult)

Teil I: Zefanja 1,2–18

H. *Spieckermann* 1982, 85 f.; etymologisch verbindet sich mit dem Wort die Vorstellung eines elementaren Erregtseins, vgl. HALAT 459a; *M. Görg* 1985, 7–10) Das Wort כמר bezeichnet im aramäischen Sprachraum, aus dem es stammt, eine durchaus positiv konnotierte Klasse von Priestern (vgl. KAI 225,1f.; 226,1; 228A,23, B2 u.a.). Zwei Priester des Mondgottes im syrischen Nerab bei Aleppo tragen diesen Titel im 7. Jh. v.Chr. Wahrscheinlich ist der Terminus als Bezeichnung für ausländische Priester über das Aramäische in den hebräischen Sprachgebrauch gelangt. Dass nicht nur im strengen Sinne fremdländische Priester, sondern auch Staatskultpriester Nordisraels damit bezeichnet werden können, bezeugt Hos 10,5. Die Tatsache, dass diese Priestergruppe im Aramäischen mit Astralreligion verbunden erscheint, bestätigt sich in 2 Kön 23,5 wie auch in Zef 1,4. Von daher erscheint die Umschreibung des hebräischen Terminus durch »Astralkultpriester« bei *Chr. Uehlinger* 1996, 76, funktional berechtigt. Wahrscheinlich handelt es sich um ausländische, primär (assyrisch-)aramäische Fachleute in Juda, die in judäischen Familien für Orakelbefragungen und Beschwörungsrituale in Anspruch genommen wurden.

»das Himmels-heer« Die Verszeile 5 I führt die Verehrer des Himmelsheeres ein. Dass es sich um Synkretisten handelt, geht aus der Parallelisierung der Partizipialgruppen in Verszeile 5 I und 5 II hervor: Jene, die sich vor dem Himmelsheer kultisch niederwerfen, tun dies in gleicher Weise auch vor JHWH. Zef 1,5 bezeugt zusammen mit 2 Kön 23,12; Jer 19,13; 32,29 die Praxis der Verehrung des Himmelsheeres auf besonderen Kultplätzen von Dächern. Ein ähnlicher Verehrungsbrauch auf dem Dach ist bereits aus dem ugaritischen Kirtu-Epos (KTU 1.14 I 73ff.) belegt. Möglicherweise gab es auch in der Philisterstadt Aschkelon einen Kultplatz auf dem Dach (*L. E. Stager*, BAR 22 [1996] 59, s.u. zu Zef 2,4). Allerdings zeigen die Belege im Alten Testament, dass wir es mit einem charakteristischen Brauch im Wesentlichen des 7. Jhs zu tun haben. Das Sich-Niederwerfen auf den Dächern vor dem Himmelsheer bezeugt in der spätassyrischen Epoche Judas die Astralisierung der JHWH-Religion. Gestirngottheiten treten in den Vordergrund. Vgl. Abb. 1–10. In der babylonisch-assyrischen Religion werden Götter direkt mit Gestirnen identifiziert. Diese Verehrung des Himmelsheeres scheint besonders mit Orakel- und Beschwörungspraktiken zusammenzuhängen. Anscheinend richteten nicht wenige Familien in Juda auf dem Flachdach ihres Hauses einen häuslichen Kultschrein ein, um hier Bitt- und Beschwörungszeremonien durchzuführen (vgl. *M. Weinfeld* 1972, 115 f.; AHW 1434 f. s.v. *ūru* »Dach«). Die Rituale fanden verständlicherweise besonders in der Nacht bzw. bei Sonnenaufgang statt. Wahrscheinlich war die Praxis der Verehrung des Himmelsheeres auf den Dächern mit Rauch- und Trankopfern verknüpft (vgl. Jer 19,13; 32,29; 44,17). Ein Zusammenhang mit divinatorischen und mantischen Ritualen liegt nahe.

Wie aber kommt es zu einer solchen synkretistischen ›Gestirnanbetung‹

Zef 1,4–6: Gegen die Anhänger fremdstämmiger Kulte

Abb. 1
Rollsiegel aus Sichem (Tell Balaṭa), jetzt Jerusalem: Assyrischer König vor Räucheraltar und Göttin Ischtar im Strahlenkranz (bzw. Sternnimbus), oben Siebengestirn und achtstrahliger Venusstern.
Quelle: GGG 333 Nr. 287; nach *B. Parker*, Cylinder Seals from Palestine: Iraq 11 (1949) 1–43, Pl. I, Nr. 6, Beschreibung S. 7; *U. Winter*, Frau und Göttin. Exegetische und ikonographische Studien zum weiblichen Gottesbild im Alten Israel und in dessen Umwelt: OBO 53, Freiburg (Schweiz) / Göttingen ²1987 (¹1983), Abb. 500.

Abb. 2
Beidseitig gravierter Skaraboid aus Megiddo mit Verehrungsszene: Verehrerin vor achtstrahligem Venussternsymbol der assyrischen Ischtar.
Quelle: GGG 337 Nr. 289.

Abb. 3
Rollsiegel aus Megiddo: Verehrer (König?) vor astralen Mächten, darunter die Tierkreisbilder Skorpion und Fische.
Quelle: GGG 337 Nr. 290.

in Juda? Vgl. Abb. 1–5 und für Juda bes. Abb. 6–7! Wir treffen auf einen religionsgeschichtlich höchst erstaunlichen Vorgang. Das »Himmelsheer« bezeichnet in Dtn 4,19; 17,3; 2 Kön 23,5 und Jer 8,2 klar die Gestirne. Was also für die Zeit des 7. und ferner auch des 6. Jhs. klar auf die Gestirnwelt deutet, und Gegenstand eigenständiger Verehrung wird, das ist jedoch ursprünglich in Israel und Juda eine eindeutig akzeptierte Größe (vgl. *J. G. Taylor*, Yahweh and the Sun: JSOT.S 111, Sheffield 1993, 105–107). In 1 Kön 22,19 bezeichnet »das Heer des Himmels« die himmlische Ratsversammlung um den thronenden Königsgott JHWH. Von einer abgöttischen Verehrung dieses Himmelsheeres zeigt sich da noch keine Spur. Allerdings ist eine kriegerische Konnotation dieses Himmelsheeres nicht zu übersehen. Sie scheint fest in der Tradition Israels verankert. Das Himmelsheer ist primär die dem höchsten Gott untergeordnete Armee von bewaffneten »Heiligen« (Dtn 33,3), zu ihr gehören: Bogenschützen, Wagen und Reiter (vgl. die feurigen Pferde und Wagen von 2 Kön 6,17; auch 2 Kön 7,6; Ps 68,18). Mit

Abb. 4
Siegel von Tell el-Fukkhar, dem alten Akko, jetzt in Jerusalem: ein Mann (Priester?) vor einem (Ständer-)Altar (?) in Verehrung von Mondsichel und achtstrahligem Stern. Gewand und Astralsymbole verraten starken neuassyrisch-aramäischen Einfluss.
Quelle: GGG 367 Nr. 312a; nach R. Giveon, The impact of Egypt on Canaan. Iconographical and related studies: OBO 20, Freiburg (Schweiz) / Göttingen 1978, 119 fig. 66; O. Keel, Corpus der Stempelsiegel-Amulette aus Palästina / Israel. Von den Anfängen bis zur Perserzeit. Katalog Band I: Tell Abu Faraǧ bis ʿAtlit. With Three Contributions by Baruch Brandl: OBO.SA 13, Freiburg (Schweiz) / Göttingen 1997, 536 Nr. 17.

Abb. 5
Skaraboid aus Šiqmona (Karmel): Verehrer vor Mondsichelstandarte, Sternsymbolen und Baumsymbol, das vielleicht den Zugang zum Heiligtum markiert.
Quelle: GGG 347 Abb. 301b.

Abb. 6
Siegel des ṣpn ⟨bn⟩ nryhw aus Juda: Stern und Rhomboid neben dem schreitenden Capriden vor Pflanze oder Zweig.
Quelle: GGG 371 Nr. 317a.

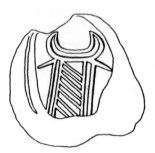

Abb. 7
Bulle aus einem Jerusalemer Archiv aus der sog. Davidsstadt: Sichelmondemblem auf schraffiertem Pfeiler, Adaption des Mondemblems von Haran.
Quelle: GGG 343 Nr. 297a.

Abb. 8
Kalksteinskaraboid als Siegelamulett, aus Jerusalemer Handel: Mondsichel und zahlreiche Sterne, wohl als »Himmelsheer« zu verstehen, das den Träger namens YLʾ schützen soll.
Quelle: GGG 367 Nr. 316.

Zef 1,4–6: Gegen die Anhänger fremdstämmiger Kulte

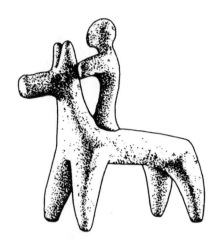

Abb. 9 + 10
Reiterfigur aus Grabhöhle 1002 in Lachisch + Pferdestatuette mit Scheibe zwischen den Ohren aus Jerusalem. Möglicherweise Repräsentationen des Himmelsheeres als Schutzmacht im Kontext familiärer Frömmigkeit.
Quelle: GGG 393 Nr. 333b + GGG 393 Nr. 334b.

der Astralisierung des Himmelsheeres im 7. Jh. vollzieht sich auch der »Abfall« dieser einstmals akzeptierten kriegerischen Umgebung JHWHs zum eigenständigen, fremden Kultobjekt, zu den »Götzen« der Völker (vgl. dazu H. *Spieckermann* 1982, 223). In frühjüdischer Zeit, in der persischen Epoche Israels, wird aus dem »Götzen« Himmelsheer wieder das in der JHWH-Religion akzeptierte Heer des himmlischen Hofstaats, verstanden als die »Engel« (Ps 148, 2).

Der Kult des Himmelsheeres unter assyrischem Einfluss im Juda des 7. Jhs. v. Chr. wird durch die plausible Nachricht in 2 Kön 21, 5 unterstrichen: Manasse baute in den beiden Vorhöfen des Tempels Altäre für das Himmelsheer, d. h. auch in dem äußeren Vorhof, zu dem das Volk freien Zutritt hatte. R. *Albertz* (1992, 296) deutet dies als eine Maßnahme, die dem Volk Zugang zu möglichen Omina-Riten erlauben sollte, nach babylonisch-assyrischem Vorbild.

Die Verehrung des Himmelsheeres im Juda des 7. Jhs. lässt sich mit großer Wahrscheinlichkeit auch ikonographisch belegen. Vgl. Abb. 8 sowie Abb. 9–10! Archäologisch sind für die Eisenzeit IIC (ca. 750/700 bis 586 v. Chr.), also besonders im 7. Jh., auffällig viele Pferde-Terrakotten belegt, in Jerusalem und Umgebung. Es handelt sich um kleine Pferd- und Reiterstatuetten (Abb. 9–10). Zumeist werden diese Pferd-Reiter-Terrakotten als Repräsentanten des Sonnengottes (akkadisch Schamasch) verstanden. Dann liegt eine direkte Verbindung mit 2 Kön 23, 11 nahe, wo es heißt, dass Joschija die Pferde, die die Könige von Juda zu Ehren der Sonne (des Sonnengottes) am Eingang des Hauses JHWHs bei der Zelle des Kämmerers Netan-

Teil I: Zefanja 1,2–18

Melech bei den Parwarim (etwa »Vorbau, Vorhof«) gestiftet hatten, entfernte und die Wagen der Sonne im Feuer verbrannte (zur Verbindung der Pferde-Terrakotten mit 2 Kön 23,11 vgl. u. a. *H. Weippert*, Palästina in vorhellenistischer Zeit, München 1988, 629 und *R. Albertz* 1992, 296). Der runde Stirnschmuck, der sich zwischen den Ohren der Pferde findet (vgl. Abb. 10!), wird in diesem Kontext als Hinweis auf die Sonnenscheibe verstanden und damit als Emblem des Sonnengottes interpretiert. Der Gebrauch von Pferde- und Götterwagen ist typisch für die assyrische Divination, mantische Praktiken in der Sargonidenzeit des 8. und 7. Jhs. v. Chr. In ihr spielte der allwissende Sonnengott Schamasch und auch der Wettergott Adad eine große Rolle (vgl. *H. Spieckermann* 1982, 245–256). Die Pferde, von denen in 2 Kön 23,11 die Rede ist, können als Medien der Divination, der Wahrsagepraxis gedient haben oder auch einfach als Zugpferde für die Prozessions- bzw. Götterwagen. *O. Keel* und *Chr. Uehlinger* (GGG 392–399) wollen allerdings den in Jerusalem und Umgebung gefundenen Pferde-Terrakotten keine divinatorische Funktion zuschreiben. Sie betrachten diese plausibel eher als Schutz- und Segenszeichen in der familiären Frömmigkeit, die sich mit den ›geheiligten Kriegern‹ des Himmelsheeres JHWHs verbinden lassen (vgl. u. a. Jes 13, 3 ff.; 2 Kön 6,17; Sach 1,7–11). »Die Reiterterrakotten in den palästinisch-judäischen Häusern und Gräbern der Eisenzeit IIC scheinen jedenfalls als Schutzmächte und Mittler aus der Sphäre des ›höchsten Gottes‹ im Rahmen der ›persönlichen Frömmigkeit‹ ähnliche Funktionen ausgeübt zu haben wie ihre viel späteren Nachfahren, die persönlichen Schutzengel (vgl. Ps 34,8; 91,11; Ijob 33,23 …)« (ebd. 398).

Die Anapher »und die sich niederwerfen ⟨,die schwören⟩ vor JHWH« im 5 II Rückbezug auf das ›sich niederwerfen vor dem Himmelsheer‹ deutet auf einen Synkretismus. Das Himmelsheer und JHWH erfahren dieselbe Form der Verehrung und Anbetung. Sprachlich noch deutlicher wird der Synkretismus von JHWH-Verehrung und Verehrung eines anderen Königsgottes in der Verszeile 5 IIA/B formuliert: »Und die sich niederwerfen ⟨,die schwören⟩ »Schwören« bei vor JHWH aber zugleich schwören bei ihrem König(sgott).« »Schwöder Gottheit ren« in Parallele zu »sich niederwerfen« deutet auf ähnliche kultische Vorgänge, nicht nur auf »profan geleistete Eide«. Schwören bei anderen Göttern ist Zeichen von Apostasie, von Abfall und Untreue (vgl. Jer 5,7; 12,16; Am 8,14; Hos 4,15 u. a.). Der Terminus »schwören« findet sich auch im Kontext von Verben, die eindeutig Gottesdienst bezeichnen, so in Dtn 6,13 und Jos 23,7 (vgl. Jes 48,1 und 45,23). Vielleicht ist näherhin an Kulteide als Bestandteil von Kultfeiern gedacht (vgl. *Fr. Horst* und *J. Pedersen* bei *H. Irsigler* 1977, 25 Anm. 83). Die Wendung »bei JHWH schwören« ist im deuteronomistischen Geschichtswerk Ausdruck der Treue zu JHWH (vgl. Jos 2,12; Ri 21,7; 1 Sam 24,22; 28,10; 2 Sam 19,8; 1 Kön 1,17; 2,8.23).

JHWH und der Zef 1,5 II formuliert offen. Wer mit »ihrem Melek« (Königsgott) bezeichKönigsgott net und gemeint ist, wird nicht gesagt. Sicher ist nur, dass in diesem kultischen Zusammenhang nicht von einem irdischen König die Rede ist, sondern ein göttlicher König referiert wird. Es ist nicht ausgeschlossen, dass in der Vorstellung der Verehrer der Königsgott praktisch identisch ist mit

JHWH, dass also die angesprochenen Adressaten die Verschiedenheit oder gar Gegensätzlichkeit von JHWH und »ihrem Königsgott« nicht empfinden. Für sie gehören die beiden wohl wie zwei Seiten einer Medaille zusammen. Der Prophet aber, der in Zef 1,4–5 spricht, sieht dies anders. Er unterstreicht den Unterschied und hebt ihn durch Verwendung des enklitischen Personalpronomens hervor: »*ihr* Königsgott« als der jeweils von den Verehrern persönlich erwählte und sie bindende Gott steht JHWH schroff gegenüber. Wir treffen auf dieselbe Form synkretistischer Verehrung in 2 Kön 17, 31 und 32 (ein Text, der trotz seines deuteronomistischen Kontextes schwerlich spätere Erfindung oder Übermalung sein kann). Die Verse stehen im Zusammenhang einer Beschreibung der neuen Religionsformen, die jene von den Assyrern nach dem Untergang des Nordstaates Israel im Raum Samarias angesiedelten Bevölkerungselemente pflegten. Von den Leuten aus dem syrischen Sefarwaijm wird gesagt, dass sie Kinder zu Ehren von Königsgottheiten »verbrannten« und zugleich doch JHWH »fürchteten« (d.h. verehrten, vgl. auch V 33). Die in 2 Kön 17, 31 genannten Königsgottheiten lassen sich nicht eindeutig verifizieren.[8] Für Zef 1, 5 bedeutsam ist jedenfalls, dass es sich in 2 Kön 17, 31 und 32 um einen Synkretismus von *Königsgottheiten* mit JHWH handelt, und dass der beschriebene Kultritus, der hier als »verbrennen« bezeichnet wird, sachlich unbestreitbare Verbindungen zum judäischen Molek-Kult als einem Feuerritus hat.

Zef 1, 5 erhält seine anklagende Schärfe gerade dadurch, dass JHWH selber als der König, der allein diesen Titel verdient, vorausgesetzt wird. Israel hat JHWH als König im göttlich-himmlischen Bereich, als König der Welt und wohl auch schon früh als König Israels selber angerufen und verehrt (vgl. Jes 6, 5; Ps 24, 7–10; Ps 93 u. a.). Aber der Titel ›König‹ kommt in der religiösen Welt und Umwelt Israels in sehr breiter Verwendung auch anderen Gottheiten zu. Gewiss wird auch der Baal, der in Zef 1, 4 genannt wird, als König angesprochen. Das Schwören »bei ihrem Königsgott« von Zef 1, 5 gehört zu dem Baalsdienst, von dem in 1, 4b die Rede ist. Dennoch stellt sich die Frage: Warum wird JHWH gerade einem Königsgott gegenüber gestellt. Verbirgt sich dahinter nicht doch eine konkretere Gottesvorstellung, ein besonders gut bekannter Königsgott in der zeitgenössischen religiösen Welt und im Symbolsystem, das Zef 1,4–5 voraussetzt? Hinter dem »König« von Zef 1, 5 könnte jedenfalls *im offiziellen Kult* Judas der »mit Abstand politisch und militärisch erfolgreichste Gott« im Vorderen Orient des 1. Jahrtau-

---

[8] »Adrammelech« ist wahrscheinlich doch ursprünglich als »Adadmelech« (»Adad ist König«) zu verstehen. Der Name Adrammelech des MT bedeutet »mächtig ist der König / MLK« oder »der Mächtige ist König« entsprechend dem phönizisch-punischen Gottesnamen B'l-'dr »Baal ist mächtig« (*J. Ebach / U. Rüterswörden* 1979, 225). Annammelech wird als »Anat des MLK, d.h. des »Adad« oder weniger wahrscheinlich als »Anu« [der altmesopotanische Himmelsgott] ist König« gedeutet. Vgl. zu diesen Gottesnamen z.B. *M. Cogan / H. Tadmor*, 2Kings: AncB 11 (1988), 212; anders u.a. *A. R. Millard*, DDD ²1999, 10–11 und 34–35.

sends v. Chr., der assyrische Staatsgott Assur stehen, der seit alters auch Schwurgott war, auch im Zusammenhang der von Vasallen geforderten Eide bzw. der Loyalitätseide (W. Mayer 1995, 66.63–66; M. Cogan 1993, 408 f.; E. Otto, Das Deuteronomium: BZAW 284 [1999], 15–90, bes 70–73). Die sprachliche und sachliche Entsprechung von Zef 1,5 II und 2 Kön 17,31 und 32 hinsichtlich des dort ausgedrückten synkretistischen Verhaltens legt die Auffassung nahe, dass wir es in Zef 1,5 zumindest auch mit einem spezifischen bekannten Königsgott zu tun haben. Dann wird es sich *im familiären Kult* von Jerusalemern und Judäern (Lev 18,21; 20,2–5; auch von der Königsfamilie nach 2 Kön 16,3; 21,6) eher um den masoretisch sog. Molek (»Moloch«) des nach ihm benannten Feuerritus handeln (vgl. bes. 2 Kön 23,10!). Freilich muss dabei bedacht sein, dass die Formulierung in Zef 1,5 in ihrer Offenheit nur den je persönlichen Bezug der Verehrer zu ihrem Königsgott unterstreicht, ohne sich auf eine eindeutige Identifizierung festzulegen (vgl. H. Irsigler 1977, 24–35). In jedem Fall geht es um den Anspruch JHWHs, eigentlicher und allein wahrer König zu sein gegenüber den eigenmächtig von Judäern erwählten Königsgottheiten.

Exkurs: Der »König« (MLK) in Zef 1,5 – ein Hinweis auf »Moloch«-Kult?

In dem für Juda im 7. und 6. Jh. v. Chr. bezeugten Molek-Ritus im »Tofet« (Feuerstätte) im Tal Ben Hinnom südlich von Jerusalem bezeichnet hebräisch *l-mlk* (Lev 18,21; 20,2–5; 2 Kön 23,10; Jer 32,35) entsprechend den verwendeten Verbalfügungen kaum eine Opferart (entsprechend dem punischen Terminus »molk«, wohl aus **mawlik* »Darbringung«), sondern den Königstitel einer Gottheit als Adressaten des rituellen Aktes (vgl. u. a. R. Albertz 1992, 297–301 und K. Grünwaldt 1999, 188 f., mit einer Darstellung der wichtigsten Forschungspositionen zur Molekfrage; anders z. B. K. Koch 1990, 29–50; schon griechisch μολοχ setzt am wahrscheinlichsten eine verächtliche Aussprache von המלך »der König« nach בֹּשֶׁת als »der Schandkönig« voraus). Auch auf den punischen Molk-Stelen gibt die Präpositionalverbindung *l-* stets den göttlichen Opferempfänger Baal Ḥammon (und Tanit / Tinnit) an, vgl. M. G. Amadasi Guzzo 1992, 375–382. M. Weinfelds (1972, 133–154) These von einer Herkunft dieses Ritus aus dem assyrisch-aramäischen Raum erscheint plausibel (zum metaphorischen Sinn der Rede vom »Verbrennen« von Kindern in Strafklauseln vgl. auch W. Röllig 1980, 600–603). Sie kann am besten das Auftreten dieses Ritus gerade in der spätvorexilischen Königszeit bis hinein in das 6. Jh. erklären. *Weinfeld* macht verständlich, wie der Kult des Gottes MLK, d. h. des assyrisch-aramäischen »Königs Adad / Hadad« (mit Baal als kanaanäischem Äquivalent) mit der in der späten Königszeit ebenso vor allem assyrisch-aramäisch bedingten Verehrung des Himmelsheeres und näherhin der Himmelskönigin von Jer 7,16–20; 44,15–19.25 (die mesopotamische Ischtar, vermischt mit Elementen der Tradition kanaanäischer Göttinnen) zusammenhängt. Der Molek-Kult zielt demnach in Juda entsprechend den neuassyrischen Strafklauseln wesentlich auf die Dedikation, die Weihe von Kindern an die Gottheit. Auffällig ist allerdings für Juda die mehrfach belegte Verbindung mit Praktiken der Wahrsagekunst und auch der Nekromantik (vgl. Lev

20,6; Dtn 18,10f.; 2 Kön 17,17; 21,6 // 2 Chr 33,6). Die den Molek-Kult bezeichnenden verbalen Redewendungen (»durch das Feuer gehen lassen« Dtn 18,10; 2 Kön 16,3 u.a.; »von seinem Samen dem Molek geben« Lev 18,21; 20,2–4, vgl. V 5!) deuten nicht *notwendig* auf ein von vornherein angestrebtes Töten als Verbrennen von Kindern hin. Allerdings dürfte die These *Weinfelds* nicht den gesamten Befund erklären können. Die Frage ist, ob man die Molek-Texte aus dem deuteronomistischen Jeremiabuch (vgl. bes. Jer 7,29–34; 19,1–13; 32,35) und die Hinweise aus Ezechiel (vgl. Ez 16,20f.; 20,26.31; 23,37.39) nur als prophetische Übertreibungen, die vom Kinderopfer reden, verstehen darf. Außerdem ist zu bedenken, dass auch eine rituelle Verbrennung von verstorbenen (nicht getöteten!) Kindern für JHWH-treue Kreise als schwerer Frevel gelten musste (vgl. *J. A. Dearman* 1996, 65 f.). In der Notzeit Judas und Jerusalems, zumal in der babylonischen Epoche und der exilischen Zeit scheint es allerdings doch zu eigentlichen Kinderopfern gekommen zu sein, vermutlich auch angeregt durch ältere kanaanäische Praxis. Sie verstehen sich als eine äußerste, magisch unterstrichene Bitte an die Gottheit um Schutz und Hilfe. Was ursprünglich möglicherweise auch in Juda ein (auch divinatorisches) Feuerritual der Weihe an eine Königsgottheit war, aus assyrisch-aramäischem Raum stammend, scheint sich im Jerusalem des 7. und 6. Jhs., als das Hinnomtal Nekropole mit einem Tofet war (vgl. Jer 7,29–8,3), mit Vorstellungen einer Unterweltsgottheit, die ebenfalls »der König« genannt wurde und vorderorientalisch jedoch sonst nicht mit Kinderopfern verknüpft erscheint, vermischt zu haben. Für die frühe nachexilische Zeit jedenfalls bezeugt Jes 57,9 in Verbindung mit V 5 wahrscheinlich eine Tötung von Kindern für eine chthonische »Königs«-Gottheit, im Kontext von Nekromantie und Fruchtbarkeitsritualen (vgl. bes. Jes 57,5!).

Die religiöse und politische Situation, die Zef 1,4–5 im primären Text voraussetzt, wird besonders durch den sog. Reformbericht von 2 Kön 23 beleuchtet (s.o. in der Analyse!). Die klare Unterscheidung von masoretisch Molek in 2 Kön 23,10 und dem ammonitischen Gott Milkom in 23,13 belegt, dass man in Juda sehr wohl um den Unterschied zwischen den beiden Gottheiten wusste. Allerdings könnte die so nur in 2 Kön 23,10 belegte Verbindung der Formel »durch das Feuer gehen lassen« mit der Adressatenangabe »für den Molek« *(l-mlk)* auf einer literarischen Harmonisierung beruhen (vgl. *P. Tagliacarne*, »Keiner war wie er«: ATS 31, St. Ottilien 1989, 218, Anm. 481; auch *W. B. Barrick* 2002, 102). Es ist nicht eindeutig auszumachen, welche rituelle Aktivität im Tofet durch Joschija abgeschafft wurde. Mit dem bekenntnishaften »Schwören bei ihrem König(sgott)« dürfte in Zef 1,5 II kaum unmittelbar an eigentliche Kinderopfer gedacht sein. Dem Text kommt es auf das Neben- und Ineinander von JHWH-Dienst und Verehrung eines anderen »Königsgottes« an, nicht auf die Abwehr eines verwerflichen »Verbrennungs«-Ritus, der die Tötung von Kindern einschließt. Wenn sich allerdings hinter dem biblischen Molek wahrscheinlich ein in Juda adaptierter Königsgott verbirgt, so liegt es nahe, ihn in Zef 1,5 referiert zu sehen, entsprechend dem in 2 Kön 17,31–32 benannten Synkretismus. Der ammonitische Milkom wird jedenfalls in Juda niemals den Grad an Verehrung erreicht haben, wie er im Falle des Molek bzw. des charakteristischen Königsgottes des Feuerrituals anzunehmen ist. Es muss auffallen, dass im Alten Testament in allen literarischen Werken, die wie Zef 1,5 den Kult des Himmelsheeres als illegitim nennen, auch der Molek-Kult bzw. das ihm verbundene Feuerritual und »Kinderopfer« angeprangert wird, meist eng verknüpft innerhalb derselben literarischen Einheit, vgl. 2 Kön 17,16 / 17; 2 Kön 21,3 / 6, entsprechend 2 Chr 33,3 / 6, 2 Kön 23,4.5 / 10, dazu Dtn 17,3 und auch 4,19 im Vergleich mit 18,10, vgl. 12,31; und

Teil I: Zefanja 1,2–18

bes. Jer 19,13 (vgl. 8,2), wo die Häuser von Juda und Jerusalem, auf deren Dächern man dem Himmelsheer räucherte, direkt dem Tofet an Unreinheit gleichgestellt werden. Diese Beobachtung spricht noch einmal dafür, in Zef 1,5 nicht Milkom zu lesen, sondern eine frei erwählte Königsgottheit und damit zumindest auch den Melek als »ihren König« referiert zu sehen, für den der Feuerritus charakteristisch ist (so nachdrücklich schon F. Schwally 1890, 214; auch z. B. J. Day 1989, 69; A. Berlin 77).

Der literarische Nachtrag Zef 1,6 erweitert den Horizont der religionskritischen Gerichtsprophetie von Zef 1,4–5, zugleich wird diese modernisiert und für neue Situationen des JHWH-Glaubens geöffnet. Nunmehr geht es nicht in erster Linie um Fremdkulte und eine baalisierte JHWH-Religion, nicht primär um Synkretisten, sondern ganz generell um Menschen, die der Tradition ihres JHWH-Glaubens fremd geworden sind, die nicht mehr nach der Weisung JHWHs leben und damit JHWH den Rücken kehren. Es geht um einen sehr grundsätzlichen Abfall von JHWH. Die Sprache von Zef 1,6 ist spätprophetisch und deuteronomistisch geprägt (vgl. Dtn 7,4; Jos 22,16.18 u. a. und ganz besonders Jes 59,13; ferner Ps 80,19; 105,4 = 1 Chr 16,11; und Ps 24,6). Die Formulierung von Zef 1,6 scheint von Zef 2,3a her angeregt. Das Suchen nach JHWH kennzeichnet in Zef 1,6 dementsprechend einen Lebensstil, die wesentliche religiöse Treue zu JHWH insgesamt, nicht einen bestimmten kultisch-gottesdienstlichen Vorgang. Zef 1,6 hat nicht mehr bestimmte Fremdkulte oder Synkretismen vor Augen. Die Abkehr von JHWH zeigt sich in neuen »moderneren« Formen. Die Situation, die Zef 1,6 voraussetzt, dürfte in etwa einem Text wie Jes 59 entsprechen. Die prophetische Stimme, die hier in V 12–13 im Wir-Stil spricht, macht die Schuld bewusst: »Wir kennen unsere Schuld: Untreue und Verleugnung JHWHs, Abkehr von unserem Gott«. Zef 1,6 ist jedenfalls am wahrscheinlichsten ein nachexilischer Text, wohl aus der frühen Perserzeit.

V 6

Situation und Sinn

Religionspolitische Situation

Die religionspolitischen Zustände der Zeit des Königs Manasse von Juda (699–643 v. Chr.) und noch der beginnenden Joschijazeit vor 622 v. Chr. spiegeln sich vor allem im sog. Reformbericht von 2 Kön 23 wider. Sie sind vorab durch die dominierende Kultur des assyrischen Oberherrn und damit verbunden durch die Einflüsse aus dem aramäischen Raum gekennzeichnet (vgl. zur Kontroverse über Art und Grad der religionspolitischen Maßnahmen der Assyrer gegenüber den Vasallenstaaten oben die Einleitung zum Kommentar Nr. 4). Der Kulturdruck und die Attraktivität der Großmacht verschaffen sich eine neue Einflusssphäre im abhängigen Staat Juda. Nach der Zerstörung des Nordreiches 722 v. Chr. und noch im 7. Jh., zumal nach der höchsten Bedrohung Jerusalems unter Sanherib im Jahre 701 v. Chr., kamen Flüchtlinge aus dem ehemaligen Nordreich in den Staat Juda und besonders nach Jerusalem. Auch sie brachten ihre Kultbräuche und ihre Religionsformen mit, darunter all das, was im Sinne Hoseas als Baalsdienst zu bezeichnen ist. Es lässt sich nicht übersehen, dass breitere Bevölkerungsschichten, besonders die Familien der Jerusalemer Oberschicht bis hinauf zum Königshof den fremden Einflüssen anscheinend mit erstaunlicher Offenheit und Begeisterung begegneten, keineswegs nur gezwungen und halbherzig.

Auf diesem Hintergrund verstehen wir die Intention der prophetischen Botschaft von Zef 1,4–5. Der Prophet setzt dem religiösen Synkretismus und der in seinem Sinne baalisierten JHWH-Religion, wie er sie beschreibt, seine radikale Botschaft entgegen. Mit der alten Bannformel bedroht er alle Anhänger der Modekulte und alle Synkretisten mit der Ausmerzung. Es geht um das wahre Profil JHWHs. Das Gottesverständnis des Propheten deckt sich nicht mit jenem der vorausgesetzten Adressaten. Die Benennung der Anhänger JHWH-fremder Kulte bringt diese Fremdheit erst ans Licht, macht sie bewusst. Gerichtsankündigung macht den wahren Zustand, der das Gericht verdient, erst recht verschärft deutlich. Wir müssen damit rechnen, dass den mit Vernichtung bedrohten Gruppen die JHWH-Fremdheit ihrer religiösen Praxis kaum oder nur vage bewusst ist. Zefanja erscheint nach 1,4–5 als ein konsequenter, radikaler Vertreter einer entschiedenen JHWH-Monolatrie, einer »JHWH-allein-Bewegung«, die auch in Juda vom Nordreichpropheten Hosea her Fuß gefasst hatte. Es gibt für Zefanja nur ein Entweder-Oder, jedes vertuschende ›sowohl als auch‹ ist für ihn ausgeschlossen. Zef 1,4–5 im primären Text und darüber hinaus auch die weiteren Jerusalem betreffenden Worte Zefanjas in Zef 1(1, 7.8–13) erlauben es, Zefanja faktisch als einen Vorbereiter der Reform Joschijas zu verstehen, ohne dass diese Reform und ihre Programmatik für Zefanja im Blickpunkt seiner Worte und seiner Botschaft stand. Es geht in der Verkündigung Zefanjas gewiss um Kultreinheit und zutiefst um das Profil des Gottesverständnisses. Ein Hinweis auf ein Interesse an der Kultzentralisation, wie wir es in Dtn 12 finden, lässt sich aus der Zefanjaprophetie nicht entnehmen (wohl aber aus der Glosse »von diesem Ort« in 1, 4b). Zefanja steht somit am Anfang einer Reformbewegung in Juda nach den Zeiten der synkretistischen Anreicherung und Verfremdung der JHWH-Religion (aus der Sicht des Propheten) unter Manasse und Amon. Sie erhält auch vom jüngeren Jeremia (Jer 2,4–4,2) Unterstützung. Sie führt letzten Endes zur Komposition und Ausarbeitung des Deuteronomiums in mehreren Schüben, getragen von reformwilligen Kreisen Judas, hohen Beamten des Königshofes und Priestern, die prophetische Verkündigung aufnehmen (vgl. 2 Kön 22).

Die Wirkung und der Erfolg der Zefanjaprophetie von 1,4–5 lässt sich am möglichen Erfolg der Joschijanischen Kultreform, insofern sie die Austil-

Intention

Wirkung

gung fremder Kulte und die Kultreinheit der JHWH-Religion betrifft, ablesen. Man kann verstehen, dass in der politisch desolaten Lage Jerusalems und Judas in den Jahren vor der Zerstörung Jerusalems besonders unter König Jojakim (609–598 v. Chr.) auch wieder nichtjahwistische Kulte und Gottheiten in Jerusalem Fuß fassen konnten, ein Ausdruck der religiösen Enttäuschung, Verwirrung und Abwendung von JHWH. Ein Beispiel dafür ist Ez 8, die Vision des Ezechiel von der Entweihung des Jerusalemer Tempels. Der Prophet erschaut allerlei »abscheuliche« Götzenbilder im Tempel, dazu Frauen, die den Tammus beweinen, und Älteste, die der resignierten Stimmungslage gedanklich Ausdruck geben mit den Worten: »JHWH sieht uns nicht, JHWH hat das Land verlassen« (Vers 12). Dennoch, völlig im Sand verlaufen ist die Reform Joschijas nicht. Nachweislich wirksam war die Reform und damit letzten Endes auch das Zefanjawort zumindest in dreifacher Hinsicht (vgl. dazu *Chr. Uehlinger* 1995, 87–89): Die Pferde und Wagen des Sonnengottes von 2 Kön 23, 11 wurden ein für allemal beseitigt. Von den »Fremdpriestern« (hebr. כמרים) von 2 Kön 23, 5 und Zef 1, 4 erfahren wir in exilischen und nachexilischen Texten nichts mehr, sie tauchen auch in keinem Kultgesetz auf. Weder Jeremia noch Ezechiel setzt sich mit ihnen auseinander. Die Abschaffung ihrer Institution als Fremdpriester, die im MT Zef 1, 4 sogar mit der Ausrottung der abgefallenen und treulosen (JHWH-)»Priester« einhergeht, war demnach durchaus erfolgreich. Auch die Maßnahme Joschijas gegen die Dachaltäre in Jerusalem nach 2 Kön 23, 12 hatte allem Anschein nach Erfolg. Auch wenn von kultischer Verehrung auf Dächern neben Zef 1, 5 noch in den deuteronomistischen Jeremiatexten 19, 13 und 32, 29 die Rede ist, so spielt sie doch im Ezechielbuch und in der priesterlichen Kultgesetzgebung der exilischen und frühnachexilischen Zeit keine Rolle mehr.[9]

Die von Zefanja propagierte »Ausrottung« von Kulten und Kultanhängern zielt letzten Endes auf Reinigung und Profilierung des Gottesbildes. Dieser Gott, den Zefanja erfährt, verträgt keine Allerweltstoleranz. Er ist keine Modegottheit. Er fordert ganz. In seinem Licht erweisen sich synkretistische und baalisierte Formen der JHWH-Religion bis hin zu modernen Erscheinungen der Esoterik und Synkretismenfreudigkeit als haltlose, trügerische und abwegige Formen des Glaubens. Die Ergänzung in Zef 1, 6 kennt nur die klare Alternative: ›suchen nach JHWH‹ oder ›ihm den Rücken

---

[9] Wie es scheint, deutet sich auch in der Ikonographie des 7. und 6. Jhs. in Juda an, dass der Joschijanischen Reform und der deuteronomischen Programmatik und damit letzten Endes auch der Prophetie Zefanjas ein gewisser Erfolg beschieden war. *O. Keel* und *Chr. Uehlinger* (GGG 410) haben gezeigt, dass auf keiner der weit über 300 judäischen Bullen bzw. Siegelabdrucken des 7. und 6. Jhs. eine klar anthropomorphe Darstellung einer Gottheit aufgetaucht ist (die Mondgottembleme von Jerusalem dürften sich einer Wiederverwendung durch Judäer verdanken). Im Gegensatz dazu sind lunare und solare Embleme auf ammonitischen und moabitischen Siegeln des 7. und 6. Jhs. gut vertreten (ebd. 414).

kehren‹. Ein Lavieren zwischen diesen beiden Polen ist dann schon Abfall von JHWH und Selbstbetrug.

I.B.
Zef 1,7–13: Ankündigung des Gerichts über Jerusalem am nahen Tag JHWHs

S. D. Snyman 2000, 111–121(In Search of Tradition Material).   Literatur

Nach den gerichtsankündigenden Verbalsätzen in der 1. Person der Gottesrede in 1,2–5.6 setzt Abschnitt B Zef 1,7–13 des ersten Hauptteils 1,2–18 des Zefanjabuches mit einem Aufruf zur Stille und der nominalen Proklamation des nahen JHWH-Tags neu ein. Dieser »Tag« von 1,7, expliziert im Bild vom Schlachtopferfest JHWHs, ist kompositorisches Motto in Prophetenrede für die Ankündigungen des Einschreitens JHWHs in den Versen 1,8–13, die jetzt insgesamt als Gottesrede ausgewiesen sind. Sie konkretisieren Zug um Zug den Unheilssinn des Schlachtopferbildes von 1,7. Die Verknüpfungsformel 1,8a bindet die Ankündigung gegen die höfische Gesellschaft in 1,8–9 mit 1,7 zu einer Kleinkomposition 1,7–9 zusammen. Die vergegenwärtigende Schilderung eines Feindeinfalls gegen das Krämervolk von Jerusalems Neustadt in 1,10–11 (sie ist durch 10a–b nachträglich als JHWH-Rede deklariert) bildet jetzt das Kernstück der Worte in 1,8–13, die erläuternd zu 1,7 hinzutreten. Die Einheit 1,10–11 wird von den ankündigenden Verbalsätzen in der 1. Person der Gottesrede in 1,8–9 und 1,12–13 gerahmt. Aus 1,10–11 kann der Rezipient erschließen, wie dieses göttliche Eingreifen vor sich geht: durch einen Feindeinfall, dessen Wirkungen der Text aktualisierend zu Gehör bringt. »Plünderung« und »Verwüstung« in 1,13a–b markieren das kriegerische Ziel des Redeprozesses in der Teilkomposition 1,7–13. Zef 1,14 führt mit erneuter Proklamation der Nähe von JHWHs »großem Tag« den letzten Abschnitt von Zef 1 ein.   Kontext und Komposition

I.B.1.
Zef 1,7: Das Motto: der nahe Tag JHWHs, ausgerufen als Schlachtopferfest, von JHWH bereitet.

J. Bergman / B. Lang, Art. זָבַח זֶבַח: ThWAT I (1977) 509–531. – J. Braslavi, »מלחמה קדש« BethM 10 (1965) 43–47. – F. Grill, Der Schlachttag Jahwes: BZ NF 2 (1958) 278–283. – B. P. Irwin, Molek Imagery and the Slaughter of Gog in Ezechiel 38 and 39: JSOT 65 (1995) 93–112. – H.-J. Kraus, Gottesdienst in Israel. Grundriß einer Geschichte des alttestamentlichen Gottesdienstes, 2. völlig neubearb. Aufl., Mün-   Literatur chen 1962 (bes. 141–144). – *R. Rendtorff,* Studien zur Geschichte des Opfers im Alten Israel: WMANT 24, Neukirchen-Vluyn 1967 (bes. 144–148). – *N. H. Snaith,* The Verbs zābaḥ and šāḥat: VT 25 (1975) 242–246.

Literatur zu Thema und Tradition vom Tag JHWHs (vgl. dazu unten den Exkurs!):
H. M. Barstad, The Religious Polemics of Amos: VT.S 34, Leiden 1984, 89–110. – *S. Bergler,* Joel als Schriftinterpret: BEATAJ 16, Frankfurt a. M. u. a. 1988, bes. 131 ff. – *T. Bergman / W. von Soden / M. Saebø,* Art. יוֹם yôm: ThWAT III (1982) 559–586, bes. 582–586. – *C. Carniti,* L'espressione »il giorno di JHWH«. Origine ed evoluzione semantica: BiOr 12 (1970) 11–25. – *L. Černý,* The Day of Yahweh and Some Relevant Problems, Prag 1948. – *R. Edler* 1984, 168–183. – *G. Eggebrecht,* Die früheste Bedeutung und der Ursprung der Konzeption vom »Tage Jahwes«, (Diss.) Halle 1966. – *A. J. Everson,* The Days of Yahweh: JBL 93 (1974) 329–337. – *F. C. Fensham,* A Possible Origin of the Concept of the Day of the Lord: OTWSA 10 (1967) 90–97. – *G. Fohrer,* Der Tag JHWHs: ErIs 16 (1982) 43–50 (Nachdruck in: ders., Studien zum Alten Testament [1966–1988]: BZAW 196, Berlin / New York 1991, 32–44). – *J. Gray,* The Day of Yahweh in Cultic Experience and Eschatological Prospect: SEÅ 39 (1974) 5–37. – *H. Greßmann,* Der Ursprung der israelitisch-jüdischen Eschatologie: FRLANT 6, Göttingen 1905. – *E. Haag,* Der Tag Jahwes im Alten Testament: BiLe 13 (1972) 238–248 – *J.-G. Heintz,* Aux origines d'une expression biblique: ūmūšu qerbū, in A.R.M., X/6, 8'?: VT 21 (1971) 528–540. – *J. Héléwa,* L'origine du concept prophétique du »Jour de Yahvé«: ECarm 15 (1964) 3–36. – *Y. Hoffmann,* The Day of the Lord as a Concept and a Term in the Prophetic Literature: ZAW 93 (1981) 37–50. – *H. Irsigler* 1977, 319–390. – *E. Jenni,* Art. יוֹם yôm Tag: THAT I (1971) 707–726 bes. 723–726. – *K. Jeppesen,* The Day of Yahweh in Mowinckel's Conception Reviewed: SJOT 2 (1988) 42–55. – *G. A. King* 1995, 16–32. – *R. Largement / H. Lemaître,* Le jour de Yahweh dans le context oriental: BEThL 12 (1959) 259–266. – *M. S. Moore,* Yahweh's Day: RestQ 29 (1987) 193–208. – *S. Mowinckel,* »Jahves dag«: NThT 59 (1958) 1–56.209–229. – *H.-P. Müller,* Ursprünge und Strukturen alttestamentlicher Eschatologie: BZAW 109, Berlin 1969, bes. 72–85. – *H.-P. Müller,* Art. Jahwetag: NBL II, Lfg. 7 (1992), 266–268. – *J. D. Nogalski,* The day(s) of YHWH in the Book of the Twelve: SBL Seminar Papers Series 38, Part II, Atlanta, Georgia 1999, 617–642. – *G. von Rad,* The Origin of the Concept »Day of Jahweh«: JSS 4 (1959) 97–108. – *R. Rendtorff,* Alas for the Day! The »Day of the Lord« in the Book of the Twelve, in: *T. Linafelt / T. K. Beal* (Hrsg.), God in the Fray. FS *W. Brueggemann,* Minneapolis 1998, 186–197. – *K.-D. Schunck,* Strukturlinien in der Entwicklung der Vorstellung vom »Tag Jahwes«: VT 14 (1964) 319–330. – *K.-D. Schunck,* Der »Tag Jahwes« in der Verkündigung der Propheten: Kairos NF 11 (1969) 14–21. – *H. Spieckermann* 1989, 194–208. – *M. Weiss,* The Origin of the »Day of the Lord« – Reconsidered: HUCA 37 (1966) 29–71. – *H. W. Wolff,* Exkurs: יוֹם יהוה, in: Dodekapropheton 2: Joel und Amos: BK XIV/2, Neukirchen-Vluyn ³1985, 38 f. – *B. M. Zapff,* Schriftgelehrte Prophetie – Jes 13 und die Komposition des Jesajabuches. Ein Beitrag zur Erforschung der Redaktionsgeschichte des Jesajabuches: FzB 74, Würzburg 1995, bes. 66–112.

Zef 1,7–13: Ankündigung des Gerichts über Jerusalem

Text

7 a	IA	*Still vor der Gegenwart des Herrn JHWH!*	Übersetzung
b	IB	*Denn nahe ist der Tag JHWHs.*	
c	IIA	*Ja, bereitet hat JHWH ein Schlachtopfermahl,*	
d	IIB	*geweiht hat er (schon) seine Geladenen.*	

Der Text ist einwandfrei überliefert. LXX setzt ein Possessivpronomen bereits in 7c und verwendet den allgemeinen Opferterminus ϑυσία: »*sein* Opfer«, parallel zu »seine Geladenen« 7d. Viel weiter geht die Erläuterung und Konkretisierung im Tg: »Alle Frevler sind vernichtet, fort von (der Gegenwart) JHWH-Gottes. Denn nahe ist der Tag, der kommen soll von JHWH. Denn JHWH hat ein Töten bereitet, versammelt seine Gäste«. Danach geht der Untergang der Frevler dem Kommen des »Tages« voraus!

Zu Text und Übersetzung

Analyse

M. Striek (1999, 48–52) bezeichnet 1,7 als ein »Fragment«, das von einer Buchredaktion stamme. Die Formel der Ankündigung des JHWH-Tags in 7b sei jedoch noch später eingetragen. Letzteres vertreten auch *K. Seybold* (95) und *K.-D. Schunck* (OLZ 77 [1982] 160 f. [159–161]). Der Text ist syntaktisch und semantisch schlüssig aufgebaut. Die Wiederholung der Konjunktion bzw. des Modalworts כִּי »denn / ja!« (7b.c) weist auf fortschreitende Explikation und ist dann kein literarkritisches Kriterium (vgl. nur Jes 6,5). Die Tag-JHWHs-Ankündigungsformel (TJAF) ist gezielt in einen sakral konnotierten Kontext 7a + 7c–d eingeführt. Ihre traditionsgeschichtliche Sonderstellung ist methodisch keinesfalls ein Kriterium, um sie literarkritisch als sekundär zu bestimmen. Auch kolometrisch ist der Spruch 1,7 kompakt und zielgerichtet geformt (4+3; 3+2 Akzente). Die literarische Eigenständigkeit von 1,7 zeigt sich auch an der sekundären Überleitung 1,8a, die 1,7 mit dem folgenden Spruch 1,8–9 verknüpft. Spekulativ ist die Behauptung *M. Strieks* (1999, 52), Zef 1,18b, wo vom »verzehrenden« Eiferfeuer JHWHs die Rede ist, beziehe sich »eindeutig« auf 1,7* zurück, »da das ›Essen‹ des ›Schlachtopfers‹ zu diesem dazugehört …«; wie 1,18 sei dann auch 1,7 einer Buchredaktion zuzuordnen. Jedoch liegen 1,7 und 1,18b-c (mit Rückbezug auf 1,15–18a) sprachlich und konzeptionell auf verschiedenen Ebenen, selbst wenn man die Sätze 1,18b-c auf »das Land« Juda statt (viel wahrscheinlicher) auf »die Erde« deuten wollte.

Die Einheitlichkeit des Textes

Zef 1,7 ist transparent aufgebaut nach dem Schema: Aufruf – Begründung – Explikation der Begründung durch die זֶבַח-Metapher vom Schlachtopfermahl:

Struktur

Teil I: Zefanja 1,2–18

    7 I   **Aufruf zur Stille 7a: Formel des sakralen Schweigegebots:**
         ↓   Gegenwart Adonai JHWHs
         Begründung 7b: כִּי + TJAF (= Thema):
         ↓   Nähe des »Tages JHWHs«
    7 II   **Explikation 7c–d: כִּי + זֶבַח-Metapher (= Ausführung):**
         JHWH selbst hat Mahlopfer und Gäste zugerüstet

Geprägte Sprache

Trotz seiner Kürze versteht es der Spruch zu überraschen und zu schockieren. Das gelingt ihm dadurch, dass er geprägte Redeweisen aufnimmt und auf kultische Situationen anspielt, die zunächst bei den Hörern und Lesern positiv gestimmte Vorstellungen erwecken können. Jedoch verfremdet der Spruch das aufgenommene Traditionsgut im textlichen Sprachgebrauch und in der Art der Zuordnung der geprägten Elemente. Das zeigt sich sogleich im eröffnenden Aufruf. Es handelt sich um ein Exemplar eines geprägten kultischen Aufrufs zum Schweigen, dem klassischen »favete linguis!« nicht unänhlich (vgl. HALAT 242b). Dieser Ruf zur Stille (הַס) vor der Gegenwart der Gottheit ist erwartungsgemäß mit einer Begründung verknüpft, die im kultischen Zusammenhang primär auf die sakrale Nähe, den Aufbruch oder die Gegenwart Gottes hinweist. Diese Grundstruktur der begründeten kultischen Schweigensformel prägt den epigrammartigen Kurztext Zef 1,7 insgesamt. Belege für die Schweigensformel finden sich in Hab 2,20b und Sach 2,17a. In beiden Fällen ist jeweils eindeutig auf den kultischen Kontext der Tempelliturgie angespielt. So heißt es im Habakuktext: »JHWH ist in seinem heiligen Tempel! Still sei vor ihm alle Welt!« Noch deutlicher als Hab 2,20a–b ist Sach 2,17a–b als ein Zusatz erkennbar. Er schließt hier drei heilvolle Zionsprüche ab. Trotz der prophetischen Adaption dieser liturgischen Schweigensformel ist ihr kultischer Rahmen, ihre primäre kultische Verankerung, in beiden Fällen gut erkennbar. Möglicherweise deutet die Verwendung der Formel in Sach 2,17 als eine Art Abschlussformel auf die liturgische Lesung des Prophetenbuches hin. Auch noch in Neh 8,11 ist es die heilvolle kultische Präsenz JHWHs, die den Aufruf der Leviten an das Volk zur Stille auslöst. Drohend aber versteht sich der Aufruf zur Stille in Am 6,10. Wenn nach der hier gegebenen Begründung des Aufrufs der Name JHWH nicht erwähnt werden darf, so offenbar deshalb, um nicht die unheilvolle göttliche Nähe heraufzubeschwören. Welche Verfremdung des alten heilvollen Kultrufs! Die genannten Belege zeigen jedenfalls, dass Zef 1,7a zunächst viel eher in einem positiven Sinn rezipiert werden kann.

Die Tag-JHWHs-Ankündigungsformel (TJAF)

Die liturgische Schweigensformel von Zef 1,7a wird in 7b durch einen Satz begründet, der die assoziierte kultische Situation gezielt verfremdet. Denn 7b proklamiert nicht, wie durchaus zu erwarten, die Nähe JHWHs, sondern genauer – und nur darin liegt die gezielte Verfremdung – die Nähe des »*Tages*« JHWHs. Wieder treffen wir auf eine Redeweise, die als geprägt bezeichnet werden muss: die Tag-JHWHs-Ankündigungsformel (TJAF), typisch als Nominalsatz mit Adjektiv קרוב »nahe« als Prädikat formuliert. Die Frage ist allerdings, ob man schon bei Zefanja von einer vorausgesetzten festen Prägung in 1,7b und ebenso in 1,14a–b sprechen kann oder ob Zefanja gar erst einen späteren formelhaften Gebrauch dieser Ankündigung des Tages JHWHs initiiert hat.[10] Überblickt man die Belege der TJAF, so lässt sich eine literarische Abhängigkeit von Zefanja nur für Joel (näherhin für Joel 2,1–2) als gesichert annehmen. Die Streuung der Belege, sowie vorab ausdrucks- und inhaltsorientierte Konstanten der Verwendungsweisen sprechen für eine Formel, die bereits Zefanja als geprägt vorgegeben aufnimmt, auch wenn sie bei ihm erstmals textlich belegt ist (vgl. *H. Irsigler* 1977, 319–348).

Gegen das JHWH-Volk richtet sich die Ankündigung in Zef 1,7; 1,14; Ez 7,7; Joel 1,15; 2,1. Gegen bestimmte Fremdvölker ist die Formel (primär) gerichtet in Ez 30,3 (Ägypten und Kusch V 4 ff.); Jes 13,6 (Babel 13,1–22); Obd 15 (Edom). Ausgeweitet auf alle Völker ist der Gerichtshorizont jedoch nicht nur in Joel 4,14, sondern auch in Ez 30,3; Obd 15 (und 16) und auf die Sünder und die Erde insgesamt in Jes 13 (vgl. V 9–13). Nie ist nur eine einzelne Gruppe bedroht, vielmehr immer die Gesamtheit eines Volkes. Anders ist dies etwa in der ähnlich gerichteten Ankündigung des ›kommenden Tages‹ in Mal 3,19 (vgl. V 17) gegen die Frevler im JHWH-Volk. Typisch für die Verwendungsweise sind folgende Gesichtspunkte: (1.) Die TJAF gehört in erster Linie eigentlicher Prophetenrede an. (2.) Eine Aufforderung an Vollstrecker und Helfer im vorgestellten Kampf JHWHs geht der Formel voran im (näheren) Kontext von Jes 13 (V 2–5 Aufgebot und Musterung des Heeres JHWHs) und Joel 4,14 (V 9–13 als ›Aufforderung zum Kampf‹ – hier freilich ironisch gemeint, mit Ausruf V 14a). (3.) In den überlieferten Belegen wenden sich die unmittelbar vorausgehenden Aufrufe (bzw. Ausrufe) an die unheilvoll Betroffenen in Jes 13,6; Ez 30,3; Zef 1,7; Joel 1,15 (mit V 13–14) und 2,1; der Ausruf in Joel 4,14a ist allerdings eng an die Aufforderung zum ›Keltern‹ 4,13 geknüpft. (4.) Häufiger wird der Effekt des kommenden Tages auf Menschen, auf Natur und Kosmos beschrieben, vor allem eine Unheilswirkung durch Krieg. In jedem Fall ist der Tag JHWHs in den Belegen der TJAF als ein Ereignis machtvollen Eingreifens JHWHs vorgestellt und mit Zügen der Theophanie ausgestattet.

Die primäre Verankerung dieser Formel der Ankündigung von JHWHs Tag ist am ehesten aus solchen Verwendungsweisen erschließbar, die eine positive Sicht des Ta-

Zur Frage des primären ›Sitzes‹ der TJAF

---

[10] Für *M. Striek* 1999, 50.63f, ist die TJAF in Zef 1,7 und 1,14 Zusatz eines Redaktors, von ihm für den Kontext geschaffen. In späteren Texten sei die TJAF letzten Endes von Zefanja her aufgenommen. Dagegen spricht jedoch die strukturale Einbindung der TJAF in Zef 1,14–16, aber auch in 1,7 und die Tatsache, dass die TJAF in differenzierten und auch in literarisch voneinander unabhängigen Kontexten begegnet.

Teil I: Zefanja 1,2–18

ges JHWHs in Israel voraussetzen. Mit einer solchen rechnet auch der Zefanjatext 1,7. Sie ist schon in Am 5,18–20 eindrucksvoll dokumentiert. Diese gerichtsprophetische Umkehrung heilvoller Erwartung gilt es bei der Frage nach primären Kontexten der Formel zu beachten. Für das JHWH-Volk positiv gerichtet ist aber der Tag JHWHs in Obd 15 im Zusammenhang mit 16–18, in Joel 4,9–14.16–17(18–21), aber auch in Jes 13 (im Endtext: gegen Babel) und Ez 30,1–8.

Vier Aspekte lassen sich für eine als primär noch erschließbare Verwendungsweise der TJAF in Anspruch nehmen: (1.) Primär bedroht sind in der TJAF Feindvölker Israels, bzw. Judas. (2.) Die Formel spricht von JHWH in 3. Person, die Rede ergeht durch eine Mittelsperson. Als Sprecher der Formel lassen sich primär prophetische bzw. seherische Mittelspersonen vermuten nach Analogie etwa der Debora in Ri 5 oder der Propheten, die in Kriegsüberlieferungen der Königszeit auftreten wie etwa in 1 Kön 22; 2 Kön 3 (vgl. H.-P. Müller 1969, 76). Für Israel positiv gerichtete Orakel gegen Feinde, die die TJAF verwenden, lassen auch auf eine Aktivität von Propheten im Rahmen öffentlicher Kultfeiern schließen (vgl. Obd, Joel; dazu H. M. Barstad 1984, 106–108). (3.) Der mit der Formel verknüpfte Aufruf kann sich schon in einer den Schriftpropheten vorgegebenen Verwendung der Formel ironisch an Feinde Israels wenden und ihre Macht unterminieren. Insofern diese Feinde situativ als abwesend vorausgesetzt sind, deutet sich in solcher Verwendung eine magische Verwurzelung der Formel an (vgl. H.-P. Müller 1992, 266; s. auch J.-G. Heintz 1971, 528–540). Nimmt man allerdings die unbestreitbare prophetische Umkehrung eines heilvollen Konzepts vom JHWH-Tag ernst, so dürfte diese auch den Gebrauch des Aufrufs betreffen (der Aufruf Zef 1,7a, der durch die TJAF in 7b begründet wird, ist ohnehin primär positiv zu verstehen!). Dann ergibt sich die *Möglichkeit*, dass die Formel in einem älteren Gebrauch auch unmittelbar oder indirekt einen ermutigenden Aufruf an die ›Helfer im JHWH-Kampf‹ begründet. Die genannten Kontexte von Jes 13,6 und Joel 4,14 (›Aufforderung zum Kampf‹ V 9–14) sprechen ebenfalls dafür. Diese Möglichkeit entspricht dem »von Hause aus ambivalenten Charakter« des Tages JHWHs; »er bringt Unheil für die Feinde Jahwes und Heil für die Seinen« (E. Jenni, THAT I [1971], 726).[11] (4.) Das beherrschende, von JHWH herbeigeführte Geschehen besteht wesentlich in einem Kampf gegen seine Feinde. Verbunden damit sind für die Feinde unheilvolle Begleitwirkungen der Theophanie (vgl. Zef 1,14–16; Joel 4,15–16; Jes 13,9–13 u.a.).

Wir können zusammenfassen: Die Formel scheint in einem älteren Gebrauch in prophetischen Orakeln gegen Feindvölker verankert, möglicherweise auch konkreter in kriegseröffnenden und -begleitenden Orakeln. Sie kündigt jedenfalls ursprünglich das siegreiche Einschreiten JHWHs für Israel an. Die Formel dürfte in Kultfeiern Israels aufgenommen und tradiert worden sein.

---

[11] Die angesprochene Umkehrungstendenz in Zef 1,7 und in diesem Zusammenhang auch die Möglichkeit einer doppelten Begründungsfunktion der TJAF kommt m. E. bei *S. Bergler* 1988, 184 f., zu kurz. Ganz unwahrscheinlich ist mir seine Auffassung (ebd. 182–185), das Konzept vom Tag JHWHs sei primär universal gerichtet und würde konkretisierend auf lokale Kontexte bezogen. Was in synchroner Sicht für Zef 1,2–18 zutrifft, stellt sich entstehungsgeschichtlich genau umgekehrt dar.

Zef 1,7–13: Ankündigung des Gerichts über Jerusalem

Exkurs: Zefanja in der prophetischen Tradition vom Tag JHWHs

Siehe oben die Literatur zu Thema und Tradition vom Tag JHWHs! Forschungsüberblicke zur immer noch umstrittenen Frage nach Herkunft und Verankerung der Rede vom Tag JHWHs (in mythisch-volkstümlicher Erwartung, im Festkult Israels, in JHWH-Kriegs-Tradition und in der Rede von bestimmten geschichtlichen »Tagen« als Ereignissen des Eingreifens JHWHs, in Theophanieschilderungen, im Konzept des JHWH-Bundes, in vor allem mesopotamischen Vorstellungen von spezifischen Schicksalstagen sowie in komplexeren, einzelne Herkunftsaspekte übergreifenden Zusammenhängen) bieten z. B. *H. M. Barstad* 1984, 89–93.93–108; *B. M. Zapff* 1995, 66–83; dazu *E. Jenni*, THAT I (1971) 723–726; *H.-P. Müller*, NBL II, Lfg. 7 (1992), 266–268; *M. Saebø*, ThWAT III (1982) 582–586. Thema und Motivik des Tages JHWHs des Zefanjabuches auf dem Hintergrund der prophetischen Tag-JHWH-Tradition und ihrer Erforschung werden dargestellt bei *H. Irsigler* 1995, 16–32 1977, 319–348.348–390; *R. Edler* 1984, 168–183; *G. A. King* 1995, 16–32; ferner auch *H. Spieckermann* 1989, 194–208 (siehe dazu unten die Auslegung von Zef 1,14–16).

Literatur

Die status constructus-Verbindung יום יהוה »der Tag JHWHs« kommt 16mal im Alten Testament vor, und zwar nur in prophetischen Texten (vgl. auch *M. Saebø* 1982, 583): Jes 13,6.9; Ez 13,5; Joel 1,15; 2,1.11; 3,4; 4,14; Am 5,18 (2mal).20; Obd 15; Zef 1,7.14 (2mal); Mal 3,23. Hinzu kommt der Ausdruck יום ליהוה »ein Tag für / von JHWH« Jes 2,12 und entsprechend Jes 22,5; Ez 30,3; Sach 14,1. Außerdem ist die Rede von »dem Tag« in Ez 7,7.10.12 und von besonderen Qualifizierungen des Tages u. a. als »Zorn-Tag« Zef 1,15–16; 1,18b; 2,2c.3d, vgl. 3,8; als »Tag des Schlachtopferfestes JHWHs« Zef 1,8a, weitere Näherbestimmungen z. B. bei *E. Jenni* 1971, 723 f. Als hauptsächliche Textgruppen, die vom JHWH-Tag handeln, lassen sich folgende anführen: Am 5,18–20; Jes 2,12–17 (6–22); Zef 1,7–2,3 (+ 3,8); Ez 7; Jes 13; das Buch Joel; auch Mal 3 (1–5.13–21.22) und Sach 14 (1–5*.6–11*.13–19*).

Ähnlich wie im Joelbuch prägt die Ankündigung des Tages JHWHs das ganze Buch Zefanja. Es spricht nicht nur in den primären expliziten Tag-JHWH-Einheiten Zef 1,7; 1,14–16 und 2,1–3*, die in innergeschichtlicher Perspektive Land und Volk von Juda und Jerusalem in den Blick nehmen, vom Gottestag. Die Buchredaktion hat vielmehr Rede und Vorstellung vom Tag JHWHs zum großen Thema des Buches ausgebaut und danach das ganze Buch strukturiert in den Hauptteilen 1,2–18; 2,1–15 + 3,1–8 und schließlich 3,9–20 (s. o. die Einleitung zum Kommentar Nr. 2). In Teil I – Zef 1,2–18 – motiviert das Thema der Tag-JHWH-Einheiten den redaktionellen Ausbau zur universalen Unheilsankündigung in 1,2–3 und 1,17–18. In Teil II – Zef 2,1–3,8 – steht als Kopfstück die Spruchéinheit 2,1–3 voran. Diese endet mit einer leisen Hoffnung, vielleicht im Sturm des Tages JHWHs bewahrt zu bleiben, wenn »das Volk, das nichts begehrt«, wie es in 2,1 heißt, doch Gerechtigkeit und Beugung sucht. Genau diese Appelle werden dann in den Fremdvölkerworten 2,4–15, die sicheres Unheil über die Nachbarvölker Judas ankündigen, begründet. Der Teil II schließt mit 3,8, d. h. mit dem Hinweis JHWHs auf »den Tag«, da er als Zeuge bzw. Richter aufstehen wird, nach dem masoretischen Text ein Gerichtstag über (Jerusalem und über) Völker und Reiche, ausgeweitet zum Tag des Weltgerichts am Ende des Verses in 3,8d. Nachinterpretationen dieses Gerichtstages sind die Verheißungen in Zef 3,9–20. Von ihnen her wird deutlich, dass der Gerichtstag von 3,8 einerseits eindeutig Jerusalem betrifft, andererseits aber auch die ganze Völkerwelt. So wandelt sich der große Gerichtstag zum Tag der Läuterung und Rettung der Völ-

Teil I: Zefanja 1,2–18

ker, die einträchtig zu JHWH-Verehrern werden (3,9–10) und andererseits zum Tag der Läuterung für Jerusalem, in dem ein armer und demütiger Rest von JHWH gnädig bewahrt wird (3,11–13 mit Anhang 3,14–20). Das Buch Zefanja ist auf diese Weise ein eminentes Zeugnis der Tag-JHWH-Tradition der Bibel überhaupt. Das Buch veranschaulicht auch die Entfaltung dieser Tradition von einem innergeschichtlichen Tag des Eingreifens JHWHs hin zu einem eschatologischen Tag des universalen Unheils bzw. des Weltgerichts mit apokalyptischen Zügen, aber auch hin zu einem Tag der Rettung und Läuterung der Völker und des JHWH-Volks in Jerusalem.

Der prophetische Tag JHWHs vor Zefanja

Zwei Texte vom Tag JHWHs sind schon den *primären Worten* des Zefanjabuches mit großer Sicherheit vorgegeben. Es handelt sich um Am 5,18–20 und Jes 2,12–17. Der Amostext ist der ältere: »Wehe, die den Tag JHWHs herbeisehnen! Was soll euch denn der Tag JHWHs? Er ist Finsternis und nicht Licht! ...« Amos hat den Terminus und die Vorstellung vom JHWH-Tag nicht geschaffen. Aber er streitet leidenschaftlich mit seinen Hörern um Inhalt und Ziel dieser Konzeption. Für die Zeitgenossen des Amos ist dieser »Tag«, den sie dringlichst herbeisehnen, ein überaus erstrebenswerter Tag zugunsten Israels. JHWH soll Israel endgültig Ruhe gegen alle seine Feinde verschaffen und ihm Leben schenken wie das Licht (vgl. Ps 36,10 u. a.), alle Finsternis tödlicher Bedrohung vertreiben (vgl. Jes 9,1 u. a.). Dunkel und Licht mögen an Schöpfungstraditionen erinnern (vgl. Gen 1). Aber das Substantiv נֹגַהּ »Glanz / helles Leuchten« in Am 5,20 spielt sicher auf Epiphanietraditionen an (Jes 9,1; 13,10; Ps 18,13.29; Hab 3,4.11).

Stellt Amos seinen Hörern gegenüber die Finsternis des JHWH-Tags vor Augen (vgl. Zef 1,15!), so unterstreicht Jesaja die Erhabenheit JHWHs über allen Hochmut: »Ja, ein Tag (kommt) für JHWH Zebaot über alles Stolze und Ragende ... So muss sich ducken der Hochmut der Menschen und erniedrigt wird der Stolz der Männer. Und erhaben wird JHWH allein sein an jenem Tag« (Jes 2,12.17). Das machtvolle Einschreiten JHWHs gegen Widerständiges und Aufragendes erscheint als ein gewaltiger Gerichtssturm, der durch Palästina von Norden nach Süden dahinfährt (Jes 2,13–16). Die Ankündigung eines Tages von / für JHWH lässt darauf schließen, dass man wiederholt von einem Tag JHWHs bzw. von verschiedenen Tagen JHWHs in Juda zur Zeit Jesajas reden konnte. Im Jesajatext verknüpft sich mit Theophanievorstellungen (vgl. Ps 29) der Gedanke an ein kriegerisches Vorgehen dieses »Tages« gegen militärische Befestigungsanlagen und wirtschaftliche Macht (Jes 2,15–16, vgl. Zef 1,16; auch Zef 1,10–11.12–13), aber auch das Motiv vom erhabenen König JHWH Zebaot (vgl. Jes 6,1–11). Dass Zefanja an diese prophetischen Vorstellungen vom Tag JHWHs bei Amos und Jesaja anknüpft, zeigt sich besonders in der Sprucheinheit Zef 1,14–16 (s. u.).

Zu Hintergrund und Geschichte des Tages JHWHs

Ursprung und vorgegebene Tradition der prophetischen Ankündigung des Tages JHWHs seit Amos sind komplex. Entsprechungen und Ansatzpunkte für den prophetischen Tag JHWHs liegen in der vielgestaltigen Rede von »Tagen« als geschehenserfüllten Zeiten, als geschichtlichen Ereignissen des kriegerischen Triumphes über Feinde Israels bzw. als Ereignissen des Unheils und des Untergangs. Die unheilvoll Betroffenen sind als nomen rectum einer status-constructus-Verbindung genannt z. B. im »Tag von Midian« Jes 9,3 (vgl. Ri 7), in den »Tagen von Gibea« Hos 9,9; 10,9 (vgl. Ri 19–21) oder in der Bezeichnung »der Tag Jerusalems« Ps 137,7 (Katastrophe von 586 v. Chr.). Heilvoll umgedeutet ist allerdings »der Tag von Jesreel« Hos 2,2 (in der Verheißung Hos 2,1–3 im Rückblick auf das Unheilswort Hos 1,4–5). Von »einem Tag von JHWH her«, nicht von »dem Tag JHWHs« schlechthin sprechen prophetische Texte wie Jes 2,12; 22,5; Ez 30,3; Sach 14,1. Dies deutet darauf hin, dass man von verschiedenen Tagen JHWHs, also auch wiederholt von einem jeweils erwarteten Tag JHWHs ursprünglich reden konnte. Begründet ist dies im Glauben des frühen Israel, dass JHWH immer wieder an einem Tag des Kampfes unter Begleiterscheinungen der Theophanie zugunsten Israels helfend gegen Feinde eingriff. Darum geht es z. B. im Deboralied Ri 5 (V 20–21), in der Gideonüberlieferung vom Kampf der Israeliten gegen die Midianiter in Ri 6–7 (vgl. Jes 9,3), im Kampf Davids gegen die Philister nach 2 Sam 5,17–25 oder schon im Kampf Josuas gegen die Kanaaniter-Könige Jos 10 (V 8–14); auf die letztgenannten Ereignissen spielt Jes 28,21 an. Ein erwarteter JHWH-Tag oder der je erwartete Tag JHWHs, wie ihn Am 5,18–20 voraussetzt, ist demgemäß ein Tag, an dem JHWH im hellen Schein seiner Epiphanie kommen und Israel Leben und Sicherheit spenden und siegreich gegen Israels Feinde eingreifen wird. Als zentrale Traditionen bzw. geprägte Konzeptionen im Hintergrund und am Ursprung der Rede vom Tag JHWHs schon bei den Propheten des 8. Jhs. v. Chr. wie letzten Endes in der Prophetie Israels überhaupt schälen sich in der Tat vorab zwei Traditionskomplexe heraus: JHWH-Kriegstraditionen und damit eng verknüpft Traditionen von der Theophanie bzw. der helfenden Epiphanie JHWHs für Israel.

Als ein frühester erkennbarer Kontext der Rede von einem JHWH-Tag erscheint am ehesten eine für Israel ermutigende heilvolle ältere Kriegsprophetie (so mit *H.-P. Müller* 1969 und im Art. Jahwetag 1992). Auf prophetische oder seherische Mittelspersonen als Sprecher im Kontext von Orakeln gegen Feinde bzw. näherhin im Zusammenhang bevorstehenden Kriegsgeschehens führte auch die Frage nach dem ursprünglichen »Sitz« der Tag-JHWHs-Ankündigungsformel (s. o. in der Analyse zu Zef 1,7). Der hofprophetische Beistandszuspruch für den König in Ps 110,5 kann die angenommene Verwurzelung in für Israel heilvollen prophetischen Orakeln und ihrer kriegsbezogenen Ausrichtung treffend veranschaulichen: »Adonai ist dir zur Rechten. Zerschlagen hat er (und wird er!) Könige am Tag seines Zornes!« Als ermutigende Erinnerung und als hoffnungsfrohe Erwartung wird solches Kommen und Eingreifen Gottes *im Kult Israels* gefeiert, tradiert und in den Vorstellungsbezügen entfaltet (s. u. die Auslegung von Zef 1,7). Eine JHWH-Tags-Erwartung dürfte im frohen Schlachtopferkult (nach Zef 1,7) ebenso gepflegt worden sein wie andererseits möglicherweise in öffentlichen Klagefeiern (so *H. M. Barstad* 1984, 106–108, der in Riten des »public lament« prophetische Orakel gegen fremde Nationen und mit ihnen die Rede vom Tag JHWHs verankert sieht).

Die alte Vorstellung von einem geschichtlichen Eingreifen JHWHs gegen bestimmte Feinde Israels wandelt sich bei den Gerichtspropheten seit dem 8. Jh. v. Chr. ins Gegenteil: JHWH wird an ›seinem Tag‹ *gegen Israel selbst* vorgehen, und zwar zumal gerade mit Hilfe feindlicher Völker. So lässt sich der Kontextsinn von Am 5,18–20 nach 5,16–17 bestimmen, entsprechend auch Jes 2,12–17; Zef 1,7.14–16; 2,1–3*; 3,8!; Ez 7, sowie nachexilisch Joel 2,1–11 und ferner noch spätnachexilisch Sach 14,1–5 mit einer eigenartigen Wendung vom Gericht zur Rettung. Gegen die Frevler im JHWH-Volk richtet sich der »Tag« in den frühnachexilischen Text Mal 3,2.13–21 und 3,23–24, hier allerdings ohne geschichtlich-kriegerischen Sinn, ganz endgerichtlich verstanden als Tat JHWHs allein.

Seit der Zeit des babylonischen Exils im 6. Jh. v. Chr. wird der Tag JHWHs eschatologisch uminterpretiert, sein primär geschichtlich konkreter Sinn wird zugleich entschränkt und universalisiert auf alle Völker hin, ausgemalt in kosmischen Bildern bis hin zur Vorstellung von großen Naturkatastrophen und Feuerbrand als Begleit-

Teil I: Zefanja 1,2–18

erscheinungen des Gerichts, vgl. Jes 13; 34; Joel 2 (V 3.5!) sowie Joel 3 (V 4) und 4 (V 9–14.15–17); Zef 1,2–3.17–18; 3,8d; Sach 14 (V 4ff.); Mal 3 (V 19!). Die jüngere Heilsprophetie bewahrt gegenüber den älteren vorexilischen Gerichtspropheten die für Israel positive Zielrichtung des JHWH-Tags (Obd 15a.16–21; Joel 3–4; Sach 14,1–5.6ff.; auch Mal 3,13–21 als Ermutigung für die JHWH-Treuen). Eine weitreichende heilvolle Nachinterpretation erfährt der »Tag« von Zef 3,8 in Zef 3,9–20.

Gerichts- und Heilsprophetie Israels vom Tag JHWHs wirken entscheidend nach im Neuen Testament in der Vorstellung von einem eschatologischen Tag des Gerichts und der Rettung als dem »Tag des Kyrios« bei der Wiederkunft Jesu Christi (vgl. 1 Kor 1,8; 5,5; 2 Kor 1,14; 1 Thess 5,2 u.a.), dem »Tag Christi (Jesu)« Phil 1,6.10; 2,16 oder »den Tagen / dem Tag des Menschensohnes« Lk 17,22.24.26.30 bzw. dem »Tag Gottes« 2 Petr 3,12; Offb 16,14 (Röm 2,16) oder dem »Tag des Gerichts« Mt 10,15; 11,22.24.

Auslegung

Die Einheit Zef 1,7 hat ihr Charakteristikum darin, dass sie geprägte Sprache und Vorstellung aufgreift und deren bekannten positiven Sinngehalt in eine Gerichtsankündigung gegen die Adressaten ummünzt. So können die Hörer den Aufruf zur Stille vor der Gegenwart JHWHs zunächst, noch ohne die gegebene Begründung und Erläuterung, sehr wohl als Hinweis auf die gnädige göttliche Gegenwart verstehen, wie sie im Kult erfahrbar ist. Freilich gibt sogleich die Proklamation der Nähe gerade des Tages JHWHs zu denken. Haben doch schon Amos, nach Am 5,18–20, und Jesaja, nach Jes 2,12–17, den Tag JHWHs als mächtiges Eingreifen JHWHs gegen sein eigenes Volk in schneidenden Unheilsworten angesagt. Gleichwohl, auf Unheil für das JHWH-Volk ist der Sinn dieses »Tages« keineswegs festgelegt. Am 5,18–20 setzt vielmehr eine volkstümliche, ganz und gar lichtvolle Erwartung des epiphanen helfenden Einschreitens JHWHs für sein Volk und seiner glückverheißenden Gegenwart voraus (s. o. den Exkurs). JHWH und sein Tag erscheinen in Zef 1,7 als eine funktionale Einheit, die dem Tag JHWHs einen persönlichen Anstrich gibt. Die kultische Schweigensformel 7a (Hab 2,20b; Sach 2,17a, s. o. in der Analyse!) als Ruf zur Stille vor der göttlichen Gegenwart wird begründet in 7b mit der Nähe von JHWHs Tag, der seinerseits als ein Handeln JHWHs verstanden wird (zur Tag-JHWHs-Ankündigungsformel in 7b s. o. in der Analyse). Die Ankündigung von 1,7b nach dem positiv konnotierten Schweigensaufruf 7a ist dann bei den Hörern noch nicht definitiv auf einen negativen Sinn festgelegt. Im Gegenteil, gerade weil für die Adressaten noch eine für sie günstige Sinndeutung des JHWH-Tages möglich ist, kann sich die Wirkung der Bildsprache von 7c–d, der Metapher von JHWHs Schlachtopferfest, rhetorisch eindringlich entfalten.

Die beiden abschließenden Sätze Zef 1,7c–d explizieren den Sinn des Ta-   7c–d

7a–b

Zef 1,7–13: Ankündigung des Gerichts über Jerusalem

ges JHWHs von 7b und setzen ganz selbstverständlich die Kenntnis des Schlachtopferritus (זבח) voraus. Die Situation des Schlachtopfermahles ist am klarsten in 1 Sam 16,2–5 beschrieben.[12] Samuel veranstaltet ein זבח für JHWH. Er *heiligt* Isai und seine Söhne als die Teilnehmer bzw. Gäste und *lädt sie zum Opfermahl ein.* Die charakteristischen Verbalbasen von Zef 1,7d קדש-H »heiligen« und קרא »rufen / einladen« (Partizip passiv in 7d) begegnen auch hier in 1 Sam 16,5d.f (D- bzw. tD-Stamm von קדש) und in 1 Sam 16,3a.5g (קרא), vgl. zum ›Einladen‹ noch 1 Kön 1,9.41.49; auch 2 Sam 15,11; Est 5,12. Opfermaterie ist in 1 Sam 16,2 ein junges Rind. Eine ähnliche Opferszenerie ergibt sich etwa auch aus dem von Jehu von Israel vorgeblich veranstalteten Schlachtopfer für Baal nach 2 Kön 10,19–20 im Kontext von 10,18–29, bei dem die Baalsanhänger ein grausames Ende finden. Wiederum gehören die Termini זבח »Schlachtopfer«, קרא »rufen, einladen« und קדש-D »heiligen« eng zusammen. Die Parallele von »heiligen« und »rufen« bzw. »einladen« ist auch sonst bei der Anordnung einer kultischen Handlung gut belegt (vgl. z. B. Joel 1,14 und 2,15).

Das Schlachtopfermahl

Nicht ganz eindeutig lässt sich der Kontextsinn von Zef 1,7c bestimmen. Die Suffixkonjugation des Verbs כון-H im Sinne von »zurüsten, bereiten«, könnte statt der häufigen Formulierung »ein Schlachtopfer schlachten« gewählt sein, um nicht schon die Schlachtung als vollzogen hinzustellen. Allerdings zeigen Analogien mit כון-H in Gen 43,16d–e und 2 Chr 35,6a.c, dass dieses Verb auch schon Teilaspekte des Schlachtopfers selbst bezeichnen kann: die letzte, vollständige Zurüstung des schon geschlachteten Opfertieres zum Opfermahl. In Num 23,1.29 steht das Verb כון-H sogar für den ganzen Vorgang, in diesem Falle des Brandopfers.

Auf diesem Hintergrund erschließt sich uns der Sinn von Zef 1,7 als eine gezielt veranstaltete Gegenliturgie. JHWH selbst ist nun der Herr des Schlachtopferfestes, der Einladende. Wer aber sind die Gäste und wer ist das Schlachtopfer? Was 1,7 als isolierter Spruch situativ – mit Absicht – offen lässt, um bei den vorausgesetzten Adressaten Fragen, Nachdenken und erschreckende Erkenntnis zu erreichen, das deutet der literarische Kontext auf die Situation Judas und der Bewohner Jerusalems (Zef 1,4) und insbesondere auf die politisch und wirtschaftlich führenden Schichten in Jerusalem (Zef 1,8–13).

›Gegenliturgie‹

Die Struktur der Umkehrung der für das Schlachtopfermahl typischen Situation und Teilnehmer gibt einen Hinweis auf den situativen Sinn des Schlachtopferbildes:

---

[12] *S. D. Snyman* 2002, 115 f., will Zef 1,7 im Kontext von 1,7–13 mit der Sinai-Tradition in Verbindung bringen aufgrund des Motivs der Theophanie und der Vorstellung vom Opfermahl. Die Bezüge zu Ex 24 scheinen mir dabei überinterpretiert und die Anknüpfung in Zef 1,7a gerade an einen charakteristischen Ruf des (Tempel-)Kults, der mit der Sinai-Tradition nichts zu tun hat, zu wenig gewertet.

Teil I: Zefanja 1,2–18

	1. primärer Sinn		2. metaphorisch
Opferveranstalter = Subjekt von *KūN*-H, *QDŠ*-H	Judäer / Jerusalemer	↔	JHWH
Gäste	Judäer / Jerusalemer	↔	»seine Gäste«
Opfermaterie	Tiere	↔	Menschen (d. h. Judäer /Jerusalemer)

In der Forschung werden verschiedene Identifikationen von Gästen und Opfermaterie vorgeschlagen. Die Gäste werden als die zum Opfer bestimmten Judäer bezeichnet (vgl. Jer 2,3; in diesem Sinne etwa *H. Greßmann* 1905, 136), die Judäer bzw. Jerusalemer sind zugleich Gäste und ›Opfertiere‹ (so *G. Fohrer* 1982, 46a = 1991, 37). Andererseits werden die Gäste von der ›Opfermaterie‹ unterschieden und mit Feindvölkern Judas identifiziert (so bereits Hieronymus im Kommentar z. St., der an die Chaldäer denkt, ähnlich in der jüdischen Exegese Abarbanel). Auch himmlische Mächte kommen als die Gäste in Betracht (vgl. in diesem Sinn bereits *F. Hitzig* 1838, 237; in neuerer Zeit z. B. die Kommentare von *K. Elliger* und *W. Rudolph* z. St.). Ferner kann man auch an Vögel und Feldgetier als Gäste JHWHs nach Ez 39,17–20 denken.

Die ›Gegenliturgie‹ ist jedenfalls dann konsequent durchgeführt, wenn die Gäste JHWHs ihm zugehören, auf seiner Seite stehen und nicht die Judäer / Jerusalemer zugleich Opfer und Gäste sind. Denkt man dazu an himmlische Mächte, so ist das Bild vollständig ausgewogen und die Umkehrung vollendet. Diese Sicht konvergiert mit Jes 13,3, wonach JHWH in einer mit eschatologischen Farben geschilderten Kriegshandlung seine Krieger weiht und zum Kampf aufruft. Hier sind die von JHWH zusammengerufenen Helden eindeutig als die himmlischen Krieger JHWH Zebaots vorgestellt. Nach Jes 13,4–5 sind allerdings auch irdische Mächte im Auftrag JHWHs in das Kampfgeschehen einbezogen (vgl. ferner noch Joel 4,9.13). Nichts hindert, auch in Zef 1,7d zugleich oder vorrangig an ein Feindvolk zu denken. Doch wie dem auch sei: die Gäste sind nur als solche vorgestellt, die sich am Mahl, das JHWH selbst zurüstet, gütlich tun dürfen. ›Opfermaterie‹ aber werden die Judäer sein und – wie die Redaktion zu erkennen gibt – genauer die führenden Kreise Jerusalems (1,8–9 sowie 1,10–11.12–13). Entscheidender Akteur ist allein JHWH. Die unaufhebbare Ambivalenz von Zef 1,7c–d, die unterschiedlichen Identifikationsmöglichkeiten, verstärken nur den düsteren Eindruck des Gesamtbildes.[13]

---

[13] Nach *K. Seybold* 96, soll das judäisch-jerusalemische Publikum von dem Fest, das JHWH mit fremden Gästen incognito feiert, ausgeschlossen sein, weil es die Feier stören könnte. In dieser eigenwilligen Interpretation ist die Sinnspitze des Textes gegen die Judäer / Jerusalemer als ›Opfermaterie‹ verkannt.

Zef 1,7–13: Ankündigung des Gerichts über Jerusalem

Parallelen zur prophetischen Schlachtopfermetapher von Zef 1,7, zu dem von JHWH selbst veranstalteten זבח als Bild der Vernichtung von JHWHs Feinden, finden sich nur noch in nachzefanjanischen späteren prophetischen Texten: in Jes 34,6 im Kontext des Gerichts über Edom Jes 34,1–17, das zu einem Völkergericht ausgeweitet wird; in Jer 46,10 im Zusammenhang der Gerichtsankündigung gegen Ägypten 46,2–26 und endlich im Gogkapitel Ez 39,17–20. Hier in Ez 39 ist es JHWH, der durch den Propheten alle Vögel und wilden Tiere zu seinem großen Schlachtopfermahl auf den Bergen Israels einlädt. Opfer sind die Mächtigen der Erde. Dieses grausige Bild ist unmissverständlich in Offb 19,17–21 aufgenommen in der Szenerie vom »großen Mahl Gottes«. Die Metapher vom Schlachtopfer der Gottheit als Bild für die Vernichtung von Feinden ist auch außerhalb Israels nicht unbekannt. Im Zusammenhang einer Untersuchung über den sog. heiligen Krieg zitiert *M. Weippert* (ZAW 84 [1972] 460–493, ebd. 481 f.) den neuassyrischen Text eines Ermutigungsorakels an König Asarhaddon. In diesem ist von einem Schlachtopfer des Gottes Assur die Rede als Metapher für die Vernichtung der Feinde des assyrischen Königs: »Deine Feinde bringe ich als Schlachtopfer dar. Mit ihrem Blut fülle ich den Fluss.«[14]

Das Schlachtopfer als Bild der Feindvernichtung

Der Bildcharakter der genannten Schlachtopfer-Texte und die Tatsache, dass nur Zef 1,7 eindeutig den Tag JHWHs einführt (vgl. noch den »Tag der Rache« in Jer 46,10) spricht nicht für eine *ursprüngliche* Verbindung des Schlachtopferkults mit Rede und Motivik des Tages JHWHs, wohl aber kann in diesem kultischen Rahmen die Überlieferung von geschichtlichen »Tagen« des Eingreifens JHWHs und ebenso die Erwartung einer neuen Epiphanie des Gottes Israels für sein Volk gepflegt worden sein. Dann enthält Zef 1,7 auch eine Kritik an einer landläufigen Praxis des זבח-Kults, der eine fröhliche Gewissheit der heilvollen Nähe JHWHs und wohl auch seiner Hilfe gegen Feinde Israels vermittelt, darüber aber den schlimmen Zustand des JHWH-Volks und das drohende Gericht vergessen macht.

Situation und Sinn

Sprachlich stellt Zef 1,7 ein vollständig vorbereitetes Schlachtopfer vor, sei es dass das Opfertier zur Schlachtung hergerichtet ist oder sei es gar, dass die Schlachtung schon als vollzogen gedacht ist und die Gäste sich bereits zum Mahl lagern. Es ist gerade diese Deutungsoffenheit, die offenen Identifikationsmöglichkeiten, die das Unheimliche des Spruches ausmachen. Warum

---

[14] Nur eine Farce, eine Posse eines göttlichen Schlachtopferfestes schildert ein ugaritischer Text, RŠ 24.258: *dbḥ* als Festgelage Ils mit den Göttern in seinem Palast, dazu *B. Margulis*, UF 2 (1970) 131–138, vgl. ebd. 133.

Teil I: Zefanja 1,2–18

ein Ruf zur Stille vor der göttlichen Gegenwart, ein Ruf der sonst doch die heilvolle Erfahrung von JHWHs Gegenwart im Kult eröffnet? Warum soll der Tag JHWHs nahe sein und was bedeutet er für die vorausgesetzten Hörer? Der JHWH-Tag kann noch nicht auf einen Unheilstag, ein unbezweifelbares Gericht gegen Israel eingegrenzt und festgelegt werden. Das völlig Ungewöhnliche dieser Ankündigung von JHWHs nahem Tag erschließt sich erst in der Explikation 1,7c–d: JHWH selbst, nicht irgendein Priester hat ein

Schlachtopfermahl und Erwartung des Tages JHWHs

Schlachtopfer bereitet und seine Gäste, seine Geladenen schon geheiligt. Worin aber dieses זבח bestehen soll, wer die Geladenen sind, bleibt dem Nachdenken und der Phantasie der Hörer überlassen. Die זבח-Metapher durchkreuzt radikal die Vorstellungen der Adressaten von einem fröhlichen Schlachtopfermahl und entsprechend auch ihre positive Erwartung des Tages JHWHs. Der Ausdruck יום יהוה »Tag JHWHs« kann im Verständnis der Hörer zunächst nur eine kommende, den aktuellen Kult transzendierende und für sie günstige Epiphanie JHWHs bedeuten. Dieser »Tag« ist nicht selbst ein regelmäßig gefeiertes Kultfest für JHWH, sondern das Ereignis seines machtvollen Eingreifens. Wenn aber eine Verbindung von JHWH-Tag mit einem fröhlichen Schlachtopferfest bei den Hörern als bekannt vorausgesetzt werden darf, dann können wir vermuten, dass der Kult, insbesondere der fröhliche Schlachtopferkult, den Traditionsort, den ›Motor‹ und das förderliche Milieu darstellt, in dem sich heilvolle Erwartungen des Tages JHWHs als eines epiphanen Eingreifens JHWHs entfalten konnten (bis hin zu der weitgespannten eschatologischen Hoffnung vom Völkermahl auf dem Zion Jes 25,6–8, freilich auch ohne eine explizite Verknüpfung mit der Tag-JHWHs-Tradition). Dies gilt ganz unabhängig von der Frage, wie der Tag JHWHs traditionsgeschichtlich letztlich herzuleiten ist (s. o. den Exkurs).

Spruchbotschaft und Gewaltfrage

Zef 1,7 hat eine einzige bedrängende Botschaft. Der JHWH-Tag kommt unwiderstehlich näher. Wenn JHWH selbst ein Schlachtopfer bereitet, dann muss es ein verheerendes Gericht sein. Davor sollen die angesprochenen Hörer verstummen. Der Spruch will schockieren. In der vorausgesetzten Redesituation des Textes kann es den Adressaten nicht schwer fallen, sich selbst als die Bedrohten zu erkennen. Sie werden nicht die fröhlichen Gäste sein, viel eher werden sie der Schlachtung ausgeliefert, gleich wer auch immer die Gäste JHWHs sein werden. Dem Spruch Zef 1,7 liegt es fern, zwischen einzelnen bedrohten Gruppen zu unterscheiden. Schon deshalb wird die kompositorische Verbindung von Zef 1,7 mit den nachfolgenden Zefanjaworten, die jeweils bestimmte Schichten und Gruppen Jerusalems bedrohen (1,8–13), nicht ursprünglich vom Spruchtext selbst her intendiert sein.

Die biblischen Texte vom Schlachtopferfest Gottes stellen die Frage nach den Zügen der Gewalt im Gottesbild. Gewiss gilt generell: biblische Gotteserfahrungen, die sich in Bildern ausprägen, sind erheblich vielfältiger und komplexer, auch widerständiger und hintergründiger, als der begrenzte Blick auf einen »lieben Gott« es wahrhaben will. Entscheidend aber ist, die jeweilige Bedingtheit und textliche Funktion, in unserem Fall der Schlachtopfermetapher, zu erkennen. So geht es in Jes 34, Jer 46 und Ez 39 darum, nach bedrückenden geschichtlichen Erfahrungen den Glauben an den Gott des Rechts und der Hilfe nicht zu verlieren; ähnlich zielt Offb 19 darauf, den Bedrängten Genugtuung und Trost zu verschaffen. In Zef 1,7 hingegen kommt alles darauf an, aufzurütteln und das hereinbrechende Unheil schockierend fühlbar sprachlich zu vermitteln. Das implizierte Gottesbild zielt konkret auf Menschen, nicht auf eine Wirklichkeitsbeschreibung Gottes. Was aber durch die zeitbedingte Bildsprache nahe gebracht werden soll, bleibt gültig: die Gerichtsmacht Gottes und seine wirksame Präsenz in der Menschenwelt gegen falsche Selbstgewissheit (vgl. Zef 1,12).

I.B.2.
Zef 1,8–9: Gegen die höfischen Herren Jerusalems

G. André, Art. פקד: ThWAT VI (1989) 708–723. – *N. Avigad*, Hebrew Bullae from the Time of Jeremiah. Remnants of a Burnt Archive, Jerusalem 1986, 22–28.30–33. – *N. Avigad*, The »Governor of the City« Bulla, in: *H. Geva* (Hrsg.), Ancient Jerusalem Revealed, Jerusalem 1994, 138–140. – *G. Barkay*, A Second »Governor of the City« Bulla, in: *H. Geva* (Hrsg.), Ancient Jerusalem Revealed, Jerusalem 1994, 141–144. – *G. Brin*, The Title בן (ה)מלך and its Parallels: AION 19 (1969) 433–465. – *H. Donner*, Die Schwellenhüpfer. Beobachtungen zu Zephanja 1,8 f.: JSS 15 (1970) 42–55. – *M. Görg*, Zum Titel BN HMLK (»Königssohn«): BN 29 (1985) 7–11. – *M. Görg*, Die Basis DLG und ihre Herkunft: BN 77 (1995) 13–16. – *M. Görg*, Art. Schwelle: NBL, Lfg. 13 (1999), 544. – *Fr. Hartenstein*, Die Unzugänglichkeit Gottes im Heiligtum. Jesaja 6 und der Wohnort JHWHs in der Jerusalemer Kulttradition: WMANT 75, Neukirchen-Vluyn 1997, 116–122 (Exkurs zur Symbolik von Tor und Schwelle in Mesopotamien). – *A. Lemaire*, Note sur le titre bn hmlk dans l'ancien Israel: Semitica 29 (1979) 59–65. – *S. Norin*, Baal, Kinderopfer und ›über die Schwelle springen‹. Propheten und Israelitische Religion im siebten Jahrhundert v. Chr., erscheint in: *H. Irsigler* (Hrsg.), unter Mitarbeit von *K. Ólason*, »Wer darf hinaufsteigen zum Berg JHWHs?« Beiträge zu Prophetie und Psalmen. FS *S. Ö. Steingrímsson*: ATS 72, St. Ottilien 2002. – *H. Reimer*, Sozialkritik und Zukunftsperspektiven in Zef 1–2, in: *W. Dietrich / M. Schwantes* (Hrsg.) 1996, 38–48. – *U. Rüterswörden* 1985. – *J. Scharbert* 1960, 209–226 – *W. Schottroff*, Art. פקד pqd heimsuchen: THAT II (1976) 466–486. – *S. D. Snyman*, Violence and Deceit in Zephaniah 1:9: OTE 13 (2000) 89–102. – *Chr. Uehlinger* 1996, 49–83. – *Chr. Uehlinger*, Figurative Policy, Propaganda und Prophetie, in: *J. A. Emerton* (Hrsg.), Congress Volume, Cambridge 1995: VT.S 66, Leiden 1997, 297–349. – *W. Zwickel*, סף II und מפתן: BN 70 (1993) 25–27.

Literatur

Teil I: Zefanja 1,2–18

Text

Übersetzung
8 a ⟨Und geschehen wird es am Tag von JHWHs ›Schlachtopfer‹:⟩
  b IA da werde ich (richterlich) einschreiten gegen die Oberbeamten
    IB und gegen die ›Söhne des Königs‹
    IIA und gegen alle, die sich kleiden
    IIB in fremder Tracht.
9 IA Ich werde einschreiten gegen jeden, der da hüpft
  IB über den Schwellenstein ⟨an jenem Tag⟩,
  IIA die das Haus ihres Herrn anfüllen
  IIB mit Gewalt und Betrug.

Zu Text und Übersetzung
Der Text ist gut überliefert. Einige Phrasen sind semantisch umstritten, lassen sich aber hinreichend erklären. So die Frage nach einem titularischen und / oder genealogischen Sinn der Bezeichnung »die Königssöhne« in 1,8b, wofür LXX wohl nur freier »das Haus des Königs« bietet. Die Wortfügung in 1,9 I, die oben mit »über die Schwelle (den Schwellenstein) hüpfen« übersetzt wurde, wollte man häufiger mit »das Podium besteigen« wiedergeben. Dabei konnte an den Königsthron oder kultisch an das Podium für ein Gottesbild gedacht sein. Jedoch ist dieses Verständnis kaum zu halten (vgl. die Auslegung). Die antiken Versionen hatten mit dem Text erhebliche Probleme. LXX 1,9: »Ich werde an allen Rache nehmen, öffentlich (sichtbar) [vgl. Ps 49[50],2] an den Vorhöfen / Toreingängen (›Propyläen‹) [vgl. Am 9,1]«. ἐμφανῶς ἐπὶ τὰ πρόπυλα ist vielleicht mit Korrektur zu lesen als ἐφαλλομένους: »(alle) auf die Eingangstore Losspringenden / (alle) über die Toreingänge hin Springenden(?)«, vgl. P. Walters, The Text of the Septuagint, Cambridge 1973,137; J. Lust u.a., A Greek-English Lexicon of the Septuagint I, Stuttgart 1992, 148 s.v. ἐμφανῶς. Symmachus gibt das Partizip הַדֹּלֵג mit ἐπιβαίνοντας wieder. Vg übersetzt dagegen: »... omnem qui arroganter ingreditur super limen ...«, dazu Hieronymus, Comm., treffend: »... potest intelligi secundum Hebraicum, qui transiliunt limen ...«. Tg jedoch interpretiert kultisch: 1,8 »... alle, die sich hintreiben lassen zum Dienst der Götzen« sowie 1,9 »... alle, die wandeln nach den Gebräuchen der Philister ...« (mit Anspielung auf 1 Sam 5,5).

Die Pluralform אדניהם 1,9 IIA bezeichnet problemlos als Intensiv- oder Hoheitsplural auch die Einzahl »ihr (großer) Herr« (vgl. z.B. Bauer / Leander 517, § 63z; Joüon / Muraoka II § 136d–f), in Entsprechung zu »der König« 1,8b IB.

Analyse

Kontext
Die Sprucheinheit Zef 1,8b–9 wird durch den redaktionellen Einleitungssatz 1,8a mit 1,7 verknüpft. Die Redaktion macht damit deutlich, dass sie 1,7 unzweifelhaft gegen Jerusalems herrschende Oberschicht gerichtet sieht und dass für sie die Metapher vom Schlachtopfermahl JHWHs an seinem Tag von V 7 konkret zum ›Schlachttag‹ JHWHs als Ausdruck seines Gerichts wird. Die bildhafte Qualität des זבח von V 7 erscheint zurückgedrängt, wenn auch nicht ganz abgestreift. 1,8a ist ganz von 1,7

Zef 1,7–13: Ankündigung des Gerichts über Jerusalem

her formuliert, während die Verknüpfungsformeln 1,10a–b und 1,12a neutral von »jenem Tag« bzw. »jener Zeit« sprechen. Daher erscheint es möglich, dass in einem ersten Schritt der Kontextverknüpfung und redaktionellen ›Auslegung‹ von Zef 1,7 zunächst nur 1,8b–9 an 1,7 angefügt wurde. Dann sind aus der Sicht der Textfolge 1,7–13 aber auch des redaktionellen Werdegangs die höfischen Herren Jerusalems von 1,8b–9 die zuerst und vor allem vom Schlachttag JHWHs Betroffenen.

Neben 1,8a ist sehr wahrscheinlich auch die Wendung »an jenem Tag« in 1,9 IB Zusatz. Das Einschreiten JHWHs, verbal gleichlautend in 1,8b und 1,9 formuliert, sollte jeweils ausdrücklich auf den JHWH-Tag von 1,7 als Schlachttag JHWHs zurückbezogen werden.

Die *w=qatal*-Formen der Ankündigung zielen nicht auf einen Handlungsfortschritt. Vielmehr zeigt die Wortwiederholung ופקדתי »ich werde heimsuchen / einschreiten« in 8b und 9 zusammen mit der abhängigen viermaligen Präpositionalverbindung על »gegen / über«, dass es dem Text um einen einheitlichen Gerichtsvorgang geht, der wie mit wuchtigen Hammerschlägen eingeschärft werden soll. Unterstützt wird der massiv-zwingende Ton in der Ausdrucksgestalt durch Merkmale lautlicher Vereinheitlichung (dominante Dauerlaute *l* und *m*, insgesamt 5mal על davon 2mal על כל, figura etymologica von der Basis לבש »anziehen / sich kleiden« 1,8b II). Die vier vom Verbum פקד »heimsuchen« abhängigen Präpositionalgruppen (2mal על, 2mal על כל »gegen jeden / alle«) werden sukzessive umfangreicher. Dieser progressiven Erweiterung in der Textsequenz korrespondiert aber inhaltlich eine rückwirkende Implikation der genannten Personenkreise: Die beiden mit על כל eingeführten Gruppen (8b IIA und 9 IA) schließen jeweils rückwirkend die vorausgenannten Personengruppen ein. Eine Inklusion von kontextuellen Synonymen »der König« 8b IB und »ihr Herr« (Einzahl!) 9 IIA markiert Anfang und Ende des kurzen Spruchs. Hier die Übersicht:

Struktur

Zwei Strukturzüge treten hervor. Zum einen zielt die Reihung der vier Präpositionalobjekte ganz ähnlich wie in Zef 1,4–5, auf den Eindruck eines umfassenden, ja totalen Gerichts an der verantwortlichen höfischen Gesellschaft. Zum anderen wird die Gerichtsansage noch sukzessive gesteigert, was sich am Wechsel von substanti-

Strukturzüge und Schwerpunkte

vischen Benennungen mit engerem Begriffsumfang in 8b I zu verallgemeinernden partizipialen Beschreibungen in 8b II und 9 I und II ablesen lässt. Inhaltliche Schwerpunkte liegen auf den wertenden Elementen: נכרי »ausländisch, fremd« in 8b IIB und erst recht ganz am Ende die Wortgruppe חמס ומרמה »Gewalt und Betrug« in 9 IIB, die den Hauptakzent der Aussage trägt. Zef 1,8–9 ist wie 1,4–5.6 und 1,12–13 Unheilsankündigung in der 1. Person der Gottesrede, die ihre Begründung nur in der Benennung und Beschreibung der betroffenen Personenkreise enthält. Die Gerichtsbegründung tritt hier nicht als eigenständiger Lagehinweis neben bzw. vor die Ankündigung. *C. Westermann* (Grundformen prophetischer Rede, [5]1978, 115 ff.) erklärt die Herkunft dieser Form der Unheilsworte ohne separate Begründung von prophetisch gegebenen Gottesworten auf Orakelanfragen her. Das ist möglich. Für das Verständnis noch wichtiger ist aber, dass sich an dieser Form der Unheilsansage mit *implizierter* Begründung zeigt, was für diese Prophetie zentral bedeutsam ist: Sie ist zuallererst erfüllt und gepackt von einer unerhörten Zukunftsgewissheit. Die Gegenwartskritik ist dieser Gewissheit gegenüber nachgeordnet, auch wenn sie notwendig aus ihr folgt.

Auslegung

Die Einheit hat im Laufe ihrer Auslegungsgeschichte recht verschiedenartige Deutungen erfahren. Meist wird zwar V 8 im politischen Sinn auf führende Kreise am judäischen Königshof zur Zeit Joschijas bezogen. Jedoch wurde V 9 auch mehrfach kultisch interpretiert – auf den Tempel statt auf den Königspalast.[15] Darüber hinaus wird aber auch V 8, also der Spruch insgesamt, kultisch gedeutet. *G. Gerlemann* (1942, 8–13) sieht 1,7–9 gegen die Baalsverehrer gerichtet. Bei *D. L. Williams* (1961, 119 f.) werden aus den »Königssöhnen« von 1,8 »sons of Milcom«, d. h. Förderer seines Kults wie bei *L. Sabottka* (1972, 36–44) »die Söhne des Melek« und dazu noch aus den שרים »Fürsten, Beamte« keine politischen, sondern »kultische Beamte«.

Die redaktionelle Überleitung 8a ordnet die folgende Unheilsankündigung in Gottesrede dem »Tag JHWHs« und dem »Schlachtopfermahl« Vers 7 zu. Allerdings dürfte sie זבח schon weniger bildhaft verstehen, sondern eng auf das Einschreiten JHWHs bezogen (vgl. Klgl 2,21). Dann ist 8a sinngemäß wiederzugeben: »Und geschehen wird es am Tag des ›Schlachtopfers‹ / Schlachttag JHWHs« (s. o. Analyse). V 8

Das unheilbringende Einschreiten wird in 8b und 9 wie dann auch in Zef 1,12c durch zweiwertiges פקד על mit göttlichem Subjekt und Menschengruppen als Präpositionalobjekten ausgedrückt. Das Verb פקד, in den genannten drei Belegen in eindeutig negativer Konnotation, bezeichnet ein strafendes Nachschauen und Mustern, bleibt aber kontextuell dabei nicht stehen, sondern zielt semantisch auf das Ergebnis der Überprüfung und be- 8b I

---

[15] Ältere Deutungen bei *J. Lippl* 1919, 82–86; *P. C. Snijman* 1913, 66–74.

Zef 1,7–13: Ankündigung des Gerichts über Jerusalem

deutet dann »das Urteil über jemanden sprechen / jemanden zur Rechenschaft ziehen, strafend heimsuchen / gegen jemanden vorgehen oder einschreiten / mit jemandem abrechnen«.[16] Anders in Zef 2,7 und in 3,7 (s. dort)! Die Verwendung des Verbs פקד in Zef 1,8.9.12 im Sinne der Abrechnung JHWHs mit Israel bzw. bestimmten Menschengruppen lässt sich seit Hosea nachweisen (Hos 12,3) und verbindet Zefanja besonders mit dem Jeremiabuch (Jer 9,24; 11,22; 13,21; 21,14 u. a.), ein Indiz für einen Zefanja und Jeremia (primär und sekundär) gemeinsamen Sprachgebrauch.

Wer sind die Betroffenen, gegen die JHWH vorgehen wird, im textlichen Verständnis und in ihrer primären geschichtlichen Lebenswelt? Die שרים repräsentieren die königliche Verwaltung und Regierung, den Dienstadel. Es sind hohe Beamte, mindestens teilweise etwas wie Minister, jedenfalls »eine Gruppe von Funktionsträgern, die an der Herrschaftsausübung teilhaben« (*U. Rüterswörden* 1985, 94). Ihre hohe Stellung geht auch aus Zef 3,3–4 hervor, wo sie an erster Stelle unter den hohen Funktionsträgern Jerusalems genannt werden (Oberbeamte – Richter – Propheten – Priester). Im Kontext von Zef 1,8–9 handelt es sich ebenfalls um hohe königliche Beamte in der judäischen Hauptstadt, die zu den Notabeln gehören, wie sie bestens aus dem Jeremiabuch als politisch einflussreiche Verantwortungsträger in der Zeit vor dem Untergang Jerusalems bekannt sind, vor allem in Jerusalem (Jer 36,12.14.19.21), aber auch im Land Juda (Jer 29,2; 34,19; vgl. *H.-J. Stipp*, Jeremia im Parteienstreit: BBB 82, Frankfurt a. M. 1992, 7 f.). שרים können militärische oder zivile Aufgaben haben. Treten sie als eigenständige Gruppe auf, wie im Zefanjabuch, so liegen ihre Aufgaben gewiss vorrangig im zivilen Bereich.

»Oberbeamte«

Besonders exponiert ist der שר העיר »der Stadtkommandant«, etwas wie der Oberbürgermeister bzw. der Stadtvogt (Ri 9,30; 1 Kön 22,26; 2 Kön 23,8). Die glückliche Entdeckung von verbrannten Tonbullen (kleine Tonscheiben mit Siegelabdrücken), die etwa in die Zeit Jeremias datiert werden können, hat einen für den Zefanjatext besonders interessanten Fund erbracht. Es handelt sich um eine aus judäisch-lokaler Produktion stammende Tonbulle, deren Siegelabdruck eine szenische Komposition enthält mit dem Bild eines solchen Stadtvogts, höchstwahrscheinlich von Jerusalem, dazu die Beischrift šr[= śr] hʿr.[17] Vgl. Abb. 11! Für Zefanja ist dieser Fund insofern bedeutsam, als die Darstellung unzweifelhaft assyrischen Einfluss verrät, wie der Herausgeber *N. Avigad* und danach *G. Barkay* gezeigt haben. Ein König, der Bogen und Pfeile als seine Machtinsignien hält und vor dem ein hoher Beamter steht mit einer Geste der Loyalität, ist ein auf assyrischen

---

[16] Vgl. *W. Schottroff*, THAT II (1976) 477 f. (466–486); *G. André*, ThWAT VI (1989) 716 f. (708–723); *J. Scharbert* 1960, 221 (209–226).

[17] Hrsg. von *N. Avigad*, Hebrew Bullae from the Time of Jeremiah (1986, 30–33); ders., The »Governor of the City« Bulla (1994, 138–140). Eine zweite Bulle, gestempelt von demselben Siegel, wurde ebenda herausgegeben von *D. Barkay* (1994, 141–144).

Abb. 11
Eine von zwei Tonbullen verschiedener Herkunft, die mit demselben Siegel gestempelt wurden, vermutlich aus Jerusalem: Der Abdruck zeigt den »Stadtkommandanten« (šr [= śr] hʿr in der Beischrift) in einer szenischen Komposition, mit ehrerbietig erhobener Hand vor einem Mann, wohl dem judäischen König, der Bogen und Pfeile hält und mit einem Schwert bewaffnet ist – Symbole seiner Herrschaftsgewalt. Die standardisierte Szene ist assyrischen Darstellungen nachgebildet. – Etwa Mitte 7. Jh. v. Chr.
Quelle: GGG 411 Abb. 346; vgl. N. Avigad 1986, 30–33 Nr. 10; ders. 1994, 138–140; G. Barkay 1994, 141–144.

Abb. 12
Tonbulle mit drei Registern aus dem sog. »Verbrannten Archiv«; genaue Herkunft nicht gesichert, wahrscheinlich aus dem Umkreis Jerusalems: Unter einer stilisierten Palmette steht der Name des Besitzers: »(Gehört) dem Gaʾalyahu, Sohn des Königs (bn hmlk).« – Spätes 7. – frühes 6. Jh. v. Chr.
Quelle: GGG 415 Abb. 352; vgl. N. Avigad 1986, 25 f. Nr. 6; eine weitere Bulle von demselben Besitzer, mit einem zweiten Siegel gestempelt bei R. Hestrin / M. Dayagi-Mendels 1979, 22 Nr. 7.

Abb. 13
Bemaltes Gefäßfragment aus Ramat Raḥel Stratum V A: Ein bärtiger Thronender, möglicherweise der judäische König, dargestellt mit assyrisierenden Stilmerkmalen (Bart, Gewand, Haltung, profilierte Armmuskulatur). – Ende 7. Jh. v. Chr.
Quelle: GGG 411 Abb. 347.

Reliefs und auf Zylindersiegeln gut bekanntes Motiv (allerdings scheint die erhobene und geöffnet seinem Gegenüber zugewandte Hand des Stadtkommandanten, so N. Avigad, ägyptisierende Tradition zu verraten). Auch Haartracht und Kleidung der beiden (dem langen assyrischen Schalgewand verwandt) verraten den assyrischen Einfluss am Königshof und bei den hohen Beamten. Wie es scheint, hat man problemlos das Vorbild der herrschenden politischen Kultur Assurs in Juda rezipiert. Darauf führt ja auch die Rede von der ausländischen Kleidermode in Zef 1,8b II, die nichts mit allgemeiner Abwertung von Ausländern oder Abneigung gegen sie zu tun hat.

Doch wer sind die »Königssöhne« in 1,8b IB? Die Constructus-Verbindung bezeichnet kaum nur die Angehörigen der königlichen Familie im engeren und weiteren Sinn. Im Anschluss an die hohen Beamten genannt, werden diese Prinzen am wahrscheinlichsten auch als Funktionsträger, als Inhaber königlicher Ämter vorgestellt sein. So begegnen solche Prinzen nicht notwendig in höchsten Ämtern, sondern etwa in staatspolizeilichen Aufgaben gegenüber Propheten (1 Kön 22,26 gegenüber Micha Ben Jimla; Jer 36,26 und 38,6 gegenüber Jeremia). Als eine Art Titel begegnet »Sohn des Königs« (בן המלך) biblisch mehrfach in Apposition zu einem Eigennamen (1 Kön 22,26 = 2 Chr 18,25; Jer 36,26; 38,6; 2 Chr 28,7). Epigraphisch ist der Titel *bn hmlk* auf hebräischen Siegeln bisher mindestens 8mal belegt, dazu 1mal *bt hmlk* »Königstochter« (nach der neueren Inventarisierung der Siegel durch F. Israel, ZAH 7/1 [1994] 51–80, bes. 63–68; vgl. N. Avigad 1986, 22–28, Nr. 5–8). Vgl. Abb. 12! Die Untersuchungen zu diesem Titel »Königssohn« dürften überwiegend nachgewiesen haben, dass es sich nicht um eine reine titularische Bezeichnung handelt, ohne jede genealogische Verbindung zum Königshaus. Vielmehr dürften Angehörige des Königshauses, sei es im engeren oder weiteren Sinn, damit bezeichnet sein, die zugleich häufig als Funktionsträger in der königlichen Administration tätig sind[18].

»Königssöhne«

8b II Zef 1,8b II schließt in der partizipialen Beschreibung »alle, die sich kleiden in fremder Tracht« die vorausgehenden hohen Beamten und die Königssöhne mit ein. Schon aus diesem anaphorischen Bezug geht hervor, dass in dieser Beschreibung keineswegs zuerst an eigentliche Ausländer, etwa Funktionsträger, Kommissare, Söldner etc. gedacht ist. Vielmehr sind es durchaus Judäer, Jerusalemer im Umkreis des Königshofes, die sich in fremde Tracht kleiden und das Vorbild ihrer assyrischen Oberherrn nachmachen. Nun waren besondere Kleider für Mitglieder der königlichen Familie in Jerusalem nicht unbekannt (vgl. die Hoftracht der unverheirateten Königstöchter 2 Sam 13,18; ferner auch die Kleider der Baalsdiener 2 Kön 10,22). Mit der »fremden Tracht« von Zef 1,8 aber treffen wir auf ein Charakteristikum der kulturellen Welt Judas im späteren 7. Jh. v. Chr. Neben der erwähnten Tonbulle (Abb. 11) kann das Fragment eines bemalten Gefäßes vom Ende des 7. Jhs. v. Chr. aus der judäischen Residenz von Ramat Raḥel die Faszination des assyrischen kulturellen Einflusses in Juda und zumal einen »großen Konformitätsdruck« (*Chr. Uehlinger* 1996, 80) am königlichen Hof gut vor Augen führen. Vgl. Abb. 13! In der partizipialen Benen-

»fremde Tracht«

---

[18] Vgl. *A. F. Rainey*, Lešonenu 23 (1969) 304–308 und ders., UF 7 (1975), 427–432, gegenüber *G. Brin*, AION 19 (1969) 133–465; auch *A. Lemaire*, Semitica 29 (1979) 59–65 und *M. Görg*, BN 29 (1985) 7–11.

nung der »Fremdgekleideten« steckt in der Einheit Zef 1,8–9 zum erstenmal erkennbar Kritik und implizite Gerichtsbegründung. Eigentlicher Skopus dieser Benennung, Art und Schwere der Schuld erschließt sich aus dem göttlichen Affront, seiner »Überprüfung« und seinem Einschreiten, das durch diese den fremden Moden folgenden Leute hervorgerufen wird, aber auch aus der abschließenden Anklage des gewalttätigen und betrügerischen Wesens dieser Kreise. נכרי »ausländisch, fremd« trifft hier die Wurzel allen Übels, die Entfremdung der höfischen Oberschicht von JHWH, von seinem Rechtswillen und darüber hinaus doch auch die Entfremdung vom eigenen Volk. Das fremde Kleid ist nur Symptom für den inneren Verfall, die aus der Sicht des Propheten abgründig gewordene Fremdheit gegenüber JHWH.

»Schwellen-hüpfer«

Die vierte Gruppe der vom Gericht Betroffenen wird mit einer nur hier begegnenden Redewendung bezeichnet, die schon den antiken Versionen offensichtliches Kopfzerbrechen bereitet hat (s.o. zum Text): הדלג על המפתן. Sie wird traditionell mit »über die Schwelle springen / hüpfen« wiedergegeben, wobei der kontextuelle Sinn unterschiedlich bestimmt werden kann. Nach *H. Winckler* (miftan, in: Altorientalische Forschungen III, 2, Leipzig 1905, 381–384) und besonders *G. Gerleman* (1942, 8–13), *L. Sabottka* (1972, 36–44) u.a. soll die Wendung jedoch »zum Podium« bzw. »auf die Tribüne hinaufsteigen« bedeuten, was kultisch (vom Postament mit dem Gottesbild) oder höfisch (vom Zugang zum Königsthron) verstanden werden könnte.[19] *H. Donner* (1970, 42–55) hat philologisch und exegetisch eingehend die Interpretation im Sinne von »über die Schwelle hüpfen« begründet; (vgl. auch *H. Irsigler* 1977, 35–49). Das Verb דלג begegnet im AT sonst nur im D-Stamm und muss zumindest in Jes 35,6 »springen« bedeuten, am wahrscheinlichsten auch in Hld 2,8–9; ferner Ps 18,30 // 2 Sam 22,30; Sir 36,31 (Ms B und C). Statt der frequentativen Bedeutung des D-Stamms (»viele Schritte / Sprünge machen«) bezeichnet der G-Stamm in Zef 1,9 die Einzahl der Bewegung: »einen Schritt / Sprung machen« (Waltke / O'Connor 415). Für מפתן »untere Schwelle« nach HALAT 585 hat *W. Zwikkel* (BN 70 [1993] 25–27) die Bedeutung ›Innenbereich‹ oder ›innerer Teil des Schwellensteins‹ wahrscheinlich gemacht (vgl. מפתן als »Schwelle des Tempelhauses« Ez 9,3; 10,4; 47,1; 46,2 als »Schwelle des Tores«).

V 9

Bisher immer noch am besten begründet ist das Verständnis der Verbalphrase im Sinne von »einen Sprung / einen (großen) Schritt über die

---

[19] Neuerdings schlägt *S. Norin* (in ATS 72, 2002, s.o. zur Literatur) vor, diesen מפתן als ein Kultpodium in der Nähe von Toren zu deuten. Er beruft sich auf *T. Haettner Blomquist*, die in ihrer Dissertation »Gates and Gods«(CB.OT 46, Stockholm 1999) derartige Kultpodien in Tornähe im eisenzeitlichen Palästina nachgewiesen hat, vgl. auch *M. Bernett / O. Keel*, Mond, Stier und Kult am Stadttor: OBO 161, Freiburg (Schweiz) / Göttingen 1998. Dann würde die fragliche Wendung in Zef 1,9 I Personen kritisieren, die ›auf das Kultpodium treten‹, nach dem philologischen Vorschlag *G. Gerlemans*.

Zef 1,7–13: Ankündigung des Gerichts über Jerusalem

Schwelle machen«.²⁰ Es handelt sich dann um einen abergläubischen Brauch, der traditionell zu Recht mit 1 Sam 5,5 verglichen und entsprechend interpretiert wird. 1 Sam 5,5 begründet ätiologisch (nachträglich) den überlieferten Brauch, dass die Priester des Gottes Dagon im philistäischen Aschdod und alle, die in den Tempel Dagons kamen, nicht auf die Tempelschwelle traten (1 Sam 5,1–5). Im Kontext von Zef 1,8–9 ist mit *H. Donner* (1970, 53–55) am ehesten an einen Brauch assyrischer Herkunft zu denken. Bislang ist zwar kein Text bekannt, der diese Sitte unmittelbar bezeugt, wohl aber sind geläufige apotropäische Riten bekannt, die mit der Tor- oder Türschwelle verbunden sind. Archäologisch nachgewiesen und insbesondere auch aus Omen-Texten bzw. Beschwörungsritualen ist der Brauch überliefert, beim Bau eines öffentlichen Gebäudes, eines Tempels oder auch eines Privathauses als Fundamentbeigaben an der Türschwelle kleine Statuetten, Tonfiguren von Göttern, Dämonen und Genien (z. B. Fischmenschen) zu vergraben. Die Funktion dieser Figurinen numinoser Mächte ist es vorrangig, den Eingangsbereich zu schützen und Unheil an diesem gefährdeten Grenzbereich zwischen »Innen« und »Außen« abzuwehren. Neben der apotropäischen Funktion sollen sie zugleich eine »ungehinderte heilvolle Kommunikation« ermöglichen, die über eine Türschwelle hinweg stattfindet.²¹ Die besondere magische Bedeutung der Schwelle tritt auch in hethitischen Festritualen gerade dadurch zutage, dass *der König* (als Bändiger gefährlicher Mächte?) beim Verlassen des Tempels »›auf die Schwelle‹ treten« muss (*V. Haas*, Geschichte der hethitischen Religion: HO Abt. I, Bd. 15, Leiden 1994, 280). Die Sitte, die Schwelle auch von Privathäusern *nicht* zu betreten, ist im Übrigen bei Persern, Arabern und bis in neuere Zeit z. B. im deutschen Aberglauben verbreitet (*H. Donner* 1970, 54; *W. Rudolph* 268 Anm. 13).

Ob der Brauch, Schutzdämonenfigurinen an der Türschwelle zu vergraben, den Schwellenhüpfern von Zef 1,9 näher bekannt und bewusst ist und sie deshalb nicht auf die Schwelle als einem Bereich numinoser Mächte treten wollen, muss offen bleiben. Der in der beschriebenen Weise begründete Brauch kann sich faktisch als ein eingeführtes Hofzeremoniell darstellen, das immer wieder nachgeahmt wird (vgl. *Chr. Uehlinger* 1996, 58 f.). Der Brauch entspricht dann »der fremden Mode« von 1,8. Der springende Punkt

---

[20] Einen anderen Vorschlag wagt *M. Görg*, BN 77 (1995) 13–16; ders., Art. Schwelle: NBL, Lfg. 13 (1999), 544. Danach werden aus den Schwellenhüpfern aus Zef 1,9 »Schwellentänzer« oder »tanzende Türhüter«. Ihre Funktion soll »vielleicht in der für die Umwelt Israels bezeugten Institution der apotropäischen Gottestänzer eine Parallele oder gar Vorstufe« haben (1999, 544).

[21] Vgl. *Fr. Hartenstein* 1997, 118.116–122; auch *A. Berlejung*, Die Theologie der Bilder: OBO 162, 1998, 27 f.; zur Bedeutung der Schwelle in Beschwörungsritualen vgl. auch CAD A/II (1968) 335 s. v. askuppu (askuppatu, askuppu 333–335); *D. Rittig*, Assyrisch-babylonische Kleinplastik magischer Bedeutung vom 13.–6. Jh. v. Chr.: MVS 1, München 1977 (S. 35–58.219–230, bes. 222 f.).

liegt in der Sicht der prophetischen Ankündigung darin, dass die höfischen Herren sich sklavisch einem fremden abergläubischen Brauch als einer Art Hofzeremoniell unterwerfen, ihre Entfremdung von JHWH in einem lächerlichen Ritual sichtbar machen und zugleich skrupellos »das Haus ihres Herrn«, den Königspalast, »mit Gewalt und Betrug« (metonymisch für das gewaltsam geraubte Gut) anfüllen.

Situation und Sinn

Mit großer Wahrscheinlichkeit ist Zef 1,8–9 vor der Joschijanischen Reform zu datieren, also vor 622 v. Chr. Auffälligerweise nennt der Text den König nicht mit Namen und klagt ihn nicht an, obwohl die ganze Hofgesellschaft angesprochen wird. Der Grund dafür liegt schwerlich darin, dass der König sich etwa schon als reformwillig gezeigt habe (nach 2 Chr 34,3). Zu deutlich sind noch die fremdländischen Einflüsse am Königshof in der Sphäre einer dominanten assyrisch-aramäisch geprägten religions- und staatspolitischen Kultur im Juda des späteren 7. Jhs. erkennbar (vgl. auch Zef 1,4–5*). Neben einer auch sonst bei Propheten (mit Ausnahme von Hosea und Jeremia und später Ezechiel) begegnenden Zurückhaltung gegenüber ausdrücklicher Königskritik, dürfte doch die Jugend des regierenden Königs eine gewichtige Rolle spielen, wie häufig angenommen. Wenn Zefanja hohe Beamte und die Hofgesellschaft insgesamt von »dem König« als »ihrem Herrn« abhebt und gerade jene vom Gericht bedroht sieht, mag man auf eine grundsätzlich positive Haltung des Propheten gegenüber König und Königtum in Juda schließen.

Das entscheidende Ziel der Kritik und der sachliche Grund der Gerichtsankündigung ist nicht nationalistische Engstirnigkeit. Es geht in den Zeichen der Adaption ausländischer Bräuche am Hof um die Manifestation der Entfremdung von JHWH und Undank ihm gegenüber. Es geht um einen Identitätsverlust von verantwortlichen Menschen, die doch eigentlich anderen ein Vorbild sein sollten in Juda. Aber es geht ebenso um den engen Zusammenhang von Entfremdung von JHWH einerseits und sozialer Gewalt und Betrug an den Schwächeren in der Gesellschaft andererseits. Religionskritik und Sozialkritik lassen sich hier der Sache nach nicht trennen.

Der Spruch Zef 1,8–9 fand als Gericht JHWHs an seinem Schlachttag eine krasse geschichtliche Bestätigung, als der babylonische Großkönig Nebukadnezzar im Zuge der zweiten Eroberung Jerusalems 586 v. Chr. die Söhne des letzten judäischen Königs Zidkija in Ribla vor dessen Augen niedermachen ließ, während der König selbst geblendet und in Fesseln nach Babel gebracht wurde.

I.B.3.
Zef 1,10–11: Aktualisierende Schilderung: Feindeinfall gegen das Krämervolk der (westlichen) Neustadt Jerusalems

Literatur

K. Engelken, Kanaan als nicht territorialer Terminus: BN 52 (1990) 47–63. – *H. Irsigler*, Äquivalenz in Poesie. Die kontextuellen Synonyme ṣᵉ‘aqā – yàlalā – šibr gadu(w)l in Zef 1,10c.d.e: BZ NF 22 (1978) 221–235. – *H. W. Wolff*, Der Aufruf zur Volksklage: ZAW 76 (1964) 48–56. – *H. W. Wolff*, Dodekapropheton 2: Joel und Amos: BK XIV/2, Neukirchen-Vluyn ³1985, 23 f.
Zur Topographie Jerusalems: G. Auld / M. Steiner, Jerusalem I: From the Bronze Age to the Maccabees: Cities of the Biblical World, Cambridge 1996. – *N. Avigad*, Discovering Jerusalem, Oxford 1984. – *N. Avigad*, The Upper City, in: Biblical Archaeology Today, Jerusalem 1985, 469–475 (Respondents 476–483). – *D. Bahat*, Jerusalem: 4000 Jahre Geschichte der Heiligen Stadt, (ins Dt. übersetzt, von M. Yehoshua) Marburg a. d. Lahn 1985. – *D. Bahat*, Jerusalem – die Hauptstadt von Israel und Juda, in: W. Seipel / A. Wieczorek (Hrsg.) 1999, 219–230. – *D. Bahat / G. Hurvitz*, Jerusalem – die Zeit des Ersten Tempels. Archäologische Forschungen, in: W. Seipel / A. Wieczorek (Hrsg.) 1999, 207–218. – *D. Bahat*, Art. Jerusalem: OEANE 3 (1997) 224–238. – *G. Barkay*, The Iron Age II–III, in: A. Ben-Tor (Hrsg.), The Archaeology of Ancient Israel, New Haven / London 1992, 302–373. – *K. Bieberstein / H. Bloedhorn*, Jerusalem. Grundzüge der Baugeschichte vom Chalkolithikum bis zur Frühzeit der osmanischen Herrschaft: Beihefte zum TAVO, Reihe B, Nr. 100/1–3, Wiesbaden 1994. – *M. Broshi*, The Expansion of Jerusalem in the Reigns of Hezekiah and Manasseh: IEJ 24 (1974) 21–26. – *D. Chen / S. Margalit / B. Pixner*, Mount Zion. Discovery of Iron Age Fortifications Below the Gate of the Essenes, in: H. Geva (Hrsg.), Ancient Jerusalem Revealed, Jerusalem 1994, 76–81. – *E. W. Cohn*, New Ideas about Jerusalem's Topography, Jerusalem 1987. – *H. Geva*, Art. Jerusalem: The Early Periods and the First Temple Period: NEAEHL 2 (1993) 701–716. – *H. Kosmala*, Art. Jerusalem: BHH (1962 ff.) 820–850. – *M. Küchler*, Art. Jerusalem: NBL II, Lfg. 7 (1992), 294–314. – *B. Mazar*, Jerusalem from Isaiah to Jeremiah, in: J. A. Emerton (Hrsg.), Congress Volume Jerusalem 1986: VT.S 40, Leiden 1988, 1–6. – *E. Otto*, Jerusalem, die Geschichte der Heiligen Stadt. Von den Anfängen bis zur Kreuzfahrerzeit: UTB 308, Stuttgart u.a. 1980. – *E. Otto*, Art. Jerusalem: RLA 5 (1980) 279–284. – *R. Riesner*, Art. Jerusalem, in: H. Burkhardt u.a. (Hrsg.), Das große Bibellexikon, Bd. 2, Wuppertal / Gießen 1988, 661–677. – *Y. Shilo*, Excavations at the City of David: 1978–1982, Jerusalem 1985. – *J. Simons*, Jerusalem in the Old Testament. Researches and Theories: Studia Francisci Scholten Memoriae Dicata 1, Leiden 1952. – *A. D. Tushingham*, The Western Hill under the Monarchy: ZDPV 95 (1979) 39–55. – *E. Vogt*, Das Wachstum des alten Stadtgebietes von Jerusalem: Bib 48 (1967) 337–358. – *G. J. Wightman*, The Walls of Jerusalem. From the Canaanites to the Mamluks: Mediterranean Archaeology Supplement 4, Sidney 1993. – *H. G. M. Williamson*, Nehemiah's Walls Revisited: PEQ 166 (1984) 81–88.

Teil I: Zefanja 1,2–18

Text

Übersetzung
10 a ⟨Und geschehen wird es an jenem Tag –

    b   Spruch JHWHs:⟩
    c   IA   Horch! Wehgeschrei vom Fischtor her
    d   IB   und Geheul vom Neustadtbezirk
    e   IC   und lautes Niederkrachen von den Hügeln her!
11 a   IA   Heult, Bewohner des Mörsers!
    b   IB   Denn vernichtet ist das ganze Kanaanshändler-Volk,
    c   IC   ausgetilgt sind alle Silber-Schweren!

Zu Text und Übersetzung

10c–11a: Der Text ist einwandfrei überliefert. קוֹל fungiert syntaktisch als Interjektion: »Horch, …!« (vgl. z. B. Jes 66,6; Jer 25,36; 48,3; 51,54), ist jedoch kolometrisch nicht isolierte Anakrusis, sondern in den kolometrischen Aufbau einbezogen. LXX verliest הדגים 1,10c zu הרגים (Verwechslung von ד und ר), so dass aus dem »Tor der Fische« des MT ein »Tor der Durchbohrenden / Mordenden« wird. Im Übrigen lässt LXX weder in 10c und d noch in 11a Ortskenntnis von Jerusalem erkennen. Ähnliches gilt für Syr, die »das Tor der Fische« des MT 10c immerhin als »Tor der Fischer« wiedergibt. Den מִשְׁנֶה, die »Neustadt« oder den »Zweitbezirk« des MT 10d, verstehen LXX, Syr und Vg als Bezeichnung eines weiteren Tores, so klar Hieronymus, Comm.: »secundi muri in eodem climate portam significat« (mit Hinweis auf 2 Kön 22,14). Hieronymus trifft die *lexikalische* Bedeutung der Ortsbezeichnungen in 10c–e.11a recht genau: porta piscium / secunda / colles / pila im Sinne von »Mörser« als »uas concauum« für hebr. מַכְתֵּשׁ. Das Tg bezeugt das »Fischtor« 10c, orientiert sich aber insgesamt an den örtlichen Gegebenheiten der Davidstadt auf dem Osthügel Jerusalems: aus der »Neustadt« bzw. dem »zweiten Bezirk« des MT wird der »Ofel« (ʿwpl, in mehreren Mss. zu ʿwp' im Sinne eines »Vogeltors« verschrieben), aus dem »Mörser«, der im Stadtinneren, also am ehesten im Bereich des Zentraltals, des hellenistisch so genannten Tyropoiontals liegen muss, wird das »Kidrontal« östlich der Davidstadt.

11c: Die Annexionsverbindung נטילי כסף wird traditionell im Anschluss an LXX, Tg und Vg als mit intransitivem Hapaxlegomenon נָטִיל »beladen, belastet« gebildet interpretiert. Dann sind »die mit Silber Beladenen«, d. h. »die an Geld Reichen« betroffen. Dafür spricht der Nominaltyp mit zuständlicher (und intransitiver) Bedeutung (Bauer / Leander 470, § 61nα, vgl. syrisch *naṭṭīlā* »schwer«), auch der Kontrast zu transitivem Partizip aktiv נוֹטֵל »auferlegend«. Die in neuerer Zeit gerne angenommene transitive Bedeutung »darwägend« für נָטִיל (HALAT 655b) versteht die letzte Wortgruppe von 11c als »Silberwäger«. Das »Darwägen« von Silber wird jedoch gewöhnlich durch die Wendung שקל כסף ausgedrückt, was »bezahlen (müssen)« bedeutet (z. B. Ex 22,16; 1 Kön 20,39 u.a.; HALAT 1515b). Vgl. besonders L. Sabottka 1972, 46 f.; J. Vlaardingerbroek 95 f.

Analyse

Durch die redaktionelle Einleitung 1,10a–b, die eine Gleichzeitigkeit des Geschehens mit 1,7–9 herstellt, wird primäre Prophetenrede zu Gottesrede umgedeutet. Auf diese Weise entsteht kompositionell eine einheitliche Gottesrede 1,8–13 mit dem Kopfstück 1,7.

Der Text gliedert sich in Ausruf 1,10c–e und begründeten Aufruf 1,11a.b-c. Er bringt aktuelles Geschehen zu Gehör. Dass es sich jedoch tatsächlich um vorweggenommene Wirklichkeit und damit um aktuell vergegenwärtigende Schilderung handelt, erhellt schon aus dem unvorbereitet einsetzenden Aufruf 10c–e und zumal aus dem rhetorischen und ironischen Sinn der Aufforderung zum »Heulen« (הילילו) 11a als einer kollektiven Klage. Ein hereinbrechendes Unheil, das sich sehr rasch als Feindeinfall profiliert, wird vorgestellt. Gewiss rechnet der Text auf der fiktionalen Ebene mit betroffenen Menschen, die über andere, tödlich Getroffene die Klage anstimmen sollen. Aber die Hörwahrnehmungen »Wehgeschrei« (um Hilfe), »Geheul« und »lautes Niederkrachen« in 10c–e und der Aufruf zum »Heulen« 11a bezeichnen die Wegspur des hereinbrechenden Verderbens. Sie kennzeichnen textlich die Getroffenen, situativ jene, die getroffen werden sollen. Der springende Punkt liegt in V 11 nicht etwa in der einfachen Übernahme der Situation einer kollektiven Klage (s. u.), sondern darin, dass diejenigen, über die das Unheil hereinbricht, ironischerweise selbst zum Klagegeheul aufgerufen werden. Eben diese Funktion ist schon dadurch angedeutet, dass das geschilderte »Geheul« (יללה) 10d in der Aufforderung »heult!« (הילילו) 11a aufgenommen wird. Dem widerspricht nicht, dass der Text erst am Ende jene nennt, auf die hin sich das Unheil zuspitzt und konzentriert. Es sind die in den begründenden Sätzen 11b–c Genannten, die in dieser Spur des Todes eigentlich Gemeinten und Betroffenen: »das ganze Kanaansvolk« und »alle Silber-Schweren«, die durch Handel reich Gewordenen.[22]

Lautsymbolisch wird der düstere Grundton des Stücks und das durchgängige Motiv des Wehgeschreis durch die Häufung ›dunkler‹ und geschärfter Konsonanten in 10c–e, durch die Langvokale in 11a ($\bar{e} - \bar{\imath} - \bar{u} - \bar{o} - \bar{e}$) und die signifikante Wortbasis YLL in 10d und 11a unterstrichen.

Struktur

Eine Übersicht verdeutlicht den Aufbau:

Ausruf 10c–e: »Fischtor« ↓
    Hörwahrnehmung von   »Neustadt« ↓
    Unheilswirkungen   »die Hügel« ↓
Rhetor. Aufforderung 11a: »Mörser« ↓
  ↑   Untergangsklage   [Feindeinfall]
Begründung 11b–c:
    vernichtet ist das   [implizierte Unheilsbegründung]
    reiche Krämervolk

---

[22] Den Skopus des Stückes trifft *Chr. Uehlinger* (1996, 61) kaum, wenn er auf den Unterschied zwischen »Überlebenden« als (nur) »*B*etroffenen« und den »toten Krämer(n)«! als (eigentlich) »*G*etroffenen« abhebt (s. u. Auslegung).

Teil I: Zefanja 1,2–18

Aufruf zur Volksklage

Zef 1,11 nimmt eine geprägte Redeform auf, den »Aufruf zur Volksklage«, den Versammlungsruf zur öffentlichen Klagefeier in einer besonderen Not der Volksgemeinschaft. Seine typischen Merkmale sind in 11a–c vertreten: Der Imperativ הילילו »heult!«, der Vokativ der Aufgerufenen und eine Begründung des Aufrufs (vgl. bes. *H. W. Wolff* 1964, 48–56; ders., BK XIV/2 [³1985] 23 f.). Im Zefanjabuch taucht diese Gattung, wenn auch nur kompositionell, zum ersten Mal im Umkreis der Tag-JHWHs-Ankündigung auf. Als Aufruf, der unmittelbar der ihn begründenden Ansage des nahen JHWH-Tags vorangeht, begegnet der Klageaufruf erst ab der exilischen Epoche: Jes 13,6; Ez 30,2–3; Joel 1,15 (mit Ausruf) nach dem entfalteten Klageaufruf 1,5–14. Anders als im Joelbuch ist der Aufruf zur Volksklage in Zef 1,10 jedoch atypisch eingesetzt und zur Unheilsbotschaft umfunktioniert.

Auslegung

Prophetische Vergegenwärtigung

In Zef 1,10–11 tritt uns eine Eigenart aufrüttelnder prophetischer Gerichtsrede entgegen: die sinnenfällige Vergegenwärtigung des hereinbrechenden Unheils. Ihr stehen eine Palette von Möglichkeiten zur Verfügung. So etwa die Schilderung der öffentlichen Trauer mit Todesweherufen und Totenklageliedern in Am 5,16–17, das prophetische, den Untergang vorwegnehmende Totenklagelied (›politisches Leichenlied‹) wie in Am 5,1.2; Ez 26,17 f.; 27,32–36. Der Form nach begegnet Letzteres auch in Zef 2,15. Daneben steht die Schilderung eines Feindeinfalls wie in Jes 10,27b–32 (mit der Erweiterung V 33–34). Der Feindzug vom Norden her in Richtung Jerusalem scheint in diesem Jesajatext schon begonnen, aber die Aufforderung, den Schreckensruf anzustimmen, an noch nicht tatsächlich Betroffene in Jes 10,30 und die Zielrichtung hin auf Jerusalem machen deutlich, dass wir es hier mit einer Schilderung einer prophetisch gedeuteten Absicht des Feindes zu tun haben. Ähnlich liegen die Dinge in Zef 1,10–11. Während in Jes 10,27b–32 das visionäre Element dominiert, ist es in dem Zefanjatext die auditive Wahrnehmung, die den Schrecken auslöst. Eben diesem Zweck dient auch der atypisch verwendete Aufruf zur Volksklage in Zef 1,11, der prophetisch besonders häufig im Jeremiabuch begegnet (Jer 4,8; 25,34; 49,3; auch 6,26; 7,29; 22,20).

10c–e

Der Ausruf »Horch!« und die Lärm bezeichnenden Substantive von V 10c–e bringen unverkennbar einen in Jerusalem vom Norden her kriegerisch hereinbrechenden Feind und seine Schreckenswirkungen zu Gehör (vgl. zu den kontextuellen Synonymen in Zef 1,10c–e *H. Irsigler* 1978, 221–235). צעקה in 10c lässt keinen Zweifel daran, dass es die unmittelbar vom Feindeinfall Getroffenen sind, die hier laut »Wehgeschrei« erheben.

Der Spruch zielt gewiss auf das Händlervolk von 11b–c ab, ist aber schon von V 10 her nicht darauf angelegt, betroffene Überlebende von den todgeweihten Händlern als den eigentlich »Getroffenen« abzuheben (s. o. die Analyse). צעקה ist im Alten Testament stets das »Geschrei« aus großer Not (Ex 11,6), Wehgeschrei nach verlorener Schlacht (1 Sam 4,14), Schrei nach Recht (Ex 22,22) und Klagegeschrei über Bosheit und Unrecht (Gen 18,21). Es ist aber auch wie in Zef 1,10 das prophetisch vorweggenommene Weh- und Klagegeschrei, so auch in Jer 25,36; 48,3; 49,21 (50,46). Es sind jeweils Bilder schwerster Kriegsnot, die in diesen prophetischen Texten hervorgerufen werden. Umgekehrt kann gerade auch das Verb צעק das »Zusammenrufen« und »Aufbieten« von Kriegern bezeichnen.[23]

Die Synonyme zum Wehgeschrei von 10c, nämlich יללה »Geheul« (in dieser Wortparallele auch in Jer 25,36; entsprechend in Jes 15,8; Sach 11,3) und שבר גדול »großer«, d. h. »lauter Zusammenbruch« (vgl. Jer 50,22; 51,54), verstärken und verdichten den zu hörenden Schrecken. Während das Verderben nach 10c–d Menschen trifft, kann das laute Niederkrachen / der Zusammenbruch von 10e nicht mehr allein den Horror der Menschen im Blick haben (so *J. Vlaardingerbroek* 93). Der akustisch wahrnehmbare Zusammenbruch ist für Assoziationen offen, zumal für das Niederkrachen von Mauern (Jes 30,13–14), was dann doch auch Zerstörungen in den Stadtbereichen auf den »Hügeln« impliziert, darüber hinaus auch Kriegslärm (Jer 50,22), aber auch Wehklage über den Zusammenbruch, das hereingebrochene Verderben (Jer 15,5; 48,5). שבר, sonst auch allgemein »Verderben« durch Krieg und Zerstörung (Jer 4,6; 6,1; 14,7 u. a.) ist in Zef 1,10e konkret und unüberhörbar.

10c–11a Die Ortsangaben in V 10c–11a signalisieren den Weg des Feindeinfalls   Ortsangaben
von Norden her, die Spur des Verderbens. Feindliche Angriffe gegen Jerusalem mussten am ehesten vom Norden her geführt werden, wo die Stadt durch Geländeformationen weniger gesichert und daher strategisch verwundbar war. Die Ortsangaben beziehen sich auf Jerusalemer Stadtbereiche westlich des Tempelbergs und der alten Davidstadt, die im Osten durch das Kidrontal und im Süden durch das Hinnomtal gesichert war.[24] Die Kenntnis der Topographie Jerusalems ist durch die archäologischen Ausgrabungen der vergangenen drei bis vier Jahrzehnte erheblich gefördert worden, auch hinsichtlich der Frage nach der Ausdehnung der Stadt nach Westen gegen Ende der Periode des ersten Tempels. Der Streit der Archäologen um eine »mini-

---

[23] צעק in abgeleiteten Verbalstämmen: Ri 7,23f; 10,17; 1 Sam 10,17 u. a. Entsprechendes gilt von der Nebenform זעק, die auch »das Kriegsgeschrei erheben« (1 Kön 22,32) bedeuten kann.
[24] Singulär ist die Deutung der Ortsangaben in Zef 1,10–11 auf Städte in Palästina, nämlich Akko, Lod, Sepphoris und Tiberias im Midrasch Pesiqta Rabbati (Piska 8) nach *J. Schwartz*, ThZ 46 (1990) 4 f.7–11. Der Midrasch scheint sich auf die jüdische Revolte in Palästina unter der Regierung des Gallus 351 n. Chr. zu beziehen, ebd. 11, siehe auch unten die Auslegung zu Zef 1,11–12.

Teil I: Zefanja 1,2–18

malistische« oder »maximalistische« Lösung wird gegenwärtig von einer Mehrheit der Forschung auf der Basis vor allem der Ausgrabungen N. Avigads im jüdischen Viertel (1969–1982) und weiterer Grabungen (u. a. am Südhang des heutigen Zionsberg) im letzteren Sinn entschieden. Vgl. Abb. 14!

»Neustadt« Wir dürfen mit hoher Wahrscheinlichkeit davon ausgehen, dass die in Zef 1,10d genannte »Neustadt« bzw. »der zweite Bezirk« (המשנה) im 7. Jh. v. Chr. sich westlich an den Tempelberg anschloss und auch den größeren und höheren Westhügel bis hin zum Hinnomtal umfasste. Auch der Westhügel war nach dieser neueren Beurteilung der archäologischen Ergebnisse wenigstens vom Ende des 8. Jhs. an von einer Stadtmauer umgeben.[25] Der »Mischne«, die »Neustadt« wird für die Zeit des Königs Joschija noch in 2 Kön 22,14 (2 Chr 34,22) erwähnt. Danach wohnte die Prophetin Hulda, die Frau eines königlichen Beamten, in der Jerusalemer Neustadt. Sie wird von Amtsträgern im Auftrag des Königs zum Zweck einer Gottesbefragung nach der Auffindung des »Gesetzbuches« im Tempel dort in der Neustadt aufgesucht. Man kann daraus schließen, dass die Neustadt ein veritables Wohnviertel war, in dem jedenfalls auch königliche Beamte wohnten.

»Fischtor« Das in Zef 1,10c genannte »Fischtor« (»Tor der Fische«) ist jedenfalls im Nord-Westen Jerusalems zu suchen. Es befand sich allem Anschein nach an einer sehr verwundbaren Stelle Jerusalems, die nach 2 Chr 33,14 noch von König Manasse im Zuge seines Mauerbaus befestigt wurde.[26] Das »Fischtor« gehörte wahrscheinlich zur Nordmauer der Neustadt, am ehesten am Schnittpunkt dieser Mauer mit dem Zentraltal, dem Tyropoiontal (Käsemachertal) der hellenistischen Zeit Jerusalems.[27] Das »Fischtor« verdankt seinen Namen wohl dem Fischmarkt, der am Tor seinen festen Platz hatte, vermutlich von Fischerleuten von der Mittelmeerküste beliefert (nach Neh 13,16 gab es in der Zeit Nehemias Tyrier in Juda, die Fische am Sabbat verkauften!).

»Mörser« und »die Hügel« Der »Maktesch« / »Mörser« (המכתש) von Zef 1,11a als bevorzugtes Gebiet der Händler und Kaufleute Jerusalems hat seine Namen gewiss von seiner muldenförmigen Geländeformation. Er gehört sicher der Neustadt an und ist am ehesten im Bereich des Zentraltals westlich des Altstadthügels

---

[25] S. o. die Literatur zur Topographie Jerusalems, bes. N. Avigad, Discovering Jerusalem, 1984, 31 ff.60 (23–60); ders., 1985, 469–483; H. Geva 1993, 701–716, bes. 704–708; D. Bahat, OEANE 3 (1997) 226 f.228; ders., 1999, 224–228 (219–230); K. Bieberstein / H. Bloedhorn, Jerusalem, Bd. 2, 1994, 70–85; G. Barkay 1992, 364–373; M. Broshi 1974, 21–26; ferner M. Oeming, Exkurs zur Topographie und Archäologie Jerusalems, in: A. H. J. Gunneweg, Nehemia, Berlin 1987, 180–194, zur Topographie noch H. Donner, in: BRL² (1977) 157–165; E. Vogt 1967, 337–358.

[26] Vgl. D. Bahat, The Wall of Manasse in Jerusalem: IEJ 31 (1981) 235 f.

[27] Nicht in der nördlichen Altstadt, sondern in der Nordmauer der Neustadt lokalisieren das Fischtor plausibel B. Mazar 1988, 3, und entsprechend für den Mauerbau unter Nehemia nach Neh 3,3; 12,39 A. Gunneweg, Nehemia, Berlin 1987, 67 f.

Zef 1,7–13: Ankündigung des Gerichts über Jerusalem

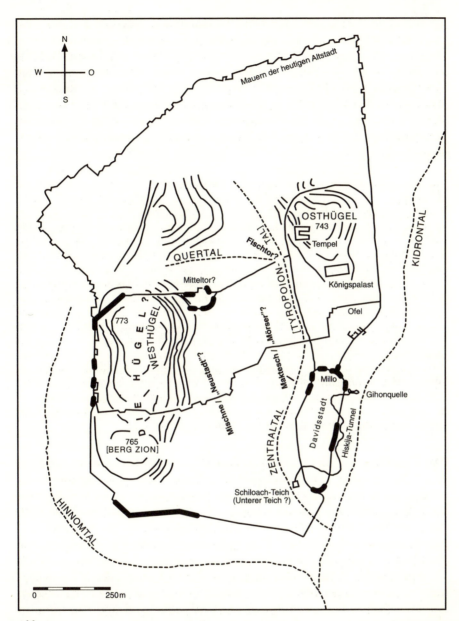

Abb. 14
Jerusalem in der späten Königszeit Judas (7. Jh. v. Chr.).
Auf der Grundlage von: TAVO B IV 7, Wiesbaden 1992 (Autor: *K. Bieberstein*); *N. Avigad*, Discovering Jerusalem, Oxford 1984, 25.58; *T. Fitzner* (Hrsg.), Satelliten-Atlas des Heiligen Landes, Bd. 2: Die Regionen, Nicosia 1999, 152 (Bearbeiter: *S. Margalit*).   Gezeichnet von *C. Diller*.

zu vermuten.²⁸ Was mit »*den Hügeln*« gemeint ist, die in 1,10e noch vor dem »Mörser« genannt werden, ist nicht recht klar. Schwerlich sind damit die Jerusalem umgebenden Hügel bezeichnet. Folgt man vielmehr der Linie ›Fischtor – Neustadt – Hügel – Mörser‹, dann bilden »die Hügel« im Bereich der Neustadt den Kontrast zur Vertiefung des »Mörsers«. Es dürfte sich dann um die beiden Erhebungen des Westhügels Jerusalems (und eventuell darüber hinaus um den nord-westlichen Hügel jenseits des Quertals im Norden) handeln. Von ihnen aus konnte man auf den niedrigeren Tempelberg hinabschauen.

Erweiterung Jerusalems

Für eine starke Erweiterung Jerusalems nach Westen am Ende des 8. und im 7. Jh. v. Chr. gibt es plausible Gründe. Nach der Zerstörung Samarias und dem Untergang des Nordstaates Israel kamen nach 722 v. Chr. Israeliten als Flüchtlinge in das Südreich Juda um dort eine neue Heimat zu finden. Entsprechendes gilt für die Zeit um und nach 701 v. Chr., als der Assyrer Sanherib zahlreiche Landstädte Judas, darunter das mächtige Lachisch erobert und Jerusalem »wie eine Hütte im Weinberg und eine Nachtbleibe im Gurkenfeld« (Jes 1,8) übrig gelassen hatte. Nicht nur Jerusalem, auch die Siedlungen im Land Juda, im judäischen Hügelland bis hinein in die judäische Wüste (Engedi) und den Negeb (um das Tal von Beerscheba), wuchsen an bzw. wurden deutlich vermehrt (*I. Finkelstein* 1994, 172–176 (169–187). *M. Broshi* (1974, 23 f.) rechnet mit einer drei- bis vierfachen Erweiterung Jerusalems um 700 v. Chr. gegenüber seiner früheren Größe, d. h. mit einem Anwachsen auf etwa 24000 Bewohner gegenüber 6–8000 noch im 8. Jh. v. Chr. Archäologisch erscheint die Annahme einer Ausdehnung Jerusalems am Ende der judäischen Königszeit bis auf über 60 Hektar plausibel, abgesehen noch von unbefestigten Vorortsiedlungen (so z. B. nach *G. Barkay* 1992, 371 f.: 8mal größer als Lachisch; die Landstätte Judas umfassten etwa 6–8 Hektar, Ninive, die größte Metropole der alten Welt im 7. Jh. dagegen ca. 750 Hektar nach *P. Matthiae*, Ninive 1999, 84!).

Händlervolk

Das eigentliche Ziel des feindlichen Einfalls in Jerusalem wird erst am Ende in 1,11b–c genannt, in den Sätzen, die den Klageaufruf an die Bewohner des »Mörsers« in 11a begründen: »das ganze Kanaansvolk«, »alle, die reich sind an Silber« bzw. »alle Silber-Schweren«. In dieser imaginativen Rede stellt V 11 die Vernichtung des reichen Händlervolks schon als vollzogen vor. Die beiden synonymen Suffixkonjugationen jeweils des N-Stamms von דמה und כרת im Sinne von »vernichten, austilgen«, verdichten am Ende des Spruchs den Eindruck des unausweichlichen Unheils. Auch die Bedeutung »zum Schweigen gebracht werden« kann man aus der Verwendung des Verbums דמה-N heraushören (vgl. HALAT 216b s. v. II und III). Dann ist damit auch gesagt, dass das laute Treiben der Händler zu Ende gebracht ist. Der durch die Sätze 11b–c begründete Aufruf 11a nimmt die Wortbasis von

11a.b–c

---

²⁸ Die von *A. Kloner* 1976 entdeckte Mauer entlang der Westseite des Zentraltals wurde anscheinend zum Schutz des Arials westlich des Tales errichtet, vgl. ders., Excavations and Surveys in Israel 3 (1984) 57–59; ders. in: Biblical Archaeology Today, Jerusalem 1985, 478–481.

ילָלָה »Geheul« von 10d her auf. Der rhetorische Effekt des Aufrufs liegt darin, dass es ja gerade dieses Händlervolk ist, das zumindest vorrangig als »die Bewohner des Mörsers« vorausgesetzt wird. Aufgerufen wird zu einem »Heulen«, das man nach 10d schon von der Neustadt her hört! Zef 1,11 liegt in dieser Hinsicht auf einer Ebene mit den rhetorischen Klageaufrufen an die vom Unheil direkt Betroffenen mit Imperativ הילילו »heult« in Jes 13,6; 14,6 (sg.f.); 23,6; Jer 4,8; 25,34; Ez 30,2–3 (die unterschiedliche Bezeichnung von indirekt Betroffenen, die zum Wehgeschrei aufgerufen werden und den direkt von der Zerstörung Betroffenen, hebt gerade nicht auf das Überleben der Ersteren ab in Jes 23,1.14; Jer 48,20; 49,3).

Das Kanaansvolk in Zef 1,11b ist kontextuell hier gewiss metaphorisch das Händlervolk und damit soziologisch bestimmt (vgl. Hos 12,8; Ez 16,29; 17,4 und כנעני »Händler« in Sach 14,21; Spr 31,24; Ijob 40,30; vgl. *K. Engelken* 1990, 47–63). Doch muss man die Anspielung auf das fremdländische kanaanäische Element in diesem Krämervolk mithören. Das bedeutet nicht, dass der Spruch an der ethnisch fremden Herkunft dieser Leute interessiert wäre. Es geht darum, ein fremdländisch-kanaanäisches Sein und Verhalten dieser Leute zu brandmarken, gleich ob sie tatsächlich aus den (phönizischen oder philistäischen) Küstenregionen kommen oder waschechte Judäer sind. Für die Fremdgekleideten und die Schwellenhüpfer von Zef 1,8–9 gilt Entsprechendes (s. o.)!

נטילי כסף in Zef 1,11c könnte, wie häufig angenommen, im aktiven und transitiven Sinn zu verstehen sein: die »Silberwäger«. Sprachlich liegt jedoch eine intransitive Bedeutung, wie sie in LXX, Targum und Vulgata angenommen wird, näher: »die mit Silber Beladenen«, die »Silber-Schweren« oder plastischer »Geldsäcke« (s. o. zum Text!). Es sind sachlich keine anderen als die »Kanaansleute«, wohl aber unter einem anderen Aspekt gesehen, als die durch Handel schwer reich gewordenen, auf welche obskure Weise auch immer. Die Annexionsverbindung mit Adjektiv נטיל »beladen« erscheint als eine besondere Wortprägung Zefanjas (vgl. mit כבד »schwer an Silber« Gen 13,2). Der interessante Versuch *Chr. Uehlingers* (1996, 61 f.), zwischen den Kanaansleuten, die aus dem Küstenbereich kommen, und den »Silberwägern« als Judäern bzw. Jerusalemern, die als einheimische Zwischenhändler operieren, zu unterscheiden, ist spekulativ und legt sich im Hinblick auf den Parallelismus von 11b // c nicht nahe.

Situation und Sinn

Welchen ›Feind aus dem Norden‹ sieht der Prophet nach Zef 1,10–11 in Jerusalem einfallen? Wenn auch der Norden hier nicht ausdrücklich genannt ist, so kann kein Zweifel daran bestehen, dass der Zefanjaspruch eine ähn-

Der Feind aus dem Norden

Teil I: Zefanja 1,2–18

liche Vorstellung von einem Feind aus dem Norden hervorruft, wie sie so charakteristisch im Jeremiabuch auftritt (Jer 1,14; 4,6; 6,1.22; 10,22; 50,41). Der Prototyp für die vom Norden einfallenden Feinde sind gewiss die Assyrer von der Zeit Tiglatpilesers III. (745–727) an, die Nordisrael den Untergang brachten und dann auch Juda und Jerusalem unter Sanherib (705–681) verheerenden Schaden zufügten. Doch die Assyrer werden nach Zef 2,13 selbst von JHWHs vernichtender Macht getroffen. Die alte Theorie von einem »Skythensturm«, der ca. 630–625 v. Chr. über Palästina hinweggefegt sein soll (nach Herodot, Historien I, 105), ist mit guten Gründen in Frage gestellt und auch abgelehnt worden. Für die Unheilsszenerie in den Zefanjaworten ist eine mögliche Bewegung von Verbänden skythischer Reiterscharen aus Ostanatolien und den südrussischen Steppengebieten in Syrien / Palästina zumindest nicht entscheidend.[29]

Wie weit ein Jerusalemer Prophet wie Zefanja Einblick gewinnen konnte in die assyrisch-babylonischen politischen Verhältnisse, ist schwer zu sagen. Der kommende Mann in Mesopotamien war ohne Zweifel der aus den südmesopotamischen Chaldäern stammende Neubabylonier Nabopolassar, dem die Babylonier 626/25 die Königswürde antrugen. Zefanja setzt am wahrscheinlichsten dieselben Feinde gegen Juda und Jerusalem voraus, wie er sie gegen Assur als »Hand« JHWHs auftreten sieht nach 2,13(15). Tatsächlich sind es die Neubabylonier zusammen mit den Medern gewesen, die den Untergang Ninives (612 v. Chr.) herbeiführen sollten.

Prophetische Wahrnehmung Die Spruchheit Zef 1,10c–11c sagt in vergegenwärtigender und imaginativer Rede entscheidend den reichen Händlern Jerusalems, die im Bereich

---

[29] Vgl. *J. P. J. Olivier*, Notes on a Possible Connection Between Zephaniah and the Scythians: OTWSA 13/14 (1970/1971 [1975]) 54–59. Herodot setzt den Zug der Skythen nach ihrem Eindringen in Medien und vor der Eroberung Ninives durch die Meder an. Nach ihm sind die Skythen mit dem Ziel Ägypten durch Syrien und Palästina gezogen und haben auf ihrem Rückzug den Tempel der Aphrodite Urania in Aschkelon geplündert. Die legendären Züge dieses Berichtes hat schon *F. Wilke*, Das Skythenproblem im Jeremiabuch. FS *R. Kittel*: BWAT 13, Leipzig 1913, 222–254, nachgewiesen. Den geschichtlichen Hintergrund beschreibt *H. Donner*, Geschichte 1986, 340 f., so: »Die Skythen bremsten fürs Erste die medische Expansion nach Süden; mehr haben sie wohl nicht geleistet.« 616 schlug der Meder Kyaxares die Skythen. Eine Neubearbeitung, auch aufgrund archäologischen Materials, versucht *E. Yamauchi*, in: BA 46/2 (1983) 90–99. Er kommt für den Feind aus dem Norden beim primären Jeremia zu dem Ergebnis: »Perhaps Jeremiah's prophecies were fulfilled by an attacking force of both Chaldeans and Scythians« (95). Die These, dass es sich bei dem Feind aus dem Norden im Jeremiabuch um Skythen handle, begegnet seit dem 18. Jahrhundert, vgl. *R. P. Vaggione*, Over all Asia? The Extent of the Scythian Domination in Herodotus: JBL 92 (1973) 523 (523–530). Zur Diskussion des Skythenproblems (im Blick auf das Jeremiabuch) vgl. *R. Liwak*, Der Prophet und die Geschichte: BWAT 121, Stuttgart u. a. 1987, 136–147. Positiver für eine Bedrohung Syrien-Palästinas durch Skythen, die aus israelitischer Sicht nur als Verbündete der Assyrer erscheinen mochten, plädiert *H. Cazelles*, Sophonie, Jérémie, et les Scythes en Palestine: RB 74 (1967) 24–44, engl. in: *L. G. Perdue / B. W. Kovacs* (Hrsg.), A Prophet to the Nation. Essays in Jeremiah Studies, Winona Lake 1984, 129–149. Vgl. auch *A. R. Millard*, The Scythian Problem, in: *J. Ruffle* u. a. (Hrsg.), Glimpses of Ancient Egypt. FS *H. W. Fairman*, Warminster 1979, 119–122; ferner *R. Edler* 1984, 49–51.

des »Mörsers« in der Neustadt Jerusalems wohnen, unentrinnbares Vernichtungsgericht an. Das laute Wehgeschrei, das geschildert wird und zu dem der Prophet auch noch die Betroffenen aufruft, ist düsterer, unheilvoller Widerhall der lauten Geschäftigkeit des Händlervolks. Zwei Aspekte scheinen für die nur in den Sätzen 11b–c erkennbare implizierte Gerichtsbegründung wichtig. Es ist zum einen das fremde »kanaanäische« Wesen und Treiben dieses Händlervolks, das sehr wohl auch von judäisch-jerusalemischen Händlern gesagt werden kann. Darin sieht der Prophet offenbar eine Entfernung von den Traditionen und Wurzeln des JHWH-Volks und des JHWH-Glaubens. Das Gebaren dieses Händlervolks erscheint als Einfallstor fremden, nicht JHWH-gemäßen Wesens. Kanaanäertum gilt noch im Neuen Testament für Juden als Inbegriff der Dekadenz (vgl. nur die Episode von der kanaanäischen Frau bzw. der Syrophönizierin in Mt 15,22 ff. und Mk 7,25 ff.). Sichtbar wird dieses kanaanäische Wesen der Händler – und das ist der zweite Aspekt – in dem Aufhäufen von Silber (noch vormonetäres Geld, Münzen werden erst durch die Perser in Palästina eingeführt). Dass dieser Reichtum auf sozial ungerechte und obskure Weise gewonnen wurde, dürfte der Text genau so voraussetzen, wie dies ausdrücklich von den Händlern in Am 8,5 f.; Mi 6,10 f.; auch Jer 5,26–28 u. a. gesagt ist. Dann trifft sich Zef 1,10–11 in beiden Aspekten der impliziten Gerichtsbegründung recht genau mit Zef 1,8–9. Dennoch: der Spruch 1,10–11 will nicht zuerst ein Gericht Gottes *begründen*. Er ist ganz und gar beherrscht von der Hörwahrnehmung, von dem überwältigenden Eindruck des vorstürmenden, hereinbrechenden Feindes, der nur an seinen Schreckenswirkungen, an der Spur von Wehegeschrei und Tod erkennbar ist. Zeigt sich darin nicht mit allem Nachdruck der Vorrang der prophetischen Erfahrung, die sich unwiderstehlich aufdrängende Gewissheit vom hereinbrechenden Unheil, noch vor aller Reflexion und zeitkritischen Begründung einer Gerichtsverfallenheit von Menschen? Vielleicht darf man noch einen Schritt weitergehen: Gewiss hat der Aufruf zur Wehklage in 1,11a in diesem Kontext einen rhetorischen Effekt. Bloße ›Ironie‹ ist er dennoch nicht. Der Schrecken, den der Prophet in seinem Spruch verbreitet, den Hörern fühlbar nahe bringt, ist doch der Schrecken, der ihn selbst zuallererst erfasst hat. Der Sprecher steht ja keineswegs als neutrale Person neben all dem Wahrgenommenen. Ist dieses ›Heulen‹ und ›Wehklagen‹, das so laut wird im Spruch, nicht auch Ausdruck der Gefühlslage des prophetischen Sprechers selbst, seiner paradoxen Anteilnahme am Geschick der Menschen, das er schaut? Eine unauflösbare prophetische Tragik!

Teil I: Zefanja 1,2–18

I.B.4.
Zef 1,12–13: Gegen die selbstgefälligen Reichen in Jerusalem und ihr Bild vom inaktiv-ungefährlichen Gott

Literatur D. J. Clark, Wine on the lees (Zeph 1.12 and Jer 48.11): BiTr 32 (1981) 241–243. – J. H. Eaton, Wine and Cheese on the Day of Judgement. Encountering the Book of Zephaniah: ExpTim 99 (1987) 71–73. – Th. Podella, Notzeit-Mythologien und Nichtigkeitsfluch, in: B. Janowski u. a. (Hrsg.), Religionsgeschichtliche Beziehungen zwischen Kleinasien, Nordsyrien und dem Alten Testament: OBO 129, Freiburg (Schweiz) / Göttingen 1993, 427–454. – M. Rose, »Atheismus« als Wohlstandserscheinung? (Zephanja 1,12): ThZ 37 (1981) 193–208. – H. U. Steymans, Deuteronomium 28 und die *adê* zur Thronfolgeregelung Asarhaddons. Segen und Fluch im Alten Orient und in Israel: OBO 145, Freiburg (Schweiz) / Göttingen 1995.

Text

Übersetzung 12 a ⟨*Und geschehen wird es in jener Zeit:*⟩
              b IA   *Ich will Jerusalem mit Leuchten durchsuchen*
              c IB   *und werde einschreiten gegen die Männer,*
                 IIA   *die auf ihren Weinhefen eindicken,*
                 IIB   *die bei sich sagen:*
              d IIIA *»Weder Gutes wirkt JHWH,*
              e IIIB *noch tut er Böses.«*
            13 a IA   *Dann verfällt ihr Besitz der Plünderung*
              b IB   *und ihre Häuser der Verwüstung.*
              c   ⟨*Sie werden (zwar) Häuser bauen,*
              d   *aber nicht bewohnen;*
              e   *sie werden Weinberge pflanzen,*
              f   *aber nicht deren Wein trinken.*⟩

Zu Text und   12b: בנרות »mit Leuchten / Lampen«: נר ist die kleine Leuchte, die Tonlampe, mit Öl
Übersetzung   gefüllt. Die einfachen Formen haben meist nur eine Schnauze [BRL² 198–201]. In der Bildsprache ist ein wörtliches Verständnis des Plurals als Unterstreichung der gründlichen Suche JHWHs durchaus möglich. Denselben Sinn hätte die freilich nicht nötige Annahme eines Amplifikativ- oder Intensivplurals oder eines Plurals der Verallgemeinerung (Ges-K § 124e; Joüon / Muraoka II § 136 f.j). LXX und Syr wie auch Tg setzen erleichternd den Singular. Das Tg vermeidet den Anthropomorphismus in 12b und übersetzt sehr frei: »Ich will Untersucher bestellen und sie werden die Bewohner Jerusalems untersuchen wie Leute, die mit einer Lampe suchen.«

Zef 1,7–13: Ankündigung des Gerichts über Jerusalem

Analyse

Die redaktionelle Verknüpfungsformel »Und es wird geschehen in jener Zeit« 1,12a stellt wie schon 1,10a–b Gleichzeitigkeit der Gottesrede von 1,12–13 mit dem Vorausgehenden her. Sie verweist in vager Form auf den JHWH-Tag von 1,7 zurück, kompositionell letzten Endes auf die ausgestreckte Hand JHWHs gegen Juda und Jerusalem von 1,4a. *Die Einheitlichkeit des Textes*

Wohl ein deuteronomistisch orientierter Zusatz der Prophetenbuchredaktion ist 1,13c–d.e–f. Er stellt nicht nur eine Verbindung mit Am 5,11 her, sondern erinnert besonders auch an die Fluchbestimmungen in Dtn 28,30.39. Der Bearbeiter will das unheilvolle Zefanjawort als Einlösung der Fluchandrohung des Buches Deuteronomium verstanden wissen. Der Zusatz ist literarkritisch gut begründet: 13b spricht von völliger Verwüstung der Häuser, 13c–d dagegen von neuem Häuserbau, ohne dass diese Häuser von den Erbauern auch bewohnt werden könnten. Die Sätze 13e–f weisen mit der Rede vom Weinbergpflanzen auf die Weinhefen von 12c zurück. Aber 13a lässt nicht mehr an ein neues Pflanzen von Weinbergen denken, der gesamte Besitz verfällt ja der Plünderung. Die Annahme, 1,13c–f gehöre primär der Einheit 1,12–13 an, so z. B. *J. J. M. Roberts* 181; *W. Rudolph* 269 Anm. 19, wird den Differenzen kaum gerecht und erschwert eher das Textverstehen. *K. Seybold* 99.101, möchte 1,13a–b als sekundären Ersatz für eine ursprüngliche Fortsetzung des Spruches in 1,17–18* verstehen. Das ist unwahrscheinlich. 13a–b bringen die notwendige Folge des göttlichen Eingreifens, konkret gegen die reichen Herren von V 12. V 17–18* dagegen sprechen undifferenziert von »dem Menschen« schlechthin. Nur eine Replik auf V 12–13, keine direkte Fortsetzung kann in V 17–18* vorliegen. *Zusatz 13c–f*

Der Text ist in seinen drei ankündigenden Verbalformen klar zweiteilig aufgebaut: *Struktur*

(1.) das Eingreifen JHWHs, stilisiert als Gottesrede in der 1. Person, in 12b–e (erweitert durch partizipiale Attribute und Redezitat 12d–e), (2.) die Folge des Eingreifens in unpersönlicher Formulierung 13a–b. Es zeigt sich ein doppelter Wechsel von Bild- und Sachebene, auch ein deutlicheres Auseinandertreten von Unheilsankündigung und Begründung bzw. von Schuldaufweis und Strafansage, als dies in 1,8–9 und 1,10–11 der Fall ist:

Eingreifen JHWHs 12b–e:
»durchsuchen« (חפשׂ-D) mit Leuchten 12b   Bild
»einschreiten« (nach Überprüfung) (פקד על)   Sache
gegen »die Männer« 12c

    Begründung (Schuldaufweis):
    »auf Weinhefen eindicken« 12c IIA   Bild
    Gedankenzitat: JHWH inaktiv12c IIB–e   Sache

Folge des göttlichen Eingreifens 13a–b (+ 13c–f):
Plünderung des Besitzes, Vernichtung   Sache
der Häuser (+ Vergeblichkeits-Strafe)

Teil I: Zefanja 1,2–18

Auslegung

Durchsuchung und Eingriff

Mit einem kühnen Bild setzt der Spruch ein. JHWH selbst will Jerusalem »mit Leuchten« gründlich »durchsuchen«. Das Bild könnte an eine nächtliche Szenerie denken lassen. Der springende Punkt aber ist die Gründlichkeit dieser Untersuchung bis in die letzten dunklen Winkel der Häuser hinein (wie im Gleichnis von der Frau, die eine verlorene Drachme sucht und dazu eine Lampe anzündet und das ganze Haus ausfegt, Lk 15,8!). Es gibt kein Verstecken und kein Entrinnen. JHWH leuchtet das Dunkel vollständig aus, daher auch der Plural נרות »Lampen« (s. o. zu Text und Übersetzung). Vgl. Abb. 15 und 16! Das so anthropomorphe Bild wurde schon vom Targum entschärft (s. o. Text). In mittelalterlichen Darstellungen, wie in der Kathedrale von Reims, wird Zefanja mit einer Lampe ausgestattet in Anspielung auf Zef 1,12. Im Text ist es jedoch JHWH, nicht der Prophet, der durchsucht und aufspürt. Die Intention des Bildes trifft sich mit Am 9,3 im Zusammenhang der fünften Vision des Amos (9,1–4): Selbst wenn die dem Gericht verfallenen Israeliten sich auf dem Gipfel des Karmel verstecken wollten, so kündigt ihnen JHWH an, sie auch dort »aufzuspüren« (חפש-D! wie in Zef 1,2b) und sie zu ergreifen. Keiner kann entrinnen! Zu derselben gründlichen Suche fordert die Gottesrede in Jer 5,1 auf, freilich zu einem anderen Zweck: »Zieht durch Jerusalems Straßen und schaut doch nach, und sucht zu erkennen und fragt auf seinen Plätzen, ob ihr einen findet, ob einer da ist der Recht tut ...« 12b

Anders als der Kyniker Diogenes von Sinope (gest. 323 v. Chr. zu Korinth), der »Menschen« sucht und keine findet, hat die Durchsuchung JHWHs sicheren Erfolg. JHWH spürt die reichen Herren in Jerusalem auf – vielleicht ist nach der Neustadt in V 10–11 kompositionell eher an die Altstadt gedacht – und JHWH zieht sie zur Rechenschaft (פקד על). Die Bildsprache von 12b zielt auf die Sachaussage von 12c, das Durchsuchen führt zur Überprüfung und zum Einschreiten. Dass Gott wirklich eingreift, um diese Gewissheit geht es im ganzen Spruch, mit Nachdruck sagt dies die Gottesrede in 12b–e. Diesem Eingreifen ist die Begründung, der Schuldaufweis untergeordnet. Allerdings wird er, anders als in 1,11b–c, in den partizipialen Attributen von 12c IIA und 12c IIB-e ganz ausdrücklich formuliert und in einer Weise, die bis in die innersten Gedanken der betroffenen »Männer«, hier der vornehmen und einflussreichen Herren (vgl. בני איש Ps 49,3) vorstößt. Bild- und Sachaussage wirken wie zwei Seiten einer Medaille zusammen.[30] 12c

---

[30] Die Durchsuchung Jerusalems mit einer Lampe (LXX) bzw. »mit Lampen« (MT, Vg) sowie die Heimsuchung der Bewohner wird bei frühen christlichen Schriftstellern (Hieronymus, Cyrill von Alexandrien u. a.) auf die Eroberung Jerusalems einerseits durch die Babylonier, andererseits durch die Römer interpretiert. Der Midrasch Pesiqta Rabbati hingegen bezieht Zef 1,12b–c auf das Einschreiten Gottes gegen die Götzendiener in Jerusalem und sieht auf diese

Abb. 16
Schalenlampe mit sieben Schnauzen auf einem hohen Fuß. In Palästina seit der Eisenzeit II nachgewiesen. Gezeichnet von C. Diller nach BRL², 200 Abb. 12.

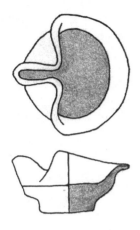

Abb. 15
Runde Lampe mit einem relativ hohen Scheibenfuß und mit vom gewölbten Schalenkörper scharf abgesetztem nach außen gebogenen Rand. – Eisenzeit IIC. Gezeichnet von C. Diller nach BRL², 199 Abb. 4.

12c IIA Die Metapher von den Männern, den Herrschaften, die auf ihren Hefen eindicken, ist von der Weinherstellung genommen. Das Verb קפא (G- und H-Stamm) bedeutet in Ex 15,8; Ijob 10,10 und Sir 43,20 »sich zusammenziehen, gerinnen, fest werden« (bzw. »gerinnen lassen«), von Flüssigkeit, in Ijob 10,10 ebenfalls bildlich und zwar vom Entstehen des Menschen im Mutterleib, gesagt (im Vergleich mit dem Gerinnen von Käse). שמרים sind die Weinhefen (Jer 48,11; Ps 75,9; wohl auch im korrigierten Text von Ez 23,34), in Jes 25,6 jedoch metonymisch der abgelagerte, schwere alte Wein. Die Metapher lässt sich am besten von Jer 48,11–12 her verstehen: »Ungestört war Moab von Jugend an, und ruhig lag es auf seinen Hefen. Und nicht wurde es umgeschüttet von Gefäß zu Gefäß: Nie musste es in die Verbannung ziehen. Darum blieb ihm sein Wohlgeschmack erhalten, sein Duft veränderte sich nicht. Darum, siehe da, Tage kommen, Spruch JHWHs, da werde ich Kellermeister zu ihm schicken, die werden es umgießen und seine Gefäße entleeren und seine Krüge zerschlagen«. Die Metapher vom guten abgelagerten Wein zielt auf die ungestörte Ruhe, die Moab bisher genießen konnte. Das in der Weinproduktion notwendige Abgießen des Weins von seiner Hefe wird zum Bild der drohenden Exilierung. Das dem Gericht ge-

Der Wein und die Herren

Weise die Rückkehr der Juden nach Jerusalem ermöglicht. Der Text versteht sich nach J. *Schwartz*, ThZ 46 (1990), bes. 15–19, am besten aus der Situation der jüdisch-christlichen Polemik in byzantinischer Zeit auf dem Hintergrund der Bemühungen von Kaiser Julian, den Tempel in Jerusalem wiederherzustellen (361–363 n. Chr.). Möglicherweise wurde Zef 1, angeregt von 1,12, in der alten Synagoge als eine Prophetenlesung an einem der Sabbate des Chanukka-Festes verwendet, vgl. *Schwartz* ebd. 16 mit Anm. 86.

weihte Moab war für seine Weinproduktion bekannt (vgl. Jes 16,8–10; Jer 48,32–33). Entsprechend wird die Tatsache, dass gerade die Weinherstellung das passende Bild für die reichen Herren von Zef 1,12 liefert, ein Indiz für den Stellenwert des Weins im Wohlleben dieser Herrschaften sein. Deshalb muss man die Beschreibung in 12c IIA nicht gleich »ganz konkret und direkt« deuten als »die betäubt sind von ihren feinen Weinen« (*L. Sabottka* 1972, 48; auch *A. S. van der Woude* 100f.). Der Sinn der Metapher von 12c IIA erschließt sich im Kontext von Zef 1,12–13, vom anmaßenden Urteil über JHWHs Handlungsbereitschaft in 12d–e her, aber auch im Spiegel des der Vernichtung geweihten reichen Besitzes 13a–b: Es ist ein Bild satten, ungestörten Wohllebens dieser Herren, die sich in ihrem Reichtum behaglich und behäbig eingerichtet haben, mindestens in diesem Sinne »eingedickt« sind wie der Wein, der lange auf den Hefen liegt.

Bleibt aber der Wein allzu lange auf seinen Hefen liegen, ohne abgegossen zu werden, so verdickt er, trübt ein und wird ungenießbar.[31] Ähnliches könnte man auch von den reichen Herrschaften sagen: Sie sind in Selbstzufriedenheit und Selbstsicherheit erstarrt.

Nach der Metapher vom Eindicken auf den Weinhefen erreicht die Anklage in der Sachaussage der folgenden Partizipialgruppe ihren Höhepunkt. Die Anklage in 1,12 gewinnt mit der wirtschaftlich-sozial orientierten Metapher und dem religiös bestimmten Gedankenzitat eine rhetorische Schärfe und eine theologische Brisanz, die jene in 1,8–11 weit übertrifft. Das fingierte Zitat, der innere Monolog der reichen Herren, der in ihre Innenwelt »vordringt«, ist ein veritables Mittel, um das Innere »nach außen« zu kehren, genauer das so vom Propheten gedeutete »Innere« dieser Herren, das in ihrem Lebensstil, in ihrem Auftreten und Reden ablesbar ist. Im Gedankenzitat kommt die Gesinnung derer ans Licht, »die in ihrem Herzen sagen: Weder Gutes wirkt JHWH, noch tut er Böses«! Unverkennbar stellt der Spruch einen Zusammenhang her zwischen ungestörtem Wohlstand und satter Selbstzufriedenheit und der religiösen Welt, dem Gottesverständnis der Reichen, das sich in ihrer Lebensweise widerspiegelt. Außen und Innen kommen bei diesen Herren zur Deckung. Ihrer satten Unbeweglichkeit, ihrem »Dick- und Festwerden« entspricht ein unbeweglicher Gott, der in das Geschehen nicht eingreift, weder schädlich noch förderlich. Angesichts dieser religiösen Indifferenz liegt es nahe, von der Haltung und Gesinnung eines »praktischen Atheismus« zu reden, wenn man diesen Ausdruck nicht plakativ und undifferenziert versteht. Denn wir dürfen davon ausgehen, dass sich diese reichen Herren in ihrem eigenen Selbstverständnis durchaus als ehrenwerte JHWH-Verehrer betrachten. Dass JHWH existiert, ist ihnen keine Frage, wohl auch, dass er mit seinem stillen Segen das Leben erhält,

---

[31] Vgl. *D. L. Williams* 1961, 141; *D. J. Clark* 1981, 241, der jedoch Jer 48,11–12 wie Zef 1,12 als Bild des auf seinen Hefen verdorbenen Weines interpretiert, ebd. 242f.

obwohl das kaum ihre Sorge ist. Aber dass er in die Geschichte der Menschen aktiv eingreift zum Guten oder zum Bösen, das – so jedenfalls interpretiert der Prophet! – glauben sie nicht. Sie rechnen vielmehr fest damit, dass JHWH eben nicht schadet, dass er für sie ungefährlich ist. *M. Rose* (1981, 193–208) hat wohl mit Recht in dem Gedankenzitat von Zef 1,12 eine Aufnahme und Ablehnung prophetischer Aussagen, dass JHWH zum Gericht interveniere, erkannt (203). *Rose* interpretiert die Haltung der Reichen in Zef 1,12 so (206): »In ihre Welt passt keine unkalkulierbare Intervention. Deshalb müssen sie von Jahwe so reden, wie der Prophet Zephanja ihnen in den Mund legt: ›Jahwe interveniert nicht zum Heil, und er interveniert auch nicht zum Gericht – denn Jahwe ist überhaupt kein Interventions-Gott, sondern als *unser* Gott verlässlicher Garant *unserer* Heils- und Lebenssphäre: Jahwe ist auf *unserer* Seite!‹«

Dass für die Reichen in der Deutung des Propheten JHWH kein intervenierender, eingreifender Gott ist, geht klar genug aus dem Gedankenzitat hervor. Weit über das exegetisch Erschließbare hinaus geht *Rose* jedoch mit seiner Behauptung einer derart positiven Sicht JHWHs im Selbstverständnis der Reichen, zusammengefasst in dem Satz »Jahwe ist auf *unserer* Seite!« Wir müssen gewiss zwischen der religiösen Selbsteinschätzung der Reichen und ihrer Deutung durch das Prophetenwort klar unterscheiden. Im Zefanjatext treffen wir unmittelbar nur auf die prophetische Sicht der Dinge. Jedenfalls in der Sicht des Propheten dürfen die Reichen von Zef 1,12 keineswegs mit der Haltung etwa der Propheten von Mi 3,11 auf eine Stufe gestellt werden, die sagen: »Ist nicht JHWH in unserer Mitte? Kein Unheil kann über uns kommen.« (vgl. Mi 2,6f.; Jer 5,12; *Rose* ebd. 205). Die so Redenden leugnen ja gerade nicht ein positives Eingreifen JHWHs zu Gunsten Israels, was die Reichen von Zef 1,12 in der Sicht des Propheten sehr wohl tun. Nein, in Zef 1,12 ist im Urteil des Propheten schon eine erheblich andere Dimension des Unverständnisses vom Gott Israels erreicht. Eher schließt Zefanja an Einwände gegen JHWHs Geschichtsmächtigkeit an, wie sie bereits in den Weheworten Jesajas den Adressaten in den Mund gelegt werden, so Jes 5,19: »Wehe über die, welche die Strafschuld mit Unheilsstricken (korr. Ochsenstricken) herbeiziehen und wie mit Wagenseilen die Sünde; die da sagen: Schnell soll er es tun, beeilen soll er sich mit seinem Werk, damit wir es sehen. Bald soll eintreffen der Plan des Heiligen Israels, damit wir ihn erkennen!« Mit keiner echten Teilnahme JHWHs an ihrem Leben und Geschick rechnen auch die im Wehewort von Jes 29,15 Angesprochenen: »Wehe denen, die ihre geheimen Pläne vor JHWH verbergen, damit im Dunkeln bleibt, was sie tun, da sie sagen: Wer sieht uns schon und wer kennt uns?«

Ein unwirksamer Gott?

In Zef 1,12 ist es ein ungefährlicher, inaktiver Gott, der niemanden stört, von dem man aber auch kein positives, wirksames und wirkliches Eingreifen in die Geschichte der Menschen erwarten kann. Dieses Bild vom in dieser

Teil I: Zefanja 1,2–18

Weise »unwirksamen« Gott, diese in der Tat abgrundtiefe Entfremdung vom wirksamen Gott Israels, ist für den Propheten die hohle innere Kehrseite eines aufgehäuften Wohlstands, der sich auf die Kreise der Oberschicht und der wirtschaftlich Starken und Einflussreichen beschränkt. Man darf allerdings auch fragen: Steckt nicht auch Resignation im Denken dieser Reichen? Hat sich JHWH nicht in der langen Zeit der assyrischen Vorherrschaft über Juda im 7. Jh. unter dem assurtreuen König Manasse tatsächlich als unterlegen gezeigt, nicht wirksam eingreifend? Gewiss, man konnte in der für Juda ruhigen Zeit wieder zu einigem beachtlichen Wohlstand kommen; darauf lassen auch archäologisch nachgewiesene Siedlungen im Land Juda schließen (vgl. *I. Finkelstein* 1994, 171.173–179 [169–187]). Bei den reichen Herren von Zef 1,12 wird es sich nicht nur um Weinbergsbesitzer handeln, sondern ebenso um Besitzer von Ackerland, Olivenhainen und Viehherden, um vornehme Landjudäer, die in Jerusalem residieren.[32] Dass der Glaube an JHWHs wirksames Eingreifen in die Geschichte in der Manassezeit verblassen konnte, mag im Denken der vom Gericht JHWHs Betroffenen eine Rolle spielen. Aber zusammen mit dem Wohlstand dieser in Jerusalem alteingesessenen Vornehmen und Landbesitzer konnte sich in dieser Zeit auch eine selbstzufriedene, opportunistische, skeptische und religiös indifferente Haltung JHWH gegenüber entwickeln.

Einer solchen Haltung setzt der Prophet seine Gotteserfahrung und sein Gottesverständnis gegenüber. JHWH wird sicher und unentrinnbar eingreifen und einschreiten. In welcher Weise sich dieses Einschreiten geschichtlich tatsächlich vollzieht, das deutet 13a–b in der unpersönlichen Rede an, textlich als Folge und Ziel von JHWHs Vorgehen gegen die feinen Herren: »Dann verfällt ihr Besitz der Plünderung und ihre Häuser der Verwüstung« (שממה »Verwüstung« wird geradezu zu einem Leitwort im Zefanjabuch: 1,13; 2,4; 2,9d; 2,13c, dazu שמה 2,14d). Ohne Zweifel wird da eine feindliche Invasion vor Augen gestellt. Sie vernichtet dem Wortlaut nach nicht das Leben der Menschen, wohl aber total den angehäuften Besitz und die schönen Häuser: wie gewonnen, so zerronnen!

13a–b

›Vergeblichkeits-
fluch‹

Die sekundäre Erweiterung des Zefanjaspruchs in den Sätzen 1,13c–f (s.o. Analyse) ist in der Form eines sog. Vergeblichkeits- oder Nichtigkeitsfluches formuliert, wie er aus altorientalischen, besonders altaramäischen und neuassyrischen Vertragstexten, schon bekannt ist (vgl. *Th. Podella* 1993, 427–254). Aber die Formulierung spiegelt kaum nur ein bekanntes Motiv wider, sondern dürfte bereits schriftlich vorliegende Texte referieren. Es handelt sich vor allem um Am 5,11c–f, dann aber auch um die Bundesfluchtexte Dtn 28,30c–f und ähnlich 28,39 (vgl. *H. U. Steymans* 1995, 278–312, bes.

13c–f

---

[32] Vgl. *R. Kessler*, Staat und Gesellschaft im vorexilischen Juda im 8. Jahrhundert bis zum Exil: VT.S 47, Leiden u.a. 1992, 65 mit Hinweis auf Mi 6,9–15; danach auch *Chr. Uehlinger* 1996, 64.

278–281.297 f.). Das Motiv begegnet ins Positive gewendet auch in Jes 65,21.22; Jer 29,5; Am 9,14. Der Zusatz verrät eine deuteronomistisch orientierte Prophetenbuchbearbeitung (s. o. in der Einleitung zum Kommentar Nr. 3 und 5). Der Bearbeiter Zefanjas hat sich einerseits von einem Prophetenwort des Amos inspirieren lassen und hat diese Vergeblichkeitsaussage passend an ein sarkastisches Drohwort Zefanjas angefügt. Andererseits erkennt der Bearbeiter im Zefanjawort das Eintreffen des Bundesfluches, wie er in Dtn 28 für den Fall der Missachtung der Bundesforderungen formuliert ist. So erscheint Zefanja mit dem schon vorliegenden Amostext und mit dem Buch Dtn verknüpft.

Situation, Sinn und Ausblick

Vor allem in der Unheilsankündigung Zef 1,12–13, dazu auch in 1,10–11 und ferner in 1,8–9 wird der eigentliche Ansatz und Grund dafür sichtbar, weshalb Zefanja zum Propheten der Armen und Gebeugten, dann auch der demütigen JHWH-Treuen geworden ist. Beim primären Zefanja kommen die einfachen Leute, für die er ein »Vielleicht« der Rettung verkünden kann, ausdrücklich in Zef 2,1–3* in den Blick. Auf diesem Hintergrund ist es bestens zu verstehen, dass Zefanja in der Fortschreibung seiner Texte in 2,3a und 3,11–13 ausdrücklich zum prophetischen Hoffnungsverkünder für die Armen des Landes und den armen und demütigen Rest Israels werden konnte, der beim Namen JHWHs seine Zuflucht nimmt. Aufgehäufter Reichtum und Wohlstand wird in den Augen Zefanjas ein Ärgernis und ein Stachel in der Israel-Gesellschaft. Aber es ist nicht eigentlich der Wohlstand als solcher, sondern die Art, wie die Reichen mit ihrem Wohlstand umgehen, was er für sie bedeutet, und vorrangig, welch tiefe Entfremdung sich in ihm tatsächlich manifestiert: Entfremdung gegenüber JHWH und den Traditionen des JHWH-Volks, damit zugleich auch ein Riss in der Gesellschaft, in der sich der Reichtum auf wenige Oberschichtskreise konzentriert. Dass sich bei Zefanja eine so auffällige Reserve gegenüber den Reichen und ihrem Wohlstand zeigt, wird tiefere Gründe haben, die letztlich in der agrarischen Tradition Israels liegen. Die wichtigsten Rechtssammlungen in Israel wie etwa das sog. Bundesbuch Ex 20,22–23,19, aber auch der Dekalog basieren entscheidend auf dem Bild einer agrarischen Gesellschaft. Eine neue wirtschaftliche Ordnung, in der Handel und kaufmännisches Wirtschaften den Ton angeben, neigt im Urteil Zefanjas eher dazu, sich von JHWH abzukoppeln, der als Segens- und Lebensspender in der bäuerlichen Gesellschaft viel lebendiger erfahrbar ist. Nun erkennen wir bei Zefanja gewiss *kein* bäuerliches Ideal, und der Kern seiner Anklage ist in allen Punkten entscheidend die Entfremdung von JHWH, die hineinwirkt in die sozialen Verhältnisse.

Aber auffällig ist diese Reserve Zefanjas gegenüber dem Reichtum und den reichen Händlern, den Neureichen der Neustadt Jerusalems von Zef 1,10–11 wie auch gegenüber den selbstzufriedenen, vornehmen Herren Jerusalems nach Zef 1,11–12 auf jeden Fall. Gegenüber jenen, die mit einem eingreifenden Gott *nicht* rechnen, verkündet Zefanja mit einem guten Schuss Sarkasmus den Gott, der jeden Winkel ausleuchtet, um diese Herren aufzustöbern und zur Rechenschaft zu ziehen. Sein Eingreifen wird unentrinnbar und unausweichlich sein. Der Gott Zefanjas ist gefährlich. Das aus seiner Sicht bequeme Gottesbild der politisch und wirtschaftlich Einflussreichen wird zerstört.

Zum Motiv vom teilnahmslosen Gott

Die Haltung derer, die durch das Gedankenzitat von 1,12d–e demaskiert werden, findet im Buchkontext in dem spätdeuteronomistischen Zusatz 1,6 einen Widerhall. Jene, die JHWH den Rücken kehren und nicht nach ihm suchen und fragen, erwarten auch kein Eingreifen von seiner Seite. Aus einer bestimmten Gruppe von Jerusalemern in 1,12, die sich selbst durchaus als der JHWH-Religion angehörig begreifen, werden jedoch in 1,6 generell alle Abtrünnigen. 1,6 »modernisiert« die Gerichtsansage von 1,4–5, führt aber in dieser Weise auch 1,12 weiter. Es erstaunt, wie hartnäckig sich die Problematisierung und ausdrückliche Leugnung des wirksamen Eingreifen Gottes, seiner »sehenden« und »hörenden« Teilnahme am Tun der Menschen in der Prophetie und in den Psalmen Israels immer wieder zu Wort meldet, vgl. neben Zef 1,12 und Jes 5,19; 29,15 besonders noch Jer 5,12; 17,15; Jes 66,5; Ps 64,6; 73,11; 94,7. Auch den »Gottlosen« von Ps 10 (V 4.11) und Ps 14 (V 1) = Ps 53 (V 2) geht es nicht um die Existenzfrage Gottes, sondern um die konkrete Erfahrung des göttlichen Wirkens als Reaktion auf ihr Tun. Das Problem ist freilich in der Umwelt Israels nicht unbekannt. So verneinen z. B. in einer hethitischen »Dienstanweisung« für Kultdiener die Veruntreuer eine Reaktion der Gottheit: »Weil er ein Gott ist, wird er nichts sagen und uns nichts tun.«[33] Die Problematisierung göttlichen Wirkens im Leben von Menschen und Völkern ist wahrhaft nicht neu. Die Schärfe und Eindringlichkeit, mit der Propheten wie Zefanja ihre Gewissheit vom göttlichen Einschreiten und Zur-Rechenschaft-Ziehen in den politisch-geschichtlichen Ereignissen vertreten, ist auf diesem Hintergrund erst recht zu begreifen. Sie trifft sich intentional mit der im Tun-Ergehen-Denken verankerten Überzeugung der Psalmisten, dass Gott wohl zuwarten kann, aber Unrecht, Anmaßung und Abkehr von ihm nicht ohne schlimme Folgen lässt.

---

[33] Text B II 27 nach *W. Beyerlin*, RTAT 203, vgl. ANET³ 208b; *W. W. Hallo* (Hrsg.), The Context of Scripture, Leiden u. a. 1997, Text 1.83, S. 218b.

I.C.
Zef 1,14–18: Der nahe Tag JHWHs als theophanes Ereignis des unheimlichen JHWH-Zorns, ausgeweitet zum ›Weltgericht‹

Zef 1,14 setzt ohne syntaktischen Rückverweis neu mit der Ankündigung des nahen JHWH-Tags ein, entsprechend 1,7. Die Verse 1,8–13 haben kompositionell erklärt, wer denn das »Schlachtopfer« von 1,7 sei und dabei ausschließlich Menschen in Jerusalem in den Blick genommen. Auch wer im Kontext mit den »Gästen« von 1,7d gemeint ist, war schon zu erkennen: eine kriegerische Invasion von Feinden (1,10–11; 1,13). Zef 1,14–16 führt in V 16 die kriegerische Motivik fort. Wenn als Ziel des Kriegssturms befestigte Städte genannt werden, so ist nicht mehr Jerusalem allein betroffen. Von Zef 1,4 her gesehen, ist es vielmehr ganz Juda und Jerusalem, auch nicht mehr allein bestimmte Personenkreise wie schon in 1,4–5(6). Für den Tag JHWHs in 1,14–16 ist es charakteristisch, dass er auf das ganze Volk und Land abzielt. Auch der Spruch 1,7 hatte für sich genommen den Kreis der Betroffenen in keiner Weise eingeschränkt. Zef 1,17–18a dehnen den Horizont auf »den Menschen« schlechthin aus (vgl. 1,2–3). Diese Verse steigern in 1,17d–e und 18a noch die Kriegsmotivik im Bild der grausamen, schonungslosen Schlacht. Die Sätze Zef 1,18b–c (vgl. 3,8d) schließlich nehmen dem Zorn-Tag JHWHs alle geschichtlich-konkreten Bezüge. In dieser enthistorisierten Form ist er allein JHWHs Werk, feindliche Mächte tauchen nicht mehr auf. Der JHWH-Tag wird zugleich universalisiert und so zum eschatologischen Endgericht über die ganze Erde und ihre Bewohner ausgestaltet.

Kontext und Komposition

I.C.1.
Zef 1,14–16: Der nahe Tag JHWHs ausgerufen als kosmisch-kriegerischer Tag des Zorns [gegen Juda]

Zum »Tag-JHWHs« s. o. Literatur zu Zef 1,7! – F. C. Fensham, The Poetic Form of the Hymn on the Day of the Lord in Zephaniah: OTWSA 13/14 (1970/71) 9–14. – *W. Groß*, Zorn Gottes – ein biblisches Theologumenon, in: W. Beinert (Hrsg.), Gott – Vor dem Bösen ratlos?: QD 177, Freiburg u. a. 1999, 47–85. – *P. Haupt*, The Prototype of the Dies Irae: JBL 38 (1919) 142–151. – *A. Heinz*, Art. Dies irae: LThK³ III (1995) 219. – *G. A. Herion*, Art. Wrath of God (Old Testament): ABD 6 (1992) 989–996. – *E. Hornung*, Art. »Dunkelheit«: LÄ I (1975) 1153 f. – *P. Humbert*, La »TEROUʿĀ«. Analyse d'un rite biblique: RTFL 23, Neuchâtel 1946. – *J. Jeremias*, Theophanie. Die Geschichte einer alttestamentlicher Gattung: WMANT 10, Neukirchen-Vluyn (1965) ²1977. – *S.-M. Kang*, Divine War in the Old Testament and in the Ancient Near East: BZAW 177, Berlin u. a. 1989, 111 ff. – *M. A. Klopfenstein*, Vom Zorn Gottes im Alten Testament, in: W. Dietrich (Hrsg.), Leben aus dem Wort. Beiträge zum Alten Testament: BEATAJ 40, Frankfurt a. M. 1995, 199–213. – *J. Koch*, Der Finsternisbericht Jesaja 13,10: UF 25 (1993) 201–217 (bes. 202 f.). – *G. von Rad*,

Literatur

Teil I: Zefanja 1,2–18

Der Heilige Krieg im Alten Israel, Göttingen 1969. – R. *Smend*, Art. Zorn Gottes: EKL³ 4 (1996) 1394–1396. – H. *Spieckermann* 1989 (Dies irae), 194–208. – F. *Stolz*, Jahwes und Israels Kriege. Kriegstheorien und Kriegserfahrungen im Glauben des alten Israels: AThANT 60, Zürich 1972. – K. *Vellekoop*, Dies ire [sic!] dies illa. Studien zur Frühgeschichte einer Sequenz, Bilthoven 1978. – M. *Weinfeld*, Divine Intervention in War in Ancient Israel and in the Ancient Near East, in: H. Tadmor / M. Weinfeld (Hrsg.), History, Historiography and Interpretation. Studies in biblical and cuneiform literatures, Jerusalem / Leiden 1984, 121–147. – C. *Westermann*, Boten des Zorns. Der Begriff des Zorns Gottes in der Prophetie, in: ders., Erträge der Forschung am Alten Testament. Gesammelte Aufsätze III: ThB 73, München 1984, 96–106.

Text

Übersetzung

14 a	IA		Nahe ist der große Tag JHWHs,
b	IB		nahe und sehr schnell!
[c	IIA]		[Flinker als ein Läufer ist] der Tag JHWHs
[d	IIB]		[und rascher als] ein (Kriegs-)Held!
		MT 14c	Horch, der Tag JHWHs!
		d	Bitter schreit auf ein Held!
15 a	IA		Tag des Zorns ist jener Tag,
b	IB		Tag der Drangsal und Bedrängnis,
c	IIA		Tag der Vernichtung und Verwüstung,
d	IIB		Tag der Dunkelheit und Finsternis,
e	IIIA		Tag des Gewölks und Wolkendunkels,
16	III*B		Tag des Widderhorns und Kriegsgeschreis
	IA		gegen die ummauerten Städte
	IB		und gegen die hochragenden Zinnen.

Zu Text und Übersetzung

14b: מהר »schnell, eilends« in 1,14b ist prädikativ verwendeter adverbieller Inifinitv und muss nicht als Partizip D-aktiv ממהר »eilend« gelesen werden. Zum Adverb in prädikativer Verwendung vgl. z.B. Gen 15,1c und den Namen des Jesajassohns Jes 8,1.3 Maher-Schalal-Hasch-Bas »Schnell ist Beute, rasch ist Raub«, vgl. Brockelmann 23, § 25c.

14c–d: Der MT der zweiten Hälfte von V 14 lässt sich nach den masoretischen Akzenten folgendermaßen wiedergeben: »Horch, der Tag JHWHs! Bitter schreit auf ein Held!« מר »bitter« kann mit BHS auch zum Satz 14c gezogen werden: »Horch, der Tag JHWHs ist bitter, da schreit ein Held auf!« חרץ ist nur noch im H-Stamm belegt: »den Kriegsruf erheben« Jes 42,13 (vgl. HALAT 987b s. v., auch die dort vorgeschlagene Konjektur eines Substantivs »Kriegsgeschrei« in Jer 4,31; Ez 21,27). MT wird als lectio difficilior auch in neuester Zeit verteidigt, z.B. von M. Striek 1999, 61–65; er sieht sich dann aber gezwungen, den plötzlichen Wechsel von der Ankündigung 14 I zum beschreibenden Ausruf 14 II (vor der affirmativen Beschreibung

V 15–16) dadurch zu erklären, dass er die Ankündigung V 14 I als literarisch sekundär bestimmt! Doch selbst diese gewaltsame ›Lösung‹ bringt nur eine neue Spannung: Wer ist der Kriegsheld, der vor Schmerz (?) oder vor Wut (?) (ebd. 65 Anm. 186) aufschreit – ein Mensch oder JHWH? – Warum nimmt 14 II nach MT durch das Bild vom schreienden Kriegshelden die erst am Zielpunkt der Beschreibung in V 16 auftauchende konkrete kriegerische Stoßrichtung des Textes vorweg, und zwar in einer semantisch unklaren Form? Der Anschluss von V 15 mit seiner andersartigen Motivik ist nach dem schreienden Kriegshelden von V 14 II nicht unbedingt plausibel. Die schlüssige Kohärenz von Ankündigung V 14 (I) und Beschreibung des Tages JHWHs V 15–16 sollte keinesfalls zerstört werden. Sie ist am ehesten gewahrt, wenn man den Text nach einer syntaktisch-semantisch plausiblen Konjektur liest, deren Verschreibung zum MT graphisch besonders leicht erklärbar ist (vgl. BHK / BHS z. St.; grundgelegt ist die Konjektur durch *P. Müller*, Emendationen: ThStKr 80 [1907] 310; die im obigen Text akzeptierte Form der Konjektur geht zurück auf *O. Procksch*, BHK [Zwölfprophetenbuch 1933], vgl. *Tur Sinai* bei *L. Kopf*, VT 8 [1958] 198 Anm. 2). LXX und Syr haben aus MT צרח ein Adjektiv צר im Sinne von »hart« gelesen. Vg bezeugt MT. Tg erläutert: »Dort werden die Helden getötet.«

15–16: In 1,15b.d.e und 1,16 (III*B) sind synonyme oder semantisch solidarische Substantive zusammengestellt, in 15c von derselben Wortbasis abgeleitete Substantive in Paronomasie: שׁאה ומשׁואה (so noch Ijob 30,3; 38,27; Sir 51,10); etymologisch mit שָׁוְא »Nichts« verwandt, abzuleiten von שׁו (im H-Stamm »übel umgehen« Ps 55,16 Qre), dann im Sinne von »Vernichtung, Verderben« zu verstehen. Jedoch kommt auch eine Ableitung von שׁאה I »öde sein«, also »Ödnis, Verödung, Wüste«, in Frage (Ijob 38,27), ebenso auch von שׁאה II (HALAT 1274!), im N-Stamm »brausen« (Jes 17,12 f.); dann ergibt sich die Konnotation »Getöse, vernichtender Sturm« (Ez 38,9: שׁאה parallel zu ענן »Gewölk«, entsprechend Zef 1,15c+e).

Analyse

Zef 1,14–16 gliedert sich in die drängende Ankündigung des Tages JHWHs in 1,14 (2 Verszeilen) und in seine ausmalende Beschreibung in 1,15–16 (4 Verszeilen). Der Text enthält kein einziges finites Verb. Er ist ganz aus affirmativen darstellenden erweiterten Nominalsätzen aufgebaut: 14a–b; 14c–d; 15a–16. Alle Einzelsätze charakterisieren den JHWH-Tag in der Syntagmenfolge: Prädikat – Subjekt (dabei ist die Korrektur in 14c–d vorausgesetzt). Die knappen Einzelsätze, die sich zu den erweiterten Nominalsätzen reihen, wirken monoton, einhämmernd und beschreiben in V 15–16 den Zorn-Tag geradezu monumental. Aussage und Wirkgehalt der Sätze werden durch die massiven Wortwiederholungen und Synonyme vereinheitlicht: 2mal קרוב »nahe« und 2mal יום יהוה »Tag JHWHs« in V 14; 6mal יום im status constructus, insgesamt 7mal יום in V 15–16; am Ende in V 16 2mal על »gegen, über«, die Zielrichtung des rasch hereinbrechenden JHWH-Tags markierend; 5 Wortpaare in 15b–16.

Struktur und Poetik

Im Lautbild verdichtet sich die Assonanz von $a - \bar{o}$ in V 14 und $\bar{o} - \bar{a}$ in

Teil I: Zefanja 1,2–18

V 15–16 zu einem feierlichen, majestätischen Klanggefüge, zusammen mit Alliterationen sowie lexikalischer und syntaktischer Vereinheitlichung. Melodische Geschlossenheit und eindringliche Wirkung erzeugt die Silbenstruktur in V 15–16: die sechs jeweils mit יוֹם »Tag« eingeleiteten (elliptischen) Sätze sind vollendet nach dem poetischen Prinzip der Silbengradation[34] aufgebaut: Dem einsilbigen Wort יוֹם folgen Wörter mit steigender Silbenzahl (d. h. 1+2+4 Silben in jedem Satz; wohl auch schon primär in 15d). Insgesamt wird der Tag JHWHs in der Totalität seiner Aspekte und in der Wucht seiner Wirkung beschrieben.

Ankündigung des Tages JHWHs 1,14a–d (= 2 Verszeilen)

14	a–b	drängend »nahe«		2mal »Tag JHWHs«: NÄHE
*14	c–d	»schneller« als Läufer und Krieger		

Beschreibung des Tages JHWHs 1,15–16 (= 4 Verszeilen)

15	a	Zorn			7mal »Tag«
	b	Drangsal	abstrakt		(6mal st. cs.):
	c	Vernichtung (Getöse)	↓		TOTALITÄT
	d	Dunkel	atmosphärisch, kosmisch		der Aspekte,
	e	Wettergewölk	↓		INTENSITÄT der Wirkung
16		Widderhorn und Kriegsgeschrei + 2mal עַל »gegen«	geschichtlich, konkret, kriegerisch		

Textbezüge und Texthorizont

Die Ankündigung des nahen JHWH-Tags in der nominalen Tag-JHWHs-Ankündigungsformel (TJAF) ist charakteristisch für Zefanja, sie ist weder in 1,14a–b noch in 1,7b ein redaktioneller Zusatz (gegen M. Striek 1999, 50.63 f.). Gleichwohl spricht die Streuung der Belege gegen die Annahme, dass sie erstmals vom Propheten Zefanja geprägt worden sei (Ez 7,7; 30,3; Obd 15; Jes 13,6; Joel 1,15; 2,1; 4,14). Eine literarische Abhängigkeit von Zefanja lässt sich sicher nur für das Joelbuch nachweisen (bes. Joel 2,1–2). Die Formel begegnet ausschließlich in prophetischen Texten von der späten vorexilischen Zeit bis in die nachexilische Zeit hinein. Sie dürfte ursprünglich in der prophetischen Praxis der Unheilsankündigung gegen Feindvölker und näherhin in prophetischen Orakeln vor einem Kampf bzw. kriegsbezogenen Orakeln verankert sein (vgl. oben zur ›TJAF‹ in der Analyse Zef 1,7). Dass sich die Formel in Zef 1,14 nicht gegen Feinde Israels, sondern gegen Juda und Jerusalem wendet, dass ihr Gebrauch in Zefanja also mit ihr verknüpfte Erwartungen umkehrt, ergibt sich aus dem kompositorischen Kontext ab 1,4 ff. und letzten Endes aus der primären Redesituation des Textes. Diese können wir freilich nur aus Text und literarischem Kontext erschließen.

---

[34] R. Jakobson, Linguistik und Poetik, in: J. Ihwe (Hrsg.), Literaturwissenschaft und Linguistik I, Frankfurt a. M. 1972, 108.110 (99–135).

Zef 1,14–18: Der nahe Tag JHWHs

Zef 1,14 kündigt die Nähe des Tages JHWHs selbstgewichtig an. Die Formel ist nicht wie in Zef 1,7 und sonst zumeist einer Aufforderung oder einem Ausruf begründend zugeordnet. Die Sätze der Ankündigung V 14 fungieren sprachlich ebenso als affirmative Feststellungen wie die Sätze der Beschreibung in V 15–16. Zef 1,14–16 erinnert in manchem an den Formtyp des beschreibenden Hymnus (vgl. z. B. Ps 33; 103; 104; 113; 135; 147; Jes 40,21–24.26 u. a., nach F. *Crüsemann*, Studien zu Hymnus und Danklied in Israel, Neukirchen-Vluyn 1969). Allerdings treten in Zef 1,14–16 keine beschreibenden Partizipien hervor. Der Text besteht ganz aus klassifizierenden Nominalsätzen mit prädikativem Adjektiv, Adverb und 1mal Partizip in V 14 (Korrektur), sonst mit prädikativen substantivischen Nominalgruppen in V 15–16. Dazu kommen die eindringlich-feierlichen Wiederholungen und das gravitätische Lautbild. Zefanja erinnert an die im Festkult beheimatete Gattung des beschreibenden Hymnus, verwendet sie aber in atypischer Weise. Der konkrete textliche Inhalt und seine Stoßrichtung gegen Juda, wie sie vorausgesetzt werden muss, widerspricht in aller Schärfe der von der hymnischen Form ausgelösten Inhaltserwartung: Nicht für Israel immer heilvoller Lobpreis JHWHs als des Herrn von Schöpfung und Geschichte wird da laut, sondern die überwältigende Macht seines Tages gegen das JHWH-Volk selbst!

Ein atypischer Hymnus

Die Motive der Beschreibung von JHWHs Tag im Zefanjatext erinnern so sehr an die JHWH-Tag-Prophetien des Amos in Am 5,18–20 und des Jesaja in Jes 2,12–17, dass wir doch wohl nicht nur eine gemeinsame Tradition, sondern auch eine entsprechende Kenntnis der Prophetien seiner Vorgänger bei Zefanja annehmen dürfen. Damit ist dem Propheten nichts an eigenem Profil und eigenständiger Kompetenz genommen. Das Bild des JHWH-Tags, das Zefanja voraussetzt und aufnimmt, wird wesentlich bestimmt von den Phänomenen der Theophanie, aber auch einer kriegerischen Konnotation und Abzweckung des Geschehens. Dem theophanen Lichtglanz, den Amos' Zeitgenossen für sich erwarteten, hatte dieser Prophet das Todesdunkel entgegengesetzt – ein Dunkel, das wohl in der volkstümlichen Erwartung ganz den Feinden Israels zugedacht war. Bei Zefanja ist die Finsternis schon ein Markenzeichen des JHWH-Tags geworden (1,15d!).

Anschluss an Amos und Jesaja

Enger erscheint die Anknüpfung Zefanjas an Jes 2,12–17 im Aufbau des Textes. Nach einer nominalen Ankündigung »eines Tages von / für JHWH Zebaot« (Jes 2,12 I) folgt dort 10maliges על »gegen / über«, das die Nennung der Objekte und Bereiche einführt, gegen den sich dieser »Tag« richtet. Die Monotonie der Präpositionalphrasen ist in der Wucht ihrer Wirkung den sechs יום-Prädikaten von Zef 1,15a–16, abgeschlossen durch 2maliges על als Angabe der kriegerischen Stoßrichtung, vergleichbar. Der »Tag« von Jes 2,12–17 ruft die Vorstellung eines gewaltigen theophanen Sturmes hervor, der sich ähnlich wie in Zef 1,14–16 kriegerisch zuspitzt und auf militärische (und wirtschaftliche) Machtmittel der Menschen zielt (Jes 2,15–16; Zef 1,16).

Der Zefanjatext setzt schon die Verbindung von Theophanietradition mit JHWH-Kriegstraditionen (z. B. Ri 5,20–21) im Vorstellungskreis vom Tag JHWHs voraus. Die Theophanievision von Hab 3,3–15 mit ihren hymnischen Formen kann die in Zef 1,14–16 zugrunde liegenden komplexen Vorstellungskreise und Traditionen zusammenfassend gut veranschaulichen. Die beiden Texte stehen einander hinsichtlich der Verwendung zentraler Motive wie auch in der Gesamtintention geradezu antithetisch gegenüber: (1.) Der Lichtglanz des erscheinenden Gottes von Hab 3,3–4 kontrastiert dem äußersten Dunkel von Zef 1,15d, das zugleich der Verfinsterung von Sonne und Mond in Hab 3,11 entspricht. (2.) Als charakteristisches Ereignis

Vergleich mit Hab 3,3–15

des Gotteszorns, dem Zef 1,15a entspricht, wendet sich die Theophanie in der Urzeitkampfreplik Hab 3,8 gegen das Meer, in V 12 entscheidend gegen die Völker und näherhin gegen die frevlerische Macht (Weltmacht), zur Hilfe für JHWHs Volk V 13. (3.) Die Theophanie wird zum kriegerischen Ereignis. Entsprechend dem alten Vorstellungskreis von JHWH, dem Kriegshelden (Ex 15,3; Ps 24,7–10 u.a.), wird JHWH in seinem Zorn zugleich als Krieger geschildert (Hab 3,8–9.11.14–15), der mit seinen blitzenden Waffen auch die Mittel einer gigantischen Gewittertheophanie einsetzt (V 11). Auch Zefanja lässt an der kriegerischen Zielsetzung des JHWH-Tags mit seinen theophanen Phänomenen von Dunkel und Sturmgewölk keinen Zweifel. Aber es wird ein irdisch-geschichtlicher Krieg sein (Zef 1,16!), in dem sich der JHWH-Tag zuspitzt, und zwar gegen das JHWH-Volk zuallererst. Im Vergleich mit Hab 3 zeigt sich insgesamt, wie zurückhaltend der Zefanjatext und auch schon Jes 2,12–17 gegenüber allzu konkreten anthropomorphen Vorstellungen vom kämpfenden Gott formuliert ist.

Auslegung

Der nahe »Tag« als Wirkmacht

»Der große Tag JHWHs« steht unmittelbar bevor. Er ist als eine bekannte Größe vorausgesetzt, mit der man geläufige Vorstellungen verbindet. Der Vergleich mit der Schnelligkeit von Läufer und Krieger (korrigierter Text!) gibt diesem Tag personale und dynamische Züge, er erscheint als personale Wirkmacht. Zugleich wird deutlich, dass keiner ihm entfliehen kann (vgl. Jer 46,6.10; Am 2,14.16). Der Tag zeigt schon in der Ankündigung V 14 sein drohendes Gesicht. Ähnlich kann es vom Unglück eines Menschen oder eines Volkes heißen, dass es schnell herbeieilt (Jer 48,16). Die Rede vom herannahenden JHWH-Tag hat ein Gegenstück in gebräuchlichen Redeweisen, die den kommenden Unglücks- oder Todestag eines Menschen als »seinen Tag« benennen (z.B. 1 Sam 26,10; Ez 21,30; Ps 37,13, vgl. Gen 47,29 u.a.).[35] Nur in Zef 1,14 begegnet die Tag-JHWHs-Ankündigungsformel völlig eigenständig und selbstgewichtig, anders auch als in Zef 1,7. Alles kommt darauf an, zu begreifen, wie drängend nahe dieser Tag ist und wie unausweichlich schnell er kommt (zum MT 1,14c–d s. o. zum Text).

14a–d

Der »Zorntag«

Auf die Ankündigung in V 14 folgt konsequent die Beschreibung in V 15–16. Als eine Art Motto leitet »der Tag des Zorns« in 15a die Reihe der sechs יוֹם-Beschreibungen ein. Was dieser Zorntag textlich bedeutet, wird Schritt für Schritt in den Satzprädikaten von 15b–16 entfaltet, die als elliptische Nominalsätze das nur einmal genannte Satzsubjekt היום ההוא »dieser Tag« 15a voraussetzen. עברה »Aufwallung«, bezeichnet, abgesehen von wenigen Belegen der Bedeutung »Übermut, Arroganz« (z.B. Jes 16,6; Spr

15a

---

[35] Nur insoweit trifft der Vergleich der TJAF mit der Wendung *ūmūšu qerbū* »seine Tage sind nahe« (als Unheilstage!) in ARM X/6,8' durch J.-G. Heintz, in: VT 21 (1971) 528–540, zu.

21,24) den menschlichen und göttlichen »Zorn« in poetischen und prophetischen Texten. Zef 1,15a wird in der Nachinterpretation 1,18a aufgenommen, ebenso in Ez 7,19. Das Motiv vom »Zorntag JHWHs« erscheint in der synonymen Variante, mit אף »Zorn« (Zornesschnauben) formuliert, noch in dem primären Text Zef 2,3d, wohl sekundär in 2,3c. Dazu tritt die Wortgruppe חרון אף יהוה »Glut des Zornes JHWHs« in 2,2b (wohl primär) und entsprechend in 3,8c, parallel zu זעם »Wut, Zorn«, bezogen auf den »Tag« von 3,8a in der Fortschreibung 3,6–8. In der Gerichtsprophetie vor Zefanja ist das Motiv vom Zorn JHWHs gut bekannt: Der Zorn äußert sich als Gericht in vernichtenden Schlägen (meist Kriegsnot) in Jes 9,7–10,4; 5,25–29 (אף im Kehrvers Jes 9,11.16.19; 10,4; 5,25; עברה in 9,18; vgl. Jes 10,5–6). Doch kann JHWH nach Hosea auch seinen gegen Israel entbrannten Zorn (Hos 8,5; vgl. 13,11) aus unbesiegbarer Zuneigung nicht vollstrecken (Hos 11,8–9, vgl. 14,5).

Der »Tag des Zorns« von Zef 1,15a ist nicht ohne Anhalt in der Tradition. So kann die (ältere) Weisheit in Spr 11,4 von einem Tag des Zorns reden und ihn mit dem Todestag zusammensehen.[36] Vor allem aber ist an den Königspsalm 110 zu erinnern, der in seiner textlichen Primärgestalt am ehesten der vorexilischen Königszeit Israels / Judas angehört. Im Stil eines hofprophetischen Orakels wird da in V 5 dem Herrscher die Hilfe Adonais zugesagt, der »am Tag seines Zorns feindliche Könige (schon immer) zerschmettert hat (und zerschmettern wird)« (vgl. *H. Irsigler* 1977, 352f.375–378). Darin wirkt die altisraelitische Tradition vom Kriegshelden JHWH nach (Num 10,35; Ex 15,3; Ps 21,10; Ps 2,5.12; bes. Ps 24,7–10). In einem altaramäischen Königsvertragstext aus *Sfîre* (süd-östlich von Aleppo in Syrien) um die Mitte des 8. Jhs. v. Chr. ist ähnlich von einem »Tag des Zorns« am wahrscheinlichsten der Vertragsgötter gegen einen Vertragspartner die Rede (*Sfîre* II B, Z. 12: *w-b-ywm ḥrwn* »und am Tag des Zorns ...«, zum Text: KAI I 223B,12, Erläuterung in: KAI II, S. 261; s.a. TUAT I/2 1983, 185). Auch die Rede vom Zorntag JHWHs im Buch der Klagelieder (1,12; 2,1.21.22) kann als Hinweis darauf gewertet werden, dass man in Israel / Juda angesichts eines großen nationalen Unglücks von einem göttlichen Zorntag sprechen konnte. Das Buch der Klagelieder blickt auf die Katastrophe Jerusalems zurück (586 v. Chr.), lässt aber keine Abhängigkeit von Zefanja erkennen. Ebenfalls in der exilischen Epoche ist von einem Zorntag die Rede in Ez 22,24 (sekundär in 7,19, von Zef 1,18 übernommen; vgl. Ez 7,2–3.5ff.; 13,5.12ff.) und Jes 13,9.13!

Herkunft des »Zorntags«

---

[36] Dass dieser Text, wie *H. Spieckermann* 1989, 195, behauptet, den »Zorntag« aus der Prophetie rezipiert, ist unwahrscheinlich, da es in Spr 11,4 um das Geschick je einzelner Menschen geht, ganz anders als in der Prophetie, und da die Rede von einem Unheilstag bzw. dem Todestag eines Menschen als »seinem Tag« in weisheitlichen Kontexten auch sonst bekannt ist, vgl. Ijob 18,20; Ps 37,13. Vgl. ferner den Zorntag in Ijob 20,28; 21,30.

Teil I: Zefanja 1,2–18

Omenpraxis als Hintergrund?

Nach H. *Spieckermann* 1989, 194–208, soll Zefanja allerdings Rede und Vorstellung von einem göttlichen Zorntag aus der Praxis der mesopotamischen Omendeutung, näherhin der Monats- und Tagewählerei (Menologie, Hemerologie) übernommen haben. Den bösen Tagen wurde besondere Bedeutung beigemessen, so dem »Zorntag« (*ibbû* bzw. *ūmum ebbûm* in lexikalischen Listen für den 19. Tag des Monats, vgl. CAD 7 [1960] 1f.). Zefanja soll diese Vorstellungen und Redeweisen, die er eigentlich bekämpft, »in eigenwilliger polemischer Modifikation« übernommen haben (204). *Spieckermann* sagt mit Recht, dass gerade Propheten im Umkreis des 6. Jh. v. Chr. aus dringlichem Anlass den JHWH-Tag als Zorntag angekündigt haben (205–208). Jedoch überzeugt seine Ableitung des Zorntags bei Zefanja von mesopotamischen Omentexten nicht, auch wenn man eine gewisse Kenntnis der assyrischen Omenpraxis bei Zefanja nicht ausschließen will:

(1.) Die besondere Bedeutung der bösen Tage und des Zorntags in den mesopotamischen Omentexten verdeckt nicht die Tatsache, dass dort der spezifische »Zorntag« gleichwohl ein Tag unter anderen, recht variabel bezeichneten gefährlichen oder günstigen Tagen ist.[37] Zef 1,15 lässt schlechterdings nichts von einer polemischen Modifikation eines vorgegebenen mantisch bestimmten Zorntags erkennen. Anders liegen die Dinge z. B. in Zef 1,8–9!

(2.) *Spieckermann* will auch die Beschreibungen des »Tages« in Zef 1,15 von den Omentexten her ableiten, die gewiss eine Reihe von Motivanalogien enthalten. Jedoch sind vorab die alttestamentlichen Motivparallelen und Traditionen Israels im Horizont von Zef 1,15 zu berücksichtigen, auch z. B. Jes 2,12–17!

(3.) Die Rede vom Gotteszorn ist auch unabhängig vom Tag JHWHs für die babylonische Epoche Judas, das ausgehende 7. und das 6. Jh. v. Chr. eminent charakteristisch, wie die Prophetenbücher Jeremia und Ezechiel, das Buch der Klagelieder, (frühe) Volksklagelieder und das deuteronomistische Geschichtswerk zeigen. Jeremia und Ezechiel (in den Primärtexten) sprechen am häufigsten unter allen Propheten vom Zorn Gottes, Jeremia aber ohne Ankündigung des Tages JHWHs (im Jeremiabuch in ca. 30 Belegstellen!). Dies deutet darauf hin, dass die Rede vom Gotteszorn bei den Propheten Judas entscheidend durch die angekündigte und die erfahrene Not des katastrophalen Gottesgerichts im Untergang Judas und Jerusalems bedingt ist (vgl. zum Zornmotiv C. *Westermann* 1984, 96–106, bes. 99–104; G. A. *Herion* 1992, 989–996; G. *Sauer*, Art. עברה: THAT II, 206 (205–207); ders. Art. אף: THAT I, 224 (220–224); K.-D. *Schunck*, Art. עברה: ThWAT V, 1037f; E. *Johnson*, Art. אנף: ThWAT I, 384–389; M. A. *Klopfenstein* 1995, 199–213).

Amos hat als erster der Gerichtspropheten die Vorstellung vom Tag JHWHs wenige Jahrzehnte vor dem Untergang des Nordreichs Israel gegen das JHWH-Volk gewendet. Zefanja greift diese Unheilswende in der Tag-JHWH-

---

[37] Vgl. R. *Labat*, Hémérologies et Ménologies, Paris 1939, bes. 13–24.50ff.60ff.; ders., Un almanach Babylonien: RA 38 (1941) 13–40; L. *Černý*, The Day of Yahweh and Some Relevant Problems, Prag 1948, 10–17; F. A. M. *Wiggermann*, Mesopotamian Protective Spirits. The Ritual Texts: Cuneiform Monographs 1, Kroningen 1992, 171 f. zu ud / *ūmu* als dem personifizierten guten oder bösen Tag (böse Tage als Instrument göttlicher Entscheidung sind vorzüglich mit dem Sturmgott Adad verknüpft, siehe ebd. auch 169 f. zu *ugallu* als »Big Weather-Beast«, »Big Day«. Vgl. zur Schicksalsbestimmung CAD 17 (1992) 11–20 s. v. *šīmtu*, bes. 1.–3., S. 12–18.

Tradition von Amos und Jesaja her auf. Er verknüpft den JHWH-Tag mit dem Motiv vom Zorn, von dem schon vor ihm Jesaja und Hosea sprechen konnten. Zefanja proklamiert den Gottestag als Zorntag, nicht ohne Anhalt in seiner Tradition, schwerlich jedoch aufgrund eines spezifischen Einflusses mesopotamischer Omentexte. Es ist entscheidend die prophetisch gedeutete geschichtliche Situation, der Verfall des JHWH-Glaubens im Zuge der Manassezeit Judas, die tief gestörte Solidarität in politisch-sozialer und wirtschaftlicher Hinsicht, und wohl auch das Wetterleuchten einer neu aufstrebenden politischen Macht gegen Ende der Assyrerzeit, vorab aber die vom Propheten erfahrene und gedeutete abgrundtiefe Entfremdung verantwortlicher Kreise von JHWH, die in der Vorstellung des Propheten den Zorn Gottes heraufbeschwört, nun verdichtet in der Ankündigung vom Zorntag JHWHs.

15b–c   Der Zorntag von 15a wird zunächst in den Abstraktsubstantiven von 15b–c entfaltet. Die ganze Wortgruppe יום צרה ומצוקה »Tag der Drangsal und Bedrängnis« 15b hat nur noch in Ijob 15,24 eine Entsprechung (vom Ergehen des Frevlers!). Das Motiv vom Tag der Drangsal bzw. Not und Angst ist freilich häufiger belegt (vgl. Gen 35,3; Jes 37,3 // 2 Kön 19,3; Ps 20,2; 50,15; Spr 24,10; 25,19; Sir 51,10). Auf einen JHWH-Tags-Kontext führen Obd 14 (und 12) im Rückblick auf den Untergang Jerusalems, dem der Tag JHWHs über die Völker Obd 15 antwortet, vgl. auch Nah 1,7; Hab 3,16. Zef 1,15b legt den Akzent auf die Erfahrung von Enge und Angst, der niemand entrinnen kann (vgl. Jes 8,22; מצוקה »Bedrängnis« Ps 25,17; 107,6.13.19.28; Ijob 15,24). Dass die Bedrängnis auch konkret von einer Belagerung von Städten durch Feinde kommen kann, zeigt die entsprechende Wortgruppe במצור ובמצוק »in (der Not der) Einschnürung und Bedrängnis (durch den Feind)« in Dtn 28,53.55.57 im Zusammenhang der Bundesfluchbestimmungen. Mehrere Konnotationen lässt Satz 15c mit seinem paronomastisch verschärften Lautbild offen (s. o. zum Text): Vernichtung, Verderben, Unheil (Jes 47,11; Ps 35,8; Ijob 40,3), aber auch Verwüstung, Ödnis, Wüste (Ijob 30,3; 38,27; Sir 51,10), wie auch Unwetter und Sturmgetöse (Jes 10,3; Ez 38,9; Spr 1,27 Qre). Entsprechend erscheint der Kampftag als Tag von Sturm und Tosen Am 1,14. Die Motivik von Sturm und Zorn Gottes ist in Ez 13,11–13 ähnlich verknüpft wie in Zef 1,15, wobei zugleich auf den »Kampf« am Tag JHWHs (hier geschichtlich der Untergang Jerusalems) in 13,5 zurückgeblendet wird. Mit Zef 1,15c ist jedenfalls konnotativ ein passender Übergang zu 15d–e gegeben, wo der kommende Tag mit atmosphärisch-kosmischen Erscheinungen beschrieben wird.

Entfaltung des »Zorntags«

15d–e   Schon mit 15c, aber besonders mit 15d–e wird das Vorstellungsbild konkreter. Dichtes Dunkel gehört kontrastiv ebenso wie schweres Wettergewölk zu den Begleiterscheinungen einer Theophanie. Dunkelheit ist die Kehrseite der licht- und heilvollen Gotteserscheinung (vgl. Ps 18,12 [10–12]; Hab 3,11; Dtn 4,11). Zefanja übernimmt von Amos dessen Deutung des JHWH-

Tags für Israel: tiefstes Dunkel – ohne sein heilvolles Gegenstück, den Lichtglanz des erscheinenden Gottes (Am 5,18–20; vgl. Jes 13,10; 59,9, auch 58,10). Dunkelheit als Zeichen des unheilbringenden Eingreifens Gottes symbolisiert Not und Todesverhängnis entsprechend auch in der Tradition von den ägyptischen Plagen: Die ›ägyptische Finsternis‹ erscheint gravierend an das Ende der Plagenreihe vor die Erzählung von der Tötung der Erstgeburt gestellt in Ex 10,22.[38] Die Hilfe JHWHs für sein Volk beim Exodus aus Ägypten deutet Ex 14,20 mit den Mitteln einer Epiphanie in »Wolke« und »Dunkel«; sie erscheint als ein JHWH-Krieg gegen die Ägypter (vgl. die Replik in Jos 24,7). Es ist nur zu verständlich, dass das Motiv der Dunkelheit in dieser Unheilssymbolik dann auch im Kontext von Vertragsflüchen erscheint (Dtn 28,29).[39]

»Gewölk« und »Wolkendunkel« in 15e ist sicheres Kennzeichen alter Tradition vom erscheinenden Gott in Israel sowie vom Wettergott in Kanaan und im vorderen alten Orient.[40] ערפל »Wetter- / Wolkendunkel« entspricht ugaritischem *grpl* »dunkle Wolke« (KTU 1.107, 34.37.44) als einer Begleiterscheinung Baals. Das Wetterdunkel ist Mittel des verhüllten Erscheinens und der Gegenwart Gottes in der Sinai-Horeb-Tradition (»elohistische« Schicht Ex 19,16b; 20,21 sowie Dtn 4,11). Als Theophaniemotiv erscheint es auch in 2 Sam 22,10 // Ps 18,10 (10–12); 1 Kön 8,12 (2 Chr 6,1); Ps 97,2; Ijob 22,13 (vgl. 38,9). Ez 34,12 und Joel 2,2 nehmen den »Tag des Gewölks und Wolkendunkels« bereits auf. Das Zefanjawort zeigt Wirkung.

Das kriegerische Ziel

Ähnlich wie in Jes 2,12–17 spitzt sich die programmatische Ankündigung des nahen JHWH-Tags in Zef 1,14–16 auf den geschichtlich-menschlichen Bereich hin zu, eindeutig im kriegerischen Sinn. שופר »Widderhorn« und תרועה, hier »Kriegsgeschrei«, gegen »unzugängliche befestigte Städte« – doch zuallererst Judas (2 Kön 18,13 // Jes 36,1!) – und gegen hochragende »Zinnen« bzw. »Ecktürme« bzw. synekdochisch »Burgen« (vgl. Zef 3,6; 2 Chr 26,15; Sir 50,2) verlebendigen über Jes 2,15 hinaus den Vorstellungskreis von Kampf und Krieg (Am 2,2; Hos 5,8; Jer 4,19; Jos 6,5.20; Ijob 39,25). Vgl. Abb. 17! »Widderhorn« und תרועה im Sinne von kultischem Jubelgeschrei haben sonst freilich auch im Kult Israels ihren Ort (2 Sam 6,15; Lev 25,9). Mit dieser konkreten kriegerischen Stoßrichtung des Tages JHWHs ist das Ende und die Vergeblichkeit menschlicher Absicherungen angesagt: Die befestigten Städte, die hohen Mauern und Türme, hinter denen Menschen in Kriegsnot Zuflucht suchen, werden keinen Schutz gegen die verheerende Wucht dieses Gottestages bieten, der am Ende sich im geschichtlichen Bereich als Schrecken des Krieges auswirkt (vgl. Am 2,14; Ez

V 16

---

[38] Vgl. entsprechende Vorstellungen in ägyptischen Texten nach E. *Hornung*, Art. Dunkelheit: LÄ I (1975) 1153 f.
[39] Vgl. zu diesem Motiv in altvorderorientalischen Vertragsflüchen F. C. *Fensham*, OTWSA 10 (1967) 92–95 (90–97).
[40] Vgl. O. *Loretz*, Regenritual und Jahwetag im Joelbuch, Altenberge 1986, bes. 77–82.

Zef 1,14–18: Der nahe Tag JHWHs

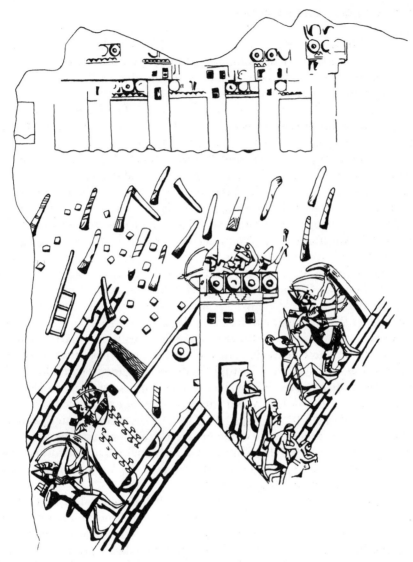

Abb. 17
Assyrisches Relief aus dem Palast des Sanherib in Ninive; aus Segment III: Erstürmung der Stadt Lachisch durch die Assyrer. – Um 700 v. Chr. Nach D. *Ussishkin*, The Conquest of Lachish by Sennacherib. FS *Robert M. Cummings*, Tel Aviv 1982, 82 Abb. 68. Gezeichnet von C. *Diller*.

13,5). Von daher dürfte sich eine Brücke zum Verständnis des schwierigen Verses Zef 2,1 (1–2*.3*) zeigen, der wohl zunächst die vergebliche äußere Sammlung vor dem Kriegssturm ironisiert (s. Auslegung Zef 2,1–3).

Teil I: Zefanja 1,2–18

Situation, Sinn und Rezeption

Zef 1,14–16 wirkt wie ein großes statuarisches Gemälde. In den nominalen Sätzen, in den Wortwiederholungen und Lautgleichklängen, in dem listenartigen Aufbau scheint das Gemälde kompakt abgerundet, in sich ruhend. Doch sieht man auf die Satz- und Versbedeutungen in ihrem Verlauf, so wird der Text zu einem einzigen großen Ausruf. Seine geballte Kraft zeigt er in den anaphorischen Wiederholungen von קרוב »nahe« und יום »Tag«. Sie hämmern nicht nur Aussagen ein, sondern treiben auch den Textprozess voran. Der Text versammelt programmatisch eine Fülle von Aspekten des nahen JHWH-Tags, er zieht viele Register, ruft alte Traditionen wach von Gotteserscheinungen im Gewittersturm, von ägyptischer Finsternis, aber auch vom Eingreifen JHWHs für sein Volk in Wolke und Dunkel mit den Mitteln der Theophanie. Er erzeugt Bilder schauriger Verwüstung und Gefühle von Angst und Enge. Nein, der Text will nicht zuerst aussagen, mitteilen. Er will in seiner äußeren Monotonie vorab die massive Wucht, die unwiderstehliche, umwerfende Kraft des JHWH-Tags, seine unausweichliche Wirkung zu Gehör bringen. Dieser Tag ist eine quasi-personale dynamische Macht (1,14!), die unwiderstehlich vorandringt. Sie setzt Assoziationen großer, umfassender Not frei, lässt das Licht des Tages und des Himmels ersterben, kommt wie Gewittersturm und düsteres Wettergewölk und spitzt sich doch innergeschichtlich, ganz auf der menschlich-politischen Ebene zu im Kriegsgetöse gegen die Festungen, die doch keinen Schutz bieten können. Dass es sich um feindliche Heere handeln muss, ist deutlich. Doch diese sind nicht um ihrer selbst willen wichtig. Alles ist entscheidend Geschehen des wirkmächtigen JHWH-Tags. Die Tag-JHWH-Ankündigung Zefanjas erscheint so als prophetisch-visionäre Geschichtsdeutung. Sie setzt theologisch voraus, dass JHWH nicht nur und nicht mehr Nationalgott Israels ist. Er kann sich gegen sein eigenes Volk wenden, das beim primären Zefanja (anders in 2,9!) nie JHWHs Volk heißt.

Die Adressaten des »Tages« Gegen wen richtet sich der JHWH-Tag bei Zefanja? Die Stellung von 1,14–16, ebenso wie 1,7, in der primären Komposition innerhalb von 1,4–2,3, die der Endgestalt zugrunde liegt, weist unverkennbar darauf hin, dass die Wucht dieses Tages sich zumindest im Sinne dieser primären Komposition und dann vermutlich doch auch im Sinne des primären Propheten gegen Juda und Jerusalem (1,4) richtet. 1,14–16 wie 1,7 sollen ja von einer Hörerschaft in Juda und Jerusalem vernommen werden. Freilich lässt ein Text wie 1,14–16 sachlich auch den Bezug auf die Philisterstädte 2,4 und auf Ninive 2,13–14(15) zu. Dass aber nicht nur 1,7, sondern auch 1,14–16 tatsächlich doch auf Juda hin entworfen ist, dafür spricht auch die eigenartige Beobachtung, dass in den wahrscheinlich primären Völkerworten Zefanjas in 2,4; 2,5–6* und 2,12.13–14* keine Gerichtsbegründungen erkennbar sind, anders als in 1,4–2,3! Nur in diesem Kontext 1,4–2,3 wird der

Grund für das Kommen des Tages JHWHs verständlich. Allerdings werden die Völkerworte als Komposition dann doch redaktionell dem drohenden JHWH-Tag zugeordnet (כִּי »denn« 2,4!).

Keine Frage, der Gott der Ankündigung in Zef 1,14–16 erscheint so anders, fremdartig in den Bildern seines Zorntags, und er will so fremd erscheinen. Ist es ein blindwütiger Zorn? Schon die konkrete Ausrichtung des Tages in V 16 spricht dagegen. Begründet wird der Zorncharakter dieses Tages im Text selber nicht. Man beachte, dass Zefanja nicht anthropomorph vom Zorn Gottes selbst spricht. Es geht genau genommen nicht um die Gefühlslage Gottes, sondern um den »Tag« als Zornereignis und als Zornerfahrung für Menschen. Warum dieses Zornereignis kommen muss, geht nur aus dem kompositorischen Kontext im Zefanjabuch hervor. Die Texteinheiten vom JHWH-Tag in Zef 1,7 und 1,14–18 setzen doch schon Gerichtsworte Zefanjas voraus, in denen Gründe für das göttliche Einschreiten genannt werden, wenn auch in unterschiedlicher Gewichtung. Das bedeutet nicht, dass die Tag-JHWH-Einheiten 1,7 und 1,14–16 sekundär eingeschrieben wären, als Texte stehen sie für sich und stellen ganz den kommenden Tag in den Blick. Vor seinem Andrängen verstummt alles Räsonieren über rechtfertigende Gründe. Wohl aber ergibt sich, dass diese Texte vom JHWH-Tag – und Ähnliches gilt auch für Zef 2,1–3* – in der Prophetie Zefanjas doch eine eher fortgeschrittene Stufe darstellen, schon eine Summe ziehen, zumal 1,14–16! Von daher kann ein wenig deutlicher werden, warum Zefanja vom JHWH-Tag und mit ihm von einem Zornereignis reden muss: Dieser Zorn geht gegen Widerstände vor, die sich gegen JHWH aufgestaut haben, Zeichen dafür können die hohen Zinnen oder Türme in 1,16 sein. Diese Widerstände lassen sich – so nach der Erfahrung und Gewissheit des Propheten – durch keine anderen Mitteln mehr brechen als durch die Mittel dieses zerstörerischen Zorns. Das nimmt dem Zorn nicht seine unheimliche fremdartige Wirkung im Gottesbild. Für den Propheten aber erscheint er als das notwendige, unausweichlich gewordene Mittel JHWHs, sein Recht durchzusetzen, auch wenn es nur noch in der Form der Ahndung sein kann (vgl. die allerdings wohl durchwegs sekundären Texte Zef 2,3a; 3,5; 3,8, anders 3,15!).[41] Doch die Frage bleibt: Mit welchem Recht dürfen und müssen wir noch die grauenvollsten geschichtlichen Erfahrungen von Gott her deuten? In ihrem großen Gedicht »Zorn Gottes« hat die jüdische Schriftstellerin *Margarete Susman* (in: dies., Aus sich wandelnder Zeit. Gedichte, Zürich u. a. 1953, 125–129) das Dilemma der Glaubenden formuliert, die an einem allwirksamen Gott festhalten und daher noch in den Abgründen von Weltkrieg und Holocaust die »steile Flamme Deines Zorns« zu sehen meinen und dennoch fragen müssen »War es Dein Wille …? Ist *das* Dein Zürnen? Herr,

Das Zornereignis

---

[41] Vgl. zum theologischen Problem des Gotteszorns C. *Westermann* 1984, 96–106; bes. R. *Schwager*, Der Zorn Gottes: ZKTh 1983, 406–414; W. *Gross* 1999, 149–238, 233 f.!

Teil I: Zefanja 1,2–18

dies Grauen tritt / Aus Deiner Ordnung ...« Der Zefanjatext freilich redet nicht einer Deutung der Abgründe menschlicher Untaten als »Zorn Gottes« das Wort. Vielmehr setzt er den göttlichen Zorn gerade als Instrument der Begrenzung und Bestrafung menschlicher Bosheit und Schuld voraus.

Wirkung Die Ankündigung Zefanjas versteht sich als wirksames Wort. Das Prophetenwort deutet nicht nur Geschichte, es setzt sie auch in Gang von JHWH her (vgl. Jes 55,10–11!). Die kosmischen Farben des bei Zefanja immer noch innergeschichtlichen JHWH-Tags von 1,14–16 haben schon im Zefanjabuch endzeitlich und universal ausgerichtete Nachinterpretationen erfahren (1,17–18; 1,2–3; 3,8d). Der Zefanjatext wirkt sicher weiter im Buch Joel (2,1–2!), in Ez 34,12, vermutlich auch in Jes 13 (V 9.13). Die Ankündigung Zefanjas wird zumindest motivisch auch noch im Neuen Testament aufgenommen und neu interpretiert: so im »Tag des Zorns« als dem Tag der Offenbarung der Gottesgerechtigkeit in Röm 2,5 (vgl. Mt 3,7), so auch besonders in den Begleiterscheinungen des Todestages Jesu, in der Finsternis über dem ganzen Land nach Mk 15,33 (Mt 27,45; Lk 23,44 f.; dazu Erdbeben und Felsspaltung nach Mt 27,51, vgl. Jes 13,13 u.a.).

Im Talmud wird der Zorntag von Zef 1,15 mehrfach zitiert, in verschiedenen Kontexten. Er wird auch eschatologisierend als das jenseitige Gerichtsfeuer interpretiert (Aboda Zara 18b; Schabbat 118a; Baba Batra 10a). Über die Vulgata-Fassung von Zef 1,14–18 gelangte der Zorntag Zefanjas in den mittelalterlichen Hymnus Dies irae, dies illa (vgl. *A. Heinz*, LThK³ 3 [1995], 219); er wurde als Sequenz in der Totenmesse des Missale Romanum von 1570 bis 1962 verwendet. Dieser Text weitet den Blick vom individuellen Tod hin auf das Gericht am Ende der Welt: »Dies irae, dies illa, calamitatis et miseriae, dies magna et amara valde, quando coeli movendi sunt et terra ...« Die Frühgeschichte dieser Sequenz bis ca. 1400 hat *C. Vellekoop* 1978 eingehend erforscht (ebd. 12–14 und seine Exkurse 4 und 5). Berühmte Vertonungen stammen von Mozart, Verdi, Berlioz u.a. Über das Dies irae ist Zef 1,14–18 indirekt auch in den »Faust« J. W. Goethes gelangt (Domszene in Teil I). – Eine eindrucksvolle Bildgestaltung des düsteren Zorntags, wie die mittelalterliche Sequenz »dies irae« ihn vorstellt, verdanken wir Salvador Dalí (*A. Läpple* [Hrsg.], Salvador Dalí. Bilder zur Bibel, Aschaffenburg ²1974, 88–90).

I.C.2.
Zef 1,17–18: Universale Drangsal und gewaltsamer Tod der Menschen, entfaltet als Weltkatastrophe am Zorntag JHWHs

T. Caruso, Sarà sparso il loro sangue come polvere. Sofonia 1,17 e KTU 1.3 III 14b–17, in: *F. Vattioni* (Hrsg.), Sangue e antropologia, riti e culto, Bd. 2: Bibbia, patristica, Rom 1987, 599–621. – *H. Kuhn*, Why are Job's Opponents Still Made to Eat Broom-Root: BiTrans 40 (1989) 332–336 (zu lḥmm, vgl. Zef 1,17e). – *J. H. Tigay*, lʾ ns lḥh – »He Had Not Become Wrinkled« (Deuteronomy 34,7), in: Z. Zevit u. a. (Hrsg.), Solving Riddles and Untying Knots. FS *J. C. Greenberg*, Winona Lake, IN 1995, 345–350.

Literatur zu 1,17–18a

H. A. Brongers, Der Eifer des Herrn Zebaoth: VT 13 (1963) 269–284. – *V. Hamp*, אף: ThWAT I (1973) 457–463. – *J.-G. Heintz*, Le »feu dévorant«, in: Le feu dans le Proche-Orient antique. Actes du colloque de Strasbourg (9 et 10 juin 1972), Leiden 1973, 63–78. – *P. Hofrichter*, Art. Weltbrand: NBL III, Lfg. 14/15 (2001), 1105 f. – *A. S. Kapelrud* 1981, 225–262. – *P. D. Miller*, Fire in the Mythology of Canaan and Israel: CBQ 27 (1965) 256–261. – *E. Reuter*, Art. קנא qnʾ: ThWAT VII (1993) 58–62 (51–62).- *A. Scriba*, Die Geschichte des Motivkomplexes Theophanie. Seine Elemente, Einbindung in Geschehensabläufe und Verwendungsweisen in altisraelitischer, frühjüdischer und frühchristlicher Literatur: FRLANT 167, Göttingen 1995, 28–31. – *A. S van der Woude* 1965, 1–16.

Literatur zu 1,18b–c

Text

17 a	IA	Da werde ich die Menschen in Drangsal stürzen,	Übersetzung
b	IB	so dass sie wie Blinde dahingehen.	
c		⟨Denn gegen JHWH haben sie gesündigt.⟩	
d	IIA	Da wird ihr Blut verschüttet werden wie Staub	
e	IIB	und ihr [Lebenssaft] wie Kotballen.	
18 a	IA	Auch ihr Silber wie ihr Gold	
	IB	vermag sie nicht zu retten!	
18 b		⟨Am Tag des Zornes JHWHs und im Feuer seines Eifers wird die ganze Erde verzehrt werden.	
c		Denn Untergang, ja ein jähes Verderben wird er allen Bewohnern der Erde bereiten.⟩	

17d: Die im MT als D-Stamm punktierte Suffixkonjugation שֻׁפַּךְ ist als G-Stamm passiv zu verstehen: »verschüttet / ausgegossen werden« (Bauer / Leander 287, § 38 n').

Zu Text und Übersetzung

17e: Das umstrittene Substantiv לְחוּם* ist nach MT nur noch in Ijob 20,23 belegt, hier jedoch kaum primär (vgl. BHS z. St.; *G. Fohrer*, Das Buch Hiob: KAT XVI, Gütersloh ²1989, 324.326; *M. H. Pope*, Job: AncB, New York ²1965, 140). Die Form soll wohl als Verbalnomen des *qatūl*-Typs nach Partizip passiv (Dtn 32,24) von לחם II »verzehren, speisen« verstanden werden, etwa im Sinne von »Eingeweide«. Eine relativ einheitliche Interpretation bezeugen die alten Versionen nur für Zef 1,17: »Fleisch« nach LXX (mit La, Arab) und Syr; »corpus« / »corpora« in Vg / Hieronymus z. St.; »Leichnam« nach Tg. Vgl. HALAT 499: »Fleisch, Körper« (allerdings ist die hier vorgeschlagene Konjektur von לחום für Jes 47,14 und Ijob 30,4 ganz unwahrscheinlich, vgl. jeweils BHS z. St.); so u. a. *J. Vlaardingerbroek* 112. Schwierig bleibt, auch bei übertragenem Gebrauch des Verbs, die Verbindung von שָׁפַךְ (46mal vom Vergießen von Blut) mit »Fleisch« o. ä. Unter den verschiedenen vorgeschlagenen Interpretationen und Emendationen verdient der Ausgang von לֵחַ »(Lebens)Saft, Frische« Dtn 34,7 in der Parallele zu שָׁפַךְ דָּם »Blut vergießen« Zef 1,17d den Vorzug. Allerdings muss man in 17e nicht לֵחָם »ihr Lebenssaft« (Dittographie von מ) konjizieren (so u. a. BHS z. St.). Für eine Lexemvariante (mit ursprünglicher Mimation *m*) zu לֵחַ (von der Basis לחח »feucht sein«) mit derselben Bedeutung »Lebenssaft« bzw. auch übertragen »Lebenskraft« spricht nachdrücklich die Form בלחמו in Jer 11,19, die sicher als »in / mit seinem Saft« zu interpretieren ist (»wir wollen den Baum in seinem Saft verderben« Jer 11,19d). Die Variante in Zef 1,17e ist dann wohl als sekundärer monovokalischer Typ *lihm* anzusetzen, weniger wahrscheinlich *lahm* (so *C.-A. Keller* 195 Anm. 2): »ihr Lebenssaft«. Vgl. *H. Irsigler* 1977, 56–59. Anders *L. Sabottka* 1972, 57, und *A. Spreafico* 113 f.: Substantiv לֵחַ + mem encliticum + enklitisches Personalpronomen.

18b: Die Präpositionalverbindung »am Tag des Zornes JHWHs« verknüpft gezielt die Sätze 1,18b–c mit 1,18a. Als Zeitbestimmung bezieht sich das Satzglied sowohl auf 18a (keine Rettungsmöglichkeit am Zorntag) als auch auf 18b (die ganze Erde wird am Zorntag JHWHs verzehrt).

18c: Modalwort אַךְ hier verstärkend und steigernd: »ja! gewiss!« (vgl. Zef 3,7b). Das Verbalabstrakt נבהלה »jäher Schrecken, jähes Verderben« wird gelegentlich als Infinitiv des N-Stamms von בהל »erschreckt, entsetzt sein« mit Femininmorphem erklärt, z. B. *G. Gerleman* 1942, 22; *L. Sabottka* 1972, 59. Entsprechend ist das synonyme בהלה »Entsetzen, plötzlicher Untergang« (Lev 26,16 u. a.) als aramaisierende Infinitivbildung des D-Stamms zu verstehen. Näher liegt für Zef 1,18c jedoch ein substantivischer Gebrauch des femininen Partizips von בהל-N, vgl. Gesenius[18] 127; Beispiele in Ges-K § 122q, dazu בגדות »Treulosigkeit« Zef 3,4a.

Analyse

Kontext Die beiden Verse Zef 1,17–18 zeigen sich durchwegs als von ihrem Vortext abhängige Nachinterpretation: (1.) In Satz 17a nimmt das Verb צרר-H »beengen, bedrängen« den יום צרה »Tag der Drangsal / Bedrängnis« von 1,15b auf. (2.) Betroffen ist nunmehr undifferenziert האדם »der Mensch / die Menschen« schlechthin, was einerseits den schon erweiterten Gerichtshorizont von 1,16 ausdehnt, andererseits die Strafansagen gegen die in 1,4–13 genannten Gruppen zusammenfasst und im Übrigen dem universalen Gericht über »den / die Menschen« in 1,2–3 entspricht. (3.) Wenn die Menschen »wie Blinde« herumtappen 17a, so wird damit der »Tag der Dunkelheit und Finsternis« von 1,15c veranschaulicht. (4.) Der gewaltsame Tod der Menschen, wie ihn die hyperbolischen Vergleiche vom vergossenen Blut in 17d–e ankündigen, stellt das grausige Ziel des JHWH-Tags als eines זבח von 1,7c und 1,8a vor Augen, verstanden als Tag des »Schlachtens«. Zugleich wird der Grund des Wehegeschreis von 1,10–11 drastisch verdeutlicht. (5.) Mit seiner Aussage, dass weder Silber noch Gold Menschenleben retten können, weist Satz 18a auf die »Silber-Beladenen«, die reichen Händler von 1,11 zurück, ebenso auf die reichen Herren von 1,12, deren Besitz und Häuser nach 1,13 im Gottesgericht hinweggefegt werden. Allerdings deutet die durch keinen Reichtum zu erkaufende Rettung von 18a sachlich auch voraus auf 2,3 (MT), wonach allein noch »die Gebeugten im Land« die bedingte Aussicht auf ein »Vielleicht« der Bewahrung haben. (6.) Wörtlich greift »der Tag des Zorns« in 18b den programmatischen Beschreibungssatz 1,15a auf. – Mit diesen Beobachtungen zu den Kontextbezügen von 1,17–18 lässt sich die These (K. Seybold, Satirische Prophetie 1985, 32–34; ders., Komm. 99.101 f.) nicht vereinbaren, die Fortsetzung des in 1,12 begonnenen Spruches finde sich in 1,17(+ 18a). Die These verkennt die Ausweitung des Gerichtshorizonts in 1,17–18 (»der Mensch / die Menschen« schlechthin in 1,17 lassen sich nicht auf die »Herren« von 1,12 beschränken!). Zudem besteht kein Anlass, in 1,13a–b nicht das primäre Ziel des göttlichen Eingreifens von 1,12 zu erkennen.

V 17 schließt mit והצרתי »(und) ich werde bedrängen« ohne sachliche Progress-Funktion an 1,16 an. Am Wechsel von der Gottesrede in 1. Person zur besprechenden Rede von Gott in 3. Person gibt sich die späte Glosse 1,17c »denn gegen JHWH haben sie gesündigt« zu erkennen. Sie trägt die vermisste Begründung für das furchtbare Eingreifen JHWHs an den Menschen nach (vgl. Jer 50,7.14). Als tadelnde und indirekt warnende Feststellung kann sie jedoch auch darauf zielen, alle Menschen, auch die jeweilige Generation der späteren Rezipienten, in die Unheilsdrohung einzubeziehen: Alle sollen sich als vom Zorntag JHWHs (1,15–16) betroffen erkennen, weil doch alle auf die eine oder andere Weise sich an JHWH verfehlt haben (vgl. Röm 5,12 »... weil alle sündigten«!).

Zef 1,17–18 ist jedoch auch ohne die Glosse 17c nicht einheitlich. Darauf führt die konsequente Rede von JHWH in 3. Person in 1,18b–c gegenüber 1,17a–18a. Man kann fragen, ob »am Tag des Zornes JHWHs« noch zu Satz 18a zu ziehen ist; eine Abgrenzung, die sich in vielen Bearbeitungen findet. Dagegen spricht jedoch neben dem Wechsel zur Rede von JHWH in 3. Person die Beobachtung, dass V 17a–b.d-e und 18a (ohne die »Tag«-Bestimmung) noch als drei Verszeilen (Bikola) gelesen werden können, wenngleich nur noch die Sätze 17d–e synonym parallel formulieren. Die Sätze 1,18b–c weiten in Prosa die Gerichtsperspektive nochmals nachdrücklich aus: Die ganze Erde und alle ihre Bewohner sind betroffen. Durch die konsequente Rede von JHWH in 3. Person und ferner durch das Fehlen jeder kolometrischen Versbildung gibt sich das Stück Zef 1,18b–c als Zusatz zu 1,17–18a und darüber hinaus zu 1,14–18a insgesamt zu erkennen. ביום עברת יהוה »am Tag des Zornes JHWHs« 18b greift wörtlich den »Zorntag« von 1,15a auf und lässt sich vermittelnd auch auf 18a beziehen. Der Nachtrag Zef 1,18b–c stammt von derselben ›protoapokalyptischen‹ Bearbeitung wie Zef 3,8d. Dort wie hier kann הארץ nur »die Erde«, nicht mehr nur »das Land« bedeuten.

Zur textlichen Einheitlichkeit

Die Struktur des Stücks 1,17a–b.d-e und 18a zeigt eine Zweiteilung in ›göttliches Eingreifen‹ und seine ›Folge‹, die ihrerseits wieder zweiteilig ist:

Struktur 1,17–18a

Teil I: Zefanja 1,2–18

↓ **Göttliches Eingreifen (1. ps.) 17a** (צרר-H »bedrängen«)
Folge des Eingreifens 17b.d-e.18a:
↓ Reaktion der Menschen 17b
blutige Aktion an Menschen:
- Leben 17d–e
- kostbarster Besitz kann nicht retten 18a

Auslegung

a. Zef 1,17–18a: Vernichtung der Menschen ohne Rettungsmöglichkeit

Eingriff und Folgen

Die Gottesrede setzt in 17a mit einer Unheilsansage ein, die an den יום צרה 17a.b »Tag der Drangsal« 1,15b anknüpft. Das Verb צרר-H (mit Präp. ל) »bedrängen« lässt verschiedene Assoziationen zu. Vorab ist es »Angst einjagen«, das Gefühl der Enge und Angst, die zur Panik wird und den Atem stocken lässt (vgl. G-Stamm Gen 32,8). Im Gebrauch des H-Stamms ist jedoch immer eine äußere Ursache vorausgesetzt, eine Bedrängnis durch Feinde (1 Kön 8,37; Neh 9,27), konkreter eine feindliche Belagerung von Städten (Dtn 28,52). So schließt 17a passend an den kriegerischen Vorstoß gegen befestigte Städte in 1,16 an. Zugleich aber übersteigt Zef 1,17–18 mit seiner undifferenzierten Rede von »den Menschen« den judäischen Gerichtshorizont weit, auch gegenüber dem einzigen weiteren Beleg des Verbs mit göttlichem Subjekt in Jer 10,18 (den »Landesbewohnern« hier entsprechen in Zef 1,18c »alle Bewohner der Erde«!).

Als unmittelbare Folge des göttlichen Eingreifens sagt 17b einen völligen Verlust der Orientierung bei den Menschen an: »so dass sie dahingehen wie Blinde«. Der Vergleich konnotiert die unheimliche Finsternis des Tages JHWHs von 1,15d, sein prophetisches Markenzeichen seit Am 5,18–20. Dass der Horizont des Gerichts wiederum nicht auf das Land Juda beschränkt werden darf, zeigt sich am Vergleich mit den übrigen Belegen des Bildes vom Umhertappen oder Tasten wie Blinde: Sonst wird dies vom schuldigen Volk (in der bundesrechtlichen Fluchdrohung Dtn 28,29 und ähnlich in Jes 59,10) oder von den Einwohnern Jerusalems (Klgl 4,14) gesagt, nicht von »den Menschen« schlechthin.

Der Primärtext Zef 1,17a–b.d-e.18a wie auch die Erweiterung 1,18b–c lassen 17c keine Unheilsbegründung erkennen, sind daran allem Anschein nach auch gar nicht interessiert. Allein die sicher hereinbrechende künftige Katastrophe drängt sich in den Blick, obgleich allerdings die in Zef 1,4–13 implizit ausgedrückten Anklagen als Gerichtsbegründungen vorausgesetzt sind.

Nachträgliche Begründung

Diesem ›Mangel‹ an Begründung des göttlichen Gerichts über »die Menschen« hilft die Glosse 17c ab: »Denn gegen JHWH haben sie gesündigt.«

Alle Menschen sind eingeschlossen. Jeder soll sich von der Botschaft vom großen Gottestag im Zefanjabuch angesprochen und betroffen wissen. Zwischen Sündern und Gerechten oder zwischen bewussten oder unbewussten Verfehlungen wird nicht unterschieden. Solche Rede dürfte schon auf die frühe Apokalyptik verweisen. In ihr »wird Sünde nunmehr zu einer die gesamte Menschheit umspannenden negativen Macht ...« (*K. Koch*, ThWAT II [1977] 869). Exemplarisch behauptet (um 100 n. Chr.) 4 Esra 7,46 »... Wer ist es von den Lebenden, der nicht gesündigt hätte? ...« und 7,68 »Denn alle, die geboren wurden, sind von Sünden befleckt, sind voll von Fehlern und von Schuld belastet« (nach *J. Schreiner*, JSHRZ V / 4 [1981] 348.351). Die verallgemeinernde Feststellung Zef 1,17c knüpft an die Belege der »Bezichtigungs- oder Überführungsformel« an (nach *R. Knierim*, THAT I [1971] 544); sie sagen die Verfehlung gegen JHWH von einer 3. ps.pl. aus (2 Kön 17,7; Jer 50,7 und sekundär in V 14; auch Hos 4,7; Ps 78,32, vgl. Ex 32,31). Anders jedoch als diese Texte mit ihren konkreten Geschichtsbezügen ist die Gerichtsbegründung Zef 1,17c schon auf dem Weg zu jener lehrhaften Feststellung, dass »alle sündigten«, wie sie Röm 5,12 trifft.

17d–e Die blutige Aktion an Menschen ist im Anschluss an 17b die weitere Folge von JHWHs bedrängendem Eingriff 17a. Die Sätze 17d–e rufen das grausige Bild eines kriegerischen Gemetzels hervor. Das Passiv von שׁפך »ausschütten« 17d (primär G-passiv) lässt an Feindesmächte als handelnde Subjekte denken. Daran wird greifbar, dass Zef 1,17*–18a trotz seines universalen Gerichtshorizonts konkrete geschichtliche Erfahrungen durchscheinen lässt und von daher sein Vorstellungsmaterial bezieht. Historisch eindeutig festlegen lässt sich die Bildsprache von 17d–e freilich nicht. Indes scheinen vorab die grausamen Ereignisse der Katastrophe Jerusalems 586 v. Chr. im Hintergrund des Textes auf, wie sie das Buch der Klagelieder schildert (z. B. Klgl 2,20–22!). Die Wendung שׁפך דם »Blut vergießen«, häufig mit dem Odium des Mordes behaftet (Gen 9,6; 37,22 u. a.), wird auch mit kriegerischen Ereignissen zusammengebracht: Die Volksklage Ps 79 aus der Exilszeit hält JHWH vor, dass die Feindvölker bei der Zerstörung Jerusalems das Blut der JHWH-Treuen »wie Wasser« vergossen haben (vgl. von den Kriegen Davids 1 Chr 22,8; 28,3; ferner Joel 4,19). Der eigenartige Vergleich des Ausschüttens von Menschenblut »wie Staub« 17d macht den verächtlichen Umgang mit Menschenleben anschaulich. Blut, in dem doch das Leben ist (Gen 9,4; Lev 17,11.14; Dtn 12,23), wird hingeschüttet wie nichtiger Staub. Das Leben, das wertvollste Gut des Menschen, wird wie wertloser Tand oder Müll behandelt. Der Vergleich erinnert aber auch an das Wegschütten von עפר »Staub« im Sinne eines ›Aussatzes‹ an Häusern, der kultisch unrein macht (Lev 14,41). Außerdem deutet sich ein bekannter Zusammenhang an: vergossenes Blut wird mit Staub bedeckt (Lev 17,13); unbedecktes Menschenblut, von Mörderhand vergossen, schreit zum Himmel (Gen 4,10; Ijob 16,18), es macht die ungesühnte Blutschuld offenkundig (Ez 24,7).

Das große Blutvergießen

Teil I: Zefanja 1,2–18

Den Aspekt des Unreinen und Verächtlichen steigert noch 17e, wenn der wertvolle »Lebenssaft« der Menschen und d. h. metaphorisch ihre Lebenskraft »wie Kot(ballen)« weggeschüttet werden soll (ähnlich 1 Kön 14,10). Die Masoreten allerdings deuten das umstrittene לחמם von 17e vermutlich auf die »Eingeweide« (s. o. zum Text). So führt der erweiterte Satz 17d–e jedenfalls drastisch vor Augen, wie erbarmungslos und menschenunwürdig der Tod der Menschen sein wird. Als Nachinterpretation im Kontext von Zef 1 erläutert er unmissverständlich, was es mit dem »Schlachten« JHWHs an seinem Tag (1,7.8a) auf sich hat.

Nutzloser Besitz Der Abschlusssatz 18a greift mit »Silber und Gold« ein sehr geläufiges 18a geprägtes Wortpaar auf, um dem als unwert erachteten Menschenleben auch noch die Nutzlosigkeit wertvollsten Besitzes hinzuzufügen.[42] So unausweichlich sicher wird die Katastrophe eintreffen, dass es absurd wäre zu meinen, man könne sich durch Silber und Gold vom Tod freikaufen (vgl. Ps 49,8–9; Spr 11,4 und Mt 16,26!). Im Anschluss an das kriegerische Bild vom großen Blutvergießen in 17d–e wird 18a am wahrscheinlichsten an die Praxis kriegerisch bedrängter Städte oder Könige erinnern, sich durch Tributzahlungen von drohender Zerstörung freizukaufen (vgl. 2 Kön 16,8; Jes 13,17!). Im Zefanja-Kontext ist auch an den Gewinn der Händler und der reichen Herren in Jerusalem zu denken (1,10–11; 1,12–13). Freilich ist dieser Hintergrund nur noch Motivspender für eine grundsätzliche Aussage: Nichts rettet vor dem schmählichen Untergang. In Ez 7,19 ist Zef 1,18a.b als späte, noch nicht in LXX belegte Beischrift in einem ähnlichen Gerichtskontext aufgenommen, allerdings mit einer Akzentverschiebung: Voller Ekel werden Menschen, hier sicher Judäer, Silber und Gold wegwerfen, eben den Reichtum, der bisher als die wahre lebensförderliche Hilfe galt. Im Zefanjatext 1,18a ist wiederum die Tendenz der verallgemeinernden und eschatologisierenden Nachinterpretation deutlich (vgl. 1,9 II; 1,10–11; 1,13).

b. Zef 1,18b–c: Ende der Erde und ihrer Bewohner

Die beiden Umstandsbestimmungen »am Tag des Zornes JHWHs und im 18b Feuer seines Eifers« 18b verknüpfen den temporalen Aspekt (»Tag«) und die inhaltliche Qualifizierung (»Zorn«, »Feuer seines wütenden Eifers«) des JHWH-Tag-Geschehens. Die einfache Nebenordnung der beiden Präpositionalgruppen (jeweils Präp. ב) erzeugt auch für die erstere – zusätzlich zum temporalen Aspekt – einen instrumentalen Sinn: Nicht nur »am Tag« des JHWH-Zorns, sondern auch »durch« den Zorntag als einer dynamischen Größe, einem verheerenden Geschehen und »durch« bzw. »vom« wütenden

---

[42] Das Wortpaar ist insgesamt ca. 110mal belegt, vgl. *B. Hartmann*, Die nominalen Aufreihungen im Alten Testament, Diss. Zürich 1953, 32 f.

Eiferfeuer JHWHs wird die ganze Erde verzehrt. Die lexikalisierte Metapher »Feuer des (Zornes-)Eifers (קנאה)« JHWHs (Dtn 29,19; Ez 36,5; Ps 79,5) entspricht sinngemäß der Rede vom »Feuer des Zornes (עברה)« JHWHs im Ezechielbuch (Ez 21,36; 22,21.31; 38,19). In der nachexilischen Erweiterung zur Gog-Perikope Ez 38,18–23 (vgl. *W. Zimmerli*, BK XIII/2 [1969], 958f.), einem frühapokalyptischen Text, wonach Gog im Rahmen einer Tiere und Menschen erfassenden kosmischen Erschütterung von der Wucht des JHWH-Zorns vernichtet wird, sind »Eifer« und »Feuer des Zorns« JHWHs in 38,19 (18–19) ähnlich zusammengefügt wie JHWHs »Zorn« und sein »Eiferfeuer« in Zef 1,18b. Die sprichwörtliche Rede vom ›verzehrenden Feuer‹ (verbales Prädikat אכל mit Subjekt אש bzw. als Attributverbindung) bezeichnet weit über das Alte Testament hinaus im semitischen Raum des alten Vorderasiens bildhaft ein Instrument des göttlichen Zorns und des Sieges über Feinde (in Texten des 2. und 1. Jahrtausends v. Chr. aus Mesopotamien, Mari, El Amarna, aus dem phönizischen und altaramäischen Raum, vgl. *J.-G. Heintz*, Le »feu dévorant« 1973, 63–78). Das verzehrende Feuer ist Mittel kriegerischer Zerstörung (Num 21,28; Sach 9,4). Als von JHWH gesandt ist es seine verheerende Waffe in Am 1,4–14; 2,2–5.14–16, in einem Kontext, der an JHWH-Kriegs-Schilderungen erinnert (*P. D. Miller* 1965, 259f.). In hymnischen und spätprophetischen Theophanieschilderungen ist das (verzehrende) Feuer JHWHs Waffe bzw. »Verbildlichung und Vergegenständlichung seines brennenden Zornes« (*J. Jeremias*, Theophanie: WMANT 10, 1965, 108), so mit אכל »verzehren« formuliert in Ps 18,9 (parallel 2 Sam 22,9) und in den durchwegs nachexilischen Gerichtsankündigungen gegen die Völker Jes 29,6–7; 30,27.30 (27–33); 33,11–12 (vgl. V 3); Sach 12,6. Entsprechendes gilt für die Schilderung des über Juda hereinbrechenden JHWH-Tags in Joel 2,3 (1,11, vgl. 1,19). Im Kontext der Sinaitheophanie spricht nur die Priesterschrift in Ex 24,17 davon, dass die Erscheinung der Herrlichkeit (des Kabod) JHWHs »wie verzehrendes Feuer auf dem Gipfel des Berges« vor den Augen der Israeliten war. Für die ältere Sinaiüberlieferung ist das Feuer Begleiterscheinung des auf den Berg herabsteigenden Gottes (Ex 19,18; vgl. das Rauchen des Berges Ex 20,18a).[43]

Zef 1,18b schließt am ehesten an die genannten hymnischen und spätprophetischen Theophanieschilderungen vom verzehrenden Zornesfeuer

Verzehrendes »Eiferfeuer«

---

[43] Nach *G. Krinetzki* 1977, 82, soll die Rede vom »Feuer seines Eifers« in Zef 1,18 und 3,8 ursprünglich in der Tradition von der Sinaitheophanie wurzeln, so mit Hinweis auf Ex 19,18 (nicht 19!) und Ex 20,5; Dtn 5,9. Ein »Eiferfeuer« lässt sich jedoch aus diesen Belegen nicht gewinnen. Außerdem führt dessen Eigenart als »Zornesfeuer« (s. o.) nicht auf die Sinaitheophanie. *Krinetzkis* Behauptung (ebd.), Zef 3,8(d) sei der früheste Beleg für die Umsetzung der Sinaitheophanie in eine richtende Theophanie JHWHs, trifft nicht zu. Sie verkennt die Funktion des Feuers in hymnischen Theophanieschilderungen, unabhängig von der Sinaitheophanie. Außerdem handelt es sich in Zef 1,18b–c und 3,8d um sehr späte Nachinterpretationen.

Teil I: Zefanja 1,2–18

JHWHs an und dehnt den Gesichtskreis des Gerichts universal-eschatologisch aus. Dieses »die ganze Erde« erfassende Feuergericht von Zef 1,18b und 3,8d steht im Alten Testament einmalig da. Erst die Bücher der Sibyllinen aus hellenistischer Zeit (2. Jh. v. bis 1. Jh. n. Chr.) bezeugen in apokalyptischen Bildern einen ›Weltbrand‹ (II, 196–200; III, 84–92; V, 155–161.530f.), ähnlich 2 Petr 3,10–13 (vgl. *P. Hofrichter*, NBL III, 1105f.). Anders als in diesen späten hellenistischen Texten spricht jedoch Zef 1,18b und 3,8d nicht konkretisierend, sondern metaphorisch vom »Eiferfeuer« des Gerichts.

Während 18b in einem hyperbolischen Bild die Vernichtung der »ganzen Erde« ansagt, bezieht 18c als Sachaussage den bevorstehenden Untergang genauer auf »alle Bewohner der Erde« als die eigentlich Betroffenen. Die Formel עשה כלה »ein Ende bereiten« kann zwar im Hinblick auf den Untergang Judas verwendet werden (negiert in Jer 4,27; 5,10.18; 30,11c; Ez 20,17; Neh 9,31; fragend Ez 11,13). Darüber hinaus aber bezeichnet die Formel das Gericht an den Feindvölkern als Antwort auf die Exilierung des JHWH-Volks (Jer 30,11b; 46,28). JHWH bereitet nach Nah 1,8 (und 9) im Kontext des eschatologisierend adaptierten Theophaniepsalms Nah 1,2–8.9 seinen Feinden im Rahmen einer kosmischen Welterschütterung (V 5) ein Ende. Noch enger ist mit Zef 1,18c der Zusatz in Jes 10,23 verwandt (sekundär aufgenommen in Jes 28,22): »Denn Untergang und fest beschlossene Vernichtung bereitet der Gebieter JHWH Zebaot inmitten der ganzen Erde.« Diese frappierend ähnliche Formulierung unterstreicht die Eigenart von Zef 1,18b–c als einer sehr späten eschatologischen Bearbeitung. Von einer direkten literarischen Abhängigkeit in der einen oder anderen Richtung wird man nicht reden können. Wohl aber liegt das gemeinsame Interesse auf der Hand: was sich zeigt, ist eine brennende Endgerichtserwartung spätnachexilischer Prophetenbuchbearbeiter, die wir als eschatologisch und frühapokalyptisch orientiert bezeichnen können.

18c

Situation und Sinn

1,17–18a Die Nachinterpretation Zef 1,17*–18a zieht die bereits in den Worten vom Tag JHWHs 1,17 und 1,14–16 erkennbaren auf das Volksganze zielenden Tendenzen kräftig aus. Sie sucht insgesamt, den Gerichtskontext von 1,4–16 zu resümieren, auszuweiten und eschatologisierend zu steigern. Der Text ist aber transparent für die Erfahrung konkreter geschichtlicher Kriegsereignisse mit ihren Grausamkeiten. Zumal die Katastrophe Judas und Jerusalems von 586 v. Chr. scheint hintergründig auf. Im Blick steht zentral das Schicksal »der Menschen«. Zef 1,17*–18a bezieht (noch) nicht alles Lebendige auf dem Erdboden in das kommende Unheil ein, wie es Zef 1,2–3 tut.

Der Text dürfte daher als Bearbeitung im unmittelbaren Anschluss an Zef 1,14–16 älter sein als die Mottoverse Zef 1,2–3. Er ist frühestens in der spätexilischen Zeit, wahrscheinlicher aber erst in der nachexilischen Perserzeit des 5. Jhs. v. Chr. entstanden (vgl. Jes 13,9 im Kontext von 13,6–12; 34,1–3; Joel 2,1–11).

Die frühapokalyptischen Redaktoren finden ihre Erwartung in den Büchern Zefanja und Jesaja ausgedrückt und interpretieren die prophetische Gerichtstradition, indem sie sie universal-eschatologisch ausweiten. Die Vorstellung von einem ›Weltgericht‹ gehört zu den Grundelementen einer sich formierenden apokalyptischen Weltsicht. In Zef 1,18b–c ist dieses ›Weltgericht‹ vom vorgegebenen Motiv des Zorntags JHWHs her entfaltet.[44] Entsprechendes gilt für den Zusatz Zef 3,8d: »Denn im Feuer meines (Zornes-)Eifers wird die ganze Erde verzehrt werden.« Der Zusatz setzt in Zef 3,8 ein Völkergericht JHWHs voraus als ein gewaltiges Zornereignis am »Tag«, da JHWH sich als Zeuge und als Kläger erhebt (3,8a–c). Die Zusätze 1,18b–c und 3,8d stammen sicher von derselben Hand und sind jedenfalls jünger als die Fortschreibung 1,17–18a zu 1,14–16. Sie dürften auch noch jünger sein als Zef 1,2–3. Darauf weisen charakteristische Unterschiede in den Formulierungen (vgl. *H. Irsigler* 1977, 112f.). Während die Vernichtung in 1,17–18a und (später) dann auch 1,2–3 entscheidend auf »den Menschen« abzielt, geht es in 1,18b–c um »die ganze Erde« und ›alle ihre Bewohner‹. Die universalistische Tendenz kommt noch massiver zum Vorschein. Die Diktion ist noch allgemeiner gehalten. Für den Bearbeiter von Zef 1,18b–c und 3,8d ist das überkommene prophetische Erbe als Richtmaß und Wegweiser zu einem universalen Gottesgericht lebendig. Noch ist die detaillierte Ausgestaltung einer ›Weltgerichtsvision‹, wie sie Dan 7,9–12 (2. Jh. v. Chr., vgl. äthHen 14,18–23!) in apokalyptischen Farben präsentiert, nicht erreicht. Der Zefanjatext ist erst auf dem Weg zu dem gewaltigen Bild von Dan 7, zu dem »Hochbetagten« als dem Weltenrichter, von dessen loderndem Feuerthron ein Strom von Feuer ausgeht. Die eschatologische Zefanjabearbeitung, die sich ähnlich im Jesajabuch findet (Jes 10,23; 28,22), dürfte kaum noch der späten Perserzeit des 4. Jhs. v. Chr., sondern einer frühapokalyptischen Erwartung bereits der hellenistischen Zeit (etwa 3. Jh. v. Chr.) zugehören (zur zeitgeschichtlichen Einordnung von 1,18b–c und 3,8d s. u. zu Zef 3,6–8 »Situation«). Wir ahnen, dass desolate politische und soziale Zustände, eine lange schon anhaltende Bedrückung und fehlende Gerechtigkeit diesen Schrei nach dem Endgericht ausgelöst haben. Es ist ein Schrei nach dem Recht verschaffenden Gott, der ein Ende des Elends

1,18b–c

---

[44] Den zweifellos universalen Gerichtshorizont kann man ›Weltgericht‹ nennen, wenn man damit nicht sogleich eine entfaltete Gerichtsszenerie verbindet. Eine Beschränkung auf Juda und Jerusalem wird der Intention und dem Nachtragscharakter von Zef 1,18b–c (und 3,8d; 1,2–3) nicht gerecht, gegen *A. S. van der Woude* 1965, 1–16; vgl. ders. (Komm.) 83.130, wo er vorsichtiger von einem universalen Rahmen des Gerichts gegen Jerusalem und Juda spricht.

dieser Weltzeit herbeiführen soll. Ob danach oder dahinter doch eine »andere« Welt entstehen soll, wird nicht gesagt. Man darf es wohl erschließen. Denn der Zusammenhang von 1,18 und 2,1–3 auf Buchebene führt auf eine Möglichkeit der Bewahrung durch das Zorngericht hindurch: Die nachfolgende Texteinheit 2,1–3 und besonders V 3 spricht dafür, dass der Redaktor von 1,18b–c trotz der universalen Untergangsansage über alle Bewohner der Erde die Möglichkeit eines neuen Lebens nach der Katastrophe – in apokalyptischem Zeitverständnis – offen lassen wollte. Die alte Welt muss untergehen, damit eine neue Welt Gottes entstehen kann. Dass wir mit einem solchen Gedankenmuster rechnen dürfen, dafür spricht nachdrücklich der Zusammenhang von Zef 3,8 (verstanden als Völkergericht) mit 3,9–10 (Läuterung der Völker). In ihn dürfte 3,8d nachträglich eingesetzt worden sein (s. u. zu Zef 3,8). Dann ist das Gericht des Eiferfeuers JHWHs über die ganze Erde nicht das absolute Ende, sondern der unerlässliche Durchgang zur Heilszeit.

Teil II:
Zefanja 2,1–3,8: Der »Tag« des großen Völkergerichts: Drohung und Mahnung an das Volk von Juda (2,1–3), begründet im kommenden Unheil über Nachbarvölker (2,4–15), in deren Geschick die Hauptstadt Jerusalem einbezogen wird – als Ziel und Höhepunkt des Völkergerichts (3,1–8)

Der Text im Überblick

2,1	a/b	IA	Sammelt euch (Stoppeln gleich) ein, / ja, sammelt ein,
		IB	du Volk, das nichts erstrebt!,
2,2	a	IA	noch ehe [ihr fortgetrieben werdet]
		IB	wie [dahinfliegende] Spreu ⟨an einem Tag⟩,
			MT 2a bevor Festgesetztes eintritt (›geboren wird‹),
			(schnell) wie Spreu, die in einem Tag verflogen ist,
	b	IIA	noch ehe über euch kommt
		IIB	die Glut des Zornes JHWHs,
	c	IA	⟨noch ehe über euch kommt
		IB	der Tag des Zornes JHWHs!⟩
2,3	a		⟨Sucht JHWH, all ihr (demütig) Gebeugten im Land,
			die seinen Rechtswillen (schon bisher) getan haben!⟩
	b	IA	Sucht Gerechtigkeit!
	c	IB	Sucht Demut!
		IIA	Vielleicht bleibt ihr geborgen
		IIB	am Tag des Zornes JHWHs.
2,4	a	IA	Denn Gaza wird eine Verlassene sein
	b	IB	und Aschkelon zur Ödnis werden.
	c	IIA	Aschdod, am (hellen) Mittag wird man es wegtreiben,
	d	IIB	und Ekron wird entwurzelt.
2,5	a	IA	Wehe, Bewohner des Landstrichs am Meer,
		IB	Volk der Kereter!
	b		⟨Das Wort JHWHs über euch!⟩
	c	IIA	⟨Kanaan,⟩ Land der Philister,
		IIB	ich werde dich zugrunde richten, bewohnerlos!
2,6		IA	[Du wirst] ⟨der Landstrich am Meer⟩ zu Weideplätzen
			⟨Auen⟩ für Hirten werden
		IB	und zu Hürden für Kleinvieh!

Teil II: Zefanja 2,1–3,8:

2,7	a		Der Landstrich [am Meer] wird dem Rest des Hauses Juda gehören.
	b		[Darauf] werden sie [selbst] weiden,
	c		in Aschkelons Häusern am Abend sich lagern.
	d		Denn JHWH, ihr Gott, wird sich ihrer annehmen,
	e		und ihr Geschick wenden.
2,8	a	IA	Ich habe das Höhnen Moabs gehört
		IB	und die Schmähungen der Ammoniter,
		IIA	die mein Volk verhöhnten
		IIB	und großtaten gegen dessen Gebiet.
2,9	a	IA	Darum, so wahr ich lebe –
	b	IB	Spruch JHWHs ⟨Zebaots⟩,
		IC	des Gottes Israels –
	c	IIA	ja, Moab soll wie Sodom werden
	d	IIB	und die Ammoniter wie Gomorra,
		IIIA	ein Wucherplatz für Nesseln
		IIIB	und eine Salzgrube
		IIIC	und eine Wüstenei für immer.
	e	IVA	⟨Der Rest meines Volks wird sie ausplündern
	f	IVB	und was von meiner Nation übrig ist, wird sie beerben.⟩
2,10	a		⟨Dies gebührt ihnen wegen ihres Hochmuts,
	b		weil sie höhnten
	c		und großtaten gegen das Volk JHWH Zebaots.⟩
2,11	a		Furchtgebietend ist JHWH ihnen gegenüber.
	b		Ja, er hat (schon) hinschwinden lassen alle Götter der Erde,
	c		so dass sich vor ihm niederwerfen werden – jedermann von seinem Ort her – alle Inseln der Völker.
2,12		IA	Selbst ihr, Kuschiter –
		IB	von meinem Schwert Durchbohrte sind sie!

Wahrscheinlicher Primärtext (mit Fortsetzung in V 13–14):

2,12		IA	Selbst ihr, Kuschiter,
		IB	seid durchbohrt vom Schwert [JHWHs]!
2,13	a	IA	Streckt er nun seine Hand gegen Norden aus,
	b	IB	so richtet er Assur zugrunde
	c	IIA	und macht Ninive zur Wüstenei,
		IIB	ein Trockenland, der Steppe gleich.

Teil II: Zefanja 2,1–3,8:

2,14 a IA Dann werden mitten in ihr Herden lagern,
     IB   allerart Tiere [der Weide].
     b IIA Sowohl Dohle wie Eule
       IIB   nächtigen auf ihren Säulenkapitellen.
     c IIIA (Vogel-)Stimme singt in der Fensterhöhlung,
     d IIIB   [Rabe] (krächzt) auf der Schwelle.
              MT 14d Trümmer auf der Schwelle,
                  14e ⟨denn das Zedernwerk hat man bloß gelegt(?).⟩
2,15 a IA ⟨Das ist die prahlerische Stadt,
     IB   die in Sicherheit thront,
     /b IIA die in ihrem Herzen spricht: / ›Ich –
     c IIB   und niemand sonst!‹
     d IIIA Wie ist sie (doch) zur (schaurigen) Wüste geworden,
       IIIB   ein Lagerplatz für (wilde) Tiere!
     e IVA Jeder, der an ihr vorbeikommt, pfeift,
     f IVB   schwenkt (abwehrend) seine Hand.⟩
3,1 a IA Wehe, Widerspenstige (Illustre?) und Besudelte!,
     IB   die gewalttätige Stadt!
3,2 a IA ⟨Sie hat auf keine Stimme gehört,
     b IB   keine Zurechtweisung angenommen
     c IIA   auf JHWH hat sie nicht vertraut,
     d IIB   ihrem Gott sich nicht genaht.⟩
3,3 a IA Ihre Oberbeamten in ihrer Mitte
     IB   sind brüllende Löwen.
     b IIA Ihre Richter sind [Steppen-]Wölfe,
     c IIB die [wahrlich] (noch immer) morgens (Knochen)
              gemalmt haben.
            MT 3b Ihre Richter sind Abend-Wölfe,
               3c die am Morgen (noch) nichts gemalmt haben /
                  nichts mehr zu malmen haben (?).
3,4 a IA Ihre Propheten sind (anmaßende) Schwätzer,
     IB   treulose Männer.
     b IIA Ihre Priester haben Heiliges entweiht,
     c IIB   Weisung vergewaltigt.

3,5 a   ⟨JHWH wirkt gerecht in ihrer Mitte,
     b   er tut kein Unrecht.
     c   Morgen für Morgen gewährt er sein Rechtsurteil,
     d   mit dem Tageslicht bleibt es nicht aus.⟩
     e   ⟨Doch der Böse kennt keine Scham.⟩

3,6 a IA Ich habe Völker ausgetilgt,
     b IB   verödet stehen ihre Zinnenburgen.

Teil II: Zefanja 2,1–3,8:

		c	IIA	Verwüstet habe ich ihre Straßen,
			IIB	keiner ist, der darüber geht.
		d	IIIA	Verheert sind ihre Städte,
			IIIB	⟨ohne einen Menschen,⟩ ohne einen Bewohner.
3,7	a		IA	Ich dachte:
	b			»Gewiss wirst du mich (nun) fürchten,
	c		IB	wirst (die) Warnung annehmen –
	d		IIA	so dass [ihr] nicht [aus den Augen] schwindet,
			IIB	was alles ich ihr auferlegt habe.«
	e/f		IIIA	Jedoch, eifriger noch / verdorben haben sie
			IIIB	all ihre Taten.
3,8a₁/b			IA	Darum, wart[e] mir nur/ – Spruch JHWHs –
	a₂		IB	auf den Tag, da ich als [Richter-Zeuge] aufstehe:
3,8		c	IIA	Ja, mein Rechtsurteil ist es, Völker zu versammeln,
			IIB	Königreiche zusammenzuholen,
			IIIA	auszugießen über sie [*die frevlerischen Stadtbewohner*] meinen Grimm,
			IIIB	die ganze Glut meines Zorns.
		d		⟨Ja, im Feuer meines Eifers wird die ganze Erde verzehrt.⟩

Kontext und Komposition

Für den zweiten Hauptteil des Zefanjabuches in seiner überlieferten Endgestalt ist es charakteristisch, dass in ihm das unheilvolle Geschick von Völkern mit jenem Judas bzw. Jerusalems verzahnt wird. Als Signalwort für Zef 2,1–3,8 kann das nur hier auftretende Lexem גוי »Volk« gelten: im Singular 2,1.5a.9f (textlich sekundär in 2,14a), im Plural 2,11c; 3,6a.8c.

Die beiden genannten Stoßrichtungen des drohenden Verderbens greifen ineinander. Allerdings bewegen sie sich nicht auf derselben Ebene. Die Fremdvölkerworte Zef 2,4–15 (s. u. II.A.2.) verraten in ihrer Anlage eine durchaus eigenständige Komposition. Sie wird allerdings kompositionell sekundär dem Appell an das Volk von Juda 2,1–3 bzw. an die Gedemütigten im Land 2,3a begründend zugeordnet; sprachlicher Ausdruck dafür ist die Konjunktion כי im Sinne von »denn«. Zudem ist die Reihe der Fremdvölkerworte durch Worte gegen Jerusalem in Zef 3,1–4.5 und 3,6–8 erweitert. Für die entstehende Großkomposition 2,4–3,8 dürfte die Komposition der Völkerworte in Am 1,3–2,16 mit ihrem Zielwort in der Israelstrophe Pate gestanden haben (s. o. zum Aufbau des Zefanjabuches in Nr. 2 der Einleitung). Das »Wehe« von 3,1 über Jerusalem nimmt jenes über die Bewohner der philistäischen Meeresküste in 2,5 auf. Gegenüber den Völkerworten in 2,4–15 liegt nun der Hauptakzent auf den steigernd an das Ende gestellten Jerusalemworten in 3,1–8. Mit 3,6–8 schließt sich ein Spannungsbogen, der mit 2,1–3 eröffnet wurde. Der Spruch 2,1–3 hatte noch eine Ritze der Hoffnung gelassen, »vielleicht« am Zorntag JHWHs bewahrt zu bleiben, unter der Bedingung, dass der Aufruf, JHWH bzw. Gerechtigkeit und Demut zu suchen, nicht ungehört verhallt. Die anklagenden Feststellungen in 3,2 und zumal im enttäuschten Rückblick 3,6–7 können im Kontext nur besagen, dass sich die verhaltene Rettungshoffnung von 2,3 ganz zerschlagen hat. Die Unheilsankündigungen über Nachbarvölker motivierten (zusätzlich) den Appell 2,1–3. Wenn jedoch JHWH nach 3,6–7 konstatieren muss, dass Jerusalem selbst aus bereits eingetretenen Schlägen gegen Völker keine Warnung und Lehre gezogen hat, so ist das Gericht unausweichlich: 3,8 kündigt die Strafe über Jerusalem an, im vorliegenden Text jedoch überraschenderweise im Rahmen eines umfassenden Zornesgerichts über »Völker« und »Königreiche«. Daran lässt der den Diskurs abschließende Satz 3,8d – in Entsprechung zu 1,18b–c – keinen Zweifel: »Ja, im Feuer meines Eifers wird die ganze Erde verzehrt.« Die Gerichtsankündigung 3,8 nimmt von 2,2–3 her das Motiv des »Tags« des JHWH-Zorns auf und bringt die ganze Großkomposition 2,1–3,8 mit einer universalen Gerichtsperspektive zum volltönenden Abschluss.

II.A.
Zef 2,1–15: Drohung und Mahnung an das Volk von Juda (2,1–3), begründet im kommenden Unheil als Vernichtungsgericht über Nachbarvölker mit der Assyrerhauptstadt Ninive als Höhepunkt (2,4–15)

Von der motivierenden Funktion der Fremdvölkerworte 2,4–15 für den Appell 2,1–3 war schon die Rede. Sie zielen kompositionell auf das breiter entfaltete abschließende Wort gegen Assur und Ninive in 2,(12.)13–15. Zef 2,1–3 ist eine in sich nicht spannungsfreie komplexe Texteinheit (s. u.). Die Folge von Imperativen wird in 2,3 literarisch primär durch die Ankündigung einer möglichen Bewahrung abgeschlossen. 2,3 lässt von sich aus keine weitere Motivation erwarten. Der Spruch gegen die Philisterstädte in 2,4 ist nur kompositionell motivierend mit 2,1–3 zusammengefügt. Dieser kompakte Spruch ist literarisch selbständig. 2,1–4 bilden keine primäre Einheit (gegen z. B. *A. Berlin*, 95–102; *D. H. Ryou* 1995, 145.186–207 u. a.).

Kontext und Komposition

Teil II: Zefanja 2,1–3,8:

II.A.1.
Zef 2,1–3: Der ›letzte‹ Appell: ironische Aufforderung zur Sammlung vor dem Kriegssturm an das Volk von Juda mit dem Ziel einer äußersten Mahnung, um »vielleicht« am Zorntag JHWHs geborgen zu bleiben

Literatur K. *Aartun*, Hebräisch ʿani und ʿanaw: BO 28 (1971) 125 f. – J. A. *Bewer*, Textual Suggestions on Isa 2,6; 66,3; Zeph 2,2.5: JBL 27 (1908) 163–166. – S. B. *Dawes*, ʿĀNĀWĀ in Translation and Tradition: VT 41 (1991) 38–48. – E. S. *Gerstenberger*, Art. עָנָה II: ThWAT VI (1989) 247–270. – J. *Gray*, Metaphor from Building in Zephaniah II 1: VT 3 (1953) 404–407. – G. A. *Herion*, Art. Wrath of God (Old Testament): ABD 6 (1992) 989–996. – A. *Ho*, Ṣedeq and Ṣedaqah in the Hebrew Bible: American University Bible 7/78, Washington 1991. – A. V. *Hunter*, Seek the Lord. A Study of the Meaning and Function of the Exhortation in Amos, Hosea, Isaiah, Micah and Zephaniah, Basel 1981 (bes. 259–272). – K. *Koch*, Art. צדק *ṣdq* gemeinschaftstreu / heilvoll sein: THAT II (1976) 507–530. – K. *Koenen*, Heil den Gerechten – Unheil den Sündern! Ein Beitrag zur Theologie der Prophetenbücher: BZAW 229, Berlin u. a. 1994, 27–32. – J. *Krašovec*, La justice *(ṣdq)* de Dieu dans la Bible hébraique et l'interprétation juive et chrétienne: OBO 76, Fribourg (Schweiz) / Göttingen 1988. – E. *Kutsch*, עֲנָוָה (»Demut«). Ein Beitrag zum Thema »Gott und Mensch im Alten Testament«, Habil.-Schr., Mainz 1960. – V. *Lenzen*, »Gerechtigkeit« in der hebräischen Sprachtradition: Lebendiges Zeugnis 46 (1991) 49–55. – R. *Martin-Achard*, ענה *ʿnh* II »elend sein«: THAT II (1976) 341–350. – H.-D. *Neef* 1996, 145–158. – W. *Richter*, Recht und Ethos. Versuch einer Ortung des weisheitlichen Mahnspruchs: StANT 15, München 1966. – H. *Ringgren* / B. *Johnson*, Art. צָדַק *ṣādaq*: ThWAT VI (1989) 898–924. – D. *Schäffer*, Über den Tag Gottes und wer – vielleicht – überleben wird. Predigt über Zef 2,1–3, in: W. Dietrich / M. Schwantes (Hrsg.) 1996, 88–92. – K.-D. *Schunck* 1992, 174–179. – K. *Seybold*, Text und Textauslegung in Zef 2,1–3: BN 25 (1984) 49–54. – R. *Smend*, Art. Zorn Gottes: EKL³ 4 (1996) Sp. 1394–1396. – H. *Spieckermann* 1989, 194–208. – K. A. *Tångberg*, Die prophetische Mahnrede. Form- und traditionsgeschichtliche Studien zum prophetischen Weheruf: FRLANT 143, Göttingen 1987. – G. *Warmuth*, Das Mahnwort. Seine Bedeutung für die Verkündigung der vorexilischen Propheten Amos, Hosea, Micha, Jesaja und Jeremia: BET 1, Frankfurt / Bern 1976, bes. 166–169.170–173. – S. *Wagner*, Art. בַּקָּשָׁה בָּקֵשׁ: ThWAT I (1973) 754–769.

Text

Übersetzung 1 a/b IA Sammelt euch (Stoppeln gleich) ein, / ja, sammelt ein,
            IB   du Volk, das nichts erstrebt!,
         2 a IA   noch ehe [ihr fortgetrieben werdet]
            IB   wie [dahinfliegende] Spreu ⟨an einem Tag⟩,
                    MT 2a bevor Festgesetztes eintritt (›geboren wird‹),
                    (schnell) wie Spreu, die in einem Tag verflogen ist,
           b IIA   noch ehe über euch kommt

Zef 2,1–15: Drohung und Mahnung an das Volk von Juda

		IIB	*die Glut des Zornes JHWHs,*
c		IA	⟨*noch ehe über euch kommt*
		IB	*der Tag des Zornes JHWHs!*⟩
3	a		⟨*Sucht JHWH, all ihr (demütig) Gebeugten im Land,*
			die seinen Rechtswillen (schon bisher) getan haben!⟩
	b	IA	*Sucht Gerechtigkeit!*
c		IB	*Sucht Demut!*
		IIA	*Vielleicht bleibt ihr geborgen*
		IIB	*am Tag des Zornes JHWHs.*

Der Text von Zef 2,1–2a, d. h. der ersten beiden Verszeilen der Einheit 2,1–3, stellt vor besondere textkritische, lexikalische und textsemantische Schwierigkeiten. So hält z. B. J. Vlaardingerbroek (114.118) V 1 für unübersetzbar, während er den MT der ersten Verszeile von V 2 (2 I) mühsam zu übersetzen sucht (»before the term – quickly it passes – gives birth to that day«, ebd. 114.118–121).

Zu Text und Übersetzung

1a–b(IA): Die lexikalisch umstrittenen Hapaxlegomena, mit denen V 1 einsetzt, sind in den Handschriften aus der Wüste Juda textlich sicher bezeugt: 1QpZef (= 1Q15) lässt jedenfalls die Buchstaben *htqw – š* erkennen (J. T. Milik, in: DJD I [1955], 80; zusätzlich das *q* des zweiten Imperativs nach M. P. Horgan 1979, 64). Die Zwölfprophetenrolle Murabbaʿât XII bietet Zef 2,1–3 fast vollständig, den masoretischen o-Vokal in beiden Imperativen 1a–b jedoch in Defektivschreibung. Diese zeigt die Herleitung der Formen von einer Basis קשש an, von der auch MT ausgeht. Das Verb קשש ist als Denominativ von קש »Strohstoppeln« im Polel belegt: Stroh bzw. Stoppeln auflesen / sammeln Ex 5,7.12; Holzstücke einsammeln Num 15,32.33; 1 Kön 17,10.12. Dann sind die Imperative Hitpolel und Qal התקוששו וקושו von Zef 2,1a–b am ehesten als Denominativformen zu verstehen, vgl. HALAT 1077a-b, ebd. mehrere Vorschläge zur lexikalischen Deutung bzw. Emendation. Ein Zusammenhang mit ugaritisch *qṯṯ* (etwa »wegziehen, ausreißen«, vgl. G. del Olmo Lete y J. Sanmartín, Diccionario de la Lengua Ugarítica II, Sabadell Barcelona 2000, 379a: G »arrastrar«) besteht kaum (gegen K. Grünwaldt, Exil und Identität, Frankfurt a. M. 1992, 200 Anm. 33). Die alten Versionen bestätigen den Zusammenhang mit dem belegten Polel »einsammeln«: Hitpolel wird reziprok-reflexiv verstanden (LXX mit La, ebenso Syr, Tg, Vg, Symmachus); der Grundstamm entspricht lexikalisch dem Polel, er intensiviert die Bedeutung des Hitpolel, was der Lautgleichklang der Wortbasen (Paronomasie) unterstreicht. Vgl. die ähnlichen Kombinationen von Verbalstämmen in Jes 29,9; Hab 1,5, ferner Hld 2,7b.c. Trotz der verschiedenen Verbalstämme zielen die beiden paronomastischen Imperative daher einheitlich auf ein konkretes »Sich-Sammeln« und »Einsammeln« des im Vokativ von 2,1 angesprochenen »Volkes«. Im gleichen Sinn übersetzen die meisten Versionen, z. B. LXX: ›sammelt euch und verbindet euch‹, Vg: ›kommt zusammen, versammelt euch‹. Dagegen differenzieren die Belege im babylonischen Talmud im Sinne von ›sammelt euch‹ und ›sammelt andere‹ (Baba Batra 60b, Baba Metsia 107b, Sanhedrin 18a, 19a); eine Randnotiz im Codex Reuchlinianus des Prophetentargums übersetzt ethisierend: ›Nehmt Zucht an und weist zurecht‹.

Das hier vorgeschlagene Verständnis der Imperative von Zef 2,1 hat in dem assoziativen Wortspiel mit מץ, der verwehenden »Spreu« in 2,2a als einem Synonym von קש »Strohstoppeln«, eine starke Stütze. Eine Übersetzung, die sich an die belegte

Teil II: Zefanja 2,1–3,8:

und schon erweiterte Bedeutung »einsammeln« von קשש Polel hält und dabei den Anklang an קש mitberücksichtigt, wird das Richtige treffen, etwa: *M. Buber / F. Rosenzweig* z. St.: »Stoppelt zusammen euch, stoppelt ein ...« Der Aufruf sich einzusammeln, lässt an eine gedrängte Menschenmenge denken, die ironisch mit zusammengedrängten und aufgehäuften Strohstoppeln verglichen wird. Unwahrscheinlich ist eine übertragene Bedeutung der beiden Imperative im Sinne eines moralischen Appells ›rafft euch zusammen‹, ›geht in euch‹ o. ä. (z. B. *K. Elliger* z. St.). Aber auch eine ›wahrscheinlich im übertragenen Sinn gemeinte‹ Aufforderung an ›die armen Leute‹, sich zu bücken und zusammenzulesen, was sie von dem abgeernteten Feld brauchen können (so die Deutung von *K. Seybold* 102 f.), dürfte der erweiterten und gleichwohl bildhaften lexikalischen Bedeutung von קשש ›einsammeln‹ und noch mehr dem textlichen Sinn der Imperative von Zef 2,1 im Kontext von 2,1–2 bzw. 3 nicht voll gerecht werden. Ähnliches gilt für *M. Weigl* 1994, 99: »Tut so, als ob ihr Stoppeln sammelt und sammelt Stoppeln« (s. u. Auslegung).

1b(IB): Der Vokativ הגוי לא נכסף »O Volk, das ...!« (in 1QpZef fälschlich nach Satz 2a gestellt) bietet keinen Anlass zu Konjekturen. Umstritten ist jedoch die lexikalische Bedeutung des Partizips im N-Stamm נכסף. *W. Rudolph* 271 f., geht von einer Basis כסף »abbrechen, abschneiden« (arab., akkad.) aus, von der כסף »Silber, Geld« (›das abgebrochene Metall‹) abgeleitet sein dürfte (vgl. HALAT 466 f.: כסף I): »Ihr Leute, die ihr so ungebrochen seid«. *K. Seybold,* Satirische Prophetie 1985, 37 f. (und Komm. z. St.), sieht in 2,1 die armen Leute angesprochen, die im Gegensatz zu den reichen Händlern von Zef 1,11 kein Silber schlagen oder brechen, d. h. keine Silberstücke herstellen können. Dann wäre נכסף von כסף »Silber« denominiert und der Vokativ zu übersetzen: »Volk, das kein Silber schlägt«. Dieses arme Volk soll nach *Seybold* nur noch eine Tagesfrist haben (Satz 2a) zum ›Stoppellesen‹, wie dann – nur ironisch verstanden – V 1 sagt. Warum die armen Leute in derart sarkastischer Form vom Unheil bedroht sein sollen, sagt der Spruch, der nach *Seybold* auf 2,1–2a zu begrenzen ist, allerdings nicht. In dieser Hinsicht stünde dieses (fragmentarische?) Wort im unverkennbaren Gegensatz zu den Unheilsankündigungen innerhalb von Zef 1,4–13, die jeweils bestimmte Gruppen oder Schichten von Menschen betreffen. Eine wenigstens indirekte sachliche Begründung des massiven Aufrufs von 2,1 und der in 2,2 ausgesprochenen Unheilsdrohung könnte aber nur in einer entsprechenden Qualifizierung des angesprochenen »Volks« von 2,1 liegen, also in dem asyndetischen Relativsatz לא נכסף, der als ein negiertes partizipiales Attribut fungiert. Die ›neutrale‹ Beschreibung als kein Silber schlagendes, d. h. armes Volk leistet dies nicht. Vor allem aber bleibt zu bedenken, dass die von *Seybold* vorgeschlagene denominative Bedeutung von נכסף auch im Kontext des Zefanjabuches schwerlich für die Rezipienten erkennbar ist, da כסף im N-Stamm (noch in Gen 31,30; Ps 84,3) wie im G-Stamm (Ps 17,12; Ijob 14,15) klar im Sinne von »verlangen nach« (mit Präpositionalobjekt, eingeführt durch ל) belegt ist. Die Tatsache, dass in Zef 2,1 kein Präpositionalobjekt bei נכסף steht, verändert nicht die belegte lexikalische Bedeutung des Verbs, legt aber den Akzent auf die vom Verb beschriebene Aktion selbst: »Volk, das kein Streben zeigt«, vgl. schon *J. Halévy* 1905, 291: »peuple non désireux, indolent, indifférant«. Unter den Versionen geht das Tg von der belegten Bedeutung aus, ergänzt freilich ein Objekt: »... Volk der Generation, die nicht begehrt, zum Gesetz umzukehren«. Vg nimmt נכסף passivisch im Sinne von »ungeliebt, nicht liebenswert« (»gens non amabilis«); LXX ›unerzogenes Volk‹ (ἀπαίδευτον, entsprechend auch Syr) erscheint von der jüdisch-aramäischen Bedeutung des Verbs כסף »sich schämen« beeinflusst (»Volk ohne Scham«). Zu der hier vertretenen Deutung des Vokativs vgl. auch *E. Ben Zvi* 1991, 142 (139–143), mit Hinweis auf ähnliche Fälle von גוי »Volk« mit negativen Attributen, die jeweils eine negative Haltung des so bezeichneten Volks ausdrücken (Ps 43,1; Jes 1,4; 10,6; Dtn 32,21.28).

2a: Trotz erheblicher exegetischer Mühe um MT V 2a bleibt das Verständnis des Satzes schwierig. Was die alten Versionen zu בטרם לדת חק bieten, ist kaum mehr als glättender Notbehelf, vgl. bei *G. Gerleman* 1942, 25 f. Man kann לדת חק »Festgesetztes / einen Beschluss gebären / erzeugen« als das Eintreten eines festbestimmten Unheilsgeschicks interpretieren, obwohl der Ausdruck ganz ungewöhnlich und kompliziert erscheint. כמץ »wie Spreu …«, im MT ohne Artikel und ohne ein kontextuell naheliegendes partizipiales Attribut עבר »vorbeiziehend / verfliegend«, ist wie in Hos 13,3; Ijob 21,18 als status constructus (auch Jes 17,13; Ps 35,5) vor asyndetischem Relativsatz zu verstehen. Dann lässt sich MT in etwa so wiedergeben: »Bevor Festgesetztes eintritt (›geboren wird‹) – (schnell) wie Spreu, die in einem Tag verflogen ist.« Nimmt man darüber hinaus nach כמץ ein ausgefallenes Partizip עבר an (*W. Rudolph* 271 f., z. St.) bzw. lässt dieses Partizip elliptisch auch vorausgesetzt sein, kann man mit *D. Barthélemy* 1992, 887, übersetzen: »Avant que l'on ne mette en vigueur le décret – voici que, comme passe la balle, un jour a passé! – …«

Unter den zahlreichen vorgeschlagenen Emendationen (vgl. ebd. 886 f.) dürfte die auf *L. Köhler* (Emendationen: BZAW 37 [1925] 176) zurückgehende, in BHS vorgeschlagene und mehrfach aufgenommene Konjektur (בטרם) לֹא תִדָּחֵקוּ graphisch und inhaltlich am ehesten überzeugen: »(bevor / noch ehe) ihr fortgetrieben werdet …« (דחק im N-Stamm; das Verb ist nur im G-Stamm belegt in der Bedeutung »bedrängen« Joel 2,8; Ri 2,18, vgl. arabisch *daḥaqa* »forttreiben«). Die Konjunktion בטרם »ehe, bevor« ist wie in Zef 2,2b–c durch die Negation לא »nicht« pleonastisch verstärkt (vgl. Brockelmann 53, § 52aε).

Die für Satz 2a hier aufgenommene Konjektur wird bildhaft gut ergänzt, wenn man den überlieferten hebräischen Text כמץ עבר als »wie dahinfahrende Spreu« versteht (עבר als Partizip) – ein in prophetischer Droh- und Gerichtsrede sehr passender Vergleich (Jes 29,5, vgl. Jer 13,24). Diese Lesung wird durch LXX (und La) sowie Syr unterstützt. LXX ὡς ἄνθος παραπορευόμενον hat allerdings כמץ wohl als כנץ »wie eine Blume / Blüte« verlesen. MT יום »Tag« könnte Korrektur zu חרון »Glut« V 2b sein. Nach *F. Delitzsch*, Die Lese- und Schreibfehler im Alten Testament, Berlin Leipzig 1920, Nr. 150c, ist יום Randleseart, welche die Fehllesung Satz 2c verursacht habe und dann selbst in den Text gedrungen sei.

2b–c: Die beiden Sätze sind bis auf die Subjektslexeme völlig identisch, so dass es nahe liegt, an Dubletten zu denken. In mindestens 14 hebräischen Handschriften nach *J. B. de Rossi* III, 208, fehlt Satz 2b (zu den Versionen vgl. die LXX-Ausgabe von *J. Ziegler* z. St.). In der Syrohexapla ist dagegen Satz 2c durch Asterisierung als ergänzt gekennzeichnet, vgl. *J. Ziegler* z. St.; *F. Field* II, 1013. Die Unregelmäßigkeiten erklären sich leicht als Schreibversehen durch Homoioteleuton bzw. -arkton. Textkritisch sind beide Varianten schon durch LXX und die altlateinische Version gesichert (zu La vgl. *A. Dold* 1923, 275).

3a: Gegen MT bieten die Prophetenrolle Murrabbaʿāt XII und wenige hebräische Handschriften (vgl. DJD II [1961], 201, und BHS z. St.) die artikellose Form ארץ »Land, Erde«; Murrabbaʿāt XII bestätigt jedoch das Wort mit Artikel in MT 1,18 (2mal). Auch LXX übersetzt in 3a artikellos (πάντες ταπεινοὶ γῆς), obwohl sie sonst entsprechend MT für ארץ den Artikel bzw. dessen Fehlen bezeugt (1,18 2mal; 2,5.11; 3,8.19.20). Die artikellosen Formen könnten kontextuell einen Bedeutungsunterschied von ארץ in 2,3a »Land« gegenüber 1,18 »Erde« anzeigen. Ein Argument ge-

Teil II: Zefanja 2,1–3,8:

gen MT 3a lässt sich daraus kaum gewinnen. MT 3a setzt wohl schon die geprägte artikellose Constructus-Verbindung ענוי ארץ »(die) Gebeugten (des) Landes« in Am 8,4; Jes 11,4; Ps 76,10 voraus.

LXX wandelt den Relativsatz in MT 3a – gewiss erleichternd wegen 3b – in einen Imperativ um: »Tut Recht!«. – Vorgeschlagene Emendationen, die darauf zielen, das »Volk« von 2,1 mit den »Gebeugten« bzw. »Demütigen« von 3a auszugleichen, haben den Wortlaut gegen sich und setzen literarkritische Entscheidungen voraus, so z. B. W. Rudolph 271.273 f. und R. Edler 1984, 9.18.205.213, die einen einheitlichen Adressaten der Imperative in 2,1–3 von V 1 her durch Einfügung der Konjunktion כְּ »gleichwie« vor כל »alle« in 2,3a herstellen: »Sucht JHWH ›wie‹ alle Demütigen des Landes …«

Analyse

Literarkritik Mit 2,1 setzt eine neue literarische Einheit ein, nicht nur ein Textabschnitt. Wo sie endet, ist allerdings umstritten. Nicht mehr dazu gehört 2,4 (s. o. II.A!). Die Aufrufe in 2,3 sind literarisch primär durch die Aussicht auf eine mögliche Bewahrung im Gericht motiviert. Die Partikel כי am Beginn von 2,4 versteht sich zwar im Textzusammenhang am besten als Konjunktion »denn«, welche die Aussicht auf den sicheren Untergang der Philisterstädte als weitere, nach der primären Motivation in 2,3d nicht erwartete und andersartige Motivation der Mahnung in 2,3 anschließt. Jedoch muss כי deshalb nicht redaktioneller Zusatz sein, sondern kann als Modalwort »ja / wahrhaftig / gewiss!« schon primär zu 2,4 gehören.

Ist der Text 2,1–3 literarisch einheitlich? Wir können in dieser Frage im Wesentlichen drei Forschungspositionen unterscheiden:

Einheitlicher (1.) Wer die primäre literarische Einheitlichkeit von V 1–3 im vorliegenden Text-
Text? bestand behauptet, muss mit den verschiedenen Adressaten in den Vokativen von V 1 und V 3a zurechtkommen. So versucht A. V. Hunter 1982, 266–269, die Einheit von 2,1–3 zu bewahren, indem er die beiden unterschiedlichen Adressaten in dieselbe Redesituation des prophetischen Sprechers versetzt. M. Weigl 1994, 103 f., sieht in V 1–3 einheitlich die ›Armen‹ angesprochen. Er identifiziert das von ihm hypothetisch (im Anschluss an K. Seybold, s. o. zum Text) als »geldlos« interpretierte »Volk, das kein Silber schlägt«, von V 1 mit den Adressaten von V 3a als »alle Armen des Landes …«. Damit werden jedoch die Unterschiede zwischen V 1 und 3a verwischt. Weshalb der Text derart unterschiedliche Bezeichnungen und Beschreibungen für dieselbe Adressatenschaft verwendet, bleibt unerklärt. In V 3a sind es nicht nur die ›Geldlosen‹, sondern nach Ausweis des Relativsatzes gerade jene »Gebeugten des Landes«, die schon bisher den Rechtswillen JHWHs verwirklicht haben und daher spezifisch als die JHWH-Treuen und in diesem Sinne ›Demütigen‹ verstanden werden müssen. Warum gerade diese längst JHWH-treuen Armen in 2,1–2 in sarkastischem Ton mit einer erdrückenden Unheilsdrohung konfrontiert werden, ist trotz *Weigls* eingehender Analyse (99–121) kaum plausibel. Zusammenfassend zum Problem der doppelten Adressatenschaft vgl. D. H. Ryou 1995, 294 f.326–328.

V 3 als Zusatz? (2.) Die Beobachtung, dass die unterschiedlichen Adressaten von 2,1 und 3a in einer *primären* Einheit nicht derart unvermittelt nebeneinander stehen können, führt nicht selten dazu, V 3 insgesamt als späteren Zusatz zu erklären. So – nach älteren Vorläufern wie *J. Wellhausen* 152 f. z. St. (zweifelnd); *K. Marti* 368 z. St. – *K. Seybold*, Satirische Prophetie 1985, 37 f.; ders., Komm. 103 (nach ihm sind auch die Sätze 2b–c wie bei *Marti* Nachträge); *K. Koenen* 1994, 23.31 (27–32). Dann bleibt freilich nur ein »Fragment« (*G. Gerleman* 1942, 23) 2,1–2 bzw. 2,1–2a übrig. Setzt aber die ironische Aufforderung von V 1, sich wie Stoppeln vor dem sicheren Gerichtssturm in einer noch verbleibenden Frist zu sammeln, nicht eine Spannung, die über 2,1–2 hinausweist?

(3.) Mehrere Autoren sehen den Anstoß, den vor allem die beiden unterschiedlichen Adressaten in V 1 und 3a bieten, dadurch beseitigt, dass entweder der positiv wertende Relativsatz in 2,3a als Zusatz abgegrenzt wird (z. B. *B. Renaud* 218–222) oder nur die Aufforderung »Sucht JHWH!« in 3a als primär gilt (z. B. *J. Vlaardingerbroek* 114.115 f.) oder 2,3a insgesamt als spätere Nachinterpretation zur Ermutigung der JHWH-Treuen erklärt wird (z. B. *K. Elliger* 67–69; *M. Striek* 1999, 132–135).   Zusatz in 3a

Letztere Lösung, die 2,3a insgesamt, jedoch nicht den ganzen V 3, als Nachinterpretation betrachtet, scheint mir am ehesten plausibel: (1.) Satz 3a fällt jedenfalls kolometrisch aus den erkennbaren Gestaltungsmustern in 2,1–3 heraus (2,1–2a zwei Doppelzweier, 2b–c zwei Fünfer, 3b–d zwei Doppelzweier). (2.) 3a nimmt die in 3b–c eingeforderten Verhaltensweisen auf und sieht sie in den ›Demütigen des Landes‹ schon verwirklicht. Die Imperative wollen dann ›nur‹ die Treuen in ihrer Haltung bestärken: »Gebeugte / Demütige ...« // »Demut«, »Recht« bzw. »Rechtsordnung« // »Gerechtigkeit / Gemeinschaftstreue«. Satz 3a setzt jenes arme und demütige Volk schon voraus, das 3,12 im Kontext von 3,11–13 erst ankündigt. (3.) V 1–2 sind inhaltlich gegenüber V 3 offen. Wenn man von der belegten Bedeutung von נכסף in V 1 ausgeht (s. o.), so sind nicht nur die paronomastischen Imperative von V 2, sondern auch die positiv gerichteten Aufforderungen von V 3 eine gezielte Antwort auf die Haltung eines »Volks, das nichts erstrebt« bzw. ohne äußeren und inneren Elan und Entschlusskraft, vorab ohne ethisch-religiösen Antrieb dahinlebt. Genau dies kann aber von den »Gebeugten im Land« von 3a, die schon nach JHWHs Rechtsordnung leben, nicht gesagt werden. (4.) Das stark einschränkende »vielleicht« von 3d (vgl. Am 5,15) lässt nur einen Schimmer von Hoffnung zu. Es ist durchaus mit der massiven Drohung von 2,1–2 verknüpfbar. בטרם לא »ehe noch nicht ...« von V 2 setzt die Vorstellung voraus, dass noch eine nutzbare Zeitspanne vorhanden und eine Rettung »vielleicht« möglich ist.

Dass die ganz parallel laufenden Sätze 2b–c die Drohung schon primär unterstreichen wollen, ist nicht völlig ausgeschlossen. Wahrscheinlicher haben wir es mit Dubletten zu tun. Wenn man nicht gleich beide Sätze als Nachinterpretationen von 2a bewerten will (z. B. *K. Seybold* z. St.; *O. Loretz* 1973, 223, betrachtet 2a–3a insgesamt als sekundär!), wird doch die Variante 2c, die parallel zu 3d ausdrücklich schon den Tag des Zornes JHWHs einführt, als sekundär zu bewerten sein (s. o. *K. Elliger* z. St.). Vgl. Weiteres in der Auslegung!

Teil II: Zefanja 2,1–3,8:

Struktur Die Struktur der primären Einheit 2,1a–2b.3b–d lässt sich in folgender Übersicht verdeutlichen.

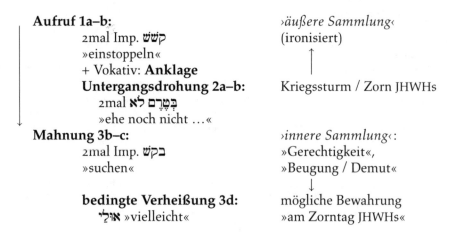

Die gezielten Wiederholungen, verstärkt durch Lautgleichklang (Paronomasie 1a–b, geschärfte Konsonanten *q* – *š* in 1a–b und 3b–c) verdichten die aufrüttelnde, einhämmernde Wirkung des Prophetenspruchs. Der zweiteilige Spruch enthält im Vokativ V 1 eine Anklage, in den Temporalsätzen 2a–b eine den Aufruf begründende Drohung und in 3b–c eine Mahnung, motiviert durch 3d. Der Spruch ist in seiner primären, wie auch in seiner sekundären erweiterten Form als ein Exemplar der Gattung des motivierten Mahnwortes gestaltet (vgl. zusammenfassend zur prophetischen Mahnrede den Exkurs bei *D. H. Ryou* 1995, 329–333; auch *K. A. Tångberg* 1987, 43 ff.102 f.; zum weisheitlichen Mahnspruch vgl. *W. Richter* 1966).

Auslegung

Kontext als Zugang Mit der komplexen Einheit Zef 2,1–3 setzt zwar der zweite Hauptteil des Buches ein (s. o.), jedoch ist eine überleitende Funktion dieser Verse unverkennbar. Einige Textmerkmale binden die Einheit an Zef 1 als den ersten Hauptteil in der Endgestalt des Buches zurück. Vorab ist es das Thema vom unausweichlich kommenden JHWH-Tag, das 2,1–3 mit 1,7 und 1,14–18(14–16.18b) verbindet, insbesondere das Motiv vom Zorn-Tag, mit אף »Zorn(esschnauben)« formuliert in 2,3d und 2,2c, mit חרון אף »Glut des Zorns« in 2,2b, im Rückverweis auf עברה »Zorn(eswallung)« 1,15a und dann auch 1,18b (hier zusammen mit dem »Feuer des Eiferns« bzw. des leidenschaftlichen Grimms JHWHs). Neu gegenüber Zef 1 sind gewiss die verdichteten Imperative in der Pluralform in 2,1 und 2,3. Jedoch hat der aufschreckende

Zef 2,1–15: Drohung und Mahnung an das Volk von Juda

ironische Klang der Imperative von 2,1 ein Gegenstück in der pluralischen Aufforderung zum Klagegeheul in 1,11a, die atypisch in drohender Absicht verwendet ist und sich daher ironisch an die Adressaten richtet. Ähnliches gilt für den atypisch gebrauchten Schweigensaufruf in 1,7.

Um den kompositionellen, aber auch den redesituativen Sinn zumal der schwierigen Verse 2,1–2 zu verstehen, müssen wir den Zusammenhang mit der Ankündigung des Tages JHWHs in 1,14–16 beachten. Wir stoßen auf die Primärkomposition von Worten gegen Juda und Jerusalem in *1,4–5.7–13.14–16; 2,1–3*; sie liegt dem vorliegenden Endtext zugrunde (s. o. Einleitung zum Kommentar Nr. 2 und zu 1,4ff.). Während 1,4 programmatisch Juda und alle Bewohner Jerusalems als vom Gericht Betroffene einführt und 1,7.8–13 sich ganz auf Jerusalem konzentriert, wendet 1,14–16 den Blick über Jerusalem hinaus auf das Land mit seinen befestigten Städten (1,16!), im Zusammenhang kein anderes als das Land Juda mit Jerusalem als seiner Hauptstadt. Der die Primärkomposition abschließende Appell 2,1–3* ergeht allerdings an das »Volk« (Vokativ V 1) von Juda; darin sind kaum noch die spezifischen in 1,8–13 genannten Bewohnerkreise Jerusalems eingeschlossen (entsprechend auch K.-D. Schunck 1992, 175). Wenn nun 1,16 die befestigten Städte und ragenden Zinnen als Ziel des kriegerischen Sturms am JHWH-Tag nennt, so sind damit jene wehrhaften Schutzbereiche bezeichnet, in denen die Bevölkerung vor dem herannahenden Kriegssturm Zuflucht sucht. Von daher lässt sich auch der Sammlungsaufruf von 2,1 gut verstehen, wie sich im Folgenden zeigen wird.

1a–2b.c   Der prophetische Aufruf in V 1 an das »Volk, das nichts erstrebt«, sich zu versammeln, lässt keinen Zweifel an seiner aufrüttelnden und zugleich desillusionierenden Absicht. Die Paronomasie der Verbbasis קשש »(Stroh ...) auflesen / einsammeln« in den pluralischen Imperativen bringt das Substantiv קש »(Stroh-)Stoppeln« zu Gehör. Der zweite Imperativ im G-Stamm des Verbs verstärkt nur noch den Sinn des ersten Imperativs im tD-Stamm (entsprechend in Jes 29,9; Hab 1,5 und mit umgekehrter Verbalstammfolge Jes 24,19). Die Angesprochenen sollen sich sammeln, gleich wie man Strohstoppeln auf den abgeernteten Feldern in gebückter Haltung aufliest, einsammelt und aufhäuft (zum Verb s. o. zu Text und Übersetzung).

Doch wozu soll dieses Zusammenkommen und Sich-Zusammendrängen nützlich sein? Gewiss, der drohende Vergleich mit der »zerstiebenden Spreu« 2a sagt es unmissverständlich: Die geforderte Sammlung des Volks soll davor bewahren, vom drohenden Sturm hinweggefegt zu werden. Aber das Wortspiel von קש »Strohhalm / Stoppeln« – in den Verben von V 1 mitzuhören! – mit מץ »Spreu« 2a lässt nichts Gutes erwarten. Kontextuell spricht vieles dafür, dass die so ungewöhnlich mit קשש formulierte Aufforderung in V 1 eine in drohender Kriegsnot angewandte Schutzmaßnahme mit einem guten Schuss Ironie desillusioniert: das Sammeln der Bevölkerung, um in den befestigten Städten Schutz vor dem herannahenden Feind

›Äußere Sammlung‹

Teil II: Zefanja 2,1–3,8:

zu suchen, in eben jenen Städten und Burgen, gegen die nach Zef 1,16 der Kriegssturm des JHWH-Tags heranbraust!

Die vorgestellte Situation wird am besten durch zwei Jeremiatexte beleuchtet. Sie belegen recht ähnliche Aufrufe an das Volk, sich vor dem drohenden Feind zusammenzuscharen. Die prophetische Heroldsinstruktion Jer 4,5–8 weist die Boten an, in Juda und Jerusalem, also landesweit ins Signalhorn zu stoßen und auszurufen: »Sammelt euch, dass wir hineinkommen in die befestigten Städte (V 5)! Stellt Wegzeichen nach Zion auf! Flüchtet! Bleibt nicht stehen! …« (V 6). Lähmende Angst bestimmt die Szenerie nach dem überlieferten Text von Jer 8,14. Aus der Flucht in die mögliche Sicherheit wird die Flucht in den Untergang, wenn das Volk sagt: »Wozu sitzen wir noch da? Sammelt euch, dass wir hineinkommen in die befestigten Städte und dort umkommen [wohl umgedeutet aus primärem ›und dort Ruhe haben‹]! Denn JHWH, unser Gott, hat uns (schon) umkommen lassen und uns Giftwasser zu trinken gegeben, weil wir gegen JHWH gesündigt haben!« In beiden Fällen wird der Aufruf zur Sammlung mit dem zu קשׁשׁ Hitpolel Zef 2,1 lexikalisch synonymen, aber stilistisch unmarkierten geläufigen Verb אסף im N-Stamm formuliert. Von der gleichen Situation der Sammlung und des Rückzugs in die Städte spricht die Fluchandrohung Lev 26,25, wiederum mit אסף-N. Zef 2,1 greift demnach eine in Kriegsnöten bekannte angstvolle Situation auf und präsentiert sie sprachlich überraschend neu. Dabei schlüpft der prophetische Sprecher in die Rolle des Herolds, der zur Sammlung und Flucht vor dem heranziehenden Feind aufruft. Anders gelagert sind die Aufrufe zur gottesdienstlichen Versammlung in landesweiter Not in Joel 1,14; 2,16.

Adressaten Wer aber ist in Zef 2,1 mit dem »Volk, das nichts erstrebt« angesprochen? Im überlieferten Kontext von 2,1–3 kann dieses »Volk« jedenfalls nicht identisch sein mit den »Niedergebeugten des Landes« von 2,3a.[45] Der vorliegende Zusammenhang 2,1–3 deutet die »demütigen« Adressaten von 2,3a am ehesten als einen Ausschnitt aus dem »Volk« von 2,1, als die einzigen wahren JHWH-Treuen im Volk, denen allein eine Hoffnung auf Rettung zugesprochen wird.

Im Kontext des primären Spruchs 2,1–2b.3b–d erscheint das »Volk, das nichts erstrebt« zum einen in der von 2,1–2 vorausgesetzten Situation dem in Jer 8,14 als untätig dasitzend vorgestellten Volk nicht unähnlich. Angesprochen ist eine breite Bevölkerungsschicht. Sie wird wie in Jer 8,14 als normalerweise nicht in den befestigten Städten lebend vorausgesetzt. Angesichts des drohenden Unheils zeigt sie

---

[45] Selbst wenn man es mit M. Weigl 1994, 99ff., als »Volk ohne Geld« verstehen wollte, sind die »Armen« von 2,3a nicht nur sozial, sondern auch religiös-ethisch als die (allein noch) JHWH-Treuen bestimmt und müssen von den in V 1 Genannten unterschieden werden. Weigl interpretiert V 1 sehr spekulativ: »Die Tätigkeit des Stroh/Stoppelsammelns soll noch intensiviert werden. Die Chance auf Heil liegt gerade nicht in dem Streben nach der Angleichung des sozialen Status an jenen der Oberschicht Jerusalems, sondern darin, geduldig zu sein, weiter ›Stroh/Stoppeln zu sammeln‹ und somit auch auf ein rettendes Eingreifen JHWHs zu harren.« (111)!

sich eher rat- und entschlusslos, sie lässt die Ereignisse auf sich zukommen, ohne sie recht zu begreifen und zu reagieren. Zum anderen aber setzen die Imperative 3b–c, die das »Volk *ohne Streben*« gerade zur *Suche* nach »Gerechtigkeit« und »Demut« aufrufen, voraus, dass dieses Volk der ethisch-religiösen Mahnung sehr wohl bedarf, aber auch noch hörfähig genug ist, um ihr zu folgen und so »vielleicht« am Zorntag JHWHs bewahrt bleiben wird (3d). Das Verb נכסף (sonst mit Präpositionalobjekt לְ) entspricht kontextuell treffend dem Suchen oder Streben (בקשׁ-D) in 3b–c (und sekundär 3a). Es akzentuiert noch stärker die emotionale Seite dieses Strebens im Sinne von »sehnsuchtsvoll verlangen« (z. B. nach dem Vaterhaus Gen 31,30, nach den Vorhöfen des Tempels als dem Ort der Gottesgegenwart Ps 84,3!).

Mit den in Zef 1,4–5(6) und 1,8–13 genannten Personenkreisen, denen die Gottesrede Gericht ankündigt, haben die in 2,1 Genannten primär nichts zu tun.[46] Die Mahnung von 2,3b–c zeigt, dass die gewiss korrekturbedürftige Haltung des »Volks ohne Antrieb« von 2,1 (nur in diesem Sinne ein »gleichgültiges Volk«!) doch zu unterscheiden ist von der Selbstsicherheit der Reichen, die nach 1,12 JHWH keinerlei Eingriff in ihre Lebensgeschichte zutrauen. *Zef 2,1 wendet sich demnach primär an das Volk des Landes Juda im Gegensatz zu Jerusalem.* Dabei mag im Terminus גוי (im Unterschied zum עם) noch die Konnotation ›Staatsvolk‹ mitschwingen (s. o. K.-D. *Schunck* 1992, 174). Es ist aber eher die breite Masse des judäischen Volks im Blick, im Gegensatz zur Oberschicht zumal der Hauptstadt. גוי »Volk, Leute« in Verbindung mit einem negierten oder semantisch negativen Attribut erhält kontextuell einen abfälligen Sinn (vgl. Dtn 32,21.28; Jes 1,4; 10,6; Ps 43,1). Eine nähere Eingrenzung ist kaum möglich. Man mag (auch ohne die von *K. Seybold* vorgeschlagene Deutung »Volk, das kein Silber schlägt«, s. o.) bevorzugt an die kleinen Leute (דלים), darunter auch die Kleinbauern, denken, von denen Jeremia sagt, dass sie töricht handeln, weil sie »den Weg JHWHs«, »das Recht ihres Gottes« nicht kennen (Jer 5,4). Doch lässt sich auch »das Volk des Landes«, verstanden als die vollberechtigten grundbesitzenden Landesbürger (2 Kön 11,14.18.20; 21,24; 23,30; 25,19), aus dem bezeichneten Gesichtskreis nicht ausschließen. Mit dieser Bezeichnung scheinen gegen Ende der judäischen Königszeit zunehmend gerade die reichen Grundbesitzer angesprochen zu sein. Auch unter ihnen gab es Leute, die an skrupellosem Eigennutz den in Zef 1,8–13 und 3,3–4 beschriebenen Oberschichtskreisen Jerusalems kaum nachstanden (vgl. Jer 34,19 im Kontext von 34,8–22; verallgemeinernd Ez 22,19). Dann fällt es aber schwer anzunehmen, dass auch solchen noch eine Rettungschance zugebilligt werden sollte im Unterschied zur Oberschicht Jerusalems, die von eindeutigen Vernichtungsaussagen getroffen wird (vgl. 1,11 und 1,13, auch 1,4b). Im Übrigen lässt freilich die Anrede in Zef 2,1 keine Differenzierung unter den Judäern erkennen. Die bildhaft gefärbte Aufforderung ist offen für konkretisierende Bezüge. Erst auf der Ebene der primären Komposition 1,4–2,3* erscheint dann das »Volk« von 2,1 als Zusammenfassung aller in 1,4–13 genannten Gruppen. Ihnen sollen die Appelle von 2,1–3 als ›letzte Warnung und Mahnung‹ gelten, aber auch die Aussicht auf mögliche Bewahrung.

In Zef 2,2a assoziiert die Drohung, fortgetrieben zu werden »wie zerstiebende Spreu« (korr. Text), einen verheerenden Sturm. Von ihm ist ausdrücklich

Bildsprache

---

[46] Anders *W. Rudolph* 272 f.; *M. Striek* 1999, 128, der das »Volk« von 2,1 vornehmlich mit den Vertretern der Gruppen aus 1,4f*.8f* und 12f* identifizieren will.

im Zusammenhang prophetischer Unheilsworte die Rede, die denselben Vergleich einführen (Jes 29,5.6; mit קַשׁ »Strohstoppeln« Jer 13,24). Auch an allen weiteren Belegen von מֹץ »Spreu«, stets mit vergleichendem בְּ, wird deutlich vom Sturmwind gesprochen, der die Spreu fortträgt. Seine Aktivität wird dabei mit Verben umschrieben, die im engeren oder weiteren Sinn dem konjizierten דחק (N-Stamm) von Zef 2,2a entsprechen: »verjagt werden« Jes 17,13 (vgl. Ijob 13,25), »verweht, weggetrieben werden« Hos 13,3; Hab 3,14; »zerstreuen, forttreiben« und »wegtragen« Jes 41,16 (Jes 40,24; Jer 13,24); »verwehen« Ps 1,4 (Jes 41,2).

Im Satz 2b deutet sich in der »Glut des Zornes JHWHs« ein weiteres Bild an: das die Stoppeln verzehrende Feuer. Die Zornglut (חרון) JHWHs »verzehrt« seine Feinde »wie Stoppeln« Ex 15,7, vgl. Nah 1,6.10; Jes 5,24.25; auch 29,5.6! חרון »Glut, Zorn«, nur von JHWH gebraucht, ist wie in Zef 2,2b und 3,8c zumeist mit אף »Zorn« (»Schnauben«) verknüpft (vgl. Hos 11,9; Jer 4,8; Klgl 1,12, u. a.).

Die Bildsprache von 2a und 2b zielt auf vernichtendes Unheil, ohne Rettungsmöglichkeit. Sie steht somit im scharfen Kontrast zu der verhaltenen Aussicht auf Bewahrung nach Satz 3d. Das Satzgefüge V 1–2b (und sekundär 2c) haben wir dann so zu verstehen, dass die Judäer das Vertrieben- und Verzehrt-Werden durch Kriegssturm bzw. Zornglut gerade noch *vermeiden* können, wenn sie »sich sammeln«. Die untergeordneten Sätze von V 2, eingeleitet durch die Konjunktion בטרם »ehe, bevor«, die nur hier noch mit der Negation לא verstärkt wird, gewinnen so gesehen den Sinn von negierten Finalsätzen: »ehe ihr noch nicht ...«, d.h. »damit ihr nicht fortgetrieben werdet ...« usw. Nun aber spricht 3d von einem möglichen Geborgenbleiben am unausweichlich hereinbrechenden Zorntag JHWHs, d. h. mitten im Gerichtssturm, weniger wahrscheinlich davon, dass die Judäer sich *vor* dem JHWH-Tag bergen und verschont bleiben könnten (so L. *Sabottka* 1972, 68). Für den Zusammenhang besagt dies: Der Aufruf von V 1 zielt genau genommen darauf, dass die Judäer vor dem in 2a–b angedrohten Geschehen verschont bleiben, ohne dass der Zorntag aufgehalten werden könnte. *Nicht sein Hereinbrechen kann verhindert werden, wohl aber »vielleicht« (3d) seine verheerende Wirkung für die Angesprochenen!*, s. u. zu 3d.

Dann wird noch einmal verständlich, dass Satz 2c vom »Tag des Zornes JHWHs« im Verhältnis zu 3d kaum in den *primären* Kontext gehört. Wichtiger aber ist die erkannte ironisierende und desillusionierende Tendenz im Aufruf von V 1: Die äußere Sammlung des Volks vor dem Kriegssturm kann nicht wirklich retten. Dazu bedarf es mehr. Das »Volk, das nichts erstrebt«, ist nicht nur zu einer punktuellen äußeren Aktion aufgefordert, sondern in seiner Haltung und seinem Verhalten tiefgreifend in Frage gestellt, wie aus V 3 hervorgeht.

V 3 zeichnet ein positives Gegenbild zum Vokativ V 1. Nun tritt klar zutage, was dem »Volk, das nichts erstrebt« bzw. »kein Streben zeigt« fehlt: 3a das »*Suchen*«, eben das »*Streben*« nach JHWH, nach »Gerechtigkeit« und nach »Beugung / Demut«. Satz 3a aber schränkt das Streben, literarisch sekundär (s. o.), auf »alle Gebeugten / Niedergedrückten im Land« ein. Mit der Constructus-Verbindung ענוי ארץ nimmt 3a eine schon geprägte Wortfügung auf, nun allerdings als Vokativ durch Artikel determiniert und – wie nur noch in Ps 76,10 – durch כל als eine mehr oder weniger fest umrissene *Gesamt*-Größe bezeichnet. Die Wortfügung bezieht sich in Am 8,4 und Jes 11,4 auf die sozial »Armen« als gewaltsam »Unterdrückte« oder »Niedergebeugte«. In Ijob 24,4 bezeichnet das entsprechende ענוי ארץ nachdrücklich die »Elenden des Landes«, die in großer äußerer Armut, Entbehrung und Bedrängnis am Rand der Gesellschaft leben. Besonders klar zeigt jedoch Ps 76,10 dass ענוי ארץ über die ökonomische Abhängigkeit und soziale Armut hinaus allgemeiner schutz- und hilfebedürftige Menschen sind, die über keine Machtmittel verfügen und letzten Endes nur von Gott not-wendende Hilfe erwarten können. Zudem ist in Ps 76,10 der Gesichtskreis auf die »Erde« hin erweitert, während in Zef 2,3a im engeren Kontext und von 1,4 her gesehen sicher eher an das »Land« (Juda) zu denken ist.

»alle Gebeugten des Landes«

Die etymologisch und semantisch verwandten Adjektive עָנִי »arm, bedürftig« (häufiger im Singular als im Plural!) und עָנָו »gebeugt« (mit Ausnahme des Singulars in Num 12,3 nur im Plural verwendet!) lassen auch im Zefanjabuch (2,3a; 3,12a) ihre semantische Nähe gut erkennen. Dennoch sind die Unterschiede nicht zu übersehen. Das »arme und niedrige Volk« von 3,12a, das JHWH inmitten des geläuterten Jerusalem übrig lassen wird, besteht gewiss aus wirtschaftlich *armen* Leuten (עָנִי, ergänzt durch דל »gering, niedrig«) im Gegensatz zur reichen und habgierigen Oberschicht (1,8–13; 3,1–4), die als »hochmütige Prahler« im Gericht beseitigt werden (3,11b). Dieses arme Volk wird sprachlich als eine neue, bisher so nicht bekannte Größe eingeführt und kontextuell als ideales, JHWH-treues Rest-Israel der Zukunft beschrieben (3,11–13). Zef 2,3a setzt dagegen 3,12 sachlich schon voraus. Der Satz redet in der Sprechergegenwart »alle Niedergebeugten des Landes« als eine bekannte Gesamtgröße an und beschreibt sie mit einem konstatierenden Relativsatz, der ihr habituelles, erfahrungsgemäß bewährtes Kennzeichen angibt: »die (schon bisher immer) seinen Rechtswillen getan haben« bzw. nach JHWHs Rechtsordnung gelebt haben.[47] Auf dieser JHWH-Treue liegt im Zusammenhang von 2,3a bzw. V 3 insgesamt der Akzent. Auf Buchebene stehen die Angesprochenen freilich im Kontrast zu den Kreisen der Oberschicht und der wirtschaftlich Starken in 1,8–13. Die »Niedergebeugten« sind in diesem größeren literarischen Kontext und in Entsprechung zu den genannten Parallelen der Wortfügung von 2,3a die

Verhältnis zu 3,12

---

[47] Vgl. die häufige Formel »Recht / Gerechtigkeit tun«, statt mit פעל in Zef 2,3a und Ps 15,2 sonst mit dem geläufigen Verb עשה »tun, machen« formuliert, mit menschlichem Subjekt: Gen 18,19; 1 Kön 10,9; Jer 22,3.15; Ez 18,5.19.21.27 u. a.; Mi 6,8!; Ps 119,121; Spr 21,3, u. a.

Teil II: Zefanja 2,1–3,8:

»Armen«. Aus ihnen werden aber im Zusammenhang von V 3 entscheidend die vor JHWH »Demütigen« und Gehorsamen. Eine gesellschaftliche Minderstellung als Arme und Abhängige klingt nur noch als Konnotation in der Aufforderung von 3a an.[48]

»JHWH suchen«   Wenn 2,3a diese JHWH-Treuen auffordert, ›JHWH zu suchen‹ (בקשׁ-D), so kann dies nur darauf zielen, sie in ihrer Treue zu ermutigen und zu bestärken und mit Nachdruck auf JHWH auszurichten. In dieser Aufforderung wird das gottesdienstliche Suchen nach JHWHs Antlitz eingeschlossen sein (z. B. Ps 24,6; 27,8; 105,3–4). Sie versteht sich aber in einem weiteren Sinn als Ruf zur Verwirklichung der JHWH-Treue in allen Lebensbereichen (vgl. Dtn 4,29; Jes 51,1; 65,1; Jer 29,13; Ps 9,11; 40,17; 69,7; 78,34; Spr 28,5; Esra 8,22, vgl. *S. Wagner*, ThWAT I [1973] 766). Zef 2,3a liefert so das positive Pendant zu den ›Abtrünnigen‹ im Zusatz Zef 1,6, die JHWH nicht suchen (בקשׁ-D) und nicht nach ihm fragen (דרשׁ). Im Unterschied dazu aber steht in 2,3a nicht der Gegensatz zum Abfall von JHWH im Blick, sondern die Ermutigung der schon Getreuen. Und diese werden ihrerseits präziser als die »Demütigen« interpretiert (vgl. Spr 3,34; 16,19Qrē) im Gegensatz zu den von unangefochtener Selbstsicherheit strotzenden Reichen (Zef 1,12). 2,3a setzt wahrscheinlich doch schon 1,6 voraus und knüpft daran an. Sachlich schlägt 3a eine Brücke zu den Armen in der Prophetie seit Amos (Am 2,7), noch mehr aber zu den sozial *und* spirituell verstandenen Elenden in den nachexilischen Texten Jes 29,19; 61,1 und auch Jes 11,4. Genauer noch verweist Zef 2,3a auf die religiös bestimmten ענוים in den Psalmen, die ›Armen JHWHs‹. Sie setzen ihre Hoffnung auf ihn, erwarten alle Hilfe von ihm (Ps 9,13Qrē.19; 10,12Qrē.17). Es sind JHWHs Schutzbefohlene, denen er aufhilft (Ps 147,6). Er unterweist sie in seinem Recht und seinem Weg (Ps 25,9!). Sie loben ihren Gott und freuen sich an ihm (Ps 22,27; 34,3; 69,33), sie werden mit Schalom beschenkt (Ps 37,11). Die ganze gottesdienstliche Israel-Gemeinde der nachexilischen Zeit kann sich in diesem Sinn als »die Gebeugten« vor JHWH bezeichnen und verstehen (besonders Ps 149,4). So haben wir es in Zef 2,3a nicht mit einer »Partei« der Armen, wohl aber mit einer spirituell bestimmten Schicht und Gruppe von JHWH-Treuen im Land Juda der nachexilischen Zeit, wohl der Perserzeit des 5. oder schon des 4. Jhs. v. Chr. zu tun (vgl. besonders Jes 51,1; 61,1; eher nach den Ereignissen von Neh 5). Möglicherweise verdanken wir den Einschub 3a einem Vertreter dieser Schicht oder Gruppierung. Als situativer Rahmen, auf den diese Ermahnung und Ermutigung abzielt, kommt am ehesten die gottesdienstliche Lesung des prophetischen Worts in der Tempel- oder Ortsgemeinde der Frommen (Ps 111,1) in Frage.[49]

---

[48] Vgl. ähnlich *M. Striek* 1999, 132 f. mit Anm. 395, gegenüber *M. Weigl* und *N. Lohfink*.
[49] Vgl. zur Problematik der Rede von den ›Armen‹ im sozialen und spirituellen Sinn resümierend *R. Martin-Achard*, THAT II (1976) 345 f.341–350; *E. S. Gerstenberger*, ThWAT VI (1989) 265.268.247–270.

Zef 2,1–15: Drohung und Mahnung an das Volk von Juda

Vom Zusatz 2,3a her gesehen erscheinen die Aufforderungen von 3b–c, motiviert in der verhaltenen Rettungsaussicht 3d, als Konkretisierungen des JHWH-Suchens. Der Zorntag JHWHs in 3d hat für den Verfasser von 3a noch kaum jene Dimension universaler Vernichtung, die zumal alle Erdenbewohner trifft, wie sie sich jetzt im Buchkontext in 1,18b–c (mit 1,17–18a) und 1,2–3 präsentiert.

3b–d Zef 2,3b–d schließt primär an 2,1–2a/b an (s. o. Literarkritik). Der Aufruf 1a–b, motiviert durch die Untergangsdrohung 2a–b, zielte darauf, »das Volk, das nichts erstrebt« aus seiner Lethargie aufzurütteln. Die massive Drohung, leicht wie verfliegende Spreu vom Gerichtssturm hinweggefegt und wie Strohstoppeln von der Zornesglut verzehrt zu werden, hat eine ›äußere Sammlung‹ – hinein in befestigte Städte – bereits als reichlich illusorisch hingestellt. So ist der Boden bereitet, um den Ernst der Lage und das wesentliche Gebot der Stunde in der Mahnung zur ›inneren‹ ethisch-religiösen Sammlung wahrzunehmen.

Die Aufforderungen 3b–c sind in dieser Form in der hebräischen Bibel nicht mehr belegt. Dem ›Suchen nach Gerechtigkeit‹ (בקש צדק-D) 3d kommen jedoch die weisheitlich geprägten Texte, die vom ›Nachjagen (רדף-G/D) nach der Gerechtigkeit‹ reden, sehr nahe (Dtn 16,20; Spr 15,9; 21,21), so auch der prophetische Höraufruf an die der Gerechtigkeit Nachjagenden und JHWH-Suchenden Jes 51,1 (vgl. Zef 2,3a.b!, dazu die Entsprechungen Jes 1,17; 16,5).

›Innere Sammlung‹

צדק, nur unzureichend mit »Gerechtigkeit« wiedergegeben, bedeutet einen von Menschen zu verwirklichenden Zustand einer Ordnung, die dem Einzelnen gerecht wird, aber auch das gemeinschaftstreue, solidarische Verhalten (meist durch die feminine Form צדקה bezeichnet), das diese Ordnung kennzeichnet. Eine solche Ordnung und ein ihr gemäßes Verhalten bringen als Gewinn »Leben« ein (Dtn 16,10; Ez 18,22; Spr 21,21). »Gerechtigkeit« umfasst aber auch »einen Z u s t a n d gesunden, unangefochtenen und heilvollen Ergehens« (*K. Koch*, THAT II [1976] 516.507–530; vgl. auch *B. Johnson*, ThWAT VI [1989] 903–924, bes. 906–916).

»Gerechtigkeit«

ענוה »Demut« (und »Herablassung«) ist charakteristisch in weisheitlichen Kontexten vertreten. In älterer Spruchweisheit wird das Wort zweimal durch »JHWH-Furcht« parallelisiert (Spr 15,33; 22,4). Dass hier jedoch nicht nur eine fromme Unterwerfung unter JHWH gemeint ist, sondern auch ein »demütiges« moderates Verhalten im sozialen Umfeld, zeigt sich daran, dass »Demut« im Gegensatz zu Überheblichkeit steht und zu Ehre und sozialem Ansehen führt (ebenso noch Spr 18,12), auch zu Reichtum und Leben (Spr 22,4). Diese »Demut« hat nichts mit Armut zu tun! Ähnliches gilt für Sir 3,17–19 (hebr. Text, V 20 LXX), wonach Bescheidenheit gegenüber Mitmenschen (so noch hebr. Sir 4,8) und Demut vor Gott zur Beliebtheit bei Menschen und Erbarmen bei Gott führen. In Zef 2,3b–c legt der Zusammenhang von »Gerechtigkeit« und »Demut« den Akzent auf ein gemeinschafts-

»Beugung / Demut«

Teil II: Zefanja 2,1–3,8:

förderndes und das Leben der Gemeinschaft, zumal ihrer schwächeren Glieder, schützendes Verhalten. Dann ist »Demut« keine passive Haltung der Gottergebenheit, sondern gewinnt den Sinn eines aktiven sittlichen Verhaltens und Lebens.[50] Die »Beugung« vor JHWH als Bindung an seinen Rechtswillen, die »gesucht« und insofern gelernt und eingeübt werden muss, ist dabei gleichwohl als Fundament des mitmenschlichen Ethos vorausgesetzt (so auch A. Deissler 243 z. St.).

Vergleich mit Mi 6,8 Dem Kontextsinn der Forderungen Zef 2,3b–c kommt Mi 6,8 nahe. In dieser Kurzformel dessen, was Gott von Menschen fordert, steht wiederum das mitmenschliche Ethos voran (»Recht tun und Güte lieben«), dann folgt als dessen Fundament ein Ausdruck eindeutiger Bindung an JHWH und aktiver Beugung vor ihm, auch wenn dessen sprachliche Bedeutung nicht leicht zu präzisieren ist (הצנע »behutsam / aufmerksam / besonnen / ehrfürchtig« den Weg gehen mit deinem Gott). Mi 6,8 bzw. 6,1–8 wird mit guten Gründen eher schon in die nachexilische Perserzeit datiert. Die Unterschiede von Mi 6,8 gegenüber Zef 2,3 hinsichtlich Kontext, Redeform, belehrender Tendenz und Bildung eines Kurzkompendiums als Motto für die Einheit von Leben und Glauben dürfen freilich nicht übersehen werden.[51]

Mit dem Motiv der »Beugung« menschlichen Hochmuts, das in Zef 2,3c im Horizont der genannten weisheitlichen Spruchtexte aufscheint, steht Zefanja zugleich unverkennbar in der Tradition Jesajas von Jerusalem (Jes 2,12–17; 3,8; 3,16–4,1, vgl. auch Jesajas Vorstellung vom erhaben thronenden Gott Jes 6,1–11 und 5,16).

»vielleicht« Rettung Zef 2,3b–d stellt denen, die solidarische Gerechtigkeit und Beugung / Demut suchen, eine Rettungsmöglichkeit in Aussicht: »... Vielleicht bleibt ihr geborgen am Tag des Zornes JHWHs« (3d). Damit ist schwerlich gesagt, dass sich die Angesprochenen *vor* dem JHWH-Tag verbergen könnten und dieser möglicherweise ausbleibt (סתר-N steht im Sinne von »sich verbergen bzw. verborgen sein *vor*« mit der Präposition מן). Wohl aber könnten sie sich »am JHWH-Tag«, der unausweichlich kommt, vor dessen verheerender Wirkung, dem Gerichtssturm (2a) und der verzehrenden Zornglut (2b) verbergen und geborgen bleiben. Der Zusammenhang der Sätze 3b–d erinnert an Am 5,4 (5,4–6) »Sucht mich, dann sollt ihr leben!«, noch mehr aber an das »Vielleicht«, das ein nachinterpretierender Tradent der Amosworte in Am 5,15 (5,14–15) als mögliche Rettung durch das Erbarmen JHWHs dem »Rest Josefs« in Aussicht stellt (nach der Reduzierung des Nordreichs auf einen

---

[50] Vgl. noch die dem König zugesprochene ענוה wohl im Sinne von »Herablassung« und צדק »Gerechtigkeit« in dem noch vorexilischen Psalm 45,5. In Ps 18,36 ist das Wort textlich nicht zweifelsfrei gesichert. Den ethischen Sinn von ענוה als Verhaltensweise anderen Menschen gegenüber betont S. B. Dawes 1991, 42 für Zef 2,3.

[51] Vgl. H. W. Wolff, BK XIV/4 (1982), 136 ff. z. St., und R. Kessler, Micha: HThKAT (1999), 256 ff. zu Mi 6,8.

Rumpfstaat 733 v. Chr. oder nach dem Untergang Samarias 722 v. Chr.).[52] Wenn nicht alles trügt, formuliert Zef 2,3 nicht nur thematisch ähnlich wie Am 5,15, sondern steht schon in der Wirkungsgeschichte dieses prophetischen »Vielleicht« des Amostextes. Zu dieser gehören nach Zefanja auch besonders noch Klgl 3,29; Joel 2,14 und Jona 3,9. Der babylonische Talmud überliefert, dass Rabbi Ami geweint habe, wenn er auf die Schriftverse Klgl 3,29 und Zef 2,3 mit ihrem »Vielleicht« traf, ebenso Rabbi Asi angesichts von Am 5,15 (bHagiga 4b). Auch wenn die Judäer die prophetischen Forderungen von Zef 2,3b–c erfüllen – es ist nur ein »Vielleicht«, eine Ritze der Hoffnung, die sich ihnen auftut, keine Garantie der Rettung!

Situation und Sinn

Mit dem primären Spruch 2,1–3* wendet sich Zefanja einer breiten Schicht von Judäern zu, nicht den politisch Führenden und den wirtschaftlich Starken der Hauptstadt Jerusalem. Der Aufruf zur Sammlung V 1 lässt in Verbindung mit 2a an eine zusammengedrängte Volksmenge denken, die sich in befestigten Städten (1,16) vor dem feindlichen Kriegssturm retten will (Jer 4,5; 8,14). Das assoziierte Bild in V 1 von den eingesammelten Strohhalmen oder Stoppeln, die zu einem Häuflein zusammengeharkt werden, zielt nicht auf die Wertlosigkeit des angesprochenen Volks. Wohl aber untergräbt es den Gedanken an eine mögliche Rettung durch den Versuch, in militärischen Schutzzonen zusammenzuströmen und Zuflucht zu suchen. Von einem Ort der Sammlung des Volks ist hier ohnehin nicht ausdrücklich die Rede (anders in den genannten Jer-Texten). Halme oder Stoppeln lassen außerdem die Assoziation eines leicht entflammbaren Materials zu, verzehrt durch die Zornglut JHWHs (2b). Satz 2a unterstreicht durch seinen Vergleich »wie Spreu«, wie leicht die Judäer im Kriegssturm hinweggerissen werden können: haltlos und widerstandslos wie Spreu im Wind. Der Aufruf entpuppt sich als Drohung (V 1–2b). Sie lässt nach 2b an eine Deportation der Bevölkerung denken. Darin kommt der Spruch der Unheilsankündigung gegen die Philisterstädte Zef 2,4 nahe, denen Deportation und Verödung bevorsteht.

Zef 2,1–3* will aus Lethargie und Selbsttäuschung über den Ernst der Situation aufrütteln. Was aber dem »Volk, das nichts erstrebt« von V 1 tatsächlich fehlt, wird erst aus 3b–c (und sekundär aus 3a) ersichtlich. Erst die ›innere Sammlung‹ eröffnet die Aussicht auf Bewahrung und Zukunft (3d), d. h. erst ein neues Streben nach Gemeinschaftstreue und Solidarität, nach

Intention

---

[52] Vgl. *J. Jeremias*, Der Prophet Amos: ATD 24,2, Göttingen 1995, 61–63.71–73 z. St.; *H. W. Wolff*, BK XIV/2 (1969), 274.276.294 f. z. St.

einer »Beugung« im sozialen und religiösen Sinn, gegenüber Mitmenschen (3b–c) und vorab gegenüber JHWH, wie aus dem Zusammenhang von 3c–d zu erschließen ist (vgl. Mi 6,8).

Es spricht vieles dafür, dass der primäre Spruch Zef 2,1–3* schon die primären Zefanjaworte innerhalb von 1,4–16 voraussetzt. Zumal der Anschluss an die programmatische Vorstellung des JHWH-Tags in 1,14–16 ist unverkennbar: ein Zorntag (1,15a; 2,3d), ein Tag des Kriegssturms (1,15c.16; 2,2a) – gegen die festen Städte und ragenden Türme, hinter denen das Volk Zuflucht suchen will (1,16; 2,1). Aber auch der Kontrast von geforderter »Gerechtigkeit« und »Beugung« 3b–c zum Sein und Tun der Mächtigen und Reichen in 1,8–13 spricht dafür, Zef 2,1–3* sachlich und zeitlich im engen Anschluss an die primären Worte in Zef 1 zu verorten. Die genannten Verknüpfungsmerkmale deuten nicht auf eine Form der sekundären Nachinterpretation. Der Spruch kann mit seinem veränderten Adressatenkreis plausibel dem Verfasser der primären Worte von 1,4–16 und damit dem Zefanja von 1,1 zugeschrieben werden. Die nähere zeitliche Einordnung bleibt schwierig. Der Spruch geht wie 1,7 und 1,14–16 vom nahen und sicher kommenden JHWH-Tag aus. Gewiss sollte man die Kraft prophetischer kreativer Vorstellung und deutender Schau der Zeitgeschichte nicht zu gering veranschlagen. Allerdings darf man vermuten, dass eine sich abzeichnende zeitgeschichtliche Entwicklung impulsgebend für die prophetische Einsicht war. Innerhalb des Zeitraums vom Tod Assurbanipals 627 v. Chr. bis zur Eroberung Assurs 614 v. Chr. dürften es doch wohl die neubabylonischen Chaldäer (nicht die Skythen) gewesen sein, deren aufstrebende Macht seit 626 v. Chr. das Wetterleuchten eines größeren politischen Umbruchs auch für Juda anzeigte.

Zeitliche Einordnung

Erst Zef 2,3a weist sicher in die nachexilische Zeit, wohl noch in die persische Epoche Judas (5.–4. Jh. v. Chr.). Der Einschub spricht die Rettungsaussicht nur noch den Ortsgemeinden der JHWH-Treuen im Land zu (s. o. zu 3a). In gottesdienstlicher Schriftlesung werden sie ermahnt und ermutigt. Zugleich lässt der Einschub keinen Zweifel daran, dass der JHWH-Tag der Prophetie Zefanjas in nachexilischer Zeit klar als Zukunftsgröße begriffen wird und nicht schon mit der Katastrophe Jerusalems 586 v. Chr. sein Ziel fand.

Zusatz 2,3a

In der Zeit, als die griechische Version des Zefanjabuches entstand, dürften die in ihr angesprochenen »Demütigen des Landes« (ταπεινοὶ γῆς), die aufgefordert werden, das Recht bzw. Gericht (κρίμα) auszuführen, Gerechtigkeit zu suchen und ihr verantwortlich zu entsprechen (LXX 2,3), in einem präziseren Sinn zu verstehen sein. Die »Demütigen« von 3a stehen in einem scharfen Gegensatz zu dem »unerzogenen Volk« von LXX 2,1, am ehesten Menschen, die nicht nach der überlieferten Tora leben, sondern sich hellenistischem Lebensstil zugewandt haben. Dann werden wir in den Adressaten von 3a die Angehörigen jener Richtung oder Bewegung erkennen dürfen, die nach 1 Makk 2,42 als die »Versammlung der Hasidäer«, d. h. der »Frommen« (Chasidim, Ἀσιδαῖοι) zu Beginn des Makkabäeraufstands 167/166 v. Chr. ins geschichtliche Blickfeld treten. Sie erscheinen hier als eine jüdische ›Partei‹, die als Richtung gesetzestreuer Juden gewiss ältere Wurzeln hat und sich in der Ptolemäerzeit des 3. Jhs. v. Chr., in der sich gegen Ende die sozialen und religiösen Gegensätze in Juda verschärften, herausgebildet haben dürfte (vgl. *M. Hengel,* Judentum und Hellenismus, Tübingen ³1988, 97 f. 319 ff.).

Zef 2,3a lebt der Sache nach in der ersten und dritten Seligpreisung Jesu nach Mt 5,3 und 5 fort. Die »Gebeugten im Land« des Zefanjatextes kommen den »im Geist Armen« (οἱ πτωχοὶ τῷ πνεύματι) von Mt 5,3 insofern nahe, als diese als Niedrige und Demütige vor Gott erscheinen, im Unterschied zur Lk-Parallele (Lk 6,20b) mit ihrem ausgesprochenen Interesse an den sozial Armen. Allerdings geht es in Zef 2,3a (MT) nicht primär um die Innerlichkeit einer Demutshaltung, als vielmehr um einen im praktischen Leben erwiesenen Gehorsam gegenüber der Rechtsordnung JHWHs. Mit der dritten Seligpreisung nach Mt 5,5 stimmt Zef 2,3a LXX insofern überein, als οἱ πραεῖς im Sinne von »die Freundlichen, Demütigen« weitgehend den ταπεινοὶ γῆς, den »Demütigen im Land« des Zefanjatextes entsprechen (vgl. auch *U. Luz,* EKK I/7 [1985], 209).

II.A.2.
Zef 2,4–15: Unheilsankündigung gegen Nachbarvölker Judas mit der Assyrerhauptstadt Ninive als Höhepunkt

A. Bentzen, The Ritual Background of Amos 1,2–2,16: OTS 8 (1950) 85–99. – *A. Berlin* 1995, 175–184. – *D. L. Christensen* 1984, 669–682. – *G. Fohrer,* Prophetie und Magie: ZAW 78 (1966) 25–47. Nachdruck in: ders., Studien zur alttestamentlichen Prophetie (1949–1965): BZAW 99, Berlin 1976, 243–264. – *J. H. Hayes,* The Usage of Oracles Against Foreign Nations in Ancient Israel: JBL 87 (1968) 81–92. – *H.-D. Neef* 2000, 82–91. – *P. R. Raabe,* Why Prophetic Oracles against the Nations?, in: *A. Beck* (Hrsg.), Fortunate the Eyes that See. FS *D. N. Freedman,* Grand Rapids, MI 1995, 236–257. – *D. H. Ryou* 1995.

Literatur

Kontext und Komposition

Die Reihe der Worte gegen die Nachbarvölker Judas in 2,4–15 ist redaktionell als Motivation an den Appell an das Volk von Juda in 2,1–3 angeschlossen und so als Geschehen am Tag JHWHs (vgl. 2,3d) interpretiert. Jedoch haben wir es nicht mit einer sukzessiven Erweiterung zu tun. Vielmehr bildet die Reihe eine eigenständige kompositionelle Größe. Sie scheint freilich nicht in einem einzigen Zug entworfen, sondern hat ihre eigene Geschichte. In ihrer überlieferten Gestalt folgt die Reihe von Fremdvölkerworten einem geographischen Schema: im Westen die Philister 2,4–7 (2,4; 2,5–6*, erweitert durch V 7) – im Osten die Moabiter und Ammoniter 2,8–11 (2,8–9*, erweitert durch V 10 und V 11) – im Süden die Kuschiter (Nubier / die »Äthiopier« der Antike) 2,12 – im Norden die Assyrer 2,13–14.15. Daran schließt sich dann das Wehewort über Jerusalem 3,1–5 zusammen mit seiner Fortschreibung in 3,6–8 an. Jerusalem aber bezeichnet das Zentrum, von dem her das geographische Schema entworfen ist.

Dass die Reihe von vier Unheilsankündigungen gegen Fremdvölker erst redaktionell hergestellt ist, zeigt sich an 2,12 als einem neuralgischen Punkt der Komposition. Dieses Wort über die Kuschiter wird allem Anschein nach erst auf der Ebene der Komposition der Fremdvölkerworte als Zukunftsansage verstanden, um alle Himmelsrichtungen vom judäischen Zentrum aus vertreten sein zu lassen. Wie wir in der Auslegung sehen werden, dürfte 2,12 jedoch in seinem primären Verständnis auf der Ebene des Einzeltextes im Zusammenhang mit 2,13–15 einen in der Sprechergegenwart bereits vorliegenden geschichtlichen Tatbestand behaupten. (Der Vers wird sich primär auf die Eroberung Ägyptens durch Assurbanipal und die Einnahme Thebens 664/3 v. Chr. beziehen, siehe die Auslegung).

Nun begegnen solche geographischen Anordnungen auch in Fremdvölkerworten anderer Prophetenbücher, ohne dass sich ein ganz bestimmtes Muster daraus ablesen ließe (vgl. bes. Jes 13–23; Jer 46–51; Ez 25–32; Am 1,3–2,16, dazu *D. H. Ryou* 1995, 323–325; *J. H. Hayes* 1968; *P. R. Raabe* 1995). Derartige Anordnungen von Worten gegen Fremdvölker scheinen, nach einer plausiblen Hypothese, letzten Endes magischen Vorbildern nachgestaltet zu sein.[53]

Am 1,3–2,16 als Vorbild

Für die kompositionelle Anordnung der Fremdvölkerworte in Zef 2,4–15, vor allem aber für die Anfügung eines Wehewortes gegen Jerusalem in Zef 3,1–5 (mit 3,6–8) scheint jedoch *die Völkerwortkomposition in Am 1,3–2,16* das unmittelbare Vorbild abgegeben zu haben. Diese enthält ursprünglich – ähnlich wie Zef 2 auf redaktioneller Ebene – eine Reihe von nur vier Fremdvölkern (Aram, Philister, Ammoniter, Moab) und mündet in eine Israel-Strophe Am 2,6–16, die den Höhepunkt der Verderblichkeit und des Gerichts bezeichnet. Allerdings gibt es einen beachtlichen Unterschied zwischen den Kompositionen der Völkerworte in Am und Zef. Im Amosbuch dürfte die Komposition *von vornherein* auf die steigernde und überbietende Israelstrophe hin angelegt sein (vgl. *J. Jeremias*, Der Prophet Amos: ATD 24,2, Göttingen 1995, 7–9). Im Zefanjabuch jedoch sind die Fremdvölkerworte in 2,4–15 zu einer eigenständigen Komposition ausgebaut, die gegenüber dem nachfolgenden

---

[53] Die bekanntesten Prototypen sind die ägyptischen Ächtungstexte (19.–18. Jh. v. Chr.), die aus magischen Ritualen der Feindvernichtung stammen. Die Namen der zu verfluchenden Völker, Städte oder Menschen wurden auf Tongefäße oder Gefangenenstatuetten geschrieben. Geographische Einheiten erscheinen in diesen Texten in der Reihenfolge Süden – Norden – Westen mit Ägypten als Zentrum aufgeführt (vgl. dazu *A. Bentzen* 1950, 85–99; *G. Fohrer* 1976, 243–264; *D. H. Ryou* 1995, 323 mit Anm. 86).

Jerusalem-Wort ihr eigenes Gewicht erhält. Dafür spricht zum einen die Reihung nach den vier Himmelsrichtungen, die eine Ganzheit der vom Unheil betroffenen Völkerschaften vorstellt. Zum anderen zeigt der Aufbau, dass nach den kürzeren Worten über Städte und Völker im Westen, Osten und Süden alles Gewicht am Ende auf dem Hauptfeind, der Weltmacht Assur und ihrer Metropole Ninive liegt. Endstellung und Länge (9 Verszeilen) erweisen das Wort über die Weltmacht in 2,13–15 in der überlieferten Form als Ziel und Höhepunkt der Fremdvölkerworte Zefanjas.

Warum werden die fremden Völker bedroht? Eine Begründung des Gerichts ist nur in dem Wort gegen Moab und die Ammoniter 2,8–9 (erweitert durch V 10) sowie in 2,15 im Kontext des Unheilsworts gegen Assur / Ninive ersichtlich. Die wesentliche Anklage ist eindeutig. Im Falle der ersteren ist es der Hochmut und Hohn gegen das Volk JHWHs, an Ninive aber wird jene Selbstüberhebung getadelt, in der sich die Weltstadt als quasi-göttliche Größe absolut setzt. In beiden Fällen steht der »Hochmut« in gezieltem Kontrast zu der Forderung nach »Demut« in Zef 2,3. Beide Male gibt es allerdings gute Gründe, die genannten Texte als spätere Ergänzungen anzunehmen (am ehesten aus exilischer Zeit, s. o. Einleitung Nr. 5 und die Einzelauslegung). Umso bemerkenswerter ist die Tatsache, dass die primären Zefanjaworte 2,4; 2,5–6*; 2,12*.13–14 keine Anklagen enthalten. Sie haben ausschließlich das sicher kommende Unheil im Blick. Das erwartete Geschehen wird die Ordnung der Völker, vom judäischen Zentrum aus betrachtet, verwandeln. In ihm erweist sich JHWH als der in der Völkerwelt geschichtsmächtige Gott. Erst der steigernde Anschluss von 3,1–5 (primär wohl 3,1.3–4), der wahrscheinlich noch vor der Einfügung von 2,8–11 und 2,15 anzusetzen ist, lenkt wieder den Blick auf die gerichtsbegründende Schuld, jedoch nicht der Völker, sondern Jerusalems und seiner Oberschicht.

Vom Gericht zum Heil

In der vorliegenden Gestalt handelt die Komposition Zef 2,4–15 allerdings nicht nur von einer verheerenden Umwälzung in der Völkerwelt. Es zeigen sich auch Ansätze einer partikularen und universalen Hoffnung. Da sind zum einen die national getönten Verheißungen für das Restvolk Judas, das sich nach Westen (2,7) und Osten (2,9e–f) ausdehnen soll. Zum anderen aber formuliert 2,11 im Nachtrag zu 2,8–9.10 eine theologisch höchst gewichtige universale Verheißung. Sie orientiert die Völkerworte hin auf das Ziel einer Bekehrung selbst noch der fernsten »Inseln der Völker« zu JHWH als dem einzigen Gott: Die Prophetie gegen die Völker wandelt sich zur Prophetie gegen ihre Götter, gegen »alle Götter der Erde«. Gerade so aber wird sie zur Prophetie der universalen heilvollen Einheit der Völker in der Verehrung des einen Gottes. Er allein führt sie herbei durch sein machtvolles Erscheinen, das alle Götter der Erde dahinschwinden lässt! Man kann es gut verstehen, dass die zentrale theologische Bedeutung von Zef 2,11 dazu beigetragen hat, diesen Vers in der Kompositionsstruktur als Zentrum eines palindromischen Aufbaus von 2,1–3,5 zu betrachten, so *N. Lohfink* 1984, 104 f. und in seinem Gefolge *M. Weigl* 1994, 250.247–251. Dem widerstreitet allerdings u. a. die sprachliche Rückbindung von 2,11 an 2,10 bzw. 2,8–10 insgesamt.

Gen 10 als Modell? Warum aber ist die universale Verheißung von 2,11 gerade an dieser Stelle eingetragen worden? Die Frage ist, ob sich dafür nicht doch ein textliches Vorbild findet, das auch den Kontext dieses Verses in Zef 2 eher verständlich machen kann. Eine Antwort darauf sucht *A. Berlin* zu geben (in ihrem Kommentar 111.117–124, dazu dies. 1995, 175–184). Danach referiert Zef 2,5(!)–15 zwar den historischen Hintergrund der Prophetie Zefanjas gegen Ende des 7. Jhs. v. Chr. Jedoch sind für die Auswahl und Darstellung der Fremdvölker die historischen und politischen Aspekte nicht entscheidend, vielmehr ist es ein älteres ›mythopoetisches Thema‹ (1995, 178), das literarisch in Gen 10 enthalten ist. Es soll als konzeptionelle Basis weitgehend Zef 2,5–15 zugrunde liegen. Zefanja soll demnach die Söhne Hams, zu denen Kusch und Kanaan gehören, im Blick haben, im Gegensatz zu Juda als dem Repräsentanten der Söhne Sems. Darin soll sich der Gegensatz zwischen der urbanen und sedentären Kultur einerseits und nomadischen Traditionen andererseits widerspiegeln. »Kanaan« soll in Zefanja die Philister sowie Moab und Ammon umfassen, während die Kuschiter in Zef 2,12 nach Gen 10,7–8 für Mesopotamien, genauer Assyrien, stehen sollen. Demgegenüber stellen sich einige Fragen. In Zef 2,5 wird ausdrücklich nur das Land der Philister als »Kanaan« (wahrscheinlich Glosse!) interpretiert. Der Text Zef 2,12 und 2,13–15 unterscheidet klar genug zwischen verschiedenen Himmelsrichtungen: Die Kuschiter werden implizit im Süden angesiedelt, kontrastiv dazu die Assyrer ausdrücklich im Norden. Außerdem ist das Kusch von Gen 10,8 (wohl die »Kassiten«, die Herrscher in Babylon vom 15.–12. Jh. v. Chr., vgl. z. B. *G. Müller*, NBL II, Lfg. 8 [1992], 453–455) sicher nicht dasselbe wie in Gen 10,6–7, wo es am einfachsten Nubien, das Äthiopien der Antike, bezeichnet. Assur ist nach Gen 10,22 eindeutig ein Nachfahre Sems, nicht Hams. Ein plausibler Anknüpfungspunkt scheint mir allerdings die Rede von den »Inseln der Völker« in Zef 2,11 und Gen 10,5. Jedoch ist der Sinn dieses Ausdrucks an den beiden Textstellen verschieden. In Gen 10,5 sind damit die Söhne Jawans, also Jonier bzw. allgemein Griechen, gemeint, kaum alle Jafetiter. In Zef 2,12 handelt es sich dagegen sicher nicht speziell um die Jafetiter, die Nationen von Anatolien und der Ägäis. Denn 2,11 verkündet die universale Götterdämmerung für »alle Götter der Erde«. Dann kann der Folgesatz 2,11c nur steigernd die universale JHWH-Verehrung sogar auf die fernen »Inseln der Völker« intendieren. Dass von Palästina aus dabei der Blick nach Westen geht, Richtung Mittelmeerraum und Westländer, ist freilich kaum zu bezweifeln. Aber der Horizont ist universal geweitet, im ähnlichen Sinn wie in Mal 1,11 und Ps 22,28. In 2,11 geht es nicht mehr um eine Einteilung und Zuteilung von Völkerschaften (vgl. kritisch zu *A. Berlin* auch *M. H. Floyd* 2000, 206–209). Ich mag allerdings nicht ausschließen, dass der Verfasser dieses theologisch so wichtigen Verses Zef 2,11 die Völkertafel mit Gen 10,5 schon gekannt hat und sich von daher bei seiner Formulierung anregen ließ. Dafür könnte die nur formal ähnliche Reihenfolge der Bezeichnungen »Inseln der Völker« – Kusch – ferner Assur und Ninive in Zef 2,11–13 und in Gen 10,5–11 sprechen. Dann hätten wir *auf der Ebene von Zef 2,11* Gen 10 als einen Prätext anzusehen. *Jedenfalls will Zef 2,11 die gesamte Völkerwelt in der JHWH-Verehrung vereint sehen, ebenso wie Gen 10 die Gesamtheit dieser Völker darstellen will.* Jedoch ist Zef 2,4/5–15 keineswegs von vornherein im Anschluss an Gen 10 entworfen!

Zeitgeschichtliche Bezüge? Die Auswahl der fremden Völker und ihrer bedeutenden Städte in Zef 2,4–15 gibt

Fragen auf. Nicht verwunderlich ist, dass die Reihe mit den nächsten Nachbarn Judas, den Philistern, beginnt. Das Gebiet dieser alten Erzfeinde Israels war nach 711 v. Chr. assyrische Provinz (mit Namen ›Aschdod‹, vgl. aber unten die Auslegung zu Zef 2,4c). Noch weniger kann überraschen, dass Assur / Ninive als die Weltmacht des 7. Jhs. steigernd am Ende der Reihe steht. Warum aber ist neben Moab und Ammon, im 7. Jh. assyrische Vasallenstaaten wie Juda, nicht auch Edom genannt? Auch die Edomiter sind zu jener Zeit Vasallen der Assyrer. Wenn Zef 2,8–9(+10) wahrscheinlich erst nach der Katastrophe Jerusalems 586 v. Chr. in der Exilszeit des 6. Jhs. in den Text aufgenommen wurde (siehe Auslegung), warum fehlen dann die Edomiter? Gerade sie haben doch allem Anschein nach aus dem Untergang Judas Gewinn geschlagen und sind durch ihr schmähliches Verhalten für die Judäer zu einem ›beliebten‹ Objekt heftiger verbaler Attacken geworden (vgl. Klgl 4,21 f.; Obd; Jer 49,7–22; Ez 25,12–14; 35,1–15; die sekundäre Strophe Am 1,11 f.; Mal 1,2–5 und auch Jes 34; 63,1–6 ; Ps 137,7)! Bemerkenswert ist zudem die Tatsache, dass die Kuschiter in 2,12 genannt werden – auf der Ebene der Komposition doch wohl als Ziel einer Unheilsankündigung – nicht aber die Ägypter!

Verständlicherweise haben Ausleger versucht, die Völkerworte Zef 2,4–15 insgesamt der Prophetie Zefanjas in der Joschija-Zeit zuzuordnen und aus der zeitgeschichtlichen Situation zu erklären. So hat *D. L. Christensen* (1984, 669–682) die Völkerprophetie Zefanjas als Unterstützung, als eine ›theologische Basis‹ für das Programm einer politischen Expansion unter König Joschija von Juda vor oder während der frühen Stadien (ca. 628 v. Chr.) seiner Kultreform von 622/21 interpretiert. Die assyrische Herrschaft sollte zugunsten Judas im Philisterland und in Transjordanien zurückgedrängt werden. Entsprechend sieht auch *J. Vlaardingerbroek* (126 f.) in 2,4–15 eine Unterstützung für Joschijas Politik. Dem steht jedoch die Schwierigkeit entgegen, Zef 2,8–9 der primären Zefanjaprophetie zuzuweisen. Außerdem gibt es keinen Anhalt für derartige Ausdehnungsbestrebungen Joschijas nach Westen und Osten in 2 Kön 22–23. Joschijas Ambitionen gegenüber dem ehemaligen Nordreich Israel hingegen (2 Kön 23,15–20) sollten auffälligerweise in Zef gerade nicht erwähnt sein! Trotz der späten Zusatznotiz in Jos 15,45–47 gehörten die Philisterstädte wie Ekron, Aschdod und Gaza nie zu Juda (so mit Recht *N. Na'aman* 1991, 11.24).

Positionen zur Auswahl der Völker

Programm für politische Expansion?

Von einer ›postmonarchischen‹ Datierung der Völkerwortkomposition Zef 2,4–15 her schlägt *E. Ben Zvi* (1991, 298–306) eine andere zeitgeschichtliche Erklärung für die Auswahl der Völker bzw. das Fehlen von Edom und Ägypten vor. Danach hat jene Gemeinschaft von Tradenten, in der die Komposition (in der Exilszeit) entstanden ist, die Prophetie Zefanjas aus der Joschija-Zeit als erfüllt betrachtet und nur solche Völker aufgeführt, deren unheilvolles Geschick eine solche Interpretation zuließ. Das traf für den Untergang der assyrischen Weltmacht (614 fällt die Stadt Assur, 612 Ninive) eindeutig zu. Die Assyrer selbst hatten unter Assurbanipal schon 664/ 63 v. Chr. die Macht der kuschitischen Dynastie in Ägypten gebrochen. Darauf bezieht *Ben Zvi* m. E. mit Recht den Vers Zef 2,12, als Zustandsbeschreibung verstanden. Sollte der Vers jedoch als Ankündigung intendiert sein, könnte deren Erfüllung in der Kampagne Psammetichs II. von Ägypten gegen Nubien 593/92 v. Chr. erkannt werden (*Ben Zvi*, 304 f. Anm. 72; vgl. *T. G. H. James* 1991, 726–730). Die Prophetie gegen die Philister sieht *Ben Zvi* (S. 303 f.) durch kriegerische Aktionen zuerst der Ägypter und später der Babylonier (zumal im letzten Jahrzehnt des 7. Jhs.) erfüllt. Auch das Wort gegen Moab und Ammon konnte in exilischer Zeit als erfüllt gelten, wenngleich sich die Nachricht des Josephus (Ant. X, 9, 7, § 181 nach der Ausgabe von *B. Niese*, Berlin 1885, 369) über einen Feldzug Nebukadnezzars gegen die Ammoni-

Erfüllte Zefanjaprophetie als Auswahlkriterium

Teil II: Zefanja 2,1–3,8:

ter und Moabiter im Jahre 582/81 (oder 583/82) v. Chr. nicht klar genug absichern lässt (vgl. gegen einen solchen Feldzug Ø. S. LaBianca / R. W. Younker 1995, 411a, s. u. Lit. zu Zef 2,8–9.10; dafür könnten indes indirekt Texte wie Ez 21,23 ff. und Jer 40,14; 41,1 f. sprechen). Ägypten und Edom sind in Zefanja nach *Ben Zvi* dann nur deshalb nicht erwähnt, weil beide nicht von den Babyloniern unter Nebukadnezzar II. erobert wurden. Edom wurde erst unter dem letzten neubabylonischen König Nabonid erobert (ca. 553 v Chr.), Ägypten erst unter dem Perser Kambyses II. (525 v.Chr.), vgl. ebd. S. 305 f. (Der Angriff Nebukadnezzars II. im Jahre 568/67 v.Chr. war eher eine Demonstration der Stärke und zielte kaum auf die Eroberung Ägyptens, vgl. Fischer Weltgeschichte Bd. 4, Frankfurt a. M. 1967, 272; vgl. auch ANET 308b; Jer 42,8–13; Ez 29–32.) Demnach müsste die Komposition Zef 2,4–15 ca. zwischen 580 und 550 v.Chr. entstanden sein.

Zum Fehlen Ägyptens und Edoms in 2,4–15

Der interessante Vorschlag *E. Ben Zvis*, von der historischen Erfüllung der Prophetie Zefanjas her die Fremdvölkerkomposition zu verstehen, erscheint plausibel, kann aber noch nicht hinreichend erklären, weshalb die Redaktion in der Exilszeit des 6. Jhs. ein Moab- und Ammon-Wort ergänzt, aber Ägypten und Edom im Zefanjabuch nicht erwähnt (anders als in Jer 46; 49,7–22; Ez 25,12–14; 29–32; 35). Ein Versuch, diese Frage zu beantworten, kann auf folgende Anhaltspunkte verweisen:

(1.) Das Wort über die Kuschiter Zef 2,12 wird erst auf der Ebene der Komposition als Zukunftsankündigung verstanden. Sie vertritt im Kontext der Fremdvölkerworte den Part des Südens. Trifft dies zu (siehe unten die Auslegung), so kann auf der kompositionellen Ebene das vorgegebene, ursprünglich auf den Untergang der kuschitischen Dynastie Ägyptens nach 664/3 v.Chr. bezogene Wort doch als Ankündigung gegen Ägypten insgesamt begriffen worden sein. Waren es doch die Ägypter, die noch im letzten Jahrzehnt der Königsherrschaft Joschijas von Juda der geschwächten assyrischen Militärmacht gegen die Babylonier und Meder zu Hilfe kamen (in den ägyptischen Syrienzügen von 616 und 609 v.Chr., vgl. *A. Spalinger* 1977, 223–226). Möglicherweise hat die exilische Redaktion das Wort Zef 2,12 schon in der vernichtenden Niederlage des Pharao Necho II. in der Schlacht gegen den damaligen babylonischen Kronprinzen Nebukadnezzar bei Karkemisch (am Westufer des oberen Eufrat in Nordsyrien) im Jahre 605 v. Chr. als erfüllt betrachtet. Damals verlor Ägypten seinen Einfluss in Palästina-Syrien (vgl. 2 Kön 24,7). Auf diese Schlacht blickt Jer 46,2 bereits zurück, zusammen mit der Dichtung Jer 46,3–12 vom »Schlachtfest JHWHs«, das er »im Land des Nordens, am Eufratstrom« (V 10) veranstaltet. In ihr wird ausdrücklich auch Kusch unter den Helden Ägyptens genannt (V 9).

(2.) Auf kompositioneller Ebene waren mit den vorgegebenen Worten über die Philister, Kuschiter und Assur / Ninive die Himmelsrichtungen Westen, Süden und Norden vertreten. Eine erwünschte Ergänzung des Ostens lenkt von Juda aus notwendig den Blick auf Moab und Ammon, nicht unmittelbar auf das weiter südliche Edom. Möglicherweise hängt es mit dieser spezifischen Richtungsergänzung zusammen, dass Moab und Ammon nicht separat, sondern in einem einzigen Unheilswort gemeinsam in 2,8–9 auftreten. Ein älterer, auf Zefanja zurückgehender Kern des Drohspruchs lässt sich schwerlich aus diesem Text herausschälen, so sehr er auch das Vorhandensein eines Wortes gegen Moab und Ammon in der exilischen Komposition erklären könnte (vgl. dazu die Auslegung).

(3.) Der redaktionelle Eintrag von Zef 2,8–9, der am ehesten aus der Zeit nach dem Fall Jerusalems 586 v.Chr. datiert, dürfte sich an einem literarischen Vorbild orientieren. Es ist die schon erwähnte primäre Völkerwortkomposition in Am 1,3–

2,16, noch ohne die exilischen Tyrus-, Edom- und Juda-Strophen. Denn es muss auffallen, dass nur noch in ihr ein Philisterspruch mit der Nennung der vier in Zef 2,4 aufgeführten Philisterstädte und direkt darauf Worte gegen Ammoniter und Moab begegnen (Am 1,6–8.13–15; 2,1–3, sogar mit einer Parteinahme für den edomitischen König in 2,1!) – entsprechend Zef 2,4–6(7).8–9. Ein ähnlicher Zusammenhang findet sich noch Jer 47,1–49,6, jedoch ohne Nennung einer philistäischen Tetrapolis in 47,1–7.

(4.) Über das Verhalten der beiden Nachbarvölker Ammon und Moab beim Fall Jerusalems hinaus mögen geschichtliche Erfahrungen, wie sie in 2 Kön 24,1–2 erwähnt sind, bei der Auswahl der beiden Völker in Zef 2,8–9 mitspielen (Moab und Ammon erscheinen unter den Strafwerkzeugen Nebukadnezzars gegen Juda zur Zeit des Königs Jojakim 609–598 v. Chr.). Wichtiger ist die Beobachtung, dass jene Bearbeitung, der wir die vorliegende Komposition 2,4–15 verdanken, allem Anschein nach eine Vorstellung von historischen Zusammenhängen voraussetzt und sich gemäß der Buchüberschrift Zef 1,1 am Zefanja der Zeit des Königs Joschija zu orientieren sucht.

(5.) Wenn wir davon ausgehen, dass die Komposition 2,4–15 erst in der Exilszeit ihren viergliedrigen Aufbau erhalten hat (vgl. die Auslegung zu 2,8–9), dann fällt auf, dass Babel nicht ausdrücklich erwähnt wird. Bei einer Orientierung der Tradenten am spätvorexilischen Zefanja ist das Fehlen eines Wortes gegen Babel ohne weiteres plausibel, waren es doch die Babylonier (und Meder), die Assur, getreu der Ankündigung Zefanjas, den Untergang brachten (zum Problem von 2,15 siehe dort). Sie waren es auch, die die Ankündigung des göttlichen Eingreifens gegen Juda und Jerusalem in Zef 1* und 3,1–8* verwirklichten. Schwerer fällt eine *historische* Begründung für das Fehlen von Edom in Zef. Es scheint sich darin das Wissen davon auszuwirken, dass die Edomiter nicht von einem Angriff der Babylonier bedroht waren, wie dies möglicherweise für Ammon und Moab in der Zeit des Untergangs Judas oder bald danach zutraf (vgl. Ez 21,23–32.33–37; auch Jer 40,14; 41,1 f. s. o. zu E. Ben Zvi 1991). Die Edomiter stehen trotz der Nachricht über Gesandte bei König Zidkija von Juda in Jer 27,3 bei der Zerstörung Jerusalems 586 v. Chr. ganz auf der Seite der Babylonier (Obd 11–14; Ps 137,7). Angriffe der Edomiter auf den judäischen Negeb sind epigraphisch in den Ostraka von Arad aus dem beginnenden 6. Jh. möglicherweise im Zusammenhang der ersten Invasion Nebukadnezzars II. 598/97 v. Chr. bezeugt (Ostrakon 24, auch 3; 21, vgl. HAE I, 348.389–393.363.387). Prophetische Gerichtsworte gegen Edom gehören durchwegs erst der exilischen Zeit an, anders die Worte gegen Ammon und gegen Moab in Am 1,13–2,3 (vgl. auch Jes 15*.16*). Die in 2,8–9 angeklagte überhebliche Haltung dürfte auf eine lange Geschichte der Spannungen zwischen Juda und seinen östlichen Nachbarn hin transparent sein. Während die scharfe Abgrenzung gegen die Ammoniter und Moabiter sich noch im deuteronomischen Gemeindegesetz widerspiegelt (Dtn 23,4–6), werden dort die Edomiter (und ferner die Ägypter) erheblich positiver als ›Brudervolk‹ beurteilt (Dtn 23,8–9). Eine Primärform des Gemeindegesetzes muss in die vorexilische Zeit (unter König Joschija) zurückreichen (vorausgesetzt in Klgl 1,10). Sollten derartige unterschiedliche Wertungen von Völkern, wie sie das Gemeindegesetz in seiner überlieferten Form bezeugt, auch hinter der kompositorischen Arbeit stehen, durch die Zef 2,8–9 seinen Platz in den Fremdvölkerworten Zefanjas fand? Dann stünde diese Komposition der deuteronomistischen Prophetenbuchredaktion jedenfalls besonders nahe. Dann wäre dies auch ein weiteres Argument zur Erklärung des Fehlens eines Edom-Wortes in Zef.

Teil II: Zefanja 2,1–3,8:

Nimmt man die verschiedenen genannten Gesichtspunkte zusammen, so zeigt sich, dass die exilische Komposition der Worte über fremde Völker in Zef 2,4–15 sich eng an die vorgegebenen Zefanja-Logien anschloss und sich dem damit gegebenen zeitgeschichtlichen Rahmen verpflichtet wusste. Das gilt für die Interpretation von 2,12 als Unheilsankündigung. Das gilt aber auch für die Nennung von Moab und Ammonitern in 2,8–9 ohne eine Erwähnung der Edomiter. Zumindest lässt sich von Anlage, möglichem Vorbild und zeitgeschichtlich anvisiertem Horizont der Komposition her auch die Aufnahme von 2,8–9 verständlich machen. Dies dürfte bald nach 586 v. Chr. geschehen sein, so dass die Komposition in den Jahren von ca. 580 bis 550 v. Chr. im Wesentlichen vorliegt (s. o. zu E. Ben Zvi), basierend auf den Zefanjalogien 2,4 und 2,5–6* sowie 2,12*.13–14* aus der Joschija-Zeit.

II.A.2.a. Zef 2,4–7: Unheil über die Philister (im WESTEN) mit heilvollem Ausblick für Juda

Der Kontext Der erste Abschnitt 2,4–7 der Fremdvölkerkomposition, der sich von Juda aus nach Westen hin orientiert, enthält zwei kurze Sprucheinheiten gegen die Philister 2,4 und 2,5–6. Sie münden in eine national getönte Verheißung für den »Rest des Hauses Juda« 2,7, die eine Gebietserweiterung in das Philisterland in Aussicht stellt. Durch den redaktionellen Anschluss von 2,4–7 an 2,1–3 wird jetzt das den Philisterstädten 2,4 und dem Philisterland 2,5–6 angekündigte Unheilsgeschick unter das Vorzeichen des Tages JHWHs gestellt. Über 2,4–6 hinaus gilt dies auch für die Besitzverheißung und Schicksalswende für das Restvolk von Juda in 2,7. Der »Zorntag JHWHs« von 2,3d erhält somit auf der redaktionellen Ebene im Zefanjabuch zum ersten Mal wenigstens indirekt ein heilvolles Gegengewicht (vgl. 3,6–8 und 3,9–13!). Seine in Zef 1,14–16 (bzw. 14–18) und 2,1–3 vorgestellte Zornesmacht, die seinem traditionellen Profil entspricht, entlädt dieser »Tag« über das feindliche Nachbarvolk im Westen. Dass auch Juda eine katastrophale Dezimierung erfahren musste, lässt 2,7a in der Rede vom »Rest des Hauses Juda« klar genug erkennen. Gleichwohl ist damit der JHWH-Tag für Juda noch nicht definitiv geschichtlich erfüllt. Er wandelt sich vielmehr zur Schicksalswende, in der sich JHWH seines Restvolks hilfreich annehmen wird 2,7d.

II.A.2.a.(1) Zef 2,4: Die Philisterstädte

Literatur W. Bacher, Zu Zephaniah 2,4: ZAW 11 (1891) 185–187. – M. Delcor, Art. Philistins: DBS VII (1966) 1233–1288. – M. Dothan, Art. Ashdod: NEAEHL 1 (1993) 93–102. – M. Dothan / T. Dothan, Die Philister. Zivilisation und Kultur eines Seevolkes. Aus dem Englischen von Chr. Landgrebe, München 1995. – T. Dothan, The Philistines and their Material Culture, New Haven u. a.1982 (zu den Philisterstädten, bes. 17–18; zu Gaza, 35; zu Aschkelon, 35; zu Aschdod, 36–42). – T. Dothan, Ekron of the

Philistines, Part I: Where They Came From, How They Settled Down and the Places They Worshiped: BAR 16 (1990) 26–36. – *T. Dothan*, The »Sea Peoples« and the Philistines of Ancient Palestine, in: *J. M. Sasson*, (Hrsg.), Civilizations of the Ancient Near East, Vol. II, Part 5: History and Culture, New York u. a. 1995, 775–789. – *T. Dothan / S. Gitin*, Ekron of the Philistines. How They Lived, Worked and Worshiped for Five Hundred Years: BAR 16 (1990) 20–25. – *T. Dothan / S. Gitin*, Art. Ekron: ABD 2 (1992) 415–422. – *T. Dothan / S. Gitin*, Art. Miqne, Tel (Ekron): NEAEHL 3 (1993) 1051–1059. – *C. S. Ehrlich*, The Philistines in Transition. A History from ca. 1000 – 730 BCE: Studies in the History and Culture of Ancient Near East 10, Leiden 1996. – *I. Finkelstein* 1994, 169–187. – *I. Finkelstein*, The Philistine Countryside: IEJ 46 (1996) 225–242. – *G. V. Gillard*, Art. Gaza: TRE 12 (1984) 29–31. – *S. Gitin*, Last Days of the Philistines: Archaeology 45 (1992) 26–31. – *S. Gitin*, Tel Miqne-Ekron in the 7th Century B.C.E., in: ders. (Hrsg.), Recent Excavations in Israel: A View to the West, Dubuque, Iowa 1995, 61–79. – *R. Gordis*, A Rising Tide of Misery. A Note on a Note on Zephaniah 2,4: VT 37 (1987) 487–490. – *M. Görg*, Art. Philister: NBL III, Lfg. 11 (1997) 141–143. – *H. J. Katzenstein*, Gaza in the Neo-Babylonian Period (626–539 B.C.E.): Transeuphratène 7 (1994) 35–49. – *O. Keel / M. Küchler*, Orte und Landschaften der Bibel, Bd. 2: Der Süden, Zürich 1982 (zu Aschdod, S. 39–48; Aschkelon, S. 49–75; Gaza, S. 76–96; Ekron / Tell Miqne, S. 829–832; Gat, S. 841 f.). – *W. Mayer* 1995 (zu den Philistern: S. 99–116). – *S. Mittmann*, Hiskia und die Philister: JNWSL 16 (1990) 91–106. – *N. Na'aman*, Two Notes on the History of Ashkelon and Ekron in the Late Eighth-Seventh Centuries B.C.E.: Tel Aviv 25 (1998) 219–227. – *A. Ovadiah*, Art. Gaza: NEAEHL 2 (1993) 464–467. – *U. Poplutz*, Tel Miqne / Ekron. Geschichte und Kultur einer philistäischen Stadt: BN 87 (1997) 69–99. – *A. F. Rainey*, Following up on the Ekron and Mesha Inscriptions: IEJ 50 (2000) 116–117. – *L. Stager*, Art. Ashkelon: NEAEHL 1 (1993) 103–112. – *L. Stager*, The Fury of Babylon. Ashkelon and the Archaeology of Destruction: BAR 22 (1996) 57–77. – *D. W. Thomas*, A Pun on the Name of Ashdod in Zephaniah II,4: ET 74 (1962/63) 63. – *D. J. Wiseman*, Chronicles of Chaldaean Kings, London 1956. – *L. Zalcman*, Ambiguity and Assonance at Zephaniah 2,4: VT 36 (1986) 365–370.

Text

4	a	IA	*Denn Gaza wird eine Verlassene sein*	Übersetzung
	b	IB	*und Aschkelon zur Ödnis werden.*	
	c	IIA	*Aschdod, am (hellen) Mittag wird man es wegtreiben,*	
	d	IIB	*und Ekron wird entwurzelt.*	

Die einleitende Partikel כִּי 4a ist auf der Ebene des überlieferten Textes am ehesten als begründende Konjunktion »denn« zu verstehen. Sie könnte in dieser Bedeutung von vornherein redaktionell sein (vgl. oben Einleitung Nr. 2 und die Einführung zur Auslegung von Teil II = 2,1–3,8, A. = 2,1–15). Als emphatisches Modalwort »ja, wahrhaftig!« verstanden, kann sie jedoch durchaus zum primären Text gehören.

Zu Text und Übersetzung

Teil II: Zefanja 2,1–3,8:

Die Paronomasie in den von Gaza und Ekron handelnden Sätzen 4a und 4d lässt sich im Deutschen kaum angemessen wiedergeben. Das Partizip passiv fem. עֲזוּבָה »verlassen« in 4a kann auch als substantivisches Prädikatsnomen verstanden werden: »eine Verlassene«. Jedenfalls ist die Verwendung der Städtenamen als Feminina für die Auslegung zu beachten (s. u.).

Der Name der Stadt Ekron in 4d, MT עֶקְרוֹן, geht auf *ʿaqqarōn zurück. Dafür sprechen akkadische Schreibungen (amqaruna = *ʿamqarōna < *ʿaqqarōna) und LXX Αϰϰαρων. Zur Zeit der berühmten Madaba-(Medeba-)Karte im 6. Jh. n. Chr. dürfte der Ortsname aramäisch als »Aqqarā(n)« ausgesprochen worden sein. Das masoretische »Ekron« ist höchstwahrscheinlich eine sekundäre Rückbildung von der Nisbe-Form (הָעֶקְרֹנִי »der Ekroniter« Jos 13,3). Vgl. dazu *A. F. Rainey* 2000, 116 f. Etymologisch könnte Ekron als Nominaltyp qattalōn auf die Verbalwurzel עקר »unfruchtbar, wurzellos sein / entwurzeln« + Endung -ōn zurückgehen, vgl. HALAT 828b.

Analyse und Auslegung

Zef 2,4 lässt eine Eigenart der Gestaltung erkennen, die wir auch in anderen Zefanja-Logien antreffen: die Aufreihung von vier Größen mit dem Ziel, die Totalität der Aspekte zu erfassen und einen kompakten, rhetorisch schlagkräftigen Spruch zu formulieren. In vier Sätzen kündigt die Prophetenrede 2,4 den vier bedeutenden Philisterstädten Gaza, Aschkelon, Aschdod und Ekron kriegerische Ereignisse an, die zu Deportation, Verlassenheit und Verödung der Städte führen werden. Die Vierzahl ist ebenso als gewichtiges Gestaltungsmerkmal eingesetzt in 1,4–5*; 1,8–9*; 3,3–4, wo jeweils vier Personengruppen genannt sind. 1,10–11 reiht vier Ortsangaben im Bereich der Jerusalemer Neustadt auf. Die Vierzahl ist auch in den literarisch sekundären Texten 1,3a–b (die Reihe der Lebewesen) und in 3,14 (Verben des Jubels) vertreten. Zef 2,4 präsentiert sich als ein kompakt geschlossener Spruch auch durch die poetische Inklusion des Wortgleichklangs im ersten und letzten Satz: עזה עזובה »Gaza – eine Verlassene« 4a und עקרון תעקר »Ekron wird entwurzelt« 4d. Auf der Ebene des Einzelspruchs unterstreicht das voranstehende כי als Modalwort »ja, wahrhaftig« die Aussage aller vier Sätze (kontextuell jedoch fungiert es als kausale Konjunktion »denn«, s. o.). Die Sätze 4a–b fügen sich durch das gemeinsame verbale Prädikat (3. ps. f. sg. von היה »sein«) zu einem erweiterten Satz eng zusammen, während Aschdod als Pendens-Element in 4c syntaktisch markiert ist. Der Spruch hat keinerlei Ergänzung nötig. הוי »wehe« setzt in 2,5 völlig neu ein.

Der Sinn der Wortspiele mit dem bedeutungsvollen Lautgleichklang zweier Wörter in 4a und 4d liegt auf der Hand. Nach dem Motto ›nomen est omen‹ wird die Gewissheit des drohenden Verderbens im paronomastischen Lautbild wirksam verdeutlicht (ähnliche Wortspiele finden sich in Mi

1,10–16). Für Ekron in 4d scheint tatsächlich eine Etymologie, die die Stadt als »unfruchtbaren Ort« (von der verbalen Basis עקר »wurzellos, unfruchtbar sein« / »entwurzeln«) bestimmt, möglich (s. o. zur Übersetzung). Allerdings kann man nicht sagen, das Unglück werde überhaupt erst etymologisierend von den Namen Gaza und Ekron hergeleitet. Dagegen spricht schon die Tatsache, dass für Aschkelon 4b und Aschdod 4c ebenso ein Lautspiel möglich gewesen wäre, aber nicht gewählt wurde (etwa mit שקל »wiegen / wägen« und שדד »verwüsten«). Es geht um eine wirksame Vermittlung des sicher hereinbrechenden Unglücks als Kriegsgeschehen mit Deportationen, nicht um sprachliche Ableitungen!

Aber warum verzichtet der Autor in 4b und c auf die naheliegende Paronomasie, wenn auch nicht ganz auf den Lautgleichklang (š-l/lš 4b, š-ṣ-š 4c)? Die Antwort liegt in der intendierten Aussage und in einer mit ihr assoziierten oder doch assoziierbaren hintergründigen Bildsprache. L. Zalcman (1986) und – ihn weiterführend – R. Gordis (1987) haben überzeugend gezeigt, dass Zef 2,4 nicht nur die Paronomasie, sondern auch Doppeldeutigkeiten (»double entendre«) wirkungsvoll einsetzt. Hinter der Rede von den Städten, grammatikalisch geläufig als Feminina konstruiert, scheint jeweils das Bild einer Frau in verschiedenen leidvollen Lebenssituationen auf. Gordis deutet diese Bildassoziation in folgender Weise und nimmt dabei mit gutem Grund eine aufsteigende Linie der Leiderfahrung an: ›Ja, Gaza wird verlassen sein‹ 4a – wie eine verlobte Frau, die von ihrem Geliebten noch vor der Ehe verlassen wird. ›Und Aschkelon wird verödet sein‹ 4b – wie eine verlassene Ehefrau. ›Aschdod wird man am hellen Mittag wegtreiben‹ 4c – wie eine von ihrem Mann geschiedene Frau. ›Und Ekron wird entwurzelt werden‹ 4c – wie eine unfruchtbare Frau (R. Gordis 1987, 489; vgl. im Anschluss daran A. Berlin 1994, 101 f.).

<small>Die Stadt als Frau</small>

Dass Zef 2,4 mit der Rede von den Philisterstädten eine Metapher von Frauen in leidvollen Situationen assoziiert, lässt sich gut begründen, auch wenn man die Festlegungen von R. Gordis im Einzelnen nicht für hinreichend nachweisbar hält. So kann 2,4a jedenfalls eine verlassene Frau vorstellen, ob nun vor der Heirat oder doch eher als Ehefrau (vgl. Jes 54,6/5–6, personifizierend von Jerusalem, ebenso Jes 60,15; 62,4; auch Jer 4,29/29–31). Gegenüber 2,4a spricht 4b steigernd von שממה »Verwüstung / unheimliche Öde«. Das Wort kann das düstere Geschick von Wohnland und Acker, von Ländern, Städten und Häusern usw. bezeichnen (Jes 1,7; 6,11; Jer 4,27; 6,8; 9,10 usw., vgl. »Verwüstung« Zef 1,13b; »Ödnis« 2,9d und 2,13c, entsprechend שמה 2,15d). Das feminine Partizip שׁוֹמֵמָה »Verlassene / Vereinsamte / Verstörte« beschreibt Tamar 2 Sam 13,20, das personifizierte Zion als Frau im Gegensatz zur Verheirateten Jes 54,1, das zerstörte Zion als Frau Klgl 1,13. Zef 2,4c ruft das Bild der verstoßenen / geschiedenen Frau hervor. Das Partizip passiv fem. גְּרוּשָׁה »Verstoßene / Geschiedene« begegnet als Terminus in Lev 21,7.14; 22,13; Num 30,10 und Ez 44,22. In dem Ekron-Kolon

Teil II: Zefanja 2,1–3,8:

Zef 2,4d endlich stellt das Verb עקר im N-Stamm der Stadt in Aussicht, zukünftig ›ohne Wurzel‹ bzw. metaphorisch ohne Abkömmling oder Nachkommenschaft zu bleiben (Lev 25,47) bzw. unfruchtbar wie eine unfruchtbare Frau (Gen 11,30 usw., besonders Jes 54,1 von Zion). Liest man Zef 2,4 im kontrastiven Vergleich mit dem vereinsamten Zion von Jes 54,1–6, dem prophetischer Trost und Ermutigung zuteil wird (in frühnachexilischer Zeit), erschließt sich die Stadt-Metaphorik in Zef 2,4 überraschend deutlich.

Das Geschick der Städte und die Zeitgeschichte

Zef 2,4 nennt die vier politisch, handelspolitisch und wirtschaftlich bedeutendsten Philisterstädte des 7. Jhs. v. Chr. in der Reihenfolge von Süden nach Norden (vgl. Karte Abb. 18). In variierter Folge begegnen die vier Städte als eine philistäische Tetrapolis in Am 1,6–8; Jer 25,20 und Sach 9,5–6. Die Folge der Städtenamen in Am 1,6–8 kommt jener von Zef 2,4 am nächsten (nur Aschkelon und Aschdod sind vertauscht). Damit ist ein Zeitrahmen von der zweiten Hälfte des 8. Jhs. (Am 1,6–8) bis in die frühhellenistische Zeit Palästinas um 300 v. Chr. (Sach 9,5–6) abgesteckt. Warum ist die Stadt Gat (hebr. »Kelter«) nicht genannt? Sie gehört nach Jos 13,3; 1 Sam 6,17 (vgl. Jos 11,22) zur Konföderation der fünf Hauptstädte der Philister, der philistäischen Pentapolis. Weder in Am 1,6–8 noch in Zef 2,4 dürfte das Fehlen von Gat allein poetisch bedingt sein (s. o. zur Vierzahl der Aspekte). Auch eine Zugehörigkeit der Stadt Gat (wahrscheinlich auf dem *Tell eṣ-Ṣāfī* bzw. *Tel Zafit*, vgl. E. Stern, NEAEHL 4 [1993] 1522–1524) zu Juda, wie man sie gelegentlich auch für die Joschija-Zeit auf der Basis von 2 Chr 11,8 vermutet hat, kommt kaum in Frage. Wahrscheinlich stand Gat schon im 8. Jh. unter der Vorherrschaft von Aschdod, war also keine Königsstadt als selbständiger Stadtstaat mehr (vgl. S. Mittmann 1990, 98 f.; C. S. Ehrlich 1996, 62.77). Gat (akkadisch Gimtu) war in der Strafaktion Sargons II. im Jahre 711 v. Chr. zusammen mit Aschdod (und dem Hafen Asdudimmu / Aschdod-Jam »Aschdod am Meer« = *Mīnet el Qalʿa*) erobert und der neuen assyrischen Provinz Aschdod zugewiesen worden (ANET 286; TGI 63 f.; TUAT I, 380 f.384), vgl. Jes 20 und Am 6,2! Dabei wurden Teile der Bevölkerung deportiert und zugleich Menschen aus eroberten Gebieten des Ostens neu angesiedelt. Die assyrischen Großkönige des 7. Jhs. Asarhaddon und sein Sohn Assurbanipal haben in Prismen-Inschriften Listen von Vasallenkönigen »von der Meeresküste« aufgeführt, darunter Manasse von Juda und die Stadtkönige von Gaza, Aschkelon, Ekron und Aschdod, jedoch nicht von Gat (vgl. TUAT I, 397; ANET 291.294)! Diese Stadt, die biblisch zumal in der David-Zeit eine bedeutende Rolle spielt, hatte im 7. Jh. ihre eigenständige politische Bedeutung längst eingebüßt.

Gaza

Die südlichste und traditionell die dominierende Stadt der philistäischen Pentapolis war Gaza (hebr. von der Basis עזז »stark sein« her verstanden, daher etwa ›die stark befestigte / die Festung‹; auf dem *Tell Ḥarube* im nördlichsten Teil des modernen Gaza, arabisch *Ghazze*), 4–5 km vom Mittelmeer entfernt, in einem fruchtbaren Gebiet vor der in Richtung nach Ägypten anschließenden Wüste gelegen.[54] Die traditionell prominente Bedeutung Gazas als ›prima inter pares‹ geht noch aus Am 1,6–7 (gegenüber V 8) hervor und steht auch im Hintergrund von Zef 2,4, wo Gaza die

4a

---

[54] Vgl. zur Archäologie und Geschichte von Gaza besonders A. Ovadiah 1993, 464–467; H. J. Katzenstein, ABD 2 (1992) 911–917; ders., 1994, 35–49. Zu den Fragen nach Ausdehnung und Bewohnerzahl der Philisterstädte insgesamt in der späten Bronzezeit und in der (frühen) Eisenzeit vgl. I. Finkelstein 1996, 225–242.

Zef 2,1–15: Drohung und Mahnung an das Volk von Juda

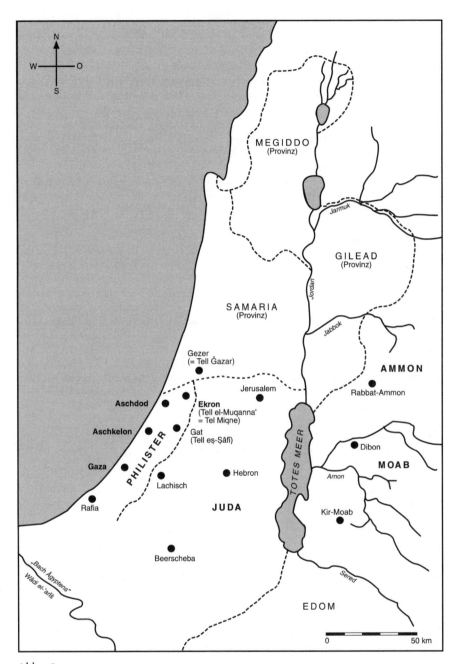

Abb. 18
Palästina im 7. Jh. v. Chr.: der Staat Juda im Kreis der assyrischen Vasallenstaaten und die palästinischen Provinzen des assyrischen Reiches. Die in Zef 2,4–7.8–9 genannten Orte und Länder sind unterstrichen. Gezeichnet von *C. Diller*.

Teil II: Zefanja 2,1–3,8:

Reihe der Städte anführt. Der Zefanjaspruch 2,4 kündigt dem ›starken‹ Gaza elendes Verlassensein an, assoziiert also ganz anderes als Stärke mit dem Namen der Stadt, lässt aber nicht notwendig an eine totale Zerstörung Gazas und seiner mächtigen Befestigungsanlagen denken, vgl. aber Jer 47,5 (2–7); 25,20 (15–29).

Als Stadt am wichtigsten Verkehrsweg von Ägypten nach Asien, dem biblischen »Weg des Landes der Philister« (Ex 13,17) bzw. »Weg am Meer« / Via Maris (Jes 8,23), war Gaza ein umkämpftes Tor zwischen Palästina und Ägypten und eine wichtige Handelsstadt. Die von Südarabien heraufführende »Weihrauchstraße« über Nordwestarabien und das nördliche Wadi Araba nach Gaza, ferner nach Aschkelon und Südsyrien ist aus der Zeit der Nabatäer gut bezeugt, geht aber auf viel ältere Zeit zurück (*W. W. Müller*, Art. Weihrauch: RECA Suppl. 15 [1978] 700–777, bes. 722–734; BRL² 86.136f.; zu Ez 28,19–24 vgl. *W. Zimmerli*, BK XIII/2, 659–661). Gewiss hatte Gaza in den Eroberungszügen der Assyrer Tiglatpilesers III. (734 v.Chr.) und Sargons II. (720 v.Chr.) schwer gelitten, auch durch Deportationen der Stadtfürsten mit ihren Familien und reicher Beute (vgl. TGI 56.58f.62; TUAT I, 373.375–377.379), wohl auch durch einen Kriegszug Hiskijas von Juda in der Zeit seines Aufstands gegen Sanherib 705–701 v.Chr. (2 Kön 18,8, dazu *S. Mittmann* 1990, 91–106). Die Situation änderte sich aber sehr zum Nachteil von Juda, nachdem der Assyrer Sanherib die von Hiskija betriebene Revolte einer südpalästinischen antiassyrischen Koalition niedergeschlagen, Judas Landstädte erobert und Jerusalem im Jahre 701 v.Chr. belagert hatte. Sanherib trennte das Land Juda von Jerusalem ab und gab es den assurtreuen Stadtfürsten von Gaza, Aschdod und Ekron. Indes wird Juda jedenfalls unter Manasse als halbselbständiger Vasallenstaat der Assyrer wiederhergestellt worden sein (TGI 69; TUAT I, 390; ANET 288a; vgl. dazu *H. Donner*, Geschichte 1986, 327f.). Gaza blieb in der Folgezeit treu an der Seite Assurs und war auch im 7. Jh. v.Chr. die führende unter den Philisterstädten. Unwahrscheinlich ist die Annahme, König Joschija habe versucht, Gaza zusammen mit Ekron und Aschdod dem Herrschaftsgebiet Judas zuzuschlagen (vgl. Jos 10,41; 15,45–47, dagegen s. o. einleitend zu Zef 2,4–15 zu *D. L. Christensen* 1984). Die Ostraka (besonders Ostrakon 1) von der kleinen wohl judäischen Küstenfestung Meṣad Ḥashavyahu ca. 1 km südlich von Jabne-Jam / Jamnia bezeugen möglicherweise den Versuch Joschijas, Juda auch im Westen, am Mittelmeer, abzusichern. Jedoch dürfte die Festung nur kurze Zeit bestanden haben. Ostrakon 1 lässt jedenfalls nicht auf die Einnahme einer größeren Stadt wie Jafo oder Aschdod durch Joschija schließen (vgl. zur Diskussion und Datierungsfrage HAE I, 316f.315–334; *H. J. Katzenstein* 1994, 38, dagegen *N. Naʾaman* 1991, 46f., der an ein von Ägyptern gegründetes Fort denkt, dessen Kommandant durch den König von Juda ernannt wurde; zum Text vgl. auch TUAT I, 249; KAI Nr. 200).

Aschkelon Zerstörung und Verwüstung könnte nach 4b Aschkelon bevorstehen, wenn שממה 4b wie in Zef 1,13 »Verwüstung« im Sinne von Zerstörung mit nachfolgender Verödung bedeutet (Letzteres in 2,9 und 2,13 [+15]). Da jedoch neben 2,4a auch 4c und 4d den Akzent auf die Wegführung der Bevölkerung, auf Deportation und Entwurzelung legen, wird Aschkelon ebenfalls vorab als verödete Stadt vorgestellt. Allerdings lässt sich die Steigerung von 4a nach 4b in der Beschreibung des kommenden Unglücks nicht übersehen; שממה bleibt offen für die Konnotation von Verwüstung und Zerstörung und der schauerlichen Öde eines verwüsteten Landes zugleich.

Das alte Aschkelon ist längst vor der Ansiedlung von Philistern als Handelsstadt bekannt (ihr Name, arabisch ʿasqalān, ist wahrscheinlich von einer nordwestsemitischen Basis mit der Bedeutung »wiegen«, hebr. שקל, gebildet, bedeutet also etwa

›Handelsplatz‹; *M. Görg* NBL I, Lfg. 2 [1989], 186f.; *L. Stager* 1993, 103–112, ders., 1996, 56–69.76f.; *H. Weippert*, BRL² 15f.). Als Stadt in der südlichen Küstenebene in nächster Nähe zum Meer, ca. 20 km nördlich von Gaza an der »Meeresstraße« / Via Maris auf fruchtbarem Land gelegen, war Aschkelon zur Hafen- und Handelsstadt mit dem bedeutendsten Seehafen der Philister prädestiniert. Als altes Marktzentrum galt die Stadt auch in Juda (vgl. »die Straßen Aschkelons« 2 Sam 2,20). Tiglatpileser III. machte die Stadt zusammen mit Gaza sowie den Staaten Juda, Ammon, Moab und Edom tributpflichtig (733 v. Chr., vgl. TGI 59) und eroberte sie (ANET 283b, vgl. Am 1,8). In der Strafaktion Sanheribs 701 v. Chr. wurde Aschkelon noch vor Ekron erobert, der renitente Stadtfürst mit seiner Familie deportiert (ANET 287b). Im 7. Jh. v. Chr. blieb die Stadt ihren assyrischen Oberherrn Asarhaddon und Assurbanipal tributpflichtig und völlig loyal. In ihrem historischen Gehalt fraglich und umstritten bleibt die Nachricht in Herodots Historien I, 105, der Zug der Skythen durch ganz Syrien und Palästina sei erst bei Aschkelon durch den Saïten-Pharao Psammetich I. angehalten worden (zum fraglichen Skythenzug durch Palästina s. o. den Kommentar zu Zef 1,10–11 »Situation«). Es ist jedenfalls der alte und gegen Ende der assyrischen Vorherrschaft im ausgehenden 7. Jh. erneuerte Hegemonieanspruch Ägyptens auf Palästina, der sich in der Nachricht Herodots plausibel niederschlägt.

4c Die Stadt Aschdod, metonymisch für seine Bewohnerschaft, soll »weggetrieben« **Aschdod** werden – wie eine geschiedene Frau (s. o.!). Gewiss ist da auf Deportationen angespielt, wie sie für die neuassyrischen Oberherrn besonders seit Tiglatpileser III. so charakteristisch waren. Im begrenzten Umfang waren Deportationen als Strafmittel an den Philisterstädten seither schon angewandt worden, vorab an den Familien rebellischer Stadtfürsten von Gaza und Aschkelon (s. o.). Aber warum soll Aschdod das Unglück gerade »am Mittag« treffen? Wahrscheinlich muss man hintergründig ein volkstümliches Wissen von unheilsmächtigen Zeiten, in denen dämonische Kräfte wirken, wie in der Mitternacht einerseits und in der Sonnenglut des Mittags andererseits, voraussetzen. Darauf führen besonders Ps 91,6 und Jer 15,8 mit der Wendung »am Mittag zerstörerisch wüten« bzw. »verwüsten« (שדד). Ohnehin lässt der Name »Aschdod« in 2,4c lautlich im Hebräischen die Vorstellung von »Verheerung / Verwüstung« (Substantiv *šd*, Basis *ŠDD*) anklingen, kann also im Sinne eines »double entendre« begriffen werden. *L. Zalcman* spricht von ›impliziter Zitierung‹ eines geläufigen sprichwörtlichen Ausdrucks (1986, 366f. mit Hinweis auf mittelalterliche jüdische Kommentatoren wie Raschi und Kimḥi; der »Mittag« erscheint als die klassische Zeit des feindlichen Angriffs nach Jer 6,4; 15,8 und Zef 2,4). Ob man mit *K. Seybold* (Satirische Prophetie 1985, 45; ders., Komm. 105) aus »Aschdod« in 2,4c das Substantiv *šd* »Dämon« (im AT nur im Plural: Dtn 32,17; Ps 106,37), spezifisch als Name des »Mittagsdämons«, heraushören soll, bleibt fraglich (vgl. HALAT 1317; KAI II, 95; BHS zur LXX von Ps 91,6b). Zef 2,4 lässt notwendig an eine kriegerische Szenerie denken. Dann ist das Wegtreiben der Bevölkerung von Aschdod »am Mittag« vor allen anderen Assoziationen, die hintergründig mitspielen mögen, gerade von diesem Kontext her zu interpretieren: Die Katastrophe wird als das rasch erreichte Ziel des feindlichen Angriffs, der am Morgen begonnen haben mag, geschildert. Schon am Mittag, in der verzehrenden Sonnenglut, müssen die Menschen ohne jeden kühlenden Schatten (vgl. Jes 16,3) in die Verbannung hinwegziehen. *W. Rudolph* 280, Anm. 2, verweist nach anderen mit Recht auf die Mescha-Stele, Z. 15–16: König Mescha von Moab nimmt die israelitische Stadt Nebo ein, nachdem

Teil II: Zefanja 2,1–3,8:

er in der Nacht losgezogen war und vom Tagesanbruch bis Mittag gegen die Stadt gekämpft hatte (entsprechend auch B. Renaud 224 und J. Vlaardingerbroek 137).

Die Ankündigung gegen Aschdod (der Stadtname leitet sich vielleicht von einer Basis שׁדד »ziehen, messen« her) setzt schon eine sehr bewegte Geschichte der Stadt voraus. Auf dem *Tel Aschdod* (arabisch *'esdūd*) ca. 6 km südlich des modernen Aschdod gelegen, ist die Stadt schon in der späten Bronzezeit noch vor der Ansiedlung der Philister im 12. Jh. aus Ugarit-Texten des 14./13. Jh. v. Chr. für seinen Seehandel mit Purpurwolle und Textilien bekannt. Zur Geschichte und Archäologie von Aschdod vgl. *T. und M. Dothan* 1995, 105–205; *T. Dothan* 1982, 36–43; *M. Dothan* 1993, 93–102; ders., ABD 1 (1992) 477–482; *M. Görg*, NBL I, Lfg. 2 (1989), 182 f.; *H. Weippert*, BRL[2] 13–15. Nach der Eroberung Aschdods durch Sargon 712/11 v. Chr. erhielt die Stadt zusammen mit Gaza und Ekron unter Sanherib 701 v. Chr. wohl eine relative Selbstständigkeit im Vasallenstatus wieder (s.o. einleitend zum Geschick der Städte und zu Gaza in Satz 4a). Im 7. Jh. erscheint Aschdod zusammen mit Gaza, Aschkelon und Ekron – wie auch Manasse von Juda – als treuer Vasall der Assyrer (TUAT I, 397; ANET 291.294). Den Machtanspruch Ägyptens auf das Philisterland kann immerhin die ansonsten wenig glaubhafte Nachricht Herodots (Historien II, 157) verdeutlichen, Psammetich I. habe Aschdod 29 Jahre lang belagert (zur Diskussion vgl. *N. Na'aman* 1991, 39 f.). Eine zeitweilige Herrschaft Joschijas von Juda über die Philisterstadt ist wenig wahrscheinlich (s.o. zu 4a). Allerdings gibt es Anzeichen für einen Handelsaustausch zwischen Aschdod und Juda im 7. Jh. (Inschrift in althebräischen Buchstaben, *l-mlk*-Stempel u.a., z.B. *M. Dothan* 1993, 100).

Ekron   Wie mit einem Paukenschlag schließt der Spruch Zef 2,4 ab: וְעֶקְרוֹן תֵּעָקֵר »Und   4d ›Ekron‹ wird ›umgeackert‹ / entwurzelt«. Die volle Paronomasie der Wortbasen, noch über den Wortgleichklang in 4a hinaus, hat hier wohl tatsächlich einen nicht nur volksetymologischen Anhalt: Ekron (zum Namen s.o. zu Text und Übersetzung!) leitet sich immer noch am wahrscheinlichsten von einer Basis עקר »unfruchtbar (wurzellos) sein« ab und deutet somit auf ein konnotatives Verständnis als ›unfruchtbarer Ort‹. Ein solcher Kontextsinn schwingt im »Ekron« von 4d mit, da die Stadt »entwurzelt« werden soll und daher »ohne Wurzel«, metaphorisch »ohne Nachkommen« bleiben soll – wie eine »unfruchtbare« Frau (s.o.). Nomen est omen gilt in dieser Unheilsansage für Ekron in ganz besonderem Maß!

Das alte, schon vor den Philistern besiedelte Ekron, auf der Ḫirbet el Muqannaʿ bzw. auf dem *Tel Miqne* 35 km südwestlich von Jerusalem in der Schefela, hatte als nördlichste der großen Philisterstädte eine wichtige strategische Funktion gegenüber dem direkt angrenzenden Juda (vgl. 1 Sam 6,16; 17,52, auch 1 Sam 5,10–12; vgl. bes. *T. Dothan / S. Gitin* 1990, 25.20–26; dies. 1993, 1051–1059). Aus neuassyrischen Texten (und Darstellungen) ist die wechselvolle Geschichte Ekrons im späten 8. und im 7. Jh. gut bekannt. Die Vasallentreue Ekrons gegenüber Assyrien im 7. Jh. ist ebenso wie für die anderen in Zef 2,4 genannten Philisterstädte dokumentiert (s.o. zum Geschick der Städte). Die Ausgrabungen auf dem *Tel Miqne* erbrachten auch in ökonomischer Hinsicht ein sehr bedeutsames Ergebnis: Ekron war im 7. Jh. v. Chr. nicht nur eine wirtschaftlich aufstrebende und wohlhabende Stadt, sondern auch der größte Industriestandort für die Gewinnung von Olivenöl im antiken Nahen Osten (*S. Gitin* 1995, 61–79, bes. 63–69). Diese wirtschaftliche Macht verdankte Ekron der politischen Stabilität im Rahmen der »pax Assyriaca« und vorab den wirtschaftlichen Interessen des expandierenden assyrischen Weltreichs (*T. Dothan / S. Gitin* 1993, 1056–59; dies. 1992, 420; *M. und T. Dothan* 1995, 253.267 f., auch *N. Na'aman* 1991, 49 f.). Es ist die Zeit, in der Juda unter König Manasse trotz der

Zef 2,1–15: Drohung und Mahnung an das Volk von Juda

von Assur geforderten Tributleistungen sich von den Verwüstungen unter Sanherib wirtschaftlich erholen konnte (s. o. zu Zef 1,10–11 und 1,12–13). Man darf mit I. *Finkelstein* (1994, 180.169–187) annehmen, dass ein Großteil des judäischen Tributs an die Assyrer in der Form von Oliven abgegolten wurde, die von den Judäern an das Verarbeitungszentrum in Ekron abzuliefern waren. Als mit dem Niedergang der assyrischen Herrschaft gegen Ende des 7. Jhs. Juda unter König Joschija an Selbstständigkeit gewann, konnte es die östliche Schefela, das niedrige Hügelland zwischen dem Bergland von Juda und der Küstenebene, wieder für sich beanspruchen. Seitdem verlor die Ölindustrie in Ekron an Bedeutung (ebd. 173 f.179 f.).

Die Unheilsankündigung des Amos in Am 1,6–8 gegen die auch in Zef 2,4 genannte philistäische Tetrapolis konnte durch die Palästinafeldzüge der Assyrer, vor allem Sargons II. (720 und 712/11 v. Chr.) und hinsichtlich der unbotmäßigen Stadtkönige von Aschkelon und Ekron (s. o.) auch Sanheribs (701 v. Chr.) als zumindest vorläufig geschichtlich erfüllt betrachtet werden. Doch die Philisterstädte hatten sich in der ersten Hälfte des 7. Jhs. wieder von den kriegerischen Schlägen erholt und es wie im Falle Ekrons sogar zu erstaunlicher wirtschaftlicher Blüte gebracht. Für Zef 2,4 stellt sich die Frage nach einer wie auch immer gearteten geschichtlichen Verwirklichung der Prophetie gegen die Philisterstädte ganz neu. Denn der Spruch lässt sich mit seinem Aussageprofil auch gegenüber den erwähnten Ereignissen nicht als nachinterpretierende Prophetie bzw. vaticinium ex eventu verstehen. *Zeitgeschichtliche »Erfüllung« der Prophetie Zef 2,4*

Welche militärische Macht könnte in Zef 2,4 als ausführendes Organ der Ankündigung vorausgesetzt sein? Da ist nochmals an die auffällige Tatsache zu erinnern (s. o. zum Geschick der Städte), dass unter den vier Belegen einer philistäischen Tetrapolis nur Zef 2,4 die Städte konsequent in der Reihenfolge von Süd nach Nord aufführt (vgl. noch Am 1,6–8, wo immerhin die Reihe ebenfalls mit Gaza beginnt und mit Ekron schließt; Jer 25,20; Sach 9,5–6). Dies kann nicht nur poetische Gründe haben. Die Reihenfolge will allem Anschein nach auf den Zug eines feindlichen Heeres von Gaza nach Ekron hinweisen. An einen Zug skythischer Reiterscharen vom Norden her kann da nicht gedacht sein (anders als in Herodots Historien I, 105, s. o. zu Aschkelon 4b). Viel eher könnten *die Ägypter* ins Spiel gebracht sein. Deren alte Hegemonialansprüche waren in der Zeit der assyrischen Dominanz über die syrisch-palästinische Landbrücke zurückgedrängt, aber nie ganz ausgeschaltet (vgl. auch H. J. *Katzenstein* 1994, 36; D. H. *Ryou* 1995, 314 f.). Im 7. Jh. hatte sich der Saïte Psammetich I. (664–610 v. Chr.) bereits seit der Mitte der 50er Jahre (656 v. Chr., vgl. T. G. H. *James* 1991, 709 f.) vom assyrischen Joch befreit und Ober- und Unterägypten unter seiner Herrschaft vereint. Seine Ambitionen in Richtung des Philisterlandes mögen immerhin schon aus den oben zu Aschkelon Zef 2,4b und Aschdod 4c genannten Nachrichten Herodots hervorgehen. Nach dem Tod Assurbanipals (wohl 627 v. Chr.) und dem Aufstreben der chaldäischen Babylonier unter Nabopolassar seit 626 v. Chr., der seine Macht in Babel konsolidierte und Assur zu *Bedrohung durch Ägypter?*

Teil II: Zefanja 2,1–3,8:

attackieren begann (623–622 v. Chr.), wendete sich das Blatt. Die Erzfeinde Ägypten und Assur wurden Verbündete. Psammetich I. sah sich nun um seiner Interessen an Palästina willen veranlasst, das geschwächte Assur gegen die Babylonier und Meder zu unterstützen. Das muss um 620 v. Chr. gewesen sein. Im Jahre 616, dem zehnten Jahr des Nabopolassar, und erneut 610 sowie unter Pharao Necho II. (609–595 v. Chr.) im Jahre 609 sandte Ägypten zur Hilfe für Assur Truppen an den Eufrat gegen die Babylonier.[55] Die Hinweise auf die geschichtliche Situation in der zweiten Hälfte des 7. Jhs. können die Annahme stützen, dass in Zef 2,4 primär an einen ägyptischen Eingriff im Philisterland gedacht ist, eher als an einen direkten Vorstoß aus dem mesopotamischen Raum – dies wäre am wahrscheinlichsten ein Heereszug der Neubabylonier, die den Untergang Assurs und später auch den Fall des Staates Juda bringen sollten (vgl. gegenüber Zef 2,4 jedoch Jer 47,2–7, wonach die Katastrophe für die Philister klar vom Norden her kommt). Dann treffen wir nicht nur auf eine etwas anders gelagerte Bedrohungssituation für die Philisterstädte, als sie sich in Zef 1 und 2,1–3 für Juda und Jerusalem andeutet; denn nach Zef 1,10–11 jedenfalls bricht der Feind vom Norden her in Jerusalem ein. Tatsächlich wurden Aschkelon, Ekron und die anderen Philisterstädte in den letzten Jahren des 7. Jh. im Zuge der Eroberung durch die Babylonier zerstört. Damit verschwanden weitgehend die Spuren der Kultur der Philister.

Datierung Zef 2,4

Wir gewinnen auch einen Hinweis auf die Datierung der Prophetie Zef 2,4. Ein Heereszug der Ägypter auf der »Via Maris« über Gaza in Richtung Syrien zu Hilfe für Assur ist kaum ohne einen erneuerten Hoheitsanspruch der Ägypter über das Philisterland denkbar (s. auch *H. J. Katzenstein* 1994, 39 f. und 2 Kön 24,7!). Dann wird Zef 2,4, als echte Prophetie verstanden, die die wiederhergestellte Vorherrschaft der Ägypter über das Philistergebiet noch nicht voraussetzt, deutlich vor dem ersten dokumentierten Syrienzug der Ägypter von 616 v. Chr. zu datieren sein. Dazu kommt folgende Überlegung. Zefanja erwartet den Untergang Assurs und Ninives nach Zef 2,13–14 (s. dort) am wahrscheinlichsten von derselben Feindesmacht, die auch Juda und Jerusalem überrennen wird. Ein Ägypten, das zum offensichtlichen Helfer für Assyrien geworden ist, dürfte angesichts der massiven Untergangsdrohung gegen Assur schwerlich für Zefanja als Unheilswerkzeug JHWHs gegen die Philister in Betracht kommen. Wenn nun in Zef 2,4 auf die ägyptische Kriegsmacht angespielt ist und dieser Spruch relativ gleichzeitig zu 2,13–14 datiert, dann wird es sich um ein Ägypten handeln, das noch in klarer Gegnerschaft gegen Assur steht. Dies führt deutlich vor 616, eher vor 620 v. Chr.

---

[55] Vgl. die Babylonische Chronik nach *D. J. Wiseman* 1956, 54–65: B.M. 21901, Z. 10 ff., 61 ff., 66 ff.; *A. K. Grayson* 1975, 90–96: Chronicle 3; ANET 303b–304a und 305a; AOT 362–365; *A. Spalinger* 1977, 223–226; *H. J. Katzenstein* 1994, 39 f.

Zef 2,1–15: Drohung und Mahnung an das Volk von Juda

Doch Prophetie ist keine bloße Prognose. In Zef 2,4, wo so sehr das Bild der Vertreibung und Deportation vor Augen steht, verdichten sich Erfahrungen, die bereits der Nordstaat Israel nach 722, der Staat Juda um und nach 701 und ebenso die Philisterstädte im ausgehenden 8. Jh. machen mussten: Eroberung und Deportationen von Teilen der Bevölkerung zusammen mit Ansiedlung von Menschen aus ferneren Gebieten, die von Assur eingenommen worden waren (noch im 7. Jh. wurden im Gebiet des ehemaligen Nordstaats Israel fremdländische Bevölkerungselemente angesiedelt, vgl. Esra 4,2). Erst die Neuassyrer, später fortgeführt durch die Neubabylonier, haben das Kriegsinstrument der Deportationen zu einem System mit durchgeplanter Logistik ausgebaut (vgl. *J. Scharbert* 1988; *H. Spieckermann*, NBL I, Lfg. 3, [1990], 408 f.). Freilich waren Zwangsumsiedlungen auch den Ägyptern keineswegs fremd (*S. Ahitub*, New Documents Pertaining to Deportation as a Political System in Ancient Egypt: Beer Sheva 1 [1973] 87–89). Die Stadt Aschkelon hatte schon unter Pharao Merenptah Deportation (seiner Oberschicht) zu erleiden, wie die sog. Israelstele von 1208 v. Chr. ausweist: Z. 27 »Aschkelon ist fortgeholt und Gezer gepackt ...« (Übersetzung nach *E. Hornung*, Die Israelstele des Merenptah: ÄAT 5, Wiesbaden 1983, 232.224–233, vgl. TUAT I, 551.544–552; *M. Görg*, NBL II, Lfg. 7 [1992], 247–249).

Zef 2,4 schließt an die allzu gut bekannten Deportationspraktiken der Assyrer an und schreibt sie der Kriegsmacht zu, welche die Philisterstädte erobern wird: *Die Reihenfolge der Städte deutet auf einen Kriegszug der Ägypter – die Szenerie der Deportation eher auf die Praxis mesopotamischer Kriegsherrn (vgl. schon Zef 2,2 im emendierten Text)!* Tatsächlich sollten Stadtkönige der Philisterstädte und Teile der Bevölkerung dieses Schicksal unter dem Neubabylonier Nebukadnezzar II. erfahren.

Wie Gaza wohl schon seit 604/603 an die Babylonier gefallen war, so erscheint der König von Gaza zusammen mit jenem von Aschdod und anderen Königen aus dem Westen in einer Prismainschrift, die den Hofstaat Nebukadnezzars aufführt (ANET 308a; TUAT I, 406). Diese Könige werden alle das Schicksal des deportierten Königs Jojachin von Juda (597 v. Chr.) in Babel geteilt haben. Aschdod samt seinen Territorien wurde babylonische Provinz.

Der Untergang der Philister, insbesondere von Gaza und Aschkelon, den ein prophetischer Autor in Jer 47,2–7 (V 5.7) als Geschehen des »Tages« JHWHs über die Philister schildert, ist wahrscheinlich schon Widerhall und Deutung der Ereignisse. Im Dezember 604 v. Chr. erobert Nebukadnezzar Aschkelon, nimmt den Stadtkönig gefangen, macht reiche Beute und verwandelt die Stadt in einen Ruinenhügel (vgl. die babylonische Chronik nach *D. J. Wiseman* 1956, B.M. 21946 Obv. Z. 18–20; TGI 74; *A. K. Grayson* 1975, 100; *H. J. Katzenstein* 1994, 41). Die Abhängigkeit der Philisterstädte von Ägypten vor dem Eingreifen der Babylonier einerseits und ihre äußerst bedrängte Lage durch diese andererseits kommen klar in dem aramäischen Papyrus aus Sakkara bei Memfis aus den letzten Jahren des 7. Jhs., ca. 604/603 v. Chr., zum Ausdruck (TUAT I, 633 f.; vgl. KAI Nr. 266). Darin bittet der König von Ekron (so TUAT I, 633 f., nach *B. Porten*, BA 44, 1981, 36)

Eroberung Aschkelons

Teil II: Zefanja 2,1–3,8:

den Pharao Necho II., ihm gegen die herannahenden Truppen des babylonischen Königs beizustehen. Der Hilferuf verhallte ohne Antwort. Ekron wurde samt den Anlagen seiner berühmten Ölproduktion zerstört (*T. und M. Dothan* 1995, 268). Die kurzfristig neuerlangte Hegemonie der Ägypter über die Philisterstädte fand so durch die Babylonier ein gewaltsames Ende. Nicht nur die Stadtfürsten, sondern auch bedeutende Teile der Bevölkerung wurden deportiert. Eine Siedlung in der Gegend von Nippur im Süden Mesopotamiens wurde offensichtlich von Leuten aus Gaza gegründet (Ḫazatu, vgl. *H. J. Katzenstein* 1994, 46). Zumindest für die Regierungsjahre Nechos II. seit der schweren Niederlage von Karkemisch 605 v. Chr., aber wohl auch für die Zeit seines Nachfolgers Psammetich II. (595–589 v. Chr.) trifft im Blick auf Palästina die verallgemeinernde Bemerkung von 2 Kön 24,7 zu: »Der König von Ägypten aber zog nicht mehr (zum Krieg) aus seinem Land, denn der König von Babel hatte vom Grenzbach Ägyptens bis zum Eufrat alles genommen, was dem König von Ägypten gehört hatte.«

Situation und Sinn

Die Prophetie Zef 2,4 hat sich, wie gezeigt, im engeren geschichtlichen Horizont durch Ägypter und Neubabylonier erfüllt, wenn auch nicht ein für alle Mal. Noch Sach 9,5–6 aus den Jahren nach der Eroberung von Tyrus durch Alexander d.Gr. 332 v. Chr. enthält ein Wort gegen die Philisterstädte (vgl. dazu *K. Elliger* 144–148). Die Tatsache, dass sich diese »Erfüllung« geschichtlich in einem komplizierten längeren Widerstreit zweier Kriegsmächte vollzog, spricht über literarhistorische Erwägungen hinaus dafür, Zef 2,4 nicht als Rückblende, sondern als echte Prophetie in einer besonderen geschichtlichen Stunde zu verstehen.

Zef 2,4 gehört zu den primären Zefanjalogien und wird jedenfalls noch deutlich vor der ersten nachweisbaren kriegerischen Hilfe Ägyptens für das geschwächte Assur im Jahre 616 v. Chr. entstanden sein. Als ein Spruch, der gesprochen und gehört sein will! Nichts spricht dagegen, im literarischen Kontext des Zefanjaworts, in seiner Position nach den Worten über Juda und Jerusalem Zef 1,4–2,3* auch einen Widerhall der Entstehungssituation und des zeitlichen und sachlichen Orts der Kundgabe von 2,4 zu erkennen. Das hat Konsequenzen für das Verständnis des Spruchs und der eigenartigen Tatsache, dass darin nichts von einer Begründung des kommenden Unheils verlautet. Zef 2,4 ist nicht in einer fiktiven Redesituation auf die mehr oder weniger entfernten Philisterstädte hin adressiert und gesprochen – anders als der Form nach das Philisterwort von 2,5–6*. Der Spruch 2,4 zielt situativ auf judäische Hörer, die schon eine motivierte Gerichtsankündigung gegen

Zur Redesituation

Juda und vorab gegen Jerusalem vernommen haben, wie auch die Worte vom Tag JHWHs, der unausweichlich über Juda hereinbricht. Dann kann die nicht ausdrücklich motivierte Unheilsankündigung gegen die Philisterstädte für die judäischen Hörer eindringlich die Gewissheit, ja Unausweichlichkeit, mit welcher der Gerichtssturm über Juda kommen wird, unterstreichen. Gerade die befestigten Städte sind nach 1,16 das sichere Ziel des kriegerischen JHWH-Tags – zuerst in Juda, aber dann notwendig auch im benachbarten Philisterland. Der Sturm macht nicht in Juda Halt!

Aber die Philisterstädte sind nicht nur für ihre Befestigungen bekannt, sondern vor allem für ihre Handelsmacht. Sollte da von den (implizit) begründeten Drohungen gegen die Oberschichtskreise in Jerusalem und zumal gegen die reichen Leute in Jerusalems Neustadt und Altstadt her nicht auch in 2,4 diese Stoßrichtung gegen eine nur noch selbstgewisse Kommerzkultur der stolzen Städte im Philisterland mitzuhören sein?! Wenn zutrifft, was wir oben zu Ekron sagten, dass die einstmals größte Stätte der Olivenölproduktion in Vorderasien auch von Juda aus mit Tributleistungen an die Assyrer beliefert wurde, dann trifft die Unheilsankündigung gegen die Philisterstädte auch jene Weltmacht, deren Einflüsse in Juda und am Jerusalemer Hof (vgl. 1,4–5; 1,8–9) unverkennbar sind: die so lange Zeit gefürchtete assyrische Militärmacht und Herrschaft, die jedoch auch die Faszination der dominanten und überlegen scheinenden Kultur, Staatsmacht und staatlichen Religion ausübte. Sie ist ja über die Philister hinaus das Ziel des göttlichen Einschreitens nach Zef 2,12.13–14(15).

<small>Gegen Kommerzkultur?</small>

Von diesen Zusammenhängen her wird eine prophetische Ankündigung gegen die Philisterstädte gut verständlich. Dass die Stadtbevölkerungen mit Deportation bedroht werden, orientiert sich an bestens bekannten und hier vorausgesetzten militärpolitischen Gepflogenheiten vorab der Assyrer. Dies gilt auch, obwohl wir aus der Abfolge der Städte in Zef 2,4 in der Richtung von Süd nach Nord auf die Vorstellung eines feindlichen Einfalls von Ägypten her schließen können. W. Rudolph 280 sieht den Grund für die angekündigte Wegführung der Bevölkerung und damit für den Prophetenspruch 2,4 und ebenso auch 2,5–6 in der »Schuld« der Philister, die allein schon in ihrer Anwesenheit auf dem Boden Palästinas bestünde. Wird da Zefanja nicht zu einer Art Nationalpropheten, der dem Nachbarvolk die Existenz auf dem an Juda angrenzenden Territorium missgönnt? Zefanja sieht eine geschichtliche Umwälzung der Verhältnisse mit unausweichlicher Gewissheit kommen. Sie bricht über ganz Palästina herein, über Juda und die Philister. Nur für das dem Propheten ja besonders nahestehende Juda und Jerusalem, also für die situativen Hörer seines Wortes, bedarf es der Unheilsbegründung. Die sich für den Propheten abzeichnende Umwälzung wird aber entscheidend auch jene Weltmacht Assur treffen, die bislang die Vorherrschaft in ganz Palästina, über Juda und die Philister, ausübte. Auch wenn Zef 2,4 JHWH nicht erwähnt, ist es doch seine Hand (vgl. 1,4a; 2,13a),

Teil II: Zefanja 2,1–3,8:

die auch in der Geschichte der Philister nach seinem Plan wirkt – gegen jene, die JHWH kein Eingreifen zutrauen (vgl. 1,12).

In der Sicht der Tradenten Zefanjas, die seine Logien wohl noch vor der Katastrophe Jerusalems 586 v. Chr. zusammenstellten, war die Ankündigung von Zef 2,4 schon geschichtlich erfüllt. Dies trifft auch für jene Redaktoren zu, die die Völkerworte in der Exilszeit zu ihrem vorliegenden Umfang und ihrer jetzigen Anordnung ausgebaut haben. Erfüllte Prophetie bezeugt einen wirksamen Gott. Sie wird zur Mahnung für die je neue Gegenwart.

II.A.2.a.(2) Zef 2,5–6: Der Landstrich am Meer

Literatur *Zum Weheruf (vgl. Zef 3,1):* E. S. Gerstenberger, The Woe-Oracles of the Prophets: JBL 81 (1962) 249–263. – *Chr. Hardmeier* 1978, bes. 154 ff.256 ff. – *D. R. Hillers, Hôy and Hôy-Oracles: A Neglected Syntactic Aspect*, in: C. L. Meyers (Hrsg.), The Word of the Lord Shall Go Forth. FS *D. N. Freedman*: AASOR 1, Winona Lake, IN 1983, 185–188. – *W. Janzen*, Mourning Cry and Woe Oracle: BZAW 125, Berlin 1972. – *E. Jenni*, Art. הוֹי *hôj* wehe: THAT I (1971) 474–477. – *H.-J. Krause*, *hôj* als profetische Leichenklage über das eigene Volk im 8. Jahrhundert: ZAW 85 (1973) 15–46. – *A. Wagner*, Sprechakte und Sprechaktanalyse im Alten Testament. Untersuchungen im biblischen Hebräisch an der Nahstelle zwischen Handlungsebene und Grammatik: BZAW 253, Berlin u. a. 1997, 300–307. – *G. Wanke*, אוֹי und הוֹי: ZAW 78 (1966) 215–218. – *H.-W. Wolff*, Dodekapropheton 2: Joel und Amos: BHK XIV/2, Neukirchen-Vluyn ²1985, 284–287. – *H.-J. Zobel*, Art. הוֹי *hôj*: ThWAT II (1977) 382–388.

Zu 2,5–6 vgl. auch Literatur zu Zef 2,4, außerdem: *J. A. Bewer* 1908 (vgl. Literatur zu Zef 2,1–3). – *M. Bietak*, The Sea Peoples and the End of the Egyptian Administration in Canaan, in: A. Biram / J. Aviram (Hrsg.), Biblical Archaeology Today 1990, Jerusalem 1993, 292–306. – *M. Delcor*, Les Kerethim et les Cretois: VT 28 (1978) 409–422. – *R. Drews*, Canaanites and Philistines: JSOT 81 (1998) 39–61. – *K. Engelken*, Kanaan als nicht territorialer Terminus: BN 52 (1990) 47–63. – *I. Finkelstein*, The Date of the Settlement of the Philistines in Canaan: Tel Aviv 22 (1995) 213–239. – *M. Görg*, Art. Seevölker: NBL III, Lfg. 13 (1999), 551–552. – *J. S. Kselman*, A Note on Jer 49,20 and Ze 2,6–7: CBQ 32 (1970) 579–581.

Text

Übersetzung 5 a IA   Wehe, Bewohner des Landstrichs am Meer,
                   IB   Volk der Kereter!
             b   ⟨Das Wort JHWHs über euch!⟩
             c IIA   ⟨Kanaan,⟩ Land der Philister,
                   IIB   ich werde dich zugrunde richten, bewohnerlos!

6   IA   [Du wirst] ⟨der Landstrich am Meer⟩ zu Weideplätzen ⟨Auen⟩
             fürHirten werden
    IB   und zu Hürden für Kleinvieh!

5a: Die Interjektion הוֹי »wehe!« verbindet sich hier (wie auch in Zef 3,1) mit dem Vokativ. Darauf weist auch die Anrede an die 2. ps.m.pl. in Satz 5b (wenngleich literarisch sekundär, s. u.) und die Anrede an die 2. ps.f.sg. in Satz 5c und wahrscheinlich auch in V 6. Zur Syntax von הוֹי + Nominalgruppe als Vokativ in zahlreichen Fällen des prophetischen Weherufs vgl. *D. R. Hillers* 1983, 185–188. Gegen den ›dativischen‹ Übersetzungstyp für הוֹי + Nomen, etwa bei *K. Seybold* 105 (»Wehe den Bewohnern des Küstenstrichs …«), vgl. auch *C. Hardmeier* 1978, 188 ff. חבל הים bezeichnet ein Territorium, den »Küstenstreifen«, wie aus dem parallelen »Land der Philister« 5c und aus V 6 hervorgeht. Bestätigt wird dies durch die Zuordnung der Philister und Kereter zur »Meeresküste«, wie Ez 25,16 mit dem synonymen Ausdruck חוֹף הים formuliert, entsprechend Jer 47,7! Damit erübrigt sich die ansonsten mögliche Deutung von ישבי חבל הים als »Bürger des Meerbunds«, d. h. der Konföderation der Philisterstädte, die *L. Sabottka* 1972, 73, nach *H. Cazelles* vorschlägt, vgl. dazu auch *M. Delcor* 1978, 413 f.

Mit גוי כרתים »Volk der Kereter« taten sich die meisten alten Versionen schwer. LXX πάροικοι Κρητῶν »Ansiedler von Kretern« (MT גוי »Volk« ist zu גרי »Fremdlinge, Ansiedler« verlesen) denkt sicher an Abkömmlinge von der Insel Kreta, entsprechend auch Syr ʿmʾ d-qrṭʾ »Volk von Kreta«; ebenso übersetzen LXX und Syr auch in Ez 25,16. Alle anderen Versionen wählen Formen der Basis כרת »ausrotten, vernichten«: das Prophetentargum »Volk, das verdient, vernichtet zu werden«, Aquila und Quinta ἔθνος ὀλέθριον »verderbliches / unseliges Volk«, Symmachus »verdorbenes, vernichtenswertes Volk« (ὀλεθρευόμενον), Theodotion »Volk des Verderbens« (ὀλεθρίας). Vgl. *F. Field*, Origenis Hexaplorum quae supersunt II, 1875, S. 1013. Hieronymus, Comm. z. St., führt die genannten Textzeugen auf und übersetzt hier wie in Vg »gens perditorum«, nach seiner Lesung des hebräischen Textes als »goi chorethim« im aktiven Sinn verstanden als »Volk der Verderber«. MT »Volk der *KRTYM*« setzt einen wie auch immer gearteten Zusammenhang philistäischer Bevölkerung mit der Insel Kreta voraus, wie dies auch LXX und Syr für Zef 2,5.6 bezeugen (s. Auslegung).

Der Satz 5b und »Kanaan« 5c sind Zusätze, vgl. die Analyse.

5c: Die »Philister« des MT werden in LXX außerhalb der Bücher von Genesis bis Josua gewöhnlich wie auch hier als ἀλλόφυλοι »Fremdstämmige« wiedergegeben und qualifiziert.

6: V 6 stellt vor gewichtige Textprobleme. MT: »Der Landstrich am Meer wird zu Weideplätzen von Widdern / Lämmern (כר I?) / Auen (כר II?) von Hirten werden und zu Pferchen für Kleinvieh.« Für die schwierige fem. Pluralform כְּרֹת im st. cs. wurde auch eine Ableitung von כרה I »aushöhlen« vorgeschlagen, daher »Gruben«, z. B. *J. S. Kselman* 1970, 581 Anm. 13. LXX »und Kreta (Κρήτη) wird eine Weide von Herden (νομὴ ποιμνίων) sein …« bezeugt nicht den »Landstrich am Meer« des MT, deutet כרת als »Kreta« – kaum unmittelbar die Mittelmeerinsel, eher im Sinne von ›philistäisches Kreterland‹ – und versteht HT רעים intransitiv von den weidenden Herden statt von den Hirten. Vg bzw. Hieronymus »et erit funiculus maris requies pastorum …« bietet zwar den »Landstrich am Meer« des MT, bezeugt aber כרת nicht, vielmehr ist נות »Auen, Weideplätze« zu נוח im Sinne von ›requies‹

Zu Text und Übersetzung

Teil II: Zefanja 2,1–3,8:

verlesen. Da חבל »Seil, Anteil, Landstrich« wie auch in Zef 2,7a sonst stets maskulin konstruiert wird, dürfte »der Landstrich am Meer« in V 6 falsch eingesetzte Korrektur zu bloßem חבל in V 7 sein. כרת ist wohl fehlerhafte Variante von נות, beeinflusst von den »Keretern« in V 5a. Dann empfiehlt sich mit BHS die häufig akzeptierte Lesung והית (2. ps.f.sg.), welche die Anrede an das Philisterland von V 5c her weiterführt.

Analyse

Zur Abgrenzung der Einheit
Der Weheruf הוי in Satz 5a eröffnet nach dem kompakten Spruch Zef 2,4 eine neue literarische Einheit. Doch wo endet sie? Eindeutig setzt die Gottesrede über Moab und die Ammoniter in 2,8 neu ein. Allerdings trägt schon V 7 alle Zeichen einer Nachinterpretation: (1.) Die Gottesrede in 1. Person 2,5 und 6 wechselt mit V 7, explizit in 7d–e, zur Rede von JHWH in 3. Person. (2.) Unerwartet führt V 7 einen neuen Personenkreis ein, den »Rest des Hauses Juda«. Inhaltlich schlägt die Unheilsansage an das Philisterland in eine Verheißung für den Rest Judas um, die im Vorausgehenden keinen Anknüpfungspunkt hat. (3.) Satz 5c schließt »Bewohner« des Philisterlandes für die Zukunft aus, V 6 rechnet nur noch mit Hirten und ihren Kleinviehherden. V 7 jedoch nimmt das Bild von Hirten und Herde metaphorisch auf. »Der Rest des Hauses Juda« ist es nun, der wie eine Herde »weidet« (רעה intransitiv) 7b und »sich lagert« (רבץ) 7c. Dann liegt aber kein Bild der Verödung und kümmerlicher Lebensverhältnisse vor wie in 5c und 6, vielmehr stellt die Metapher vom Weiden und Sich-Lagern wie in Zef 3,13d–e eine friedliche Teilhabe am Wohlstand, ein ruhiges, gesichertes Leben ohne Mangel vor. Entsprechendes bezeichnet die Parallele »weiden« und »sich lagern« in den Metaphern von Jes 14,30; Ez 34,14.15. Es führt kein Weg an der Feststellung vorbei, dass V 7 ein Zusatz zu V 5–6 ist. Anders als das Weidebild von Zef 3,13 legt 2,7 alles Gewicht auf die Inbesitznahme fremden Landes durch den aus der kriegerischen Katastrophe hervorgegangenen »Rest« des Staatsvolkes von Juda. Nicht selten wird ein Teil von V 7, die Sätze 7b–c, als primärer Abschluss der Einheit Zef 2,5–6 betrachtet. Doch es ergeben sich Schwierigkeiten. V 7 wird insgesamt Zusatz sein, siehe dazu unten in der Analyse von Zef 2,7!

Zef 2,5–6 ist literarisch nicht einheitlich. Mit gutem Grund werden die Gotteswortformel 5b einerseits und der Landesname »Kanaan« im Vokativ von 5c andererseits häufig als Zusätze interpretiert (vgl. BHS z. St.). In V 5 bedingt der parenthetische Satz 5b »das Wort JHWHs (ergeht) über euch!« oder »Wort JHWHs über euch (ist dies)!« einen Wechsel von Prophetenrede 5a zur Gottesrede 5c. Ohne die Gotteswortformel 5b jedoch kann das Unheilswort V 5–6 einheitlich als Gottesrede verstanden werden (wie z. B. die Weheworte in Gottesrede Jer 23,1; Ez 34,2). Die Gotteswortformel – überschriftartig ähnlich noch in Sach 12,1 belegt – könnte von der deuteronomistisch geprägten Prophetenbuchredaktion stammen, der wir die Überschrift Zef 1,1 verdanken (»Wort JHWHs ...«). Während diese aber sämtliche Texte der Zefanjaschrift als Gotteswort deklariert, will 2,5b die Sätze 5c–6 und nach dem vorliegenden Zusammenhang auch die Verheißung V 7 als Wort JHWHs hervorheben. Genauer noch sichert 5b für Leser und Hörer, welche die geschichtlich-geographischen Zusammenhänge nicht mehr recht kennen, die Tatsache, dass sich das

Zef 2,1–15: Drohung und Mahnung an das Volk von Juda

göttliche Vernichtungswort gegen »(Kanaan,) das Land der Philister« 5c auf »das Volk der Kereter« 5a bezieht: »Über« bzw. »gegen euch« ergeht das folgende Wort JHWHs! Dies setzt voraus, dass möglicherweise »Kereter« und »Philister« in der Sicht des Bearbeiters von 5b nicht mehr ohne weiteres als austauschbare, im Wesentlichen sachidentische Bezeichnungen verstanden werden können. Eine solche Klarstellung des Zusammenhangs von Gottesrede 5c und Weheruf 5a konnte besonders dann notwendig erscheinen, wenn die Anrede an »das Land der Philister« schon durch »Kanaan« erweitert worden ist. Denn durch diese Erweiterung erhält 5c gegenüber 5a – noch über den Unterschied der angesprochenen personalen bzw. personalisierten Größen hinaus (2. ps.m.pl. 5a / 2. ps.f.sg. 5c) – größeres Eigengewicht. Ez 25,16, die einzige weitere Stelle, die den Plural »Kereter« neben den »Philistern« und dazu noch die Verbform והאבדתי »ich werde vernichten« wie Zef 2,5c bezeugt, lässt den sachlichen Zusammenhang, aber auch eine Differenz zwischen den beiden pluralisch bezeichneten Volksgrößen erkennen. Die »Kereter« erscheinen hier als der weniger umfassende Terminus gegenüber dem zuvor genannten Oberbegriff »Philister« bzw. sachlich als eine markante Gruppe der Philister, die freilich pars pro toto stehen kann. Gleichwohl lässt sich »das Volk der Kereter« Zef 2,5a zusammen mit den Sätzen 5b–c nicht als freies Zitat von Ez 25,16 erweisen, wie dies *A. S. van der Woude* (1985, 116) annimmt.

Gegen die These, Satz 5b sei als direkte Anrede an »die exilierten Leser« und als Bekräftigung der Heilszusage V 7 zu verstehen, so *M. Striek* (1999, 150), spricht der unzweideutige Rückbezug des enklitischen Personalpronomens der 2. Person Plural (»über euch«) auf die beiden Vokative von 5a.

Die appositionelle Bezeichnung des Philisterlandes als »Kanaan« in Zef 2,5c ist im Alten Testament singulär. Der Name Kanaan wird für das westliche Jordanland oder ganz Palästina verwendet; so können auch einmal die fünf Philisterstädte zum Kanaanitergebiet gerechnet werden (Jos 13,3). Als Land an der Meeresküste wird sonst nur Phönizien als »Kanaan« benannt (Jes 23,11 im Kontext 23,1–18; vgl. Jos 5,1; Num 13,29). Die Peschitta-Version löst die ganz ungewöhnliche sprachliche Identifizierung von Kanaan und Philisterland dadurch auf, dass sie beide Größen durch *w*- »und« koordiniert. Für »Kanaan« Zef 2,5 wurden umdeutende oder textverändernde Vorschläge gemacht (nicht selten wird אכנעך »ich will dich erniedrigen« konjiziert, z. B. *W. Rudolph* 275.277 Anm. 5c). Einfacher erklärt sich »Kanaan« als Zusatz (vgl. BHS z. St.). Zwei Aspekte dürften für seinen Eintrag bestimmend sein. Zum einen kann der Zusatz das Philisterland als ›Krämerland‹ charakterisieren. Damit schließt das Wort an »das Kanaans-Volk« in Zef 1,11b als ›Händler-Volk‹ an und blickt zugleich auf die als Handelsstädte bekannten Philisterstädte von 2,4 zurück. Zum anderen aber weitet »Kanaan« den geographischen Horizont auf den gesamten »Küstenstrich« (5a) aus, insbesondere auf die für ihre Handelsmacht berühmten phönizischen Küstenstädte, vgl. Jes 23,11–12. Dann ist der Zusatz durchaus im Sinne von Jer 47,4 und dem späten Nachtrag Joel 4,4–8 zu verstehen, Texte, in denen die Philister als Helfershelfer der phönizischen Städte Tyrus und Sidon erscheinen und Philistern wie Phöniziern Gericht und Vernichtung angesagt werden (zur Frage der Datierung vgl. die Auslegung).

Ohne die genannten Zusätze lässt sich Zef 2,5–6 als kohärent verstehen. Die Annahme einer weitergehenden Bearbeitung (*K. Seybold*, Satirische Prophetie 1985, 47.111; *P. Weimar* 1997, 739f.) scheint mir kolometrisch und sachlich nicht plausibel. Auch die Differenz zwischen der Anrede an die 2. ps.m.pl. im Weheruf 5a (Be-

Teil II: Zefanja 2,1–3,8:

wohner) und der Anrede an die 2. ps.f.sg. in 5c (Land) ist struktural und funktional kein hinreichendes Argument gegen die Einheitlichkeit des Textes.

Struktur   Die Beobachtungen zur Textkritik und zur Frage der Einheitlichkeit von Zef 2,5–6 führen zu einer primären Textgestalt. Sie ist kolometrisch ausgewogen. Die poetischen Verszeilen bilden wie in 2,4 »Fünfer« (3+2 Hebungen) als »Qinaverse«, die an den Rhythmus der Klagelieder anschließen. Auch die Verszeile 5 II könnte im üblichen Schema von 3+2 Hebungen gelesen werden, so dass מאן יושב »ohne einen Bewohner« betont als kürzeres Kolon 5 IIB am Ende der Zeile steht (vgl. Zef 3,6, ferner Jes 5,9; 6,11; 4,7; 9,10; 51,29). Doch kann sich das seltenere 2+3-Schema in Verszeile 5 II durch die Emphase erklären, die der Vokativ »Land der Philister!« setzt. Das »Wehe«, das über die in der 2. ps.m.pl. direkt angesprochenen »Bewohner des Landstrichs am Meer« als »Volk der Kereter« in 5a ausgerufen ist, wirkt jedenfalls – über die sekundäre Gotteswortformel 5b hinweg – im Primärtext auch auf den Vokativ »Land der Philister!« als Anrede an die 2. ps.f.sg. weiter. So fungiert der letztere Vokativ als Bindeglied zwischen dem einleitenden Weheruf 5a und der Unheilsankündigung 5c–6*.

Zef 2,5–6 ist in seinen drei Verszeilen auch funktional dreiteilig aufgebaut. Jedoch sind die drei Elemente im Schema von Thema (Weheruf) und Ausführung (Unheilsankündigung) einander zugeordnet. Die Unheilsankündigung expliziert das drohende Potential des Werufs: 5a / 5c–6. Eine Übersicht kann den Aufbau des Primärtextes verdeutlichen:

1. Weheruf 5a (Thema):
    הוי »Wehe« + Vokative: »**Bewohner** des *Landstrichs am Meer!*«
                              »**Volk der Kereter!**«

2. Unheilsankündigung 5c–6 (Ausführung):
    a. Göttliches Eingreifen und seine Folge 5c:
        ↳ Vokativ: »*Land der* **Philister!**«
        ↓ Eingreifen: Kulturland vernichtet
           Folge: »bewohnerlos«
    b. Explikation der Folge V 6: Weideland für Hirten mit
                                   Kleinviehherden

Die Strukturmerkmale führen auf Textsorten und näherhin auf Redegattungen mit einem spezifischen soziokulturellen Hintergrund.

Prophetischer   Die Interjektion הוי »wehe!« begegnet nur in prophetischen Büchern (ausgenommen
Weheruf   1 Kön 13,30). Die wenigen spätprophetischen Belege, in denen הוי nur noch als allgemeiner auffordernder Ausruf begegnet, können hier außer Betracht bleiben (so sicher in Jes 55,1; Sach 2,10.11, kaum jedoch in Jes 17,12; 18,1; Jer 47,6). Die Interjektion steht im MT als Weheruf wortbezogen unmittelbar vor substantiviertem Partizip (23mal: Jes 5,8.11.18.20; 10,1; 29,15; 31,1; 33,1; 45,9.10; Jer 22,13; 23,1; Ez 34,2; Am 5,18; Mi 2,1; Hab 2,6.9.12.15.19; Zef 2,5; 3,1; Sach 11,17), vor Substantiv (14mal: 1 Kön 13,30; Jes 1,4; 5,22; 17,12; 18,1; 28,1; 30,1; Jer 22,18 [4mal]; 34,5; 47,6; Nah 3,1), vor einem Eigennamen (Jes 10,5; 29,1; Jer 48,1), vor einem substantivier-

ten Adjektiv (Jes 5,21; Am 6,1, jeweils fortgeführt durch Partizip). Nur vier Mal folgt auf הוֹי eine Präposition (Jer 48,1; 50,27; Ez 13,3.18), wie sie für אוֹי »wehe, ach!« als primärem Angstruf, der aber auch etwa als Warnung und Drohung gebraucht werden kann, charakteristisch ist. Wenige Male wirkt הוֹי als selbständige Interjektion auf einen nachfolgenden Satz (Jes 1,24; Jer 30,7, doch vgl. BHS z. St.). הוֹי + Nominalgruppe versteht sich als in 2. Person anredender oder in 3. Person beschreibender Ausruf, nicht struktural satzhaft, auch nicht als elliptischer Satz im Sinne der beliebten ›dativischen‹ Übersetzung »Wehe dem ...«, wohl aber kommunikativ (pragmatisch) als Satzäquivalent.

Die auf הוֹי folgende Nominalgruppe enthält in den prophetischen Weherufen in aller Regel eine Anklage, eine negative Qualifizierung von Sein und Verhalten dessen, an den sich das »Wehe« richtet oder von dem es handelt, so auch in Zef 3,1. Anders jedoch in Zef 2,5–6. Der anredende Ausruf mit seinen appositiven Vokativen drückt keinen Vorwurf aus. Es lässt sich auch keine »Schuld« der Philister heraushören, die in ihrer bloßen Anwesenheit auf dem Boden Palästinas läge (gegen W. Rudolph 280, s. o. zu Zef 2,4). Der Spruch Zef 2,5–6 legt wie auch das Wehewort Jes 29,1–3 (bzw. 1–7*) alles Gewicht auf die Unheilsankündigung in der 1. Person der Gottesrede, ohne diese explizit durch ein anklagendes Element zu begründen.[56] Die gattungskritische Eigenständigkeit des Wehespruchs ist gleichwohl auch noch in Zef 2,5–6 erkennbar. Das »Wehe« richtet sich primär an die »Bewohner ...« als »Volk« 5a, die göttliche Unheilsankündigung in 5c–6 an das »Land« (im femininen Singular), auch wenn das »Wehe« kontextsemantisch auf das »Land« weiterwirkt. Somit verweist Zef 2,5–6 auf die strukturtypische Zweiteilung von Wehewort als Begründung und Unheilsankündigung, wie sie für eine ganze Reihe begründeter prophetischer Unheilsansagen, die von einem Wehewort als Teiltext ausgehen, charakteristisch ist (z. B. Jes 5,8–10.11–13.20–24*; 10,1–3; auch schon Am 5,18–20; 6,1–7*, usw.).

Zef 2,5–6 wie auch 3,1–5* setzt schon einen prophetischen Gebrauch des Weheworts voraus. Doch die Propheten haben ihrerseits die Redeform des Weherufs als geprägten Totenklageruf übernommen, vgl. jeweils mit Vokativ 1 Kön 13,30; Jer 22,18 (4mal); 34,5; dazu besonders noch Am 5,16! Dies hat die exegetische Forschung zu den prophetischen Weherufen in den letzten Jahrzehnten überzeugend herausgestellt. Herleitungen des Weherufs von anderen soziokulturellen Zusammenhängen wie etwa von dem aus der Rechtspraxis stammenden (rituellen) Fluchworten bzw. den Vertragsflüchen (z. B. C. Westermann, Grundformen prophetischer Rede, München ⁵1978, 140–142.137 ff.) oder auch eine Vermittlung des prophetischen Gebrauchs durch warnende Weheworte aus der älteren pädagogischen Sippenweisheit (E. Gerstenberger 1962, 258ff.249–263; H. W. Wolff, BK XIV/2 [²1985], 284–287) haben demgegenüber an Bedeutung verloren. Resümierend zur Exegese der prophetischen Weheworte vgl. E. Jenni 1971, 474–477; H.-J. Zobel 1977, 382–388; besonders W. Janzen 1972; H.-J. Krause 1973; C. Hardmeier 1978, bes. 222–255.256 ff., der zeigt, dass die Propheten nicht nur auf ein Element der Trauermeta-

---

[56] Nach G. Wanke 1966, 218.215–218, führen von 35 prophetischen Weheworten 33 ein »Scheltwort« ein, nur Zef 2,5 und Jes 29,1 ausschließlich ein »Drohwort«. Allerdings prangert schon das Wehewort Am 5,18–20 ein Verhalten, d. h. das Verlangen nach dem JHWH-Tag, an, ohne dieses als »Begründung« für das kommende unheilvolle Dunkel des JHWH-Tags zu markieren. Indirekt ist gleichwohl eine Anklage vorausgesetzt, da das genannte Verlangen die vorausgesetzte eigene Schuld der Adressaten nicht wahrnimmt.

Auslegung

Zef 2,5–6 erweitert und steigert die Unheilsansage gegen die Philister gegenüber dem Spruch Zef 2,4. Über die großen Philisterstädte hinaus werden nun Volk und Land der Philister insgesamt bedroht. Aus dem Prophetenwort V 4 wird in V 5–6 direktes Gotteswort, das im Primärtext auch 5a umfasst. Die sprachliche Form der Ankündigung V 4 verdichtet sich in V 5–6 im Weheruf, der in eine Ankündigung mündet.

Der prophetische Weheruf, der sich an einen im Vokativ genannten 5a Adressaten richtet, assoziiert den Ruf der Totenklage (s.o.). Wie ein Trauernder erhebt der prophetische Sprecher, im Primärtext die Gottesrede selbst, Klage, jedoch nicht über einen Toten, sondern über sehr lebendige Menschen, das ganze Volk und korrelativ dazu das Land der Philister. Der prophetischen Verfremdung des Rufes der Leichenklage, zuerst bei Amos festzustellen (Am 5,18–20; 6,1–7*, vgl. 5,16–17, auch 5,1–3), geht es weniger um eine »Parodie« (A. Wagner 1997, 304) eines bekannten Trauerbrauchs, vielmehr verdichtet das Wehewort die Gewissheit des kommenden Unheils. Es vermittelt den Eindruck, der Adressat sei schon hier und jetzt zu beklagen: Wie man um einen Toten trauert, so unausweichlich sicher wird die unerwartete Katastrophe hereinbrechen (vgl. auch W. Janzen 1972, 48.61 f.84.81–83). Das Wehewort spricht mit einem großen düsteren Ernst. Es evoziert mit unüberhörbarer Wucht tödliche Bedrängnis, wo Menschen nicht an Untergang denken. Der Unterschied in Tonlage und Sprechhandlungscharakter gegenüber der spöttischen Leichenklage in Zef 2,15 (»Wie«-Klage 15d) ist in Zef 2,5–6 und 3,1–4 unverkennbar. Der Weheruf Zef 2,5 steht nicht isoliert. Seine textliche Funktion ist hier, wie oft, an der nachfolgenden Unheilsankündigung ablesbar. Es handelt sich streng genommen nicht um eine »Drohung«, insofern diese auf einen Adressaten einwirken, ihn zu einem bestimmten Handeln oder Verhalten bringen will. Davon kann nach der eindeutigen Handlungsankündigung der Gottesrede in 5c keine Rede sein. Es ist eben jene unausweichliche Sicherheit des angekündigten Untergangs, die der prophetische Weheruf zu Gehör bringt. Er lässt an der Unbedingtheit der nachfolgenden Ankündigung keinen Zweifel und gibt ihr mit seinen Assoziationen des Totenklageritus einen düsteren unheimlichen Ton.

Landstrich am Meer   In fortschreitender Präzisierung nennt V 5 »die Bewohner des Landstrichs am Meer« – »das Volk der Kereter« – »(die) Philister«. Ihr »Land«

Zef 2,1–15: Drohung und Mahnung an das Volk von Juda

(ארץ) 5c wird im MT nur in Zef 2,5a.6(7) חבל הים »Landstrich am Meer« genannt. חבל bedeutet »Strick, Schnur«, aber auch die Messleine und das »Landlos« bzw. den zugemessenen »Landanteil« (z. B. Jos 17,5.14; 19,9; Dtn 32,9; Ps 78,55; 105,11). Von daher lässt sich eine erweiterte Bedeutung »Landstrich« bzw. »Gegend, Landschaft« annehmen, wie sie in Zef 2,5 (und MT 2,6 sowie primär auch in 2,7) vorliegt, aber wahrscheinlich auch in Dtn 3,4.13.14; 1 Kön 4,13 für »die Gegend / den Landstrich von Argob« (so z. B. Gesenius[18] 319a Nr. 3c; zur fraglichen Bedeutung »Bund« s. o. zur Übersetzung). Für den »Landstrich« von Zef 2,5 steht in Jer 47,7 und Ez 25,16 חוף הים »die Küste des Meeres« als Bezeichnung des Wohnlands der Philister. Diese Wortverbindung kann sich allerdings auf das gesamte palästinische Mittelmeerufer beziehen, vom Philisterland im Süden bis zu den Phöniziern und zum Libanon im Norden (Dtn 1,7; Jos 9,1; auch Gen 49,13; Ri 5,17). Demgegenüber scheint der חבל הים in Zef 2,5 mit Bedacht gewählt, um den bewohnbaren und fruchtbaren schmalen »Küstenstreifen« zu bezeichnen und dabei die Konnotation »zugemessener Landanteil« anklingen zu lassen. Dann könnte in dieser ungewöhnlichen Bezeichnung des Philisterlandes ein leiser Hinweis darauf liegen, dass auch den Philistern wie einst den Stämmen Israels (s. o. Jos 17,5 usw.) ihr Siedlungsgebiet als Landanteil zugewiesen wurde (vgl. bes. Am 9,7, wonach JHWH die Philister von Kaftor »heraufgeführt« hat, s. u.). Erst der Nachtrag 2,7, nicht aber 2,5–6!, lässt den Anspruch erkennen, dass dieser »Landanteil« am Meer eigentlich dem JHWH-Volk bzw. Juda gehören sollte. Trifft die besagte Konnotation zu, so setzt schon die Bezeichnung des Philisterlandes als חבל »Landstrich / zugemessener Landanteil« in 2,5 voraus, dass die Philister ihr Wohngebiet nicht immer schon besessen haben. Zugeteilt aber wurde es ihnen, so lässt sich folgern, nur von dem Gott, der jetzt dem Land den Ruin, das künftige Fehlen von Bewohnern ankündigt!

Auf die ursprüngliche Fremdheit der Philister in Palästina, ihre fremde Herkunft, deutet in der Tat der Vokativ »Volk der Kereter« als appositive Erläuterung zu den »Bewohnern des Landstrichs am Meer« hin. Der Plural כרתים »(die) Kereter« begegnet nur noch in der Gerichtsankündigung von Ez 25,16 und versteht sich dort klar als die konkretere und engere Bezeichnung gegenüber dem umfassenderen Terminus »Philister« (s. o. Literarkritik). In Zef 2,5 wird »Kereter« als die seltenere Volksbezeichnung durch die nachfolgenden »Philister« in seinem Bedeutungsumfang gesichert und kontextuell als Synonym dazu gebraucht. Nach 1 Sam 30,14 gab es in der Zeit Davids eine Volksgruppe von »Keretern« (הכרתי »der Kereter«, kollektiv verstanden) im Negeb, dem Südland Palästinas, an dem auch Juda (1 Sam 27,10, u. a.), die Keniter, Kalebiter u. a. Anteil hatten. Im Übrigen sind die Kereter nur noch in der sprichwörtlich gewordenen Wortverbindung הכרתי והפלתי »Kereter und Peleter« bzw. »Kreti und Pleti« als Bezeichnung der Leibgarde Davids aus ausländischen Söldnern belegt (»Peleter« ist wohl

Kereter / Philister

nur Variante von »Philister«, die Lautgleichklang ähnlich wie in 1 Chr 7,12 herstellt, vgl. 2 Sam 8,18; 15,18; 20,7.23 Qre; 1 Kön 1,38.44; 1 Chr 18,17). Die biblischen Belege lassen die sachliche Nähe und Entsprechung wie auch eine Differenz zwischen den Keretern und den Philistern erkennen. Sie sprechen dafür, in den Keretern eine besondere ethnische Gruppe unter den Philistern zu erkennen (vgl. M. Delcor 1978, 414.421.409–422). Möglicherweise handelt es sich ursprünglich um eine separate Volksgruppe ägäischer Herkunft, die in der vorexilischen Königszeit Israels in die Gesamtbezeichnung »Philister« integriert wurde und endlich (fast) austauschbar mit diesen in Zef 2,5 und Ez 25,16 auftreten konnte. Dann ist der Name in Zef 2,5a jedenfalls pars pro toto gebraucht. Wahrscheinlicher noch bezeichnet hier »das Volk der Kereter« als der merkmalhafte, textlich synonyme Ausdruck die Philister nachdrücklich unter dem Blickwinkel ihrer fremdländischen Herkunft.

Bezug zu Kreta Gute Gründe sprechen dafür, dass die LXX (und Syr) in Zef 2,5.6 und Ez 25,16 mit ihrer Interpretation der כרתים als »Kreter« (Κρῆτες) eine alte Tradition von einer Verbindung der so Bezeichneten mit der Insel Kreta widerspiegelt (vgl. M. Delcor 1978, 414–418). Ein wie auch immer begrenztes Wissen von der Mittelmeerinsel Kreta, vermittelt etwa durch phönizische Händler in der Zeit der assyrischen Vorherrschaft über Syrien und Palästina, aber auch durch philistäische Überlieferung selbst, dürfen wir bei Gebildeten im Juda des 7. Jh. v. Chr. voraussetzen (vgl. R. Drews 1998, 41 f. mit Anm. 7). Jer 47,4 in dem Prophetenwort gegen die Philister 47,(1.2a)2b–7, wahrscheinlich bald nach 600 v. Chr. entstanden, nennt die Philister »den Rest / die Letzten von der Insel Kaftor«. Nach Am 9,7 hat JHWH die Philister von Kaftor »heraufgeführt«, nicht weniger als Israel von Ägypten – einer der härtesten Angriffe auf einen selbstgewissen Glauben an Israels Erwählung, die Schutz vor Unheil garantieren soll. Freilich geben diese Texte keine historisch verifizierte Information, sondern spiegeln eine geschichtlich-geographische Sicht von der Herkunft eines Nachbarvolks in Israel wider. »Kaftor« (ugaritisch *kptr*, akkadisch *kaptara*, ägyptisch *kftjw*) bzw. die »Kaftoriter« (Gen 10,14; Dtn 2,23; 1 Chr 1,12 entsprechend MT Gen 10,14, jedoch ist eine Abstammung der Philister von den »Kasluhitern« textlich kaum primär, vgl. BHS zur Gen-Stelle) bezeichnet biblisch den Herkunftsraum der Philister. »Kaftor« ist am wahrscheinlichsten auf Kreta zu beziehen (vgl. z. B. M. *Görg*, NBL II, Lfg. 9 [1994], 544–546), nicht auf das kleinasiatische »Kappadozien« (so die alten Versionen zu Am 9,7, meist auch zu Jer 47,4). Allerdings könnte »Kaftor« aus der Sicht von Judäern in spätvorexilischer Zeit auch einen weiteren ägäischen Raum umfassen, möglicherweise, aber weniger wahrscheinlich auch Zypern, da dieses im 7. Jh. »Land der Kittäer« genannt werden konnte (Jes 23,1, vgl. V 12; Ez 27,6; Num 24,24; in Jer 2,10 scheint jedoch an die griechische Inselwelt im weiteren Sinne gedacht zu sein; vgl. H. *Wildberger*, BK X/2 [1978], 865 f.864–871).[57]

---

[57] Vgl. resümierend M. Delcor 1966, 1255–1260(1252–1260); T. Dothan / S. Gitin, Philistines: OEANE 4, 1997, 310–313; M. Görg 1997, 141–143; T. Dothan 1982, bes. 21–23; dies. 1995; M. und T. Dothan 1995; C. S. Ehrlich 1996; R. Drews 1998; T. Schneider, LingAeg 6, 1999, 203–210, zu O. Margalith. Zur Datierung der Ansiedlung in Kanaan vgl. besonders I. Finkel-

Das in Israel / Juda tradierte Wissen von der Fremdheit der (unbeschnittenen) »Kereter« und »Philister« auf dem Boden Palästinas, verstärkt durch die traditionellen wechselseitigen Feindseligkeiten seit der vorstaatlichen und der frühstaatlichen Zeit Israels, ist in Zef 2,5 vorausgesetzt. Es schlägt sich noch in der LXX-Übersetzung des Namens »Philister« als ἀλλόφυλοι »Fremdstämmige, Ausländer« nieder. Die späteren antiken Versionen (ausgenommen Syr) denken bei den »Keretern« nicht mehr an Kreta wie die LXX, sondern bringen ihre negative Sicht der Küstenbewohner durch Übertragungen zum Ausdruck, die sich von der hebräischen Basis כרת »vernichten« ableiten (s. o. zum Text).

5b   Die Gotteswortformel in 5b hat kontextuell am ehesten den Sinn: ›Das Folgende ist JHWHs Wort über euch‹. Sie konzentriert die explizite Gottesrede auf V 5c und 6. Wahrscheinlich soll auch V 7, mindestens 7a–c, ausdrücklich als Verheißung für den Rest des Hauses Juda in die Gottesrede miteinbezogen werden. Dann gewinnt die Verheißung das Gewicht einer direkten Zusage Gottes. Die Sätze 7d–e sind als Prophetenrede mit JHWH in 3. Person stilisiert. Sie bilden dann mit dem Weheruf 5a als Prophetenwort einen Rahmen um die Gottesrede. Die Gotteswortformel sichert aber auch die Eindeutigkeit des Zusammenhangs von Wehewort 5a – nun als *prophetisches* »Wehe« über die Küstenbewohner als »Volk der Kereter« verstanden – mit der Unheilsankündigung über »das Land der Philister« in 5c. Möglicherweise setzt 5b schon den Zusatz »Kanaan« in 5c voraus. Dann könnte sich eine solche Klarstellung des Zusammenhangs von 5a und 5c noch eher nahe legen (s. o. zur Analyse, Literarkritik).

Gotteswortformel

5c   Im Primärtext wirkt das »Wehe« über das Keretervolk auf den Vokativ »Land der Philister!« (ארץ פלשתים) weiter. Diese geprägte Bezeichnung (Gen 21,32.34; Ex 13,17; 1 Sam 27,1; Jer 25,20, u. a.) begegnet analog schon in Inschriften Ramses' III. in der ersten Hälfte des 11. Jhs. v. Chr. (*R. Drews* 1998, 53 f. mit Anm. 41). Sie stellt in Zef 2,5 eine fest umrissene, politisch eigenständige Größe vor. Jos 13,2–3 beschreibt die Ausdehnung des Philisterlands so: vom Schihor-Fluss östlich von Ägypten (hier wohl der »[Grenz-]Bach Ägyptens«, vgl. Jos 15,4.47, u. a., das heutige *Wādi el-ʿarīš*) bis zum Gebiet von Ekron (*Tell el-Muqannaʿ* bzw. *Tel Miqne*) im Norden. Diese Gebietsbeschreibung des Philisterlands wird der Sache nach auch in Zef 2,5 vorausgesetzt sein. Vgl. Abb. 18!

»Land der Philister«

Warum erweitert ein Bearbeiter den Vokativ »Land der Philister!« durch ein dominierend vorangesetztes »Kanaan!«? In der literarkritischen Analyse nannten wir zwei Aspekte: zum einen ein abwertendes Verständnis von Kanaan als »Händler« (personal) bzw. »Krämerland« (territorial), zum anderen eine Ausweitung des Blickwinkels auf den ganzen »kanaanäischen« Küstenstrich, insbesondere auf eine Ver-

Kanaan

---

stein 1995, der nach *D. Ussishkin* einen späteren Ansatz in der 2. Hälfte des 12. Jhs. v. Chr. vertritt.

Teil II: Zefanja 2,1–3,8:

bindung der Philister mit den Phöniziern. Die beiden Aspekte schließen sich nicht aus, sie können sich ergänzen. Der Zusatz »Kanaan« zielt allem Anschein nach darauf, dem Unheilswort gegen die Philister 2,5–6, das wie schon der Spruch 2,4 ansonsten keine Begründung des kommenden Untergangs enthält, eine treffende Motivation zu geben. Dann benennt der Vokativ in 5c verächtlich »das Land der Philister« als dekadentes »Krämerland« bzw. personifizierend als »Händler« (vgl. z. B. *E. Ben Zvi* 1991, 155). Die Vorstellung von der typisch urbanen Dekadenz des »Kanaanäischen« wird so auf das ganze Land der Philister, das ja durch seine dominanten Städte geprägt ist (Zef 2,4!), übertragen (vgl. Ez 16,29 und 17,4 vom Krämerland der neubabylonischen Chaldäer sowie Kanaan als »Händler« in Hos 12,8 und Zef 1,11; vgl. auch das Gentilizium כנעני in der Bedeutung »der Kanaanäer / Händler« Sach 14,21; Spr 31,24).[58]

Krämerland

Nun führt allerdings die unzweifelhaft territoriale Konnotation von »Kanaan« als Leitwort vor dem appositiven »Land der Philister« zur Frage, wie sich dieser territoriale Sinn mit der wie in Zef 1,11 negativen Qualifikation als »Händlerland« verbindet. Über die Zuordnung des Philisterlands zu Kanaan (Jos 13,3) hinaus kommen da die kanaanäische Stadtkultur und insbesondere die berühmten Handelsstädte der Phönizier in den Blick. Es ist kein Zufall, dass gerade das phönizische Gebiet in Jes 23,11 (mit V 12) eindeutig »Kanaan« genannt wird und dass in den Geschlechterlisten von Gen 10 (V 15) und 1 Chr 1 (V 13) die phönizische Handelsstadt Sidon als der Erstgeborene Kanaans gilt; in dieselbe Richtung weisen auch »die Kanaaniter am Meer« von Num 13,29 und Jos 5,1 (vgl. zur Beziehung Kanaans zur Küstenebene und zu Phönizien *H.-J. Zobel*, ThWAT IV [1984] 231.233 f.). Im 3. Jh. v. Chr. setzen phönizische Münzen aus Beirut die Gleichsetzung von »Kanaan« mit Phönizien voraus (*J. A. Hackett*, Canaan: OEANE 1 [1997] 409.408 f.). So dürfte die Glosse »Kanaan« in Zef 2,5c das Philisterland gerade in seiner Einbettung in das kanaanäische Umfeld, zumal in das handeltreibende Küstenvolk kennzeichnen. Die kanaanäischen »Händler« par excellence aber sind die phönizischen Küstenstädte, die nach Jer 47,4 (aus der Exilszeit des 6. Jhs.) und Joel 4,4–8 (am ehesten 4. Jh.) in engem politischen und wirtschaftlichen Kontakt mit den Philistern standen. Eine besonders enge Verbindung zwischen den Philisterstädten und Tyrus, das Aschkelon beherrschte, sowie Sidon ist für die Perserzeit um die Mitte des 4. Jhs. nachzuweisen (vgl. *H. W. Wolff*, BK XIV/2 [²1985], 93 f.). Schon im frühen 5. Jh. belegt die phönizische Eschmunazar-Inschrift, dass die Perser den Sidoniern die Hafenstädte Dor und Jafo in der Scharon-Ebene zum Besitz gaben (KAI Nr. 14, Z. 18–20; ANET 662). Hinzu kommt das Ergebnis neuerer archäologischer Grabungen in Gaza, jener Stadt, die einstmals im ägyptischen Neuen Reich »das Kanaan« oder »die (Stadt) Kanaans« genannt wurde (vgl. z. B. *M. Görg*, NBL II, Lfg. 8 [1992], 438). Danach zeigen u. a. phönizische Besitzernamen auf Gefäßböden, dass hier wie ähnlich auch sonst entlang der Mittelmeerküste in der Perserzeit des 5.–4. Jh. v. Chr. eine phönizische Oberschicht lebte (nach *J.-B. Humbert* und *M. Sh. Sadek*, in: Welt und Umwelt der Bibel 17 [2000] 74.70–74). Aus der mittleren oder späteren Perserzeit dürfte auch der Zusatz »Kanaan« stammen, der die kanaanäische Einbettung und Qualität des Philisterlandes

Datierung des Zusatzes »Kanaan«

---

[58] Zu dieser Bedeutung von Kanaan vgl. besonders *K. Engelken* 1990, 47–63. Etymologisch ist »Kanaan« nicht von einer Bezeichnung für »Purpur« als Exportartikel Phöniziens abzuleiten, vgl. *M. Görg*, Kanaan: NBL II, Lfg. 8 (1992), 438f; *H.-J. Zobel*, ThWAT IV (1984) 227–231.224–243. Eher ist an einen primären Landesnamen für »das niedrige (Küsten-)Land« zu denken.

betont. Eine nähere zeitliche Eingrenzung ist nicht möglich. Die beschriebene Funktion des Zusatzes spricht nicht dafür, dass etwa schon Sach 9,1–8 und damit zumindest schon der Kriegszug Alexanders d.Gr. von Tyrus in Richtung Ägypten 332 v. Chr. vorausgesetzt wäre.[59]

Auf den Vokativ folgt in 5c die Vernichtungsansage in Gottesrede. Als syntaktisch feste Form der Ankündigung (vgl. 1,4.8b, dazu redaktionell 1,8a.10a.12a) kann sie neu einsetzen, ohne an eine vorausgehende Verbform anzuknüpfen. והאבדתי »ich werde zugrunde richten« begegnet, wie erwähnt (s. o. zu 5a), in Ez 25,16 ebenfalls in einem Wort gegen die »Philister« und die nur hier noch pluralisch bezeichneten »Kereter«. Die Ansage der Vernichtung ist in Ez 25,16 ausdrücklich gegen die Bevölkerung, nicht gegen das Land gerichtet. Das Gerichtswort Ez 25,16–17 aus exilischer Zeit des 6. Jhs. dürfte nicht ohne Kenntnis von Zef 2,5–6 verfasst worden sein. Es bietet anders als der Zefanjatext eine ausdrückliche Anklage als Begründung (Ez 25,15) und als Zielbestimmung die für Ez charakteristische Formel von der Erkenntnis JHWHs (25,17b–c). Auch die sehr naheliegende Alliteration von »Kereter« (im Plural) und dem Verb כרת H-Stamm »ausrotten« in Ez 25,16c spricht nicht dafür, den Zefanjatext von Ez 25 abhängig zu sehen. Das Verb אבד H-Stamm »verschwinden lassen, zugrunde richten« Zef 2,5c trifft das *Land* der Philister, wie entsprechend in 2,13b am wahrscheinlichsten auch das *Land* Assur (einschließlich der gleichnamigen Stadt) zugrunde gehen soll. So sehr das »Wehe« von 5a den Bewohnern des Philisterlandes gilt, von ihrer Ausrottung und restlosen Vernichtung ist in dem Satz Ez 25,16c–d nicht die Rede. Wenn aber das Land מאן יושב »ohne Bewohner« sein wird, wie Zef 2,5c im Rückverweis auf »die Bewohner des Landstrichs am Meer« 5a ankündigt, so ist am wahrscheinlichsten wieder an Deportation und Vertreibung gedacht wie in Zef 2,4. Stets ist die beschreibende Wortgruppe »ohne Bewohner« untrügliches Zeichen für das Ergebnis einer kriegerischen Katastrophe, so die Entvölkerung des Landes, von Städten oder Häusern wie in Zef 3,6d; Jes 5,9; 6,11 und ganz charakteristisch im Jeremiabuch (9mal: 4,7; 26,9; 33,10; 34,22; 44,22; 46,19; 48,9; 51,29.37; entsprechend Jer 2,15; 9,10; 51,62).

Vernichtungsansage

V 6 Was es für das Land bedeutet, als Folge des göttlichen Eingreifens »bewohnerlos« zu werden, erläutert V 6, der im Primärtext die Anrede an das Land weiterführt: »Du wirst zu Weideplätzen für Hirten werden und zu

---

[59] Zur zeitgeschichtlichen Einordnung von Sach 9,1–8 vgl. die Literatur bei *H. Irsigler*, Ein Weg aus der Gewalt? Gottesknecht kontra Kyros im Deuterojesajabuch: Beiträge zur Friedensethik 28, Stuttgart u. a. 1998, 32f Anm. 48. Gegenüber *K. Elliger*, der Sach 9,1–8 in das Jahr 332 v. Chr. datierte, versucht *A. Kunz*, Ablehnung des Krieges. Untersuchungen zu Sacharja 9 und 10: HBS 17, Freiburg u. a. 1998, 149–242, den 5. syrischen Krieg bzw. den Machtwechsel zwischen Ptolemäern und Seleukiden in den Jahren 202–198 v. Chr. als den historischen Hintergrund von Sach 9,1–10 zu erweisen.

Teil II: Zefanja 2,1–3,8:

Weidebild / Kulturverlust

Hürden für Kleinvieh!« Dasselbe Bild von weidenden und »sich lagernden« Herden kündigt Zef 2,14a dem zerstörten und versteppten Ninive an (2,15b spricht eher vom Lagerplatz für Wildgetier oder für Tiere im Allgemeinen). Zef 2,7 und 3,13d–f dagegen sind verheißende Nachinterpretationen.

Das Substantiv נוה »Weideplatz (/ Wohnstätte)« kann sich (nach HALAT 641) in einer maskulinen (נָוֶה) und in einer femininen Variante (נָוָה*, davon wohl Zef 2,6) darstellen. In jedem Fall ist der Plural nur in der Constructus-Form נְוֹת Zef 2,6 bzw. נְאוֹת (12mal) belegt. Wie schon die Variante נאות הרעים Am 1,2 zu נות רעים Zef 2,6 zeigt, evoziert die Rede von den »Auen / Weideplätzen der Hirten« primär das friedliche Bild eines gesicherten Lebens, mögen auch Reichtum und Luxus fehlen (vgl. Jer 9,9; 23,10; 25,36–37; Joel 1,19–20; 2,22; Ps 65,13; Klgl 2,2; auch Ps 23,2!).

גדרות צאן »Kleinviehhürden«, ein geprägter Ausdruck, bezeichnet die Pferche für Schafe und Ziegen, die mit Mauern aus aufgeschichteten Steinen umfriedet und geschützt sind (Num 32,16.24.36; 1 Sam 24,4). Dass in Zef 2,6 nur noch von Kleinvieh (צאן), nicht etwa auch von Rinderherden (בקר, vgl. Gen 12,16; 13,5, u.a.) die Rede ist, spricht allerdings für ein recht bescheidenes Hirtendasein auf dem unbewohnten, nicht mehr kultivierten Land. So ist das Bild von Hirt und Herde, das in Israels Lebenswelt und Tradition ganz positiv verankert ist, in Zef 2,6 wie auch in 2,14 (und 15) nur noch Bild des Rückfalls von bewohntem Kulturland zum Weideland, Ausdruck eines ›Kulturverlusts‹, des Untergangs und der Verödung. Wie ambivalent das Bild vom Weideland sein kann, belegen weitere prophetische Texte. Im Strafwort gegen die Ammoniter Ez 25,1–5 ist es im gleichen negativen Sinn wie in Zef 2,6 eingesetzt, wenn die Städte zur Kameltrift und zum Lagerplatz für Kleinvieh der »Ostleute«, nomadisierender Gruppen aus der syrisch-arabischen Wüste, werden sollen (V 5). Ganz anders jedoch in Jes 65,10 und Jer 33,12–13, wo der »Weideplatz« für Hirten und Herden im direkten, nicht metaphorischen Sinn in die Verheißung neuen, heilvollen Lebens einbezogen wird.

Situation und Sinn

Der Primärtext von Zef 2,5–6 zeigt als Gotteswort aus Weheruf und Unheilsankündigung über Volk und Land der Philister gegenüber dem Prophetenspruch 2,4 sein eigenes Profil. Literarische Aufnahmen und Fortschreibungen von 2,4 her sind nicht erkennbar. Es ist allerdings das Motiv vom bewohnerlosen Land, das 2,5–6 mit der eindeutigen Szenerie von der Vertreibung der Bewohner und der Verlassenheit der Städte in 2,4 verbindet. Auch der jeweils vorgestellte Wandel der Verhältnisse führt auf eine Analogie: Ähnlich wie die Städte und die gesamte urbane Kultur nach 2,4 ohne

Bewohner in der Verödung enden, so wird das Kulturland der Philister dadurch vernichtend getroffen, dass seine Bewohner daraus verschwinden und das ganze Gebiet nur noch zum Weideland nomadisierender Hirten mit Kleinviehherden taugt. Auffallende Verbindungen bestehen auch mit Zef 2,13–14: Die Vernichtung des Landes bzw. von Land und Stadt (Verbalbasis אבד 2,5c.13b) und das nachfolgende Weidebild (2,6.14a) stimmen jeweils zusammen. An literarische Abhängigkeit und sekundäre Bearbeitung ist auch hier nicht zu denken.

Die Frage nach der Autorschaft des Primärtextes Zef 2,5–6* scheint nicht mit derselben Sicherheit beantwortbar, wie sie für 2,4 beansprucht werden kann (s. o. zu 2,4). Man könnte das Wort über Volk und Land der Philister als weitgehend eigenständige Ergänzung zu dem primären Zefanja-Logion gegen die Philisterstädte 2,4 erklären. Gleichwohl sehe ich kein überzeugendes Argument, den Primärtext 2,5–6* (mit einer Reihe von Kommentatoren) nicht demselben Verfasser wie Zef 2,4 zuzuschreiben. Das eigenständige Textprofil (besonders die Formulierung von 5a!), die Kohärenz des kolometrisch geformten Stückes trotz des Wechsels vom Volk zum Land (V 6 setzt Satz 5c und dieser den Satz 5a notwendig voraus) und die genannten Bezüge zu 2,4 und 2,13–14 sprechen für dieselbe Verfasserschaft dieser Texte. Sie lassen sich ohne Widerspruch an die primären Worte innerhalb von Zef 1,4–2,3 anschließen und auf den Zefanja der Joschijazeit zurückführen. Eine nachexilische Datierung erst in die Zeit der Ptolemäer nach 320 v. Chr., wie sie *G. Krinetzki* (1977, 102f.) für Zef 2,5–6 vorschlägt, geht vor allem von der Annahme aus, dass »Kanaan« in 2,5 literarisch primär sei. Nicht berücksichtigt ist dabei auch das Verhältnis des Primärtextes Zef 2,5–6 zu Sach 9,1–8 und die gravierenden Unterschiede zwischen beiden Texten (unter anderem zielt Sach 9,1–8 auf einen politischen und religiösen Anschluss von Philistern an die Judäer; zur Datierung von Sach 9,1–8 s. o. zu »Kanaan«).

Verfasser?

Doch warum nennt unser Text keinen Grund für das Unheil, das Volk und Land der Philister treffen soll? Wir können in dieser Hinsicht auf das bereits oben zu Zef 2,4 Gesagte verweisen. Zefanja hat, soweit aus den primären Logien zu ersehen ist, nur das kommende Unheil über Juda und vor allem Jerusalem als Gottesgericht zumindest implizit begründet. Gewiss sind auch Fremdvölkerworte wie 2,5–6 trotz der fiktiven Situation der Anrede an Volk und Land der Philister, vor judäischem Auditorium ursprünglich zu Gehör gebracht worden. Diesen situativen Adressaten gegenüber musste das Philisterwort nicht begründet werden. Wohl aber verdeutlicht es den judäischen Adressaten, welche Breitenwirkung der gegen Juda und Jerusalem angekündigte unausweichliche Gerichtssturm haben würde. Dann ist 2,5–6 keineswegs ein Trostwort für die Judäer. Schon die JHWH-Tag-Worte 1,7 und 1,14–16 wie auch 2,1–3*, die ja ebenfalls keine Motivation enthalten, ließen keinen Zweifel daran, dass die kriegerische Katastrophe ganz sicher kommen wird.

Motivation des Unheils?

Teil II: Zefanja 2,1–3,8:

Die Frage ist, ob wir nicht doch eine kontextuelle und situative Motivation für das Unheilswort 2,5–6 benennen können. Allem Anschein nach bringen die primären Zefanja-Logien gerade nur die Philister in einen engeren Zusammenhang mit den Assyrern. Dafür sprechen sprachliche und motivische Bezüge zwischen Zef 2,5–6 und 2,12*.13–14: das Verb אבד (H-Stamm 2,5c; D-Stamm 2,13b), bezogen auf die Vernichtung des Landes; dazu das Motiv von den weidenden und sich lagernden Herden (2,6 und 2,14a). Die Philister konnten vom System der Tributleistungen an die Assyrer wirtschaftlich noch profitieren. Außerdem standen sie insgesamt im 7. Jh. v.Chr. durchaus loyal zu den Assyrern (s.o. Auslegung zu Zef 2,4 und insbesondere zu Ekron 2,4d). Für Zefanja erscheint es charakteristisch, dass auch 2,5–6* (ähnlich wie 2,4) mit der Vorstellung einer Umwälzung der Verhältnisse, mit der Ansage, dass das Kulturland sich zum Weideland nomadisierender Hirten wandeln wird, die Stoßrichtung gegen eine dominant städtisch geprägte, von Händlertum und Wirtschaftskraft bestimmte Lebenswelt erkennen lässt. Das von seinen Städten beherrschte »Philisterland« 2,5 mit seiner – von Juda aus gesehen – vorherrschend urbanen Atmosphäre fügt sich in dieser Hinsicht doch zu dem Prophetenspruch gegen die Philisterstädte 2,4, aber auch zu den Worten gegen Jerusalem 1,10–11 und 1,12–13! Schwerlich liegt in der Urbanität als solcher der Grund des Untergangs. Wohl aber ist es aus der Sicht der genannten Texte und insofern Zefanjas jene mit der händlerischen Stadtkultur einhergehende Dekadenz, die sich für Zefanja in Jerusalem ausdrücklich als Entfremdung von JHWH darstellt (1,12–13) und in dem Wehe gegen die Philister mitgehört werden sollte. Insofern hat die späte perserzeitliche Glosse »Kanaan« in 2,5 doch nicht ganz den Sinn des primären Zefanjaworts verfehlt.

Die ›fremden‹ Philister

Zef 2,5–6* deutet die Fremdheit des »Keretervolks« in Palästina an. Wenn man in חבל »Landstrich« auch den »zugemessenen Landanteil« konnotiert sehen muss (s. o.), so setzt dies die Vorstellung voraus, dass auch den Philistern letztlich von JHWH ihr Land zugewiesen worden ist (vgl. Am 9,7!). Nicht ihre Fremdheit auf dem Boden Palästinas ist es, die zur eigentlichen Ursache ihres Untergangs wird. Allerdings wird die Folge des göttlichen Eingreifens gegen das Philisterland an diese ursprüngliche Fremdheit anknüpfen: Wenn Siedler und feste Bewohner aus dem Land verschwunden sind, ist die Geschichte der einstmals Fremden in dem, was ihr Land geworden war, zu Ende. In der Überlieferung des Prophetentextes behält das Wort gegen die Philister einen warnenden und mahnenden Sinn. Freilich zeigt sich auch seine geschichtliche Begrenztheit. Der Prophetenspruch greift mit seiner Unheilsansage weiter aus, als die Geschichte tatsächlich erweisen wird. Sach 9,1–8, ein Prophetenwort aus frühhellenistischer Zeit, lässt nicht nur die alte Feindseligkeit zwischen Judäern und Philistern erkennen, sondern zielt auch auf eine politische und vor allem religiös-kultische Integration von Philistern in den ›Rest‹, der dem Gott Israels angehört. Die späteren

Übersetzungen nach LXX allerdings werden in den Keretern des hebräischen Textes nur noch die dem Untergang geweihten Fremden sehen.

II.A.2.a.(3) Zef 2,7: Verheißung für den Rest des Hauses Juda

G. W. *Anderson* 1978, 11–14. – E. *Baumann*, šwb sbw/yt. Eine exegetische Untersuchung: ZAW 47 (1929) 17–24. – M. *Ben-Yashar* / M. *Zipor*, Art.שְׁבִית/שְׁבוּת/ šᵉbût / šᵉbît: ThWAT VII (1993) 958–965. – R. *Borger*, Zu šwb šbw/yt: ZAW 66 (1954) 315 f. – J. M. *Bracke*, šûb šᵉbût: A Reappraisal: ZAW 97 (1985) 233–244. – E. L. *Dietrich*, šwb šbwt. Die endzeitliche Wiederherstellung bei den Propheten: BZAW 40, Berlin 1925. – H.-J. *Fabry* / A. *Graupner*, Art. שׁוּב šûb: ThWAT VII (1993) 1118–1176. – J. *Hausmann* 1987. – J. S. *Kselman*, A Note on Jer 49,20 and Ze 2,6–7: CBQ 32 (1970) 579–581. – W. S. *Prinsloo*, The Theology of the Book of Joel: BZAW 163, Berlin / New York 1985, zu šwb sbw/yt, 104 f. – J. *Scharbert* 1960, 209–226. – K.-D. *Schunck* 1992, 174–179. – J. A. *Soggin*, Art. שׁוּב šūb zurückkehren: THAT II (1976) 884–891. – I. *Willi-Plein*, ŠWB ŠBWT. Eine Wiedererwägung: ZAH 4 (1991) 55–71.

Literatur

Text

7 a   Der Landstrich [am Meer] wird dem Rest des Hauses Juda gehören.
 b   [Darauf] werden sie [selbst] weiden,
 c   in Aschkelons Häusern am Abend sich lagern.
 d   Denn JHWH, ihr Gott, wird sich ihrer annehmen,
 e   und ihr Geschick wenden.

Übersetzung

7a: Im MT kann חבל »Landlos / Landanteil« Subjekt des Satzes 7a sein: »Ein Landanteil wird dem Rest des Hauses Juda gehören«. Wahrscheinlicher aber bezieht sich die Verbform והיה auf MT חבל הים »Landstrich am Meer« in V 6 zurück, so dass der חבל von 7a Prädikatsnomen (oder prädikatives Adnominale) wird: »Er (d. h. der Landstrich am Meer) wird ein Landanteil für den Rest des Hauses Juda sein (oder: Er wird als Landanteil dem Rest des Hauses Juda gehören).« Viel plausibler jedoch ist die Lesung von LXX (mit La) und Syr, die in 7a חבל הים »Landstrich am Meer« als Subjekt voraussetzen (vgl. oben zum Text von Zef 2,6!).

Zu Text und Übersetzung

7b: עליהם »auf ihnen« hat viel Kopfzerbrechen bereitet, da zumindest ein Rückbezug auf den חבל (m. sg.) »Landanteil« oder »Landstrich« (am Meer) von 7a grammatisch schwierig und unwahrscheinlich ist. Nicht selten sucht man das Bezugsnomen für das enklitische Personalpronomen der 3. ps.m.pl. in dem möglicherweise maskulinen, ebenso gut aber auch femininen Plural נות »Weideplätze« und ferner noch in den »Kleinviehhürden« von V 6. Weil dann aber 7a den Rückbezug stört, wird der Satz – zusammen mit 7d–e – gerne als redaktionelle Bearbeitung betrachtet, während 7b–c noch zum primären Text von Zef 2,5–6 gehören soll. So z. B. B. *Renaud* 225 f.; M. *Striek* 1999, 146 f. In der Tat scheint für das schwierige עליהם am nächsten noch der Rückbezug auf V 6 in Frage zu kommen, so dass es doch die »Hirten« von V 6 und nicht die Angehörigen des »Restes des Hauses Juda« von 7a sind, die »weiden« 7b und sich mit ihren Kleinviehherden »in den Häusern von Aschkelon

Teil II: Zefanja 2,1–3,8:

am Abend lagern« 7c. Doch hat עליהם in diesem Verständnis alle Chancen, eine sekundäre tendenzielle Lesart zu sein. V 6* bedarf keiner Ergänzung. Warum sollte, wenn schon gesagt ist, dass das Land zu »Weideplätzen der Hirten« werden wird, noch einmal pleonastisch, ganz überflüssigerweise betont werden, dass die Hirten »auf ihnen weiden«?! עליהם »auf ihnen« erklärt sich als Rückbezug auf V 6 am einfachsten, wenn tatsächlich an ein Weidebild im primären Sinn gedacht ist. Nach 7a ist allerdings »der Rest des Hauses Juda« das Subjekt, das »auf ihnen«, d. h. den »Weideplätzen« (und den »Hürden«) von V 6 weiden soll; vgl. zu רעה על »weiden auf« Jes 49,9; Hld 1,8; auch Ez 34,13 (s. BHS z. St.). Dann dürften es konkret die zum Restvolk Judas gehörenden Hirten und Herden sein, die dort weiden und sich entsprechend 7c lagern. Ähnlich versteht z. B. EÜ z. St. V 7, wenngleich ohne direkten Rückbezug auf V 6: »Das Gebiet am Meer fällt dem Rest des Hauses Juda zu. Sie treiben ihre Herden dorthin …« עליהם »auf ihnen« verrät wahrscheinlich den Versuch, durch den Rückbezug auf V 6 das Anstößige der Metapher abzuwehren, die in V 7 formuliert ist. Denn danach sind es die Menschen, die Angehörigen des Restes von Judas Haus, die auf dem ihnen zufallenden »Landstrich« weiden. Eben dies aber ist sehr einfach ausgesagt, wenn man, wie hier vorgeschlagen, mit minimalster Korrektur עליו הם liest: »Auf ihm (d. h. dem Landstrich am Meer) werden sie selbst (הֵם als selbständiges Personalpronomen!) weiden, in den Häusern von Aschkelon am Abend sich lagern« 7b–c, mit Rückbezug auf 7a! Gewiss kann MT עליהם 7b ursprünglich auch aus einer einfachen Verschreibung entstanden und dann mit Rückbezug auf V 6 interpretiert worden sein. Die hier akzeptierte Korrektur findet sich bereits bei *A. van Hoonacker* 521 f. – Viel häufiger freilich wird die auf *J. Wellhausen* 153, zurückgehende Konjektur על הים »am Meer« aufgenommen (vgl. auch BHS z. St.). Dabei bleibt offen, ob die Sätze 7b–c metaphorisch mit dem Subjekt »Rest des Hauses Juda« von 7a zu verbinden sind (z. B. *K. Elliger* 69.71) oder ob sie im direkten Sinn an V 6 anschließen und 7a dann als ihnen gegenüber spätere Bearbeitung zu gelten hat (z. B. *W. Rudolph* 275.277, mit zusätzlicher Ergänzung einer Temporalbestimmung יומם »tagsüber« in 7b). – Wenig wahrscheinlich ist die von *J. S. Kselman* 1970, 581, angeregte Interpretation von עליהם als »ihre Jungen (Nachkommen)«, von עול »Säugling« (Jes 49,15; 65,20). Sie schränkt das Subjekt von 7b–c gegenüber 7a ohne ersichtlichen Grund ein.

7e: Die Formel שׁוּב שְׁבוּת, als figura etymologica mit effiziertem inneren Objekt zu verstehen im Sinne von »Wendung / Geschick wenden«, d. h. »gänzlich / wie einst wiederherstellen«, ist ebenso in Zef 3,20c vertreten. Die Formel ist im AT zumeist im G-Stamm des Verbs (6mal im H-Stamm, ebenso 3mal im Ktīb) insgesamt 27mal belegt (dazu Ez 16,53 mit Textkorrektur). Von den Masoreten wird die Formel durch Qrē שְׁבִית in Zef 2,7 wie in Ps 85,2 und 126,4 auf die Wende des »Exils« bzw. der »Gefangenschaft« gedeutet; die antiken Versionen übersetzen hier durchwegs »die Gefangenschaft wenden«. MT unterscheidet klar genug zwischen שְׁבוּת »Wendung / Geschick« (eindeutig z. B. als Qrē in Ijob 42,10) von שׁוּב »umkehren / wenden« und שְׁבִית »Gefangenschaft / Exil« von שׁבה »gefangen fortführen« (sicher belegt in Num 21,29). Althebräisch ist jedoch in der formelhaften Verbindung mit dem Verb שׁוב entsprechend dem HT neben שׁבות auch שׁבית im Sinne von »Wendung / Geschick« anzusetzen, struktural *šābūt und *šābīt. Vgl. schon Gesenius[17] 801a.802b; auch HALAT 1289 f.; *J. Vlaardingerbroek* 135; zur umfangreichen Literatur vgl. resümierend *M. Ben-Yashar / M. Zipor* 1993, 958–965. Außerbiblisch entspricht der Formel von der Geschickwende die altaramäische Wendung im Staatsvertragstext *Sfīre* III, Z. 24–25 (KAI Nr. 224) aus dem 8. Jh. v. Chr. *hšb* (H-Stamm) *šybt* »das Geschick [hier: meines Vaterhauses] wenden« bzw. »etwas wiederherstellen«, vgl. zu Form und Bedeutung Ps 126,1.

Analyse

Zef 2,7 kann nicht als primäre Fortsetzung von 2,5–6* gelten (gegen z. B. *J. J. M. Roberts* 199). Vielmehr haben wir es mit einer Verheißung zu tun, die das Unheilswort gegen Volk und Land der Philister 2,5–6 und darüber hinaus 2,4 als Grundlage eines tröstlichen Ausblicks für das Restvolk von Juda deutet (s. o. zur Literarkritik von 2,5–6!). V 7 ist am wahrscheinlichsten insgesamt Zusatz zu 2,4.5–6 (so mit einer Reihe von Kommentatoren von *A. van Hoonacker* 505.521 f. bis *A. Deissler* 244, u. a.). Allerdings werden die Sätze 7b–c häufig als primäre direkte Fortsetzung von 2,6* interpretiert. Dann wären nur 2,7a und 7d–e auf eine sekundäre Bearbeitung zurückzuführen (so von *J. Wellhausen* 153, bis *D. H. Ryou* 1995, 297–299; *M. Striek* 1999, 146–149, u. a.). Dagegen spricht aber, dass 7b (und 7b–c insgesamt) eine nur pleonastisch zu nennende Erläuterung zu V 6 ergibt, selbst wenn man »am Meer (werden sie weiden)« korrigieren will. Zudem erscheint die exemplarisch genannte Stadt Aschkelon 7c als sekundärer Rückverweis auf 2,4b (vgl. oben zum Text 2,7b!). Wenn 7c von allem Anschein nach unzerstörten »Häusern Aschkelons« spricht, verträgt sich dies nicht gut mit der Aussage von 2,4b, dass die Stadt zur שממה werden soll, was mit der Verödung doch auch Verwüstung und Zerstörung konnotiert. Auch das zugrunde gerichtete Philisterland von 2,5, das nur noch Wanderhirten Raum gibt, und die »Pferche / Hürden« von V 6 lassen kaum an feste »Häuser« denken, die Schutz für Einkehr und Nachtlager bieten. Eine Umdeutung der Häuser zu »Gütern« (z. B. *L. Sabottka* 1972, 81) verdeckt nur die literarische Spannung. Kolometrisch lässt sich 2,7b–c wie V 7 insgesamt nicht oder nur mit zweifelhaften Texteingriffen an 2,5–6* angleichen.

Der Aufbau von V 7 ist einfach: Die Landbesitzverheißung, die sich in die thematische Angabe 7a und die Erläuterung in 7b–c aufgliedert, wird durch die Zuwendungsverheißung 7d–e begründet. Auf dieser neuen Zuwendung und Schicksalswende durch JHWH liegt aller Nachdruck.

Auslegung

7a »Der Landstrich am Meer« in Zef 2,7a nimmt die Formulierung von 5a auf. Hier wie dort ist im Gebrauch des Substantivs חבל die Bedeutung »zugemessener Landanteil« mitzuhören (s. o. zu 2,5a). Was einst den Philistern als dem fremden »Keretervolk« (doch von JHWH!) zugewiesen war, soll nun »dem Rest des Hauses Juda« als Landanteil zufallen – da JHWH sich ihm gnädig neu zuwenden wird (7d). Nur in Zef 2,7 begegnet die Constructus-Verbindung »der Rest (שארית) des Hauses Juda«. Der Ausdruck bezeichnet den aus der Katastrophe des Staates Juda, die durch die Zerstörung

»Rest des Hauses Juda«

Teil II: Zefanja 2,1–3,8:

Jerusalems und des Tempels im Jahre 586 v. Chr. besiegelt wurde, hervorgegangenen Rest der Bevölkerung Judas. Dafür spricht die nächste Parallele des Ausdrucks im Jeremiabuch. Hier bezieht sich »der Rest Judas« (שארית יהודה) in den deuteronomistisch redigierten Prosatexten der sog. Baruch-Schrift (Jer 36–45) stets auf die von Krieg, Zerstörung und Exilierung im Land übrig gebliebenen Judäer, genauer auf jene Gemeinschaft, die sich unter dem von den Babyloniern eingesetzten Verwaltungskommissar Gedalja sammelte und nach dessen Ermordung unter der Führung Johanans, des Sohnes Kareachs, nach Ägypten zog (Jer 40,15, vgl. V 11; 42,15.19; 43,5; 44,12.14.18). Wenn Zef 2,7 betont vom »Rest *des Hauses* Juda« (בית יהודה) spricht, so sind diese Übriggebliebenen ausdrücklich der Gemeinschaft von Staat, Volk, Stamm und Geschlecht Judas zugeordnet, analog einer »Familiengemeinschaft«, die durch den Vater – hier den Stammvater Juda – zusammengehalten wird (vgl. z.B. 1 Sam 27,3; 2 Sam 2,4.7.10.11, u.a., dazu Jos 17,17; Ex 2,1, u.a.). Der Vergleich der Jeremiatexte mit Zef 2,7 macht allerdings deutlich, wie weit dieser Zusatz V 7 bereits von der Situation und den Problemen dieses im Land verbliebenen »Restes Judas« bald nach dem Fall Jerusalems entfernt ist. Der Rest von 2,7 lässt sich freilich auch nicht ausschließlich auf die babylonische Gola (so *J. Hausmann* 1987, 188) festlegen, obwohl V 7d–e (s.u.) den Gedanken an die Diaspora nahelegt. Eine deutliche

Verhältnis zu 3,12–13

Distanz zeigt sich auch zu dem »Rest Israels« (שארית ישראל) von Zef 3,13, den JHWH als »armes und niedriges Volk« in Jerusalem aus der Katastrophe übrig lassen wird, ein Rest, der ganz ohne Macht- und Besitzansprüche dort JHWH-treu leben wird. Während nach 3,12–13 das Restvolk erst als »Rest Israels« gebildet wird, ist es nach 2,7 als »Rest des Hauses Juda« eine schon vorfindliche feste Größe. Zef 2,7 setzt Zef 3,11–13 schon voraus! (Zur Verbparallele »weiden« und »sich lagern« s.u. 7b–c.) Aber auch gegenüber einem Deuterojesajatext wie Jes 46,3–4, der das exilierte Gottesvolk, »das Haus Jakob« bzw. »den ganzen Rest (שארית) des Hauses Israel« (V 3) anspricht und ihm die ›tragende‹ Treue JHWHs neu zusichert, hebt sich Zef 2,7 mit seiner ganz anders gelagerten Besitzstandshoffnung ab. Sie kehrt in variier-

Zur Datierung

ter Formulierung in Zef 2,9e–f wieder (s.u.). Zef 2,7 und 9 erhoffen eine Rehabilitierung des Restvolks Judas bzw. JHWHs durch eine Gebietsausdehnung einerseits nach Westen ins Philisterland und andererseits nach Osten ins Land der Moabiter und Ammoniter. Damit liegen diese Verheißungssätze auf der gleichen Ebene wie besonders der zweifellos nachexilische Verheißungstext Jes 11,11–16. Er verkündet in V 14 ganz ähnlich eine Ausdehnung nach Westen ins Philistergebiet und nach Osten gegen die »Ostleute« (nomadische Stämme) und gegen Edom, Moab und die Ammoniter. Dieser Text, der wahrscheinlich aus der Perserzeit Judas (frühestens) unter Nehemia und Esra stammt (zweite Hälfte des 5. Jh. v.Chr., vgl. z.B. *H. Wildberger*, BK X/1 [1972], 467), steckt auch den Horizont einer zeitlichen Einordnung von Zef 2,7 ab: jedenfalls nachexilisch, kaum vor dem 5. Jh. v.Chr.

Zef 2,1–15: Drohung und Mahnung an das Volk von Juda

Auch die Nähe von Zef 2,7 zu der Erwartung im Obadjabüchlein, dass »das Haus Jakobs« neben dem von Edom besetzten Negeb auch die Schefela, das westliche Hügelland Judas in Besitz nehmen wird (die »Philister« sind hier nachgetragen!), führt in Obd 19 (und 20) mit großer Wahrscheinlichkeit in die nachexilische Zeit des 5. Jhs. v. Chr. (vgl. *H. W. Wolff*, BK XIV/3 [1977], 43 f. 46–48; *E. Zenger*, Einleitung in das Alte Testament, Stuttgart u. a. ³1998, 496).

Wir werden hinter einer solchen Hoffnung, wie sie Zef 2,7 (und 9) ausspricht, das Ideal des Großreiches Davids erkennen dürfen. David hatte die Philister, die Israel so schwer bedrängt hatten, unterworfen (2 Sam 8,1). Vorstellungen von der idealen Ausdehnung des verheißenen Landes in durchwegs späteren Texten der exilisch-nachexilischen Zeit betrachten »das große Meer«, d. h. das Mittelmeer, als Westgrenze, schließen also das Philistergebiet ein. So in historisierender Form Num 34,6; Jos 1,4; 15,12 (vgl. 10,41) oder in der Gestalt des Zukunftsentwurfs in Ez 47,20 (vgl. ähnlich *J. Vlaardingerbroek* 134). Zef 2,7 prägt auf seine Weise (ohne direkte literarische Abhängigkeit) die aus der Ezechielschule stammenden Ideen von der Neuverteilung des Landes bis zum großen Meer als der Westgrenze aus, vgl. Ez 47,20.21–23. Wir dürften einen Text wie Zef 2,7 gründlich missverstehen, wenn wir ihn als Ausdruck puren Macht- und Besitzstrebens betrachteten. Wie gerade die Hoffnung auf eine neue Zuwendung und Schicksalswende durch JHWH in 7d–e zeigt, spricht sich vielmehr in einer solchen Besitzerwartung eine große Ohnmacht des kleinen nachexilischen Juda aus. Kompensierend wirkt da die formulierte Sehnsucht nach früherer Größe durch Einnahme des Gebiets der Philister als der alten Feinde Israels / Judas im Westen.

Ideal des Großreiches

7b–c Die Bearbeitung hatte zunächst in 7a den Besitzerwechsel für den »Landstrich am Meer« angekündigt. Die Sätze 7b–c veranschaulichen die Besitzergreifung. Dabei konnte indes der Bearbeiter nicht völlig frei verfahren, wenn er das Gotteswort gegen das Philisterland in 2,5c–6 nicht unterlaufen oder ihm direkt widersprechen wollte. Daher war es geboten, die Szenerie von den Weideplätzen der Hirten und den Kleinviehhürden von V 6 her aufzunehmen, allerdings nicht im einfachen, sondern im metaphorischen Sinn: Jene, die dem »Rest des Hauses Juda« angehören, werden es sein, die auf dem Landstrich am Meer, dem Philisterland, als ›Hirten‹ und ›Herden‹ weiden und in den Häusern von Aschkelon am Abend sich lagern werden. Vom neuen Häuserbau, festen Bewohnern und Stadtbürgern konnte nach 2,5–6 (und 2,4) nicht die Rede sein, da das Land nur noch Wanderhirten Platz bieten sollte. Daher das einigermaßen paradoxe Bild: das auf dem Küstenstreifen weidende Restvolk, vorgestellt als wandernde Hirten und Herden, lagert sich doch »am Abend in den Häusern von Aschkelon«. Der Abend wird erwähnt als Zeit, die Herde lagern zu lassen, wie dies auch am Mittag nach Hld 1,7 geschieht. Die Aussage ist transparent für das Gemein-

Besitzergreifung

te: die verbliebenen, als Rest geretteten Judäer nehmen das Land, die Häuser und die Städte im Philistergebiet ein. Aschkelon, von 2,4b her in 7c rezipiert, steht exemplarisch für die Philisterstädte. Es wird wohl deshalb genannt, weil es sich um die dem Mittelmeer am nächsten liegende Stadt handelt und daher wie schon »der Landstrich am Meer« von 7a die Westgrenze ›am großen Meer‹ in den oben genannten idealen Israelentwürfen markiert.

Weidebild und Inbesitznahme von Land

Die metaphorische Verwendung der Wortparallele רעה »weiden« und רבץ »sich lagern« in 7b-c entspricht zwar dem Restvolk von Jerusalem in Zef 3,13d-e (mit f), das in Sicherheit, ohne Existenznot weidet und sich lagert, vgl. Jes 14,30; Ez 34,14–15; Hos 13,5–6. In Zef 2,7 ist das Weidebild jedoch funktional neu ausgerichtet auf die Inbesitznahme von Land. Darin zeigt sich wiederum, dass 2,7 von anderer Hand als 3,11–13 stammt und diese Verheißung bereits voraussetzt. Zef 2,7b-c steht den Metaphern vom Weiden Israels nahe, die mit dem Bild vom gesicherten Leben auch ein neues Inbesitznehmen von Israels Land, das in der Katastrophe des Volkes verwüstet und verlassen wurde, verbinden: Jes 49,9(8–11); Jer 23,3; 50,19; Ez 34,13–16; Mi 7,14. Vor allem mit der Nennung von Baschan und Gilead im Ostjordanland wendet die Bildsprache von Jer 50,19 und Mi 7,14 den Blick sogar in die Landnahmezeit zurück (z. B. Dtn 3,1–18). Zef 2,7 hingegen stellt eine ganz neue Landnahme im Philisterland vor, das Juda nach der Zeit Davids (2 Sam 8,1) trotz Jos 15,45–47 zumindest nie im vollen Umfang besessen hatte (vgl. N. Na'aman 1991, 11.24). So sehr aber das »Weiden« von Zef 2,7b als Inbesitznahme einen herrscherlichen Aspekt verrät, ist es bezeichnenderweise doch nicht scharf als »Ausplündern« formuliert wie in Zef 2,9e und auch nicht als militärisches »Abweiden« wie in MT Mi 5,5 und Jer 2,16 (anders G. Krinetzki 1977, 104). Die Weidebilder von Zef 2,6 (im primären Sinn) und 3,13 (als Metapher) mit ihrer unkriegerischen Note wirken doch in 2,7 weiter.

Am Ende von 2,7 kommt klar zum Vorschein, worum es in dieser Zusage 7d–e des Philisterlandes an das Restvolk Judas eigentlich geht und worin sie begründet ist: in der neuen gnädigen und helfenden Zuwendung JHWHs zu den Geschlagenen und aus der Katastrophe Geretteten, die sich als »Rest« der Volks- und Stammesgemeinschaft Judas verstehen und JHWH als »ihren Gott« bekennen. 7d–e begründet (כי »denn« 7d!) als Satzbund die Verheißung der Landerweiterung 7a.b-c. Alles Gewicht liegt auf dieser Begründung. JHWH steht als »ihr Gott« aus der Sicht des Bearbeiters ganz auf der Seite des Restvolks von Juda, das sich ihm zugehörig weiß. JHWH ist Israels Gott von der Exodustradition her geworden (vgl. Ex 3,1–17; 6,2–8), dem Volk ›persönlich‹ zugewandt. So bekennt ihn die gottesdienstliche Gemeinde als »unseren Gott« in den Psalmen (z. B. Ps 8,2.10; 20,6; 44,21; 48,2, u. a.;

Helfende Heimsuchung

vgl. Ex 3,18; 5,3). In der Exodusüberlieferung begegnet auch erstmals die mit dem Verb פקד und Israel als direktem Objekt formulierte Zuwendung JHWHs (»mit Anteilnahme auf jemanden schauen, sich seiner annehmen, helfend heimsuchen« Ex 3,16; 4,31; vgl. Gen 50,24.25; Ex 13,19). Situativ stehen unserem Zefanjatext jene Texte im (deuteronomistischen) Jeremiabuch näher, die mit פקד in entsprechender Verwendung die neue Zuwendung JHWHs und die Rückführung aus Babel nach Jerusalem / Juda ankündigen (Jer 27,22; 29,10; wohl auch 32,5). Ähnlich wie Zef 2,7 spricht Sach 10,3 von der neuen Anteilnahme JHWHs am »Haus Juda« als seiner vertriebenen »Herde«. Wenn JHWH sich um sein Volk »kümmert«, bedeutet dies immer das Ende der Not (Ruth 1,6; vgl. zu diesem Gebrauch von פקד *J. Scharbert* 1960, 212 f.; *G. André*, ThWAT VI [1989] 713 f. Nr. 4).

Am nächsten verwandt ist Zef 2,7d–e mit dem nachexilischen Nachtrag im Brief des Jeremia an die Verbannten Jer 29,10–14: JHWH wird teilnahmsvoll auf sein verstreutes Volk schauen (פקד V 10), es aus der Diaspora heimführen und so sein Geschick wenden und es wiederherstellen (שוב שבות V 14). Die Formel von der Schicksalswende und Wiederherstellung eines verlorenen heilvollen Zustands als »restitutio in integrum« (nach *E. L. Dietrich* 1925) hat trotz eines ähnlichen situativen Horizonts in Zef 2,7e gegenüber Jer 29,14, aber auch gegenüber Zef 3,20 ihren eigenen Akzent. Das Restvolk Judas von 7a, das seine Ganzheit in der Katastrophe des staatlichen Untergangs und des Exils im 6. Jh. v. Chr. verloren hat, kompensiert in der Vorstellung von 2,7 das Verlorene durch den Gewinn des Landes der feindlichen Nachbarn im Westen. Doch die eigentliche Kompensation ist die neue hilfreiche Zuwendung JHWHs selbst (7d), die sich freilich konkret im Landgewinn manifestieren soll. Die glückliche Wiederherstellung »wie einst« (Jer 33,11!) erhält demnach in Zef 2,7 vom idealisierten ehemaligen davidischen Großreich her (s. o.) ihre besondere Note. Die Formel שוב שבות, die allein im Jeremiabuch 11mal im G- und H-Stamm des Verbs vorkommt, ist durchwegs in exilischen und nachexilischen Texten vertreten (vgl. zur Statistik z. B. *J. A. Soggin*, THAT II [1976] 887; s. auch obige Textanmerkung zu 7e).

Situation und Sinn

Dem Vers Zef 2,7 kommt kontextuell eine wichtige Signalwirkung zu. 2,3d hatte den judäischen Adressaten bzw. nach dem Zusatz 2,3a »allen Gebeugten des Landes« in Aussicht gestellt, »vielleicht« am Zorntag JHWHs geborgen zu bleiben. »Der Rest des Hauses Juda« von 2,7 erscheint nun als der im Sturm des Zorntags geborgene Teil der Judäer. Ihm wird indirekt kontextuell zugesprochen, dass er die Forderungen der Suche nach Gerechtigkeit und Demut 2,3b–c und der Suche nach JHWH 2,3a erfüllt hat. Auf der Ebene des vorliegenden Endtextes erscheint das Restvolk von 2,7 identisch mit den »Gebeugten des Landes« von 2,3a, die schon JHWH-treu leben. Für dieses Restvolk ist dann der »Zorntag« von einst nach 2,7d–e durch einen Tag des neuen helfenden Eingreifens JHWHs abgelöst worden.

Zef 2,7 ist so gut wie sicher nachexilisch, frühestens im 5. Jh. v. Chr. in die Zefanjaschrift eingeschrieben worden (s. o. zu 2,7a). Der Zusatz formuliert *Kompensatorische Hoffnung*

Teil II: Zefanja 2,1–3,8:

in der Zielrichtung analog zu der Verheißung in 2,9e–f, dass »der Rest meines Volkes« Moab und die Ammoniter beerben wird, ohne dass präzise dieselbe Herkunft der beiden Verse behauptet werden könnte. Jedenfalls zeigt sich in Zef 2,7 und 9e–f wie in Jes 11,14 dieselbe kompensatorische Hoffnung auf Landgewinn, die sich am alten Ideal des davidischen Großreichs ausrichtet. Diese mit dem Anspruch prophetischen Worts formulierte Verheißung hat in der partikular-nationalen Sicht ihrer Hoffnung auf Kosten eines Nachbarvolks ihre eindeutige Grenze. Zu beachten bleibt allerdings, dass hier nicht überheblich aus kraftstrotzender Anmaßung gesprochen wird. Es ist vielmehr ein armseliger »Rest« des Volkes, der sich im Bild von Hirt und Herde wiedererkennt, ein Volk, das nach Trost sucht und ohnehin nicht aus eigener Kraft seine kompensatorischen Träume von alter Größe verwirklichen kann. Dass die judäische Hoffnung gerade auf die Philister zielt, lässt die lange Geschichte von Feindseligkeiten zwischen den Nachbarvölkern aufscheinen, auch Kränkung und Demütigung bis hin zum Sklavenhandel der Philister (Am 1,6; Joel 4,4–8; vgl. auch die feindlichen Einfälle in Juda nach 2 Chr 21,16–17; 28,18 noch nach der Zeit Sauls und Davids). Es versteht sich von selbst, dass eine Verheißung wie Zef 2,7 keine politischen Ansprüche begründen kann und nicht geschichtslos instrumentalisiert werden darf. Das Entscheidende bleibt, dass sie einem Volk in notvoller politischer Situation (in der nachexilischen Perserzeit) das Vertrauen auf die neue göttliche Zuwendung vermitteln will und kann. Der Gott, in dessen Macht es lag, die Gerichtskatastrophe über Juda zu bringen, ist derselbe, der auch die glückliche Wende des Geschicks bereiten wird. In der Redaktionsgeschichte des Zefanjabuches ist im Übrigen die korrigierende Funktion der so ungewöhnlichen heilsuniversalen Verheißung von Zef 2,11 gegenüber nationalen Besitzansprüchen nicht zu übersehen.

II.A.2.b. Zef 2,8–11: Unheil über Moab und Ammon (im OSTEN), mit heilvollem Ausblick für das Restvolk, abgeschlossen durch die Verheißung universaler JHWH-Verehrung

Den Worten gegen die Philister im Westen von Juda folgt in der Fremdvölkerwortkomposition Zef 2,4–15 ein Gerichtswort gegen Völker im Osten. Unter allen prophetischen Völkerorakeln ist es nur der Text Zef 2,8–9, der Moab und die Ammoniter als benachbarte Völker im Ostjordanland und östlich des Toten Meeres in einem einzigen Unheilswort unmittelbar miteinander wie Brudervölker verknüpft, statt sie wie sonst in separaten Worten zu bedrohen. Zef 2,8–9* hat auffälligerweise eine mehrstufige Bearbeitung erfahren (s.u.). Zunächst aus dem engen Blickwinkel nationaler Hoffnung des »Restvolkes« auf Besitz und Landgewinn in 2,9e–f – noch drastischer ausgedrückt als in dem tendenziell auf der gleichen Ebene liegenden Zusatz 2,7. 2,10 schiebt in Prosa eine Begründung nach, die die Anklage von 2,8 aufnimmt. Dann aber bringt die Fortschreibung in 2,11 einen gewaltigen Umschwung, der alle Gedanken an Besitzansprüche weit übersteigt: Statt des Untergangs einzelner Völker verkündet V 11 den Untergang aller Götter der Erde. Der Kult ist nicht mehr auf Jerusalem konzentriert, vielmehr wird ein jeder Mensch, selbst in weitester Ferne, von seinem Ort aus, in seinem Lebensbereich, JHWH als den einzigen Gott verehren! Zef 2,12 setzt mit der direkten Anrede an die Kuschiter neu ein (s. u. zu 2,12 zur Frage, ob und inwiefern dieser Vers einen textlichen Rückverweis auf Vorausgehendes enthält oder eine eigenständige literarische Einheit eröffnet). Keinesfalls schließt 2,12 an 2,11 an. Daher ist die äußere Abgrenzung von 2,8–11 im Textverlauf zwingend.

II.A.2.b.(1)   Zef 2,8–9.10: Moabs und der Ammoniter Hochmut und Bestrafung, erweitert durch eine Verheißung für das Restvolk JHWHs

Literatur: M. *Burdajewitcz* / A. *Segal*, Art. Rabbath-Ammon: NEAEHL 4 (1993) 1243–1252. – F. C. *Fensham*, Salt as Curse in the Old Testament and the Ancient Near East: BA 25 (1962) 48–50. – W. F. *Fields*, Sodom and Gomorrah. History and Motif in Biblical Narrative: JSOT.S 231, Sheffield 1997. – J. C. *Greenfield*, A Hapax Legomenon: ממשק חרול, in: R. S. *Brunswick* (Hrsg.), Studies in Judaica, Karaitica and Islamica. FS Leon Nemoy, Ramat-Gan 1982, 79–82. – L. G. *Herr*, The Ammonites in the Late Iron Age and Persian Period, in: B. *MacDonald* / R. W. *Younker* 1999, 219–237. – D. R. *Hillers*, Treaty-Curses and the Old Testament Prophets: BiOr 16, Roma 1964. – P. *Höffken*, Untersuchungen zu den Begründungselementen der Völkerorakel des Alten Testaments, Diss. Bonn 1977, 166.171–174.192 f. – U. *Hübner*, Die Ammoniter. Untersuchungen zur Geschichte, Kultur und Religion eines transjordanischen Volkes im 1. Jahrtausend v. Chr: ADPV 16, Wiesbaden 1992. – Ø. S. *LaBianca* / R. W. *Younker*, The Kingdoms of Ammon, Moab and Edom: The Archaeology of Society in the Late Bronze / Iron Age Transjordan (ca. 1400 – 500 B.C.E.), in: T. E. *Levy* (Hrsg.), The Archaeology of Society in the Holy Land, New York 1995, 399–415. – J. A. *Loader*, A Tale of Two Cities. Sodom and Gomorrah in the Old Testament, Early Judaism and Early Christian Traditions: Contributions to biblical exegesis and theology 1, Kampen 1990. – B. *MacDonald*, Ammon, Moab and Edom. Early States / Nations of Jordan in the Biblical Period (End of the 2nd and during the 1st Millenium B.C.), Amman 1994. – B. *MacDonald* / R. W. *Younker* (Hrsg.), Ancient Moab: Studies in the History and Culture of the Ancient Near East 17, Leiden 1999. – M. *Miller*, Ancient Moab. Still Largely Unknown: BA 60 (1997) 194–204. – J. A. *Sauer*, Ammon, Moab and Edom, in: Biblical Archaeology Today. Proceedings of the International Congress on Biblical Archaeology, Jerusalem April 1984, Jerusalem 1985, 206–214. – J. A. *Sauer*, Transjordan in the Bronze and Iron Ages: A Critique of Glueck's Synthesis: BASOR 263 (1986) 1–26. – J. F. A. *Sawyer* / D. J. A. *Clines* (Hrsg.), Midian, Moab and Edom. The History and Archaeology of Late Bronze and Iron Age Jordan and North-West Arabia: JSOT.S 24, Sheffield 1983. – S. *Timm*, Moab zwischen den Mächten. Studien zu Denkmälern und Texten: ÄAT 17, Wiesbaden 1989. – U. *Worschech*, Die Beziehungen Moabs zu Israel und Ägypten in der Eisenzeit: ÄAT 18, Wiesbaden 1990.

Teil II: Zefanja 2,1–3,8:

Text

Übersetzung 8 a IA Ich habe das Höhnen Moabs gehört
            IB und die Schmähungen der Ammoniter,
            IIA die mein Volk verhöhnten
            IIB und großtaten gegen dessen Gebiet.
     9 a IA Darum, so wahr ich lebe –
        b IB Spruch JHWHs ⟨Zebaots⟩,
           IC des Gottes Israels –
        c IIA ja, Moab soll wie Sodom werden
        d IIB und die Ammoniter wie Gomorra,
           IIIA ein Wucherplatz für Nesseln
           IIIB und eine Salzgrube
           IIIC und eine Wüstenei für immer.

        e IVA ⟨Der Rest meines Volks wird sie ausplündern
        f IVB und was von meiner Nation übrig ist, wird sie beerben.⟩

    10 a ⟨Dies gebührt ihnen wegen ihres Hochmuts,
       b weil sie höhnten
       c und großtaten gegen das Volk JHWH Zebaots.⟩

Zu Text und Übersetzung 8a: Am Ende von Kolon 8 IIB liest LXX (nach J. Ziegler z. St.) statt MT גבולם »ihr (m.pl.) Gebiet«, d. h. des Volkes, τὰ ὅριά μου »meine Grenzen / Gebiete«. Jedoch bezeugt LXX-W (Ms. Washington, 3. Jh. n. Chr.) den MT, auch die Versionen Syr, Tg und Vg. Die LXX-Lesart dürfte nur Angleichung an das parallele עמי »mein Volk« in Kolon 8 IIA sein. Die Lesart verhindert jedenfalls einen Bezug des enklitischen Personalpronomens der 3. ps.m.pl. von גבולם »ihr Gebiet« auf die Moabiter und Ammoniter. Die Aktionen der Gescholtenen richten sich nach LXX nachdrücklicher gegen JHWH selbst statt gegen sein Volk. Die Beziehungseinheit von Volk und Gebiet / Land wird abgeschwächt. Kolon 8 IIB könnte auch bedeuten: »und großtaten (sich groß machten) über ihr (eigenes) Gebiet hinaus«. Vgl. entsprechend z. B. M. Striek 1999, 254. Dagegen spricht jedoch der klare syntaktisch-semantische Parallelismus im erweiterten Relativsatz 8 IIA // IIB. Außerdem wäre eher die zusammengesetzte Präposition מֵעַל »über hinaus« zu erwarten, vgl. Mal 1,5. הגדיל על im Sinne von »großtun gegen«, ebenso in Zef 2,10c, ist gut bezeugt: Jer 48,26.42 (Moab!); Ps 35,26; 38,17; 41,10; 55,13; Ijob 19,5.
גבול bedeutet in der Parallele zu עם »Volk« am ehesten »Gebiet, Land« statt »Grenze«, vgl. Mal 1,4, dazu analog »Volk« Zef 2,5a und »Land« 5c. Vgl. aber zu וגבול im Sinne von »und zwar eine Grenze« S. Mittmann, JNWSL 17 (1991) 37–44.
9b: LXX (Codex Venetus sowie die achmimische und sahidische Version nach J. Ziegler z. St.) bezeugt צבאות »Zebaot« des MT nicht. τῶν δυνάμεων vieler griechischer Manuskripte ist Nachbesserung, da der LXX-Übersetzer des Zwölfprophetenbuches צבאות mit παντοκράτωρ wiedergibt wie in Zef 2,10! Vgl. auch F. Dingermann 1948, 185. צבאות des MT 2,9b ist eine textgeschichtlich späte, in den primären LXX*-Text eingesetzte Angleichung an die Gottesbezeichnung in 2,10.

Zef 2,1–15: Drohung und Mahnung an das Volk von Juda

9d III: Das Hapaxlegomenon ממשק ist lexikalisch eine schwere crux. Der Hinweis auf מֶשֶׁק in Gen 15,2 soll nicht selten eine Bedeutung »Besitz« stützen, z. B. *G. Gerleman* 1942, 37, danach *D. H. Ryou* 1995, 38. *F. Pomponio*, MÉEQ in Gen 15,2 e un termine amministrativo di Ebla: BeO 25 (1988) 107–109, schlägt für Gen 15,2 ›Sohn des Erbes‹ bzw. ›Erbe‹ vor, nach eblaitischem *mu-ša-qù-um*, gedeutet als »futuro dono« bzw. »eredità«. Der Bedeutungsansatz *Pomponios* für מֶשֶׁק Gen 15,2 im Sinne von »Erbschaft, Erbbesitz« kann allerdings auch für מִמְשַׁק* Zef 2,9 die Annahme einer entsprechenden lexikalischen Bedeutung unterstützen: »Ort der Besitzergreifung«, freier »Wucherplatz« (von Unkraut bzw. Nesseln). Die obige Übersetzung folgt diesem Ansatz. Dann müsste man eine Basis *MŠQ* als phonematische Variante zu der Basis *MŠK* »ziehen« annehmen, die jedenfalls im Jüdisch-Aramäischen auch »in Besitz nehmen« bedeuten kann, vgl. arabisch *masaka* »ergreifen«. – Die antiken Versionen helfen kaum weiter, vgl. dazu *W. Rudolph* 277, Anm. 9d. LXX verliest das Substantiv gar zu »Damaskus«: »… und Damaskus verlassen (חדול statt MT חרול »Unkraut« o. ä.) wie Haufen von Salz …« Das fragliche ממשק wird etwa mit syrisch *mešqā(')*, arabisch *mašq/mišqun* »rote Erde« verglichen, so *L. Sabottka* 1972, 87; HALAT 564b (hier arab. *ma/isq* [sic!]). *F. Zorell*, Lexicon Hebraicum et Aramaicum Veteris Testamenti, Rom 1948, 445, möchte das Wort nach arabisch *mašaqa* »zerdehnen, zerreißen« als »laceratio« (?) (spinarum, vepretum) erklären. Aber die Schwierigkeit des Sibilantenverhältnisses bleibt (für arab. š ist etymologisch entsprechend hebr. ś/s zu erwarten). *A. Guillaume*, Abr-Nahrain 4 (1963/64) 9 (1–18), wollte ממשק als »place of possession« von arab. *wasaqa* »etwas enthalten; beladen« ableiten. *J. C. Greenfield* 1982, 79–82, geht von der Wiedergabe des Wortes mit משמט (constr.) im Targum aus. Das Targum habe das hebräische Wort als ממשק (*ś* statt *š*) gelesen, von der mischnahebräischen Basis מסק »(Oliven) pflücken, abstreifen«. Daher sei das hebräische Substantiv wie seine aramäische Übersetzung als ›ein Platz zum Ernten (von Unkraut)‹ wiederzugeben. Für plausibler halte ich die Herleitung des aramäischen משמט von der Basis שמט in der Bedeutung »losmachen, entgleiten, unbenützt bleiben«, im Afel »unbenützt, brach lassen, verlassen«. So auch *K. J. Cathcart / R. P. Gordon* 1989, 169 mit Anm. 19: »A barren place« (of saltplants). Mit diesem Verständnis dürfte das Targum jedenfalls sachlich das Richtige treffen.

Nur noch in Ijob 30,7 und Spr 24,31 ist חרול belegt, als Bezeichnung einer Unkrautart, vgl. Gesenius[18] 395, wo u. a. die »Platterbse« vorgeschlagen wird. Wahrscheinlicher handelt es sich um eine Nesselart (Brennnessel), ähnlich קמוש von Jes 34,13 und Hos 9,6; Spr 24,31, so *F. N. Hepper*, Pflanzenwelt der Bibel, Stuttgart 1992, 36 f.; *M. Zohary*, Pflanzen der Bibel, Stuttgart 1983, 162.

Das Hapaxlegomenon מכרה bedeutet eher »Grube«, in der man nach Salz gräbt, von כרה I »aushöhlen, graben«, als »Haufen« (nach mittelhebräischen, jüdisch-aramäischen und akkadischen Äquivalenten). Erstere Bedeutung wird durch das Tg gestützt, letztere durch LXX und Vg. Vgl. HALAT 551.

9f: MT גוי ist im Sinne des Qrē als »mein Volk« parallel zu עמי in entsprechender Bedeutung zu interpretieren. Die Defektivschreibung sollte allem Anschein nach eine Aufeinanderfolge von drei »י« (גויי ינחלום) vermeiden. Vgl. *E. Ben Zvi* 1991, 169.

Teil II: Zefanja 2,1–3,8:

Analyse

Literarkritische Frage

Der Wechsel von (eher prosaischer) Verheißungsrede von JHWH in 3. Person Zef 2,7d–e zu konstatierender Gottesrede in 1. Person 2,8–9 markiert nicht nur einen Strukturabschnitt, sondern einen literarischen Neueinsatz. Die Gottesspruchformel 9b verrät nur den auktorialen Standpunkt des impliziten menschlichen Sprechers der Gottesrede bzw. ihres Autors, keine literarische Zäsur. Die Verse 2,10 und 11 wechseln wieder zur besprechenden Rede von Gott in 3. Person. Sie sind im Gegensatz zu dem kolometrisch geformten Stück 2,8–9 nicht in syntaktisch-semantisch parallele Verszeilen gegliedert und insofern in Prosa gehalten. Zef 2,10 mit Rückverweis durch Demonstrativum זאת »dies« 10a auf die Gerichtsankündigung in 2,9 und mit Wiederaufnahme der anklagenden Feststellung V 8 in 10b–c bleibt ganz im Horizont der begründeten Unheilsansage 2,8–9. Zef 2,11 schließt zwar pronominal an die 3. ps.m.pl. von V 10 an (עליהם »über, gegen sie« 11a). Jedoch schlägt V 11 ein völlig neues Thema an. Es übersteigt in seiner universalen Tendenz und seiner theologischen Qualität weit das in 2,8–9 + V 10 Gesagte, auch die Komposition der Fremdvölkerworte 2,4–15 insgesamt.

Zusätze V 10 und V 11

Daher ist zunächst 2,8–10 als erweiterte Einheit auszulegen. Zef 2,11 ist ein literarischer Zusatz, der 2,8–10 voraussetzt, einen neuen Horizont eröffnet und in seiner eigenständigen Bedeutung dargestellt werden soll.

Zef 2,10 ist vor allem durch die genannten Merkmale der Wiederaufnahme von 2,8–9 her als Zusatz sicher ausgewiesen. Doch ist die begründete Unheilsansage 2,8–9 literarisch einheitlich? Für 2,8–9d können wir diese Frage (nach textkritischer Klärung von Satz 9b, s. o.) mit guten Gründen bejahen. Der Text lässt keine ausdrucks- oder inhaltsorientierte Spannung oder störende Doppelung erkennen. Er ist zudem konsequent aufgebaut (s. u. zur Struktur) und kolometrisch durchformt. Syntaktisch-semantische Parallelismen unterstreichen in den Verszeilen 8 I und II, 9 II und III die Gliederung in Kola. Schwurformel und Gottesspruchformel markieren in 9 I die Einführung der Strafansage. Erwägungen zur Rückführbarkeit auf Zefanja führen bei *M. Striek* (1999,151–158) und auch bei *K. Seybold* (Satirische Prophetie 1985, 48–50.111; ders., Komm. 106 f.) wie ähnlich schon bei *E. Sellin* (433) zu der Behauptung eines primären literarischen Kerns in Zef 2,9c–d bzw. in 9a–b + 9 III, der von Zefanja stammen soll. Auf Kriterien der textinternen Uneinheitlichkeit

Zusatz 2,9e–f

kann sich diese Lösung kaum berufen (s. u. Auslegung). Anders steht es mit den abschließenden Sätzen 2,9e–f. Sie fügen sich zwar nach Parallelismus und Kolometrie ausgezeichnet in ihren Vortext ein. Jedoch stehen sie in einer unübersehbaren und in der Exegese auch weithin anerkannten inhaltlichen Spannung zu ihrem unmittelbaren Vortext in 2,9c–d (Verszeilen 9 II und III). Während 9c–d Moab und den Ammonitern das Geschick Sodoms und Gomorras ansagt und das Bild eines der Verwilderung überlassenen und zur Unfruchtbarkeit verdammten (Salz-)Geländes und einer »Wüstenei für immer« ausmalt, sollen nach 9e–f die Angehörigen des Restvolks JHWHs Moab und die Ammoniter »ausplündern« und sogar »beerben«. Erleichternd mag wirken, dass die Verben in 9e–f sprachlich auf die Völkerschaften zielen, nicht direkt auf das verwüstete Land. Freilich sieht der Text schon in 9c–d die Völker und ihr Land in einer einzigen Perspektive zusammen. Das Beerben von Satz 9f (נחל) zielt in aller Regel auf das Land (Ex 23,30; 32,13; Jos 14,1, u.a.). Die literarische Spannung bleibt. Andererseits könnte man etwa auf Jer 49,2 hinweisen, wo die Gerichtsansage an die Ammoniter Zerstörung und Verwüstung impliziert und gleichwohl eine ähnliche Verheißung an Israel, das ihm zugedachte und vom

Nachbarvolk besetzte Land zu erben (יִרָשׁ), ergeht. Man kann verstehen, dass Kommentatoren wie *K. Elliger* (70.72 f.) und *J. J. M. Roberts* (200 f.) in Zef 2,9e–f keinen Zusatz erkennen wollen. Was jedoch den Spannungsgehalt in Zef 2,9 verschärft, ist die für den Vergleich mit Sodom und Gomorra charakteristische Vorstellung von einer »ewigen« Wüstenei (9 IIIC). Dazu kommt der Unterschied zwischen »mein Volk« (und seinem Gebiet) in V 8 einerseits und dem »Rest meines Volkes« in 9e–f andererseits. Nur der »Rest« setzt schon semantisch eine katastrophale Dezimierung voraus, ohne einen Hinweis zu geben, wie es dazu kommen konnte. Besagte Spannung löst sich am einfachsten wohl doch diachron: Zef 2,9e–f ist ein Zusatz, der indes trotz gleicher Tendenz kaum unmittelbar von derselben Hand stammt wie Zef 2,7 (so mit Recht *E. Ben Zvi* 1991, 170, gegenüber *B. Renaud* 1986, 15; ders., Komm. 229; einen Zusatz erkennen in neuerer Zeit u. a. *W. Rudolph* 276.282; *A. Deissler* 245; *J. Vlaardingerbroek* 142.144; *D. H. Ryou* 1995, 301).

Die Texteinheit in Gottesrede ist klar in Lagehinweis (Anklage) und Ankündigung **Struktur** (Straffolge) gegliedert. Letztere wird, wie für eine begründete Unheilsansage typisch, mit לָכֵן »darum« eingeführt und durch eine Gottesspruchformel hervorgehoben. Beides kennzeichnet auch die Unheilsansage in Zef 3,8 (ebenso Ez 5,11; 35,6). Die beiden Zefanjatexte 2,8–9 und 3,6–8 mit ihren so unterschiedlichen inhaltlichen Konstellationen entsprechen einander im Aufbau als begründete Unheilsankündigungen. Beide setzen unvermittelt mit konstatierenden Suffixkonjugationen in der 1. Person der Gottesrede ein, markieren den Wechsel zur Unheilsankündigung durch לָכֵן »darum«; beide entfalten die Straffolge jeweils im Prinzip spiegelbildlich zur Schuldfeststellung. 2,8–9 spricht allerdings von den vom Gericht Betroffenen einheitlich in der 3. Person, während 3,6–8 daneben auch die Anrede an die 2. Person verwendet. Kolometrisch lassen sich in 2,8–9 Verszeilen mit syntaktisch-semantischem Parallelismus und 3+3 Hebungen (8 I, II; 9 II, IV = 9e–f) von Verszeilen mit drei Kola und 2+2+2 Hebungen (9 I, III) unterscheiden.

Die folgende Übersicht über den Aufbau von Zef 2,8–9 orientiert sich vorab am Verhältnis der *handelnden* Textpersonen. Die Zweierkonstellation des Primärtextes (Gott – Israel gegenüber Moab und Ammonitern) wird durch den Zusatz 2,9e–f als Dreierkonstellation (Gott – Moab und Ammoniter – Volk bzw. Restvolk JHWHs) akzentuiert.

1. **Konstatierende Anklage V 8 (Gottesrede):**
    a. »Ich habe gehört«:
    b. Hohn Moabs und der Ammoniter
       gegen »mein Volk« / »ihr Gebiet«
2. **Ankündigung der Straffolge 9a–d ⟨+9e–f⟩ (Gottesrede):**
    a'. »Darum, so wahr ich lebe!« 9a,
        »Spruch JHWHs, des Gottes Israels« 9b
    b'. Volk und Land Moabs und der Ammoniter:
        »Wüstenei für immer« 9c–d
    ⟨c.⟩ ⟨»Der Rest meines Volks«
         plündert und beerbt sie 9e–f⟩

Teil II: Zefanja 2,1–3,8:

Auslegung

Die als Gotteswort formulierte Gerichtsrede gegen Moab und die Ammoniter setzt mit dem Lagehinweis ein, in dem JHWH seine Wahrnehmung der Schuld anklagend und indirekt auch drohend feststellt.   V 8

JHWHs »Hören«
   שמעתי »ich habe gehört« als Feststellung in der 1. Person der Gottesrede lässt stets ein göttliches Eingreifen erwarten. Wenn JHWH seine Wahrnehmung bekundet, zielt dies im positiven Sinne auf Abhilfe, im negativen auf ein richtendes Einschreiten. So reagiert JHWH von sich aus auf die wahrgenommene Not, das Klage- und Angstgeschrei seines Volks (Ex 3,7; 6,5; Dtn 5,28; Jer 31,18) wie auf dessen Murren (Ex 16,12; Num 14,27).[60] Er gibt kund, flehentliches Gebet schon »erhört« zu haben (1 Kön 9,3 / 2 Chr 7,12; 2 Kön 19,20; 20,5 / Jes 38,5; 2 Kön 22,19 / 2 Chr 34,27; vgl. die Erhörungsverheißungen Ex 22,26; Jer 29,12). Zef 2,8 am nächsten kommt jedoch das nachdrückliche »ich habe gehört« von Ez 35,12.13 in einer Gottesrede gegen Edom und dessen Schmähungen gegen »die Berge Israels« sowie gegen Edoms »Großtun« (wie Zef 2,8 IIB!) in frechen Reden gegen JHWH. Dieser sicher erst aus der Exilszeit des 6. Jhs. stammende Text kann ebenso wie die an JHWH gerichtete exilische Klage in Klgl 3,61 »du hast ihr (d. h. der Feinde) Schmähen (חרפתם) gehört« den literarischen und sachlichen Horizont von Zef 2,8 verdeutlichen.

Die Schuld: Hohn und Schmähung
   Die beiden Verszeilen von V 8 benennen gleich vierfach das lästerliche Verhalten Moabs und der Ammoniter: zweimal nominal (8 I) in den Synonymen חרפה (das) »Höhnen« und גדופים »Schmähungen, Lästerungen« (vgl. Ez 5,15), dazu zweimal verbal (8 II) in der Parallele von חרף II im D-Stamm »(herausfordernd) schmähen« und גדל im H-Stamm »sich groß machen, großtun (gegen)« (vgl. Ijob 19,5). Die Partikel אשר als Relativpartikel oder auch als Konjunktion (»weil«) führt die beiden untergeordneten Verbalsätze ein, die den Gegenstand der Lästerungen angeben: JHWHs Volk und dessen Gebiet (Grenze). Wenn 2,8 IIB sagt, dass Moab und die Ammoniter gegen das Gebiet des JHWH-Volks »großtaten«, wird dies Ambitionen auf israelitisches Gebiet verraten (vgl. Ez 35,12–13). Jedoch legen die kontextuellen Synonyme so nachhaltig den Akzent auf Schmähung und Hohn, dass auch in 8 IIB eher an herabsetzende Großmäuligkeit als an tatsächliche Einfälle in Israels Gebiet zu denken ist (s. o. zur Übersetzung von V 8). Zef 2,8 dürfte an eine längere Geschichte von Feindseligkeiten, die auch Übergriffe in das Nachbargebiet einschließen, erinnern. Charakteristisch jedoch ist, dass sie ganz unter dem Vorzeichen von Spott und Schmähung gesehen wird. Der vierfache Ausdruck der Lästerung zeigt das Vollmaß der Schuld

---

[60] Vgl. zum Motiv der Notwahrnehmung Gottes und zum Motiv der Erhörung eines Gebetsrufes H. Irsigler, Erhörungsmotiv und Ismaelname in Gen 16,11 und 21,17, in: M. Görg (Hrsg.), Die Väter Israels. FS J. Scharbert, Stuttgart 1989, 107–138.

an. Wenn JHWH von »meinem Volk« spricht (Ex 3,7.10; 5,1; 7,4, u.a., Jes 1,3; 3,12.15; 10,2, u.a.) und es der Lästerung ausgesetzt sieht, dann steht seine göttliche Ehre und Macht selbst auf dem Spiel.

Prophetische Völkerorakel gegen Moab (Am 2,1–3; Jes 15–16; 25,10–12; Jer 48; Ez 25,8–11) geißeln auch sonst den aus der Sicht der Verfasser für Moab geradezu charakteristischen hochfahrenden Stolz: Jes 16,6; 25,11. Jer 48,26.42 spricht von Moabs »Großtun« gegen JHWH!, Jer 48,27 von seinem Spott gegen Israel, V 29–30 von seinem maßlosen Stolz. Ez 25,8 klagt Moabs Schadenfreude über Judas Unglück an. Die Texte stammen aus exilischer (Jer 48; Ez 25) oder aus nachexilischer (Jes 25,10b–11) Zeit. Höchstens Jes 16,6–7 (6–12) als Vorlage von Jer 48,29–33 könnte noch spätvorexilisch sein, doch ist auch eine spätere Datierung möglich (vgl. H. Wildberger, BK X/2 [1978], 603 f.605–611.624–626; R. Kilian, Jes II: NEB 1994, 108 ff.).

Ähnliche Vorwürfe gegen die Ammoniter wie in Zef 2,8 werden auch in weiteren prophetischen Fremdvölkerworten gegen das Nachbarvolk laut (Am 1,13–15; Jer 9,25; 49,1–6; Ez 21,33–37; 25,1–7). Es handelt sich um Texte, die jedenfalls aus der Zeit der neubabylonischen Herrschaft in Palästina (605–539 v. Chr.) stammen: Jer 49,4 (1–5.6) rügt die überhebliche Selbstsicherheit der Ammoniter, die sich Gebietserweiterungen im Stammesgebiet von Gad erlaubten (V 1–2). In Ez 21,33 (33–34.35–37) begründet ein prophetischer Bearbeiter das angekündigte Wüten des »Schwertes« (der Neubabylonier) gegen die Ammoniter mit ihrem »Höhnen« (חרפה) – gewiss angesichts des Falls von Jerusalem! Eben diese höhnische Schadenfreude der Ammoniter über die Verwüstung des Jerusalemer Tempels und des »Landes Israels« nehmen auch die Gerichtsworte Ez 25,1–5 in V 3 und Ez 25,6–7 in V 6 aufs Korn.

Unter allen Fremdvölkertexten steht Ez 25,1–11 dem Gerichtswort Zef 2,8– 9 unübersehbar nahe, und zwar in doppelter Hinsicht: (1.) Wenn auch nicht unmittelbar in einer einzigen Spruchheit wie im Zefanjatext, so sind doch Ammoniter und Moab als östliche Nachbarvölker Judas in Ez 25 besonders eng verknüpft. Die Ammoniter (Ez 25,1–5, fortgeschrieben in 25,6–7) werden sogar im Wort gegen Moab (Ez 25,8–11) in der Strafansage noch einmal ausdrücklich bedroht (Ez 25,10)! (2.) Grund der angekündigten Vernichtungsstrafe ist in Ez 25,3.6 und 8 Hohn und Schadenfreude der beiden Nachbarvölker, ganz ähnlich wie in Zef 2,8. Jedoch sind die Schmähungen in Ez 25 eindeutig situiert: es ist der Untergang Jerusalems und Judas durch die Neubabylonier. Die Texte blicken ganz unzweifelhaft auf die Ereignisse von 586 v. Chr. zurück (vgl. Ez 21,33!). Auch Zef 2,8 spricht mit großer Wahrscheinlichkeit von diesen Erfahrungen her. Jedoch vermeidet der Zefanjatext eine eindeutige Festlegung. Er greift weiter aus und stellt das überhebliche und höhnische Verhalten der beiden Nachbarvölker gegenüber dem JHWH-Volk resümierend und grundsätzlich fest.

Nähe zu Ez 25,1–11

Zef 2,8 führt »Moab« und »die Söhne Ammons« als Namen von *Völkerschaften* östlich des Toten Meeres und im Ostjordanland ein (מואב als *mʾb* in der moabitischen Mescha-Inschrift vom ausgehenden 9. Jh. v. Chr., vgl.

Moab und Ammoniter in V 8–9

A. *Dearman*, Studies in the Mesha Inscription and Moab, Atlanta, GA 1989, 93–130; בני עמון als *bn ʿmn* in der ammonitischen Inschrift auf einer Bronzeflasche vom Tell Siran, wohl um 600 v. Chr., vgl. *U. Hübner* 1992, 26–30). Vgl. oben Abb. 18 (zu Zef 2,4). Auf der Ebene der Komposition Zef 2,4–15 bilden die beiden Völker, von Juda und Jerusalem aus gesehen, das östliche Pendant zu den Philistern im Westen (2,4–7). In der Gerichtsansage von Zef 2,9 jedoch stehen »Moab« und »die Söhne Ammons« metonymisch für das von diesen Völkerschaften bewohnte Territorium. Während der Name Moab sowohl das Volk (des Gottes Kamosch Num 21,29) als auch das von ihm bewohnte Land bezeichnet (Num 21,11; Ri 3,30; Jer 48,4), ist die Bezeichnung »Söhne Ammons« der gewöhnliche Name des Volks der Ammoniter in der Bibel. Wie die Tell Siran-Inschrift (s. o.) ausweist, geht dieser Name auf eine Selbstbezeichnung der Ammoniter zurück. Nur zweimal findet sich bloßes »Ammon« für die Ammoniter (Ps 83,8 und 1 Sam 11,11). Das Schillern von בני עמון »Söhne Ammons« zwischen Volksbezeichnung und Landesname, wie es am Verhältnis von Zef 2,8 zu 2,9 zu bemerken ist, hat eine auffallende Parallele in Ez 25,2–5: Die »Ammonssöhne« von V 2 und 3a werden in der Botenrede von V 3–4 in der 2. ps.f.sg. im Sinne von »Land der Ammoniter« angeredet!

Exkurs: Zur Geschichte des Verhältnisses Israels zu Moab und Ammon als Hintergrund von Zef 2,8–9

Die spöttische Sage von der anrüchigen Herkunft der Stammväter »Moab« und »Ben-Ammi« aus der Verbindung der Töchter Lots mit ihrem (betrunken gemachten) Vater in Gen 19,30–38 wirft ein bezeichnendes Licht auf die Einschätzung der beiden Nachbarvölker in Israel bzw. Juda. Darin spiegeln sich die wechselvollen und im ganzen eher feindschaftlichen Beziehungen Israels zu Moab und den Ammonitern von der Richterzeit der Israel-Stämme bis zum Untergang Jerusalems 586 v. Chr. wider. – Zur textlichen Bezeugung, Geschichte, Kultur und Religion der Moabiter und Ammoniter vgl. zusammenfassend die Artikel in NBL I, Lfg. 1 (1988), 88–90 *(M. Görg)* und NBL II, Lfg. 10 (1995), 826–829 *(S. Timm)*; OEANE 1 (1997) 103–105 *(L. G. Herr)*; OEANE 4 (1997) 38–39 *(J. M. Miller)*; Le Monde de la Bible 46 (1986); zu Moab insbesondere *A. Dearman* 1989 (s. o.); *S. Timm* 1989; *U. Worschech* 1990; zu den Ammonitern insbesondere *U. Hübner* 1992; *B. MacDonald / R. W. Younker* 1999. Vgl. oben die Literatur zu Zef 2,8–9.10! – Vom Verhältnis Israels zu den beiden östlichen Nachbarn zeugen historisch freilich kaum verifizierbare Texte der Landnahmeüberlieferung wie Num 21,21–34, die Überlieferungen vom Seher Bileam in Num 22–24 oder die Geschichte vom Retter Ehud in Ri 3,12–30 (vgl. auch Ri 10,6–9; 10,17–12,4; 1 Sam 11; 14,47). David machte die Moabiter und Ammoniter tributpflichtig (2 Sam 8,2.12, vgl. 2 Sam 10,1–11,1; 12,26–31). Tributpflicht gegenüber dem König von Israel wie auch Abfall von ihm wird noch vom Moabiterkönig Mescha berichtet (2 Kön 3,4–26). Auf seiner berühmten Stele aus der zweiten Hälfte des 9. Jh. v. Chr. (KAI Nr. 181; TUAT I, 646–650; *A. Dearman* 1989) rühmt er

Zef 2,1–15: Drohung und Mahnung an das Volk von Juda

sich, das Gebiet nördlich von Dibon der Kontrolle Israels entrissen zu haben. Wie die Machtverhältnisse und Zugehörigkeiten im transjordanischen Gebiet wechseln konnten, so werden auch unterschiedliche Besitzansprüche laut. Am 1,13 klagt die Ammoniter wegen der Grausamkeiten an, die sie bei der Erweiterung ihres Gebiets im israelitischen Gilead begangen haben (im Ostjordanland südlich des Jabbokflusses). Jer 49,1–5.6 beklagt ähnlich, dass die Ammoniter vom Gebiet des Stammes Gad Besitz ergriffen haben und kündigt als Vergeltung die Einnahme ammonitischen Gebiets durch Israel an (V 1–2), vgl. Zef 2,9e–f! Ostjordanischer Landbesitz der Rubeniter und Gaditer in moabitischen bzw. ammonitischen Territorien wird in Num 32 legitimiert (vgl. Jos 13,15–33). Konträr dazu behauptet der deuteronomistische Rückblick in Dtn 2,18–19, dass JHWH das Land der Ammoniter nicht Israel, sondern den »Söhnen Lots« zum Erbbesitz gegeben habe, weshalb Israel den Ammonitern nicht feindlich begegnen solle! (Vgl. zu den unterschiedlichen biblischen Positionen in der Frage des ostjordanischen Landbesitzes Israels M. *Weinfeld*, The Extent of the Promised Land – the Status of Transjordan, in: G. *Strecker* [Hrsg.], Das Land Israel in biblischer Zeit, Göttingen 1983, 59–75.)

Die Könige von Moab und Ammon waren im 7. Jh. v. Chr. nicht weniger als Manasse von Juda Vasallen der Assyrer Asarhaddon und Assurbanipal (ANET 291.294; TUAT I, 397; S. *Timm* 1989, 360–366.371–373). Ihr Gebiet war nie assyrische Provinz. Als um die Mitte des 7. Jhs. kedarenisch-arabische Streifscharen in Moab eingefallen waren, besiegte sie der moabitische König und lieferte den König von Kedar gefangen an Assurbanipal in Ninive aus (Text bei S. *Timm* 1989, 374–383), ein Beweis der Loyalität wie auch der militärischen Potenz Moabs. Es ist unwahrscheinlich, dass später Joschija von Juda eine Gebietsausdehnung gegen Moab und Ammon intendiert und dass Zef 2,8–9 ein solches Vorhaben unterstützt haben sollte (so z. B. J. *Vlaardingerbroek* 143)! Nach 2 Kön 24,1–2* soll der babylonische Großkönig Nebukadnezzar wegen einer Rebellion des Jojakim von Juda um 600 v. Chr. (wohl nach dem ägyptisch-babylonischen Krieg vom Winter 601/600 v. Chr.) zur Strafe Streifscharen u. a. der Moabiter und Ammoniter gegen Juda geschickt haben. Die beiden Völker waren ebenso wie Juda schon Vasallen der Neubabylonier geworden. Trifft dies zu, so muss sich die Situation nach der ersten Eroberung Jerusalems durch die Babylonier 597 v. Chr. und nach der Einsetzung Zidkijas als König von Juda innerhalb einiger Jahre geändert haben. Denn nach Jer 27,3 fanden sich Gesandte aus Edom, Moab, Ammon, Tyrus und Sidon in Jerusalem ein; es liegt nahe, an die Bildung einer antibabylonischen Koalition zu denken. Im Rückblick auf den Fall Jerusalems 586 v. Chr. klagen Fremdvölkerworte im Ezechielbuch die höhnische Schadenfreude vor allem der Ammoniter, aber auch der Moabiter an (Ez 21,33–37; 25,1–5.6–7.8–11; Edomiter und Philister dagegen werden hier wegen ihres rachsüchtigen Verhaltens angeklagt in Ez 25,12–14.15–17). Andererseits erfahren wir aus Jer 40,11–12, dass Judäer vor den Babyloniern in das Gebiet von Moab und Ammon (und Edom) geflohen waren. Nach Josephus Flavius (Ant. X, 9, 7 [§ 181f]) hat Nebukadnezzar im 5. Jahr nach der Zerstörung Jerusalems bzw. in seinem 23. Regierungsjahr die Moabiter und Ammoniter kriegerisch unterworfen und sich diese Völkerschaften »gehorsam« gemacht (582/581 v. Chr.; nach Jer 52,30 ist es das Jahr der dritten Wegführung von Judäern). Die Nachricht lässt sich nicht sicher verifizieren. Gleichwohl hat sie einige Plausibilitätsgründe für sich: In Ez 21,23–32 erscheinen Rabbat-Ammon und Jerusalem (wegen Untreue und Abfall von Babel) in gleicher Weise bedroht. Der Ammoniterkönig Baalis (*bᵉlyś »Baal hat geholfen«) konspiriert mit dem Judäer Jischmael aus königlichem Geschlecht, um den von Nebukadnezzar

Teil II: Zefanja 2,1–3,8:

eingesetzten Statthalter Gedalja ermorden zu lassen (Jer 40,14; 41,1–2). Dies konnte nicht ohne Antwort von Seiten der Babylonier bleiben. *L. G. Herr* (1999, 232) sieht in der Bildung des ammonitischen Verwaltungszentrums für die Weinherstellung auf dem *Tell el-ʿumērī*, das bis in die persische Periode hinein archäologisch bezeugt ist, eine Folge der bei Josephus berichteten Unterwerfung Ammons, das Tribut durch Weinlieferung zu leisten hatte (vgl. auch oben die Einleitung zu Zef 2,4–15 zur Frage der zeitgeschichtlichen Bezüge). *U. Hübner* (1992, 205–208) vermutet eine Eingliederung des ammonitischen Staates in das neubabylonische Provinzsystem nach 582/581 v. Chr., bis die Ammonitis schließlich persische Subprovinz von Samaria wurde.

Gottesschwur Mit לכן »darum« (wie Zef 3,8a) und der Gottesschwurformel חַי אָנִי »so wahr 9a–b
ich lebe!« führt die Gottesrede in V 9 mit allem Nachdruck die Unheilsansage als Straffolge nach der Anklage von V 8 ein. Im Alten Testament schwört nur Gott bei seinem eigenen Leben, keine andere Person (vgl. im NT Hebr 6,13–16). Daher kann man חַי אָנִי als eine Umsetzung der häufigen Schwurformel »beim Leben JHWHs / Gottes« (Constructus-Verbindung חַי יהוה, usw.) in die direkte Gottesrede verstehen: »bei meinem Leben!« (»beim Leben: ich!«, vgl. mit Belegangaben Gesenius[18] 342, II.2.). Die göttliche Selbstaussage »so wahr ich lebe!«, die insgesamt 23mal im Alten Testament begegnet (einschließlich Dtn 32,40), findet sich allein 16mal im Ezechielbuch – wohl doch ein Hinweis darauf, dass gerade in der exilischen Epoche Judas im 6. Jh. (seit 597 v. Chr.) mit ihren Anfechtungen und Verunsicherungen im JHWH-Volk die eidliche Bekräftigung des prophetischen Gottesworts als notwendig empfunden wurde. Es ist bezeichnend, dass auf das חַי אָנִי des Gottesschwurs stets die Gottesspruchformel נאם יהוה »Spruch JHWHs« folgt (in Ez 5,11 und 35,6 wie in Zef 2,9a–b mit לכן »darum« eingeleitet). Zef 2,9b erweitert die Gottesspruchformel durch die Apposition »Gott Israels« und unterstreicht um so mehr das Gewicht und die Verlässlichkeit des so eingeführten Gottesspruchs. Demselben Zweck dient die textlich sekundäre Erweiterung des Gottesnamens durch »Zebaot« (s. o. zum Text). Die Bezeichnung »JHWH Zebaot, der Gott Israels« kommt hauptsächlich und sehr häufig (über 30mal) im Jeremiabuch vor, sie akzentuiert in der späten Endgestalt des Zefanjatextes die weltüberragende Macht JHWHs wie auch seine besondere Zuwendung zu dem erwählten Israel (einen zionstheologischen Hintergrund dieser Gottesbezeichnung erkennt *J. J. M. Roberts* 200).

In der erweiterten Gottesspruchformel von 2,9b gibt sich der prophetische Sprecher bzw. Autor des Gottesworts zu erkennen. Wenn er den Anspruch erhebt, im Namen des »Gottes Israels« zu sprechen, so zielt sein Gotteswort auf Adressaten, die sich als »Israel« verstehen. Es sind Menschen, die wissen sollen, dass JHWH sie »mein Volk« nennt (8 IIA) und dass er als Israels Gott ganz auf ihrer Seite steht. Wir treffen auf ein großes Trostbedürfnis dieses Israelvolks, das sowohl der Text Zef 2,8–9 als auch die ganze Fremdvölkerwortkomposition in ihrer Endgestalt voraussetzt.

Zef 2,1–15: Drohung und Mahnung an das Volk von Juda

9c–d Nach der gewichtigen und feierlichen Einleitung der Unheilsansage in 2,9a–b unterstreicht auch noch emphatisches כי »ja, wahrhaftig!« 9c, das den gesamten Inhalt des Gottesschwurs markiert, die Gewissheit des angekündigten Verderbens. Als Modalwort leitet die Partikel gemäß einem geprägten Sprachgebrauch positive Schwursätze ein (z. B. Gen 42,16; 1 Sam 14,44; 26,16, vgl. Joüon / Muraoka II § 165e). Die Sätze 9c–d (= 9 II–III), unablösbar an 9a–b zurückgebunden, verknüpfen als konsequente Antwort auf das verächtliche Verhalten von Moabitern und Ammonitern gegen »Volk« und »Gebiet« Israels V 8 eben diese beiden Elemente im künftigen Geschick der beiden Nachbarvölker (s. o. zu V 8). Es ist das traditionell bekannte Geschick der beiden Städte Sodom und Gomorra, wie es in dem literarisch komplexen Erzählzusammenhang Gen 18,16–19,29 geschildert wird (bes. 19,23–29). Während Lot einstmals durch göttliche Fügung aus dem Untergang der Städte, in denen er gewohnt hatte (19,19), gerettet wurde, sollen nun Moab und die Ammoniter, Lots Nachkommen (Gen 19,30–38!), das Schicksal des verruchten Sodom bzw. der beiden berüchtigten Städte (vgl. *M. J. Mulder*, ThWAT V [1986] 756–769) erleiden. Die Rettung aus der Katastrophe, die dem Stammvater vergönnt war, wird seinen Nachkommen nicht mehr gelingen!

Vergleich mit Sodom und Gomorra

Sodom und Gomorra bzw. Sodom allein dienen schon Jesaja als Paradigma schändlichen Verhaltens (Jes 1,10; 3,9; vgl. Dtn 32,32; Jer 23,14; Ez 16,46.48.49.55.56; Klgl 4,6). Die Zerstörung der beiden Städte bzw. Sodoms allein wird zu einem Prototyp des göttlichen Gerichts (vgl. *W. F. Fields* 1997, 158–171 [155–184]). Als solches wird das Motiv der Zerstörung Sodoms und Gomorras im Wesentlichen nur in Texten der exilischen Epoche bzw. seit dem Exil verwendet (so im Zusatz Jes 1,9, vgl. *H. Barth*, Die Jesaja-Worte in der Josiazeit, Neukirchen-Vluyn 1977, 190f., gegen *M. Striek* 1999, 155; vgl. ebenso Am 4,11 gegen Israel und entsprechend Dtn 29,22; die Glosse Jes 1,7d* sowie Jes 13,19 und Jer 50,40 gegen Babel und Jer 49,18 gegen Edom; ferner Jer 20,16; Hos 11,8; Weish 10,6–7). Der sprichwörtliche Vergleich mit Sodom und Gomorra lebt in außerkanonischen Schriften des frühen Judentums (z. B. im Jubiläenbuch 22,22 und 36,10) und im Neuen Testament fort (Mt 10,15; 11,23–24; Lk 10,12; 17,29; Röm 9,29; 2 Petr 2,6; Jud 7; Offb 11,8).

Wenn in Zef 2,9c–d Moabs künftiges Geschick mit jenem Sodoms und das Geschick der »Söhne Ammons« mit Gomorra verglichen wird, so darf man daraus keine unterschiedliche Gewichtung der beiden Nachbarvölker folgern. Wie in 2,8 I die »Söhne Ammons« aus kolometrischen Gründen (3+3 Hebungen) an zweiter Stelle stehen, so ordnet sie Satz 9d der Stadt Gomorra aus Gründen des Lautgleichklangs zu: עמון – עמרה. Zef 2,9 III entfaltet die Kontextbedeutung des Vergleichs mit Sodom und Gomorra: »ein Wucherplatz (›Erbbesitz‹, s. o. zum Text) für Nesseln« – »eine Salzgrube« – »eine Wüstenei für immer« (vgl. שממה Zef 1,13b; 2,4b, auch 2,15d). Die Totalität und Endgültigkeit der Zerstörung ist besonders charakteristisch für diesen Vergleich mit den beiden berüchtigten Städten (z. B. Jer 49,18; 50,40; Jes

Bild der Verwüstung

13,19–22). Diese Beschreibung will ohne Zweifel Vorstellungen von den Orten wachrufen, wo man die einstigen Städte vermutete (an der Westseite des Toten Meeres, ohne dass sich eine genauere Lokalisierung angeben ließe). Das Bild der Vernichtung, das Zef 2,9 III entwirft, wird eindringlich durch einen Text wie Dtn 29,22 illustriert, der die Sodom-Tradition von Gen 19 her aufnimmt und transformiert (vgl. *W. F. Fields* 1997, 160 f.). Danach werden die »Schläge« (V 21) von JHWH her, die den israelitischen Bundesbrechern angedroht werden (vgl. V 20), das Land treffen: »Schwefel und Salz, eine Brandstätte ist sein ganzes Gelände, nicht kann es besät werden und nichts lässt es sprossen und keinerlei Kraut wächst darauf – wie bei der Zerstörung von Sodom und Gomorra, Adma und Zebojim, die JHWH in seinem Zorn und Grimm (völlig) zerstört hat.« Ein Salzboden ist auch sonst Inbegriff dauernder Unfruchtbarkeit und Unbewohnbarkeit des Landes (Jer 17,6; nach Ri 9,25 ist das Ausstreuen von Salz auf das Gelände einer zerstörten Stadt eine Maßnahme völliger Vernichtung). Gerade der Vergleich mit Dtn 29,22 deutet darauf hin, dass auch in Zef 2,9 Motive von sog. Vertragsflüchen, die den Vertragspartnern für den Fall des Verstoßes angedroht werden, anklingen (vgl. *D. R. Hillers* 1964, 74–76; *F. C. Fensham* 1962, 48–50).

Zusatz 2,9e–f   Der Zusatz 2,9e–f, kolometrisch passend angeschlossen (Verszeile 9 IV), ⟨9e–f⟩ ergreift Partei für »den Rest meines Volks« – nach der Katastrophe des staatlichen Untergangs Judas und des Exils. Der Zusatz führt die Gottesrede fort und ergänzt das Bild der Zerstörung von 9c–d durch die Ankündigung, dass das Restvolk selbst kriegerisch gegen seine feindlichen Nachbarn im Osten einschreiten werde, nachdem es in Zef 2,8–9d nur passiv Gegenstand der Schmähung war bzw. die kommende Zerstörung von Land und Volk der Nachbarn nur wahrnehmen sollte. Die Sätze 9e–f denken zum einen an kriegerische Unterwerfung und Ausbeutung (בזז »erbeuten, ausplündern« Gen 34,27.29; Dtn 20,14; Jer 20,5; ganz ähnlich in den Ankündigungen zu Gunsten Israels in Jes 11,14; Ez 39,10). Zum anderen ist von der Inbesitznahme des fremden Landes und seiner völligen politischen Abhängigkeit die Rede; נחל »beerben, in Besitz nehmen« (vgl. Jes 14,2) erinnert an die Landnahmetradition Israels (Ex 23,30; 32,13; Jos 14,1). Im Völkerwort über die Ammoniter Jer 49,1–2.3–5.6 verheißt die Gottesrede, dass Israel jene beerben werde, die das Stammesgebiet von Gad in Besitz genommen haben (ירש

Spiegelstrafe   »in Besitz nehmen, beerben, vertreiben« 49,1.2). Ähnlich versteht sich wohl auch der Zusatz Zef 2,9e–f als Ankündigung einer Art ›Spiegelstrafe‹ (vgl. Jes 14,2; Jer 48,26; Ez 39,10; Obd 17.18)! Das bedeutet, dass – von 9e–f her gesehen – die Schmähungen und das Großtun der Moabiter und Ammoniter gegen Israels Gebiet von V 8 nicht nur als großsprecherische Gebietsambitionen erscheinen, sondern dass wahrscheinlich auch an feindliche Übergriffe auf Israelgebiet gedacht ist.

»Rest meines   Zef 2,9e–f steht mit seiner Rede vom »Rest meines Volks« (שארית עמי),
Volkes«   bezogen auf den »Gott Israels« (אלהי ישראל 9b), näher bei dem »Rest Isra-

els« von Zef 3,12–13, den JHWH in Jerusalem als »ein armes und niedriges Volk« (עָם!) übrig lassen wird, als bei dem »Rest des Hauses Juda« von 2,7 (s. dort!). Andererseits verbindet das Motiv der Inbesitznahme des Landes feindlicher Nachbarvölker die beiden Zusätze 2,7 und 2,9e–f. Daher erscheint der Zusatz in 2,9 auf Buchebene als eine Art Bindeglied zwischen 3,12–13 und 2,7 (vgl. *E. Ben Zvi* 1991, 310). »Der Rest meines Volkes« von 2,9e hat seine nächste Entsprechung in der Rede vom שְׁאֵרִית הָעָם, dem »Rest des Volkes« in den frühnachexilischen Prophetien Hag 1,12.14; 2,2 und Sach 8,6.11.12 sowie in Jer 41,16 und Neh 7,71. Für יֶתֶר גּוֹי »was übrig ist vom Volk / von der Nation« findet sich keine exakte Formulierungs- und Bedeutungsparallele (vgl. aber Jos 23,12; Hab 2,8 und Ri 7,6; 1 Sam 30,2 u. a.). Der Parallelismus lässt für Zef 2,9e // f keinen Bedeutungsunterschied der Subjektssubstantive erkennen. Jedoch wird עַם »Volk« in Zef 2,9e (wie in 2,8 IIA) wie häufiger auch sonst Verwandtschaft und Zugehörigkeit (nach innen) konnotieren, während גּוֹי »Volk, Nation (Staatsvolk mit Territorium)« Israel eher in der Außenperspektive gegenüber anderen Völkern als politischen und territorialen Größen sieht. Damit bringt der Terminus גּוֹי stärker ein nationales Moment ins Spiel (vgl. z.B. *A. R. Hulst*, THAT II (1976) 303 f.315–318).

Trotz ihrer gleichgerichteten Tendenz werden die Zusätze Zef 2,9e–f und 2,7 (s. dort!) nicht von demselben Bearbeiter stammen. Vermutlich geht 2,9e–f dem prosaischen Zusatz 2,7 schon voraus. Dafür könnte das erwähnte Verhältnis zu Zef 3,12–13 sprechen, ein Text, der von beiden Zusätzen vorausgesetzt wird, dazu auch die emotionale Schärfe im Zusatz von 2,9, die noch deutlich auf die in 2,8–9d vorausgesetzte demütigende Erfahrung in der exilischen Zeit nach 586 v. Chr. reagieren dürfte. Außerdem scheint auch die Nähe von Zef 2,9e–f zu den wohl durchwegs der exilischen Epoche angehörenden prophetischen Texten mit dem Motiv der sog. Spiegelstrafe (s.o., bes. Jer 49,1–2 im Kontext von 1–5; Obd 17.18!), ferner auch der terminologische Bezug zu den genannten frühnachexilischen Texten in Hag und Sach in diese Richtung zu weisen. Zef 2,7 steht mit seinen Bezügen zu Jer 29,14 und Zef 3,20 noch deutlicher in nachexilischem Horizont (s. o. zu Zef 2,7d–e!). Eine einigermaßen sichere Entscheidung ist freilich nicht möglich. In jedem Fall vereinen Zef 2,7 und 2,9e–f die Erwartung und Vorstellung der nachexilischen literarisch-prophetischen Verheißung von Jes 11,14, dass das Restvolk (Jes 11,11) der Verstreuten Israels und Judas (11,12) sein Gebiet nach Westen und Osten erweitern wird (s. o. zu Zef 2,7a).

Verhältnis von 2,9e–f zu 2,7

(V 10) Der Zusatz Zef 2,10 wirkt insgesamt wie eine kräftige Unterschrift, eine eindringliche Bestätigung des Gotteswortes in 2,8–9, nun aber in Rede von Gott in der 3. Person: Eine menschliche – ›prophetische‹ – Stimme gibt Gott die Ehre, in einer Art doxologischen Rede, die die Schuld des Sünders anerkennt und die Rechtmäßigkeit des im Gottesschwur von 2,9 angekündigten Verderbens unterstreicht. Nur dass hier nicht die Schuldigen selber das anerkennende Wort ergreifen (wie dies etwa Achan gegenüber Josua in Jos

Zusatz 2,10

Teil II: Zefanja 2,1–3,8:

7,19–20 tut), sondern ein Dritter als Zeuge der Anklage und des Urteilsspruchs.

Das Demonstrativum זאת »dies« von 10a bezieht sich nicht nur auf den Zusatz 2,9e–f zurück, um gegen die Auffassung von 2,8.9a–d zu polemisieren (so W. Rudolph 282). Vielmehr fasst es den ganzen Inhalt des Gottesschwurs V 9 zusammen, wie er sich jetzt mit der Spannung zwischen 9c–d und 9e–f darbietet. Dafür spricht der doxologische Aspekt von V 10, aber auch die resümierende Aufnahme der Anklage V 8 in den Begründungssätzen 10b–c.

Als Quintessenz der Anklage nennt 10a גאונם »ihr Stolz«. Es ist das Toposwort in prophetischen Fremdvölkerworten für das Moab zugeschriebene anmaßende Verhalten (Jes 16,6 und Jer 48,29[-30]!, vgl. Jes 25,11; Jer 48,26–27.42). Die beiden näher erläuternden Begründungssätze 10b–c (als ein abhängiger erweiterter כי-Satz »denn, weil«) nehmen die beiden Relativsätze (bzw. Kausal- oder Objektsätze) von V 8 II auf. Nun aber richtet sich das »Höhnen« und »Großtun« ausschließlich gegen »das Volk« JHWHs, nicht mehr gegen dessen Gebiet. Im Blickfeld steht ein »Volk«, das jedenfalls nicht durch sein Territorium oder Staatsgebiet charakterisiert ist, sondern allein durch seine Zugehörigkeit zu JHWH. Es ist, anders als im Primärtext von 2,9b, jetzt ausdrücklich »JHWH Zebaot«, dem Israel (vgl. 9b) angehört. Das Epitheton »Zebaot« steigert die Vorstellung der Macht-Aura des Gottes Israels. Um so schwerer erscheint die Schuld, um so berechtigter und gewisser wird im Sinne von V 10 die strafende Vergeltung kommen.

Situation und Sinn

Das Gerichtswort Zef 2,8–9* mit seinen Erweiterungen steht in der Komposition der Fremdvölkerworte im Zefanjabuch unter dem Vorzeichen des Zorntags JHWHs (vgl. Zef 2,3d). Zef 2,8–10 lässt sich am ehesten aus der Situation der exilischen sowie der nachexilischen Zeit Judas verstehen. Der Primärtext 2,8–9d erinnert in seiner Anklage gegen Moab und die Ammoniter an ähnliche Vorwürfe wie Stolz, Schadenfreude und Hohn in weiteren Fremdvölkerorakeln im Wesentlichen aus der exilischen Epoche. Ganz besonders war auf Ez 21,33 f. und noch mehr auf Ez 25,1–11(1–5.6–7.8–11) hinzuweisen, s. o. zu V 8. Diese Texte stammen unzweifelhaft aus der Zeit nach dem Fall Jerusalems 586 v. Chr. Sie sprechen entschieden für eine ähnliche Datierung von Zef 2,8–9d. Die enge Beziehung zwischen Zef 2,8–9 und Ez 25,1–11 kommt auch in mittelalterlichen jüdischen Midraschim überraschend deutlich zu Wort (Midrasch Klagelieder Rabba, Vorwort IX; I.10,38). Versuche, den Zefanjatext mit den Ereignissen von 2 Kön 24,1–2 in Verbindung zu bringen und ihn daher etwa um 600 v. Chr. zu datieren

Zur Datierung

(G. Krinetzki 1977, 116f.228.239), können demgegenüber nicht überzeugen. Gesteht man der Nachricht des Josephus (Ant. X, 9,7) von einem Feldzug des Nebukadnezzar gegen Moabiter und Ammoniter im 5. Jahr nach der Zerstörung Jerusalems (582/581 v. Chr.) einige Plausibilität zu (s. o. im Exkurs!), so könnte Zef 2,8–9d an entsprechende Nachrichten von diesem Geschehen in Juda anschließen. Die Gerichtsankündigung von Zef 2,9, die Sodom und Gomorra als Zerstörungsprototyp einführt, um Moab und den Ammonitern eine »Wüstenei für immer« anzudrohen, ist historisch freilich so nie eingetreten. Besiedlung und wirtschaftliches Leben in Transjordanien lassen für das 6. Jh. v. Chr. keinen Bruch erkennen (*J. A. Sauer* 1985, 213; ders. 1986, 18f.; *Ø. S. LaBianca / R. W. Younker* 1995, 411; *L. G. Herr* 1999, 227–235; vgl. jedoch auch *U. Hübner* 1992, 207, der einen gewissen Rückgang von Bevölkerung und wirtschaftlicher Stabilität in der neubabylonischen Zeit der Ammonitis annimmt). Möglicherweise haben Moabiter und Ammoniter als Vasallen der Neubabylonier nach 581 v. Chr. ihre staatliche Eigenständigkeit verloren. Jedenfalls wurde ihr Gebiet in der Perserzeit in das persische Provinzsystem eingegliedert. Es gehörte wie Juda zur Satrapie *Eber Nâri* »Transeufrat« (vgl. z. B. *H. Donner,* Geschichte 1986, 402).

Doch welche Intention verrät das begründete Unheilswort 2,8–9d? Warum dieses scharfe Wort gegen die beiden Nachbarn Judas, das keine Hoffnung lässt? V 8 führt auf einen tiefsitzenden Stachel bei den vorausgesetzten Israel-Adressaten, die wir im Kreis der Jerusalemer und Judäer des exilischen 6. Jh. v. Chr. zu suchen haben. Jerusalem hatte 586 v. Chr. selbst Zerstörungen erlebt, die nicht wenige an den Prototyp der Zerstörung Sodoms erinnert haben dürften (vgl. Klgl 4,16; Ez 16,46ff.). So spricht etwa ein frühexilisches Wort Ezechiels von den Landesbewohnern »Israels« (d. h. Judas) als den »Bewohnern dieser Trümmer« (Ez 33,23–29); es kündigt an, ihr Land zur »schauerlichen Wüstenei« zu machen (שממה Ez 33,28.29 wie in Zef 2,9 IIIC, vgl. auch Ez 6,14). Genugtuung und spöttische Schadenfreude über den Fall Jerusalems und Judas bei den östlichen Nachbarn liegen da nahe, auch wenn aus der gedrückten, tief verwundeten Gefühlslage judäischer Adressaten das Verhalten der Nachbarvölker als besonders verletzend empfunden und verallgemeinernd negativ gemalt sein dürfte. Es geht um mehr, als um eine Befriedigung des Rufs nach Vergeltung für erlittene Schmach. Es geht um die Würde »Israels« als JHWH-Volk, um seine besondere Geschichte mit JHWH, die verdunkelt und geschmäht erscheint (vgl. Ez 25,3.6 und bes. V 8, wonach dem »Haus Juda« aus der Sicht der Moabiter jede Besonderheit gegenüber anderen Völkern genommen ist). Da muss JHWH selbst auf den Plan treten, seine eigene Ehre steht auf dem Spiel! Unser Text will viel weniger zukünftiges sicheres Gericht mitteilen, als vielmehr durch diese Ankündigung seinen Adressaten Genugtuung verschaffen, Agressionen zu Wort kommen lassen. Das Volk JHWHs soll nicht selbst die Vergeltung in die Hand nehmen, sondern sie ganz von Gott und seiner

Intention

Ehre erwarten. Zef 2,8–9d gerät so zu einer Art Generalabrechnung mit den beiden Nachbarvölkern. Aus der Sicht der in bestimmter geschichtlicher Stunde erlittenen Schmach wird indirekt auch die ganze vorausgehende Geschichte der Beziehungen zwischen Israel und Moab sowie Ammon unter dem Vorzeichen feindseliger Schmähung und anmaßender Ambitionen betrachtet. Möglicherweise gab das überlieferte deuteronomische Gemeindegesetz Dtn 23,2–9 noch zusätzliche Berechtigung, gerade diese beiden Völker von JHWHs Gericht bedroht zu sehen (Neh 13,1–3). Dtn 23,4 schließt Ammoniter und Moabiter von der Gemeinde JHWHs aus (verschärfend treten in V 4–7 Ergänzungen hinzu). Vgl. o. die Einleitung zu Zef 2,4–15 zur Frage zeitgeschichtlicher Bezüge (zum Gemeindegesetz vgl. *U. Kellermann*, BN 2 [1977] 33–47).

Dass es auch da und dort positive Berührungen und Erfahrungen mit den Nachbarvölkern gab (1 Sam 22,3 f.; 2 Sam 10,2), kommt in der Situation von Zef 2,8–9.10 nicht (mehr) in den Blick, macht aber auch die geschichtlichen Grenzen des Prophetenworts bewusst. Das Buch von der Moabiterin Rut, der Stammmutter Davids, doch wohl aus nachexilischer Zeit, atmet einen freundlicheren Geist und proklamiert einen Gott, der nicht nur für eine Seite Partei ergreift (Rut 1,16!). Dennoch behält Zef 2,8–9d als Ruf nach dem Gott des Rechts und der Hilfe, der seine und seines Volkes Würde nicht mit Füßen treten lässt, seinen Sinn, in besonderer geschichtlicher Situation wie als weiterwirkendes Paradigma der Warnung vor anmaßendem Stolz und Hohn gegenüber dem »Israel« JHWHs wie letztlich gegen Gott selbst.

Zusätze Die Zusätze führen die in 2,8–9d angelegten Motive und Tendenzen fort. In spätexilischer oder frühnachexilischer Zeit entfaltet Zef 2,9e–f das Talions-Motiv des Primärtextes bzw. den Gedanken einer Art Spiegelstrafe (s. o.). Israel bleibt nun nicht mehr passiv, sondern wird selber Akteur der Strafe, freilich immer noch als Gerichtswerkzeug JHWHs. Zef 2,10 endlich konzentriert in (früh-)nachexilischer Zeit den Blick auf die Anklage. Die Anfeindung des JHWH-Volks durch seine Nachbarn verweist in dieser Zeit auf die feindlichen Aktionen der Samaritaner gegenüber den Judäern und zumal auch des Tobija, des »ammonitischen Knechtes« (Esra 4,1–16; Neh 2,19–20; 3,33–37; 4,1–17; 6,1–19). Der Vers unterstreicht doxologisch das Recht der angekündigten Strafe für die schmachvolle Erniedrigung des Volkes, das dem einen, umfassend mächtigen Gott JHWH Zebaot angehört.

Die LXX-Version führt die in 2,8–9 und im MT V 10 angelegte Tendenz, nicht nur Israel, sondern seinen Gott vom lästerlichen Verhalten der beiden Nachbarvölker betroffen sein zu lassen, zu Ende. Wie es bereits nach LXX 2,8 IIB »*mein* Gebiet«, d. h. *JHWHs* Land, ist, gegen das die Nachbarvölker großtaten, so ist es in V 10 nur noch der Kyrios als »Pantokrator«, nicht mehr sein Volk, gegen den sich Anmaßung und Hohn richten. Nichts mehr von einem politischen Vergehen! Nun haben sich die beiden Nachbarvölker der schwersten religiösen Verfehlung schuldig gemacht. Der allherrschende

Gott selbst ist geschmäht worden! Dann aber erscheint der Inbegriff einer Vernichtungsstrafe, wie sie V 9 vorstellt, nicht nur ganz und gar angemessen. Sie ist auch abschreckendes Exempel, das situationsübergreifend und grundsätzlich vor der Gotteslästerung warnt.

II.A.2.b.(2)   Zef 2,11: Vernichtung der Götter und Bekehrung »aller Inseln der Völker« zu JHWH

J. Briend, Malachie 1,11 et l'univeralisme, in: *R. Kuntzmann* (Hrsg.), Ce dieu qui vient. FS *B. Renaud*: Lectio Divina 159, Paris 1995, 191–204. – *J. Calés*, L'authenticité de Sophonie II,11 et son contexte primitif: RSR 11 (1920) 355–357. – *J. du Preez*, An Interpretation of Zephaniah 2,11 with Special Reference to the Phrase 'îš mimqōmō: Scriptura 19 (1986) 18–24. – *H. D. Preuß*, Verspottung fremder Religionen im Alten Testament: BWANT 92, Stuttgart u. a. 1971. – *D. Rudman*, »A Note on Zephaniah«: Bib 80 (1999) 109–112.

Literatur

Text

11 a Furchtgebietend ist JHWH ihnen gegenüber.
   b Ja, er hat (schon) hinschwinden lassen alle Götter der Erde,
   c so dass sich vor ihm niederwerfen werden – jedermann von seinem Ort her – alle Inseln der Völker.

Übersetzung

11a: HT/MT נורא ist ›hymnisches‹ Partizip des N-Stammes von ירא »sich fürchten« und beschreibt JHWHs »gefürchtetes / furchtbares / furchtgebietendes / staunenerregendes« Sein und Wirken wie in Ex 15,11; Dtn 7,21; 10,17; Ps 47,3; 76,8.13; 89,8; 96,4 (= 1 Chr 16,25); Dan 9,4; Neh 1,5; 4,8; 9,32; vgl. auch Dtn 28,58; Mal 1,14; Ps 66,5; 68,36; 99,3; 119,9; Ijob 37,22. LXX (»er wird erscheinen«, entsprechend auch La; ein Großteil der LXX-Handschriften übersetzt »er wird offenbar sein«, vgl. *J. Ziegler* z. St.) und Syr (»er hat sich offenbart«) lesen den N-Stamm von ראה »sehen« (so auch BHS z. St.). Für MT spricht der Sprachgebrauch: das häufige auf JHWH bezogene Partizip נורא »furchtbar«, dazu mit Präpositionalverbindung על »über, gegen« wie in Zef 2,11 auch in Ps 89,8; 96,4 (vgl. Ps 66,5).

Zu Text und Übersetzung

11b: Das Hapaxlegomenon רָזָה als Suffixkonjugation des G-Stamms einer Basis RZY interpretieren die Masoreten transitiv im Sinne von »abmagern / hinschwinden lassen«. Das Verbaladjektiv (fem.) רזה (Num 13,20; Ez 34,20) spricht neben dem Substantiv רזון »Magerkeit, Schwindsucht« (Jes 10,16; Mi 6,10; Ps 106,15) für ein Zustandsverb, das im G-Stamm »mager sein / werden« bedeutet, etymologisch entsprechend arabisch *radiya* »dünn / schwach werden, kraftlos sein«. Der N-Stamm ist in der Bedeutung »hinschwinden« in Jes 17,4 in metaphorischem Kontext belegt. Übertragener Gebrauch legt sich auch in Zef 2,11 nahe: Wie nach Jes 17,4 »die Herrlichkeit Jakobs gering werden und das Fett seines Fleisches dahinschwinden wird«, so lässt JHWH nach Zef 2,11 alle Götter der Erde »hinschwinden«, d. h. metaphorisch

»abmagern, dünn und kraftlos werden«. Vgl. *I. J. Ball* 1988, 139f. Vg (bzw. Hieronymus) versteht die Metapher: »horribilis Dominus super eos et adtenuabit omnes deos terrae ...«. Auch wenn die transitive Bedeutung des G-Stamms von רזה angesichts der wenigen Belege der Basis nicht ausgeschlossen werden kann, ist doch ein faktitiver D-Stamm wahrscheinlicher, vgl. *H. Irsigler* 1977, 181f. Anm. 200, und schon *F. Schwally* 1890, 190. Als Konjektur wird zumeist die Präfixkonjugation des D-Stamms akzeptiert: יְרַזֶּה, so auch HALAT 1128 s. v. Allerdings scheint eine Suffixkonjugation רִזָּה entsprechend der Suffixkonjugation des MT in Satz 11b in stilistisch markierter Verwendung möglich und sinnvoll. Denn gleich ob man כִּי 11b emphatisch (»ja!«) oder konjunktional (kausal »denn«) versteht, in jedem Fall bringt Satz 11b die Erläuterung zu Satz 11a: Die Tatsache, dass JHWH die Götter der Erde völlig entmachtet bzw. kraftlos und nichtig gemacht hat, ist die Weise oder das Mittel, durch das sich JHWH gegenüber »ihnen« (zunächst auf die 3. ps.m.pl. von Zef 2,10 bezogen) als furchterregend erweist. Die *Folge* davon bzw. auch der Zweck aber wird sein, dass selbst die fernen Inseln der Völker JHWH verehren werden (w=yiqtol-Form Satz 11c, vgl. nach darstellender Suffixkonjugation z. B. Klgl 1,19e). In dieser Perspektive einer antizipierten Zukunft bezeichnet Satz 11b keinesfalls »eine immerwährende zeitlose Eigenschaft Jahwes«, gegen *M. Striek* 1999, 161, der die Präfixkonjugation des D-Stamms konjiziert. Unter den Versionen bezeugt das Tg für 11b eine Suffixkonjugation: אמאיך »er hat erniedrigt« (alle [verehrten] Götzen der Erde).

Analyse

Zef 2,11 schließt als neuer eigenständiger Zusatz sprachlich an 2,10 als der älteren Erweiterung von Zef 2,8–9 an. Pronominal verweist עליהם »über, gegen sie« 11a auf die in 3. ps.m.pl. von 2,8–9 her in 2,10 referierten Moabiter und Ammoniter zurück. Auch die Satzarten verraten den – lockeren und bemühten – Anschluss: Die formale Folge von Nominalsatz + begründendem verbalen כי-Satz mit Suffixkonjugation + Verbalsatz in der Form w- + Präfixkonjugation (als ›Narrativform‹ 10c) in Zef 2,10 spiegelt sich in 2,11a.b.c wider. Im Unterschied zu 2,10c bietet jedoch 2,11c eine w=yiqtol-Form in zu 2,11b nachzeitiger konsekutiv-finaler Funktion (s. o. zum Text unter *11b*).

Wie V 10 ist auch V 11 nicht kolometrisch gebunden. Die Parallele »alle Götter der Erde« 11b und »alle Inseln der Völker« 11c, jeweils in Satzendstellung, gibt V 11 – zusammen mit der ›hymnischen‹ partizipialen Beschreibung JHWHs in 11a – allerdings den Charakter einer gehobenen Prosa.

Trotz der unverkennbaren Anschlussmerkmale kommt V 11 völlig überraschend. 2,10 ist nur der Aufhänger für eine im Zefanjabuch bis dahin ganz neue Aussage, die den Gesichtskreis ›Moab und die Ammoniter‹ von 2,8–9.10 weit übersteigt. Man kann verstehen, dass 2,11 verschiedentlich als Zusatz zu *sämtlichen* Völkersprüchen im Zefanjabuch betrachtet wurde, wenn nicht unmittelbar literarisch, so doch sachlich (*K. Elliger* 73; »über, gegen sie« 11a bezieht sich nach *A. S. van der Woude* 120f. auf alle Fremdvölker, was dann auch schon für 2,10 gelten soll!). Der Plural הגוים »die Völker«, bezogen auf die Fremdvölker, fasst im Buchkontext die vorausgenannten Philister 2,4.5–7 sowie Moabiter und Ammoniter 2,8–9.10 und vorausweisend auch die Kuschiter und Assur 2,12.13–15 zusammen. Darüber hinaus deutet 2,11 vorweg das Geschick der in 3,6–8 genannten »Völker« neu (der Plural גוים begegnet im Buchkontext nur noch in 3,6.8!). Der Ausblick auf die fernen »Inseln der Völker« in 2,11c scheint mit Bedacht vor Zef 2,12 eingesetzt zu sein. Denn die hier genannten Kuschiter gelten in biblischer Zeit als die exemplarischen Vertreter des fernsten Südens. Allerdings lässt 2,11c eher an die fernen Inseln und Küstenländer in den Mittelmeerregionen denken (s. u.). Außerdem erscheint der universal gerichtete Vers 2,11 ähnlich vor der Nennung der Kuschiter in 2,12 eingesetzt, wie 3,9 dem Hinweis auf die »Ströme von Kusch« in 3,10 vorausgeht, mag der jeweilige Inhalt der Verse auch noch so verschieden sein.

Auslegung

11a   Im Stil partizipialer hymnischer Beschreibung Gottes setzt V 11 ein. Prädikatives נוֹרָא »furchterregend« (»gefürchtet«) lässt die großen gottesdienstlichen Hymnen Israels anklingen, die Welt des Tempelkults und der ehrfürchtigen Anbetung JHWHs als König (bes. Ex 15,11; Ps 47,3; 76,8.13; 89,8; 96,4, auch Ps 66,5; 68,36; 99,3, s. o. zum Text 11a). Israel preist JHWH als den »im Kreis der Heiligen« über seinen ganzen himmlischen Hofstaat furchtgebietend erhabenen Königsgott (Ps 89,8). Furchterregend ist er über alle Götter (Ps 96,4 = 1 Chr 16,25); sie sind ihm gegenüber nur »Nichtse«, weshalb alle Sippen der Völker allein JHWH die Ehre erweisen sollen (Ps 96,5–9), der seine Königsherrschaft ein für alle Mal erwiesen hat (Ps 96,10). Nach dem JHWH-Königs-Hymnus Ps 96 werden gerade die Völker, welche die Machtlosigkeit ihrer Götter erkennen müssen, zum Festgottesdienst für JHWH aufgerufen. Im Psalm geht es um schon gegenwärtige, im Gottesdienst erfahrbare Wirklichkeit, nicht um eschatologische Ankündigungen, so sehr die Sprache des Hymnus für eine endgültige Zukunft von Völkerwelt und Kosmos »offen« ist (vgl. zu Ps 96, der sicher schon Deuterojesaja voraussetzt, *J. Jeremias*, Das Königtum Gottes in den Psalmen, Göttingen 1987, 121–131). Die Prophetie jedoch transformiert die Gegenwartserfahrung im Festgottesdienst Israels. Zef 2,11 spricht nicht von einer generell gegenwärtigen Wirklichkeit. Wohl aber stellt der Partizipialsatz 11a sprachlich als schon gegenwärtig vor, was sich sachlich universal erst in der Zukunft erweisen kann: dass Moab und die Ammoniter (Zef 2,8–9.10) und wer immer sonst unter Menschen und Völkern das Volk JHWHs und indirekt mit ihm JHWH selbst verhöhnt haben mag, ihn als »furchterregend« erfährt. Dies geschieht, so muss man wohl voraussetzen, in einer Form der Theophanie in der Völkerwelt (vgl. die Lesung von LXX und Syr in Zef 2,11a). Aber diese furchterregende Erfahrung von Menschen und Völkern zielt keinesfalls darauf, sie zu vernichten, wie dies in den Fremdvölkerworten im Kontext von Zef 2,11 angesagt wird. Sie soll die Völker vielmehr zur

Teil II: Zefanja 2,1–3,8:

›Furcht‹ JHWHs, zu seiner Anerkennung und Verehrung bringen: 11a zielt auf 11c! Daher darf עליהם »über, gegen sie« 11a nicht als pronominaler Vorausverweis auf »alle Götter der Erde« 11b bezogen werden (gegen I. J. Ball 1988, 138).

JHWHs strafendes und vernichtendes Einschreiten gegen die Völker nach Zef 2,4–15 wird in der Sicht von Zef 2,11 demnach *neu interpretiert*: Es erweist die Hinfälligkeit der Götter. Deren Nichtigkeit müssen die Völker einsehen (vgl. *J. du Preez* 1986, 20). Wir müssen jedoch noch pointierter sagen: nach Zef 2,11 erfahren die Fremdvölker JHWH nicht zuerst deshalb als »furchtbar«, weil er gegen sie in geschichtlichen Ereignissen einschreitet, sondern entscheidend, weil und dadurch, dass er »alle Götter der Erde« vernichtet (11b). Darauf liegt alles Gewicht. Dies ist die Voraussetzung dafür, dass die Fremdvölker zur Anbetung JHWHs fähig werden (11c). Unverkennbar steht Zef 2,11 dem theologischen Konzept von Ps 96 (V 4–6.7–9.10) nahe (s.o.). Die Erkenntnis der Völker, dass ihre Götter ganz und gar nichtig sind, ist in Zef 2,11 wie im Ps 96 vorausgesetzt. In dem nachexilischen Zusatz Jer 16,19–21 sprechen die Völker diese Einsicht direkt aus. Sie ist ihrerseits wieder die Voraussetzung dafür, dass die Völker von den Enden der Erde her zu JHWH kommen werden (V 19).

Der כי-Satz 11b konstatiert mit Suffixkonjugation einen zu 11c vorzeitigen Sachverhalt. Die universale »Götterdämmerung« ist die Voraussetzung dafür, dass die Völker selbst in weitester Ferne JHWH verehren werden. Jedoch ist 11b kaum als Bedingungs- oder Temporalsatz zu 11c zu verstehen (so *W. Rudolph* 276: »Wenn er alle Götter der Erde [überwältigt] hat, werden alle Inseln der Völker ihn anbeten ...«). Diese syntaktisch mögliche Interpretation verdeckt den inneren Zusammenhang zwischen 11a und b. Es wäre nicht verdeutlicht, worin die »furchterregende« Wirkung JHWHs für Menschen und Völker besteht. Außerdem ist für den Verfasser von V 11 nach Satz 11b das Ende der Götterwelt nicht erst ein Faktum unbestimmter Zukunft, sondern in seiner Sicht bereits vorliegende Wirklichkeit, mögen dies auch die Fremdvölker, die ihre Götter verehren, in der Sprechergegenwart noch nicht wahrgenommen haben. In dieser prophetisch antizipierenden Schau ist JHWH schon dabei, seine furchtgebietende Macht in der Völkerwelt zu entfalten, dadurch dass er schon die Götter vernichtet hat.

11b–c

Die ›Auszehrung‹ der Götter

Wie die metaphorische Verwendung von רזה-N in Jes 17,4 zeigt (s.o. zu Übersetzung *11b*) ist ein entsprechender übertragener Gebrauch dieses Verbs im Sinne von »auszehren / abmagern lassen / hinschwinden lassen« auch in Zef 2,11b möglich. Das Außergewöhnliche und Anstößige dieser Rede von der Entkräftung und Entmachtung der Götter sollte nicht durch Konjektur (רדה »überwältigen, beherrschen« nach *B. Duhm* 1911, 97) oder durch Umdeutung des Verbs רזה (»stark sein, beherrschen« nach *L. Sabottka* 1972, 90f.) beseitigt werden. Die Metaphorik, welche die Götter, an Auszehrung leidend, dahinschwinden sieht, basiert wahrscheinlich auf einem religions- und kulturgeschichtlichen Wissen vom Umgang mit Götterbildern als Kultstatuen in mesopotamischer und ägyptischer Kultpraxis. *D. Rudman* (1999, 109–112) hat den aus Babylonien und Ägypten bekannten kultischen Brauch, die Kultbilder von Göttern als lebendige und personale Manifestationen des Göttlichen durch tägliche Reinigungsriten, durch Gaben von Speise und Trank wie auch durch Kleidung zu versorgen und zu ›beleben‹, zur Interpretation von Zef 2,11 herangezogen. Eingehend wurde diese Praxis durch *Angelika Berlejung* hinsichtlich der Kultbilder in Mesopotamien untersucht.[61] Eine Kenntnis derartiger Praktiken mit Kultbildern darf man im soziokulturellen Hintergrund von Zef 2,11 vermuten. Erstaunlich gute Kenntnisse von der Herstellung von Götterbildern und ihrem Gebrauch im Kult verrät Baruch 6 (= »Brief des Jeremia« in LXX) aus der hellenistischen Zeit Palästinas im 3. oder vormakkabäischen 2. Jh. v. Chr. Darin heißt es in V 26: »... Wie Toten werden ihnen (d. h. den Götzenbildern) die Gaben vorgesetzt« (vgl. auch Dan 14,1–22). Die Metapher von der Auszehrung der Götter der Erde mit ihrer kräftigen Ironie kann im Entzug der täglichen Mahlzeiten für die Kultbilder ihren Sachgrund und Anknüpfungspunkt haben (*D. Rudman* ebd. 112). Entscheidend allerdings ist, dass nach Zef 2,11 Götter – Menschen gleich – an »Auszehrung« sterben können, wenn JHWH ihnen die Lebensgrundlage, das Existenzrecht entzieht. Ironie und Spott sind unüberhörbar. Sie erinnern an die vielfältige Götzenbilderpolemik zumal seit Deuterojesaja (vgl. Jes 40,19f.; 41,6f.; 44,9–20; 46,6f.; Jer 10,1–16; Hab 2,18f.; Bar 6, aber auch Dtn 4,15–31; Ps 115,4–8; Ps 135,15–18; Weish 13–15). Das Thema der Verspottung fremder Götter, das sich biblisch meist als Verspottung der Götzenbilder präsentiert, sowie hintergründig auch das alte Motiv vom Götterkampf werden in Zef 2,11 längst vorausgesetzt (vgl. z. B. den späten Zusatz Jes 2,18: »Die nichtigen Götzen schwinden völlig dahin [חלף]«; Jes 19,1.3; 21,9; Ez 30,13; *H. D. Preuß* 1971, 139). Spott über Götter

11c Wenn nun JHWH in der Vorstellung von Zef 2,11b tatsächlich schon die Götter der Erde hat hinschwinden lassen, so sind Menschen und Völker frei geworden zur Verehrung des einen Gottes JHWH. Bezeichnenderweise nennt ihn Zef 2,11 nicht (mehr) »Gott Israels« wie noch in 2,9; auch die enge Verbindung von Israel (Juda) als alleiniges JHWH-Volk mit seinem Gott wie in 2,8–9.10 steht in 2,11 nicht im Blickpunkt. Das Verb חוה-Št mit präpositionalem Objekt (ל) für den Adressaten der Handlung bedeutet »sich niederwerfen« bzw. »sich tief zur Erde beugen«, worin sich die Anerkennung für die höherstehende Person ausdrückt. Im religiösen Gebrauch bezeichnet das Verb nicht nur das »Sich-Niederwerfen« als Gebetsgestus (wie Der eine Gott

---

[61] A. Berlejung, Die Theologie der Bilder: OBO 162, 1998; dies., Geheimnis und Ereignis. Zur Funktion und Aufgabe der Kultbilder in Mesopotamien: JBTh 13, 1999, 109–143, ebd. 121: »Es zeigt sich eine Gemeinsamkeit zwischen Menschen und Göttern, da für beide die Notwendigkeit besteht, regelmäßig Speisen zu sich zu nehmen, andernfalls verlieren sie ihre ›Fülle‹ und werden kraftlos, was sich sofort auf ihre Wirkungskraft niederschlägt.«

Teil II: Zefanja 2,1–3,8:

der *Suğūd* beim Gebet der Muslime), sondern Verehrung und Anbetung im umfassenden Sinn (vgl. Zef 1,5). Gleichwohl gilt es zu beachten, dass Zef 2,11c keinen spezifischen Opferterminus verwendet (anders als 3,10). Entsprechend anerkennen und huldigen fremde Völker JHWH in der Prophetie Deuterojesajas (vgl. Jes 45,14 und die berühmte Einladung: »Wendet euch mir zu und lasst euch retten, alle Enden der Erde! Denn ich bin Gott und keiner sonst!« Jes 45,22 mit 23), in Ps 96,6 sowie im hymnischen Abschluss Ps 22,28 und 30 (hier huldigen textlich primär sogar die Verstorbenen).

»alle Inseln der Völker«
Wenn »alle Inseln der Völker« sich verehrend niederwerfen, so kann es sich in der Parallele zum Hinschwinden aller Götter der Erde nur um eine ausdrücklich universale Gottesverehrung handeln. Mit »Inseln der Völker« sind metonymisch die Bewohner selbst der exemplarisch fernsten Weltregionen bezeichnet, der Inseln und Küstenländer im weiten Mittelmeerraum als dem entferntesten Teil der westlichen Welt von Palästina her gesehen (vgl. HALAT 37a s. v. אִי I). Wieder sind es deuterojesajanische und in deren Gefolge stehende Texte, die zum literarischen Horizont von Zef 2,11 gehören: so אִיִּים »Inseln« in der Parallele zu »Völkern« (»Völkerschaften«) Jes 40,15; 41,1; 49,1; 51,5; Jer 31,10, vgl. Jes 66,19; Ps 72,10f.; dazu in der Parallele zu den »Enden der Erde« Jes 41,5; 42,10 (und zum »Meer«) bzw. zur »Erde« Jes 42,4 und Ps 97,1 von der Theophanie des Weltkönigs, vor dem sich alle Götter beugen müssen (V 7.9)! Vgl. auch 42,12 sowie Jes 11,11; 24,15; Est 10,1. An der Stelle der Götter von Zef 2,11b stehen in der späten tritojesajanischen Theophanieankündigung Jes 59,15–20 die Feinde JHWHs, an denen er Vergeltung übt (V 18), so dass man vom Niedergang bis zum Aufgang der Sonne den Namen bzw. die Herrlichkeit JHWHs »fürchtet« (V 19, vgl. BHS z. St.).

Der Ausdruck »Inseln der Völker«, metonymisch für »Inselvölker«, begegnet so nur noch in Gen 10,5 in einem primär priesterschriftlichen Kontext (Gen 10,1–7*; 10,8–12 stammt jedenfalls aus anderem Zusammenhang). Wie oben in der Einleitung zu Zef 2,4–15 (Abschnitt II.A.2.) in Auseinandersetzung mit *A. Berlin* (Komm. 1994; 1995) auszuführen war, lässt sich die Völkertafel von Gen 10 nicht als Grundlage (»Prätext«) für die Primärkomposition Zef 2,4–15 nachweisen. Wohl aber könnte der Verfasser von Zef 2,11 von der Völkertafel her (im Wesentlichen in ihrer überlieferten Gestalt) eine Anregung für den Einsatz seiner eschatologischen Erwartung Zef 2,11 gerade vor dem Kuschiterspruch und dem Wort gegen Assur und Ninive in Zef 2,12.13–15 empfangen haben (vgl. Gen 10,5–11!). Während allerdings in der Völkertafel mit den »Inseln der Völker« von Gen 10,5 die Abkömmlinge der Söhne Jawans (Jonier, Griechen) benannt sind, spricht Zef 2,11 steigernd sogar von den fernsten Gestaden im Blick auf den Mittelmeerraum, um gerade so universal die Völkerwelt in die Anbetung JHWHs einzubeziehen. Die »*urzeitliche*« Völkertafel von Gen 10 konnte für Zef 2,11 anregender Hintergrund sein, um die ganze Völkerwelt bis zu den fernsten Inseln »*endzeitlich*« in der Verehrung JHWHs als des einzigen Gottes eins zu sehen.

Doch wie vollzieht sich diese weltumspannende Verehrung? Zef 2,11c drückt das Satzsubjekt zum pluralischen Verb durch zwei appositive Nominalgruppen aus: »ein jeder – von seinem Ort her, alle Inseln der Völker«. אִישׁ als Indefinitum »ein jeder« sorgt dafür, dass jeder einzelne Mensch als Verehrer JHWHs charakterisiert wird, nicht etwa jedes einzelne Inselvolk (so mit Recht *M. Striek* 1999, 161 Anm. 497; u. a. gegen EÜ z. St.). מִמְּקוֹמוֹ »von seinem Ort her« gibt als Satzumstand den Ort und mit ihm zugleich die Weise an, wie sich die Verehrung vollzieht: Anders als Zef 3,10 intendiert Zef 2,11 keine Wallfahrt nach Jerusalem als dem alleinigen legitimen Ort des Opferkults (seit der sog. Kultzentralisation unter König Joschija von Juda 622 v. Chr.) oder als Ort der Tora-Gabe und Rechtssetzung für die Völker, vgl. Jes 2,2–5 parallel Mi 4,1–3; Sach 8,22 (2,15); 14,16–19 (gegen eine solche Deutung vgl. z. B. *J. du Preez* 1986, 20 f.). Eher kommt eine Interpretation in Frage, die an den Brauch der Diasporajuden denkt, sich beim Gebet in Richtung nach Jerusalem hin zu wenden (in diesem Sinn z. B. *B. Renaud* 230; vgl. 1 Kön 8,48 f.; Dan 6,11!; vgl. auch die *Qibla* der Muslime als »Gebetsrichtung« nach Mekka hin, ursprünglich nach Jerusalem). Jedoch ist dies nicht sehr wahrscheinlich. Das Verb von Zef 2,11b steht exemplarisch für eine umfassende Verehrung. Die Angabe einer Gebetsrichtung auf einen Zielort hin fehlt. 11a–b setzt nicht voraus, dass JHWH gerade von Jerusalem aus die Götter der Erde vernichtet. Das Satzsubjekt 11c »alle Inseln der Erde« legt den Akzent auf den weitesten denkbaren Welthorizont. Im Übrigen steht die Präposition מִן »von … her« in Satz 11c in Korrelation zur Angabe des Adressaten der Verehrung mit der Präposition לְ: allein wichtig ist, dass die Verehrung auf JHWH hin orientiert ist (vgl. auch zu מִן mit lokalem statt separativem Bedeutungsaspekt HALAT 565 s. v. Nr. 1c; Brockelmann § 111d). So spricht vieles dafür, in Zef 2,11 eine universale JHWH-Verehrung ausgedrückt zu finden, die an jedem Wohnort der Gläubigen möglich und nicht (mehr) an das Zentrum Jerusalem gebunden ist (vgl. z. B. auch *E. Ben Zvi* 1991, 335). Jerusalem wird zumindest relativiert, wenngleich seine Bedeutung als traditionelles Zentrum israelitisch-jüdischer Religion damit nicht abgetan ist.

Mit dieser alttestamentlich außergewöhnlichen Sicht einer universalen JHWH-Religion liegt Zef 2,11, wie häufig bemerkt, *vorab auf der Linie von Mal 1,11 und auch Jes 19,18–25*, über die schon genannten universal gerichteten Vergleichstexte hinaus.

Die Interpretation von Mal 1,11 – wohl ein Zusatz – ist nach wie vor umstritten. Man hat an einen »absorptiven Monotheismus« gedacht: Die Völker bringen dem Namen des Gottes Israels, *ohne ihn zu kennen*, Rauchopfer und reine Opfergabe »an jedem (beliebigen) Ort« (בכל־מקום), weil sein Name »vom Aufgang der Sonne bis zu ihrem Untergang« groß ist bei den Völkern (vgl. Mal 1,14d–f; kritisch dazu *K. Elliger* 198 f., vgl. jedoch in diesem Sinne *J. Briend* 1995, 191–204). Eine solche Deutung kommt für Zef 2,11 schon deshalb schwerlich in Frage, weil die Vernichtung der fremden Götter notwendig auch ihren Kult verschwinden lässt. Die Völker verehren JHWH nicht in dunkler Ahnung, sondern in klarer Erkenntnis. Mal 1,11 schließt an die Form hymnischen Gotteslobs in den Psalmen Israels (Ps 113,3–4) an und setzt wahrscheinlich die Kenntnis universaler Züge der Zarathustra-Religion im Perserreich der nachexilischen Zeit Judas voraus. Auf dieser Grundlage scheint der Maleachitext eher wie Zef 2,11 eine prophetische Zukunftsgewissheit in beschreibender Darstellung wiederzugeben (vgl. *A. Deissler* 322 f.).

Jes 19,18–25, ein Höhepunkt eschatologischer Erwartung im Alten Testament, spricht wie Mal 1,11, anders als Zef 2,11, nicht von einem universalen Untergang der Götter.[62] In gestufter Fortschreibung (Jes 19,18.19–22.23.24–25) entfaltet dieser Zusatztext im Jesajabuch die Erwartung einer exemplarischen JHWH-Erkenntnis der Ägypter (V 21) und eines gemeinsamen JHWH-Dienstes von Ägypten und Assur (V 23). Beide werden sogar je als »Volk JHWHs« betrachtet; Israel bleibt erwählter Erbbesitz JHWHs und gemeinsam nun mit Ägypten und Assur Segensträger für die ganze Erde (V 24–25). Gleichwohl sprengt die exemplarisch an Ägypten und Assur entfaltete universale Heilserwartung des späten Jesajatextes die Grenzen partikularer Erwählungstraditionen Israels. Hierin trifft sich der Text mit Zef 2,11 und Mal 1,11: Die JHWH-Verehrung der Völker ist nicht mehr auf Jerusalem und den Zion hin orientiert, sondern vollgültiger JHWH-Kult in Ägyptens eigenem Land, sogar ausdrücklich mit Schlachtopfern und Speiseopfern, trotz des deuteronomischen Kultzentralisationsgebots (V 21). Jes 19,19.21(18–25), ein Text, der wie Mal 1,11 und Zef 2,11 JHWH-Kult unter den Völkern selbst, unabhängig von Jerusalem, propagiert, wird in die spätere Perserzeit oder (wegen der ausdrücklichen Nennung von Ägypten und Assur als Anspielung auf Ptolemäer und Seleukiden wahrscheinlicher) in die frühhellenistische Zeit datiert.[63]

Situation und Sinn

Verhältnis zu Zef 3,9–10

Zef 2,11 in Prophetenrede von JHWH in 3. Person ist ein literarisch eigenständiger Zusatz im Zefanjabuch. Er weist auf die in Gottesrede formulierte Heilsverheißung für die Völker in Zef 3,9–10 voraus. Die beiden Texte

---

[62] Zu den literarischen und vor allem theologischen Fragen dieses Textes vgl. z. B. *W. Groß*, Israel und die Völker, in: SBAB 30, Stuttgart 1999, 277–286 (275–293); *U. Berges*, Das Buch Jesaja. Komposition und Endgestalt: HBS 16, Freiburg u. a. 1998, 164–171; *F. Sedlmeier*, Israel – »ein Segen inmitten der Erde«. Das JHWH-Volk in der Spannung zwischen radikalem Dialog und Identitätsverlust nach Jes 19,16–25, in: *J. Frühwald-König* u. a. (Hrsg.), Steht nicht geschrieben? Studien zur Bibel und ihrer Wirkungsgeschichte. FS *G. Schmuttermayr*, Regensburg 2001, 89–108.

[63] Zur perserzeitlichen Datierung von Jes 19,18–25 vgl. *H. Wildberger*, Jesaja: BK X/2, 1978, 733–740.743 f.; *U. Berges* ebd. (s. o. Anm.) 166 f.; eine Datierung in die hellenistische Zeit der Ptolemäer und Seleukiden schlägt jedoch nach anderen wieder *F. Sedlmeier* ebd. (s. o. Anm.) 107, für Jes 19,16–25 insgesamt vor.

stammen jedoch von verschiedenen Verfassern. Darauf führen notwendig sowohl sprachliche als vor allem inhaltliche und intentionale Unterschiede. In Zef 3,9 schafft die Läuterung, die JHWH durch das Gericht hindurch an den Völkern vollzieht die Voraussetzung dafür, dass sie ihm einträchtig dienen. Wie die Wallfahrt vom fernen Kusch her entsprechend Zef 3,10 zeigt, ist hier Jerusalem fragloses Zentrum der JHWH-Religion. Anders Zef 2,11! Zwar schließt der Vers locker an Zef 2,8–9.10 und damit an das kontextuelle Gericht über einzelne Völker an; als Gerichtsgrund ist von 2,10 her Hochmut gegen JHWH und sein Volk vorausgesetzt. Jedoch legt Zef 2,11 alles Gewicht auf den Untergang der Götter, der den universalen JHWH-Kult ermöglicht. Dieser vollzieht sich im exemplarisch genannten »Sich-Niederwerfen«, im Kontrast zu allem Hochmut vor Gott. Vor allem bleiben die Verehrer JHWHs je an ihren Orten und bringen keine »Opfergaben« (3,10) nach Jerusalem. Zef 2,11 kann und muss daher in dieser Hinsicht als kritische Gegenstimme selbst gegenüber 3,10 gelesen werden. Gewiss will 2,11 die Verheißung von 3,10 nicht abtun, sondern noch erweitern und steigern! Für beide Texte gilt: nicht Gericht und Vernichtung der Völker (vgl. Zef 3,6–8!) ist das Ziel des göttlichen Handelns, sondern die weltweite Anerkennung und Verehrung des einen Gottes JHWH. So deutet vieles darauf hin, dass Zef 2,11 ein gegenüber 3,9–10 noch späterer Eintrag einer eschatologischen Hoffnung ist.

Literarischer Ort im Zefanjabuch und literarisch-motivlicher Horizont des Textes begründen mit großer methodischer Sicherheit eine Datierung von Zef 2,11 in die nachexilische Zeit Judas (eine Herleitung von Propheten des 7. Jhs. ist ausgeschlossen, z. B. gegen *W. Rudolph* 296; *M. Weigl* 1994, 134). Für die späte Perserzeit (des späten 5. oder wahrscheinlicher schon des 4. Jhs. v. Chr.), kaum schon für die frühhellenistische Zeit Palästinas, sprechen mehrere Kriterien: Zef 2,11 setzt die universale Programmatik deuterojesajanischer Prophetie unzweifelhaft voraus, deren monotheistisches Pathos, die Weltbedeutung der prophetischen Botschaft bis zu den fernen »Inseln«, die für fremde Völker heilvolle Anerkennung JHWHs, auch die Götzenbilderpolemik im Zusammenhang mit der Bestreitung jeder Macht der Götter in Deuterojesajas Prozessreden (s. o. bes. zu 11b–c). Die Nähe zu dem sicher perserzeitlichen Text Mal 1,11 (noch deutlicher als zu Jes 19,18–25) ist unverkennbar. Hinzu kommt die Aufnahme hymnischer Tradition und Sprache, besonders aus der Hymnik von JHWH, dem König (Ps 22,28 f.; 96; vgl. 47,3; 89,8; auch Ps 97,1; s. o. zu Zef 2,11a); die Nähe zu nachdeuterojesajanischen Texten universaler JHWH-Erkenntnis und -Verehrung (Jes 59,18–19; Jer 16,19–21; Ps 22,28–30; wiederum Ps 96); die wahrscheinlich vorausgesetzte Kenntnis der Völkertafel Gen 10 (vgl. V 5) in ihrer nachpriesterschriftlichen Endgestalt.

Zef 2,11 setzt das Wissen von einer (bedingt) weltweiten Diaspora jüdischer JHWH-Verehrer voraus. Doch der Text zielt auf nichts weniger als auf

Zef 2,11 als

Zef 2,11 als »Einlösung« deuterojesajanischer und hymnischer Tradition

Teil II: Zefanja 2,1–3,8:

die Einlösung des Anspruchs JHWHs nach Deuterojesaja: »Ja, mir wird jedes Knie sich beugen, wird jede Zunge zuschwören!« (Jes 45,23). Zef 2,11 lässt ein königliches Gottesbild vom »höchsten« Gott aufscheinen, wie es in den JHWH-Königs-Psalmen zumal verwirklicht ist (Ps 47; 96–99). Jedoch dürfen »alle Götter der Erde« nicht einmal einen subalternen Hofstaat bilden, der in tiefer Verehrung vor JHWH »niederfällt« (Ps 97,7). Ihre Anerkennung in der Völkerwelt ist hintergründig spürbar. Doch für den Verfasser hat JHWH ihre Macht schon völlig gebrochen, sie der Lächerlichkeit preisgegeben, wie die Metapher von ihrer »Auszehrung« unterstreicht. Nicht Verspottung fremder *Religionen* ist da intendiert. Es geht vielmehr um den drastischen Erweis der Machtlosigkeit und Nichtigkeit von *Göttern*, denen in der vorausgesetzten Situation des Verfassers immer noch Macht zugebilligt wird.

Zef 2,11 dehnt den Herrschaftsanspruch JHWHs auf Israel auf die fernste Völkerwelt hin aus. Allerdings sprengt der Text auch eine partikular-nationale Sicht, die als maßgebliches Zentrum und alleinigen legitimen Kultort Jerusalem mit seinem Tempel behauptet. Der Zefanjatext liegt dann wie die verwandten Maleachi- und Jesajatexte tendenziell auf der Linie von Joh 4,21–24: nicht auf dem Garizim und nicht in Jerusalem, sondern »in Geist und Wahrheit« (V 23) geschieht überall Anbetung.

Zef 2,11 stellt nicht die Frage nach der Identität Israels in der Völkerwelt, sondern proklamiert die weltweite Gottesherrschaft und Verehrung JHWHs. Allerdings, verändert diese nicht auch »JHWH« selbst? Wenn alle Götter in der Namenlosigkeit versunken sind, kann der »JHWH«-Name keine unterscheidende Funktion mehr erfüllen. Gewiss erweckt er nach wie vor heilvolle Erinnerung und Traditionen der Rettung, bewahrt den unverzichtbaren Anfangsimpuls und die orientierende Geschichte der JHWH-Religion. Aber – zu Ende gedacht – erhält »JHWH« eine metaphorische Bedeutung: der Gott schlechthin, der alleinzige aller Völker und Welt, gegenüber allem was geschaffen und nicht göttlich ist.

Zur frühen Rezeption

Die ältesten Versionen von Zef 2,11 haben Mühe mit »allen Göttern der Erde«, die es eigentlich neben dem einzigen Gott nicht geben darf. LXX erläutert: »alle Götter *der Völker* der Erde«; dadurch ist auch ein Missverständnis des Genitivs τῆς γῆς als (Götter) »des Landes« ausgeschlossen. Die syrische Peschitta ersetzt kurzerhand die Götter: »alle *Könige* der Erde«. Das Targum findet sich nicht damit ab, dass Israel in 2,11 nicht bedacht sein sollte. Es trägt den Gedanken der Errettung des in 2,10 genannten Volks JHWH Zebaots ein, ersetzt die »Götter« durch einen neutraleren Terminus, der für die Gottheit wie für die Götzen stehen kann (דחלא »Gegenstand der Furcht oder Ehrfurcht«) und wählt statt des kultischen »Niederfallens« den allgemeineren Ausdruck »beten«: »Der Furchtbare, YWY (der Herr), hat versprochen, sie zu erretten, denn er hat alle Götzen der Erde erniedrigt, und beten werden vor ihm, jedermann von seinem Ort her, alle Inseln der Völker.«

Dass gerade die universale Weite der Prophetie in Zef 2,11 (und 3,9–10) kirchliche Schriftsteller in der Zeit der Patristik besonders fasziniert hat, ist verständlich. Seit Origenes und Eusebius von Cäsarea wird die Verheißung einer universalen Gottesverehrung, die Bildung der Kirche aus den Völkern und das Heil für ganz Israel in der Rezeption des Zefanjatextes hervorgehoben. Aus dem Zefanjabuch zitiert Augustinus von Hippo Zef 2,11 etwa 12mal, um die verheißene Bekehrung der Völker zu begründen, zusammenfassend in De Civitate Dei XVIII, 33, wo auch Zef 3,8.9–10.11–13 als Verheißung des Christus und für die Christus-Gläubigen gedeutet wird (nach M. Harl, LXX Sophonie 1999, 332 f.355).

II.A.2.c. Zef 2,12.13–15: Unheil über Kuschiter (äußerster SÜDEN) und Assur / Ninive (NORDEN)

Mit einer direkten Anrede an die Kuschiter setzt Zef 2,12 gegenüber 2,11 neu ein. Eine primäre literarische Verbindung zwischen 2,11 und 2,12 ist weder sprachlich noch hinsichtlich der Aussagegehalte möglich. Schwieriger ist das Verhältnis von 2,12 zu 2,13 zu bestimmen. In der überlieferten Form ist das Wort über die Kuschiter 2,12 Gottesrede. Dagegen spricht 2,13(–15) von Gott in der 3. Person, ohne dass der Name JHWH auftaucht. Hinzu kommt die Beobachtung, dass mit der Verbalform in 2,13a (Präfixkonjugation in Kurzform) sowie 13b.c keinesfalls eine selbstständige literarische Einheit beginnen kann. 2,13 fordert den Anschluss an Prophetenrede, die JHWH namentlich nennt. Nur Gottesrede in der 1. Person – wie im MT von Zef 2,12 – kommt ohne Nennung des Gottesnamens aus (vgl. ohne Gottesspruchformeln Zef 1,4–5.6; 1,8–9; 1,12–13; 1,17–18a; 2,5–6; 2,8–9; 3,6–7[6–8]; 3,9–10; 3,11–13; 3,18a–19). Für einen primären Anschluss von 2,13 an 2,12 spricht jedenfalls die ausdrückliche Richtungsangabe »gegen Norden« in 2,13, kontrastiv zu den Kuschitern von 2,12, die von Juda aus den fernen Süden präsentieren. Die Völker bzw. Länder von 2,12 sowie 2,13–15, Kuschiter und das Land Assur mit der Hauptstadt Ninive, gehören nicht zu den in 2,4–7 und 2,8–9.10 genannten unmittelbaren Nachbarn Judas. Außerdem stellen sie in dem in Zef 2 abgesteckten ›weltpolitischen‹ Rahmen gegenüber Juda und seinen unmittelbaren Nachbarn politische Großmächte dar. Die Kuschiter (Nubier) als Herrscher der 25. Dynastie in Ägypten werden im Nominalsatz von 2,12 bei isolierter Betrachtung des Verses als schon von JHWHs Schwert Geschlagene vorgestellt (s. u. zu 2,12). Den Assyrern mit der Hauptstadt Ninive wird für die (nähere) Zukunft der Untergang angesagt. Auch historische Erwägungen sprechen für einen literarischen Zusammenhang von 2,12 und 2,13–15, wie er für Ninive und Kusch ganz ähnlich in Nah 3,8–10 hergestellt wird (vgl. oben die Einleitung zu Zef 2,4–15 und s. u. zur Auslegung). Die Ausdehnung des assyrischen Weltreichs nach Ägypten und Kusch im 7. Jh. v. Chr. veranschaulicht Abb. 19.

Der Kontext

Teil II: Zefanja 2,1–3,8:

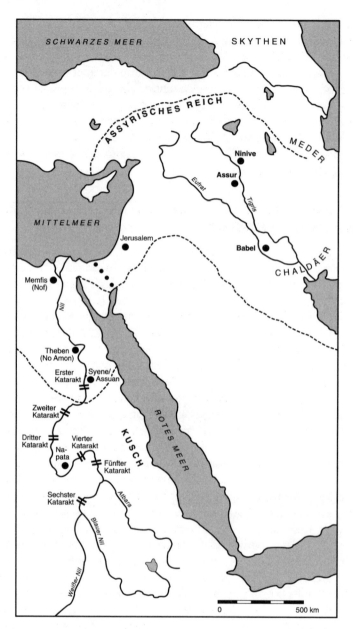

Abb. 19
1. Das Assyrische Weltreich und Kusch:
um 660 v. Chr. --------
um 640 v. Chr. • • • • (ohne Ägypten)
2. »Aus dem Umkreis der Ströme von Kusch ...« Zef 3,10 (südlich des ersten Nil-Katarakts).   Gezeichnet von *C. Diller.*

Trotz der kaum übersehbaren Kriterien für eine primäre Zusammengehörigkeit von 2,12 und 2,13–14.15 will Zef 2,12 jedoch *im Kontext der Komposition der Fremdvölkerworte Zef 2,4–15* als *Ankündigung* von Unheil verstanden sein. Die Redaktoren der Komposition betrachten die Gottesrede Zef 2,12 MT und das Wort gegen Assur / Ninive 2,13–15 allem Anschein nach als je eigene Fremdvölkerworte, die den Part des Südens bzw. des Nordens nach dem Westen 2,4.5–6 und dem Osten 2,8–9.10 zur Vierzahl der Himmelsrichtungen ergänzen.

II.A.2.c.(1) Zef 2,12: Kuschiter als ›Schwerterschlagene‹: Unheilsbeschreibung, kontextuell als Ankündigung

C. J. Labuschagne, The Emphasizing Particle gam and its Connotations, in: Studia biblica et semitica. FS *Th. C. Vriezen*, Wageningen 1966, 193–203. – C. H. J. van der Merwe, The Old Hebrew Particle *gam*. A syntactic-semantic description of *gam* in Gn–2Kg: ATS 34, St. Ottilien 1990. – *T. Muraoka*, Emphatic Words and Structures in Biblical Hebrew, Leiden / Jerusalem 1985.
Zu Kusch (vgl. Zef 3,10): *W. Y. Adams*, The Kingdom and Civilization of Kush in Northeast Africa, in: *J. M. Sasson* (Hrsg.), Civilizations of the Ancient Near East, Vol. II, Part 5: History and Culture, New York u. a. 1995, 775–789. – *R. W. Anderson* 1995, 45–70. – *J. R. Bartlett*, Art. Cushan: ABD 1 (1992) 1220. – *C. B. Copher*, Egypt and Ethiopia in the Old Testament, in: *I. van Sertima* (Hrsg.), Nile Valley Civilizations. Proceedings of the Nile Valley Conference, Atlanta, September 26–30, 1984, Atlanta ²1986, 163–178. – *E. Endesfelder / K.-H. Priese / W.-F. Reineke / S. Wenig* (Hrsg.), Ägypten und Kusch: SGKAO 13, Berlin 1977. – *M. Görg*, Art. Äthiopien: NBL I, Lfg. 1 (1988), 57 f. – *R. D. Haak* 1995, 238–251. – *J. D. Hays*, The Cushites: A Black Nation in Ancient History: BS 153 (1996) 270–280. – *S. Hidal*, The Land of Cush in the Old Testament: SEÅ 41–42 (1976/77) 97–106. – *I. Hofmann*, Kuschiten in Palästina: Göttinger Miszellen 46 (1981) 9–10. – *S. S. Johnson*, Art. Cush (Person): ABD 1 (1992) 1219. – *D. B. Redford*, Art. Kush (Place): ABD 4 (1992) 109–111. – *W. Röllig*, Art. Kuš, Kuschiten: RLA VI (1983) 374–375. – *T. Säve-Söderbergh*, Art. Kusch (Place): LÄ III (1980) 888–893. – *T. Schneider*, Nahum und Theben. Zum topographisch-historischen Hintergrund von Nah 3,8 f.: BN 44 (1988) 63–73. – *P. Scholz*, Kusch – Meroë – Nubien. Teil 1: Antike Welt 17 (1986) 1–76; Teil 2: Antike Welt 18 (1987) 77–152. – *A. Spalinger* 1974, 316–328. – *L. Török*, The Kingdom of Kush. Handbook of the Napatan-Meroitic Civilization: Handbuch der Orientalistik, erste Abteilung: Der nahe und mittlere Osten 31, Leiden u. a. 1997.

Text

12 IA Selbst ihr, Kuschiter –
   IB *von meinem Schwert Durchbohrte sind sie!*

Wahrscheinlicher Primärtext (mit Fortsetzung in V 13–14):
12 IA *Selbst ihr, Kuschiter,*
   IB *seid durchbohrt vom Schwert [JHWHs]!*

Teil II: Zefanja 2,1–3,8:

Zu Text und Übersetzung

In der überlieferten Form erscheint V 12 als ein Torso, möglicherweise als Fragment eines ursprünglich längeren Spruchs. Die Problematik des Verses kann eine umschreibende Übersetzung verdeutlichen: »Sogar / selbst (/ auch) ihr, Kuschiter (seid diejenigen, von denen gilt:) die von meinem Schwert Durchbohrten sind sie!«. Syntagmatisch eindeutig lässt sich die Constructus-Verbindung חללי חרבי »die von meinem Schwert Durchbohrten« als Prädikat bestimmen. Die Wortfügung ist grammatisch determiniert, fungiert im Verskontext aber semantisch eher qualifizierend als identifizierend und abgrenzend (vgl. Joüon / Muraoka II § 140a; § 139b.c). Denn die Partikel גם, hier am ehesten steigernd »selbst, sogar«, weniger anreihend »auch« oder gar adversativ »doch«, macht deutlich, dass es nicht darum geht, grundsätzlich nur die Kuschiter im Gegensatz zu anderen Gruppen als vom Schwert JHWHs Durchbohrte zu identifizieren. Die Spannung zwischen der Anrede an die 2. ps.pl. »ihr, Kuschiter!« und der Beschreibung der Angesprochenen in der 3. ps.pl., d.h. der Wechsel der selbstständigen Personalpronomina von אתם »ihr« (pl.) zu המה »sie« (pl.), könnte durch die Beschränkung der Gottesrede auf den Beschreibungssatz gelöst werden. Dann wäre die direkte Anrede mit Vokativ am Beginn von V 12 als Prophetenrede vorausgesetzt: Sogar ihr, Kuschiter: »Von meinem Schwert Durchbohrte sind sie!« Vgl. so M. Buber / F. Rosenzweig z. St.; B. Renaud 230. Dass allerdings der Wechsel der Redeperspektiven innerhalb eines so kurzen Textsegments ohne jedes zusätzliche Merkmal erfolgen sollte, bleibt schwierig.

Aber auch der Versuch, V 12 als eine syntaktische Einheit zu verstehen, stößt auf Schwierigkeiten. V 12 ist rein formal ein dreigliedriger Nominalsatz des Typs ›zwei Nominalgruppen + selbstständiges Personalpronomen‹. Letzteres kann nur Subjektsfunktion haben. Es leistet ein Doppeltes. Es lässt die erste Nominalgruppe (mit Vokativ) »Sogar ihr, Kuschiter!« als dominierend voranstehendes, pendierendes Element erkennen und nimmt dieses in Subjektsfunktion nach Genus und Numerus, nicht aber nach der Person, auf. Zugleich profiliert das Personalpronomen durch seine Endstellung das unmittelbar vorangehende Satzprädikat »die Durchbohrten meines Schwertes«; es ist nicht nur Kopula im Sinne eines Verbindungsanzeigers von Subjekt und Prädikat. Vgl. zu diesem Nominalsatztyp Joüon / Muraoka II 574, § 154i; zum Nominalsatz mit pendierendem Subjekt W. Groß, Die Pendenskonstruktion im Biblischen Hebräisch: ATS 27, St. Ottilien 1987, 123–144. Allerdings fällt Zef 2,12 insofern aus dem Rahmen des belegten Sprachgebrauchs, als in dem genannten Nominalsatztyp das selbstständige Personalpronomen der 3. ps. in Endstellung nach dem Prädikat stets mit dem pendierenden Element kongruiert, auch in der Person, wenn das Pendens pronominal ausgedrückt ist (vgl. mit determiniertem Pendens und Prädikat Ex 16,36; 32,16; Num 21,26, u.a., häufig nach indeterminiertem Prädikat Gen 34,21; Ex 3,5; Num 13,32, u.a.; bei pronominalem Pendens Ps 76,8; Gen 42,11). Unterscheidet sich das aufnehmende Personalpronomen von der Person (2./1. ps.) des aufgenommenen Pendens, so folgt es unmittelbar auf dieses und steht somit vor dem Prädikat im identifizierenden Nominalsatz (vgl. bei W. Groß ebd. 125 Anm. 93, jeweils mit voranstehender 2. ps.: 2 Sam 7,28; 2 Kön 19,15 = Jes 37,16; Ps 44,5; Neh 9,6.7; 1 Chr 17,26; zu einer voranstehenden 1. ps.: Jes 52,6, dazu aramäisch Esra 5,11). Zef 2,12 ist demnach syntaktisch »ein Unikum« (W. Rudolph 278, entsprechend schon F. Schwally 1890, 192 f.).

Die Versionen übergehen durchwegs das Pronomen המה »sie« (pl.). LXX, Tg und Vg übersetzen futurisch in Gottesrede (»mein Schwert«), Syr hingegen lässt auch das Merkmal der Gottesrede weg und bleibt beim Nominalsatz (»Auch ihr, Kuschiter, [seid] vom Schwert Getötete«).

Die ungewöhnliche syntaktische Gestalt von Zef 2,12 ist allein noch kein zwingender Grund, den Text in Zweifel zu ziehen. Beachtet man jedoch die Merkmale der Zusammengehörigkeit von 2,12 und 2,13 ff. (s. o.), die durch das Ninivegedicht des Nahum in Nah 3 (bes. V 8–10!) eine gewichtige Stütze erhalten, so gewinnt die von *F. Schwally* 1890, 192, vermutete primäre Textform Plausibilität: חרב יהוה »Schwert JHWHs« statt MT חרבי המה »... meines Schwertes (sind) sie«, vgl. auch BHS z. St. Der Vorschlag kommt mit der Verwechslung oder Änderung nur eines Buchstabens (-*w*- statt -*m*-) aus. Eine Verwechslung ist paläographisch nicht ausgeschlossen, wie sich etwa für den Schreibstil in Ostraka von Arad aus dem frühen 6. Jh. v. Chr. zeigen lässt (vgl. *J. Naveh*, Early History of the Alphabet, Jerusalem / Leiden 1982, 77 Nr. 5; HAE III, Tf. 29–33). Das Argument, der MT von Zef 2,12 sei lectio difficilior, trifft formal zu (z. B. *E. Ben Zvi* 1991, 178, der aber eine abkürzende Schreibung י für JHWH in חרבי für möglich hält, ebd. 177). Es überzeugt aber dann nicht, wenn eine tendenzielle Änderung – vielleicht unterstützt durch Buchstabenverwechslung – wahrscheinlich gemacht werden kann (s. u. die Analyse).

Analyse

Auf der Grundlage des bereits oben (zu Text und Übersetzung) zur ungewöhnlichen syntaktischen Nominalsatzform von Zef 2,12 Gesagten spricht einiges dafür, dass sich die Gestaltung des MT von Zef 2,12 als Gottesrede einem redaktionellen Eingriff verdankt. Liest man den Vers als Gottesrede, so muss er vor 2,13 ff. als ein demgegenüber eigenständiges Wort über die Kuschiter erscheinen. Zef 2,12 kann dann entsprechend Zef 2,5 als pluralische Anrede an ein vom Einschreiten Gottes bedrohtes Volk verstanden werden. Denn ein solches eigenständiges Wort lässt sich im Kontext der Fremdvölkerworte als Ankündigung interpretieren, obwohl die Nominalsatzform für sich genommen eher eine vorfindliche Tatsache beschreibt. Die Versionen LXX, Tg und Vg übersetzen im Sinne einer Unheilsankündigung! Zef 2,12 vertritt, so verstanden, auf der Ebene der überlieferten Textform des MT, den Part des Südens im Reigen der Fremdvölkerworte 2,4–15, die nach den vier Himmelsrichtungen angelegt sind (Westen – Osten – Süden – Norden).

Sieht man vom kompositorischen Kontext ab, so kann Zef 2,12 als Nominalsatzform kaum anders denn als Feststellung eines in der Sprechergegenwart vorliegenden Sachverhalts interpretiert werden. Der Nominalsatz wirkt gemäß der Determination von Subjekt und Prädikat identifizierend, jedoch sinngemäß eher qualifizierend oder klassifizierend. In der vermuteten primären Textform, die JHWH namentlich nennt, fungiert die in Zef 2,12 formulierte Feststellung als »Vorspann« zur Unheilsankündigung gegen Assur und Ninive in 2,13–14.15. Die morphologisch eindeutigen Kurzformen der Präfixkonjugation mit der Konjunktion *w*= in 2,13a.c – funktional auch in 2,13b – verlangen unbedingt einen Anschluss. Mit solchen *w=yiqtol*-Formen kann kein selbständiger Text beginnen. Keinesfalls lassen sie sich unterschiedslos wie übliche Formen der Ankündigung in den Verbformationen *w=qatal* (auch am Textbeginn möglich!) und *x-yiqtol* interpretieren. Was allerdings nicht selten – der Not der Erklärung gehorchend – geschieht (s. u. zu Zef 2,13–15)! Eher kann *w=yiqtol*, wie sonst häufig (z. B. Joüon / Muraoka II § 116d–e; § 169b–c), eine logische bzw. sachliche Folge zu einem anderen Sachverhalt ausdrücken, vgl. Zef 2,11c und nach einem Nominalsatz z. B. Num 23,19. Setzen wir die vermutete primäre Textgestalt in 2,12 voraus, so kann man den Zusammenhang dieses Verses mit 2,13 als ein Interdependenzgefüge, d. h. ein logisches Bedingungsgefüge, verdeutlichen: »Seid schon / sogar ihr, Kuschiter, vom Schwert [JHWHs] durchbohrt, so (kann und) wird er seine Hand (erst recht) gegen Norden ausstrecken ...« Vgl. ein ähnliches mit גם »(wenn) schon / sogar« eingeleitetes Gefüge als Ausdruck eines Schlusses a minori ad maius Spr 17,26.

Allerdings lässt sich der *interne* Zusammenhang der Sätze 2,13a.b.c syntaktisch sehr gut als Interdependenzgefüge interpretieren (»wenn ... dann«, s. u. zu 2,13–15). Dann fungiert 2,13a als konditional-temporaler Vordersatz zu den Folgesätzen 2,13b.c. Auf der syntaktischen Oberfläche ist 2,12 ein Hauptsatz. Gleichwohl bleibt im Leseprozess von V 12 nach V 13 der beschriebene logisch-sachliche Zusammenhang der Verse erhalten, zumal V 13 eben nur als Anschlusstext, nicht als absolute Texteröffnung möglich ist.

Kolometrisch ist V 12 ein ›umgekehrter Fünfer‹ (2+3 Hebungen), genau wie Zef 2,5 II (ohne die Glosse »Kanaan«). Diese ungewöhnliche Form des Qina-Verses dient der betonten rhetorischen Anrede bzw. hebt den Vokativ hervor.

Auslegung

Zef 2,12 ist erst sekundär zu einem eigenständigen Element der Völkerwortreihe geworden. Darauf deutet schon die Einführung der angesprochenen Kuschiter mit der steigernden Partikel גם. Sie wird zwar meist als anreihende Konjunktion (»auch«) wiedergegeben, was ein futurisches Verständnis des Verses voraussetzt. Allerdings ist im Vortext Zef 2,4–10.11 nirgends in ähnlicher Weise von durch JHWHs Schwert Erschlagenen die Rede. Außerdem lässt der im Textverlauf nach 2,11 neu einsetzende V 12 mit seiner Nominalsatzform eher an den Ausdruck eines vorliegenden Tatbestands denken. Für גם legt sich ein Verständnis als steigerndes Modalwort »selbst, sogar, wahrhaftig« nahe (C. J. Labuschagne 1966, 193–203; T. Muraoka 1985, 143–146). Dafür spricht der Aussageinhalt des Verses selbst: gegenüber den bisher genannten Nachbarn Judas, den Philistern im Westen und den Moabitern und Ammonitern im Osten, betritt V 12 neues Terrain. Nun geht es, wie noch zu zeigen ist, um ein fernes Land, aber eine weltpolitisch wirksame Großmacht. Dann ist von V 12 her schon der Blick viel eher auf das Folgende gerichtet, das Wort gegen die Weltmacht schlechthin in der ausgehenden Königszeit Judas: Assur mit Ninive! Ein vager Anschluss an bereits Gesagtes ist bei dieser eigenartigen rhetorisch aufgeladenen Redeeröffnung von V 12 gleichwohl nicht ausgeschlossen. Auf dem Hintergrund der Worte gegen die ›kleinen‹ Nachbarn Judas wird die Steigerung spürbar. Sogar die Kuschiter sind durch JHWHs Schwert geschlagen – nicht etwa an seinem Willen vorbei durch eine politische Macht der Zeitgeschichte. Dass

JHWH und niemand sonst dies vollbracht hat oder, im kompositorischen Kontext futurisch interpretiert, vollbringen wird, darauf liegt alles Gewicht.

Wenn sonst in der Komposition Zef 2,4–15 ausdrücklich von einem vernichtenden oder strafenden Eingreifen JHWHs die Rede ist, zielt dies auf die Vorstellung von einem menschenleeren, verödeten Land (2,5–6, vgl. 2,4), auf unfruchtbare schauerliche Ödnis (2,9) oder auf die Verwüstung der weltbeherrschenden Stadt (Ninive 2,13–14.15). Kriegerische Ereignisse sind hintergründig in 2,4; 2,5–6 und 2,13–15 gut erkennbar. Jedoch nur Zef 2,12 spricht mit dem Stichwort »Schwert« bzw. »vom Schwert Durchbohrte« direkt vom *Krieg* und von in der Schlacht *Gefallenen*. Die Kuschiter selbst als Völkerschaft sind die vom Unheil Getroffenen, nicht das Land Kusch und seine Städte.

Die Anrede an die Kuschiter unterstützt zwar eine Interpretation von Zef 2,12 als Ankündigung, erzwingt sie aber nicht. Denn zum einen dient die situationsfiktive Anrede rhetorisch einer lebendigen Vorstellung und Aktualisierung des ausgesagten Geschehens. Zum anderen kann die Anrede darauf hindeuten, dass trotz der verallgemeinernden Aussage nicht buchstäblich alle Kuschiter als vom Schwert durchbohrt vorausgesetzt sind, so dass es kein Volk der Kuschiter mehr gäbe. Nein, חללי חרב »vom Schwert Durchbohrte« lässt an die in Kampf und Schlacht Gefallenen denken, an den kriegerischen Untergang einer Militärmacht, nicht aber an das radikale Auslöschen eines Volkes. Die Wortfügung im Plural begegnet in feststellenden Aussagen: Jes 22,2; Jer 14,18; Klgl 4,9, dazu 11mal in Ankündigungen und Feststellungen bei Ezechiel: 31,17.18; 32,20.21.25.28.29.30.31.32; 35,8. Während allerdings in Ez 32,17–32 mit den »Schwerterschlagenen« eher die Ermordeten und durch das Richtschwert Hingerichteten bezeichnet sind (vgl. W. Zimmerli, BK XIII/2, 785 nach O. Eißfeldt), sind es in Zef 2,12 im Zusammenhang mit 2,13–14.15 (und 2,4.5–6) sicher zuallererst die im Kampf gefallenen Krieger der Kuschiter, die als vom Schwert Durchbohrte beschrieben werden (vgl. bes. Jes 22,2; Jer 14,18; Ez 35,8; auch Klgl 4,9). Die Symbolrede von einem Schwert JHWHs findet sich erstmals bei Amos (Am 9,1, sekundär in Am 7,9 und 4,10). Zugleich kann Amos vom »Schwert« als einem selbstständigen Gerichtswerkzeug reden, das JHWH »beauftragt« (Am 9,4). Diese personifizierende Rede vom Schwert ist in Prophetenworten besonders beliebt. Das Schwert kann geradezu persönlich angesprochen werden (Jer 47,6–7; Sach 13,7). JHWH kann es »rufen« (Jer 25,29; Ez 38,21) und »senden« (Jer 9,15; 25,27; 49,37). Das kriegerische Wüten des Schwertes kann in thematischen Schwertliedern besungen werden (Jer 50,35–38; Ez 21,13–22).

Ist die enge Verknüpfung von JHWH und Schwert für Zef 2,12 schon durch Amos vorgegeben, so fällt doch auf, dass ausdrücklich vom Schwert JHWHs erst in späteren Texten (vor allem aus der babylonischen Epoche Judas und später) die Rede ist (Dtn

»vom Schwert Durchbohrte«

Teil II: Zefanja 2,1–3,8:

32,42; Jes 27,1; 34,5.6; Jer 12,12; 47,6; Ez 21,8.9.10[6–12!]; 32,10; 1 Chr 21,12). Das Schwert JHWHs ist Richtschwert und militärisches Kampfschwert zugleich. Es ruft auch in Zef 2,12 die altisraelitische Vorstellung von JHWH als dem Krieger hervor (Ex 15,3; Ps 24,8, u.a.), wenngleich diese älter ist als die Rede vom Schwert JHWHs. Letztere schließt allerdings sachlich an alte mythologische Redeweisen vom göttlichen Urzeitkämpfer mit seinen Waffen an (vgl. Jes 27,1; in Ugarit: Baal im Kampf mit dem Meeresgott Yamm in KTU 1.2, IV; in Babylonien: Marduk im Kampf gegen Tiamat nach Enuma-Elisch Tf. IV, 28 ff.). Das Schwert JHWHs hat in der schon aus altassyrischen Rechtsurkunden bekannten Wortfügung vom »Schwert *(patrum)* des Gottes Assur« eine bemerkenswerte Entsprechung; darauf weist *O. Kaiser* hin (ThWAT III [1982] 172, vgl. 170–176).

Zur Identität der Kuschiter

Doch wer sind nun diese »Kuschiter«, die Zef 2,12 als von JHWHs Schwert Durchbohrte, als im Kampf und Krieg Gefallene vorstellt?

A. Berlin (111–113) reiht die verschiedenen exegetischen Vorschläge auf: (1.) Die Kuschiter stehen für Ägypten. (2.) Nubier oder »Äthiopier« (nach LXX), das südliche Nachbarvolk Ägyptens, sind angesprochen. (3.) Eine Stammesgruppe an der südwestlichen Grenze Judas kommt in Frage, da »Kuschan« in Hab 3,7 in der Parallele zu Midian einen arabischen Nomadenstamm bezeichnet (vgl. auch die »kuschitische« Frau des Mose Num 12,1 und die »Kuschiter« als Nachbarn von Philistern und Arabern 2 Chr 21,16; dazu den Kuschiter Serach 2 Chr 14,8 und die Kuschiter in 2 Chr 14,11.12; bes. *R. D. Haak* 1995, 238–251 interpretiert die Kuschiter von Zef 2,12 und sogar Kusch in Zef 3,10 in diesem Sinn). (4.) Ganz spekulativ und abwegig erscheint die Deutung der Kuschiter in Zef 2,12 auf Stämme der arabischen Halbinsel (vgl. Gen 10,7). (5.) In Mesopotamien und genauer in Assyrien lokalisiert *A. Berlin* die Kuschiter unseres Textes, da nach Gen 10,8 Nimrod, der Erbauer Ninives (V 11) einen »Kusch« zum Vater hat.

Abgesehen von der Position (4.) ergeben sich auch gegen die Positionen (1.), (3.) und (5.) Einwände. Nirgends sonst steht Kusch / Kuschiter im Alten Testament direkt und deckungsgleich für Ägypten, obwohl beide verständlicherweise häufig miteinander genannt werden (Jes 20,3–5; 43,3; 45,14; Jer 46,9 im Kontext von 46,3–12; Ez 29,10; 30,4.5.9; Ps 68,32). Wenn 2 Chr in spätnachexilischer Zeit vereinzelt und ohne Parallele in den Königsbüchern von Kuschitern als von einem Volksstamm südlich von Juda berichtet, handelt es sich um einen späten Sprachgebrauch, der möglicherweise von Kuschan Hab 3,7 her motiviert ist oder eher noch an die einst mächtigen Äthiopier erinnern soll; der Chronist rückt sie wohl geographisch in die Nähe Judas (vgl. *J. Becker*, 2 Chronik: NEB, Würzburg 1988, 51; auch Chr bringt die Kuschiter mit Ägypten zusammen: 2 Chr 12,3; 16,8). Was endlich die Deutung der Kuschiter auf Assyrien angeht, so verweist das umstrittene »Kusch« von Gen 10,8 wohl auf die Kassiten, jedenfalls lässt es sich nicht mit dem Kusch von Gen 10,6–7, das sicher Nubien bezeichnet, ausgleichen (vgl. z. B. *L. Ruppert*, Genesis, Würzburg 1992, 465), s. o. die Einleitung zu Zef 2,4–15 (zu Gen 10) und zur Kritik auch *M. H. Floyd* 2000, 206–211).

Immerhin zeigen die Versuche, die Kuschiter von Zef 2,12 entgegen einem gut bezeugten biblischen Sprachgebrauch (vgl. HALAT 445) nicht mit den südlichen Nachbarn der Ägypter, den Nubiern bzw. den »Äthiopiern« der LXX und Vg in Verbindung zu bringen, das berechtigte Unbehagen an einer Interpretation von Zef 2,12 als *Ankündigung* gegen die Nubier in der Joschija-Zeit.

Zef 2,1–15: Drohung und Mahnung an das Volk von Juda

Nun müssen wir jedoch auf der Ebene der vorliegenden Völkerwortkomposition Zef 2,4–15 V 12 (MT) in der Tat am wahrscheinlichsten als eine Unheilsankündigung verstehen (s. o. Analyse und die Einleitungen zu Zef 2,4–15 und 2,12–15). Verschiedentlich wurde daher vorgeschlagen, die Nachricht einer babylonischen Chronik über das 10. Jahr des Nabopolassar, d. h. 616 v. Chr., als geschichtlichen Hintergrund von Zef 2,12 zu deuten (es handelt sich um die Chronik vom Fall Ninives, erstmals 1923 von *C. J. Gadd* ediert, danach revidiert von *D. J. Wiseman*, Chronicles of Chaldaean Kings, London 1956, 11–13.54–65: B.M. 21901; *A. K. Grayson* 1975, 90–96: Chronicle 3; vgl. oben zu Zef 2,4: geschichtliche »Erfüllung« der Prophetie). Die Chronik berichtet (Z. 10 f.), dass in dem besagten Jahr – vier Jahre vor dem Untergang Ninives – unter dem Saïten-Pharao Psammetich I. ägyptische Truppen den geschwächten Assyrern in Mesopotamien gegen die Babylonier zu Hilfe kamen, allerdings ohne Erfolg. Der Sinneswandel der Ägypter, die sich seit 656 v. Chr. vom Joch der Assyrer befreit hatten (vgl. *T. G. H. James* 1991, 709 f.), war angesichts der heraufziehenden babylonisch-medischen Gefahr realpolitisch begründet. Sollte Zefanja im Zusammenhang dieser Ereignisse von 616 v. Chr. durch Palästina ziehende ägyptische Truppen mitsamt ihren kuschitischen Hilfstruppen bzw. Söldnern mit einem Unheilswort bedroht haben (so z. B. *K. Elliger* 73; *W. Rudolph* 282 f.; *R. Edler* 1984, 241 f.)? Die Behauptung, die Anrede an die Kuschiter statt direkt an die Ägypter hänge damit zusammen, dass der Eindruck der 25. sog. äthiopischen Dynastie Ägyptens auch nach ihrer Ablösung seit 664 v. Chr. in Palästina noch recht lebendig gewesen sei, kann schwerlich voll überzeugen. Dagegen spricht die sonstige klare Differenzierung zwischen beiden Größen (auch assyrische Annalen aus der Zeit der äthiopischen Dynastie unterscheiden stets zwischen Ägypten und Nubien / Äthiopien = Meluḫḫa). Auf der Ebene der Völkerwortkomposition, die in ihrer jetzigen Struktur in der Exilszeit des 6. Jh. vorliegt, scheint die Redaktion Zef 2,12 als eigenständiges ankündigendes Wort eher auf die Schlacht bei Karkemisch am Westufer des oberen Eufrat in Nordsyrien 605 v. Chr. bezogen zu haben. In der vernichtenden Niederlage Ägyptens zusammen mit seinen kuschitischen Truppen im Kampf gegen Nebukadnezzar von Babylonien konnte man das als Ankündigung gelesene Zefanjawort (in der Form des MT) als erfüllt betrachten (vgl. Jer 46,2.3–12 vom »Schlachtfest« JHWHs V 10, in dem auch »Kusch« neben anderen Völkern in V 9 genannt wird, vgl. oben die Einleitung zu Zef 2,4–15: geschichtliche Bezüge). Allerdings konnte man in frühexilischer Zeit Zef 2,12 auch noch als nicht erfüllte Ankündigung gegen die Kuschiter als Helfer Ägyptens lesen. Dies legen Worte gegen den Pharao und Ägypten in Ez 29–32 und bes. Ez 30,1–4.5.6–8.9.10–12 nahe; danach soll Ägypten mit Kusch durch das Schwert fallen – durch den Babylonier Nebukadnezzar! (vgl. auch Ez 29,10). Doch es bleibt auch in diesen Interpretationen auf der Ebene von Zef 2,4–15 eine doppelte Schwierigkeit: die ausdrückliche und

V 12 auf Kompositionsebene

Teil II: Zefanja 2,1–3,8:

ausschließliche Anrede an die Kuschiter, ohne Einbezug der Ägypter, dazu die Nominalsatzform, die ein präsentisches Verständnis von Zef 2,12 nahe legt. Auf die unübersehbaren Bezüge von 2,12 zu 2,13–14 habe ich schon hingewiesen. Da 2,13 nach einem Anschluss verlangt, kann die Auskunft Zef 2,12 sei insgesamt spätere redaktionelle Einfügung, nicht überzeugen (gegen *P. Weimar* 1997, 732–734; *M. Striek* 1999, 72.224.228).

V 12 auf der Ebene des Zusammenhangs 2,12–14.15

Als die wahrscheinlichste Interpretation von Zef 2,12 kommt daher die Annahme in Frage, dass 2,12–14 (wohl sekundär erweitert durch V 15) einen ursprünglichen Zusammenhang bildet, was allerdings die namentliche Nennung JHWHs in 2,12 voraussetzt. Danach ist der Vers rhetorisch wirksamer geschichtlicher »Vorspann« zum Höhepunkt der Fremdvölkerworte, zur Ankündigung, dass JHWH vernichtend gegen die Weltmacht Assur mit ihrer Hauptstadt Ninive vorgeht. Zugleich unterstreicht V 12 als Voraussetzung für V 13–14 den Zusammenhang der geschichtlichen Ereignisse: Die Assyrer, die der Kuschiterherrschaft ein Ende bereiteten, werden selbst als Weltmacht untergehen. Welche geschichtliche Macht den Untergang herbeiführt, wird ebenso wenig gesagt wie in den übrigen Unheilsankündigungen Zefanjas. Der prophetische Text legt allen Wert auf die Feststellung, dass JHWH es ist, der dies alles wirkt. Zef 2,12 blickt demnach im primären Sinn auf das Ende der »kuschitischen« 25. Dynastie in Ägypten zurück (712–664 v. Chr. bzw. in Napata ca. 760/750–656 v. Chr., vgl. *E. Hornung*, Grundzüge der ägyptischen Geschichte, Darmstadt ³1988, 120–125.164 f.). Der Einfall nubischer Herrscher von ihrer Hauptstadt Napata unterhalb des vierten Nilkatarakts aus in das nördlichere Ägypten, der zur Begründung der kuschitischen Dynastie führte, hat auch in Palästina seine Wirkung nicht verfehlt. Von Respekt und Furcht zeugt das Prophetenwort Jesaja 18,1–6*. Die Gesandtschaft der Kuschiter in Jerusalem zur Zeit des Königs Hiskija wohl in den letzten Jahren des 8. Jhs. v. Chr., die zu einem Bündnis gegen die Assyrer führen sollte (vgl. auch Jes 20,1–6), gibt Anlass, dieses Volk zu beschreiben: »ein hochgewachsenes und blankglänzendes Volk«, »eine weit und breit gefürchtete Nation, ein Volk, das kraftvoll niedertritt«. Herodot (Historien III, 20 und 114) gibt die Meinung wieder, diese Äthiopier, die am Rand der bewohnten Welt leben, seien die größten und schönsten (und langlebigsten) Menschen auf der Welt! Etwas von diesem mächtigen Eindruck spiegelt sich in Zef 2,12 wider, wenn »sogar« die Kuschiter als von JHWHs Schwert erschlagen präsentiert werden. Im Jahre 673 v. Chr. war ein erster Versuch des Assyrers Asarhaddon, Ägypten zu erobern gescheitert. 671 dringt er bis Memfis (das biblische Nof Jes 19,13) vor, erobert und plündert die Stadt. Nach seinem Tod 669 v. Chr vollendet Assurbanipal (668–627 v. Chr.) das Werk der Eroberung. Er verfolgt die Nubier bis Oberägypten und plündert 664/663 v. Chr. Theben (No Amon Nah 3,8 bzw. No Ez 30,14–16). Er zerstört den Glanz der Stadt, die sich von diesem Schlag niemals mehr ganz erholen wird. Der letzte große Äthiopenherrscher Taharqa (Tirhaka 2 Kön 19,9 // Jes 37,9) stirbt 664 im fernen Napata. Der von Assurbanipal eingesetzte Psammetich I. (664–610 v. Chr.) begründet die 26. ägyptische Dynastie der Saïten (664–525 v. Chr.). Es ist nur noch ein schwacher Ausklang der Äthiopenherrschaft in Ägypten, wenn in Theben noch bis 656 v. Chr. nach Tanutamun, dem Nachfolger Taharqas in Napata datiert wird. Seit 656/655 v. Chr. konnte Psammetich als Pharao von ganz Ägypten auftreten, nachdem er sich wohl schon um diese Zeit von der Vasallität gegenüber Assur befreit hatte (vgl. z. B. *W. Mayer* 1995, 397– 400.410). Von den assyrischen Kriegszügen gegen das Ägypten der äthiopischen Dynastie zeugt ein bemalter Ziegel aus Nimrud / Kalchu (Kelach Gen 10,11–12), einer älteren assyrischen Reichshauptstadt, 30 km südöstlich von Ninive: Abb. 20.

Den engen sachlichen Zusammenhang zwischen Zef 2,12 und 2,13–14.15, der schwerlich erst literarisch sekundär hergestellt sein kann, bestätigt die Ninive-Prophetie Nahums in Nah 3,8–19. Sie vergleicht das kommende Schicksal Ninives mit jenem Thebens, dem biblische No Amon in Nah 3,8. Der Rückblick auf die Eroberung dieser so sicher erscheinenden Weltstadt (3,8–10), deren Stärke »Kusch« war und Ägypten, »ohne Grenzen« (3,9), unterstützt von Put und Libyern, unterstreicht die Gewissheit des schlimmen Geschicks, das Ninive treffen wird (3,11 ff.). Das Ende der Äthiopenherrschaft in ganz Ägypten, dessen Fanal die Eroberung und schwere Plünderung Thebens 664/663 v. Chr. war, ist ähnlich für Zef 2,12 die Gewähr dafür, dass auch das Weltreich Assur und die gewaltige Weltstadt Ninive ihr sicheres Ende finden werden (2,13–14.15). Nicht einfach durch die Zwangsläufigkeit geschichtlicher Ereignisse, sondern durch JHWH selbst!

Situation und Sinn

Der Sinn des kontextuell schwierigen Verses Zef 2,12 erschließt sich noch nicht in seinen verschiedenen Verstehensmöglichkeiten, solange man ihn nur als eine Unheilsankündigung gegen ein Fremdvolk unter anderen Völkerorakeln betrachtet (*J. J. M. Roberts* 202: »We simply do not know what provoked this oracle.«). Wie Analyse und Auslegung gezeigt haben, müssen wir einen unterschiedlichen Status von Zef 2,12 beachten: einerseits als der Tendenz nach eigenständiges ankündigendes Unheilswort gegen die Kuschiter, nach MT stilisiert als Gottesrede, auf der Ebene der Komposition Zef 2,4–15; andererseits und textlich primär jedoch als konstatierende Einleitung zum Prophetenwort 2,13–14.15, das Assur und Ninive den Untergang ankündigt. Dass sich Zef 2,12 auf eine in der Vergangenheit entstandene Situation bezieht, wurde verschiedentlich erkannt, ebenso, dass wir den geschichtlichen Hintergrund des Verses am ehesten im Untergang der sog.

Vergangenheitsbezug von 2,12

Teil II: Zefanja 2,1–3,8:

Abb. 20
Teil eines bemalten Ziegels aus Nimrud: Szene von der Invasion der Assyrer in Ägypten unter Asarhaddon 671 v. Chr. Der gefallene Krieger wird anhand der Feder in seinen Haaren als Kuschiter identifiziert.
Gezeichnet von *C. Diller* nach *J. H. Taylor*, Egypt and Nubia, London 1993, 45 Abb. 54; auf der Grundlage von *A. H. Layard*, A Second Series of the Monuments of Niniveh. Including Bas-Reliefs from the Palace of Sennacherib and Bronzes from the Ruins of Nimrud. From Drawings Made on the Spot, During a Second Expedition to Assyria. Seventy-One Plates, London 1853, Pl. 53; vgl. auch *P. Matthiae*, Ninive 1999, 81.

äthiopischen Dynastie Ägyptens, besiegelt durch die Eroberung Thebens 664/663 v. Chr. durch die Assyrer, zu sehen haben (*D. L. Christensen* 1984, 681; *E. Ben Zvi* 1991, 176–179.300.304.311 f.; bes. *M. H. Floyd* 2000, 210 f.). Vers 12 sagt nicht, durch welchen geschichtlichen Feind die Kuschiter gefallen sind. Die Kenntnis dieses Feindes ist allerdings sehr wohl vorausgesetzt, wie auch aus dem ausdrücklichen Rückblick auf die Eroberung Thebens als Bollwerk der Kuschiter und der Ankündigung eines ähnlichen Schicksals für Ninive in Nah 3,8–12(8–19) zu entnehmen ist (schon *H. Ewald*, Die Propheten des Alten Bundes, Bd. 2, 1868, 24, weist auf den sachlichen Zusammenhang von Zef 2,12 mit Nah 3,8–12 hin). Dann ist die Ironie greifbar: Jene Assyrer, die den Kuschitern das Ende ihrer Herrschaft in Ägypten brachten, sollen nun selbst die Vernichtung ihrer Weltmacht und ihrer berühmt-berüchtigten Hauptstadt Ninive erfahren. Das einstmalige Gerichtswerkzeug JHWHs gegen die Kuschiter wird selbst zum Gegenstand des göttlichen Gerichts (vgl. ähnlich Jes 10,5–9.13–15!). Denn dies ist für Zef 2,12 wie dann auch für 2,13–14.15 entscheidend: JHWH ist es, der in der Geschichte der Völker handelt. Nicht blinder Zufall und auch nicht die weltpolitischen Planungen und Kriege der Großmächte wie der Assyrer und der kuschitischen Herrscher Ägyptens bestimmen eigenmächtig die Geschicke der Völker. JHWH als Gott Israels ist doch nicht weniger Herr der Völkerwelt. In der Weltgeschichte vollzieht er sein Völker- und ›Welt‹-Gericht, um seine Weltordnung durchzusetzen.

Wenn man die primäre Prophetie Nahums ca. zwischen 650 und 630 v. Chr. ansetzen darf (*W. Rudolph* 143 f.; *K. Seybold* 12.13; *J. Wehrle*, in: NBL II, Lfg. 10 [1995], 893.895) bzw. vielleicht sogar um 660 v. Chr. (*T. Schneider*, Nahum und Theben: BN 44 [1988]72[63..73]), wird Zef 2,12 im ursprünglichen Zusammenhang mit 2,13–14* nicht weit davon abgesetzt werden dürfen. In den Jahren um und nach 630 v. Chr., d. h. in zeitlicher Nähe zum Tod Assurbanipals (wohl 627 v. Chr., vgl. *W. Mayer* 1995, 397.412), dürfte Zef 2,12*.13–14* entstanden sein (s. auch unten zu Zef 2,13–15). Wahrscheinlich ist diese Zefanjaprophetie im Kontext der primären Zefanja-Logien ursprünglich an die Philister-Worte Zef 2,4 und 2,5–6* angeschlossen worden. Darauf deuten Analogien in Formulierung und Aussage, die diese Worte mit 2,13–14(15) verbinden.

Zur Datierung

Wir können nicht ausschließen, dass schon die ersten Tradenten der Zefanjaworte Zef 2,12 nicht mehr als rückblickende Tatsachenfeststellung, sondern – nun in der Form der Gottesrede – als Unheilsankündigung verstanden haben. Möglich war eine solche Interpretation frühestens nach dem offenkundigen Umschwenken der Ägypter auf die Seite der Assyrer gegen die verbündeten Babylonier und Meder, nachweislich seit 616 v. Chr. Jedenfalls aber auf der Ebene der erst in der Exilszeit des 6. Jhs. v. Chr. abgeschlossenen Komposition Zef 2,4–15 wurde Zef 2,12 mit hoher Wahrscheinlichkeit als Ankündigung interpretiert, die in der Anordnung der Himmelsrichtungen nun den Part des Südens einnimmt. Die ausdrückliche Nennung der »Kuschiter« sperrte sich zwar nach wie vor gegen eine einfache Identifizierung der Betroffenen mit den Ägyptern. Wohl aber konnte man die Kuschiter – pars pro toto – auf Ägypten beziehen (vgl. Jer 46,2.3–12 und bes. auch Ez 30,1–12, s. o. Auslegung: V 12 auf Kompositionsebene).

2,12 als Unheilsankündigung

Wie schon dem vermuteten Primärtext Zef 2,12* ist dem vorliegenden Endtext, noch gesteigert durch die Form der Gottesrede, vorab eines wichtig: JHWH, nicht die Großmächte der Zeit, wirkt allein entscheidend das Geschick der Völker. Nicht dass jede kriegerische Aktion nun gewissermaßen Werk JHWHs sei! Es sind aber bestimmte geschichtliche Ereignisse, in denen der Prophet (und seine Tradenten) die Macht JHWHs über die Völkerwelt erkennt. JHWH ist in diesem Sinne auch kein Nationalgott, der gegen Feinde Israels vorgeht (vgl. Zef 2,8–10), sondern der Völkerherr, der als Richter zuerst gegen Juda und Jerusalem (Zef 1,4 ff.) einschreitet.

Teil II: Zefanja 2,1–3,8:

II.A.2.c.(2) Zef 2,13–15: Ende Assurs, Verwüstung Ninives, erweitert durch die Spottklage über die hochmütige Stadt (V 15)

Literatur D. J. Clark, Of birds and beasts. Zephaniah 2,14: BiTr 34 (1983) 243–246. – F. W. Dobbs-Allsopp, 1993 (City-Lament). – C. Hardmeier 1978. – H. Jahnow, Das hebräische Leichenlied im Rahmen der Völkerdichtung: BZAW 36, Gießen 1923. – G. B. Lanfranchi, Assyrische Kultur, in: W. Seipel / A. Wieczorek (Hrsg.) 1999, 129–141. – P. Matthiae, Ninive 1999. – P. Matthiae, Geschichte der Kunst im Alten Orient. Die Großreiche der Assyrer, Neubabylonier und Achämeniden. 1000–330 v. Chr., Darmstadt 1999 (ital. Originalausgabe 1996). – W. Mayer 1995 (zu Aššur: S. 61–67). – J. A. Mayoral, El uso simbólico-teológico de los animales en los profetas del exilio: EstBib 53 (1995) 317f. – M. O'Connor, Cardinal-Direction Terms in Biblical Hebrew, in: A. S. Kaye (Hrsg.), Semitic Studies II. FS W. Leslau, Wiesbaden 1991, 1140–1157. – J. P. J. Olivier, A Possible Interpretation of the Word ṣeiyyâ in Zeph 2,13: JNWSL 8 (1980) 95–97. – H. Rechenmacher, »Außer mir gibt es keinen Gott!«. Eine sprach- und literaturwissenschaftliche Studie zur Ausschließlichkeitsformel: ATS 49, St. Ottilien 1997. – D. J. Reimer, The »Foe« and the »North« in Jeremiah: ZAW 101 (1989) 223–232. – J. M. Russell, Ninive, in: W. Seipel / A. Wieczorek (Hrsg.) 1999, 116.117–128. – J. de Savignac, Le sens du terme ṣâphôn: UF 16 (1984) 273 f. – A. Schouten van der Velden, Tierwelt der Bibel, Stuttgart 1992. – J. Tamulénas, Översättningar av fågellistorna: Lev 11,13–19 och Deut 14,11–18: SEÅ 57 (1992) 28–59. – J. M. Toynbee, Tierwelt der Antike: Bestiarium romanum, Mainz 1983. – M. Wischnowsky 2001 (Stadtklage).

Text

Übersetzung Da Zef 2,12* und 2,13–14* höchstwahrscheinlich ursprünglich in einer Sprucheinheit zusammengehören, wird die Übersetzung von Zef 2,12* hier wiederholt.

12 IA Selbst ihr, Kuschiter,
    IB   seid durchbohrt vom Schwert [JHWHs]!

13 a IA Streckt er nun seine Hand gegen Norden aus,
   b IB   so richtet er Assur zugrunde
   c IIA und macht Ninive zur Wüstenei,
      IIB   ein Trockenland, der Steppe gleich.
14 a IA Dann werden mitten in ihr Herden lagern,
      IB   allerart Tiere [der Weide].
   b IIA Sowohl Dohle wie Eule
      IIB   nächtigen auf ihren Säulenkapitellen.
   c IIIA (Vogel-)Stimme singt in der Fensterhöhlung,
   d IIIB [Rabe] (krächzt) auf der Schwelle.
            MT 14d Trümmer auf der Schwelle,

14e ⟨denn das Zedernwerk hat man bloß gelegt(?).⟩
15a IA   ⟨Das ist die prahlerische Stadt,
     IB   die in Sicherheit thront,
/b   IIA   die in ihrem Herzen spricht: / ›Ich –
 c   IIB   und niemand sonst!‹
 d   IIIA Wie ist sie (doch) zur (schaurigen) Wüste geworden,
     IIIB ein Lagerplatz für (wilde) Tiere!
 e   IVA   Jeder, der an ihr vorbeikommt, pfeift,
 f   IVB   schwenkt (abwehrend) seine Hand.⟩

13a–c: Zef 2,12 konstatiert die sachliche Voraussetzung für die Ankündigung in 2,13–14 im Sinne eines logischen temporal-konditionalen Gefüges (s. o. Text und Analyse Zef 2,12). V 13 setzt V 12 voraus. Das innere Beziehungsgefüge der Sätze in V 13 lässt sich jedoch am besten als nicht nur logisch vorausgesetztes, sondern durch die Verbformen (w=yiqtol-Kurzform) in V 13 auch ausgedrücktes Interdependenzverhältnis beschreiben: »Wenn er nun (aber) seine Hand gegen Norden ausstreckt, *so / dann* richtet er Assur zugrunde ...« Zur Begründung vgl. H. Irsigler 1977, 126–129, dazu schon F. T. Kelly, The Imperfect with Simple Waw in Hebrew: JBL 39 (1920) 17 (1–23); zu entsprechenden Satzfügungen vgl. Ps 104,20; Sach 9,5; Mi 7,10; vgl. auch J. Tropper, ZAH 11 (1998) 174.175 (153–190). Die Progressform in 2,14a nennt sodann die Folge aller Aktionen JHWHs in V 13a–c. J. Scharbert 1967, 23 f.33, schließt Zef 2,13 in finaler Funktion an 2,2 bzw. (ders. 1982, 243.244) an 2,3 an. Wenn er auch den Zusammenhang mit 2,12 wegen der Gottesrede des MT übergeht, so ist hier doch der Fortsetzungscharakter von 2,13 klar erfasst. Andere deuten die Verbalformen in Zef 2,13 funktional als Jussive: »Und er möge / soll seine Hand ausstrecken ...« (in diesem Sinn W. Rudolph 276; A. Berlin 104.114). Wie diese Jussive kontextuell motiviert sein sollen, bleibt indes unklar. Ebenso wenig allerdings kann die Annahme befriedigen, die Kurzformen der Präfixkonjugation stünden in V 13 ohne jeden funktionalen Unterschied an Stelle der gewöhnlichen Verbformationen der Ankündigung (so mit den in diesem Fall üblichen Hinweisen auf die Grammatiken Ges-K § 109k; Joüon / Muraoka II § 114l, die zwar unterschiedliche Sonderfälle sammeln, aber kaum Erklärungen anbieten, z. B. T. H. Ryou 1995, 44; J. Vlaardingerbroek 158; M. Striek 1999, 72 Anm. 211). Dann wäre Zef 2,13 hinsichtlich der Verbformationen völlig singulär im Zefanjabuch und auch nicht mit der einzigen weiteren w=yiqtol-Form in Zef 2,11c (final-konsekutiv nach 2,11b) funktional vergleichbar.

14a: In der Parallele zu עדרים »Herden« ist כל־חיתו־גוי »allerlei Volksgetier« des MT schwerlich richtig überliefert. LXX übersetzt das fragliche גוי als Genitiv τῆς γῆς »(Getier) des Landes«, was durch Lesung von גוי als (א)גי »Tal« angeregt sein kann, vgl. G. Gerleman 1942, 42; F. Dingermann 1948, 186. Viel wahrscheinlicher ist eine einfache Buchstabenverwechslung im HT: Statt גוי ist נוי »Weide, Aue« zu lesen, in identischer Schreibung mit altsüdarabisch *nwy*, als Variante zu dem geläufigen »Weide(platz)«, ebenso wie z. B. שדי neben שדה »Feld« oder auch שרי neben שרה »Sarai / Sara«. Zu diesem Vorschlag vgl. W. Rudolph 278 Anm. 14b; H. Irsigler 1977, 182 Anm. 202.

14b: Die Tierbezeichnungen sind eine alte crux. Die Versionen helfen kaum weiter (vgl. bei J. Vlaardingerbroek 155). Die verschiedenen Vorschläge in Übersetzungen

Teil II: Zefanja 2,1–3,8:

stellt *D. J. Clark* 1983 zusammen; vgl. auch *D. Barthélemy* 1992, 897 f. קָאַת deuten Aquila, Vg, Tg und Syr als »Kropfgans« (lat. onocratulus) oder »Pelikan«, entsprechend auch in Lev 11,18; Dtn 14,17; Jes 34,11; Ps 102,7. *A. Schouten van der Velden* 1992, 118 f., entscheidet sich in Zef 2,14 für den Pelikan, was zur Lage Ninives am Tigris passen soll (vgl. *J. Tamulénas* 1992, 50 f.)! Die »Chamäleons« (pl.) der LXX in Zef 2,14 haben nur den Vorteil, dass sie besser zu Ruinen und Ödnis passen als die Wasservögel; den Pelikan lässt LXX in Lev 11,18; Ps 102,7 vertreten sein. קָאַת gehört jedenfalls zu den unreinen Vögeln nach Lev 11,18 (11,13–18) und Dtn 14,7 (14,12–19). Die Vorliebe für ruinöse Gegenden spricht – mit HALAT 991 – für eine Eulenart (Ohreule) oder die Dohle, vgl. Jes 34,11 und Ps 102,7 (parallel zu »Eule / Kauz [כוֹס] der Trümmerstätten«).

קִפֹּד neben קָאַת wie in Jes 34,11, wo auch noch »Uhu« (bzw. »Eule«, kaum »Ibis«) und »Rabe« begegnen, ist wohl nicht der »Igel« der Versionen, sondern eher ein Vogel, eine Eulenart (andere: Trappe; Rohrdommel), auch in Jes 14,23. Die »Säulenkapitelle«, die nicht als umgestürzt, am Boden liegend präsentiert werden, dazu das »Fenster« bzw. die »Fensterhöhlung« in V 14c eignen sich viel besser als Ruheplatz für Vögel als für Igel! Vgl. HALAT 1043 f. und besonders *J. Vlaardingerbroek* 160, gegen *W. Rudolph* 278, u. a.

14c: MT 14c ist zwar gut bezeugt, aber im Kontext doch nicht ohne Probleme. Am einfachsten ist קוֹל »Stimme, Laut« Subjekt des Satzes. Das Prädikat יְשׁוֹרֵר, das ein fortwährendes, ständig wiederholtes »Singen« ausdrückt (Polel von שִׁיר in *x-yiqtol*-Formation) legt den Gedanken an eine Vogelstimme nahe, ebenso der Kontext V 14b und auch 14d (s. u.!). V 14c ist den Versionen zu unbestimmt und wird daher in LXX, Syr und Tg mit dem Hinweis auf den Urheber der Laute (Tiere, Vögel), die hier nicht als »Gesang« bezeichnet werden, ausgestaltet; Vg: vox cantantis in fenestra. Die beliebte Wiedergabe von 14c als Ausruf »Horch! es singt ...« (z. B. *M. Striek* 1999, 15 f. Anm. 216) ist wohl möglich, hat aber gegen sich, das קוֹל nicht Leitwort einer Constructus-Verbindung ist wie in Zef 1,10, vgl. bes. Joüon / Muraoka II § 162d (bzw. § 162e bei *P. Joüon*, Grammaire 1923). Die adverbielle Wiedergabe »Laut singt es ...« (z. B. EÜ; *L. Sabottka* 1972, 96.97) liegt insofern näher, als sie auf der Ebene der beschreibenden Schilderung bleibt. Das verbale Prädikat müsste demnach ein eigenes, hier ungenanntes belebtes Subjekt haben (vgl. Ges-K § 144m). Die häufige Konjektur כוֹס »Eule / Kauz / Käuzchen« nach *J. Wellhausen* 154 (vgl. BHS z. St.) ist attraktiv, da sie sich ausgezeichnet in den Kontext fügt; vgl. Lev 11,17; Dtn 14,16; Ps 102,7. Ist קוֹל »Stimme« Ersatz für כוֹס, weil man dem »Kauz« das »Singen« nicht zutraute? Aber das Prädikat von 14c gilt auch für 14d, wo am wahrscheinlichsten »Rabe« zu lesen ist, das »Singen« demnach doch im weiteren Sinn den Vogellaut bezeichnet. In der Übersetzung von 14c bleibe ich bei dem möglichen, wenn auch nicht unproblematischen MT.

14d: Statt MT חֹרֶב »Verwüstung« (metonymisch »Trümmer«) ist wegen der Doppelfunktion des Verbs »singen« 14c die Lesung von LXX (danach auch La) und Vg vorzuziehen: עֹרֵב »Rabe«. MT חֹרֶב geht auf einen Hörfehler bzw. eine Wortassoziation in der Überlieferung des MT zurück, vgl. *W. Rudolph* 228 Anm. 14h.

14e: Der Text des letzten Satzes von V 14 ist eine schwere crux und auch in der MT-Fassung nur notdürftig übersetzbar. Das Hapaxlegomenon אַרְזָה wird meist als Kollektivbildung zu אֶרֶז »Zeder« mit »Zedernwerk / Täfelung aus Zedernholz« wiedergegeben. Das Subjekt der Suffixkonjugation von ערה-D »entblößen«, ist dann indefinit; es ist gewiss nicht der »Rabe« oder sonst ein Vogel, der das Zederngetäfel bloßgelegt oder weggerissen haben sollte (gegen *A. Berlin* 116). Der MT von 14e schließt inhaltlich an die MT-Fassung von 14d (»Verwüstung auf der Schwelle«) an. Satz 14e führt demnach weder 14c noch den Primärtext von 14d weiter. Da 14e auch kolometrisch jedenfalls aus dem Rahmen der Verszeilen in V 14 wie auch V 15 fällt, ist der Satz literarkritisch nur als sekundär zu werten.

Doch wie kam dieser rätselhafte Zusatz zustande? F. Buhl 1885, 182; F. Schwally 1890, 195, und B. Duhm 1911, 97, haben den Satz 14e überzeugend aus einer verdorbenen Dittographie der Anfangsworte von V 15 erklärt (vgl. BHK, BHS z. St.). Übergeht man die mater lectionis י (y), so klärt sich das Schriftbild: זאתהעירה- in 15a wird zu בארזהערה in 14e (ז ist zu ב, ת zu ר verlesen). Die Frage, weshalb es zu dieser Dittographie kam, versucht W. Rudolph 279 Anm. 14i mit einer originellen Deutung zu beantworten: Aus dem Anfang von 2,15a habe man zwei mit כי recitativum eingeleitete Vogellaute herausgelesen, die als ארזה »ich mache gering« und ערה »er / man hat entblößt« ominös gedeutet werden konnten. Diese Vogellaute seien dann in V 15 in »menschliche« Sprache übersetzt worden. Vgl. entsprechend K. Seybold 108.109. Weniger phantasievoll, gleichwohl wahrscheinlicher ist mir eine Deutung des Zusatzes, die sich von der beobachteten Verknüpfung mit V 15 leiten lässt und auf der Linie von LXX liegt (vgl. H. Irsigler 1977, 183 f. Anm. 206). LXX übersetzt διότι κέδρος τὸ ἀνάστημα αὐτῆς »Denn (wie) eine Zeder ist ihr (stolzes) Sich-Aufrichten«. Ninive erhebt sich in ihrem Stolz gleich einer hohen Zeder. Die Stadt beherrscht die anderen Nationen, so wie die Zeder die anderen Bäume überragt (vgl. bes. M. Harl, LXX Sophonie 1999, 357!). LXX liest in Satz 14e neben ארז »Zeder« הערה als Infinitivus constructus von עור-N »erregt werden, sich aufrichten / sich aufmachen« mit dem auf Ninive verweisenden enklitischen Personalpronomen der 3. ps.f.sg. Der oben erschlossene hebräische Text der Dittographie dürfte ursprünglich von der Vergleichspartikel כ statt Konjunktion כי ausgehen: »Gleich einer Zeder ist ihr (stolzes) Sich-Aufrichten.« In jedem Fall gibt Satz 14e als dittographische Glosse eine Begründung für den desolaten Zustand Ninives an, wie er in V 14 beschrieben ist, und leitet damit zu V 15 (»das ist die prahlerische / ausgelassene Stadt ...«) über.

Analyse

Zef 2,13 ist nicht der Neuansatz einer eigenständigen Texteinheit, sondern bildet am ehesten mit der Primärform von 2,12 ein einheitliches Prophetenwort (s. o. zu Zef 2,12). Auf der Endtextebene der Komposition 2,4–15 gewinnt 2,13–15 aber das Gewicht eines eigenen, wenn auch unselbstständigen Fremdvölkerworts, das von Juda aus gesehen für den Norden der hier präsentierten Völkerwelt steht. Vor allem aber bildet Zef 2,13–15 – selbst auf Endtextebene in einem engeren Anschluss an 2,12 – den Ziel- und Höhepunkt der ganzen Komposition. Denn jetzt geht es um die in der Wirkungszeit Zefanjas beherrschende Weltmacht schlechthin, um Assur und Ninive.

Ist Zef 2,13–15 literarisch einheitlich? Dass V 14e (MT) ein dittographischer Zusatz ist und keinen ominösen (und textlich primären) Vogellaut wiedergibt, wurde oben zum Text bereits angemerkt. Schwieriger ist die Frage zu beantworten, ob V 15 primär zur Texteinheit gehört. Es ist nicht schon ein literarkritisches Kriterium, das auf einen Zusatz deutet, wenn einige Textelemente in anderen ähnlichen Kontexten

Zur Frage der Einheitlichkeit

Teil II: Zefanja 2,1–3,8:

vorkommen. So weisen Kommentatoren häufig und mit Recht darauf hin, dass V 15 IB und II wörtlich in dem spottgeladenen Babelgedicht Jes 47,8 begegnet (zusammen mit anderen Formulierungsparallelen ist dies für *H.-J. Hermisson*, BK XI/8, 160, ein Grund, Zef 2,15 als sekundär zu betrachten); zu Zef 2,15 II vgl. auch Jes 47,10! Außerdem hat die Kennzeichnung der Stadt als עליזה »prahlerische / fröhliche« eine Entsprechung in Jes 22,2; 23,7; 32,13. V 15 IIIA »Wie ist sie zur Wüste geworden!« hat auffällige wörtliche Parallelen in den Unheilsdichtungen gegen Babel Jer 50,23c und 51,41c. Endlich hat Zef 2,15e–f ein Gegenstück in der Klage über das zerstörte Jerusalem Klgl 2,15a–c (כל עבר »jeder, der vorbeikommt«, שרק »zischen, pfeifen«, נוע-H »schütteln, schwenken«); auch die Einleitung Zef 2,15a זאת העיר »das ist die Stadt« taucht in Klgl 2,15d als rhetorische Frage auf. Zu Zef 2,15e »jeder, der an ihr vorbeikommt, pfeift« ist auch Jer 19,8; 49,17; 50,13 zu vergleichen. Dagegen zeigen sich keine lexikalischen Entsprechungen zu den »Spottliedern« auf Ninive in Nah 3,7 und 3,19. Dass der Verfasser von Zef 2,15 gerade darauf zurückgegriffen habe, lässt sich nicht erweisen, auch wenn Zef 2,15 das Wort gegen Assur und Ninive ähnlich abschließt wie Nah 3,(18–)19 das Ninive-Gedicht Nah 3 und das Buch Nahum insgesamt (gegen *M. Striek* 1999, 75 f.). Eine Interpretation von Zef 2,15 als Inhalt der Vogellaute von 2,14c–d* spricht weder für (z. B. *W. Rudolph* 279.283; *J. Vlaardingerbroek* 154.157.161.162 f.) noch gegen (z. B. *K. Seybold* 108.109) eine ursprüngliche Zugehörigkeit von V 15 zu 2,13–14 bzw. 2,12*.13–14*.

V 15 – ein Zusatz

Doch gibt es textliche Merkmale, die Zef 2,15 als Zusatz erscheinen lassen: (1.) V 15 ist nach dem aus Klagekontexten gut bekannten Schema ›glückliches Einst‹ – ›schreckliches Jetzt‹ aufgebaut: 15a–c gegenüber 15d–f. Dass der Sprecherstandpunkt *nach* dem Untergang Ninives liegt, zeigt sich allerdings erst in 15d eindeutig (Perfekt der Gegenwart). Erst von daher erhalten die Sätze 15a–c den Sinn einer Schilderung des gegenüber der Sprechergegenwart vergangenen Zustands der stolzen Stadt: ›Dies ist das (gegenwärtige) Geschick der (einst) prahlerischen Stadt, die so sicher thronte …‹. Von der Zukunftsschilderung V 14 her gesehen, können wir jedoch 15a – ein nominaler Zeigesatz mit partizipialen Attributen, erweitert durch das Zitat eines inneren Monologs 15b–c – als Beschreibung der hochmütigen Haltung der Stadt in der Sprecher*gegenwart* lesen: ›Dies ist das (zukünftige) Geschick der (jetzt) prahlerischen Stadt, die (jetzt) so sicher thront …‹. Ein einheitlicher bruchloser Zeitbezug ist für V 15 freilich nur dann gegeben, wenn der Vers von Anfang an einen Sprecherstandpunkt *nach* dem Fall Ninives vorstellt, also eine Sprechergegenwart, für die das in V 13 und 14 angekündigte Geschick schon eingetreten ist. Der Gebrauch des adjektivischen und der partizipialen Attribute in 15a, die syntaktisch einen unterschiedlichen Zeitbezug zulassen, könnte in einer Übernahme aus einem andern Kontext begründet sein, in dem diese tatsächliche Sprechergegenwart ausdrücken (so in Jes 47,8!). Er könnte aber (darüber hinaus) auch das Bemühen erkennen lassen, V 15 (15a–c) in derselben Sprecherperspektive an V 14 anzuschließen, die in V 13–14 impliziert ist, also aus der Sicht vor dem Untergang der Stadt. Dass V 15 tatsächlich vom Standpunkt danach her geschrieben ist, zeigt sich dann erst in 15d–f.

(2.) Nun könnte die Tatsache, dass in V 15 die Zerstörung Ninives als schon eingetreten formuliert ist, einfach ein drastisches prophetisches Mittel der Vergegenwärtigung der Zukunft sein. Aber es stellt sich die Frage nach der Vermittlung zwischen V 13–14 einerseits und V 15 andererseits. Die Vögel von V 14 sind selbst ganz Zeichen der Verödung (s. auch die Auslegung). Ihr ›Ruinen-Gesang‹ erfordert keine Angabe eines Wortlauts. Allerdings könnte das ungewöhnliche Bild von andauernd

»singenden« Ruinen-Vögeln Anlass gegeben haben, ein solches Liedzitat nachzutragen. Ist aber ein solcher ›Kunstgriff‹ wahrscheinlich, auch wenn er literarisch sekundär wäre? Eine solche ausgefeilte Raben-Rede wäre biblisch ganz analogielos. Sollten die unreinen Vögel, die selbst zum Bild der Verwüstung gehören, gerade über die Verwüstung Ninives mit unverhohlener Schadenfreude und Ironie ›klagen‹, d. h. darüber, dass die Stadt nun »Lagerplatz für (wilde) Tiere« geworden ist? Keine der antiken Versionen lässt eine Deutung von V 15 als Wortlaut eines Vogelgesangs erkennen. Nach der prophetischen Ankündigung des Untergangs von Ninive in V 13–14 an eine ungenannte Zuhörerschaft wirkt V 15 wie eine *post festum* vorgetragene Antwort auf die prophetische Botschaft: eine Antwort der vorausgesetzten Zuhörer, die nun zu Zuschauern des Untergangs geworden sind, als ironischer Kommentar, der weder Schadenfreude noch ein Schaudern angesichts des gewaltigen Zusammenbruchs verbergen kann. Wahrscheinlich soll dieser Kommentar im vorliegenden *Kontext* der Fremdvölkerworte gleichwohl als prophetische *Ankündigung* gelesen werden, als prophetische Vorwegnahme des zukünftigen Geschicks. Da aber kaum eine textliche Vermittlung zwischen der Ankündigung V 13–14 und dem Kommentar V 15 erkennbar ist, kann dies dafür sprechen, dass V 15 nicht sprachlich das Ende Ninives vorstellt, sondern es tatsächlich schon voraussetzt.

(3.) Der Charakter von V 15 als eines Kommentars wird unterstrichen durch den einleitenden Zeigesatz mit זאת »dies ist (das Geschick) …«, ganz wie in dem Zusatz Zef 2,10. Diese einleitende »Identifikations- oder Erfüllungsformel« (H.-J. Hermisson ebd. 160 mit Hinweis auf den sekundären Gebrauch in Jes 14,26) führt jedoch nicht nur eine Replik und ein Resümee ein. Der Kommentar trägt vorab die *Begründung* für den göttlichen Entscheidungsschlag gegen Assur und Ninive nach. Denn davon war in der Ankündigung 2,13–14 genauso wenig die Rede wie in Zef 2,4 und 2,5–6*. Diese nachträgliche Begründung ist allein am Untergang der »prahlerischen Stadt« interessiert. Dabei nimmt V 15 in der ironischen »Wie«-Klage 15d sprachlich V 13c und 14a auf, jedoch in vergröbernder Form und mit charakteristischen Nuancen: Aus לשממה »zur Wüstenei« 2,13c (wie 1,13b; 2,4b; 2,9d) wird gleichsinnig לשמה. Aus dem »Sich-Lagern« (רבץ) von »Herden« (der Hirten / Nomaden) und »allerart Getier [der Weide / Aue]« (חיתו־גוי) wird »ein Lagerplatz« (מרבץ) für »Getier« (חיה), wobei letzteres sich eher auf Wildtiere bezieht.

Die Spannungsmerkmale zwischen Zef 2,13–14 und 2,15 erklären sich doch wohl leichter, wenn man V 15 als Zusatz betrachtet. Dann gewinnen die auffälligen Formulierungsparallelen, die sich für V 15 angeben lassen, ihr Gewicht für die Bestimmung des literarischen Horizonts dieses Verses, der zum Teil schon ›zitierend‹ aus schriftlichen Quellen schöpfen dürfte.

Wie ist der Ort und der Stellenwert von V 15 im Kontext der Fremdvölkerworte und im Hinblick auf die Jerusalemworte in 3,1–8 zu beurteilen? Wie erwähnt, soll V 15 im Zusammenhang der Fremdvölkerworte nach der Ankündigung 2,13–14 wohl ebenfalls als – vorwegnehmende – Ankündigung verstanden werden, die sprachlich den Ruin Ninives als schon eingetreten vorstellt. Als literarischer Zusatz aber ist V 15 am wahrscheinlichsten tatsächlich aus der Perspektive nach dem Fall der Stadt (612 v. Chr.) geschrieben. Dann will der Bearbeiter einschärfen, dass das Prophetenwort sein Ziel nicht verfehlt hat, wie die Ruinen Ninives dokumentieren. 2,15 als Zuspitzung des Wortes gegen Ninive 2,13–14 bildet zusammen mit diesen Versen nun den Höhepunkt der ganzen Komposition von Fremdvölkerworten 2,4–15. Von diesem Ende her deutet sich an, worin der Bearbeiter die Unheilsankündigung gegen die vorausgehend genannten Völker und Städte begründet sieht: in

Zur Redaktionskritik von V 15

Teil II: Zefanja 2,1–3,8:

Selbstanmaßung und Hochmut, wie sie exemplarisch in Ninive verkörpert sind. Die Analogie zu der höhnischen Arroganz, die Zef 2,8–9.10 geißelt, ist unverkennbar. Von 2,15 her fällt aber auch ein Licht auf die Jerusalemworte in 3,1–8. 2,15 sichert jedenfalls den Übergang und verstärkt den Vergleich zwischen Ninive und Jerusalem, zwischen der »prahlerischen Stadt« 2,15a und der »gewalttätigen Stadt« 3,1 (jeweils עיר »Stadt«). Das kann nicht heißen, dass der Anschluss von 3,1ff. an 2,14 durch 2,15 erst ermöglicht wurde (so M. Striek 1999, 75.77). Gerade die Benennung als »gewalttätige Stadt« konnte es nahe legen, das Wehewort über Jerusalem 3,1–4.5 an die Ankündigung gegen Ninive 2,13–14* – auch ohne Vermittlung durch V 15 – mehr oder weniger locker anzuschließen. Das Markenzeichen der Gewalt war für die »Blutstadt« (Nah 3,1) Ninive nur allzu gut bekannt. 2,15 aber macht an Beispiel Ninives einen neuen Aspekt zum Paradigma für das Verhalten und Ergehen Jerusalems: die Selbstüberhebung, der Hochmut, der zum Fall führt. Soll das Beispiel Ninives das Jerusalem von 3,1ff. warnen, mit der Absicht, doch noch Besserung zu erzielen? Kaum! Wo das »Wehe« über die Stadt ausgerufen wird und die Gerichtsansage unausweichlich geworden ist (3,6–8), kann auch 2,15 nicht mehr »warnen« wollen. Eher dokumentiert 2,15 im Kontext beispielhaft, was Zef 3,6–7 im Rückblick enttäuscht feststellt: Auch das verheerende Eingreifen JHWHs in das Geschick von Völkern und Städten wie zumal Ninives hat Jerusalem nicht zur Besinnung gebracht.

Zef 2,15 könnte nicht nur punktueller Zusatz sein, wie die Beobachtungen zu den Kontextbezügen zeigen. Der Vers kann (noch) von jener Redaktion stammen, die die primären Fremdvölkerworte Zefanjas – 2,4; 2,5–6*; 2,12*.13–14* – nach dem Fall Jerusalems in der Exilszeit des 6. Jhs. durch die Einfügung des exilischen Textes 2,8–9* und die möglicherweise schon auf die ersten Tradenten Zefanjas zurückgehende Separierung von Zef 2,12 (als Gottesrede nach MT) zu dem überlieferten Umfang ausgestaltet und die Worte nach den vier Himmelsrichtungen angeordnet hat. Die unverkennbaren Bezüge von Zef 2,15 besonders zu Jes 47,8.10 (s. o. Literarkritik) und zu exilischen Jeremiatexten (Jer 50,23; 51,41) wie auch zu Klgl 2,15 (s. o.) legen für den Vers und dann auch für die Vollendung der Komposition 2,4–15 eine Datierung jedenfalls in die späte Exilszeit nahe. Die hervorstechenden Bezüge von Zef 2,15 zu exilischen Babel-Texten können darauf hinweisen, dass der Vers *über Ninive hinaus implizit auch schon auf die Stadt Babel zielt.*

Zur Datierung von V 15   Sollte Zef 2,15 literarisch von Jes 47,8 abhängig sein, müsste man den Zef-Vers jedoch eher in die Zeit nach der Eroberung Babels durch den Perser Kyros II. 539 v. Chr. datieren, etwa um 520/21 v. Chr., als Dareios I. die Aufstände in Babel niederschlug und die Stadt sehr hart bestrafte (vgl. z. B. *H. Donner,* Geschichte 1986, 397.401; TUAT I/4 [1984] 419ff. 427–429. 441–443). In diesem Fall wäre Zef 2,15 wohl jünger als die exilische Fremdvölkerwortkomposition (s. o. Einleitung zu Zef 2,4–15 sowie zur Datierung von Zef 2,8–9). Leider ist auch die Datierung von Jes 47* nicht hinreichend gesichert, wenngleich ein Ansatz noch vor 539 möglich ist (*H.-J. Hermisson,* BK XI/9, 164–168; anders z. B. *U. Berges,* Das Buch Jesaja, Freiburg u. a. 1998, 363f.: um 522/21 v. Chr.). Allerdings ist auch eine Erklärung der anthologischen Bezüge von Zef 2,15 (außer durch direkte literarische Abhängigkeit) durch Aufnahme geprägter Wendungen nicht auszuschließen. Wir dürfen mit einem Sprachmilieu rechnen, das die genannten exilischen Bezugstexte wie der Zef-Vers gemeinsam voraussetzen. Trotz der engen Formulierungsentsprechung zu Jes 47,8 sollte doch auch das eigenständige Profil von Zef 2,15 beachtet sein: die strukturale, poetische und gattungsbezogene Gestaltung als »Untergangsklage« (s. u. Auslegung), auch sprachliche Besonderheiten (מרבץ »Lagerplatz« nur noch Ez 25,5; נוע-H mit Objekt ידו »seine Hand schwenken« nur hier, vgl. Sir 12,18). Die klaren und harten Vernichtungsaussagen von Zef 2,15 verstehen sich jedenfalls leichter aus einer geschichtlichen Situation, in der einerseits der Untergang Ninives als Exempel göttlichen Gerichts in der Erinnerung noch recht lebendig ist und andererseits die Vernichtung Babels – als Weltmacht! – noch begründet erhofft werden kann. Kyros aber verfuhr mit Babel 539 v. Chr. geradezu entgegenkommend. *Eine Datierung von Zef 2,15 noch vor 539* legt sich auch von daher nahe. E. Bosshard-Nepustil 1997, 324.393 ff., ordnet Zef 2,15, aber zu Unrecht auch 2,13–14, seiner Babel-Redaktion im Zwölfprophetenbuch zu, die er um oder kurz vor 520 v. Chr. datiert, ebd. 405–407. Eine jedenfalls exilische Datierung von Zef 2,15 vertreten in neuerer Zeit z. B. R. Edler 1984, 93 f.; K. Seybold, Satirische Prophetie 1985, 53.89, und ders., Komm. 86.108 f.; B. Renaud 233–235; H.-J. Hermisson (BK XI/8.9, 160.165) setzt wohl eine frühnachexilische Datierung voraus. Andere wie G. Langohr, Rédaction 1977 (1976), 56 f.; ders., Le livre de Sophonie 1976, 17 f., schreiben Zef 2,15 einer ersten Redaktion der Zefanja-Logien zwischen 612 und 587/586 v. Chr. zu. Genauer noch will M. Striek 1999, 75–77, den Vers einem »vordeuteronomistischen Zephanjabuch« als der Arbeit einer ersten Redaktion um 604 v. Chr. zuordnen. Sie habe den Vers analog zu Nah 3,7 und 19 hinzugefügt. Zefanja selbst sei dieser erste Redaktor – eine angesichts des eigenen Profils der Redaktion gegenüber den primären Logien unwahrscheinliche These!

Die durch V 15 erweiterte literarische Einheit 2,12*.13–14* ist insgesamt im parallelismus membrorum, kolometrisch im Qina-Vers (3+2 Hebungen) gestaltet, dessen Herkunft aus der Totenklage man in den Beschreibungen von V 14 und 15 noch mithören darf. Eine Ausnahme macht der emphatische Auftakt V 12 als umgekehrter ›Fünfer‹, der die Aufmerksamkeit auf sich zieht (2+3 Hebungen). Auch die Verszeile 2,14 II weicht als Doppelzweier (2+2 Hebungen) ab, wohl um die Reihung von »Dohle« und »Eule« zu akzentuieren.

Die Struktur von 2,12–15

Die folgende Übersicht soll den Aufbau von 2,12*–15 (als Prophetenrede) veranschaulichen:

1. Auftakt: die **Ausgangssituation** V 12*:
   rhetorische Anrede und Feststellung:
   die Macht der *Kuschiter* ist durch *JHWHs Schwert* gebrochen
   [vorausgesetzt: *Assyrer* waren kriegerisches Instrument JHWHs gegen die Kuschiter]
2. **Untergangsankündigung** gegen Assur und Ninive V 13–14*:
   a. Das **Eingreifen JHWHs** (3. ps.) V 13:
   ↓ die ausgestreckte Hand »gegen Norden« 13a
   ↓ Vernichtung von Land (und Volk) Assur 13b
   ↓ Verwüstung der *Hauptstadt Ninive* 13c
   [vorausgesetzt: ein Kriegsvolk als Instrument JHWHs gegen die Assyrer]

Teil II: Zefanja 2,1–3,8:

    b. Die **Folge des Eingreifens** für Ninive V 14:
       Herden und allerart (wilde) Tiere lagern inmitten der Stadt 14a
       (unreine) Vögel, Zeichen der Verödung, hört man in den Ruinen
       vergangener Pracht 14b–d
3. **Kommentar V 15** zu V 13c–14 als spöttische Klage aus der Perspektive
   des eingetretenen Untergangs, eingeleitet durch die identifizierende
   Erfüllungsformel »Dies ist (das Geschick) ...«:
      aktualisierende Beschreibung der früheren maßlosen
      Selbstüberhebung (›EINST‹) 15a–c
      »Wie«-Klage über den eingetretenen schauerlichen Ruin
      (›JETZT‹) 15d–f

Auslegung

Die Kommentierung von Zef 2,12 als ursprüngliche Einleitung zu 2,12–13 und als eigenständiges Wort auf der Ebene der Komposition 2,4–15 hat bereits zu den Problemen des Textanfangs von Zef 2,13–15, zum literarischen Zusammenhang von 2,12 und 13–15 sowie zu dessen geschichtlichem Hintergrund und kontextuellem Sinn Stellung genommen.

Das Eingreifen JHWHs   Gegenüber dem Tatbestand von V 12 formuliert V 13 die mögliche und noch mehr die sichere Folge, sinngemäß: ›Wenn sogar ihr, Kuschiter, vom Schwert JHWHs durchbohrt seid, so kann und wird er (erst recht) seine Hand gegen Norden ausstrecken ...‹ Der interne Zusammenhang der Sätze in Zef 2,13 lässt sich syntaktisch am besten als konditional-temporales Gefüge beschreiben, in dem 13a die Bedingung und 13b-c die Folgen angeben (s. o. zur Übersetzung). Wenn JHWH »seine Hand« – Symbol für Macht und Gewalt – »gegen« (על) ein Gebiet, Land oder Stadt ausstreckt (נטה) 13a, so ist dies immer ein drohender, gefährlicher Gestus. Seine ursprünglich magisch wirksame Qualität ist noch in der Tradition von den ägyptischen Plagen erkennbar (Ex 7,5; vgl. 7,19; 9,22; 10,12, u. a.). Wie in Zef 1,4a (s. o.) begegnet diese Wendung mit göttlichem Subjekt charakteristisch nur noch in unheilsprophetischen Texten (Jes 5,25; 14,26; 23,11; Jer 6,12; 15,6; 51,25; Ez 14,13; 16,27; 25,7.13.16; 35,3).

V 13

V 13a

»gegen Norden«   Die Richtungsangabe עַל־צָפוֹן »gegen Norden«, nachfolgend erläutert und konkretisiert durch die Landes- bzw. Ortsnamen Assur und Ninive, setzt als Sprecherstandpunkt Juda voraus, ebenso wie die fiktive Anrede an die Kuschiter in 2,12 von Juda aus in Richtung Süden orientiert ist. Gewiss ist daher für die Richtungsangabe »gegen Norden« nicht Ägypten oder das nubische Stammland der Kuschiter die direkte Bezugsgröße; vom gemeinsamen Bezugspunkt Juda aus geht der Blick in V 12 und V 13–14.15 in genau gegenläufige Richtungen. Eine »primär theologisch deutende Funktion« dieser

Richtungsangabe von Satz 13a (so *P. Weimar* 1997, 734 Anm. 39; ebd. 738 f. Anm. 46) gegenüber ihrem geographischen Sinn ist allerdings schon durch die nachfolgenden konkretisierenden Ortsangaben Assur und Ninive so gut wie ausgeschlossen. Die Richtungsangabe nennt den »Norden« als jene Richtung, von der her vorab nach Jeremiatexten »der Feind aus dem Norden« gegen Palästina heranzieht (wohl die Neubabylonier sind intendiert in Jer 1,13–16; 4,5–6,30: 4,6 und 6,1.22; 10,22; 13,20; 15,12; 46,20.24; in Jes 5,26–29 hingegen zielt die Rede vom »Volk aus der Ferne« auf die Assyrer, vgl. ferner Joel 2,20). Dieser Sprachgebrauch ist kaum mit mythologischen Konnotationen besetzt (wie in Jes 14,13; Ps 48,3, u.a., vgl. *D. J. Reimer* 1989, 230–232 [223–232]). »Er spiegelt vielmehr ein einfaches Faktum der Erfahrung: die Feinde Israels und Judas, seien es Assyrer, Aramäer oder Babylonier, kamen aus dem Norden ... Die normale Route, der die einmarschierenden Armeen der Assyrer und der Babylonier gefolgt sind, führt durch die ›große Schleife‹ des Eufrat. Mit dieser Gegend verbindet Jer 46,6–10 explizit den ›Norden‹« (*E. Lipiński*, ThWAT VI [1989] 1100 f.). Die nordarabische Wüste verhinderte einen direkten Zugang von Mesopotamien im Nordosten und Osten nach Palästina. Die Herrscher des neuassyrischen Reiches hatten seit dem großen Tiglatpileser III. (745–727 v. Chr.) den Staat Israel vom Norden her hart bedrängt, sein Ende herbeigeführt (722 v. Chr.), aber auch Juda als Vasallenstaat (seit 733 v. Chr.) nicht verschont (im Feldzug Sanheribs 701 v. Chr.) und in der langen Regierungszeit des Königs Manasse in drückende Abhängigkeit gebracht. Das mächtige Assyrerreich trug freilich im 7. Jh. unter Assurbanipal (669–629/627 v. Chr.), besonders seit seinem Bruderkrieg (652–648 v. Chr.) mit Šamaš-šum-ukīn, der in Babylonien als Vizekönig regierte, schon den Keim des Niedergangs in sich. Dieser Weltmacht wird in der Perspektive des Prophetenworts Zef 2,12*.13–14* allerdings erst dann tatsächlich das Ende bereitet, wenn JHWH seine Hand »gegen Norden« reckt. Welche geschichtliche Kriegsmacht JHWH als Instrument gegen Assur einsetzen wird, bleibt offen, ist aber für den Text insofern nicht entscheidend, als JHWH allein als Urheber der Vernichtung auftritt (s. u. zur Situation).

13b–c Das Verb אבד im D-Stamm 2,13b entspricht in der Bedeutung »zugrunde richten, vernichten« dem H-Stamm dieses Verbs in Zef 2,5c. Auch die jeweiligen direkten Objekte des Verbs stimmen insofern überein, als in beiden Fällen ein Fremdland betroffen ist: das »Philisterland« in 2,5c, »Assur« – *Assur* sicher als das nordwestlich von Babylonien liegende Land und vor allem als das Weltreich Assur in 2,13b, nicht die älteste Hauptstadt des assyrischen Reiches am Westufer des Tigris. Mit Assur 13b und Ninive 13c stoßen wir auf dasselbe Verhältnis von Land (Staat, Volk) und Hauptstadt wie es im Verhältnis von Juda zu Jerusalem in Zef 1,4 vorliegt. Ein immerhin ähnliches Verhältnis zeigt sich auch zwischen dem »Philisterland« von 2,5c (zusammen mit dem »Keretervolk« 2,5a) und den vier dominierenden Philister-

Teil II: Zefanja 2,1–3,8:

städten von 2,4. »Assur« bezeichnet in Zef 2,13b somit die Einheit von Land Assur (vgl. Jes 7,18 sowie Gen 10,11; Hos 7,11; 9,3; 10,6) und neuassyrischem Weltreich (vgl. Jes 8,7; 10,5.12; 14,25; 30,31). Vgl. zu Assur und Assyrien z.B. *R. W. Lamprichs* bzw. *A. K. Grayson*, OEANE 1 (1997) 225–228.229–233; *M. Görg* bzw. *W. Röllig*, NBL I, Lfg. 2 (1989), 190f.191–193. Abb. 19 zeigt die größte Ausdehnung des neuassyrischen Reiches einschließlich Ägyptens unter Assurbanipal um 660 v.Chr. und jene in den letzten Jahrzehnten dieses Herrschers um 640 v.Chr.

Ninive Die Weltmacht Assur manifestiert und verkörpert sich geradezu in der Metropole Ninive Zef 2,13c.

Exkurs: Ninive als Residenzstadt des neuassyrischen Reiches

Das uralte Ninive am Ostufer des Tigris, dessen sichtbare Ruinen heute zunehmend von den Erweiterungen der irakischen Stadt Mosul umgeben werden, hat seinen größten Ruhm und seine gefürchtete Machtstellung im vorderen alten Orient als letzte gewaltige Hauptstadt des neuassyrischen Reiches in der Zeit nach 705 bis zu ihrer Zerstörung 612 v.Chr. erlangt. Die Anfänge der Stadt reichen in prähistorische Zeit zurück. Nach Gen 10,11 soll sie der sagenhafte Held Nimrod gegründet haben, dessen Name noch in der heutigen Ruine Nimrud, der von Assurnasirpal II. Anfang des 9. Jhs. ausgebauten Residenzstadt Kalḫu (dem biblischen Kalach / Kelach von Gen 10,11.12) weiterlebt. Hammurapi von Babylon (um 1700 v.Chr.) zählte sie bereits zu den großen Städten seines Reiches. Neben der Stadt Assur, dem Stammsitz des Nationalgottes Assur, hatte Ninive als Sitz des Heiligtums der assyrischen Ischtar von Alters her in der assyrischen Welt die Bedeutung einer heiligen Stadt. Sargon II. (722–705 v.Chr.) hatte Dur Scharrukin (Chorsabad) ca. 15 km nördlich von Ninive als seine Reichshauptstadt gegründet. Sein Sohn Sanherib (705–681 v.Chr.) wählte hingegen die traditionsreiche Stadt Ninive als seine Kapitale. Er baute sie zur gewaltigen Metropole aus. Ihre Anlage mit einer Ausdehnung von 750 Hektar Fläche – Jerusalem umfaßte gegen Ende der judäischen Königszeit, als es seine größte Ausdehnung erreicht hatte, ca. 60 Hektar – spiegelte die politische Weltmacht wider (vgl. *P. Matthiae*, Ninive 1999, 84.62–85; *J. M. Russell* 1999, 122–126). Der urbane Ausbau der heiligen Stadt Ischtars unter Sanherib mit einer mächtigen doppelten Stadtmauer von ca. 12 km Länge und etwa 25 m Gesamtdicke, Straßen, Kanälen, Königspalast (mit berühmten Reliefs von Kriegs- und Jagdszenen) und Stadtpark war einzigartig. Vgl. Abb. 21. Die Ausgestaltung Ninives als Residenzstadt unter Sanherib (vgl. 2 Kön 19,36; Jes 37,37) wurde auch unter seinen Nachfolgern Assarhaddon (681–669 v.Chr.) und insbesondere Assurbanipal (669–627 v.Chr.) fortgeführt. Von Letzterem stammt die berühmte im 19. Jh. auf dem Palasthügel Kujundschik in Ninive ausgegrabene Bibliothek. Der Eindruck der sagenhaft großen Stadt Ninive lebt noch im nachexilischen Jonabuch fort. In ihm wird Ninive sprichwörtlich »die große Stadt« genannt (Jona 1,2; 3,2.3; 4,11; an Jona erinnert der heutige Name Nebī Jūnus des Südhügels der Stadt). Gleiches gilt für das späte Juditbuch (Jdt 1,1), in dem Ninive mit seinem Herrscher als Inbegriff der feindlichen Weltmacht erscheint. Während Ninive im Jonabuch göttliche Verschonung zuteil wird, können ihr als der »Blutstadt« (Nah 3,1) die Propheten des 7. Jhs. Nahum (Nah 1–3:

Zef 2,1–15: Drohung und Mahnung an das Volk von Juda

Abb. 21
Alabasterrelief, wahrscheinlich mit der Darstellung der Stadt Ninive in der Mitte des 7. Jh. v. Chr. Die doppelte untere Mauer stellt die äußere Stadtmauer dar, der Mauerring darüber gehört wahrscheinlich zur Zitadelle von Kujundschik. Auf dem oberen zerstörten Teil ist wahrscheinlich der säulentragende Eingang zum Südwest-Palast des Sanherib zu sehen.
Gezeichnet von C. Diller nach P. Matthiae, Geschichte der Kunst 1999, 48.

1,1; 2,9; 3,7) und Zefanja nach Zef 2,13–14(15) nur den Untergang ankündigen. Größe und Glanz der Stadt wird später nur noch von Babel unter Nebukadnezzar II. übertroffen. Zu Ninive vgl. neben P. Matthiae, Ninive 1999, auch D. Stronach / K. Codella, OEANE 4 (1997) 144–148; W. Röllig, NBL II, Lfg. 10 (1995), 931 f.; P. Matthiae, Geschichte der Kunst 1999, 25–34; J. M. Russell 1999, 116.117–128.

Die Metropole Ninive soll nach Zef 2,13c zur »Wüstenei, ein Trockenland, der Steppe gleich« werden. Auf dieses Ergebnis des Eingreifens JHWHs kommt es an, nicht darauf, auf welchem Wege – Feindeinfall, Erdbeben usw. – es zustande kommt. שממה mit seinen Bedeutungsaspekten »Verwüstung« und »Verödung« (Zef 1,13b) und vor allem »menschenleere, schauerliche Öde« (2,4b) sowie »unfruchtbares, unheimliches Gebiet« (2,9d) gibt das Leitmotiv für die Beschreibung des künftigen Zustands Ninives in 2,13c und 2,14 sowie dann auch im ›Kommentar‹ 2,15 an. Der Aspekt der »Menschenleere«, wie er in Zef 2,4b im Zusammenhang von »Wegtreibung« bzw.

Ödnis

Teil II: Zefanja 2,1–3,8:

Deportation in 2,4a–c vertreten ist, will gerade auch in 2,13 mitgehört sein, waren doch die neuassyrischen Herrscher für ihre Deportationspolitik ebenso bekannt wie gefürchtet (s. o. zu Zef 2,4 und 2,5–6). ציה »Trockenland«, adnominal durch כמדבר »der Steppe gleich« erweitert, lässt keinen Zweifel daran, dass es sich nicht nur um eine vorübergehende Verlassenheit der Stadt handeln soll, sondern um einen bleibenden Zustand der Unbewohnbarkeit für Menschen (vgl. Jes 35,1; Jer 2,6; 50,12; 51,43; Joel 2,20; Ps 78,17; Ijob 30,3, u. a.). Zef 2,13 stellt die Ödnisszenerie vor, die in 2,14 durch Tiere ausgestaltet wird (ציה in 13c mit ציים »Dämonen« oder »wilde Tiere« in Jes 13,22, u. a., zu verbinden, so *J. P. J. Olivier* 1980, 95–97, legt sich auch wegen des Vergleichs mit der Steppe nicht nahe).

Herden und Wildtiere

Welche Folgen das göttliche Eingreifen für Ninive haben wird, malt V 14 aus. Nachdem bereits 13c die volkreiche Metropole als unbewohnbare, versteppte Ödnis vorgestellt hat, bleiben als ›Bewohner‹ nur noch die Tiere. Der göttliche Eingriff fällt in 2,13–14 noch verheerender aus als in 2,5–6. Von Ninive bleibt nur noch eine unheimliche Ruinenstätte übrig. Zwar schließt die Ankündigung von sich lagernden »Herden« (עדרים) in 14a noch an das Bild von Hirten mit ihren Kleinviehherden in 2,6 an. Aber von den »Hirten« (רעים) ist in 2,14 nicht mehr die Rede. Sie mögen mit ihren Kleinviehherden aus Schafen und Ziegen (nicht Rindern) Schutz und Ruheplätze für die Nacht in den Ruinen und leeren Bauten suchen (vgl. Zef 2,7c!). Die »Herden« werden in Satz 14a appositiv durch »allerart Getier der Weide / Aue« (korr. כל־חיתו־נוי) ergänzt. חיה »Getier« lässt eher an ungezähmte, wilde Tiere denken wie in Zef 2,15d (vgl. Gen 2,19; 3,1; Ex 23,11; Jes 43,20, u. a.). Dann fasst Satz 14a die zahmen Herdentiere wie die (asyndetisch angeschlossenen) Wildtiere der Steppe zusammen. Auch in der »Steppe« (מדבר 13c) ist ja noch dürftige »Weide« (korr. נוי 14a) möglich; von den »Weiden der Steppe« (נאות מדבר) spricht die Schilderung des gesegneten Landes in Ps 65,13 und auch Joel 2,22, ein Gegenbild zu Zef 2,13–14.

V 14

14a

Ruinenvögel

Die Sätze 14b–d steigern den Eindruck der Verödung. Die Landtiere, d. h. die »Herden« von 14a, die noch das Bild von wandernden Hirten hervorrufen, sowie die Wildtiere der Weide werden nun durch Vögel abgelöst, die charakteristisch mit der Vorstellung von Ruinenstätten und Ödnis verknüpft sind. Besonders anschaulich führt dies das große nachexilische Edom-Orakel von Jes 34 in V 11 (9–15) vor Augen. Alle drei in Zef 2,14 sicher vertretenen Vogelnamen tauchen in der Schilderung des verwüsteten Edom wieder auf (zum Problem der Identifizierung dieser Vögel s. o. Zu Text und Übersetzung Zef 2,14b und d): »*Dohle* (קאת) und *Eule* (קפוד) werden es (Edom) in Besitz nehmen, Uhu und *Rabe* (ערב) werden darin wohnen.« Das Edom-Gedicht forciert den Eindruck des Unheimlichen, der unbewohnbaren schauerlichen Öde, indem es neben den Ruinen-Vögeln auch noch Schakale, Strauße und allerlei dämonische Wesen wie auch die Geier auftreten lässt (Jes 34,13–15). Wie geläufig קאת »Dohle (Ohreule?)« mit der

14b–d

Wüste bzw. Steppe assoziiert wird, zeigt die Constructus-Verbindung מדבר קאת »Dohle der Wüste« in Ps 102,7, wonach der Beter klagt: »Gleichgeworden bin ich einer Wüstendohle, ich bin wie ein Steinkauz (כוס) der Trümmerstätten geworden.« Nach Zef 2,14b »nächtigen« Dohle und Eule auf den Säulenkapitellen. Das Verb לין »die Nacht verbringen« bringt die Finsternis ins Bild, die zu den Ruinen-Vögeln passt. Alle drei in Zef 2,14b und d (korr.) genannten Vögel gelten nach Lev 11,13–18 und Dtn 14,12–19 zudem als unreine Tiere, die nicht gegessen werden dürfen. Ein derartiges Traditionswissen von unreinen Tieren darf man in Zef 2,14 voraussetzen. Im Kontext freilich geht es nicht um die Reinheitsfrage, sondern um die Ausgestaltung des Bildes düsterer Verödung. Da wird die schwarze Farbe des (Kolk-)Raben (vgl. Hld 5,11!) eine Rolle spielen. An der düstern Assoziation der Vögel, auch des Raben, dessen hebräischer Name lautmalend sein dürfte (עֹרֵב, ebenso griechisch κόραξ), ändern auch jene Texte nichts, die den Raben in freundlicherem Licht erscheinen lassen (als märchenhafte Nahrungshelfer für Elija 1 Kön 17,1–6; als von Gott versorgte Wesen Ps 147,9; Ijob 38,41; Lk 12,24, vgl. *A. Schouten van der Velden* 1992, 56 f.). Vielleicht deutet 1 Kön 17,1–6 darauf hin, dass der Rabe (der hebräische Name steht für alle Krähenvögel, vgl. Dtn 14,14) auch in Israel als intelligent galt. Jedoch lässt sich nicht nachweisen, dass man ihn für einen »sprechenden Vogel« hielt, der mit geradezu prophetischen Gaben ausgestattet wäre und als Vorzeichenvogel diente, wie dies für die römische Antike zutrifft (*J. M. Toynbee* 1983, 262–264, Anm. 285 S. 438 mit Hinweis auf *Ovid*, Metamorphosen 5. Buch, Vers 329: »Delius in corvo ...« (Apoll spricht im Raben); vgl. *K. Seybold*, Satirische Prophetie 1985, 54 Anm. 52; ders., Komm. 109). Den ›Kommentar‹ Zef 2,15 als poetisch wohlgeformte Spottklage darf man dem Raben von 2,14d bzw. der (Vogel-)Stimme von 14c kaum als intendierte ›Sprechblase‹ zutrauen, so ansprechend auch die Vorstellung von derart »singenden« Vögeln wäre (s. o. zur Analyse).

Die Einheit der Vogelszenerie in Zef 2,14b–d zeigt sich in der Anordnung der Raumangaben, die den Blick von oben nach unten lenkt: von den »Säulenkapitellen« 14b über das »Fenster« 14c hinab zur »Schwelle« 14d. Nur noch Am 9,1 belegt im Zusammenhang der fünften Vision Am 9,1–4 vom Schlag (JHWHs) auf den Säulenknauf und dem Erbeben der Tempelschwellen das Nebeneinander von כַּפְתּוֹר »Säulenkapitell« (sonst nur noch von »Knäufen« oder »Knospen« am siebenarmigen Leuchter im Heiligtum nach der Priesterschrift Ex 25,31–40 und 37,17–24) und סַף »Schwelle«. Im Unterschied zu מפתן Zef 1,9 als »innere Schwelle« dürfte סף von 2,14 die nach außen gewandte Tor- und Türschwelle bezeichnen (s. o. zu Zef 1,9). Ist in Zef 2,14 ähnlich wie in Am 9,1 an Säulen gedacht, die die Torschwelle flankieren? Zef 2,14 kann die Kenntnis von Am 9,1 voraussetzen. Die Kapitelle der beiden bronzenen Säulen des Salomonischen Tempels werden anders benannt (כֹּתֶרֶת 1 Kön 7,16–20, u.a.). Auf dem Alabasterrelief Assurbanipals aus der Mitte des 7. Jhs. v. Chr. (Kujundschik, jetzt im britischen Museum, London – s. Abb. 21 – lassen sich

Teil II: Zefanja 2,1–3,8:

im obersten Teil die Säulen eines Palasteingangs erkennen. In der Elfenbeinschnitzerei von Nimrud ANEP 131 mit dem bekannten Motiv der Frau (Dienerin der Liebesgöttin?) im Fenster tragen (kleine) Säulen mit ihren Kapitellen eine Art Fensterbank (vgl. *L. Sabottka* 1972, 96). So zeichnet sich auch ikonographisch in der Kombination von Kapitellen, Fensterhöhlung und Schwelle ein einheitliches Szenarium ab.

Verwüstungsmotive
Das Bild der Verwüstung Ninives, das sich in Zef 2,13–14 darbietet, verrät gerade in der Abfolge Herden – wilde Landtiere – düstere Vögel sein eigenes Gepräge. Ohne Zweifel schöpft es aber aus einem weit über Israel hinaus bekannten motivlichen Vorstellungsarsenal von verödeten Städten und Ländern. Als typisch begegnet die Vorstellung, dass diese von wilden Tieren oder gar dämonischen Wesen bewohnt werden. Weniger häufig taucht das Bild von lagernden Herden auf, so in Ez 25,5 von den Stätten der Ammoniter und als zusätzliches Motiv im Jerusalem-Wort Jes 32,14 (9–14). Das typische Arsenal von Verödungsmotiven zeigt sich im Unheilsorakel gegen Babel in Jes 13,19–22, das sogar den Nomaden und Hirten als zeitweiligen Bewohner nachdrücklich ausschließt, ebenso in den Babel-Gedichten von Jer 50 (V 12–13.23.39–40) und Jer 51 (V 37.41.43) wie besonders auch im Edom-Orakel Jes 34 (V 9–15, s. o.) vgl. ferner Jes 23,13.

Entsprechende Verwüstungsmotive gehören typisch zu den Fluchandrohungen in altvorderorientalischen Vertragstexten (vgl. *J. P. J. Olivier* 1980, 96 f.). So heißt es z. B. in den aramäischen *Sfīre*-Vertragstexten aus dem 8. Jh. v. Chr. (*Sfīre* I A, Z. 32–33): »Sein Pflanzenwuchs werde zur Einöde [ver-]wüstet und Arpad werde zum Schutthügel, zur [Lagerstätte] der Gazelle, des Schakals, des Hasen, der Wildkatze, der Eule, der […] und der Elster.« (zitiert nach TUAT I [1983] 181, vgl. KAI 222 A, Z. 32–33). Ähnlich berichtet Assurbanipal von der Niederwerfung und Zerstörung Elams in seinen Annalen (Col. VI, Z. 101–106, nach *M. Streck*, Assurbanipal II. Teil, Leipzig 1916, 56–59): »Wildesel, Gazellen, die Tiere des Feldes, soviele es deren gibt, ließ ich darin wie auf grüner Weide lagern« (Z. 104–106, zitiert mit Ergänzung nach *H. Wildberger*, BK X/2 [1978], 522). Den Ruin des Landes schildert sehr breit die ägyptische fiktive Prophetie des Neferti, Z. 20–71, vgl. *W. W. Hallo* (Hrsg.), The Context of Scripture I, Leiden u. a. 1997, 1.45, 106–110, ebd. 107–109; ANET 445 (444–446).

Zu MT Zef 2,14e s. o. zu Text und Übersetzung!

Spottklage als Kommentar
Der ›Kommentar‹ Zef 2,15 zu dem in 2,13c–14d (+MT 14e) angekündigten Vernichtungsgeschick Ninives ist wahrscheinlich doch als Zusatz zu bestimmen (s. o. Analyse). Während Zef 2,12 einen Tatbestand feststellt und eine geschichtliche *Voraussetzung* für die Ankündigung in 2,13–14 referiert, wirkt V 15 wie ein *Nachwort post festum*, nachdem die angesagte Verwüstung und Verödung Ninives eingetreten ist. Als Sprecher der Spottklage kommen kaum die Ruinenvögel von V 14c–d* in Frage (s. o. Analyse). Eher

V 15

Zef 2,1–15: Drohung und Mahnung an das Volk von Juda

sind es die vorausgesetzten Hörer und Leser der prophetischen Botschaft, die nun nach V 15 zu schadenfrohen Zuschauern der Untergangsszenerie geworden sind. Sie übernehmen gewissermaßen die Rolle der am Unglücksort Vorbeiziehenden, die die abwehrenden Gesten, Pfeifen und Händeschwenken, ausführen (15e–f, vgl. Klgl 2,15.16).

Wie bereits oben in der Analyse (»V 15 – ein Zusatz«) erörtert, zeigt Zef 2,15 im Aufbau eine überraschende Doppelperspektive. Im Textverlauf von V 14 her kann der nominale Zeigesatz 15a mit seinen Attributen und dem Zitat eines inneren Monologs 15b–c zunächst auf die Sprechergegenwart bezogen werden: Die Stadt, die sich stolz-fröhlich brüstet, erscheint als das Ninive der Gegenwart aus der Perspektive des prophetischen Sprechers der Ankündigung von V 13–14. Erst die Suffixkonjugation in der Funktion eines Perfekts der Gegenwart in V 15d macht klar, dass wir es sprachlich mit einem Rückblick zu tun haben: »Wie ist sie doch zur Wüste geworden ...!« Von daher erst gewinnen die Attribute in 15a den Kontextsinn vergangener Sachverhalte: »Das ist die (vordem) prahlerische Stadt, die so sicher thronte ...« (15a–c). Den unterschiedlichen Zeitbezug drückt Jes 47,8 (Gegenwart) und 47,10 (Vergangenheit) auch sprachlich verschieden durch Partizip bzw. Narrativform aus! Es legt sich nahe, diese zeitliche Doppelperspektive von Zef 2,15a–c mit der Übernahme eines beschreibenden Elements aus Jes 47,8 oder jedenfalls durch die Verwendung einer aus ähnlichen Kontexten stammenden geprägten Formulierung zu erklären.

15a–c Zef 2,15 zeigt sich ganz auffällig von geprägten Redemustern her formuliert. Der Vers setzt mit einer »Identifikationsformel« *(H.-J. Hermisson)* ein. Sie hat die Funktion eines Erfüllungsvermerks auf der Sachverhaltsebene: »Das ist (das Geschick) der ... Stadt ...!« Literarisch fungiert sie als Einführung eines Kommentars wie in Zef 2,10; Jes 14,26, ebenso in der Form einer rhetorischen Frage in Klgl 2,15d und Jes 23,7. Die beiden Strukturteile V 15a–c und 15d–f verwirklichen ein zentrales Klagemotiv: Das ›glückliche Einst‹ und das ›schreckliche Jetzt‹ stehen sich gegenüber (z. B. Klgl 1; 2,15; 4,1–2.7–8; Ps 22,4–6.7–9; 44,2–4.10–17; Ijob 29.30!, vgl. *H. Jahnow* 1923, 99). Doch sogleich erkennen wir die atypische Verwendung: Zef 2,15a–c qualifiziert diese ›glückliche‹ Vergangenheit der Stadt tatsächlich als maßlose Selbstüberhebung. Daran lässt schon das adjektivische Attribut עליז »stolz-fröhlich / prahlerisch« keine Zweifel. Es weist auf »deine stolz Frohlockenden / deine hochmütigen Prahler« in 3,11b, von Jerusalem gesagt, voraus. Das Jerusalem vor dem Gericht zeigt eine Haltung, die derjenigen Ninives verhängnisvoll gleicht, vgl. ebenfalls von Jerusalem Jes 22,2; 32,13, von Tyros Jes 23,7; nur in Jes 13,3 hat das substantivierte Adjektiv einen positiv wertenden Sinn (»meine stolz Triumphierenden«). Wenn Ninive als »in Sicherheit thronende« Stadt angeprangert wird, so zeigt das Partizip יושבת »sitzende / thronende« eine herrscherliche, ja königliche Stellung an, die stolze Königsstadt, personifiziert als Königin – wie Babel in Jes 47,8! Königliches Thronen konnotiert das Partizip יושב z. B. auch in Ex 11,5; 12,29;

> Klagemotiv: Einst und Jetzt

Teil II: Zefanja 2,1–3,8:

Stolze Selbstsicherheit

Am 1,5.8; Sir 40,3(Manuskript B); vgl. Ps 22,4; Jes 6,1, u.a. Die Redewendung יֹשֵׁב לָבֶטַח »in Sicherheit wohnen (sitzen)« hat zwar meist positiven Sinn: friedlich, ungestört leben können (Lev 25,18.19; 26,5; Ri 18,7; 1 Kön 5,12; Ez 28,26; 34,25.28; 38,8.11; 39,26; Sach 14,11; Ps 4,9; Spr 3,29, vgl. Jer 49,31). Sie kann aber auch wie hier in Zef 2,15a die sorglose, falsche Selbstsicherheit beschreiben (Jer 49,31; Ez 38,14; 39,6). Entsprechend drückt das Verb בטח »vertrauen« (Zef 3,2!) auch sträfliche Sorglosigkeit aus (Jes 32,9.10.11; Am 6,1; Spr 14,16). Als Formulierung einer charakteristischen Selbsteinschätzung eignet sich das rhetorische Mittel eines Gedankenzitats wie in Zef 1,12c–e besonders gut: »... die in ihrem Herzen spricht: Ich – und niemand sonst!« (2,15a–c). Was Babel in Jes 47,8.10 von sich sagt, damit protzt in Zef 2,15 Ninive und ähnlich in Sir 33,12 (Manuskript B) Moab. Nur in diesen Selbstaussagen von der Einzigkeit des Sprechers ist es nicht JHWH, der dies als Subjekt von sich selbst behauptet. Die Aussage entspricht unverkennbar der ›theologischen‹ Ausschließlichkeitsformel, die besonders bei Deuterojesaja vertreten ist (vgl. *H. Rechenmacher* 1997, 55.113, Belege ebd. 162–165: Jes 43,11; 44,8; 45,5.6.14.18.21.22, u.a.). Es ist ein quasigöttlicher Anspruch, mit dem Ninive auftritt – redaktionell wohl transparent für Babel (s.o. Analyse). Wir erkennen die steigernde Folge und die Zuspitzung: von der prahlerischen über die sorglos sichere, mit königlichem Anspruch thronende Stadt hin zur Aura der quasigöttlichen Metropole! 2,15a–c tragen somit eine Begründung für den Untergang Ninives nach, die sachlich in 2,13–14 noch nicht angezeigt ist, wohl aber ähnlich tatsächlich vorausgesetzt sein dürfte.

›Ausschließlichkeitsformel‹

15d–f Das Signalwort אֵיךְ »(ach,) wie«, gefolgt von einer Suffixkonjugation zum Ausdruck eines Perfekts der Gegenwart, ist geprägtes Stilelement einer Klagerede. Es begegnet als »feststehendes Anfangswort« eines »Leichenlieds« (*H. Jahnow* 1923, 136) kehrversartig z.B. in der Totenklage (קִינָה) Davids in 2 Sam 1,19–27 (V 19.25.27). Aber auch in der Katastrophen- bzw. Untergangsklage über den Ruin eines Landes, einer Stadt oder eines Heiligtums ist es fest verankert (vgl. Jer 9,18; אֵיכָה Klgl 1,1; 2,1; 4,1.2). Der durchgehende Qina-Vers (3+2 Hebungen) in Zef 2,15 gehört zwar primär zur Totenklage, wird aber ebenso im »Untergangslied« (*C. Hardmeier* 1978, 331–336) verwendet. Die satirischen Klageliedformen in der Prophetie erinnern gewiss in einzelnen Elementen an eigentliche Totenklagelieder oder Leichenlieder (z.B. Personifikation Am 5,2, Entgegensetzung von ›Einst‹ und ›Jetzt‹, Qina-Vers, אֵיךְ »wie!«). Jedoch dürfte besonders die Tradition der Untergangsklage bzw. näherhin der Stadtklage, wie sie zumal aus mesopotamischen Texten der Stadtklage gut bekannt ist, in den prophetischen Untergangsklagen aufgenommen sein.[64] Das trifft auch für die Spottklage in Zef

---

[64] Vgl. besonders *F. W. Dobbs-Allsopp* 1993; *M. Wischnowsky* 2001, 18–42.46 ff.52! Prophetische Untergangsklagen als eigentliche Klage mit satirischer Konnotation wie als vorwegneh-

2,15 zu. Wenn wir, wie oben vorgeschlagen, Zef 2,15 als Zusatz verstehen müssen, der den Untergang Ninives längst hinter sich hat und ihn als geschichtliches Exempel des Gottesgerichts versteht, so verknüpft sich mit dem Spott über die einst so protzige Stadt auch das Gefühl der Genugtuung und Befriedigung über den Untergang der tyrannischen Machtmetropole. Insofern wir aber V 15 redaktionell auch auf Babel hin orientiert verstehen dürfen, erscheint 15d–f als Element eines vorwegnehmenden Untergangsliedes (wie Jes 1,21 u. a.).

V 15d sieht die Ankündigung der »Wüstenei« und des Bildes sich lagernder Tiere von Zef 2,13c und 14a als schon verwirklicht an. Der Ausruf »wie ist sie doch zur (schaurigen) Wüste geworden!« (vgl. Jer 50,23c; 51,41c; auch Jer 46,19; 48,9) lässt in dem Substantiv שמה noch gut das Moment des »Schauervollen, Entsetzlichen« erkennen. Nicht nur »Verwüstung«, sondern »schaurige Ödnis«, ein »Bild des Entsetzens« ist die Stadt geworden. So sind auch die »Herden« zahmer Tiere von Zef 2,14a in V 15d nicht mehr anzutreffen, kein »Lagerplatz« (מרבץ) für zahmes Kleinvieh wie noch in Ez 25,5, sondern für »Wildgetier« (חיה s. o. 14a).

Wer an diesem schauerlichen Ort vorbeikommt, vollzieht nach 15e–f Gesten, die in erster Linie apotropäischen Sinn haben, Unheimliches, Dämonisches abwehren wollen: »Pfeifen / Zischen« (שרק, vgl. HALAT 1527) und gleichzeitig dazu »die Hand schütteln« oder »schwenken« (נוע-H, vgl. Sir 12,18), d. h. eine abwehrende und abwinkende Handbewegung machen. Allerdings drücken diese Gesten im Kontext von V 15 vor allem den Schauer über den Unglücksort und hintergründig doch auch Spott und Schadenfreude darüber aus, dass die »prahlerische« Weltstadt ein solches Ende gefunden hat. Noch deutlicher kommen Spott und Schadenfreude zum Vorschein, wenn jene, die am zerstörten Jerusalem vorbeiziehen, nach Klgl 2,15–16 »in die Hände klatschen«, »pfeifen«, »den Kopf schütteln«, eine rhetorische Frage stellen (»Ist das die Stadt …«) bzw. wenn die Feinde Jerusalems gegen die Stadt »ihren Mund aufreißen«, »pfeifen« und »mit den Zähnen knirschen«. Ähnliches gilt für 1 Kön 9,8; Jer 18,16; 19,8; 49,17; 50,13; Ez 27,36; Ijob 27,23.

Situation und Sinn

Zef 2,13–14.15 gilt auf der Ebene der Komposition Zef 2,4–15 insofern als eigenständiges Prophetenwort gegen das Land und Weltreich Assur und vor allem dessen Hauptstadt Ninive, als es im Kreis der Fremdvölkerworte – von

<small>Ninive als Höhepunkt der Völkerwortkomposition</small>

<small>mende satirische Klage und damit Vorhersage sind z. B. Jes 1,21; 14,4.12; Jer 2,21; 48,39; 49,25, u. a.</small>

Teil II: Zefanja 2,1–3,8:

Juda aus gesehen – ausdrücklich den »Norden« vertritt. Das Wort ist Ziel und Höhepunkt der ganzen Reihe. Mit seiner Zuspitzung auf die Metropole Ninive schlägt es zugleich eine Brücke zu dem Wehewort über Jerusalem Zef 3,1–4.5. Zef 2,15 unterstreicht die Angleichung der hochmütigen, prahlerischen Weltstadt Ninive, dieser gewalttätigen »Blutstadt« nach Nah 3,1, mit Jerusalem, das in Zef 3,1 nicht weniger drastisch als »Besudelte« und als »gewalttätige Stadt« angeprangert wird. Jedoch kann Zef 2,13 keinesfalls einen literarisch eigenständigen Text eröffnen (s. bereits oben zu Zef 2,12!). Am wahrscheinlichsten schließt 2,13–15 an eine Primärform des Wortes über die Kuschiter in 2,12 mit ausdrücklicher Nennung des JHWH-Namens an. 2,13–14* lässt sich plausibel literarisch primären Zefanjalogien zur Seite stellen (vgl. 2,13a mit 1,4a; 2,13b mit 2,5c; לשממה »zur Verwüstung / schaurigen Öde« in 2,13c und 1,13b sowie 2,4b; vgl. auch das nicht metaphorisierte Bild sich lagernder Herden 2,13c und 2,6). Dann können wir Zef 2,12* und 2,13–14* aus einer einheitlichen primären Redesituation verstehen und einheitlich datieren. Wie sich für Zef 2,12* als Rückblick auf den Untergang der kuschitischen Dynastie Ägyptens gezeigt hat (s. o.), ist der Primärtext von Zef 2,12*–14* noch deutlich vor der militärischen Koalition von Assyrern mit den saïtischen Ägyptern (zumindest seit 616 v. Chr.) anzusetzen, am ehesten um die Zeit des Todes Assurbanipals 627 v. Chr. Dafür spricht auch die auffallende Nähe zu Nah 3,8–12 (s. o. zu Zef 2,12).

Ninive, die mächtige Hauptstadt des Assyrerreiches, dessen Niedergang sich aufgrund innerer Kämpfe und außenpolitischer Krisen schon abzeichnet, beherrscht in Zef 2,13–14 die Szenerie (s. o. Exkurs zu Ninive). In der Prophetie gegen Assur und Ninive findet jene Grundtendenz primärer Gerichtsworte Zefanjas ihr Ziel, die schon in den Worten gegen Juda und vor allem Jerusalem in Zef 1 zumindest indirekt zum Vorschein kommt: die antiassyrische Stoßrichtung in den Worten gegen den Kult (1,4–5*), gegen den Königshof (1,8–9) und hintergründig auch gegen die Händler und reichen Herren in Jerusalems Neu- und Altstadt (1,10–11; 1,12–13), die in der späteren Zeit des assurtreuen Manasse von Juda sich Wohlstand verschaffen konnten. Aber auch die zumal wirtschaftlich für die Assyrer wichtigen Philisterstädte sind in diese Tendenz miteinbezogen (2,4; 2,5–6*). Darüber hinaus zeigt sich in der Zuspitzung auf Ninive ein allgemeinerer Grundzug zefanjanischer Prophetie: Die Unheilsankündigungen zielen entscheidend auf die »Stadt«. Gewiss zuerst gegen Jerusalem (1,4; 1,8–13; 3,1–4), sodann gegen judäische (und weitere) »befestigte Städte« (1,16), wie auch gegen die in Politik und Handel tonangebenden Städte der Philister (2,4)! Nach Zef 2,6 wird das Philisterland nur noch für Hirten mit ihren Kleinviehherden taugen. In 2,13–14 malt der Verfasser das Ende einer macht- und selbstzentrierten Urbanität noch weitaus radikaler mit düsteren Farben aus. Menschenleer und unheimlich wirkt die Szenerie. Nicht einmal ein Hirte gehört mehr ins Bild, nur noch Herden, Wildgetier und endlich die Ruinenvögel.

Zef 2,1–15: Drohung und Mahnung an das Volk von Juda

Die Unheilsansage verrät ein Denken im Tun-Ergehen-Zusammenhang: Jene assyrische Kriegsmacht, die so viele Menschen von ihren angestammten Wohngebieten vertrieben und Städte zur »menschenleeren Öde« (2,13c, vgl. Zef 2,4) verwandelt hat, verschwindet von der Bildfläche und das zerstörte Ninive bleibt auf Dauer völlig menschenleer.

Doch erst wenn wir den Zusammenhang von 2,13–14 mit 2,12 bedenken, wird die ungeheure Wende der Verhältnisse deutlich, zugleich die Ironie und Tragik des Geschehens. Durch die Assyrer fand die Herrschaft der Kuschiter in Ägypten ihr kriegerisches Ende. 2,12 deutet dieses Ende als geschichtliches Werk JHWHs; die Assyrer als vorausgesetztes Instrument sind da nicht einmal der Erwähnung wert. Nun aber wird nach 2,13–14 wiederum JHWH selbst dem assyrischen Weltreich das Ende bereiten – gewiss durch eine neue am geschichtlichen Horizont auftauchende Kriegsmacht. Nach der babylonischen Chronik (*A. K. Grayson* 1975, 94 f.) fiel Ninive im Hochsommer des Jahres 612 v. Chr. nach einer dreimonatigen Belagerung durch die siegreichen Heere des neubabylonischen Königs Nabopolassar (626–605 v. Chr.) und der mit ihm verbündeten Meder unter Kyaxares. Diese hatten kurz zuvor im Jahre 614 die alte Reichshauptstadt Assur mit ihrem zentralen Assur-Heiligtum völlig zerstört. Das gleiche Geschick traf nun Ninive, die Stadt wurde in eine Ruinenstätte verwandelt. Sîn-šar-iškun, der Nachfolger Assurbanipals, kam in Ninive um. Was in den Jahren nach 612 noch an Kämpfen der Babylonier gegen die Reste der assyrischen Truppen unter Aššur-uballiṭ II. folgt, ist nur noch Nachspiel und Ausklang (vgl. *W. Mayer* 1995, 412–418). Spätestens mit der vernichtenden Niederlage der Ägypter, die zu Helfershelfern der untergehenden assyrischen Militärmacht geworden waren, gegen den babylonischen Kronprinzen Nebukadnezzar 605 v. Chr. bei Karkemisch am oberen Eufrat verschwindet endgültig die einstmalige assyrische Weltmacht von der geschichtlichen Bühne.

Zusammenhang von 2,13–14 mit 2,12

Der ›Kommentar‹ Zef 2,15 blickt am wahrscheinlichsten auf diese Ereignisse bereits zurück. Mit dem spöttischen Lied der Untergangsklage verknüpft sich doch auch der Schauer über den Sturz der Metropole, die einst Völker beherrschte. Vor allem trägt der Vers die Begründung für den Untergang nach. Nach Zef 2,15 sind es nicht politisch-militärische Entwicklungen, die der Stadt das Ende brachten. Es ist vielmehr das hochfahrende Gebaren der Weltmacht, die sich zu einem quasigöttlichen Ausschließlichkeitsanspruch verstieg. Diese Motivation übertrifft noch weit das höhnische Großtun, das Zef 2,8–9.10 den Moabitern und Ammonitern nachsagt. Zef 2,15 stammt am ehesten aus der späten Exilszeit. Der Text ist schon transparent für das Verhalten und das erwartete Geschick der Metropole Babel, die Ninive abgelöst hat. Für Zef 2,15 ist der Untergang der »prahlerischen Stadt« (der Name Ninive fällt nicht mehr!) wesentlich schon Exempel für den Sturz der Weltstadt, die sich mit quasigöttlicher Aura umgibt. Für den Kommentator zeigt sich darin (im Anschluss an 2,12.13–14) Macht und

V 15 als Kommentar

Wirken JHWHs in der Geschichte der Völker. Seiner »Hand« (2,13a) entgleitet auch die selbstherrliche Weltmacht nicht.

Dieses Thema – Ninive als Paradigma der Weltmacht und ihres Untergangs – wird Jahrhunderte später das Buch Judit auf neue Weise aufgreifen. Doch die Erinnerung an Ninive in der späteren Geschichte ist gespalten. Eine ganz andere Nachgeschichte hat das Jonabuch der »großen Stadt« beschert. Auf seinem Hintergrund wird Ninive im Neuen Testament sogar zum Beispiel der Umkehrbereitschaft und Buße aufgrund prophetischer Predigt (Mt 12,41; Lk 11,30.32). In der spätalttestamentlichen Verheißung von Jes 19,23–25 endlich wandelt sich Assur zum Volk und Werk JHWHs, das gemeinsam mit Ägypten JHWH dienen wird. Zusammen mit Israel werden Ägypten und Assur ein Segen werden inmitten der ganzen Erde (s. o. zu Zef 2,11)!

II.B.
Zef 3,1–8: Jerusalem wird als gewalttätige und unbelehrbare Stadt angeprangert und in das Unheilsgeschick der Nachbarvölker Judas (2,4–15) einbezogen, als Höhepunkt eines ins Universale ausgeweiteten Völkergerichts (3,8)

Literatur zu Zef 3 (Überblick) M. Oeming 1987, 289–300 (Zef 3,1–13). – J. D. Nogalski 2000, 207–218 (Zef 3). – D. Smith, What Hope after Babel? Diversity and Community in Gen 11,1–9, Exod 1,1–14, Zeph 3,1–13 and Acts 2,1–3: Horizons in Biblical Theology 18 (1996) 169–191. – P. Weimar 1997, bes. 741–755 (zur Komposition von Zef 3).

Kontext Zef 3,1–8 nimmt die Thematik des Gerichts über Jerusalem von Zef 1,7.8–13 bzw. 1,4–16 her neu auf. Der Abschnitt enthält ein prophetisches Wehewort 3,1–4.5 und eine daran anschließende begründete Unheilsansage in Gottesrede 3,6–8. Diese hat ihre Eigenart in einer ganz unerwarteten Ausweitung der Gerichtsankündigung auf »Völker« und »Königreiche« nach dem überlieferten Text von 3,8. Nach der Feststellung auswegloser Schuld Jerusalems bzw. der Jerusalemer, die die Warnzeichen JHWHs nicht angenommen haben (3,6–7), ist als Folgerung (»darum« 3,8a) nur eine klare Gerichtsansage gegen die Jerusalemer zu erwarten. V 8 formuliert kaum nur einen allgemeinen Rechtsanspruch JHWHs auf ein Gericht über Völker (s. u. die Auslegung zu 3,6–8). Die überraschende Ausweitung des Gerichtshorizonts in 3,8 nach den auf Jerusalem bezogenen Worten in 3,1–4.5 und 3,6–7 ist allerdings entscheidend erst durch 3,8d gefordert. Dieser Satz, der den universalgerichtlichen Abschluss des ersten Teils des Zefanjabuches in 1,18b *Rückbindung an 2,1–15* rekapituliert, kündigt das verzehrende »Eiferfeuer« JHWHs im Kontext von 3,8 »über die ganze Erde« (nicht nur über das Land Juda!) an. So schließt

Zef 3,1–8: Jerusalem wird als gewalttätige und unbelehrbare Stadt angeprangert

jetzt 3,8 bzw. 3,6–8 mit seinem universalen Horizont eines Völker- und Weltgerichts die Reihe der Fremdvölkerworte im Zefanjabuch und ihre Verknüpfung mit dem Wehe über Jerusalem in 2,4–3,8 resümierend ab. Auch insofern Zef 3,1–8 allein Jerusalem betrifft, zeigt sich diese zusammengesetzte Texteinheit an Zef 2,1–15 zurückgebunden, wie schon in der Einleitung des Kommentars (Strukturanalyse Nr. 2) sowie in den Einleitungen zu Teil II Zef 2,1–3,8 und zu 2,4–15 festzustellen war: Zum einen verknüpft 3,1–5 als das »Wehe« über »die gewalttätige Stadt« Jerusalem mit dem Gottesgericht über Ninive in 2,13–14.15. Jerusalem steht der »prahlerischen Stadt« Ninive (2,15a) weder im überheblichen Gehabe, noch im kommenden Gericht nach! Zum anderen erhält die Reihe der Fremdvölkerworte in Zef 2,4–15 durch die Jerusalem-Worte in 3,1–8 eine neue Sinnspitze nach dem Modell von Am 1,3–2,16. Die Völkerwortreihe findet nun über Ninive hinaus in Jerusalem ihr Ziel. Ein weiterer Gesichtspunkt spricht für den Rückbezug von 3,1–8 auf 2,1–15: Zef 2,1–3 und 3,6–8 korrelieren, trotz ihrer verschiedenen Redeform und der jeweiligen Adressatenbezeichnung. Die erstere Einheit stellt für den Fall, dass ihre auf eine neue Lebenshaltung zielenden Mahnungen ernst genommen werden, eine leise Rettungshoffnung in Aussicht. Die letztere Einheit hingegen kann nur im Rückblick auf JHWHs geschichtliche Warnungen seine Enttäuschung, die Vergeblichkeit seines Mühens und damit die verspielte Rettungsmöglichkeit hier genauer für die Jerusalemer feststellen.

Über 3,1–8 hinaus stoßen wir im Textverlauf von Zef 3 auf eine Primärkomposition 3,1–4.5 + 3,6–8* (ursprünglich gegen Jerusalem) + 3,11–13. Sie handelt von der »gewalttätigen Stadt« Jerusalem (3,1), die trotz göttlicher Warnung keine Lehre bzw. Zurechtweisung angenommen hat (3,7 bzw. 3,2), von der unausweichlich gewordenen Strafankündigung JHWHs gegen Jerusalem (3,8*), aber auch von der Läuterung der Stadt durch das Gottesgericht, das nur ein armes und JHWH-treues Restvolk in ihr übriglassen wird (3,11–13). Diese Komposition ist allerdings nicht aus separaten unabhängigen Einzelstücken, sondern durch unterschiedliche Fortschreibungen von Zef 3,1–4 her entstanden (s. dazu jeweils die Analyse der einzelnen Textabschnitte). Diese Primärkomposition, die von Jerusalem in Schuld, Strafe und Läuterung handelt, wird durch die Heilsworte für die Stadt bzw. die Zionsgemeinde in Zef 3,14–15 und 3,16–17 / 18′ erweitert. Primärkomposition 3,1–13

Im überlieferten Text von Zef 3, den wir als eine abgeleitete redaktionelle Großeinheit verstehen können, eröffnet 3,1–8 den Redeprozess mit der Anklage und dem Gericht über Jerusalem. Das Unheil über Jerusalem ist nun aber Teil des Gerichts »über Völker« und »Königreiche«, ausgeweitet auf die ganze Erde (3,8). Symmetrisch zu dieser Abfolge von Unheil über Jerusalem 3,1–5.6–8* und über die Völker in 3,8 sagt das Gotteswort 3,9–10 Heil für die Völker und jenes von 3,11–13, erweitert durch 3,14–20, Heil für Jerusalem an (vgl. auch in der Einleitung Nr. 2). 3,1–8 im Aufbau von 3,1–20

Teil II: Zefanja 2,1–3,8:

II.B.1.
Zef 3,1–5: Das Wehe über das gewalttätige Jerusalem und seine korrupte Oberschicht auf dem kontrastiven Hintergrund des stets gerechten Wirkens JHWHs inmitten der Stadt

Literatur zu 3,1–4
G. J. Botterweck, Gott und Mensch in den alttestamentlichen Löwenbildern, in: J. Schreiner (Hrsg.), Wort, Lied, und Gottesspruch. Beiträge zu Psalmen und Propheten. FS J. Ziegler: FzB 2/II, Würzburg 1972, 117–129. – K. Elliger, Das Ende der »Abendwölfe« Zeph 3,3 Hab 1,8, in: W. Baumgartner / O. Eißfeldt / K. Elliger / L. Rost (Hrsg.), FS A. Bertholet, Tübingen 1950, 158–175. – R. Hoop, The Meaning of pḥz* in Classical Hebrew: ZAH 10 (1997) 16–26 (Zef 3,4: S. 16.18). – B. Jongeling, Jeux de mots en Sophonie III 1 et 3?: VT 21 (1971) 541–547. – B. Jongeling, Inzake Zefanja 3,3b, in: F. García Martínez / C. H. J. de Geus / A. F. G. Klijn (Hrsg.), Profeten en profetische geschriften, Kampen 1987, 117–118. – A. Lange, Die Wurzel PḤZ und ihre Konnotationen: VT 51 (2001) 497–510. – O. Loretz, Ugaritisch-hebräische Parallelen: BZ NF 3 (1959) 290–294. – D. H. Müller, Der Prophet Ezechiel entlehnt eine Stelle des Propheten Zephanja und glossiert sie: WZKM 19 (1905) 263–270. – H.-P. Müller, Art. נָבִיא: ThWAT V (1986) 140–163. – H. Niehr, Rechtsprechung in Israel. Untersuchungen zur Geschichte der Gerichtsorganisation im Alten Testament: SBS 130, Stuttgart 1987. – H. M. Niemann, Herrschaft, Königtum und Staat. Skizzen zur soziokulturellen Entwicklungen im monarchischen Israel: FAT 6, Tübingen 1993 (bes. 41–56 und 216–227). – Sh. M. Paul, Polysensuous Polyvalency in Poetic Parallelism, in: M. Fishbane / E. Tov (Hrsg.), »Sha'arei Talmon«. Studies in the Bible, Qumran, and the Ancient Near East. FS Sh. Talmon, Winona Lake, IN 1992, 147–163. – U. Rüterswörden 1985. – M. Stenzel, Zum Verständnis von Zeph. III 3B: VT 1 (1951) 303–305. – H.-J. Stipp, Jeremia im Parteienstreit. Studien zur Textentwicklung von Jer 26,36–43 und 45 als Beitrag zur Geschichte Jeremias, seines Buches und judäischer Parteien im 6. Jahrhundert: BBB 82, Frankfurt a. M. 1992. – M. Wissemann, Yonah gleich »Taube«? (nicht in Jer 25,38; 46,16; 50,16; Zeph 3,1 wie Hieronymus). Zu vier Vulgataproblemen: Glotta 64 (1986) 37–48. – L. Zalcman, Di Sera, Desert, Dessert: ET 91 (1979/80) 311. – W. Zimmerli, Ezechiel, Bd. I: Ez 1–24: BK XIII/1, Neukirchen-Vluyn 1969 (zu Ez 22,23–31: S. 520–527).

Zu 3,3c: Negation oder emphatische Partikel?
M. Brown, Is it Not? or Indeed!: HL in Northwest Semitic: Maarav 4 (1987) 201–219. – J. Huehnergard, Asseverative *la and Hypothetical *lu/law in Semitic: JAOS 103 (1983) 569–593. – J. O. Lewis, An Asseverative לא in Psalm 100,3?: JBL 86 (1967) 216. – F. Nötscher, Zum emphatischen Lamed: VT 3 (1953) 372–380. – D. Sivan / W. Schniedewind, Letting Your »Yes« Be »No« in Ancient Israel. A Study of the Asseverative לא and הֲלֹא: JSS 38 (1993) 209–226. – C. F. Whitley, Some Remarks on lû and lô: ZAW 87 (1975) 202.

Literatur zu 3,5
M. Arneth, »Sonne der Gerechtigkeit«. Studien zur Solarisierung der Jahwe-Religion im Lichte von Psalm 72: Beihefte zur Zeitschrift für Altorientalische und Biblische Rechtsgeschichte 1, Wiesbaden 2000. – J. Assmann / B. Janowski / M. Welker, (Hrsg.), Gerechtigkeit. Richten und Retten in der abendländischen Tradition und ihren altorientalischen Ursprüngen, München 1998. – Ch. Barth, Art. בקר: ThWAT I (1973) 751–754. – K. J. Cathcart, bōšet in Zephaniah 3,5: JNWSL 12 (1984) 35–39. – B. Janowski, Rettungsgewißheit und Epiphanie des Heils. Das Motiv der Hilfe Gottes »am Morgen« im Alten Orient und im Alten Testament, Bd. I: Alter Orient:

Zef 3,1–8: Jerusalem wird als gewalttätige und unbelehrbare Stadt angeprangert

WMANT 59, Neukirchen-Vluyn 1989. – B. Janowski, JHWH und der Sonnengott. Aspekte der Solarisierung JHWHs in vorexilischer Zeit, in: J. Mehlhausen (Hrsg.), Pluralismus und Identität: Veröffentlichungen der Wissenschaftlichen Gesellschaft für Theologie 8, Gütersloh 1995, 214–241. – B. Langer, Gott als »Licht« in Israel und Mesopotamien. Eine Studie zu Jes 60,1–3.19 f.: ÖBS 7, Klosterneuburg 1989. – J. Schoneveld, Zefanja 3:5: NThSt 22 (1939) 253–257. – H.-P. Stähli, Solare Elemente im Jahweglauben des Alten Testaments: OBO 66, Freiburg (Schweiz) Göttingen 1985. – J. Ziegler, Die Hilfe Gottes »am Morgen«, in: H. Junker (Hrsg.), Alttestamentliche Studien. FS F. Nötscher: BBB 1, Bonn 1950, 281–288.

Text

1	a	IA	Wehe, Widerspenstige (Illustre?) und Besudelte!,	Übersetzung
		IB	die gewalttätige Stadt!	
2	a	IA	⟨Sie hat auf keine Stimme gehört,	
	b	IB	keine Zurechtweisung angenommen	
	c	IIA	auf JHWH hat sie nicht vertraut,	
	d	IIB	ihrem Gott sich nicht genaht.⟩	
3	a	IA	Ihre Oberbeamten in ihrer Mitte	
		IB	sind brüllende Löwen.	
	b	IIA	Ihre Richter sind [Steppen-]Wölfe,	
	c	IIB	die [wahrlich] (noch immer) morgens (Knochen) gemalmt haben.	

MT 3b Ihre Richter sind Abend-Wölfe,
   3c die am Morgen (noch) nichts gemalmt haben / nichts mehr
       zu malmen haben (?).

4	a	IA	Ihre Propheten sind (anmaßende) Schwätzer,
		IB	treulose Männer.
	b	IIA	Ihre Priester haben Heiliges entweiht,
	c	IIB	Weisung vergewaltigt.
5	a		⟨JHWH wirkt gerecht in ihrer Mitte,
	b		er tut kein Unrecht.
	c		Morgen für Morgen gewährt er sein Rechtsurteil,
	d		mit dem Tageslicht bleibt es nicht aus.⟩
	e		⟨Doch der Böse kennt keine Scham.⟩

V 1: Das prophetische הוֹי »Wehe!« steht hier, wie häufig, wortbezogen vor substantiviertem Partizip, das den Adressaten des Weherufs in seinem falschen und verderblichen Sein und Tun brandmarkt (s. o. zum prophetischen Weheruf in der Analyse zu Zef 2,5–6). Wie in Zef 2,5a nennt der Weheruf den betroffenen Adressaten im Vo-   Zu Text und Übersetzung

Teil II: Zefanja 2,1–3,8:

kativ. Die beiden vokativischen Partizipien von Zef 3,1 stehen artikellos, werden aber durch mit Artikel determinierte Attributverbindung (»die gewalttätige Stadt!«) weitergeführt und zusammenfassend qualifiziert (vgl. zur Konstruktion der Vokative z. B. Jes 47,8). In Zef 3,1 liegt demnach kein zweigliedriger Nominalsatz vor (gegen C. Hardmeier 1978, 244 f.). Gegen ein Verständnis als Nominalsatz spricht auch, dass sich in diesem Fall ein zum Satzsubjekt weitgehend pleonastisches Satzprädikat ergäbe: »Wehe, widerspenstig (?) und beschmutzt ist die gewalttätige Stadt!« Die häufige Übersetzung des wortbezogenen הוי mit einer dativischen Adressatenangabe (»Wehe der widerspenstigen ... Stadt!«) trifft den syntaktischen Sachverhalt nicht. Sie wird auch von den antiken Versionen LXX, Teodotion, Syr und Vg, die jeweils vokativisch übersetzen, nicht gestützt, auch nicht von Tg.

Die beiden koordinierten Partizipien, die auf das einleitende »Wehe« folgen, können die angesprochene Stadt nur negativ qualifizieren. Die zweite der Partizipialformen ונגאלה »befleckt, besudelt« ist von גאל II im N-Stamm »kultisch verunreinigt, befleckt sein« (Jes 59,3; Klgl 4,14) herzuleiten, einer Nebenform von געל (im N-Stamm »beschmutzt, verabscheut werden«). Die Nebenform ist in Texten der exilischen Epoche und später hinreichend belegt, vgl. noch Mal 1,7.12; Jes 63,3; Esra 2,62 // Neh 7,64; Dan 1,8).

Schwieriger ist die erste der beiden Formen מֹרְאָה zu bestimmen. (1.) Die häufige Interpretation als Partizip f. sg. von מרה »widerspenstig sein« hat in Zef 3,2 eine wichtige Stütze. Der eine Beleg Zef 3,1 macht dann die Schreibung der Basis מרא noch nicht zur sprachlich akzeptierten Nebenform von מרה. Schreibungen von Verben tertiae vocalis nach der Analogie von Verben tertiae Alef sind primär ein Thema der Orthographie. (2.) Die Fügung von מֹרְאָה mit folgendem ונגאלה kann jedoch an ein eigentliches Hendiadyoin denken lassen. Darauf zielt der Vorschlag, ein von mittelhebräisch belegtem רָאִי »Kot« denominiertes Partizip H-Stamm passiv »beschmutzt« zu lesen, vgl. HALAT 595 s. v. מרא I. Der Vorschlag kann sich bereits auf einige mittelalterliche jüdische Kommentatoren berufen, die auf Nah 3,6 und Lev 1,16 verweisen, vgl. *D. Barthélemy* 1992, 899–902. (3.) Unter den antiken Versionen gehen LXX und Syr von der Basis ראה »sehen« aus und lesen ebenfalls in der zuletzt genannten Interpretation ein Partizip H-Stamm passiv (wörtlich: »vorgezeigt, ansehnlich«): ἐπιφανής bzw. *ydyʿt* »glänzend, berühmt, illuster«. In diesem Fall wird Jerusalem als Stadt bezeichnet, die zum Schaustück geworden ist, im Zusammenhang von Zef 3,1 mit pejorativem ironischem Unterton (vgl. schon *J. Halévy* 1905, 301, mit Verweis auf Ez 28,17): gerade die »Illustre« ist die »Beschmutzte« als »die gewalttätige Stadt«. (4.) Unter den weiteren Deutungsvorschlägen sei noch die Herleitung von einer Basis מרא III »sich mästen« erwähnt: »fett, verfettet« als Metapher für die Arroganz und moralische Fühllosigkeit der Stadt. Vgl. schon *A. B. Ehrlich* 1912, 314; bes. *L. Sabottka* 1972, 102.

Im überlieferten Zusammenhang von Zef 3,1 kommt für מראה am ehesten die unter (1.) genannte Bedeutung »widerspenstig« in Frage, aber auch (3.) »illuster« mit pejorativem Hintersinn erscheint möglich. Die Deutung (2.) ergibt ein passendes Hendiadyoin, bleibt aber etymologisch im Althebräischen unsicher.

Dass Zef 3,1 von vornherein insgesamt doppeldeutig angelegt sei, ist eine ansprechende Vermutung, vgl. *B. Jongeling* 1971, 541–543; *D. Barthélemy* 1992, 903; *K. Seybold* 109.110. Danach hätten wir in V 1 ein vorder- und ein hintergründiges Bild der Stadt zu unterscheiden: 1. »Wehe, Widerspenstige (Beschmutzte?) und Besudelte, (du,) die gewalttätige Stadt!« 2. »Wehe, Illustre und Ausgelöste / Erlöste, die Stadt, die Taube!« Tatsächlich haben LXX und Vg den Vers im letzteren Sinn

Zef 3,1–8: Jerusalem wird als gewalttätige und unbelehrbare Stadt angeprangert

verstanden (ausgenommen »provocatrix« in Vg für מראה); auch Tg gibt נגאלה im Sinne von »ausgelöst, erlöst« wieder nach גאל I »auslösen«. Allerdings lässt das einleitende Wehe über den wahren Sinn des Verses keinen Zweifel, auch wenn gegensinnige Wortbedeutungen mitgehört werden können!

Die syrische Version tut sich dadurch hervor, dass sie den ganzen Vers Zef 3,1 nicht auf Jerusalem, sondern eindeutig auf Ninive als die Stadt, zu der der Prophet Jona gesandt wurde, bezieht, im Anschluss an Zef 2,13–15: »Ach, berühmte und erlöste Stadt, Stadt des Jona!« Möglicherweise bezieht auch das Tg den Vers Zef 3,1 auf Ninive im Hinblick auf das Jonabuch: »O, [sie,] die eilt und erlöst ist, die Stadt, die den Zornesanreiz vervielfältigt!«. Auch LXX könnte sich auf Ninive beziehen: »O, die Illustre und Erlöste, die Stadt, die Taube!«. Wahrscheinlicher aber beschreibt LXX mit ihrer Wiedergabe das Bild der Stadt Jerusalem, wie es sein sollte bzw. einmal war. Die rabbinische Überlieferung wie der Großteil der patristischen Kommentatoren bezieht den Vers auf Jerusalem. Eine bemerkenswerte Ausnahme macht *Theodor von Mopsuestia*, der Zef 3,1–6 auf der Basis von LXX insgesamt auf Ninive deutet, vgl. M. Harl, LXX Sophonie 1999, 358 f.

3b–c: Die lange Geschichte des exegetischen Rätselratens um Zef 3,3b–c, angefangen von den antiken Versionen, die lexikalischen Schwierigkeiten der Sätze und die Ambivalenzen der Satzaussage von 3c nach MT hat K. Elliger 1950, 158–175, eingehend behandelt. Vgl. auch *D. Barthélemy* 1992, 824–826; *J. Vlaardingerbroek* 168.172–175.

Wie ist MT 3b–c zu verstehen? Der Text setzt ein polares Wortpaar »Abend« // »Morgen« voraus und lässt dabei wohl an den dem Abend folgenden Morgen denken. Der sonderbare Ausdruck זְאֵבֵי עֶרֶב »Abend-Wölfe« bzw. »Wölfe des Abends« in Satz 3b, der nur noch im MT Hab 1,8 begegnet, stellt Wölfe vor, die beim Einbruch der Dunkelheit auf Raub ausgehen. Allerdings ist die Vorliebe, zur Nachtzeit zu rauben, kein Spezifikum der Wölfe (vgl. Ps 59,7.15; 104,20–22). Andererseits ist die räuberische Aktivität der Wölfe nicht allein auf die Nachtzeit festgelegt, wie der häufig im Zusammenhang mit Zef 3,3 zitierte Stammesspruch Gen 49,27 unterstreicht: »Benjamin ist ein reißender Wolf: Am Morgen frisst er Raub, und zur Abendzeit teilt er Beute.« Tiere werden im Übrigen durch räumliche Angaben im Alten Testament näher bestimmt (Ps 50,10; 102,7; 104,11.20; Jes 56,9; Jer 5,6; Mi 5,7). Auch wenn die status-constructus-Verbindung »Abend-Wölfe« im Sinne von »Wölfe am Abend« keine eigentliche ›Spezies‹ von Wölfen bezeichnen will, bleibt der Ausdruck problematisch.

Für das Verb גרם-G, so nur in Zef 3,3c, legt sich eine Erklärung nach der gesicherten denominativen Bedeutung »(Knochen) zermalmen« des D-Stamms von גרם in Num 24,8 (Ez 23,24?) nahe. In der Parallele zu אכל »essen, fressen« bedeutet dieses גרם-D mit direktem Objekt (»Knochen«) als das stilistisch markierte Verb das gierige, vollständige Zerstören der Beute, vgl. Jer 50,17! Die syntaktisch einwertige Verwendung von גרם in Zef 3,3c legt den Bedeutungsakzent auf die Ausübung der bezeichneten Tätigkeit: »(Knochen) malmen« bzw. »am Malmen / Nagen sein« bzw. »etwas zu malmen / nagen haben«. Dass das Verb גרם in Satz 3c eine charakteristische Aktivität der Wölfe ausdrücken soll, legen auch die Beschreibungen der übrigen in Zef 3,3–4 genannten Standesgruppen in Jerusalem nahe. Daher dürfte der Vorschlag, גרם-G als »stark sein« zu interpretieren (nach Analogie von עצם-G »mächtig, zahlreich sein«) nicht zutreffen, gegen *I. J. Ball* 1988, 158 f.; *E. Ben Zvi* 1991, 194; *M. Striek* 1999, 166 f. Anm. 516. Der Vorschlag wird vom etymologischen Sprachvergleich nicht gestützt (vgl. z. B. Gesenius[18] 229 s. v.). Er hat außerdem gegen sich,

Teil II: Zefanja 2,1–3,8:

dass er den asyndetischen Adnominalsatz (funktional Relativsatz) Zef 3,3c sachlich direkt auf eine ausbleibende Tätigkeit der *Richter* am Morgen bezieht (im Gegensatz zu JHWHs Tun nach Zef 3,5), nicht auf ein typisches Verhalten von Wölfen, das metaphorisch für jenes der Richter transparent ist, vgl. etwa bei *M. Striek* ebd. 166: »ihre Richter sind Wölfe am Abend, die am Morgen keine Kraft haben.«

Der MT von Zef 3,3b–c ergibt sprachlich keinen eindeutigen Sinn: (1.) »ihre Richter sind Abend-Wölfe, die am (folgenden) Morgen (/ bis zum Morgen) noch nichts gemalmt haben.« Der Wolfshunger am Morgen ist dann freilich nur indirekt ausgesagt. Dasselbe gilt, wenn man an den vorausgehenden Morgen denkt, z. B. *L. Sabottka* 1972, 105 (»seit dem Morgen«). (2.) »ihre Richter sind Abendwölfe, die am (folgenden) Morgen nichts mehr zu malmen haben.«

Um die textliche crux zu beseitigen, wurden weitgehende Konjekturen vorgeschlagen, z. B. *K. Elliger* 1950, 173: »Wölfe, die keinen Knochen lassen«, entsprechend in BHS z. St.; *W. Rudolph* 284.285 f.: »Steppenwölfe, die (selbst) vor dem Großvieh nicht zurückschrecken«. Andere betrachten Zef 3,3c insgesamt als Glosse zu den »Abend-Wölfen« von Satz 3b, weshalb dann allerdings ein Kolon 3 IIB fehlt, so z. B. *K. Seybold* 109.111. Wieder andere versuchen, sich mit der Annahme einer gezielten Doppeldeutigkeit des Textes zu helfen, z. B. *L. Zalcman* 1979/80, 311; *Sh. M. Paul* 1992, 161.

Meine oben vorgeschlagene Übersetzung von 3b–c interpretiert gegenüber dem MT zwei Wörter neu, ohne den hebräischen Buchstabentext zu ändern: (1.) Mit zahlreichen Autoren lese ich statt der masoretischen »Abend-Wölfe« in 3b »Steppenwölfe« (עֲרָב statt עֶרֶב, vgl. Jes 21,23). Diese Lesung wird nachhaltig gestützt durch den זאב ערבות »Steppenwolf« von Jer 5,6 (vgl. hier den Zusammenhang von Löwe und Wolf wie in Zef 3,3), ebenso durch die Lesung »Wölfe Arabiens« (λύκοι τῆς Ἀραβίας) der LXX in Zef 3,3 und Hab 1,8[65], indirekt auch durch die an MT Zef 3,3 und Hab 1,8 angleichende Lesung von Jer 5,6 im Sinne von »Abend-Wolf« in Aquila, Syr, Vg, Tg. (2.) Die Negation לא in Satz 3c kann als frühe, längst vormasoretische Fehldeutung eines ursprünglichen sog. emphatischen Lamed, einer bekräftigenden Modalpartikel (ל(א)), interpretiert werden; sie ist wohl mit *J. Huehnergard* 1983, 570 f.590 f., primär als *la im Althebräischen anzusetzen (zur Diskussion vgl. die oben in der Literaturangabe zu Zef 3,3c verzeichneten Arbeiten zum emphatischen Lamed). Für Zef 3,3c wurde diese Deutung von לא bisher von *O. Loretz* 1959, 292; *C. A. Keller* 206 Anm. 2; *M. O'Connor* 1980, 255 vorgeschlagen. Sinngemäß entspricht dem so erreichten Verständnis von Zef 3,3b–c die Übersetzung in: Die Heilige Schrift des Alten und Neuen Testamentes, hrsg. von *V. Hamp / M. Stenzel / J. Kürzinger*, Aschaffenburg [18]1966 z. St.: »... ihre Richter Steppenwölfe, die am Morgen Knochen zermalmen.« Das Bild der morgens (nach langer Raubnacht) Knochen nagenden Steppenwölfe wird zur Metapher für die Richter, die ihre ebenfalls am Morgen (vgl. Zef 3,5!) ausgeübte Amtstätigkeit bis zum äußersten missbrauchen. Weder ist nur vom Hunger, noch von einer Tatenlosigkeit der Wölfe bzw. der Richter am Morgen die Rede, vielmehr von der Fressgier der Wölfe. Diese aber ist transparent für die Korrumpierung der Amtstätigkeit der Richter, ganz entsprechend den Aussagen über die Beamten, Propheten und Priester in Zef 3,3–4. Vgl. auch *H. Irsigler* 1977, 185–187 Anm. 209.

4a IA: Die Basis פחז, umschließt ein Bedeutungsspektrum von »frech, zuchtlos

---

[65] Die »Wölfe der Araber« sind im Klassisch-Arabischen auch in metaphorischer Verwendung bezeugt (freundlicher Hinweis von Prof. *Walter W. Müller*, Marburg).

sein« bis »überschäumen, übermütig / prahlerisch sein«, vgl. Ri 9,4; Gen 49,4; Sir 42,10 Ms. B (Rand); im H-und tD-Stamm »übermütig machen bzw. auftreten« in Sir 8,2; [19,2] bzw. 4,30. Vgl. HALAT 872f.; *L. Sabottka* 1972, 106: »Prahlhänse«; *W. Rudolph* 284.286: »Großsprecher«; *K. Seybold* 110: »Schaumschläger«. LXX übersetzt פחזים mit πνευματοφόροι, was hier nicht »Geistträger«, sondern abschätzig etwa »Windbeutel« bedeutet. Vg hat »vesani«, Hieronymus kommentiert: »Prophetae eius insanientes sive stupentes ...« *A. Lange* 2001, 497–510, will für פחז eine »Grundbedeutung« »aufstehen, sich erheben« (509) annehmen. Er leitet sie von der (vermuteten) Wiedergabe von *wyphz* aus 4QSam^b zu 1 Sam 20,34a in MT (und Versionen) mit *wyqm* (Basis קום »aufstehen«) her. Ein möglicher Beleg der Basis פחז in der Inschrift von Tell Dēr 'allā (DAT II,8) bleibt umstritten. In Zef 3,4 (und entsprechend in Jer 23,32) will *A. Lange* פחזים als »Aufständische« (gegen Gott) deuten. Der Kontextbezug zu בגד »treulos, betrügerisch, tückisch handeln« in Zef 3,4a und ähnlich die textliche Äquivalenz von שקר »Lüge, Trug« und פחזות im Sinne von »(freches, hohles) Geflunker« in Jer 23,32 spricht jedoch dafür, dass hier das Auftreten und Reden der Propheten als anmaßend, trügerisch und verführerisch gebrandmarkt wird, obwohl sie doch aus ihrer Sicht *im Namen JHWHs* reden (vgl. Jer 23,16.21f.; 29,8–9), nicht in ›Auflehnung und Aufstand‹ gegen ihn! Vgl. besonders Jer 8,10–11; 14,14; 23,25; 27,10.14–15.16; 29,8–9; auch 9,1–2!

5c–d: Die Worte, die oben als Satz 5d »mit dem Tageslicht bleibt es nicht aus« wiedergegeben wurden, fehlen nach *J. Ziegler* in der frühen LXX-Überlieferung. Jedoch erklärt sich das Fehlen durch einen Abschriftfehler wegen Homoioarkton in der hebräischen Vorlage: Übergleiten von (ור)לא 5d zu לא(ו) 5e.

In Satz 5c steht das wiederholte בבקר »am Morgen« als Ausdruck für »alle Morgen« (vgl. Ex 16,21; 30,7; 2 Sam 13,4). MT kann in den Sätzen 5c–d mit anderer Satzabgrenzung übersetzt werden: »jeden Morgen gibt er sein Recht ans Licht«, d. h. an die Öffentlichkeit (Mss. von LXX; Vg) oder »jeden Morgen macht er sein Recht zum Licht« (vgl. *J. Schoneveld* 1939, 254.256; *L. Sabottka* 1972, 107f.; dazu Jes 51,4; נתן לאור »etwas oder jemanden zum Licht machen« Jes 42,6; 49,6; Jer 31,35, wo indes einmaliges bzw. ein für alle Mal Geschehenes ausgesagt wird, nicht regelmäßige, generell wiederholte Vorgänge) bzw. weniger zutreffend »Morgen für Morgen gibt er sein Recht als Licht« (vgl. *M. Weigl* 1994, 136.138). Jedoch zeigt das folgende לא נעדר »nicht bleibt er / es aus«, dass es nicht um das Licht im übertragenen Sinne geht. Denn dieser dann am ehesten an אור »Licht« anschließende Attributivsatz spricht von dem nie ausbleibenden Sonnen- bzw. Morgenlicht. Doch ist eine Änderung in כאור »wie das Licht«, das keinen Tag ausbleibt (z. B. BHS z. St.) nicht nötig.

Da 5a und 5b im Parallelismus stehen und בבקר in 5c stilistische Symmetrie zu לאור nahelegt, können wir am einfachsten von einer Parallele zweier Sätze 5c // d ausgehen: »jeden Morgen« // »mit dem / beim (Morgen-)Licht«. Vgl. zu אור mit der Nuance »Morgenlicht« Ri 19,26; Neh 8,3; Ijob 24,14 und bes. zu אור הבקר »Licht des Morgens« Ri 16,2; 1 Sam 14,36; 25,34.36; 2 Sam 17,22; 23,4; 1 Kön 3,21; Mi 2,1; zum Wechsel der Präpositionen בּ und לְ in parallelen Aussagen z. B. Gen 49,27; Ijob 24,14; Koh 11,6. Die Sätze Zef 3,5c–d bezeugen das bekannte Stilmittel des ›Aufbrechens stereotyper Phrasen‹ (z. B. *M. Dahood*, Psalms III AncB 16, Garden City New York 1970, 413), indem sie אור הבקר auf zwei parallele Präpositionalverbindungen aufteilen. Vgl. auch *E. Ben Zvi* 1991, 210; *A. Spreafico* 151.158f. In Satz 5d könnte wie in den vorausgehenden Sätzen 5a–c JHWH das Subjekt sein. Da es jedoch in 5a–c durchwegs um JHWHs Gerechtigkeit und das von ihm gewährte »Recht« inmitten der Stadt geht, dürfte in 5d doch eher משפטו »sein Recht« bzw. »sein Rechtsurteil«

von 5c her das Subjekt sein, das »nicht ausbleibt« bzw. »fehlt« oder »vermisst wird« (עדר II N-Stamm).

5e: Der Satz steht außerhalb des Parallelismus und ist am wahrscheinlichsten aus einer Variante zu Satz 5b entstanden (»nicht kennt er [JHWH] Unrecht«); sie wurde durch בֹּשֶׁת »Scham, Schande« ergänzt, da die Schreibung עול als Satzsubjekt im Sinne von »Frevler« verstanden werden konnte. Der Zusatz verallgemeinert nun das schamlose Verhalten der führenden Gruppen von Zef 3,3–4 auf die Frevler schlechthin. Vgl. *B. Duhm* 1911, 97, sowie BHK / BHS z. St. *K. J. Cathcart* 1984, 35–39, rekonstruiert in Satz 5e als Primärtext: »... and He does not know delay.« LXX zieht בשת zu Zef 3,6 und übersetzt das Wort mit ἐν διαφθορᾷ, was wohl auf eine Interpretation als בְּשֵׂאת »in Verwüstung / Verödung« (Klgl 3,47) schließen lässt; auch eine Verlesung von שֵׁת als שַׁחַת »Grube, Verderben« (so *M. Harl* LXX Sophonie 1999, 361) ist möglich: »In den Ruin habe ich die Hochmütigen (statt MT »Völker«) hinabgezogen ...«

Analyse

Verhältnis zum Weheruf Zef 2,5–6

Als prophetischer Weheruf über »die gewalttätige Stadt« zielt Zef 3,1–5 eindeutig auf Jerusalem, wie die Art der Anklagen und die im Spruch genannten Personengruppen ausweisen. Der Spruch nimmt sachlich das »Wehe« von Zef 2,5 her auf. Während dort aber die angesprochenen »Küstenbewohner« nicht negativ qualifiziert und anklagend beschrieben werden, lassen schon die Vokative in Zef 3,1 und sodann die Feststellungen in 3,2–4 an der Schuld der Stadt keinen Zweifel. Hinzu kommt, dass Zef 2,5–6 als Fremdvölkerwort in Gottesrede ausdrücklich Unheil ansagt, während der Wehespruch 3,1–5 als Prophetenwort mit seiner eindeutigen Anklage die Funktion eines eigenständigen Scheltworts erfüllt, ohne eine explizite Gerichtsansage zu erfordern. Eine solche folgt aber in der Gottesrede 3,6–8, die in den Personmorphemen an die Rede von der Stadt und ihren Bewohnern in 3,1–4(5) anschließt. Das »Wehe« von V 1 über die im Inneren schwer zerrüttete und korrumpierte Stadt stellt diese schon in die Sphäre von Unheil und Tod. Es verknüpft Zef 3,1 bzw. 3,1–5 hinsichtlich der Redeform enger mit den sonstigen anklagenden prophetischen Weherufen (vgl. nur z. B. Jes 5,8–22 und den Exkurs zum prophetischen Weheruf oben zu Zef 2,5–6!).

3,1–5 als erweiterte Einheit

Zef 3,1–5 ist als Prophetenwort von der nachfolgenden Gottesrede 3,6–8 klar abgehoben. Mindestens die Verse 1–4 zeigen sich kolometrisch prägnant geformt: die Sätze 1–2d.3a.4a bilden Verszeilen mit 2+2 Hebungen (הוֹי »wehe« in V 1 dient als Auftakt). Die Sätze 3b-c und 4b-c formulieren im beliebten Qina-Rythmus mit 3+2 Hebungen. Dieses Schema liegt auch noch in V 5a-b vor. Dagegen können die Sätze 5c-d höchstens in der ungewöhnlichen Form von 4+2 Hebungen gelesen werden. Satz 5e ist ein Zusatz (s. o. zum Text); er stellt dem stets gerecht wirkenden JHWH den Frevler gegenüber, der keine Scham kennt. So verallgemeinert 5e den Kontrast zwischen den korrupten Oberschichtskreisen der Stadt V 3–4 und JHWH V 5. Doch verrät Zef 3,1–5 weitere Spuren von Bearbeitung.

Deuteronomistische Redaktion in V 2?

Wie verhält sich V 2 im Kontext von 3,1–5? Kolometrisch bietet der Vers keinen Anstoß. Auch sachlich scheint er sich gut in seinen Zusammenhang einzufügen: V 2 erläutert den Vorwurf der Widerspenstigkeit, mit dem der Weheruf in V 1 einsetzt.

Zef 3,1–8: Jerusalem wird als gewalttätige und unbelehrbare Stadt angeprangert

Wie das Partizip מראה (nach der wahrscheinlichen Deutung) als »Widerspenstige / Trotzige« die vokativischen Benennungen im Mottovers V 1 eröffnet, so leitet V 2 die Durchführung der thematischen Aspekte von V 1 ein. Die Nachbarschaft von מרה »widerspenstig sein« V 1 und שמע בקול »auf die Stimme hören« 2a ist gut bezeugt (Ex 23,21; Dtn 1,43; 9,23; 21,20; 1 Sam 12,14.15; vgl. Jos 1,18; Jes 1,19–20; Ez 20,8). Dennoch scheint es Indizien zu geben, die für einen redaktionellen Charakter von V 2 sprechen. Man mag noch außer Acht lassen, dass מראה möglicherweise von vornherein etwas anderes bedeutet als das von V 2 her nahe gelegte Widerspenstigsein. Jedoch, auch wenn wir diese Bedeutung als primär ansetzen, lässt sich nicht übersehen, dass V 1 als Mottovers inhaltlich eine einheitliche Charakterisierung der Stadt geben will. Die Apposition »die gewalttätige Stadt« expliziert einheitlich die beiden vorausgehenden artikellosen Vokative. Das bedeutet: die Widerspenstigkeit gegen Gott äußert sich nach V 1 vor allem »in der gewalttätigen, das Recht beugenden Behandlung der sozial minder mächtigen Schichten«, so mit Recht *K. Elliger* 75, obwohl er V 2 für literarisch primär ansieht. Wenn aber V 1 inhaltlich einheitliche Themaangabe zum Folgenden ist und wenn sich das widerspenstige Verhalten und der besudelte Zustand der Stadt vor allem in ihrer Gewalttätigkeit zeigt, dann schließen V 3–4 sehr passend an V 1 an. V 3–4 verstehen die Widerspenstigkeit implizit als Missachtung von JHWHs Rechtswillen. V 2 hingegen greift nur einen einzigen, gewiss wichtigen Aspekt aus V 1 auf. In der Erläuterung der Widerspenstigkeit legt V 2 den Akzent auf den Ungehorsam gegen prophetisch ergangenes Gotteswort (2a–b), auf mangelndes Vertrauen auf JHWH (2c) und die fehlende Bereitschaft, sich JHWH – doch mindestens in einem weiteren kultischen Sinne – zu nahen (2d, vgl. Ex 16,9; Lev 16,1; 1 Sam 14,36; Ez 40,46; 44,15; 45,4; Jes 48,16). Mit V 2 verschiebt sich der Schwerpunkt der Anklage von der Gewalttätigkeit der Stadt nach V 1, insbesondere mit den Sätzen 2d–e, auf die Schuld gegenüber Gott. So deutet doch einiges darauf hin, dass wir Zef 3,2 als Erweiterung eines primären Zusammenhangs 3,1.3–4 zu betrachten haben. Literarkritisch kann für diese Beurteilung nicht ausschlaggebend sein, dass die Sätze 2a–b »Sie hat auf keine Stimme gehört, keine Zurechtweisung angenommen.« eine weitgehende wörtliche Parallele in Jer 7,28 haben. Eine direkte literarische Abhängigkeit muss weder in der einen noch in der anderen Richtung vorliegen. Wohl aber dürften wir auf einen ähnlichen Bearbeiterkreis im Zefanja- wie im Jeremiabuch stoßen. Die eklatante Parallele in Jer 7,28 gehört sicher der deuteronomistisch geprägten Jeremiabuch-Bearbeitung an (vgl. *W. Thiel*, Die deuteronomistische Redaktion von Jeremia 1–25, Neukirchen-Vluyn 1973, 124 f.). Die Formel »auf die Stimme (JHWHs) hören« findet sich charakteristisch im Dtn und in deuteronomistisch geprägter Literatur (Dtn 13,19; 15,5; 26,14; 27,10; 28,1.15.45; 30,10, u. a.). Die häufigen Belege der Formel im Jeremiabuch (Jer 3,13.25; 7,23.28, u. a.), ebenso die hier belegte geprägte Wendung »keine Zurechtweisung annehmen« (Jer 2,30; 5,3; 7,28, u. a.) verzeichnet *H.-J. Stipp* als Merkmale »deuterojeremianischer« Bearbeitung (ders., Deuterojeremianische Konkordanz: ATS 63, St. Ottilien 1998, 137 f. bzw. 78). Zef 3,2 dürfen wir wohl insgesamt einer deuteronomistisch geprägten Bearbeitung zuschreiben, die sich ähnlich besonders im Jeremiabuch zeigt.[66]

Mehrere Kriterien lassen den doxologischen Vers 5 insgesamt als sekundäre Erweiterung erscheinen (vgl. *K. Elliger, A. Deissler, B. Renaud, J. Vlaardingbroek,*

Ergänzung V 5

---

[66] Zef 3,2 wird ähnlich als sekundär beurteilt von *A. Deissler* und *K. Seybold* z. St.; *M. Striek* 1999, 169–171; auch *K.-D. Schunck* 1992, 176 f.

Teil II: Zefanja 2,1–3,8:

u. a. z. St.): (1.) 3,1–4 handeln zunächst von der Stadt insgesamt (V 1–2), dann konsequent von einzelnen Ständen (V 3–4). V 5 aber stellt dem überraschend eine Aussage über JHWH entgegen. V 6 setzt als Gottesrede unvermittelt neu ein. (2.) In V 5 ist eine gegenüber V 2 wie auch gegenüber V 6–7 differenzierte Sicht des Verhältnisses JHWHs zur Stadt erkennbar: in V 2 erscheint JHWH als derjenige, der in der Vergangenheit bis hin zur Gegenwart immer wieder prophetischen »Ruf« (»Stimme«) und »Warnung« an die Stadt gerichtet hat, ohne dass sie sich ihrem Gott zugewandt hätte. In anderer Weise, aber mit ähnlicher Intention spricht V 6–7 vom Eingreifen JHWHs gegen fremde Völker als warnendes Exempel für die Stadt. In V 5 ist dagegen von einer warnenden und drohenden Haltung JHWHs gegenüber der Stadt nichts zu spüren, im Gegenteil: sein gleichbleibendes immerwährendes gerechtes Wirken inmitten der Stadt wird hervorgehoben. (3.) Mit V 5 entsteht das Problem: wie kann JHWH sich täglich in der Stadt als gerecht erweisen und sein heilvolles »Recht« bzw. »Rechtsurteil« gewähren, wenn doch jene Verantwortlichen in der Stadt, die für Gerechtigkeit zu sorgen hätten, so ungerecht handeln? V 5 verrät das Bemühen, einem vorausgesetzten Vorwurf an Gott entgegenzutreten: An JHWH hat es nicht gelegen, dass die Stadt und ihre Verantwortlichen so korrupt geworden sind! JHWH tut kein Unrecht! V 5 verlässt mit seiner unverkennbaren ausdrücklichen Theodizee-Tendenz den Gesichtskreis von V 1–4, wonach alle Schuld ausschließlich bei der Stadt liegt. Die Art, wie in V 5 von der ununterbrochenen heilvollen Rechtsgabe JHWHs gesprochen wird, ist auch klar von JHWHs »Recht« bzw. »Rechtsurteil«, d. h. dem besonderen Strafgericht in Zef 3,8 und damit von der Gottesrede 3,6–8 zu unterscheiden. V 5 blickt als Ergänzung auf 3,1–4 zurück und schließt sprachlich besonders an V 3 an. Die Ergänzung antwortet auch auf V 2, besonders auf 2d: Die Stadt hat sich JHWH nicht genaht, er aber hat doch stets die Begegnung mit ihm angeboten, sein Recht gewährt, und er tut dies fortwährend! Als redaktionelle Überleitung zu 3,6–8 darf man den Vers kaum verstehen (anders z. B. *M. Striek* 1999, 177).

Struktur Die erweiterte Einheit Zef 3,1–5 zeigt einen vierteiligen Aufbau (V 1 / 2 / 3–4 / 5). Er lässt sich folgendermaßen zusammenfügen: Thema V 1 – Ausführung V 2–4 (2; 3–4) – Kontrast V 5.

Thema V 1: anklagender »Wehe«-Ruf (הוֹי) über »die gewalttätige Stadt« (Jerusalem)
Ausführung ⟨V 2⟩ + V 3–4:
  1. die Stadt als »Widerspenstige« gegen JHWH V 2:
     Ungehorsam gegen prophetischen Ruf 2a–b
     Verweigerung der Gottesbeziehung 2c–d
  2. die Verderbtheit der führenden Kreise inmitten der Stadt V 3–4:
     a. ›weltliche‹ Führer V 3: Ausbeutung der Schwächeren:
        • Oberbeamte / Nobilität 3a,
        • Richter 3b–c
     b. ›religiöse‹ Führer V 4: Falschheit und Treulosigkeit:
        • Propheten 4a,
        • Priester 4b–c

Kontrast ⟨V 5⟩: JHWHs fortwährendes gerechtes Wirken in der Stadt:
- im Gegensatz zum Unrecht der führenden Kreise V 3–4
- im Gegensatz zu der von der Stadt verweigerten Gottesbeziehung 2 (2c–d)

Nach dem Mottovers 3,1 formuliert V 2 die Anklage der personifizierten Stadt in zwei Verszeilen mit vier durch לֹא negierten konstatierenden Sätzen. Die Verbalphrasen in diesen Sätzen sind symmetrisch angeordnet (in 2a–b am Satzbeginn, in 2c–d am Satzende), was die Geschlossenheit der Gesamtaussage unterstreicht. Vier Verszeilen stellen die Verderbtheit der vier in V 3–4 genannten führenden Kreise der Stadt dar. Die Vierzahl zielt in V 2 wie in V 3–4 auf die Ganzheit und die Schwere der Verderbnis. In der überlieferten Gestalt des Spruches reden V 1–2 in drei Verszeilen vom Zustand der Stadt als ganzer, V 3–4 in vier Verszeilen von der Schuld der Hauptverantwortlichen. Die führenden Stände verursachen das desolate Gesamtbild der Stadt.

Das erweiterte prophetische Wehewort Zef 3,1–5 nimmt in den Versen 3–4 eine prophetische Redeform auf, die *W. Zimmerli* treffend als »Ständepredigt« bezeichnet hat (BK XIII/1 [1969], 521). In ihr wird eine Mehrzahl von Ständen bzw. verantwortlichen Kreisen des Volkes aufgeführt und deren jeweilige Vergehen angeklagt. Beispiele finden sich besonders in Mi 3,11(9–12, vgl. 3,1–4; 3,5–8); 7,3(1–7); Jer 2,8(4–13); 5,31(30–31); 23,11(9–12); Ez 22,23–31.

»Ständepredigt«

Die Verwandtschaft von Zef 3,3–4 mit Ez 22,25–28 und außerdem von Zef 3,8c mit Ez 22,31a ist so eng, dass man literarische Abhängigkeit annehmen muss: Der Zefanjatext liegt der Ezechiel-Einheit 22,23–31 zugrunde und wird darin kommentierend ausgestaltet. Diese Abhängigkeit des Ezechieltextes hat bereits *D. H. Müller* 1905, 263–270, eingehend nachgewiesen. Die Annahme, dass die beiden Ausprägungen der »Ständepredigt« in Zef und Ez nur eine gemeinsame textliche Tradition verarbeitet hätten (*E. Ben Zvi* 1991, 204 f.197–205), genügt nicht. Am wenigsten wahrscheinlich ist die Behauptung, Zef 3,3–4 sei von Ez abhängig (*E. Bosshard-Nepustil* 1997, 422 f. Anm. 6). Aus einem kolometrisch geformten kurzen Text der Zefanja-Überlieferung, der in Anklage (3,3–4) und Gerichtsankündigung (3,8) eine Situation noch vor der Katastrophe Jerusalems voraussetzt, wird in der Ezechiel-Einheit ein ausgestalteter Prosatext, der im Rückblick auf das schon eingetretene Gericht den über das Land Juda ausgeschütteten Gotteszorn rechtfertigt. Der Ezechieltext gehört am ehesten der Ezechiel-Schule an. Sie greift wohl noch in den ersten Jahrzehnten nach dem Untergang Jerusalems 586 v. Chr. eine erste Zusammenstellung der Worte Zefanjas auf (vgl. *W. Zimmerli*, ebd. 522.523–526). Eine knappe Zusammenstellung kann die Merkmale der Aufnahme und eigenständigen Bearbeitung des Zefanjatextes in Ez 22,23–31 veranschaulichen:

Zef 3,3–4.8 aufgenommen in Ez 22,23–31

Teil II: Zefanja 2,1–3,8:

	Zef 3,1–4.8		Ez 22,23–31
V 3a	»Oberbeamte« (שׂרים) – »brüllende Löwen«	→ V 25a	[»Fürsten«(Könige)] [נשׂיאים] – »wie ein brüllender Löwe«
V 3b	»Richter« (שׁפטים) – »[Steppen-]Wölfe …«	→ V 27a	»Oberbeamte« (שׂרים) – »wie Wölfe, die Raub reißen …«
V 4a	»Propheten« (נביאים) – »Großmäuler …«	→ V 28a	»Propheten« (נביאים) – »sie strichen Tünche als Trug Schauende …«
V 4b	»Priester« (כהנים) – »haben Heiliges entweiht, Weisung vergewaltigt«	→ V 26a	»Priester« (כהנים) – »vergewaltigten meine Weisung und entweihten meine Heiligtümer«
		V 29a	»das Volk des Landes« (עם הארץ)
V 8c	»um über sie meinen Grimm auszugießen« (שׁפך זעם על)	→ V 31a	»Da goss ich über sie meinen Grimm aus« (שׁפך זעם על)

Ez 22,23–31 ist ein treffendes Beispiel für eine freie Ausgestaltung und Neuanwendung vorgegebener prophetischer Überlieferung. Während in Zef 3,3–4 jeder Hinweis auf den König fehlt, führt Ez 22,25 (korr. nach BHS z. St.) im Rückblick vor allem auf die Endphase der Geschichte des Königshauses Juda ausdrücklich die Herrscher (vgl. Ez 17) aus dem Haus David als Hauptverantwortliche ein. Die anklagende Beschreibung aber entspricht derjenigen der hohen Beamten Jerusalems in Zef 3,3a. An zweiter Stelle folgen in dem von priesterlichen Interessen mitgeprägten Prophetenbuch Ez mit Bedacht die Priester. Im Zefanjawort hingegen stehen sie – wohl steigernd – in Endposition. Ihre Schuld wird in Ez nur noch expliziter auf Gott bezogen. Die Stelle der Richter in Zef nehmen in Ez die hohen Beamten ein, die auch mit richterlichen Aufgaben betraut sind; beide Gruppen werden als fressgierige Wölfe beschrieben. Über die Propheten hinaus folgt in Ez als fünfte, gegenüber Zef neue Gruppe »das Volk des Landes«, die freien, grundbesitzenden Bürger. Als gierige Erpresser der Armen kommen sie in der rückblickenden Anklage nicht besser davon als die Beamten. Was in Zef 3,8 über Jerusalem als Gericht angekündigt wird, ist nach Ez 22,31 schon eingetreten: JHWH hat seinen »Groll / Grimm« über die verderbten Schichten des Volkes »ausgegossen« (שׁפך זעם, so in Ez nur noch in 21,36). Nicht fremde Völker wie im überlieferten MT von Zef 3,8 sind es, die vom Gotteszorn getroffen werden, sondern das eigene Volk (Ez 22,31), wie dies auch als primärer Sinn von Zef 3,8 im Kontext von 3,6–8 anzunehmen ist (s. u. zu Zef 3,6–8).

Auslegung

a. Zef 3,1–4: Das Wehe über Jerusalem

Das Wehewort in der Funktion der Scheltrede lässt keinen Zweifel, um welche Stadt es geht: um Jerusalem. Die Redaktion, die Zef 3,1–4 bzw. 3,1–8 an die Gerichtsankündigung gegen Ninive in 2,13–14.15 (primär 2,12*.13–14*) anschloss, tat dies freilich mit Bedacht. Vor allem aus der Perspektive der Exilszeit war deutlich: Jerusalem hatte sich in seinem Verhalten dem hochmütigen Ninive angeglichen und musste dasselbe Geschick der Zerstörung erleiden. Erst in den antiken Versionen, ausdrücklich in Syr, wird Zef 3,1 im Blick auf das Jonabüchlein ausdrücklich als von Ninive handelnd gedeutet (s. o. zum Text von V 1).

V 1 Der »Wehe«-Ruf (הוי) von V 1 formt die Verse 1–4 insgesamt zum geschlossenen Wehespruch. Der Ausruf הוי mit nachfolgendem Vokativ erinnert an die Form der Totenklage (1 Kön 13,30; Jer 22,18; 34,5, vgl. Am 5,16). Der prophetische Wehe-Ruf aber (vgl. z. B. Jes 1,4; 5,8–24; 10,1–4, u. a.) beklagt mit düsterer Schärfe eine noch sehr lebendige Stadt, deren Verantwortliche Tag für Tag das Unrecht vermehren. Die vorweggenommene Klage lässt die Wucht einer tödlichen Drohung spüren (vgl. oben zu Zef 2,5!). Sie wird lautlich unterstützt durch die Assonanz der Langvokale ō – ā; sie gibt dem eröffnenden Themavers einen dunklen gewichtigen Ton: ō / ō – ā / ā / ō – ā (vgl. Zef 1,14–16, bes. 1,15!). V 2 nimmt diesen Lautgleichklang in der viermaligen Folge lō(ʾ) – ā der Verbalphrasen nachdrücklich auf.

»Wehe« als vorweggenommene Klage

Die beiden Partizipien im Vokativ, die auf den »Wehe«-Ausruf folgen, könnten ursprünglich als schockierende Kontrastbegriffe zusammengestellt worden sein: »Wehe, (du) Illustre / Glänzende / Angesehene – und Besudelte …!« (s. o. zu Text und Übersetzung V 1). In diesem Fall konkretisieren die beiden Partizipien prägnant ein typisches Klagemotiv: den Gegensatz zwischen dem herrlichen, glücklichen Einst und dem elenden, schrecklichen Jetzt (s. o. die Auslegung zu Zef 2,15, vgl. z. B. Klgl 1; Ps 22,4–6.7–9; Ijob 29.30).

Erst die wahrscheinliche redaktionelle Erweiterung Zef 3,2 fordert für מראה von V 1 sicher die Bedeutung »Trotzige / Widerspenstige«. Eine solche Haltung richtet sich direkt gegen JHWH (vgl. Hos 14,1 von Samaria; Jer 4,17 von Juda und Jerusalem; 5,23 vom JHWH-Volk, dazu Klgl 1,20; 3,42, u. a.) oder gegen JHWHs prophetisch vermitteltes Wort bzw. gegen seine Weisung (vgl. Jes 1,20; 30,9; Ez 20,8; Klgl 1,18, u. a.). Darauf legt Zef 3,2a »Sie hat auf keine Stimme gehört« den Akzent. Mindestens seit Jesaja ist die Basis מרה »widerspenstig sein« zu einer wichtigen Bezeichnung für Sünde als Widersetzlichkeit gegen JHWHs Willen geworden. Im Kontext von Zef 3,1.3–4 geht es unverkennbar vorab um Jerusalems Trotz gegen JHWHs Rechtswillen, gegen seine Rechtsordnung, die die Schwächeren im Volk schützt. Jeru-

Teil II: Zefanja 2,1–3,8:

salem ist nach V 1 »besudelt« (נגאלה), was an vergossenes Blut und Gewalttat denken lässt (Klgl 4,14; Jes 59,3!), nicht nur an kultische Verunreinigung und Untauglichkeit (Mal 1,7.12; Dan 1,8). Eben daran lässt die Apposition »(du,) die gewalttätige (יונה) Stadt« keinen Zweifel. Sie kennzeichnet Jerusalem als Stadt, in der die sozial schwächeren Schichten der Bevölkerung »unterdrückt« und »ausgenutzt« werden (ינה-H Jer 22,3; Ez 22,7.29; vgl. Ex 22,20; Lev 19,33, u.a.). Das Bild vom »gewalttätigen Schwert« in Jer 46,16; 50,16 und 25,38 (korr.) bestätigt nur die Assoziation von Gewalttat und Blut. Freilich kann sich die Gewalttätigkeit unterschiedlich konkretisieren. V 3 unterstreicht im Bild die ›Beute- und Fressgier‹ der Beamten und Richter, 4b wirft den Priestern vor, der Weisung, die sie zu erteilen haben, Gewalt anzutun (חמס). Assoziativ darf man in נגאלה »Besudelte« das Homonym »Ausgelöste« und in יונה »gewalttätige« (Stadt) das Substantiv für »Taube« mithören (s. o. zum Text, bes. LXX und Vg). Dann kann noch deutlicher werden, wie weit sich die Stadt von einem impliziten Idealbild (vgl. Jes 1,21–26!) entfernt hat. Allerdings ist etwa die in der Metapher »Taube« ausgesprochene Wertung der Stadt nicht eindeutig (vgl. nur die ›einfältige‹ Taube Hos 7,11).

Mit V 2, der den Vokativ מראה als »Widerspenstige« auslegt, verschiebt V 2 sich der Schwerpunkt der Anklage, der noch in V 1 auf der Gewalttätigkeit der Stadt liegt. Der Kern der Verderbnis, die religiöse Schuld wird freigelegt. Die vier negierten Feststellungen eines Verhaltens, das aus unbestimmter Vergangenheit bis zum Gegenwartspunkt des Sprechers reicht, beschreiben kompakt und umfassend die Verweigerung und Entfremdung der Stadt gegenüber JHWH als »ihrem Gott«. Die Sätze sprechen weniger von offener Rebellion, als vielmehr von innerer Verhärtung und Abschottung gegenüber Gott. In 2a–b wird der Gottesbezug der Objekte »Stimme« (קול) und »Zurechtweisung / Warnung« (מוסר) nicht expliziert, anders als in der engen Parallele zu den beiden Sätze in Jer 7,28, die ausdrücklich von der »Stimme JHWHs« spricht. In Zef 3,2a–b erschließt sich der Gottesbezug klar von den Folgesätzen 2c–d her. Die Formulierung lässt aber Raum, an Vermittlungsinstanzen, vorab an prophetischen Ruf und Warnung zu denken, wie dies freilich auch für den Kontext Jer 7,21–28 zutrifft.

Verweigertes »Hören«

Rückbezug auf 2,3 und Zef 1

Im Zusammenhang des Zefanjabuches greift 3,2a–b insbesondere auf die Mahnungen von 2,3(1–3) zurück, kann aber die Jerusalem betreffende Zefanja-Prophetie (1,4–16, zumal 1,7–13) insgesamt referieren: Die prophetische Unheilsankündigung von Zef 1, in Zef 3,2a–b verstanden als Drohung und Warnung, war umsonst, Jerusalem hat auf keine Stimme gehört (2a), keine Zurechtweisung angenommen (2b). Als Traditionshintergrund von Zef 3,2a lässt sich die vor allem deuteronomistisch geprägte Rede vom Gehorsam gegen Gott und seine Weisungen erkennen (vgl. z.B. 1 Sam 12,14; 15,22; Ps 95,7 und im Zusammenhang der Bundesforderungen Dtn 4,30; 8,20; 9,23; 13,19; 15,5; 26,14.17; 27,10; 28,1 f.15.45.62; 30,2.8.10.20). Jedoch

Zef 3,1–8: Jerusalem wird als gewalttätige und unbelehrbare Stadt angeprangert

ist näherhin an die für das Jeremiabuch typische prophetische Vermittlung dieser Gehorsamsforderung zu denken (Jer 3,13.25; 7,23.28; 9,12; 11,4.7 u. a.).[67] Ähnlich hat die Wendung »keine Zurechtweisung annehmen« Zef 3,2b ihre häufigsten Parallelen im Jeremiabuch (Jer 2,30; 5,3; 7,28; 17,23; 32,33; 35,13). In positiver Formulierung ist sie in Zef 3,7c belegt und lässt als Hintergrund weisheitliche Bildungstradition erkennen (Spr 1,3; 8,10; 24,32).

Zef 3,2c–d führt in das Zentrum der religiösen Verweigerung und Ent- **Verweigerte** fremdung Jerusalems gegenüber JHWH. Der Ungehorsam gegen propheti- **Gottesbeziehung** sches Wort (2a–b) hat seinen tieferen Grund in der fehlenden Gottesbeziehung. Die personifizierte Stadt hat sich innerlich gegen JHWH, »ihren Gott« abgesperrt. Die Formel »auf JHWH vertrauen« (בטח ביהוה) in Satz 2c ist über 20-mal im Psalter belegt (Ps 9,11; 21,8; 22,5.6; 26,1; 32,10, u. a., vgl. bes. auch Ps 78,7.8.32). Vertrauen auf JHWH aber ist Grundlage von Segen, Leben und Rettungserfahrung (2 Kön 18,5–7; Jer 17,7; 39,18; Ps 22,5–6; Spr 16,20; u. a.). Die Wendung ›sich Gott nahen‹ Zef 3,2d verrät kultischen Hintergrund (Ex 16,9; Lev 16,1; Ez 40,46; 44,15; 45,4; vgl. Ps 73,28 und Jes 58,2). Sie schließt in Satz 2d zumal an die Verwendungsweise in 1 Sam 14,36 an, die (priesterlich vermittelte) Einholung eines Gottesorakels. Aber auch das Hinzutreten zum Hören auf das Gotteswort durch Propheten (Jes 48,16) kann angesprochen sein. Umfassender aber betont der Zefanjatext die fundamentale Entfremdung Jerusalems von JHWH, da die Stadt nicht nach kultischer Gottesnähe, nicht nach seinem Wort und seiner Hilfe fragt.

Zef 3,2 stammt wahrscheinlich von einer deuteronomistisch beeinflussten Redaktion des Zefanjabuches, die den »deuterojeremianischen« Texten *(H.-J. Stipp)* nahe steht (s. o. Analyse!). Einer entsprechenden Bearbeitung verdankt sich auch die überlieferte Form der Buchüberschrift Zef 1,1, die die Zefanja-Prophetie ähnlich wie Zef 3,2a (»Stimme / Ruf«) theologisch noch expliziter als »das Wort JHWHs« zusammenfasst. Zef 3,2 liegt trotz der **Verhältnis zu 3,7** identischen Formel »Zurechtweisung annehmen« in 3,2b und 3,7c nicht auf derselben literarischen Ebene wie Zef 3,7 (anders z. B. *M. Striek* 1999, 185–188). Sprachlicher Kontext und Aussage der beiden Verse sind charakteristisch unterschieden. 3,2 setzt ein mit der Verweigerung der Stadt gegenüber prophetischem Gotteswort. 3,7 lässt sich nicht von seinem Zusammenhang mit 3,6 lösen: Nicht prophetisches Wort, sondern JHWHs Gerichtshandeln an Völkern ist es, das zur warnenden Lehre für die in 3,6–8 angesprochene und vorausgesetzte Stadt Jerusalem dienen sollte (s. u.).

V 3 Mit V 3 setzt die »Ständepredigt« V 3–4 ein. Sie leitet den in V 1 resü- **»Ständepredigt«** mierend gebrandmarkten Zustand der Stadt vom schändlichen Verhalten ihrer führenden Schichten her (zu Zef 3,3–4 und dessen Nach- und Neu-

---

[67] Vgl. z. B. *U. Rüterswörden*, ThWAT VIII (1995) 267 f.; *A. K. Fenz*, Auf Jahwes Stimme hören. Eine biblische Begriffsuntersuchung, Wien 1964.

Teil II: Zefanja 2,1–3,8:

gestaltung in Ez 22,23–31 s. o. in der Analyse). Als Vertreter der zivilen Ordnung der Stadt treten die Beamten und Richter auf. Ihre jeweiligen Beschreibungen – so sehr diese inhaltlich konvergieren – weisen sie klar als **Oberbeamte** verschiedene Funktionsträger in der Viererliste von V 3–4 aus. Die durch **und Richter** königliche Autorität bestallten hohen »Beamten« (שׂרים) waren schon mit den »Königssöhnen«, den Angehörigen der königlichen Familie (mit unterschiedlichen höfischen Funktionen) in Zef 1,8–9 Gegenstand des angekündigten göttlichen Eingreifens (s. o.). In Zef 3,3a sind die Beamten ebenso wie die anderen in V 3–4 genannten »Stände« ausdrücklich als der Stadt zugehörig bezeichnet. Diese שׂרים Jerusalems werden in der Hauptsache für die königliche Verwaltung der Hauptstadt zuständig sein (vgl. Jes 1,23; Klgl 1,6; Ez 17,12; 22,27; 2 Chr 29,20; die Beamten Judas und Jerusalems Jer 29,2; 34,19 bzw. Judas Jer 24,1; 26,10). Nach Jes 1,23 und Jer 26 (V 10–12.16) können sie auch richterliche Funktionen übernehmen. Jedoch kommen diese in Zef 3,3b–c den dafür bestellten »Richtern« (שׁפטים) zu. Das Nebeneinander von »Oberbeamten« und »Richtern« (im Plural!) in Zef 3,3 hat innerhalb einer ähnlichen Aufreihung von führenden Volksschichten bzw. einer weiteren Ausprägung der Redeform »Ständepredigt« nur noch in Mi 7,3 eine Parallele (vgl. noch Ex 2,14). In diesem späten, wohl schon frühnachexilischen Michatext 7,1–7 werden im kollektiven Singular als Amtsträger השׂר »der (hohe) Beamte«, der mit Verwaltungsaufgaben betraut ist, השׁפט »der Richter« und הגדול »der Große« der Bestechlichkeit und Habgier angeklagt. In der Verletzung, ja Korrumpierung ihrer Amtspflichten stehen die hohen Beamten und Richter von Zef 3,3 ihren Amtskollegen von Mi 7,3 in keiner Weise nach. Entsprechendes gilt auch im Vergleich von Zef 3,3 mit der Anklage der »Häupter« und »Anführer« in Mi 3,1(1–4) und 3,9.11(9–12), die in Juda für das Recht verantwortlich sind, aber auch für die »Oberbeamten / Regierenden« Jerusalems in Jes 1,23 in ähnlicher Funktion, für die »Ältesten« und »Oberbeamten« von Jes 3,14(13–15) und freilich auch für die »Fürsten« (Könige) und »Oberbeamten« in der Neugestaltung des Zefanjatextes in Ez 22,25.27(23–31).

Tiermetaphern Zef 3,3 beschreibt in Tiermetaphern die nimmersatte Gier der Amtsinhaber und damit ihre skrupellose Ausbeutung von Menschen, die ihrer Amtsführung ausgeliefert sind. Die »Oberbeamten« von 3a werden nicht deshalb metaphorisch »brüllende Löwen« genannt, weil sie hungrig auf Beutesuche wären, sondern weil sie sich wie Löwen verhalten, die immer wieder Beute reißen und über ihrem Raub brüllen (der brüllende Löwe verjagt mögliche Konkurrenten, die ihm die Beute streitig machen könnten, vgl. Am 3,4; Jer 2,14–15). »Der brüllende Löwe hat dabei zugleich das Kolorit des beutegierigen, furchtbaren Feindes« (G. J. *Botterweck* 1972, 125; vgl. noch Jes 5,29; Jer 12,8; 51,38, u. a.). In der Rezeption von Zef 3,3a in Ez 22,25 wird aus der Metapher ein Vergleich, hier der »Fürsten« (Könige) Judas in der Endphase des Staates vor dessen Untergang, mit dem brüllenden, Raub reißenden Löwen; der Vergleich wird unmittelbar durch eine drastische Sachaussage von der Besitzgier der Könige bis hin zur Tötung von Menschen erläutert.

Die textlich schwierigen Sätze Zef 3,3b–c von den »Richtern« (s. o. zum Text!) lassen jedenfalls noch in der MT-Fassung das Raubtierverhalten dieser Amtsträger klar genug erkennen. Auch bei den Richtern Jerusalems geht es höchst wahrscheinlich wie in 3a.4a.b-c nicht nur um mangelnde oder fehlende Ausübung ihres Auftrags, sondern um ein skrupelloses gewinnsüchtiges Gebaren in ihrer eigentlichen Amtstätigkeit. Der wahrscheinlich primäre Text von 3b–c (s.o. zum Text) nennt die Richter metaphorisch »Steppenwölfe«. Sie sind für ihre ungestüme Beutegier, ihre Schnelligkeit und ihr scharfes Zubeißen bekannt (Jer 5,6; Hab 1,8 korr.; Ez 22,27, vgl. Gen 49,27). Der vorausgesetzte sprichwörtliche Gegensatz von Wolf und Lamm (Sir 13,17 sowie Jes 11,6 und 60,25!) lässt die Art der Rollenverteilung zwischen den Richtern und den von ihnen bis aufs Äußerste Bedrängten und Ausgebeuteten klar erkennen. Satz 3c lässt keinen Zweifel an der Gier dieser Wölfe, die auch noch die Knochen ihrer Beutetiere »am Morgen« »zernagen«. Was 3c in primärer Bedeutung von den »Steppenwölfen« als Erfahrungstatsache feststellt (Suffixkonjugation wie in den konstatierenden Anklagen 4b–c sowie 2a–d), ist transparent für das Tun der Richter. Vor allem lässt der Hinweis auf den »Morgen« nicht nur das Bild von Wölfen aufscheinen, die die Beutereste der nächtlichen Jagd am Morgen zermalmen, sondern erinnert an die Zeit der richterlichen Tätigkeit. Gerichtliche Verhandlungen finden in der Regel »am Morgen« bzw. »an den Morgen« (לַבֹּקֶר 3c) statt, worauf auch der Zusatz Zef 3,5 anspielt (vgl. Ex 18,13 f.; 2 Sam 15,2; Ps 101,8; J. Ziegler 1950, 285 f.). Exemplarisch stellt die Aufforderung Jeremias an das Haus David in Jer 21,12 vor Augen, was auch von den Richtern in Zef 3,3 gefordert ist und zu erwarten wäre: »Sprecht jeden Morgen (gerechtes) Gericht und rettet den Ausgeplünderten aus der Hand des Unterdrückers …!« Die Richter von Zef 3,3 jedoch verhalten sich in ihrer richterlichen Tätigkeit viel eher wie die »Häupter« und »Anführer« (von Juda und Jerusalem), die Mi 3,2–3(1–4) in metaphorischer Rede als grausame Schlächter des Volkes vorstellt; sie zerbrechen auch noch die Knochen ihrer Opfer.

Gericht am Morgen

Möglicherweise ist Zef 3,3 der früheste sichere Beleg für beamtete »Richter« (שפטים) im Königstaat Juda. Nach H. Niehr sollen »Richter« als staatliche Beamte erst seit der Joschija-Zeit anzunehmen sein, in der vorausgehenden Königszeit sei die Verwaltungsgerichtsbarkeit von den hohen Beamten (שרים) wahrgenommen worden (z. B. ThWAT VII [1993] 772; ThWAT VIII [1995] 422). Doch ist dies eine offene Frage. Ein Text wie Jes 3,2* (vgl. 1,26), wo der am ehesten beamtete »Richter« neben dem »Sippenältesten« steht, darf wohl als Hinweis auf eine schon zur Zeit Jesajas von Jerusalem unter König Hiskija bestehende reguläre Funktion solcher »Richter« in der königlichen Verwaltungsgerichtsbarkeit verstanden werden (zur Frage vgl. noch G. Liedke, THAT II [1976] 1003 f.; U. Rütersworden 1985, 112 f.).

Teil II: Zefanja 2,1–3,8:

Als religiöse Autoritäten der Stadt werden »Propheten« (נביאים) und »Priester« (כהנים) genannt. Ihre Reihenfolge stellt allem Anschein nach die Priester steigernd ans Ende (wie in Jer 6,13; 8,10; 14,18; 23,11.34). Sonst gehen in prophetischen Unheilsorakeln gegen diese beiden Gruppen häufiger die Priester den Propheten voraus (Mi 3,11; Jer 2,8.26; 4,9; 8,1; 13,13, u. a.). Die Nähe dieser Jerusalemer Propheten zu den Priestern spricht dafür, dass wir es vorab mit ›Tempelpropheten‹ zu tun haben (vgl. z. B. Jer 23,11; 29,26; Klgl 2,20). Als Künder von JHWH-Worten (vgl. Jer 18,18!) wurden sie um Orakel angegangen wie auch um wirkmächtige Fürbitte (vgl. grundlegend J. Jeremias, Kultprophetie und Gerichtsverkündigung in der späteren Königszeit Israels: WMANT 35, Neukirchen-Vluyn 1970; H.-P. Müller, ThWAT V [1986] 158.140–163). Trotz ihres mehr oder weniger regelmäßigen Auftretens im Tempelbereich darf man sie sich nicht als ›Kultbeamte‹ vorstellen. Sie leben von der Vergütung ihrer Dienste durch die Bittsteller. Als eine Jerusalemer Prophetin, die in der »Neustadt« (Mischne Zef 1,10) lebt, wird Hulda nach 2 Kön 22,13.14–20 (// 2 Chr 34,21.22–28) sogar im Auftrag König Joschijas um ein JHWH-Wort angefragt. Von einem Wirken Huldas im Tempelbereich verlautet allerdings nichts. Zef 3,4a klagt die Propheten Jerusalems gewiss nicht wegen ihrer wahrscheinlichen Beziehung zum Tempel und wegen eines Auftretens bei kasualkultischen Gelegenheiten an, auch nicht, weil sie ihren Unterhalt von der Vergütung ihrer Dienste bestreiten, sondern weil sie ihre ureigene Aufgabe der Prophezeiung, der Ausrichtung von Gotteswort, durch Anmaßung und Treulosigkeit pervertieren. Das Partizip פחזים charakterisiert die Propheten als haltlose Aufschneider, frech und übermütig (s. o. zur Übersetzung: »anmaßende Schwätzer«, »Großmäuler«). Das hohle »Geflunker« (פחזות) der Propheten prangert Jer 23,32 als ebenso lügnerisch wie verführerisch an.

Mit der Kennzeichnung der Propheten in Zef 3,4a als »Männer der Treulosigkeit« (בְּגְדוֹת, nur hier belegt) ist eher die Innenseite ihres nach außen großsprecherischen Auftretens benannt. Die Basis בגד kann ebenso »treuloses, abtrünniges« wie »betrügerisches« und »räuberisches« Handeln bezeichnen (z. B. Gesenius[18] 123). In doppelter Hinsicht sind die Propheten als treulos vorausgesetzt: Sie handeln treulos bzw. verräterisch an dem von ihnen auszurichtenden JHWH-Wort und damit an JHWH selbst; zugleich erweisen sie sich als Betrüger an ihren Klienten, die wahrscheinlich häufiger zu den Wohlhabenderen gehören werden und ihre Dienste bezahlen können. Denn wir können zumal aus Mi 3,5 und 3,11; Jer 6,13 f.; 8,10 folgern, dass die Propheten auf Gewinn aus sind und ihre Antwort von der Höhe der erwarteten bzw. angenommenen Vergütung abhängig machen. Ihr selbstgewisses Auftreten lässt ohnehin vermuten, dass ihre prophetische Rede auf beruhigende Ankündigung von »Heil« (שלום) zielt (vgl. Mi 3,11; Jer 4,9–10; 5,12–13; 8,11; 23,17, u. a.).

Mit den Priestern in Zef 3,4b–c erreicht die Reihe der für die Stadt ver-

Zef 3,1–8: Jerusalem wird als gewalttätige und unbelehrbare Stadt angeprangert

antwortlichen Funktionsträger in religiöser Hinsicht einen gewichtigen Abschluss. Die Priester üben, anders als die Propheten, einen erblichen Beruf aus. In ihren zwei zentralen Amtspflichten wird ihnen schwerstes Versagen vorgeworfen. Zum einen bringen sie sich um ihre Existenzberechtigung, da sie »Heiliges entweiht haben«. »Entweiht« oder »profaniert« (חלל I D-Stamm) wird nicht allein und im engeren Sinn der Tempel in Jerusalem als »das Heiligtum« (vgl. Lev 21,12; Ps 74,7; Dan 11,31). Vielmehr bezeichnet artikelloses קֹדֶשׁ alles »Heilige«, das dem profanen Gebrauch entzogen, dem Dienst vor Gott zugeordnet und Gott geweiht ist (Opfergaben, rituelle Handlungen, heilige Gegenstände und Zeiten, vgl. Lev 22,15; Num 18,32; Ex 31,14; Ez 20,13, u.a.). Ez 22,26 interpretiert Zef 3,4b–c so: »Seine (d.h. des Landes) Priester vergewaltigten meine Weisung und entweihten meine heiligen Dinge / Gaben; zwischen heilig und profan unterschieden sie nicht und über den Unterschied von unrein und rein gaben sie nicht Auskunft, und vor meinen Sabbaten verschlossen sie ihre Augen. So wurde ich mitten unter ihnen entweiht«. JHWH selbst wird demnach getroffen, seine Heiligkeit und die Ehrfurcht vor ihm werden schwer verletzt, wenn die Priester Heiliges entweihen (vgl. Lev 19,8). Die Anklage des Fremdkults oder der Abgötterei sollte man allerdings in 3,4 nicht von Zef 1,4–5* her eintragen (so W. Rudolph 288).

Wie der Priester in seiner Verantwortung für kultische Heiligkeit, Opfergaben und Riten Menschen vor Gott vertritt, so vertritt er in seiner zweiten Hauptaufgabe, der Unterweisung, Gott gegenüber Menschen. Er lehrt (ירה-H, vgl. Dtn 33,10; Mi 3,11) und gibt kultische und rechtliche Lebensorientierung durch seine Gottes-»Weisung« (תורה, vgl. Jer 18,18; Mal 2,7). Häufiger *Gegenstand mündlicher priesterlicher Lehre* ist die Auskunft über Fragen nach kultischer Reinheit und Unreinheit (Lev 14,57; Ez 22,26; Hag 2,11–14!) sowie die Unterweisung über den Unterschied von heilig und profan (Lev 10,10; Ez 44,23). Wie jedoch zumal Hos 4,6(4–9) zeigt, soll priesterliche Unterweisung umfassende »Erkenntnis« bzw. »Gotteserkenntnis« (Hos 4,1; 6,6) vermitteln, den Gotteswillen mitteilen und ihn in kultischen, rechtlichen und ethischen Einzelweisungen konkretisieren. Auch die priesterliche Auskunft über die Kultfähigkeit von Heiligtumsbesuchern in der Einzugsliturgie am Tempeltor umfasst ethische Lebensweisungen für den Alltag (vgl. Ps 15; 24,3–5, auch Jes 33,14–16, dazu S. Ö. Steingrímsson, Tor der Gerechtigkeit: ATS 22, St. Ottilien 1984). So liegt es entscheidend an den Priestern, eine heilsame Gottesbeziehung des Volkes wie auch eine intakte Gemeinschaft unter Menschen herzustellen. *Maßstab der Lehre* ist das priesterliche Berufswissen und die Kenntnis von Gottesrechtsüberlieferungen. Es ist ein mündlich vermitteltes Wissen, kann aber auch schon auf die Niederschrift priesterlicher Einzelweisungen zurückgreifen (ältester Beleg dafür ist Hos 8,12).

Wenn Zef 3,4c sagt, dass die Priester »Weisung vergewaltigt haben« (תורה

חמס, so nur noch Ez 22,26), geht es nicht darum, sie als Gesetzesbrecher anzuklagen. Vielmehr wird ihr gewalttätiger, eigenmächtiger Umgang mit der ihnen aufgetragenen Lehre, ihr frivoler Amtsmissbrauch zum eigenen Vorteil bloßgestellt. Priester sollten von den Opfergaben und den sonstigen Abgaben an den Tempel leben. Die Priester von Zef 3,4 indes dürften nicht weniger käufliche Lehrer der Gottesweisung geworden sein, wie jene von Mi 3,11, die gegen Bezahlung lehren und wohl auch Art und Gründlichkeit der Unterweisung von der Vergütung abhängig machen. Im Munde solcher Priester ist keine »zuverlässige, wahre Weisung« (Mal 2,6!) mehr zu finden.

Was alle in Zef 3,3–4 vertretenen Stände vereinigt, das ist die Auswirkung von Amtsmissbrauch und Korruption auf den Charakter der ganzen Stadt: Durch das Verhalten der Verantwortlichen steht die Stadt insgesamt als von Verbrechen und Schuld »besudelte« und als »gewalttätige Stadt« da; eben darin zeigt sie sich als »widerspenstig« gegen den Gotteswillen (3,1).

b. Zef 3,5: JHWHs gerechtes Wirken inmitten der Stadt

Im Kontrast zu dem ungerechten, gewalttätigen und treulosen Verhalten der führenden Stände in ihrer jeweiligen Amtstätigkeit bzw. öffentlichen Funktion (Zef 3,3–4) steht die Gegenwart des wahren Herrschers der Stadt JHWH und die so andere Art seines Wirkens »in ihrer Mitte« (im Anschluss an 3,3a). Wie die Parallele der Sätze 5a//b zeigt, ist צדיק »gerecht« das Prädikat in 5a: Dass JHWH »gerecht« ist und wirkt inmitten der Stadt (5a), dass er »kein Unrecht tut« (5b), darauf kommt es dem Ergänzer des Verses an (s. o. zur Analyse V 5). Er akzentuiert den Gegensatz zumal zu den ungerechten Richtern von 3b–c und stellt schon in den bekenntnishaften Sätzen 5a–b heraus, dass JHWH unanfechtbar *ständig* in der Stadt präsent ist als der, der wahrhaft gerecht wirkt (die Satztypen in 5a–b wie auch in 5c–d drücken generelle Sachverhalte mit Bezug auf die Gegenwart aus). Nicht zu überhören ist der implizite Vorwurf, die Anfechtung, die motivierend hinter diesen Sätzen steht: Sind die führenden Kreise der Stadt nicht doch letztlich durch JHWH autorisiert? Fällt nicht wegen deren völlig korrupter Amtsausübung ein schwerer Schatten auf die Gerechtigkeit JHWHs selbst? Hat JHWH nicht sein Rechtswirken der Stadt versagt und ist damit an ihrem desolaten Zustand – wie letzten Endes am unausweichlichen Gericht – sogar mitverantwortlich? Solchem Vorwurf tritt V 5 mit deutlicher Theodizee-Tendenz entgegen. Gerade auf dem Hintergrund von JHWHs ständigem Wirken in der Stadt fällt das schreiende Unrecht der führenden Kreise krass ins Auge. Es ist unentschuldbar (vgl. auch *J. Vlaardingerbroek* 168).

Doch auf welche Weise wirkt JHWH inmitten der Stadt ständig gerecht? Auf diese Frage geben die Sätze 5c–d Antwort: JHWH gibt »Morgen für Morgen« seinen משפט, der hier weder den Rechtsanspruch, noch einen einzelnen Rechtssatz, auch kaum ganz allgemein die Rechtsordnung, sondern

Zef 3,1–8: Jerusalem wird als gewalttätige und unbelehrbare Stadt angeprangert

sein gerechtes Urteil bedeutet – nicht anders als in Zef 3,8, jedoch mit dem großen Unterschied, dass es sich dort um das einmalige Strafgericht über Jerusalem handelt, während hier in Zef 3,5 unzweifelhaft an einen *regelmäßigen* Vorgang gedacht ist! Das unterstreicht die Parallele 5d: »(Jeweils) mit dem Licht (der Sonne) bleibt er (JHWH oder doch eher sein משפט!) nicht aus.« Während die Stadt nach 3,2c–d die Gottesbeziehung verweigert hat, nicht auf JHWH vertraut, sich ihrem Gott nicht genaht hat, bietet JHWH allmorgendlich immer neu sein richtendes und rettendes Urteil, Ausdruck seiner heilsamen Rechtsordnung, an. JHWH verweigert sich nie. Zef 3,5 geht es daher nicht zuerst darum zu behaupten, dass es JHWHs Recht sei, Gericht zu halten »und er deshalb auch kein Unrecht tut, wenn er Jerusalem richtet« (gegen M. *Striek* 1999, 177). Zef 3,5 liegt nicht auf der Ebene von 3,8(6–8)!

An welche regelmäßigen Vorgänge aber schließt Zef 3,5 an? Man kann mit K. *Elliger* 76 an »die Gottesdienste für die Kranken, Angeklagten oder sonst in Not Befindlichen, die ein Orakel einholten« denken (vgl. Ps 5,4). Nach K. *Seybold* 111 (ders. 1985, 91) spielt Zef 3,5 auf die Institution des Gottesgerichts am Zionsheiligtum an (vgl. Dtn 17; 19 und die Gebete der Angeklagten in den Psalmen). Vor allem ist mit J. *Ziegler* (1950, 285 f.) an die Tradition der regelmäßig an den Morgen stattfindenden Gerichtsverhandlungen in Israel zu erinnern (Jer 21,12; Ps 101,8, u. a., s. o. zu Zef 3,3c). Allgemeiner ist der Vers von dem bekannten Motiv der richtenden und rettenden Hilfe Gottes »am Morgen« her motiviert (J. *Ziegler* 1950; umfassend zum altorientalischen Hintergrund des Motivs mit einem Ausblick auf dessen Ausprägung im Alten Testament B. *Janowski* 1989, vgl. Ps 5,4; 30,6; 46,6; 59,17; 90,14; 143,8; auch Ex 14,27; Jes 17,14; 33,22, u. a.). Der geläufige Zusammenhang von »Recht« und »Licht« ist in Zef 3,5c–d auch in dem oben vorgeschlagenen Textverständnis erkennbar, ohne dass ein Vergleich des Rechts mit dem Sonnenlicht (כאור »wie das Licht«) konjiziert werden müsste (s. o. zu Text und Übersetzung 5c–d), vgl. 2 Sam 23,3 f.; Hos 6,5; Mal 3,20; Ps 19,1–7.8–15; 37,6, u. a.

Motivation und Hintergrund von V 5

Hilfe Gottes »am Morgen«

Entgegen der kultisch-institutionellen Herleitung des Motivs von der Hilfe Gottes »am Morgen« sah J. *Ziegler* (ebd. 284) das Motiv in drei Momenten begründet: im »Erlebnis des täglichen Sonnenaufgangs, der Ablösung der Nacht durch das Licht«, im Brauch der Rechtsprechung am Morgen und in der Erfahrung der Hilfe Gottes am Morgen im Laufe der Geschichte. Wenn das Motiv der morgendlichen Gotteshilfe in der Jerusalemer Kulttradition seinen besonderen Ort der Überlieferung hat (vgl. z. B. Ps 46, 6 und B. *Janowski* ebd. 187), so lässt sich von diesem Hintergrund her die heilsame ›Rechtsgabe‹ JHWHs am Morgen in Jerusalem nach Zef 3,5 verstehen. Dass der Vers näherhin einen regelmäßigen institutionellen Vorgang im Blick hat, scheint mir damit nicht ausgeschlossen. Auf der Basis der neueren Diskussion um eine »Solarisierung« JHWHs stellt B. *Janowski* 1995 für Zef 3,5 heraus, dass sich die Zeitangabe »Morgen für Morgen« auf das »Sonnenlicht« bezieht, »dessen morgendliches Aufstrahlen eine Metapher für JHWHs Rechtshandeln ist« (mit Verweis

Teil II: Zefanja 2,1–3,8:

auf Ijob 38,12–15!). Im Sonnenaufgang, altorientalisch verstanden als die Epiphanie des Sonnengottes, wird »die Überwindung alles Chaotischen und damit die Festigung der Schöpfungsordnung sinnenfällig«. Sein richtendes und rettendes Eingreifen als Richtergott betrifft nicht nur den Kosmos, sondern reicht auch in »die Welt des Menschen in ihrer rechtlichen und sozialen Verfaßtheit« hinein (ebd. 229, vgl. auch *J. J. M. Roberts* 214). Allerdings lässt Zef 3,5 doch nach einer Konkretisierung von JHWHs umfassendem Rechtshandeln »am Morgen« *inmitten der Stadt* (!) fragen. Der Text scheint an regelmäßige Vorgänge göttlich autorisierter Rechtsgabe und Rechtsverkündigung in Jerusalem anzuschließen (s. o.). Möglicherweise spiegelt sich in Zef 3,5 eine Entwicklung wider, nach der Priester zumal in der exilischen und nachexilischen Zeit verstärkt in die Verantwortung für Rechtsentscheidungen einbezogen wurden (vgl. Dtn 17,9; 19,17; 33,10; bes. auch Ez 44,23–24, dazu *W. Zimmerli*, BK XIII/2 [1969], 1135 f.).

Doxologie   Als Doxologie (vgl. *B. Renaud* 240 f.) gibt der Zusatz Zef 3,5 JHWH, dem stets gerechten Richter, die Ehre. Dieses huldigende Bekenntnis, dass JHWH »gerecht« ist, verbindet Satz 5a mit ganz überwiegend exilischen und nachexilischen Texten mit ähnlicher bekenntnishafter und doxologischer Intention (vgl. den Theodizee-Text Dtn 32,4; dazu Klgl 1,18; Esra 9,15; Neh 9,8.33; Dan 9,14; bevorzugt in den Psalmen: Ps 11,7; 119,137; 129,4; 145,17). Ein ähnlicher Zeitansatz ergibt sich für die Wendung עשׂה עולה »Unrecht tun« (vgl. Ps 37,1, dazu mit פעל »tun« Ps 119,3; Ijob 36,23; ferner Ps 92,16; 2 Chr 19,7). Zef 3,13a nimmt ebenfalls in negierter Form 3,5b auf und beschreibt so den künftigen JHWH-treuen Rest Israels in Jerusalem!

Die ungebrochene Beständigkeit von JHWHs heilsamem gerechten Handeln, wie sie Zef 3,5 in generellen Aussagen proklamiert, lässt schon über das einmalige Strafgericht von Zef 3,8(6–8) über Jerusalem hinausblicken (so mit Recht *B. Renaud* 241). V 5 bereitet verhalten schon die Perspektive einer heilvollen Gerechtigkeit vor, die Möglichkeit eines neuen geläuterten Lebens nach dem Strafgericht, wie sie in Zef 3,11–13 für Jerusalem eröffnet wird. Die stetige heilvolle Rechtsgabe JHWHs wird zum Grund neuer Hoffnung (vgl. insgesamt 3,9–20).

Derartiges hat freilich der abschließende Zusatz Zef 3,5e nicht im Sinn (s. o. zum Text von Satz 5e). Er sieht in der Bosheit der in Zef 3,3–4 genannten Stände nur Beispiele für das Treiben der Frevler im Allgemeinen und stellt resigniert fest: Selbst das immer neue gerechte Wirken JHWHs kümmert diese Leute nicht und ändert nichts an ihrem Tun (vgl. Jer 6,15 und 8,12).

Zef 3,1–8: Jerusalem wird als gewalttätige und unbelehrbare Stadt angeprangert

Situation und Sinn

Zef 3,1–5 erweitert die Völkerwortreihe Zef 2,4–15, die entscheidend auf Assur und Ninive zielt (2,13–15) und fügt dieser Reihe mit dem Wehe über Jerusalem zugleich einen neuen Höhepunkt hinzu (s. o. II.B zum Kontext von 3,1–8). Jerusalem wird ganz in das Geschick der genannten Völker und zumal in jenes der Assyrermetropole Ninive einbezogen. Das literarische Nacheinander von Ninive 2,13–15 und Jerusalem 3,1–5 bzw. 3,1–8 insgesamt entspricht tatsächlich der historischen Abfolge von der Zerstörung Ninives 612 v. Chr. zur Katastrophe Jerusalems 586 (587) v. Chr. Aus der Sicht der Redaktion, die in der späten Exilszeit die primären Völker-Logien Zefanjas zu der Komposition Zef 2,4–15 ausgebaut hat[68]

und Zef 3,1–8* bereits an seinem überlieferten Ort vorliegen hatte, war demnach das prophetische Wort Zefanjas durch die geschichtlichen Ereignisse bewahrheitet und legitimiert.

Der Aufbau von Zef 3,1–5 zielt darauf ab, in gedrängter Form die Schuld der Stadt umfassend in ihrem ganzen Gewicht vor JHWH darzustellen. Dabei lässt V 1–2 die Stadt personifizierend als Frau erscheinen (s. o. zu Zef 2,4!). Die zusammenfassenden Anklagen in den Vokativen des Mottoverses V 1 werden im Folgenden erläutert und begründet. Alles, was der Text in V 1–2 von der Stadt als ganzer sagt, hat seinen Grund in der Verderbtheit, der Besitzgier, Bestechlichkeit und Treulosigkeit der Amtsvertreter in der Stadt, der zivilen und der religiösen Autoritäten in V 3–4. V 5 profiliert noch die Schuld der Stadt und ihrer Amtsinhaber durch das Bekenntnis zu dem stets gerechten Gott, der es nie an seiner richtenden und rettenden Gegenwart in der Stadt hat fehlen lassen. Das »Wehe« von V 1, das den Totenklageruf anklingen lässt, bezieht sich sinngemäß nur auf die V 1–4. Es vermittelt den Eindruck, dass die Stadt schon in der Gegenwart in der Sphäre des Todes steht. Als Form prophetisch vorwegnehmender Klage wirkt dieses Wehe als eine massive Untergangsdrohung. Da zudem der Grund der Drohung ausdrücklich festgestellt ist (anders als in Zef 2,5–6*) bedarf dieser Wehespruch nicht notwendig einer expliziten Ankündigung des Gottesgerichts (vgl. aber Zef 3,6–8!).

Schuld der Stadt

Zef 3,1–5 ist nicht aus einem Guss. Der Primärtext liegt wahrscheinlich in 3,1.3*–4 vor (s. o. die Analyse). Er führt die Verantwortung der Amtsträger für den beklagten »gewalttätigen« Charakter der ganzen Stadt vor Augen. Die Beamten, Richter, Propheten und Priester haben durch Gewalttat, Gewinnsucht, Ausbeutung Schwächerer und Treulosigkeit ihre Amtspflichten radikal pervertiert. Darin offenbart sich entscheidend die ›Widerspenstigkeit‹ der Stadt (s. o. zum Text V 1) gegen den Rechtswillen JHWHs. Deshalb steht sie als »besudelte«, unreine Stadt da. Die Verben ינה »gewalttätig sein,

Primärtext und Datierung

---

[68] Vgl. oben II.A.2 in der Einleitung zu Zef 2,4–15 sowie zu 2,15 die Analyse von Zef 2,13–15.

Teil II: Zefanja 2,1–3,8:

unterdrücken« in V 1 und חמס »Gewalt antun, gewaltsam schädigen« in 4c rahmen und prägen den ganzen Wehespruch. Das Stichwort חמס von 4c weist auf das soziale Unrecht der »Beamten« und der »Königssöhne« sowie der ganzen höfischen Gesellschaft in Jerusalem zurück: sie häufen das durch »Gewalt« (חָמָס) und »Betrug« Erworbene im Palast des Königs auf (Zef 1,8b–9). Die Nachäffung fremdländischer Moden spielt allerdings in Zef 3,1–4*, anders als in 1,8b–9, keine Rolle. Hier wie dort aber fehlt eine ausdrückliche Anklage des Königs. Ein Prophetenwort, das Jerusalems verantwortliche Amtspersonen in ihren verschiedenen Funktionen ins Visier nimmt, wird durch die in 1,8–13 genannten Gruppen (die höfische Gesellschaft sowie die wirtschaftlich Neu- und Altreichen) nicht schon vorweggenommen. So spricht, auch was die Sprachverwendung angeht, nichts zwingend gegen, sondern insgesamt mehr für eine Herleitung von Zef 3,1.3*–4 vom Urheber der primären Logien in Zef 1,4–16* (und 2,1–3*). Somit stammt wahrscheinlich auch der primäre Wehespruch vom Zefanja der Joschija-Zeit.[69] Der Spruch darf wohl noch mit den übrigen primären Logien in die Zeit vor der Kultreform von 622/21 v. Chr. datiert werden, wenngleich auch eine etwas spätere Entstehung nicht auszuschließen ist. Keinesfalls deutet artikelloses »Tora« in Zef 3,4c auf eine festumrissenes »Gesetz«, das etwas mit dem Buch Deuteronomium und seiner Entstehung zu tun hätte (s.o. zu V 4). Allerdings verrät Zef 3,1.3*–4 mit seiner resümierenden und radikalen Anklage Jerusalems gegenüber den vorausgehenden primären Logien in 1,4–16*, die (auch) von Jerusalem handeln, sicher ein späteres Stadium der Zefanjaprophetie. Wahrscheinlich haben wir es mit dem letzten plausibel nachweisbaren Wort Zefanjas zu tun! Möglicherweise hat der Primärtext des Wehe-Wortes erst im Zuge der Ergänzungen von V 2

Selbstverständnis Zefanjas und V 5 seine letzte Gestalt gefunden (vgl. MT 3c und 5c–d). Aus Zef 3,4a ergibt sich ein wichtiger Hinweis auf das Selbstverständnis des ›Autors‹ Zefanja: Keinesfalls zählt er sich zu den ›Propheten Jerusalems‹. Dass sich der Verfasser der primären Zefanja-Logien als autoritativer Künder göttlichen Wortes versteht, ist nicht zu bezweifeln. Fraglich ist jedoch, ob er sich selbst als נביא und diesem Sinne als »Prophet« bezeichnet hat. Eine Reserve gegen die Verwendung dieses Terminus als prophetische Selbstbezeichnung scheint sich in den primären Zefanja-Logien ebenso zu zeigen wie bei Amos, Jesaja und Micha, anders als im Jeremiabuch (vgl. z.B. H.-P. Müller, ThWAT V [1986] 156–158). Allerdings dürfte diese Reserve eher im korrupten Erscheinungsbild der Jerusalemer Propheten ihren Grund haben, kaum in

---

[69] Diese Position wird mehrheitlich in der Zefanjaforschung vertreten. Allerdings wird auch eine spätere Datierung vorgeschlagen, zum Teil aufgrund mangelnder textlicher Differenzierung in Zef 3,1–8, vgl. jeweils z.St. die Bearbeitungen von F. Schwally 1890, J. Wellhausen, Komm. 1898, K. Marti, Komm. 1904, B. Duhm 1916, C. L. Taylor, Komm. 1956, G. Fohrer 1974, dazu G. Langohr 1977, 53.67.

Zef 3,1–8: Jerusalem wird als gewalttätige und unbelehrbare Stadt angeprangert

einem negativen Verständnis vom Wesen eines נביא. Denn Zef 3,4a setzt keine negative Wertung des נביא-Seins als solchem voraus!

Der Wehespruch wird nach der Katastrophe Jerusalems 586 v. Chr. in der Exilszeit von einer deuteronomistisch geprägten Prophetenbuchredaktion aufgegriffen, die ihre nächste Entsprechung in sekundären Partien des Jeremiabuches hat (s. o. Analyse). Diese Bearbeitung schreibt V 2 in den Spruch ein. Sie legt den Schwerpunkt der Anklage auf den Ungehorsam gegen das prophetisch vermittelte Gotteswort (2a–b) und auf die Verweigerung einer intakten Gottesbeziehung der Stadt (2c–d). Vorab die Sätze 2c–d werden zum religiösen Kern und Angelpunkt der ganzen Anklage. Für diese Redaktion ist gemäß der Buchüberschrift Zef 1,1 jedes Wort des Propheten »Wort JHWHs«. Es dient in der Zeit nach der Katastrophe weiterhin zur Warnung und Mahnung für die späteren Generationen.

Redaktion in V 2

Der Zusatz Zef 3,5 proklamiert das stetige, verlässliche Rechtswirken JHWHs inmitten Jerusalems. Er wehrt sich gegen den impliziten Vorwurf, das schlimme Treiben der verantwortlichen Autoritäten deute auf einen mangelnden oder fehlenden Einsatz JHWHs für das Recht in der Stadt hin. JHWH trifft keine Schuld an dem desolaten Zustand Jerusalems, der aus der Sicht des Verfassers zum Gericht führen muss und geführt hat. So verstanden setzt V 5 das unausweichlich gewordene besondere Strafgericht JHWHs in Zef 3,8 sachlich voraus. Zugleich aber eröffnet der Vers eine sehr verhaltene, aber doch erschließbare Perspektive der Hoffnung für Jerusalem durch das Gericht hindurch. Sie liegt darin, dass JHWH unangefochten und ununterbrochen sein heilvolles Rechtswirken »Morgen für Morgen« in Jerusalem weiterführt. Kontextsinn und Formulierungen (s. o. zu V 5) weisen Zef 3,5 einer Theodizee-Tendenz wohl noch der Exilszeit zu. Allerdings ist auch eine frühnachexilische Datierung (etwa um 500 v. Chr.), die die Errichtung des zweiten Tempels schon voraussetzt, möglich. Dann wäre das Bekenntnis ständiger Gegenwart JHWHs inmitten der Stadt wohl noch leichter zu verstehen (vgl. die Rückkehr der »Herrlichkeit JHWHs« in den Tempel Ez 43,4–6 [1–12] gegenüber ihrem Auszug aus dem Tempel Ez 10,18–22).

Zusatz V 5

In der frühen Auslegungstradition wird Zef 3,5 in unterschiedlicher Weise auf die Zukunft bezogen. Das Targum erkennt in dem Vers ein Versprechen Gottes, seine »Schechina« als die hypostasierte göttliche Präsenz in seinem Volk wohnen zu lassen. Kirchenschriftsteller des 5. Jhs. n. Chr. wie Cyrill von Alexandrien und Theodoret von Kyros, die Jerusalem als »Taube« in Zef 3,1 angesprochen sehen, beziehen V 5 auf ein kommendes Gericht; Cyrill deutet den Vers von 2 Kor 6,14 und der Unvereinbarkeit von Unrecht und Gerechtigkeit, Licht und Finsternis her. Theodor von Mopsuestia, der den Wehespruch auf das hochmütige Ninive (2,13–15) bezieht, deutet wie auch die beiden zuvor Genannten das wiederholte »früh / am Morgen« der LXX (MT 3,5c) auf die Schnelligkeit, mit der das Gottesgericht kommen wird.

Teil II: Zefanja 2,1–3,8:

II.B.2.
Zef 3,6–8: Scheltwort über Jerusalem, das in ein ins Universale ausgeweitetes Völkergericht am Tag JHWHs mündet, hervorgegangen aus einer begründeten Ansage des Gerichts über Jerusalem durch fremde Völker

Literatur   M. *Harl*, Sophonie 3,7b–13 selon Septante et dans la tradition chrétienne ancienne 1999, 209–229. – M. *Hutter*, Art. Earth ארץ: DDD² (1999), 272–273. – H.-M. *Lutz*, Jahwe, Jerusalem und die Völker. Zur Vorgeschichte von Sach 12,1–8 und 14,1–5: WMANT 27, Neukirchen-Vluyn 1968, bes. 97–100. – P. *Mommer*, Art. קבץ qbṣ: ThWAT VI (1989) 1144–1149. – B. G. *Ockinga*, The Inviolability of Zion – A Pre-Israelite Tradition?: BN 44 (1988) 54–60. – A. *Schenker*, Zeuge, Bürge, Garant des Rechts. Die drei Funktionen des »Zeugen« im Alten Testament: BZ 34 (1990) 87–90. – K.-D. *Schunck* 1992, 174–179. – P. J. *van Zijl*, A Possible Interpretation of the Expression 'amarti ... 'ākēn in Zephaniah 3,7: OTWSA 13/14 (1970/71) [hrsg. 1975] 87–93. – Vgl. auch die in der Literaturangabe zu Zef 1,14–16 verzeichnete Literatur zum Motiv des Zornes Gottes.

Text

Übersetzung   6   a   IA   *Ich habe Völker ausgetilgt,*
              b   IB   *verödet stehen ihre Zinnenburgen.*
              c   IIA   *Verwüstet habe ich ihre Straßen,*
                  IIB   *keiner ist, der darüber geht.*
              d   IIIA   *Verheert sind ihre Städte,*
                  IIIB   *⟨ohne einen Menschen,⟩ ohne einen Bewohner.*
          7   a   IA   *Ich dachte:*
              b   *»Gewiss wirst du mich (nun) fürchten,*
              c   IB   *wirst (die) Warnung annehmen –*
              d   IIA   *so dass [ihr] nicht [aus den Augen] schwindet,*
                  IIB   *was alles ich ihr auferlegt habe.«*
              e/f IIIA   *Jedoch, eifriger noch / verdorben haben sie*
                  IIIB   *all ihre Taten.*
          8a₁/b IA   *Darum, wart[e] mir nur / – Spruch JHWHs –*
              a₂ IB   *auf den Tag, da ich als [Richter-Zeuge] aufstehe:*
          8   c   IIA   *Denn mein Rechtsurteil ist es, Völker zu versammeln,*
                  IIB   *Königreiche zusammenzuholen,*
                  IIIA   *auszugießen über sie (*die frevlerischen Stadtbewohner*) meinen Grimm,*
                  IIIB   *die ganze Glut meines Zorns.*
              d   *⟨Ja, im Feuer meines Eifers wird die ganze Erde verzehrt.⟩*

Zef 3,6–8: Scheltwort über Jerusalem

6a: LXX verknüpft Satz 6a mit dem vorausgehenden Satz Zef 3,5e (s. o. die Anm. zum Text von 5e): »In den Ruin habe ich die Hochmütigen hinabgezogen ...« aus den »Völkern« (גוים) des MT werden die »Hochmütigen« als Objekt der Vernichtung: ὑπερηφάνους, hebr. גֵּאִים. Diese moralisierende Interpretation unterstreicht den Anschluss an die korrupten führenden Stände von Zef 3,3–4 und damit an das vorausgehende erweiterte Wehe-Wort Zef 3,1–5. Sie weist zugleich auf die Absonderung der Hochmütigen vom armen und demütigen Restvolk in Jerusalem nach Zef 3,11–12 voraus.

Zu Text und Übersetzung

6d: Das Verb צדה II, im N-Stamm »verheert, verlassen sein« kommt nur hier vor und ist wahrscheinlich ein Lehnwort aus dem Aramäischen (HALAT 939). 6c »ohne einen, der darüber geht« und 6d »ohne einen Bewohner« ergänzen sich mit ihren substantivierten Partizipien (יושב – עובר) als Parallelen. »ohne einen Menschen« in Satz 6d dürfte sekundäre Variante sein (vgl. schon F. *Schwally* 1890, 200; BHS z. St.). Ohne sie ist V 6 einheitlich aus drei Doppelzweiern aufgebaut.

V 7: In dem inneren Monolog Gottes in 7b-c.d wechselt nach MT die Anrede an die 2. ps.f.sg. zur 3. ps.f.sg. In beiden Fällen ist sicher »die Stadt« von Zef 3,1(1–5) bezeichnet. Da es sich ohnehin um eine fiktive Anrede handelt, fällt der Personenwechsel nur stilistisch ins Gewicht. Eine Angleichung von 7b–c an 7d (so z. B. BHS z. St.) wäre nur eine nachträgliche Erleichterung. MT 7e–f konstatiert einheitlich in 3. ps.m.pl. das fortwährend böse Treiben der Stadtbewohner – im Rückbezug auf die Anklagen der führenden Kreise in Zef 3,3–4.

Die griechische Zwölfprophetenrolle aus der Wüste Juda 8ḤevXIIgr bestätigt den MT 7b–c: ... δέ]ξαι ... »nimm (Zucht) an!«, entsprechend der 2. ps.f.sg. von MT תקחי (»du wirst / sollst [Warnung] annehmen«) 7c, vgl. E. *Tov*, DJD VIII (1990) 64 f. 95. LXX (mit La), Syr und Tg (ausgenommen einige Mss. nach A. *Sperber* z. St.) lesen in 7b–c die 2. ps.m.pl.

7d: Der Konsekutivsatz 7d könnte nach MT etwa übersetzt werden: »so dass ihre Wohnstätte nicht zerstört würde, was auch immer ich an ihr heimgesucht hätte« (vgl. z. B. L. *Sabottka* 1972, 110.112). Doch wie verträgt sich diese Aussage, dass JHWH in Zukunft noch Sünden bestrafen werde, mit der in 7b–c ausgedrückten Erwartung, dass nun Jerusalem JHWH fürchten, ihm gehorsam sein werde? מעונה »ihre (d. h. der Stadt) Wohnstätte« ist schwerlich primär, trotz der neueren Verteidigung durch M. *Weigl* 1994, 158 und M. *Striek* 1999, 186. Vgl. dagegen mit Recht W. *Rudolph* 286 Textanm. 7d: »eine Stadt *ist* Wohnung, aber *hat* keine«. Der Tempel (vgl. Ps 26,8; 2 Chr 36,15) kann jedenfalls nicht als »ihre Wohnstätte« bezeichnet werden. Die Korrektur nach LXX und Syr מעינ(י)ה »aus ihren Augen« wird auch gestützt durch die Übersetzung in 8ḤevXIIgr (s. o.): π-]ηγη [αυ]της »ihre Quelle« (hebr. עין hier in der Bedeutung »Quelle« statt der sonstigen Bedeutung »Auge«).

Die Konstruktion von פקד על in Satz 7d weicht von der Verwendung allein mit persönlichem Präpositionalobjekt in Zef 1,8b.9a.12c (sowie mit direktem persönlichen Objekt in Zef 2,7d) ab. Dreiwertiges פקד in Zef 3,7d (mit direktem Objekt der Sache und persönlichem Präpositionalobjekt) kann schon deshalb nicht eben dieselbe Bedeutung »strafend heimsuchen, gegen jemanden einschreiten« wie in Zef 1 haben. Schon LXX und Vg versuchen allerdings die Bedeutung des Verbs in 3,7d an jene in Zef 1 anzugleichen. Der unlösliche Zusammenhang von Zef 3,7 mit 3,6 zeigt, dass vielmehr das göttliche Einschreiten (»austilgen«, »verwüsten« in 6a.c) fremde Völker traf, was für die Stadt Jerusalem (f. sg.) zur »Warnung / Zurechtweisung« (7c, vgl. Ez 5,15; Spr 1,8; 4,1, u. a.) dienen sollte. Zu dreiwertigem פקד im Sinne von »jemandem etwas anvertrauen / auftragen / auferlegen« (wie Syr Zef 3,7d) vgl.

Teil II: Zefanja 2,1–3,8:

Num 4,27b; Ijob 34,13; 36,23; dazu mit präpositionalem statt direktem Objekt Esra 1,2 // 2 Chr 36,23; vgl. ferner *J. Scharbert* 1960, 216.224. Nicht ausgeschlossen scheint mir allerdings, dass *situativ* nicht nur das positiv »Anvertraute« oder »Anbefohlene«, sondern auch warnende negative Erfahrungen Jerusalems in der Geschichte, noch über die warnende Völkervernichtung von V 6 hinaus, als das, was JHWH der Stadt »auferlegt« hat, miteinbezogen sind.

7e–f: שכם-H 7e ist hier Modifikatorverb »früh« d. h. »eifrig, immer wieder etwas tun« vor semantischem Hauptverb שחת-H »verderben, verderblich handeln« 7 f. Vgl. Jer 7,13; 11,7; 25,3, u. a. Das einleitende Modalwort אָכֵן 7e geben LXX und Syr fälschlich als Imperativ (»bereite dich« bzw. »bereite euch«) von כון-N »sich bereit halten« wieder. Syr deutet 3,7e–f zu einer Gerichtsaufforderung an die Feinde (Völker) gegen Jerusalem um.

V 8: Zur Frage des Zusammenhangs von V 8 mit V 6–7 vgl. die Analyse. Als kleine Kuriosität sei bemerkt, dass Zef 3,8 nicht nur zu jenen 26 Versen der Bibel gehört, in denen die Masoreten alle Buchstaben des hebräischen Alphabets aufgespürt haben, sondern der einzige Vers in der Bibel ist, der auch die vier Finalbuchstaben vollständig enthält.

8a: Das Verb חכה-D »warten« ist hier wie in Jes 8,17; 64,3; Ps 33,20 mit der Präposition לְ konstruiert, die JHWH als Adressaten des Wartens einführt. So kann der Eindruck entstehen, dass in Zef 3,8a von einem positiven ›Harren auf JHWH‹ die Rede ist. Im Unterschied zu den genannten Texten folgt an der Zefanjastelle jedoch eine weitere Präpositionalverbindung לְ »auf den Tag, da ich als [Richter-Zeuge] aufstehe«. Dann fungiert לִי (»wartet«) »auf mich« als freies Satzglied, das das Interesse des Sprechers angibt (»wartet mir …«, ein freier sog. dativus commodi, vgl. Joüon / Muraoka II 488, § 133d; Waltke / O'Connor 206–209). In Zef 3,8a erhält die Aufforderung »wartet auf mich …« (MT) vom einleitenden לכן »darum«, das nach den Versen 6–7 nur die Strafansage für das uneinsichtige böse Verhalten der Jerusalemer (V 7) einleiten kann, sowie im Hinblick auf den angekündigten Gerichtstag JHWHs, da er als »Richter-Zeuge« (korr., s. u.) aufsteht, einen sarkastischen Unterton: »Wartet mir nur …!« Im Übrigen ist חכה-D (mit לְ noch Jes 30,18; Hab 2,3; Ps 106,13) keineswegs auf ein positives »hoffen, harren« festgelegt (vgl. »warten, zögern« 2 Kön 7,9; 9,3; Dan 12,12; »auflauern« Hos 6,9).

LXX und Vg lesen den Imperativ von Satz 8a als Singular; sie setzen חַכִּי »warte!« (2. ps.f.sg.) als Anrede an die nicht namentlich genannte Stadt voraus, entsprechend dem Ausdruck von 2. bzw. 3. ps.f.sg. in 3,7b–c.d. Obwohl der Plural-Imperativ des MT von 8a (»Wartet mir [nur] / auf mich!«), der die Rede von den uneinsichtigen Stadtbewohnern in 3. ps.m.pl. von V 7e–f aufnimmt, keinen Anstoß bietet, könnte die Lesart von LXX und Vg den Vorzug verdienen: Zef 3,6–8 führt gemäß V 7 klar die Unterscheidung von Stadt, ausgedrückt als f. sg., und Oberschichtskreisen, ausgedrückt in 3. ps.m.pl., von Zef 3,1–4.5 (primär 3,1.3–4) her fort. Direkt angeredet wird nur die Stadt in den Vokativen von 3,1 sowie in den Morphemen der 2. ps.f.sg. in 3,7b–c. Eben diese direkte Anrede an die Stadt in 2. ps.f.sg. wird in 3,11–12a konsequent weitergeführt, während »deine stolzen Prahler« in 3,11b nicht direkt angesprochen, sondern nur als Objekt genannt werden.

MT לְעַד am Ende von Satz 8a deutet den Zweck von JHWHs Aufstehen auf den Erwerb von »Beute« (vgl. Gen 49,27 und wahrscheinlich Jes 33,23). Vg setzt עד in der Bedeutung »(dauernde) Zukunft« voraus: »in die resurrectionis meae in futurum«; entsprechend Symmachus: … ἐγέρσεώς μου αἰωνίας. Die Punktation von MT will jedoch לְעַד »für immer« vermeiden. Zu dem sehr fraglichen Bedeutungsansatz von עֵד als »Thronsitz« vgl. HALAT 744. Die von LXX (εἰς μαρτύριον) und Syr *(l-sāhdūṯā)* vertretene Lesung לְעֵד »als Zeuge« wird auch vom Tg bestätigt *(limdān* »um zu richten«). Sie wird mit Recht weithin akzeptiert, vgl. BHK / BHS z. St.; *D. Barthélemy* 1992, 906–910. JHWH als »Zeuge« ist zugleich Ankläger und zumal auch Richter, vgl. Mal 3,5 und Mi 1,2; dazu Jes 3,13–15.

8b: Die Gottesspruchformel »Spruch JHWHs« wird zuweilen als sekundär betrachtet. *K.-D. Schunck* 1992, 177, will statt ihrer יהודה »Juda« eintragen. Der Rückbezug der Personmorpheme in Zef 3,7 (2. / 3. ps.f.sg. und 3. m.pl.) auf Zef 3,1–5 wird dabei nicht beachtet (s. o.). Außerdem wäre eine namentliche Nennung Judas erst in der Aufforderung von 8a, nachdem in der Texteinheit 3,6–8 schon in V 7 von ihm die Rede ist, unwahrscheinlich.

8c: Auslaut –ī in der Infinitivform לקבצי ist eher enklitisches Personalpronomen der 1. ps.sg., die das Subjekt der Handlung angibt (»dass ich ... zusammenhole«) als sog. י-compaginis, entsprechend dem Infinitiv קומי («... da ich ... aufstehe«) in Satz 8a. *L. Sabottka* 1972, 114 mit Anm. 47, vermutet die Funktion eines Dativsuffixes: »mir zusammenzuholen«. In jedem Fall hebt das Personalpronomen JHWH als den Vollzieher von Gericht und Strafe hervor. Syntaktisch wird in allen drei Infinitiven von Satz 8c JHWH als Subjekt der Handlung vorausgesetzt sein; allerdings akzentuiert das Personalpronomen am Infinitiv JHWH in erster Linie als den, der zum Gericht »zusammenholt«.

Das exegetisch besonders schwerwiegende Problem, über wen in Satz 8c JHWH seinen Zorn ausgießen will und wie V 8 mit V 6–7 zusammenhängt, wird in der Analyse erörtert. In *H. Irsigler* 1977, 142 f., entschied ich mich mit anderen für eine redaktionelle Änderung eines ursprünglichen עליכם »über euch«, d. h. die Jerusalemer von V 7 (entsprechend dem Plural-Imperativ des MT »wartet nur ...« 8a) in das überlieferte עליהם »über sie«, d. h. über die Völker und Königreiche. So ergibt sich ein klarer Zusammenhang von V 8 mit V 6–7: das begründete Gerichtswort gegen Jerusalem V 6–8. Allerdings scheint mir nun die Textänderung in 8c doch vermeidbar, ohne dass sich das *primäre* Ziel des Gotteszorns, die unverbesserlichen Jerusalemer von V 7 ändern müsste, siehe dazu im Folgenden.

Analyse

Zef 3,6–8 ist konsequent in der 1. Person der Gottesrede formuliert. Die Gottesspruchformel ist nur in der Gerichtsankündigung in Satz 8a steigernd eingesetzt. Somit grenzt sich das Stück klar von Zef 3,1–5 als einer Prophetenrede ab. Die personale Größe, auf die die Gottesrede zielt, wird nicht namentlich genannt. Der Anschluss von 3,6–8 an 3,1–5 (bzw. 3,1.3–4) lässt jedoch keinen Zweifel daran, dass wir es mit der personifizierten Stadt einerseits (feminin Singular 7b–c.d wie 3,1–5) und mit ihren Bewohnern andererseits (maskulin Plural 7e–f und MT 8a, anknüpfend an die Oberschichtsgruppen von 3,3–4) zu tun haben. Vom Schlusssatz 3,8d her kann V 8 kaum anders denn als Ankündigung eines Gerichts über Völker und Reiche verstanden werden. Nachdem letztere in 8c genannt sind, bedeutet ארץ in 8d »Erde«, schwerlich »Land«. Umso überraschender kündigt die Gottesrede in Zef 3,9–10 »Völkern / Nationen« (nun עמים 9a statt גוים 6a und 8c!) eine ›umstürzende‹ Läuterung an. Aber auch wenn man V 8 auf ein Gericht über die Jerusalemer bezieht, setzt

V 6–8: ein einheitlicher Text?

Teil II: Zefanja 2,1–3,8:

V 9–10 sachlich völlig neu ein. Darüber kann die Einleitung mit כי־אז »ja, dann ...«, die freilich auf ein Völkergericht in V 8 zurückblickt, nicht hinwegtäuschen; sie erhält vielmehr den adversativen Sinn »jedoch, dann ...«

Damit ist jedoch dieser in den Personmorphemen von V 7 und 8 jedenfalls von 3,1–5 (bzw. 3,1.3–4) abhängige Abschnitt 3,6–8 noch nicht als kohärente Texteinheit erwiesen. So gut wie sicher können wir Satz 8d als universale Ausweitung des Zornesfeuers JHWHs auf »die ganze Erde« und d. h. als redaktionellen Zusatz betrachten, entsprechend dem Zusatz Zef 1,18b–c (s. o. zu Zef 1,17–18). Dass die Verse 6–7 eine unlösliche Einheit bilden, ist weitestgehend anerkannt: JHWHs Einschreiten gegen Völker dient zur Warnung an Jerusalem.[70]

Wie aber verhält sich V 8 zu V 6–7? Mehrere Interpretationen des textlichen Zusammenhangs wurden und werden vorgeschlagen:

(1.) Versteht man den Imperativ m. pl. von MT 8a im positiven Sinn als Aufruf zum Hoffen auf JHWH und sieht darüber hinaus in 8c den angekündigten Zorn Gottes über Völker und Reiche ausgegossen, so kann V 8 nicht direkte Fortsetzung der Scheltrede V 6–7 sein. Dann beginnt mit Zef 3,8 ein neuer Abschnitt (so z. B. wieder *M. H. Floyd* 2000, 233–236: Zef 3,8–13; ähnlich schon der Codex Babylonicus Petropolitanus von 916 n. Chr.: Zef 3,8–15). Ein solches Verständnis scheint schon in der LXX angelegt, da hier der Zorn (8c) nicht auf die Völker, sondern allein auf die Könige bezogen sein dürfte. Es wird bei Kirchenschriftstellern der Spätantike (Eusebius von Caesarea u. a.), welche die Versammlung der Völker von Zef 3,8 auf deren Berufung zur Kirche deuten, weitergeführt (vgl. dazu eingehend *M. Harl* 1999, 209–229, bes. 214–216.219ff.; dies., LXX Sophonie 1999, 362.363–365). Die im Imperativ von 8a mahnend zum Warten auf JHWH Aufgerufenen, sollten dann dieselben sein, deren fortgesetzt verderbtes Treiben nach 7e–f JHWH enttäuscht feststellt (*M. H. Floyd* ebd. 234), was wenig für sich hat. Eher spricht 8a dann trostvoll die Gemeinde der Getreuen in Jerusalem / Juda an, wie häufig angenommen (*J. Wellhausen* 157 f., u. a.). Trennt man allerdings V 8 von V 6–7 ab, so erscheinen diese Verse als Torso. Die Spannung, die das Stück V 6–7 mit dem eindringlichen Nachweis, dass das göttliche Bemühen ergebnislos blieb, setzt, findet keine Lösung (vgl. *H. Irsigler* 1977, 137).

(2.) Nach der Schuldfeststellung V 6–7 legt sich die Erwartung, dass V 8 die Gerichtsansage bringt, zwingend nahe. Dann könnte im ›Völkergericht‹ von 8c auch der Zorn über Jerusalem eingeschlossen sein (z. B. *A. Edens* 1954, 129 f.165 f.; *D. H. Ryou* 1995, 278–281.306 f.). Ein derart nur implizites Jerusalem-Gericht liegt allerdings schwerlich in der Konsequenz von V 6–7 und wäre eher einem Bearbeiter zuzuschreiben.

(3.) Das erwartete Strafgericht über Jerusalem könnte in 3,8c mit der Feststellung begründet sein, dass JHWH das Recht zukomme, Völker und Reiche zum Gericht zusammenzubringen. משפט in 8c wäre dann als »mein Rechtsanspruch«, nicht als »mein Gericht / Rechtsurteil« zu deuten (so neuerdings wieder *M. Weigl* 1994, bes. 160 f.173–178, mit der unwahrscheinlichen Annahme, die korrupte Oberschicht Jerusalems von Zef 3,3–4 sei hier nochmals in einem letzten Appell zum Vertrauen auf JHWH aufgerufen, ebd. 163 f.173 f.). Unerfindlich bleibt in dieser Deutung, weshalb JHWH einen solchen Rechtsanspruch noch eigens betonen muss, wenn dieser schon in 3,6 ganz selbstverständlich vorausgesetzt ist. Außerdem, wieso sollte sich JHWH nach dem massiven Schuldaufweis von 3,6–7 mit einer derartigen Mahnung, einer

---

[70] *M. Striek* 1999, 185–187, verkennt diesen Zusammenhang, wenn er V 6 und V 7 verschiedenen Bearbeitungen zuweist.

»allgemeinen Erwägung« (*E. Sellin* 438) über sein Recht als Richter der Völker, begnügen?

(4.) Ein klarer Zusammenhang von V 8 mit V 6–7 ist dann gewonnen, wenn man das Ausgießen des göttlichen Zorns in 8c eindeutig auf die in 7e–f angeklagten Jerusalemer bezieht und dann auch noch statt MT עליהם »über sie« ein primäres עליכם »über euch« (übereinstimmend mit dem Imperativ Plural MT 3,8a) voraussetzt (vgl. z. B. BHS z.St). Die Änderung verdankt sich in diesem Fall einer Redaktion, die wohl nicht nur den Gotteszorn von Jerusalem auf die Heidenvölker ableiten wollte (so *K. Elliger* 78; *W. Rudolph* 285.290; *H.-D. Neef* 1999, 537 Anm. 70), sondern das Gericht über Jerusalem mit jenem über die Völker verknüpfen wollte (*B. Renaud* 243 f.). Dafür spricht, dass das in 3,9–13 vorgestellte Läuterungsgericht im Rückbezug auf Zef 3,8 nicht nur den Völkern in 3,9–10, sondern auch Jerusalem in 3,11–13 gilt. Außerdem weitet der späte eschatologische Zusatz 3,8d den Gotteszorn auf die ganze Erde aus.

(5.) V 8 kann primär nur Gericht über jene ansagen, deren verderbtes Tun die Gottesrede in 3,7e–f in kaum überbietbarer Schärfe anklagt. Darin ist zumal der zuletzt genannten Position unbedingt Recht zu geben. Funktionswörter unterstreichen den konsequenten Textprozess von der Schuldfeststellung zur Strafansage: אַךְ »gewiss, doch!« 7b hebt die göttliche Erwartung hervor, אָכֵן 7e betont als adversatives »jedoch« die tiefe Enttäuschung. לָכֵן »darum« führt wie in Zef 2,9a die unausweichliche Folge ein, die nach V 7 nur als Strafgericht erscheinen kann (vgl. HALAT 504). Wenn der Gegenstand des Gotteszorns *auf Textebene* im Zusammenhang von V 6–8 niemand anders sein kann als jene, von denen 7e–f in der 3. ps.m.pl. redet, so wird das עליהם »über sie« des MT in 8c doch nicht als Ersatz für ein »über euch« zu werten sein. Sprachlich kann »über sie« – muss aber nicht – auf die Völker und Königreiche bezogen werden. Der Textverlauf erzwingt vielmehr die Anknüpfung an 7e–f und damit an die frevlerischen Jerusalemer (so mit Nachdruck *J. J. M. Roberts*, 210.215 f.).[71] Dann können aber auch die nach MT 8a im Imperativ Plural Aufgerufenen nicht eine neue, in 3,1–8 insgesamt sonst nicht erwähnte Gruppe sein (etwa die unterdrückten JHWH-Treuen von 2,3 nach *J. J. M. Roberts* ebd. 215 bzw. die Adressaten des Mahnrufs 2,1–2*.3b–d nach *M. Striek* 1999, 189). Es kann sich nur um die Stadt und ihre frevlerischen Bewohner handeln. Der Wechsel von der Anrede an die 2. ps. in 8a zur Rede in 3. ps. in der Präpositionalangabe »über sie« in 8c erklärt sich leichter, wenn wir mit LXX und Vg in Satz 8a die Stadt Jerusalem im Imperativ f. sg. angesprochen sehen, in 8c dagegen ihre unverbesserlichen Bewohner, und zwar im Anschluss an die verderbte Oberschicht von Zef 3,3–4. Ein solcher Redewechsel ist umso eher möglich, als wir es ja in 8a nicht weniger als in 7b–c mit fiktiver Anrede zu tun haben. Dann liegt in der Strafankündigung V 8 derselbe Redewechsel von der 2. ps.f.sg. zur 3. ps.m.pl. vor (8a / c) wie in der Schuldfeststellung von V 7 (7b–c / 7e–f). Vgl. oben zum Text V 7 und 8a!

Der »Richter-Zeuge« JHWH holt sich »Völker« und »Königreiche« als gewaltiges Gerichtsforum zusammen. Zugleich sind diese die Strafwerkzeuge des Richters (Weiteres in der Auslegung!). Dass sich das Gericht von V 8 auf Jerusalem bezieht, setzen jedenfalls auch Zef 3,11–13(11b–12a) und auch noch 3,14–15(15a–b) jeweils

---

[71] Im gleichen Sinn interpretieren bereits die jüdischen Exegeten des Mittelalters *Raschi* und *Radak / David Kimhi*; letzterer spricht von einer Versammlung der Völker »gegen Jerusalem«. Vgl. auch schon *C. T. Anton*, Capitis III Zephaniae versio 1811, 6; *J. G. Eichhorn*, Die hebräischen Propheten 1819, 353 [vgl. Allgemeines Literaturverzeichnis Nr. 4].

Teil II: Zefanja 2,1–3,8:

mit Rückbezug auf 3,8 voraus! Erst der universalisierende Zusatz 3,8d macht es notwendig, den Gotteszorn auf die Völker und Reiche ausgegossen zu sehen.

Bezüge von 3,6–8 zum Vortext

Zef 3,6–8 zeigt sich in mehrfacher Hinsicht auf vorausgehende Texteinheiten bezogen. Das Stück entpuppt sich als ein Schlüsseltext für den Abschluss der ersten Gesamtredaktion der überlieferten Zefanja-Logien.

(1.) Auf die Anknüpfung an »die Stadt« von 3,1–5 in der feminin Singular-Form und an die Oberschichtgruppen von 3,3–4 in maskulin Plural-Morphemen in den Versen 3,7 und 8 wurde schon hingewiesen. Nicht zu übersehen ist aber, dass die 3. ps.m.pl. von 3,7e–f und in 3,8c (»über sie«) verallgemeinernd beschrieben wird, so sehr diese Rede von 3,3–4 her bestimmt ist. Das Objekt »alle ihre Untaten« lässt nicht mehr an die Einzelverfehlungen der genannten Stände denken, sondern an die Freveltaten der Bewohner der Stadt insgesamt.

(2.) 3,6 blickt auf die Vernichtung von »Völkern« durch JHWH zurück. Der Vers erscheint als Replik auf das Eintreffen der Unheilsankündigungen in der Fremdvölkerwortsammlung Zef 2,4–15 (bemerkenswert, wenn auch nicht signifikant ist der Wortgleichklang von הכרתי גוים »ich habe Völker ausgetilgt« 3,6a und גוי כרתים »Volk der Kereter« 2,5a).

(3.) פנות »(Zinnen-)Burgen« von Völkern in 3,6b weist auf die »hochragenden Zinnen« von 1,16 (IB) zurück; entsprechend auch »ihre Städte« in 3,6d auf »die ummauerten Städte« von 1,16 (IA). Nur hat Zef 1,16 kontextuell zunächst die Städte Judas, nicht der Völker im Blick.

(4.) Die im inneren Monolog von 3,7a–d von JHWH gehegte Erwartung, die Stadt fände durch seine Warnung zum Gehorsam gegen den Gotteswillen, impliziert notwendig eine Rettungsmöglichkeit für die Stadt (der MT 3,7d formuliert sie ausdrücklich: »dann würde ihre Wohnstätte nicht zerstört werden …«). Dies erinnert an die prophetische Erwartung, dass sich das (einfache) Volk von Juda um Gerechtigkeit und Demut mühen sollte, um vielleicht im Zorngericht geborgen zu bleiben, so nach Zef 2,1–3* (3b–d, erweitert durch 3a). Freilich kann JHWH in 3,7 seine Erwartung nur noch im Rückblick erwähnen und muss tief enttäuscht das fortgesetzt böse Treiben feststellen.

(5.) Die in 3,7b–c ausgedrückten Erwartungen, dass die Stadt ›JHWH fürchte‹ (d. h. ihm gehorsam sei) und ›Zucht‹ bzw. kontextuell eher ›Lehre und Warnung annehme‹, lenken den Blick auf die Anklagen von Zef 3,2a–b zurück: ›auf keine Stimme hören, keine Zurechtweisung annehmen‹. Trotz der direkten Entsprechung von מוסר לקח »Zurechtweisung« bzw. »Warnung annehmen« in 3,2b (negativ) und 3,7c (positiv) setzt 3,7 nicht notwendig 3,2 voraus. 3,6–7 spricht von einer Lehre aus der Völkergeschichte, in 3,2 ist unmittelbar an den Gehorsam gegen prophetisches Wort gedacht. Nach der umfassenden und definitiven Anklage von 3,2 liegt eine Erwartung, wie sie JHWH in 3,6–7 äußert, schwerlich nahe. Der prophetische Mahnruf von 3,2 und die Vernichtung von Völkern durch JHWH als Warnung für die Stadt in 3,6–7 können ja nicht in ein einfaches Nacheinander gebracht werden. 3,2 dürfte gegenüber 3,6–7 sekundär sein (s. o. zur Analyse und Auslegung von 3,2).

(6.) 3,7d dürfte zwar das Verb פקד von Zef 1,8b.9a.12c her aufgreifen, allerdings mit einer nuancierten Bedeutung. Es geht nicht mehr darum, dass JHWH führende Leute in Jerusalem ›strafend heimsuchen‹ will. Vielmehr steht der ›anbefohlene / angewiesene‹ Gotteswille im Blick, hintergründig wohl aber auch warnende negative Erfahrungen, die JHWH der Stadt ›auferlegt‹ hatte, noch vor der massiven Warnung durch die Völkervernichtung von V 6. So verstanden, verrät auch die Verwendung von פקד in 3,7d Anschluss auf Voraufgehendes und Neuakzentuierung zugleich.

(7.) Ähnliches gilt für »den Tag, da ich als [Richter-Zeuge] aufstehe« von 3,8a! Er schließt gewiss sachlich an die Ankündigung des »Tages JHWHs« in Zef 1,7 und 1,14–16 (sowie sekundär in 1,18) und 2,1–3 (3d) an. Während jedoch der »Tag JHWHs« in Prophetenrede gehört, ist es in 3,8 Gottesrede, die den Gerichtstag ankündigt. In diesem Zusammenhang ist auch auf das Zornmotiv hinzuweisen: »meine Zornglut« in 3,8c schließt an »die Glut des JHWH-Zorns« in 2,2b an (vgl. 2,2c. 3d und 1,15a sowie 1,18a). Neu eingeführt wird in 3,8c das Substantiv זעם »Grimm / Groll«. – In 3,8d meldet sich dieselbe universalisierende Redaktion wie in 1,18b–c zu Wort.

Die Folgerung liegt auf der Hand: Zef 3,6–8c ist von vorausgehenden Texten der Zefanjaschrift abhängig und formuliert zugleich eigenständig eine letztgültige begründete Gerichtsansage (ursprünglich) gegen Jerusalem. Der Abschnitt setzt sicher 3,5 (noch) nicht voraus: Die zeitlich uneingeschränkte allmorgendliche heilvolle Rechtsgabe JHWHs verträgt sich nicht mit der Ankündigung eines geschichtlich einmaligen Strafgerichts in 3,8. Wahrscheinlich setzt die Textbildung von 3,6–8 auch Zef 3,2 (noch) nicht voraus (s. o.!). V 6–7 bilden eine sachlich und literarisch unlösliche Einheit. V 7 unterscheidet sich von V 2 trotz der gemeinsamen Formel »Zurechtweisung annehmen« in Sprache, Intention und Sachbezug (gegen M. Striek 1999, 187 f. 179 f., der 3,7 mit beibehaltenem MT 3,7d zusammen mit 3,2 der deuteronomistisch geprägten Redaktion der Exilszeit zuschreibt). Dann können wir 3,6–8* als nachgetragene Erweiterung zum primären Wehe-Spruch 3,1.3*–4 verstehen. Diese ›Fortschreibung‹ expliziert das Unheilspotenzial, das im »Wehe« von 3,1 (motiviert in ausdrücklichen Anklagen 3,1–4) enthalten ist. Sie macht daraus eine klare begründete Unheilsankündigung in der 1. Person der Gottesrede. So ergibt sich auch eine Strukturparallele zum Wehe-Ruf mit nachfolgender Unheilsankündigung in Gottesrede in Zef 2,5–6* (hier ohne explizite Begründungselemente). Zef 3,6–8* kann ohne formale Spannung zu 3,1.3*–4 als Gottesrede eine erwartete eindeutige Gerichtsansage nachtragen, da der primäre Wehe-Ruf auch als Gottesrede aufgefasst werden kann (anders als 3,2 und 3,5).

3,6–8* als Fortschreibung von 3,1–5*

Zef 3,6–8* als resümierende Fortschreibung dient zugleich als bündiger Abschluss und Zuspitzung eines Textprozesses in der voraufgehenden Zefanjaschrift. Die Texteinheit weist nach, wie unausweichlich das über Jerusalem angekündigte Gericht geworden ist. 3,6–8* stammt so aller Wahrscheinlichkeit nach von einer Redaktion, die noch vor der Katastrophe Jerusalems von 586 v. Chr. anzusetzen ist. Sie schließt wohl an eine erste Sammlung und Formation von Zefanja-Logien an. Diese fügt sie zu einer Großkomposition Zef 1,4* bis 3,4* zusammen und gestaltet den Abschluss redaktionell durch 3,6–8* aus. Wahrscheinlich verdankt sich die abschließende Stellung des primären Wehe-Worts 3,1.3*–4 eben dieser Redaktion (Weiteres in der Auslegung und zur Situation des Textes).

Zef 3,6–8 folgt dem ›klassischen‹ Aufbau einer begründeten Unheilsansage in der Prophetie Israels: motivierender Lagehinweis als Anklage (V 6–7) und Ankündigung der Straffolge durch göttliches Eingreifen (V 8). Derselbe zweiteilige Aufbau ist innerhalb des Zefanjabuches präzise so nur noch in dem literarisch sekundären Gerichtswort Zef 2,8–9 ausgeprägt. Auch hier ist die Einführung der Unheilsansage durch die Gottesspruchformel (יהוה נאם) markiert wie in 3,8b, obwohl die Texteinheit insgesamt als Gottesrede gestaltet ist.

Struktur

Teil II: Zefanja 2,1–3,8:

Doch der Anklageteil 3,6–7 zeigt ein besonderes Profil. Er stellt nicht einfach strafwürdiges Verhalten anklagend fest. Er argumentiert vielmehr im geschichtlichen Rückblick auf JHWHs Handeln an Völkern mit dem erzieherischen Bemühen JHWHs, die Stadt zur Gottesfurcht, zum Gehorsam, zu bewegen. Doch JHWHs Bemühen, seine Warnung, schlug fehl. Auf die beiden Aktionen JHWHs an Völkern 6a.c antworten die beiden Verben 7e–f (funktional ein erweiterter Satz) prägnant mit der Feststellung des unverbesserlichen, gründlich verderbten Treibens von Stadtbewohnern. Der Zusammenhang V 6–7 lässt keinen Zweifel daran, dass die Taten der Bewohner schon als bekannt vorausgesetzt sind: das Stück schließt notwendig an das korrupte Handeln der Stände in 3,3–4 an.

Die Umkehrung der Verhältnisse bringt V 8. Aus JHWH, dem Erzieher und Warner, wird JHWH, der »Zeuge« als (Ankläger und) Richter. Wie die vernichtenden Schläge gegen Völker die Stadt warnen und erziehen sollten, so wird JHWH Völker und Reiche sammeln als sein Gerichtsforum und als Vollstrecker seines Zorns an den frevlerischen Stadtbewohnern. Der Vergleich der beiden ersten und letzten Verszeilen der Texteinheit (6 I und II sowie 8 II und III) stellt den Wandel der Situation deutlich vor Augen.

Die wechselnden Rollen JHWHs, der Stadt und Völker soll eine Übersicht zusammenfassen:

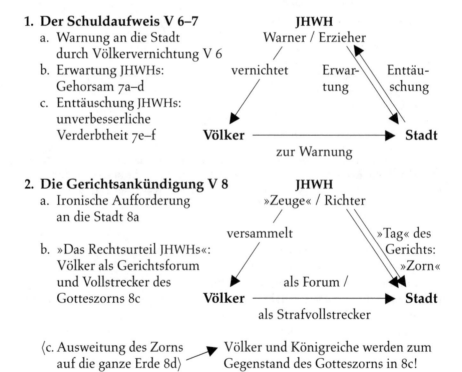

Auslegung

V 6 Der Schuldaufweis V 6–7 setzt mit einem geschichtlichen Rückblick ein. JHWH erinnert in der 1. Person der Gottesrede (vgl. ähnlich 2,8–9) an geschichtliche Ereignisse, die nur kriegerischer Natur sein können. Sie werden als göttliches Handeln gedeutet. Die Verbalsätze bezeichnen zweifellos ein vernichtendes Eingreifen (כרת-H »austilgen« 6a, חרב-H »verwüsten« 6c). Dies erstaunt umso mehr, als eine Begründung für den Untergang von Völkern in keiner Weise angedeutet wird. Entsprechend verhält es sich in den primären Völkerworten Zef 2,4; 2,5–6*; 2,12*–14* (nicht aber in den sekundären Stücken 2,8–9.10 und 2,15). Dass das göttliche Einschreiten gegen Völker nicht in deren Sein und Verhalten motiviert ist, also keine »Strafe« bedeutet, sondern allein auf die warnende Lehre für Jerusalem zielt, enthüllt erst die »Reflexion« JHWHs in V 7.

Wie gründlich die Vernichtung ist, unterstreichen die jeweils auf das göttliche Eingreifen folgenden Zustandsbeschreibungen 6b und 6d. Das Thema »ich habe Völker ausgetilgt« 6a (כרת-H, vgl. Zef 1,4b und 1,3c) wird in 6b.c.d veranschaulicht: Der Blick geht mit einem vorgestellten Feindeinfall zunächst auf die Wehranlagen, die »Zinnen« (פנות), die hier pars pro toto für die militärische Befestigung, die wehrhaften Stadtburgen mit Ecktürmen und Mauerzinnen (vgl. Zef 1,16) stehen. Von den verwüsteten »Straßen« (חוצות) der Städte (wie etwa den »Straßen Aschkelons« 2 Sam 1,20) ist jedes öffentliche Leben und alles geschäftige Treiben der Händler (vgl. auch 1 Kön 20,34; Jer 5,1) gewichen: »keiner ist, der darüber geht« 6c. Das zivile Leben ist ganz erstorben, wenn »Städte« verwüstet und verlassen daliegen (נצדו, nur hier, vgl. oben zur Übersetzung): »ohne einen Bewohner« 6d. Die Ankündigung gegen die Philisterstädte in Zef 2,4 und wohl auch jene gegen das Philisterland in 2,5–6* sieht die Verlassenheit von Stadt und Land in erster Linie in der Wegführung, Deportation und Vertreibung der Bevölkerung begründet. Zef 3,6 nimmt dieses Motiv in der Wendung מאין יושב »ohne einen Bewohner« von 2,5c her in 3,6d auf (vgl. Jes 5,9; 6,11; Jer 2,15; 4,7; 26,9). Jedoch legt 3,6 den Akzent deutlicher auf die Zerstörung und Verwüstung, die jeden Gedanken an bleibendes Wohnen ausschließen.

Die Parallele von »Straßen« und »Städten« (6c // 6d) ist häufig in (sekundären) Jeremia-Texten vertreten, dort indes in der geprägten Wendung von den »Straßen Jerusalems« und den »Städten Judas« (Jer 7,17.34; 11,6.13; 33,10; 44,6.17.21). Davon zeigt sich Zef 3,6 (noch) nicht beeinflusst. Liest man freilich den Vers in dieser Fortschreibungseinheit 3,6–8 (s. Analyse!) als Fortsetzung von 3,1–5 und beachtet, wie sehr Jerusalem in das Geschick der Völker Zef 2,4–15 einbezogen und näherhin an Ninive 2,13–14.15 angeglichen wird, so entschlüsselt sich, was V 6 impliziert bzw. voraussetzt: Jerusalem darf sich nicht erhaben wissen über die Völker und ihr Geschick,

Teil II: Zefanja 2,1–3,8:

es hat keinen Freibrief! Was den Völkern geschehen ist, kann auch Jerusalem treffen. Eben dies wird Zef 3,8 unverhüllt ankündigen!

Identität der »Völker« Doch auf welche »Völker« mit ihren »Zinnenburgen«, »Straßen« und »Städten« wird im geschichtlichen Rückblick von Zef 3,6 angespielt? Die Identität dieser Völker in zeitgeschichtlicher Sicht hängt freilich von der Datierung des Textes 3,6–8 ab (s. o. Analyse und unten zur Situation). Wenn wir 3,6–8 als redaktionellen Text, und zwar als Fortschreibung zu 3,1–4* und indirekt damit auch zu Zef 2,4–15 verstehen dürfen, dann ist damit der entscheidende Hinweis auf die Identität der Völker von 3,6 gewonnen. In V 6 ist JHWH handelndes Subjekt, er hat Völker vernichtet. Innerhalb von Zef 2,4–15 ist von einem vernichtenden Einschreiten JHWHs gegen Völker und Städte präzise in 2,5c und 2,13 sowie im primär darstellenden Nominalsatz 2,12 die Rede. Als Synonym zu כרת-H »austilgen« 3,6a gebraucht 2,5c אבד-H und 2,13b אבד-D in der Bedeutung »zugrunde richten, vernichten«. Die Ankündigung trifft zum einen das Philisterland und damit »das Volk der Kereter« 2,5–6 und die stolzen Städte der Philister in 2,4. Zum anderen aber tritt (das Land) Assur und die Metropole Ninive als Gerichtsobjekt in 2,13–14.15 hervor. Als von JHWHs Schwert Getroffene erscheinen aber auch die Kuschiter in 2,12. Nun wird auch im Gotteswort gegen Moab und die Ammoniter Zef 2,8–9 vernichtendes Unheil angekündigt, allerdings ist von einer Vernichtungsaktivität JHWHs anders als in den zuvor genannten Texten nicht die Rede. Lassen wir uns also vom Handeln JHWHs in 3,6 leiten, so können wir darin einen Rückblick auf folgende für die Betroffenen katastrophale Ereignisse erkennen (vgl. oben die Kommentierungen zu Zef 2,12, zu 2,13–15 sowie zu 2,4 und 2,5–6!): 664/663 v. Chr. erobert Assurbanipal das berühmte Theben und setzt damit der Kuschiter-Herrschaft in Ägypten ein Ende. Die Neubabylonier (zusammen mit den Medern) bereiten dem assyrischen Weltreich das Ende; 614 fällt die Stadt Assur, 612 wird Ninive vernichtet. Nebukadnezzar erobert 604 v. Chr. die Philisterstadt Aschkelon, gleichzeitig bzw. in den Folgejahren trifft dasselbe Schicksal auch Gaza, Aschdod und Ekron. Möglicherweise darf man auch an die schwere Niederlage der Ägypter durch die Babylonier im Jahre 605 v. Chr. bei Karkemisch am Eufrat erinnern (vgl. Jer 46,2–12), mit der die letzte Hilfe für den Rest der Assyrermacht zu Ende ging.

Erwartung und Enttäuschung JHWHs
Der Eingriff JHWHs gegen Völker nach V 6 war kein Willkürakt. Welches V 7 Ziel er verfolgte, geht aus V 7 hervor. Die anthropomorphe Rede von der Erwartung und (implizit) der Enttäuschung JHWHs will das äußerste Bemühen JHWHs um die Stadt nachhaltig vor Augen führen und Verständnis dafür wecken.

אמרתי »ich dachte« 7a leitet die rückblickende Reflexion JHWHs ein. Das 7a Verb אמר bezeichnet hier die fiktive Redesituation; es führt gedanklichen Redeinhalt ein, nicht etwa ein prophetisch vermitteltes direktes »sagen« und »anreden«, trotz der darauffolgenden 2. ps.f.sg. in 7b–c. Im selben Sinn steht für den inneren Monolog der Ausdruck »im Herzen sagen / bei sich denken« Zef 1,12c; 2,15a, auch von Gott verwendet (Gen 8,21). Doch bezeichnet auch absolutes אמר häufig den Denkvorgang als ›innere‹ Äußerung (אמרתי »ich dachte« Gen 20,11b; 26,9g; 31,31d, u.a.). Die Folge אמרתי »ich sagte / ich dachte« (7a) – אַךְ »jedoch« (7e) wird charakteristisch dann verwendet, wenn der Sprecher eine irrtümliche oder falsche Aussage bzw. einen entsprechenden Gedankeninhalt mit dem wirklichen Sachverhalt bzw. der Aufdeckung der Wahrheit konfrontieren will (*P. J. van Zijl* 1970/71, 88f., nennt neben Zef 3,7 noch Jes 49,4; Jer 3,19–20; Ps 31,23; 82,6–7; Ijob 32,7–8). Der Intention von Zef 3,7 kommt Jer 3,19–20 am nächsten: Die Gottesrede spricht zunächst von dem, was JHWH in bester Absicht Israel zugedacht hatte, von seinen Wohltaten am Volk wie auch von seiner Erwartung an Israel, muss dann aber feststellen, dass Israel in Wirklichkeit an seinem Gott wie eine treulose Frau gehandelt hat.

7b–c.d   Was JHWH sicher und gegen den wahrgenommenen Augenschein von der Stadt erwartete, stellen die Sätze 7b–c vor, eingeleitet mit Modalwort אַךְ »gewiss, doch!« (hier affirmativ wie in Zef 1,18c; die einschränkende Nuance »nur / allein [im Gegenteil]« legt sich nach V 6 nicht nahe, anders z.B. *N. H. Snaith*, VT 14 [1964] 224.221–225). Die Stadt sollte JHWH fürchten (7b), was sogleich asyndetisch erläutert wird als die »warnende Lehre« aus dem Völkergeschick und grundsätzlicher noch »Zurechtweisung / Zucht annehmen« (7c). Die erwartete ›Gottesfurcht‹ ist durchaus wörtlich zu neh- ›Gottesfurcht‹
men. Aber das Moment des tremendum, der Furcht vor dem göttlichen Zorn, der auch die Stadt treffen könnte (V 8!), nicht nur Völker, zielt ganz entscheidend auf den Gehorsam gegen den Gotteswillen. Genauer geht es um die Erfüllung des Rechtswillens JHWHs und die Abwendung von den korrupten Taten, an denen die Stadtbewohner nach 3,7e–f (im Rückgriff auf 3,3–4) festhalten. Die Erfüllung des göttlichen Rechtswillens wäre das genaue Gegenteil zu der ›widerspenstigen‹ Haltung der Stadt, die nach 3,1 den Todesweheruf motiviert.

Dieser ethisch akzentuierte Sinn der Gottesfurcht in Zef 3,7b ist – trotz sachlicher Nähe – nicht ohne weiteres als »deuteronomistisch« zu bezeichnen. Er unterscheidet sich von dem in der deuteronomisch-deuteronomistischen Literatur vorrangig ausgeprägten kultischen Sinn der Gottesfurcht als Verehrung JHWHs, des einzigen Gottes Israels, die gewiss auch Bundestreue und Gebotsbeachtung impliziert (vgl. *H. F. Fuhs*, ThWAT III [1982] 885–887). Die sittlich geprägte JHWH-Furcht von Zef 3,7b steht im Horizont der Weisheitstradition Israels (Spr 10,27; 14,26.27; 15,16.33; 16,6, u.a.; Ijob 1,1.8; 2,3; Ps 25,14; 34,8.10; vgl. auch *J. Becker*, Gottesfurcht im Alten Testament: AnBib 25, Rom 1965, 82f.192f.203–205.210ff.). Auf weisheitlichen Hintergrund führt ebenso die Wendung »Zucht / Lehre annehmen«, geäußert als Erwartung, in Ermahnung und Belehrung (Spr 1,3; 8,10; 24,32). Der Unterschied zu der verneinten Feststellung von Zef 3,2b (›keine Zurechtweisung annehmen‹), die ihre häufigsten Parallelen im Jeremiabuch hat, will beachtet sein (s.o. zu Zef 3,2).

Die Anredesätze 7b–c legen den Akzent auf den Eintritt der neuen Haltung der Stadt gegenüber JHWH; Satz 7d, der von der Stadt in der 3. ps.f.sg.

spricht, betont eher die erwartete Fortdauer des Gehorsams: »Dann wird ihr niemals mehr aus den Augen schwinden, was alles ich ihr auferlegt habe«. Metaphorisches כרת-N »getilgt werden, entschwinden« ist ähnlich in der enttäuschten Feststellung von Jer 7,28 bezeugt: »... die Treue ist verloren, aus ihrem [Israels] Mund verschwunden (כרת-N)«. 7d nimmt somit metaphorisch die in 6a im primären Sinn gebrauchte Basis כרת nicht ohne Hintersinn auf: Das ›Austilgen‹ von Völkern sollte dazu dienen, dass der Stadt das von JHWH Aufgetragene und Auferlegte nicht aus den Augen, aus Wahrnehmung und Beachtung, »getilgt« würde.

Gehorsamsforderung oder Warnung פקד על in 3,7d ist nicht unmittelbar im selben Sinn eines definitiven richterlichen Überprüfens und Strafens wie in Zef 1,8b.9a.12c zu verstehen (s. o. zu Text und Übersetzung V 7!). Im Zusammenhang mit JHWHs Erwartung in den Sätzen 7b–c legt es sich nahe, an den Gotteswillen zu denken, der der Stadt ›angewiesen‹ und ›auferlegt‹ worden ist (vgl. bes. Num 4,27; Ijob 34,13; 36,23; Esra 1,2 // 2 Chr 36,23; vgl. A. Spreafico 167). Jedoch scheint das verallgemeinernde Satzsubjekt in 7d (»alles, was ich ihr auferlegt habe«) in diesem Fortschreibungstext Zef 3,6–8 die Bezüge bewusst offen zu lassen. Wenn die Völkervernichtung von V 6 eine äußerste Warnung an Jerusalem war, dann könnten im Satzsubjekt von 7d auch andere geschichtliche ›Erziehungsmaßnahmen‹ JHWHs an der Stadt mitgemeint sein: nicht allein der Inhalt des Gotteswillens, sondern auch alles, was zum Gehorsam ihm gegenüber führen sollte. Man könnte etwa an Erfahrungen wie die schwere Not Jerusalems zur Zeit der Belagerung durch den Assyrer Sanherib im Jahre 701 v. Chr. denken (vgl. Jes 22,1–14). Jedoch ist dann auch ein engerer Bezug zu den Gerichtsankündigungen von Zef 1,8b.9a.12c in dem Sinne möglich, dass diese nun als warnende Ankündigungen, nicht als definitive Strafansagen JHWHs verstanden werden: »Nichts von dem, was ich ihr (Jerusalem) angesagt habe ..., wird aus ihren Augen ... schwinden« (so G. André, ThWAT VI [1989] 717).

Vergebliche Mühe Das Ende aller erzieherischen Maßnahmen JHWHs gegenüber Jerusalem 7e–f ist mit der Feststellung 7e–f erreicht: »Jedoch, (früh, d. h.) eifrig verdarben sie (השחיתו) (immer wieder) all ihre Taten!« (zu שכם-H »etwas früh tun« als modifizierendes Verb vgl. HALAT 1383 f.). Die personifizierende Rede von der Stadt in der feminin-Singular-Form ist verlassen. Die Stadtbewohner – ohne nähere Differenzierung, wohl aber mit Aufnahme von 3,3–4 – sind jetzt das frevlerisch handelnde Subjekt. In personifizierender Rede von der Stadt wird allerdings עלילות »Handlungen, Taten« in Zef 3,11a als Stichwort vom Satz 3,7f her aufgenommen: in der Läuterung Jerusalems werden die bösen Taten ihr Ende finden. Eine ähnlich potenzierte Feststellung schlimmsten korrupten Handelns wie Zef 3,7 trifft Ps 14,1 (Ps 53,2 korr.) vom gottlosen Narren (נבל): »Sie haben (noch immer) (ihr) Tun (עלילה) verdorben (השחיתו), abscheulich gemacht«. עלילות »Taten«, ein Wort, das seinen positiven oder negativen Sinn allein vom jeweiligen Kontext her erhält, begegnet in der Bedeutung »böse Taten« (von Menschen) neben Zef 3,7 und 11 innerhalb der Prophetenbücher nur noch im Ezechielbuch (Ez 20,43.44; 21,29; 24,14; 36,17.19, vgl. *E. Ben Zvi* 1991, 219); situativer Kontext ist jeweils das Gericht über ›Israel‹ bzw. Juda und Jerusalem wie in Zef 3,1–8.

Nach den Bemühungen JHWHs um die Stadt kann die Anklage in 3,7e–f nur noch das vernichtende Resümee ziehen. Es impliziert tiefste Enttäuschung. Der Wendepunkt ist erreicht. V 8 lässt nur noch Strafe erwarten.

Eine frappierende Parallele zum inneren Zusammenhang von Zef 3,6–7 (Warnung durch ein geschichtliches Ereignis – Erwartung – Enttäuschung Gottes) bietet Jer 3,6–8 in der deuteronomistisch gestalteten Geschichtsbetrachtung Jer 3,6–11 (und 12–13). Das schlimme geschichtliche Ende des Brudervolks Israel, das sich in den Jahren von 732 bis 722 v. Chr., bis zur Zerstörung der Hauptstadt Samaria vollzog, sollte für Juda eine erschreckende Warnung sein. JHWH hatte Israel, bildlich gesprochen, die »Scheidungsurkunde« wegen Ehebruchs gegeben. Aber Juda nahm die Warnung nicht an und kehrte nicht »mit ganzem Herzen« zu JHWH zurück (der Erfolg der Kultreform Joschijas war nicht durchschlagend).

| | Analoge Folge zu 3,6–7 in Jer 3,6–8 |

Von ähnlichen – vergeblichen – erzieherischen Gerichtsschlägen JHWHs mit entsprechender Umkehrerwartung an Israel reden in der Form einer Geschichtsparänese Jes 9,7–20 (mit 5,25–30) und Am 4,6–12. Unabhängig von der Frage der Datierung dieser Texte zeigt sich, dass Zef 3,6–7 schon an das Motiv von JHWH, dem Erzieher Israels durch geschichtliche Ereignisse hindurch, anknüpfen kann. Weit ausgreifend, vom Gründungsgeschehen des JHWH-Volks in Ägypten her, stellt Dtn 11,1–5 die heilvolle »Erziehung« (מוסר Dtn 11,2, vgl. Zef 3,7c!) JHWHs durch seine großen Geschichtstaten dem Volk eindringlich vor Augen.

V 8a–c Nach dem Schuldaufweis V 6–7 führt לכן »darum« das unausweichlich gewordene Gericht ein. Darüber kann auch der zunächst als Ermutigung deutbare Imperativ an die Stadt »warte auf mich« (korr. nach LXX, Vg) bzw. an die Stadtbewohner »wartet auf mich« (nach MT) nicht hinwegtäuschen (s. o. zu Text und Übersetzung!). Denn sogleich wird das eigentliche Ziel des Erwartens genannt, das die Adressatenangabe »auf mich« nur noch als Bezeichnung von JHWHs Interesse erscheinen lässt: »Darum, warte mir nur – Spruch JHWHs – auf den Tag, da ich [als Zeuge] aufstehe!« (s. o. zum Text). Die Aufforderung, den Tag zu erwarten, da JHWH als »Zeuge« auftritt, schließt kontextuell gewiss an die Ankündigung des Tages JHWHs in Zef 1,7ff. an. Sie zeigt ihre ironisch-sarkastische Schärfe zumal dann, wenn wir eine positive Erwartung eines solchen »Tages« zugunsten Jerusalems voraussetzen dürfen. Von einer solchen Hoffnung auf JHWHs Einschreiten gegen den Babylonierkönig Nebukadnezzar zur Zeit Zidkijas, des letzten Königs von Juda (597–586 v. Chr.), sprechen in der Tat einige Texte im Jeremiabuch (Jer 21,2; 28*–29*; 37,9). Zef 3,8a lässt sich von dieser Textvoraussetzung her gut verstehen (s. u. zur Situation des Textes): Eine Erwartung der Jerusalemer wird in ihr Gegenteil verkehrt, ironisiert und gründlich enttäuscht (vgl. schon zu Zef 1,7 und bes. Am 5,18–20!).

»Tag« des Gerichts

Teil II: Zefanja 2,1–3,8:

JHWH als »Richter-Zeuge«

עֵד »Zeuge« ist zum einen der ›Augenzeuge‹ (Lev 5,1, u. a.), zum anderen der ›Bürge‹, der persönlich haftet (Jos 24,22), vor allem aber auch eine für das Recht verantwortliche Person, ein Garant und Hüter des Rechts wie ein Richter, der König und JHWH selbst (z. B. 1 Sam 12,5, vgl. *A. Schenker* 1990, 87–90). JHWH tritt in Zef 3,8a wie in einem Rechtsstreit als Zeuge vor einem Gerichtsforum auf. Nach V 7 kann dies nur ein Zeuge der Anklage bzw. der Ankläger sein (wie קוּם »auftreten, sich erheben« in Verbindung mit עֵד »Zeuge« in Dtn 19,15.16; vgl. Ps 27,12; 35,11), kein Entlastungszeuge (Ps 94,16; Ijob 19,25).

Das Gerichtsforum bilden die in 3,8c genannten »Völker« und »Königreiche«! Wenn aber JHWH als »Zeuge« sein ihm zustehendes »Recht« (מִשְׁפָּט) nach Satz 8c behauptet, strafend einzuschreiten, seinen Zorn auszugießen, so ist aus dem »Ankläger« schon der »Richter« geworden. Der »Zeuge« fungiert als Richter (Gen 31,50; 1 Sam 12,5; Jer 29,13; 42,5; bes. Mi 1,2 und Mal 3,5; vgl. Ijob 16,19); beiden ist ja der Schutz des Rechts anvertraut (*A. Schenker* 1990, 88). קוּם »sich erheben« gehört zur Prozessterminologie. Das Verb bezeichnet das Auftreten Gottes als Richter (Ps 82,8; gegen Israel Am 7,9; Jes 28,21; gegen Feinde Ps 3,8; 44,27; 74,22; 94,16 f.[vgl. 94,2]; vgl. Jes 2,19.21; für sein Volk bzw. Zion Jer 2,27; Ps 102,14; für die Bedrängten Ps 12,6; 76,10).

Völker als Gerichtsforum

Erst recht haben wir dann aber den מִשְׁפָּט JHWHs von 3,8c im Anschluss an die massive Anklage von V 6–7 nicht nur als allgemeinen »Rechtsanspruch« auf ein strafendes Einschreiten zu deuten (s. o. in der Analyse in diesem Sinn z. B. *M. Weigl* 1994, 177), so sehr dieses Moment in 8c impliziert ist. Vielmehr proklamiert JHWH selbst sein »Rechtsurteil« vor den Völkern als seinem Gerichtsforum (zu מִשְׁפָּט als »Richterspruch, Urteil« vgl. 1 Kön 3,28; 20,40; 2 Kön 25,6, u. a.; von Gottes Urteil Ps 17,2; 36,7; Jer 1,16, u. a.). Zef 3,15a greift mit der Rede von den »Strafurteilen gegen dich«, d. h. gegen »die Tochter Zion« (3,14–15) eben diesen Sinn von מִשְׁפָּטַי »mein Rechtsurteil« in Zef 3,8c auf. Aber auch in Zef 3,5c ist es JHWHs gerechter Entscheid (מִשְׁפָּט), der regelmäßig jeden Morgen ergeht (s. o. zu 3,5, einem wahrscheinlich gegenüber 3,6–8* späteren Text!).

Völker als Strafwerkzeuge

Die »Völker« und »Königreiche« aber von Zef 3,8c bleiben nicht nur inaktives Forum des Gerichts. Der richtende Gott bezieht sie darüber hinaus als Ausführungsorgane, als Strafwerkzeuge in sein »Rechtsurteil« ein, das die Gottesspruchformel in 8b bekräftigt. JHWH »versammelt« (אסף-G) und »holt sie zusammen« (קבץ-G). Diese Wortparallele in 8c (vgl. z. B. Jes 43,9; Joel 2,16; Mi 2,12; Hab 2,5) und die Gerichtsszenerie von 8a sichern für אסף-G in 8c die Bedeutung »versammeln«, anders als »einsammeln« und »dahinraffen« der Lebewesen in Zef 1,2.3 oder auch (das Unglück) »wegnehmen, fortschaffen« in 3,18a; ebenso ist Zef 3,8c von dem »an sich raffen« und »sich einverleiben«, wie es die enge Formulierungsparallele in Hab 5,5 von der chaldäischen Weltmacht sagt, zu unterscheiden. Auch wenn nach

Zef 3,8 JHWH seine Gerichtshelfer zusammenholt, ist es doch JHWH selbst, der richtend einschreitet (JHWH ist logisches Subjekt in den drei Infinitiven von Zef 3,8c, das Pronomen am zweiten Infinitiv hebt allerdings JHWHs Sammeln zum Gericht besonders hervor).

Ganz ähnlich wie in Zef 3,8 bietet JHWH nach Jer 1,15–16 »alle … Königreiche (ממלכות) des Nordens« gegen Jerusalem und die Städte Judas auf – als Gerichtsforum und als Ausführer »meiner Rechtsurteile« (משפטי V 16)! Dass JHWH seine Helfer beim Gericht »sammelt«, ist in Zef 3,8 kein neues Motiv. Völker als Strafwerkzeuge JHWHs stellt bereits Hos 10,10 vor: Weil JHWH fest vorhat, Israel zu züchtigen, ›werden Völker (עמים) gegen sie (עליהם, m. pl.) versammelt‹ (אסף-D passiv). Zef 3,8 schließt in seinem primären Sinn, d. h. als Gerichtsankündigung gegen Jerusalem sachlich und zum Teil auch wörtlich an einen Text wie Hos 10,10 an. Vgl. noch Jes 13,4; Jer 49,14; Ez 39,17; Sach 14,2! Die Logik des Zusammenhangs von Schuldaufweis und Gerichtsankündigung in Zef 3,6–8 teilt den Völkern, die nach V 6–7 ›nur‹ warnende Beispiele für JHWHs vernichtendes Eingreifen sind, in V 8 die Rolle des von JHWH versammelten Gerichtsforums und (implizit) seiner Strafwerkzeuge zu.

Schon Zef 1,4ff. setzt sicher voraus, dass JHWH ein Fremdvolk als Werkzeug seines göttlichen Zorns gegen sein Volk bzw. Jerusalem einsetzen wird (vgl. bes. 1,7.10–11.14–16). JHWH kann als der Herr der Völker auch fremde Völker in seinen Dienst nehmen gegen sein eigenes Volk (vgl. z. B. Jes 5,26–29; 7,18–20; 10,5–15*; Jer 6,22f.; 27,12f.; Ez 19,4.8; vgl. Hab 1,5–11!). Die Entfaltung des Motivs vom ›Völkerkampf‹, die ausführlichere Schilderung dieses Kampfes gegen die Gottesstadt, ist jedoch kaum vor der Exilsepoche zu belegen. Zef 3,8a–c in seiner primären Stoßrichtung gegen Jerusalem scheint eher noch am Anfang dieses Prozesses der Entfaltung des Motivs vom Völkerkampf bzw. -sturm gegen die Gottesstadt zu stehen (vgl. aus exilischer und nachexilischer Zeit Jes 29,1–8; Ez 38–39, bes. 38,10–13.14–16; Sach 12,2–6.9; 14,2f.[1–19]; auch Jes 8,9–10; 17,12–14; kaum jedoch Mi 4,11–13, vgl. R. Kessler, Micha: HThKAT (2000), 210f.). Vgl. zur Diskussion des Alters des Völkerkampfmotivs in Auseinandersetzung mit der Spätdatierung durch G. Wanke, BZAW 97 (1966), bes. H.-M. Lutz 1968, 195–204.205–212 und bes. 213–216; H. Wildberger, Jesaja: BK X/2 (1978), 668; BK X/3 (1982), 1102 f.; J. Werlitz, Studien zur literarkritischen Methode: BZAW 204 (1992), 304–306.

›Völkerkampf‹ gegen Jerusalem

Dem Motiv vom Völkerkampf gegen die Gottesstadt korrespondiert die Vorstellung von der Unverletzlichkeit Zions (zur Diskussion ihres Alters vgl. B. G. Ockinga 1988, 54–60). Exemplarisch ist sie in 2 Kön 19,20–34.35–37 // Jes 37,21–35.36–38 aus der Zeit der Bedrohung Jerusalems durch die Babylonier belegt, einem Text, der auf die überraschende Verschonung Jerusalems in dem verheerenden Feldzug Sanheribs gegen Juda von 701 v. Chr. zurückblickt (z. B. H. Wildberger, Jesaja: BK X/3 [1982] 1414–1438). Zef 3,8, insbesondere die in Satz 8a mit gutem Grund vorauszusetzende positive Erwartung einer Hilfe JHWHs für Jerusalem (s. o.!), dürfte an einen solchen Glauben an die Unverletzlichkeit Jerusalems anschließen. Wie illusionär die von solchem Glauben genährte Erwartung tatsächlich ist, stellt die Gerichtsankündigung von Zef 3,8 gegen Jerusalem eindringlich klar.

›Unverletzlichkeit Zions‹

Teil II: Zefanja 2,1–3,8:

Gotteszorn »Völker« und »Königreiche« (metonymisch für Könige und ihre Streitmacht) als Gerichtsforum und Strafwerkzeuge JHWHs verwirklichen in den äußeren geschichtlichen Abläufen das Gottesgericht. Dass JHWH *durch sie* seinen Zorn ausgießen will, legt der Zusammenhang nahe. Es muss nicht ausdrücklich gesagt werden, zumal JHWH als der eigentlich Handelnde erscheinen soll; allem Anschein nach wird daher am zweiten Infinitiv von 8c (vielleicht textlich sekundär) ein Subjektspronomen angefügt («... dass *ich* Königreiche zusammenhole ...«). Der Zorn ergießt sich »über sie«, d. h. zuerst und allein die Jerusalemer! Die Rede vom Zorn weist auf die ›Innenseite‹ des göttlichen Gerichts. Zorn ist nicht blinde Wut, sondern Reaktion auf schwerste Rechtsverletzung, Deutung der notwendigen Rechtsfolge, anthropomorpher Ausdruck für die Durchsetzung des göttlichen Rechtswillens, wenn alle Mittel der ›Erziehung‹ (3,6–7!) versagt haben. Die Wendung שפך זעם »Grimm / Groll ausgießen« verbindet Zef 3,8 vorab mit Ps 69,25 sowie Ez 21,36 und 22,31; letzterer Beleg dürfte allerdings von Zef 3,8 abhängig sein (Ez 22,23–31 nimmt Zef 3,3–4.8 auf, s. o. zur Analyse von Zef 3,1–5!). Für das Ezechielbuch ist die geprägte Wendung vom Ausgießen des Zorns charakteristisch; allerdings sonst mit חמה »Zorn« formuliert, gegen Jerusalem bzw. das JHWH-Volk gerichtet (Ez 7,8; 9,8; 14,19; 20,8.13.21. 33.34; 22,22; 36,18; vgl. 30,15; Jes 42,25; Jer 6,11; ferner Hos 5,10). Klgl 4,11 deutet die Not und Zerstörung Jerusalems als JHWHs ausgegossene »Zornglut« (חרון אף wie Zef 3,8c). Die Texte im engeren literarischen Horizont von Zef 3,8 bezeugen, wie sehr die angekündigte und erfahrene Katastrophe Jerusalems und Judas in der exilischen Epoche durchwegs als Erfahrung des göttlichen Zorns begriffen wurde, Ausdruck des Rechtswillens und Gerichtes JHWHs (משפט Zef 3,8c!, vgl. Ez 7,8, u. a.), ohne das Moment des unbegreiflichen tremendum zu verlieren.

Nachinterpretation von V 8 als ›Völkergericht‹ Spätestens durch den Zusatz 3,8d (siehe im Folgenden!), wahrscheinlich aber schon vor dessen Eintrag, wurde Zef 3,8 als Zorngericht JHWHs über »Völker« und »Königreiche« gedeutet. Die Läuterung von »Nationen« und ihre einmütige Verehrung JHWHs in Zef 3,9–10 setzt ein Völkergericht in 3,8 notwendig voraus. עליהם »über sie« in 8c musste diesen Rückbezug nahelegen, zumal ja auch die Aufforderung in 3,8a, auf den Tag, da JHWH als »Zeuge« auftritt, zu warten, eine solche Hoffnung auf ein Gericht über Völker zuzulassen schien. Aus den Völkern, die JHWH nach dem älteren Textverständnis als Gerichtsforum und als seine Strafwerkzeuge gegen Jerusalem sammelt, wurden nun die Objekte des Gerichts, über die sich sein Zorn ergießen sollte (zum Motiv ›JHWH sammelt zum Gericht‹ vgl. Hos 8,10; Ez 20,34 f.; 22,19 f.; zur Sammlung von Völkern, um sie zu richten vgl. Mi 4,12; Joel 4,2.11). Entsprechend bittet Ps 79,6 wohl in frühnachexilischer Zeit (vgl. z. B. *E. Zenger*, Psalmen 51–100: HThKAT [2000], 447) im Rückblick auf das grausame Wüten von »Völkern« bei der Zerstörung Jerusalems und des Tempels 586 v. Chr., JHWH möge seinen Zorn (חמה) über »Völker«

und »Königreiche« ausgießen (שפך); Jer 10,25 nimmt diese Bitte auf. Die Nachinterpretation der ursprünglich gegen Jerusalem gerichteten Ankündigung von Zef 3,8 auf den Zorn über die Völker muss nicht bedeuten, dass nun das Gericht über Jerusalem völlig ausgeblendet wäre und alles Unheil allein auf die Völker abgeleitet würde (so z. B. in Jes 3,13, wo der MT eine nachträgliche Änderung zu עמים »Völker« verrät gegenüber dem ursprünglichen Gericht JHWHs über עמו »sein Volk« nach LXX, Syr). Die komplexe nachexilische Texteinheit Jer 25,15–29[72] bezeugt exemplarisch einen Prozess der Ausweitung des Gerichts, wie er sich in Zef 3,8 darstellt: Das Gericht über Jerusalem zieht jenes über die Völker nach sich (vgl. Jer 25,18–26.27–29, bes. V 29); das Völkergericht aber wird universalisiert auf die ganze Erde und ihre Bewohner hin (Jer 25,26.29d, vgl. Zef 3,8d!).

Die Wende vom Kampf von Völkern gegen Jerusalem zum Gericht über Völker rückt Zef 3,8 nachträglich in die Nähe der oben genannten Texte vom »Völkerkampf« aus exilischer und nachexilischer Zeit, bes. Jes 29,1–8; Ez 38–39; Sach 12,2–6.9; 14,2–3 (1–19*). Auf einer ähnlichen Linie liegen die Gerichtsworte über »alle Völker« als Ankündigung des Tages JHWHs in Obd 15a und Gottesrede Obd 16 (16–17) sowie Joel 4,1–3.9–14 von den durch JHWH zum Gericht versammelten Völkern (V 2.11–12), ferner Mi 4,12 f.

(8d) Der Schlusssatz von V 8 stammt von derselben spätnachexilischen Redaktion, die auch in Zef 1,18b–c die Ankündigung des Tages JHWHs eschatologisch und universal auf »die ganze Erde« und »alle Bewohner der Erde« ausgedeutet hat (zu 1,18b–c s.o. Text und Auslegung Zef 1,17–18!). Ohne Zweifel versteht der Zusatz Zef 3,8d das in V 8 angekündigte Gericht als Zorn Gottes über »Völker« und »Königreiche«. In dieses Völkergericht, das nun kosmisch universal ausgeweitet wird, sieht der Zusatz dann auch Jerusalem (vgl. 3,1–7) einbezogen.

Zusatz 3,8d

Ein solches kosmisch-universales Verständnis des Gerichts von V 8, das auch Jerusalem einschließt, ist nun Voraussetzung für 3,9 ff.: Im klaren Rückbezug auf 3,8 kann einerseits den »Nationen« (3,9–10) und andererseits der (ungenannten) Stadt Jerusalem (3,11–13) eine Läuterung durch das Gericht hindurch und eine heilvolle Zukunft angekündigt werden. Zu fragen ist allerdings, ob die Verheißung in Zef 3,9–10, dass die geläuterten Nationen einmütig JHWH verehren werden, schon den Zusatz 3,8d literarisch voraussetzt. Als Nachinterpretation zu 3,8 sind die Verse 9–10 ebenso nachdrücklich an der Völkerwelt, hier als עמים »Nationen« bezeichnet, interessiert wie 3,8c an den גוים »Völkern«. Dieser Zusammenhang spricht dafür, dass die heilvoll nachinterpretierenden Verse 3,9–10 den Zusatz 8d noch nicht vor sich haben. Wenn Satz 8d erst nachträglich in eine bereits vorlie-

V 8 als ›Weltgericht‹

---

[72] Vgl. die Analyse von *Th. Seidl*, »Der Becher in der Hand des Herrn«: ATS 70, St. Ottilien 2001, 42–75.

Teil II: Zefanja 2,1–3,8:

gende Textfolge 3,8.9–10 eingesetzt wurde, erklärt sich auch leichter, weshalb der Redaktor nach der Ankündigung von JHWHs verzehrendem Zornesfeuer über die ganze Erde nicht noch einmal den ausdrücklichen Hinweis auf das Ende aller Erdenbewohner nach 1,18c in 3,8 aufgenommen hat. Gewiss genügte 3,8d, um an das ›Weltgericht‹ von 1,18b–c anzuschließen. Das Weglassen von 1,18c erleichtert aber den Übergang zu den »Nationen« von 3,9–10, deren selbstverständliche Existenz sich nicht leicht mit der Vorstellung vom Ende aller Erdenbewohner in Einklang bringen lässt! In 3,8d, verstanden als redaktionelle Nachinterpretation von 3,8a–c und zugleich als Übergang zu 3,9–10, kann nun das verzehrende »Feuer« des göttlichen »Eifers« als Feuer der Läuterung durch das Gericht hindurch erscheinen (vgl. auch *B. Renaud* 245). Es muss als ›Weltgericht‹ dennoch kein absolutes Ende der Erde bedeuten. Entsprechendes trifft schon für Zef 1,18b–c als Eintrag vor 2,1–3 zu (s. o.)!

Situation und Sinn

Zur Intention   Die Einheit Zef 3,6–8c in ihrer primären Stoßrichtung gegen Jerusalem, klar zweiteilig aufgebaut mit Schuldaufweis in V 6–7 und Gerichtsankündigung in V 8, besticht durch die innere Logik des geschilderten Geschehens. Mit JHWHs Rückblick in die Vergangenheit V 6–7d kontrastiert scharf seine Erfahrungsfeststellung 7e–f, die den vorfindlichen Zustand der Stadt beschreibt. Dieser aber muss zur Strafankündigung V 8 führen. Schritt für Schritt wird deutlich, weshalb die Rollen wechseln müssen, so dass aus dem Warner und Erzieher Jerusalems in V 6–7 der »Zeuge« JHWH als Kläger und Richter der Stadt werden muss. Die Umkehrung der Verhältnisse, die sich in V 8 zeigt, ist unausweichlich. Das Vernichtungsgeschick, das von JHWH her als Warnung für Jerusalem »Völker« getroffen hat, muss angesichts so gründlicher Verderbtheit und Uneinsichtigkeit der Jerusalemer zum Gericht JHWHs an Jerusalem durch »Völker« und »Königreiche« werden. Wie und warum dies alles kommen musste, soll einsichtig werden und nachvollziehbar. Hier setzt kein Herrscher seine Willkür durch. Der »Gerichtsspruch« JHWHs ist vielmehr sein »Rechtsanspruch« (משפט 8c). Er muss ihn gegenüber der Stadt, die im Ungehorsam verharrt (3,7e–f, vgl. 3,1 und wohl sekundär 3,2) durchsetzen. Sein »Zorn« ist gerechtes Gericht, letzte Konsequenz seines Rechtswillens. Er trifft vor allem die Korruption der Oberschichtkreise, wie wir im Rückgriff auf 3,3–4 erschließen können; der Formulierung in 3,7 indes kommt es nicht auf nähere Differenzierung an, sie spricht plakativ von dem bösen Tun der Bewohner der Stadt. JHWH hat auch als Kläger und Richter in V 8 seine Rolle als Erzieher nach V 6–7 nicht völlig abgestreift; er rechnet mit Einsicht in seine unausweichlich notwendigen Gerichtsmaßnahmen.

Diese Tendenz, die Ereignisse einsichtig zu machen, Zustimmung zu wecken, deutet auf eine Situation, in der solche ›Überzeugungsarbeit‹ bei den vorausgesetzten Adressaten notwendig ist. Die enttäuschte Feststellung von 3,7e–f wie auch der ironisch-sarkastische Ton der Aufforderung an die Stadt in 3,8a, doch auf den Tag zu warten, da JHWH als »Zeuge« auftritt, verraten indes auch einen Zug der Bitterkeit und des Leidens an dem unentrinnbar gewordenen Geschick der Stadt. Zef 3,6–8 als Fortschreibung zu 3,1–5(1.3–4!) stammt als Gerichtsankündigung noch aus der Zeit vor der Zerstörung Jerusalems 586 v. Chr. Von dem frühexilischen Text Ez 22,23–31 wird Zef 3,1–8* jedenfalls schon vorausgesetzt (s. o. die Analyse zu Zef 3,1–5). Wenn wir darüber hinaus mit Recht annehmen dürfen, dass die Aufforderung von 3,8a positive Erwartungen bei den Adressaten desillusioniert, wie sie aus der Zeit Zidkijas, des letzten König von Juda (597–586 v. Chr.) bekannt sind (s. o. zu 3,8a!), so fügt sich die Fortschreibung 3,6–8 gut in diesen Zeitrahmen ein. Der Text setzt nicht nur ein Vertrauen auf JHWHs Hilfe für die Stadt bei Jerusalemern voraus, einen Glauben an Jerusalems Unverletzlichkeit (s. o. zu 3,8), wichtiger noch erscheint, welche geschichtlichen Ereignisse die in 3,6 mitgeteilten Vernichtungsaktionen JHWHs im Blick haben. Von Zef 2,4–15* her kommen am ehesten der Fall Assurs und Ninives sowie der Philisterstädte und ferner das weiter zurückliegende Ende der Kuschiterherrschaft in Ägypten in Frage (s. o. zur Identität der Völker in 3,6!). Zudem lässt das unverkennbare Bemühen, Einsicht bei den Adressaten zu wecken und JHWHs Gericht als gerecht und notwendig erscheinen zu lassen, darauf schließen, dass der Text tatsächlich schon einen schweren Schlag gegen Jerusalem situativ voraussetzt. Die Konzentration von Zef 3,6–8 als einer ›schriftlichen Prophetie‹ auf Jerusalem am primären Abschluss der Sammlung von Zefanjaworten kann ebenfalls auf diese Situation hinweisen (vgl. auch Zef 1,7–13 mit seiner Stoßrichtung gegen Jerusalemer Kreise!). Die Vermutung erscheint mir daher begründet, dass Zef 3,6–8 schon auf die erste Eroberung Jerusalems 597 v. Chr. zurückblickt, aber die Zerstörung der Stadt und des Tempels 586 v. Chr. noch vor sich hat. Vgl. Abb. 22!

Zur zeitgeschichtlichen Einordnung

Die Einheit 3,6–8 deutet Geschichte theologisch. Mag sein, dass die Tendenz, eine Logik des Geschehens nachvollziehbar vor Augen zu führen, das Irrationale der Zornerfahrung zu verdecken droht. Allzu genau entspricht ja »die *ganze* Glut meines Zorns« (... כל) von 8c »*all* ihren Untaten« (... כל) von Satz 7f! Dennoch wird nicht in abgehobener Reflexion eine für Menschen unbegreifliche Gerechtigkeit Gottes doch irgendwie logisch zu entschlüsseln versucht. Es geht um Deutung erfahrener Geschichte von Gott her, um die Augen für Zusammenhänge zu öffnen, die in Gefahr sind, verdrängt zu werden. Paradigmatisch wichtig und wirksam bleibt die Einsicht, dass auch im Unglück von Menschen, die sich zum Gottesvolk zählen, der Gott am Werk ist, der allein Herr der Völker und ihrer Geschichte ist und dem alles daran liegt, seinen Rechtswillen durchzusetzen. Die innere Zerrüttung einer Gesellschaft, in der die Schwächeren notorisch bedrückt werden

3,6–8 als Paradigma

Teil II: Zefanja 2,1–3,8:

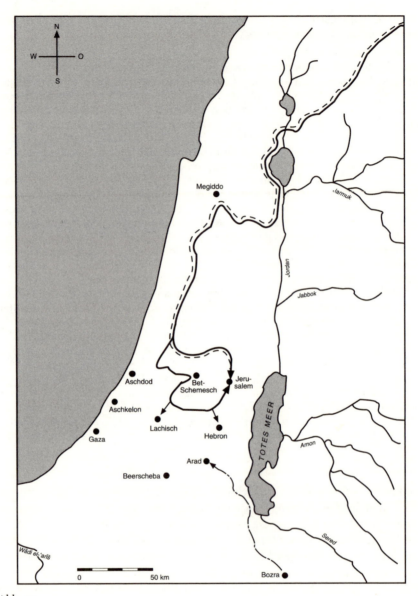

Abb. 22
Die Eroberungszüge Nebukadnezzars:
- - - - - - - - 597 v. Chr.: Erste Eroberung Jerusalems
─────── 586 (587) v. Chr.: Zweite Eroberung Jerusalems und Zerstörung von Stadt und Tempel
- — - — - Kriegszug der Edomiter
Gezeichnet von C. *Diller* nach B. J. *Beitzel,* The Moody Atlas of Bible Lands, Chicago 1985, 143 Map 62.

und in der die orientierende Gottesweisung von den Verantwortlichen selbst veruntreut wird (3,3–4!), muss zum Untergang führen.

Die nachexilische Verheißung für die Völker Zef 3,9–10, die wahrscheinlich aus der späteren Perserzeit stammt (s. u.!), setzt ein Verständnis von V 8 als Gericht JHWHs über Völker und Königreiche voraus. Es gehört frühestens der exilischen, eher schon der frühnachexilischen Epoche an (vgl. Ps 79,6; Jer 10,25). Jerusalem muss aus diesem Gericht allerdings nicht ausgeblendet sein. Denn die Jerusalem-Verheißung Zef 3,11–13 setzt für V 8 eine richtende Scheidung in der Bewohnerschaft der Stadt notwendig voraus. Die universalisierende Nachinterpretation des Gotteszorns auf die ganze Erde in Satz 8d (entsprechend 1,18b–c) ist das späteste Element in der Textfolge 3,8.9–10.11–13. Aus dem Völkergericht wird durch 3,8d ein Weltgericht!

Nachinterpretation von 3,8 als Völker- und Weltgericht

O. H. Steck (1991, 37.65 f.71.83.196–197) ordnet Zef 3,8.14–19 (!) seiner Fortschreibung I im Mehrprophetenbuch zu; sie schreibt die Weltgerichtsperspektive ein (Joel 4; Obd 15 ff.; Mi bes. 7,12 f.). *Steck* datiert sie im Anschluss an die von ihm angenommene Jesajabuch Fortschreibung I um bzw. nach 312/311 v. Chr., d. h. nach dem Ende des dritten Diadochenkriegs als die Aufteilung Vorderasiens und Ägyptens vertraglich besiegelt wurde: Die weltweite Festigung der griechischen Feindmacht sollte durch JHWHs kosmisch-weltweite Vernichtung von Völkermacht auf eine Heilswende hin aufgebrochen werden. Dieser Versuch einer präzisen Datierung bleibt Vermutung, abgesehen davon, dass Zef 3,14–19 keinesfalls auf dieselbe literarische Ebene wie 3,8 gehört (s. u.). Die spätnachexilische Redaktion in 3,8d und 1,18b–c, können wir als unheilseschatologisch und frühapokalyptisch bezeichnen (zum Motiv vom Weltbrand vgl. oben zu Zef 1,18b–c). Sie wird eine längere Erfahrung äußerer ›weltbewegender‹ Unruhen voraussetzen. Diese Redaktion dürfte kaum noch der Perserzeit (so 3,9–10*), sondern schon der unruhigen frühhellenistischen Zeit der Diadochenkriege (323–281 v. Chr.), möglicherweise auch erst der darauffolgenden Syrischen Kriege (274–195 v. Chr.) entstammen, ohne dass eine genauere Eingrenzung möglich wäre. (vgl. *H.-J. Gehrke*, Geschichte des Hellenismus, München 1990, 30–45.100–107; *G. Hölbl*, Geschichte des Ptolemäerreiches, Darmstadt 1994, 14–31.32–44).

Der Redaktor unterstreicht mit seinem Ausblick auf ein ›Weltgericht‹ durch das verzehrende »Eiferfeuer«, dass JHWH kein deus otiosus ist, dem Bosheit und Unrecht der Menschen gleichgültig wären. Vielmehr muss der »Eifer« JHWHs die gesamte Erde wie ein vernichtendes, aber auch läuterndes Feuer erfassen (das Targum schränkt moralisierend auf »die Frevler der Erde« ein). Erst dann kann die Heilszeit für eine geläuterte Völkerschaft (3,9–10) und ein gereinigtes JHWH-treues Volk in Jerusalem (3,11–13) anbrechen.

Ausgesprochen eschatologisch interpretiert in jüdischer Auslegung der Midrasch Exodus Rabba (17,4) den Text von Zef 3,8: Gott wird in der Zeit, die kommen soll, in der messianischen Epoche, sich erheben, um seine Welt zu richten. Dies wird aber kein alles vernichtender Akt sein. Vielmehr steht

Zur Rezeption

Teil II: Zefanja 2,1–3,8:

Gott auf zum Gericht, weil er den Schrei der Armen hört und ihrer Unterdrückung ein Ende setzt, wie der Midrasch mit Hinweis auf Ps 12,6 unterstreicht. In der christlichen Auslegung setzt eine christologische Interpretation von Zef 3,8 schon früh ein. Hieronymus deutet in seinem Zefanjakommentar 3,8 in der Übersetzung »Quapropter expecta me, dicit Dominus, in die resurrectionis meae in futurum ...« auf die erste Ankunft Jesu Christi; er will sich damit bewusst von Juden absetzen, die den Vers auf das für die Zukunft erhoffte Kommen des Messias beziehen. Weil die LXX das Substantiv ἀνάστασις in Zef 3,8a verwendet («... warte auf mich ... auf den Tag *meines Aufstehens* zum Zeugnis ...«), setzt sich bei den frühen Kirchenschriftstellern eine theologische Interpretation von Zef 3,8 auf die Auferstehung Jesu am Ostertag durch; sie ist die vorherrschende im 5. Jh. n. Chr. (Kyrill von Alexandrien, Hesychius von Jerusalem u. a.). Ebenso dient V 8 als Hinweis auf die ›Sammlung‹, die Berufung der Völker als Verheißung der Kirche aus den (Heiden-)völkern. In der alten byzantinischen Liturgie wird aus denselben Gründen an Ostern bzw. in der Ostervigil die Perikope Zef 3,8–15 gelesen (vgl. dazu *M. Harl*, LXX Sophonie 1999, 333–335.363–365; dies., 1999, 214–216; 221–224).

Teil III: Zefanja 3,9–20: Der »Tag« der Läuterung und Rettung:
Das andere Gesicht des JHWH-Tags: das Völkergericht 3,8 als Läuterungsgericht und als Wende zur heilvollen Zukunft für die Nationen, für Jerusalem und für das Israel in der Diaspora

Der Text im Überblick

3,9		IA	Ja, dann (aber) werde ich an Nationen schaffen
		IB	eine (verwandelte) reine Lippe,
		IIA	dass sie alle den Namen JHWH anrufen,
		IIB	dass sie ihm dienen mit vereinter Schulter
3,10		IA	Aus dem Umland der Ströme von Kusch
		IB	werden sie ⟨,meine Verehrer, die Gemeinde (›Tochter‹) meiner Verstreuten⟩ mir ⟨als⟩ Gabe bringen.
3,11	a	IA	⟨An jenem Tag⟩ wirst du dich nicht (mehr) schämen müssen wegen all deiner Taten,
		IB	durch die du mit mir (treulos) gebrochen hast.
	b	IIA	Denn dann werde ich aus deiner Mitte entfernen
		IIB	deine stolzen Prahler,
	c	IIIA	so dass du nicht länger großtun wirst
		IIIB	auf meinem heiligen Berg.
3,12	a	IA	Und ich werde in deiner Mitte übriglassen
		IB	ein Volk, arm und niedrig.
	b	IIA	Und bergen werden sie sich im Namen JHWHs
3,13′		II*B	als der Rest Israels.
3,13	a	IA	Nicht (mehr) werden sie Unrecht tun,
	b	IB	und nichts Lügnerisches reden;
	c	IIA	und nicht findet sich in ihrem Mund
		IIB	trügerische Zunge.
	d	IIIA	Ja, sie werden weiden
	e		und sich lagern
	f	IIIB	und keiner schreckt (sie) auf.
3,14	a	IA	Juble auf, Tochter Zion!
	b	IB	Jubiliert ihr, Israel!
	c	IIA	Freu dich

Teil III: Zefanja 3,9–20: Der »Tag« der Läuterung und Rettung

	d		und jauchze von ganzem Herzen,
		IIB	Tochter Jerusalem!
3,15	a	IA	Aufgehoben hat JHWH die Rechtsurteile gegen dich,
	b	IB	weggeräumt dein[e] Feind[e].
	c	IIA	[Die Königsherrschaft hat] JHWH in deiner Mitte [angetreten],
	d	IIB	du brauchst nichts Böses mehr zu fürchten (/ zu erleben).

3,16	a		⟨An jenem Tag wird man zu Jerusalem sagen:⟩
	b	IA	Fürchte dich nicht, Zion!
	c	IB	Lass deine Hände nicht sinken!
3,17	a	IA	JHWH, dein Gott, ist in deiner Mitte,
	/b	IB	als ein Held, / der (siegreich) hilft.
	c	IIA	Er freut sich über dich voller Lust:
	d	IIB	er [erneuert dir] seine Liebe.
	e	IIIA	Er jauchzt über dich mit Jubelruf
3,[18‹]		IIIB	[gleichwie am Tag der Begegnung (/ des Festes)].

3,[18a] Ich habe (schon) [Unglück] von dir weggenommen,
         [dass du] seinetwegen [nicht mehr] Schmach
         [ertragen musst].
         MT 3,18: Die ohne Festversammlung Trauernden habe ich
         gesammelt, (da) sie von dir (waren). Eine Last auf ihr (d.h.
         auf Zion), ein Gegenstand der Schmähung (waren / sind sie).

3,19 a   Sieh doch, ich handle gegen alle deine Unterdrücker ⟨in jener
         Zeit⟩.
     b   Da werde ich den Hinkenden helfen,
     c   und die Versprengten will ich zusammenführen.
     d   Und ich werde sie zu Ruhm und Namen bringen auf der gan-
         zen Erde ⟨, ihre Schande⟩.

3,20 a   ⟨In jener Zeit will ich euch herbeiholen,
     b   und (sogar) in eben der Zeit ist es, in der ich euch zusammen-
         führe:
     c   Ja, da will ich euch zu Namen und Ruhm machen unter allen
         Nationen der Erde,
         wenn ich euer Geschick vor euren Augen wende,
     d   spricht JHWH.⟩

Literatur Vgl. oben in der Einleitung Nr. 2 zum Aufbau des Zefanjabuches, bes.: B. Renaud 1986, 1–33. – H.-D. Neef 1999, 530–546.

Teil III: Zefanja 3,9–20: Der »Tag« der Läuterung und Rettung

Kontext und Komposition

Der III. und letzte Teil im Gesamtaufbau des Zefanjabuches ist ganz vom hoffnungsfrohen Ausblick auf eine Zukunft jenseits des Gerichts bestimmt. Er hat seine Besonderheit darin, dass er sprachlich und sachlich zwar eindeutig an das Ende des II. Hauptteils in 3,8 anschließt, inhaltlich aber das genaue Kontrastbild zu dem Gericht über Völker und Jerusalem in 2,4–3,8 und insgesamt zu den Unheilsankündigungen in 1,2–3,8 entwirft. Es ist die Vision einer – gewiss durch das Gericht hindurch – erneuerten Welt! In ihr ist JHWH das Ziel aller Gottesverehrung der Völker, zu dem alle Wege hinführen. Seine Königsherrschaft hat sich universal (3,9–10) wie partikular (3,11–13 und 3,14–20) durchgesetzt. Sie hat Völker verwandelt (3,9) und sich in Jerusalem, ihrem irdischen Zentrum (3,15c!), ein neues Israel als JHWH-treues und untereinander solidarisches »armes und niedriges Volk« geschaffen (3,12–13). All dies wird Ergebnis des »Tages« sein, an dem sich JHWH als »Zeuge« erheben wird (3,8a). Das neue geläuterte (3,9–13) und auf Freude (3,14–17), ja auf Ehre und Ruhm (3,18–20) hin angelegte Leben von Völkern (3,9–10) und Gottesvolk (3,11–13.14–20) wird demnach die positive heilvolle Kehrseite des unheimlichen Gerichtstages JHWHs sein.

Aufbau und Charakteristik

Die Kriterien der Abgrenzung von Zef 3,9–20 gegenüber 3,1–8 bzw. 2,1–3,8 wurden oben in der Einleitung des Kommentars zum Aufbau des Zefanjabuches (unter Nr. 2) erörtert. Insbesondere ist daran zu erinnern, dass Anfang und Ende von Teil III des Buches inkludierend aufeinander bezogen sind: (1.) עמים »Nationen« finden sich so nur in 3,9 und 3,20c. (2.) Das Motiv der Schande vor den Völkern in 3,11a begegnet ähnlich in 3,18 und in der Glosse »ihre Schande« in 3,19, auch im Spiegel der neuen Ehre auf der Erde bzw. unter den Nationen in 3,19d–20. (3.) Das Motiv der Heimkehr der Diaspora nach Jerusalem bzw. ihrer Sammlung durch Gott verbindet 3,10 (im Endtext mit Glosse!) und 3,19b–c (und wohl auch 3,18 in der MT-Fassung).

Abgrenzung

Die beiden Hauptabschnitte 3,9–13 und 3,14–20 von Teil III stehen zueinander in einem Steigerungsverhältnis: Die Verse 3,9–13 kündigen die heilvolle Zukunft für Nationen und Jerusalem an. 3,14–17/18′ (und 3,18) setzt sprachlich die Hilfe JHWHs als schon eingetreten voraus (die Verknüpfungsformel in 3,16a führt allerdings sekundär wieder die Zukunftsperspektive ein). Diese Verse können daher die Heilsankündigung von 3,9–13 zum Aufruf zu Freude und Jubel (3,14) und zur Ermutigung (3,16b–c) an (die Tochter) Zion steigern. JHWH hat ja schon alle Strafurteile aufgehoben, seine Königsherrschaft angetreten; er ist als hilfreicher Held inmitten der Stadt präsent und jubelt über sie wie ein Bräutigam! Die Verse 3,(18.)19–20 bringen wieder in ankündigender Form die universale und partikulare Sicht zusammen; nun aber in der Weise, dass die neue Ehre des nach Jerusalem heimgebrachten Diasporavolks »auf der ganzen Erde« (3,19d) bzw. »unter

3,9–13 und 3,14–20

allen Nationen der Erde« (3,20c) als leuchtendes Ziel des Handelns JHWHs an seinem Volk vor Augen steht.

Einsetzend mit vier Imperativen des Aufrufs zum Jubel markiert Zef 3,14 über die Funktion innerhalb von 3,9–20 hinaus den Auftakt zum *Buchabschluss 3,14–20*. So schreitet der Redeprozess im Zefanjabuch von der Ankündigung des Gerichts und des Unheils über Juda, Jerusalem und die Völker (1,2–3,8) weiter zur Heilsverheißung für Völker und Jerusalem (3,9–13) und von da hin zum Jubel über JHWHs Hilfe und Gegenwart für die Tochter Zion (3,14–20).

III.A.
Zef 3,9–13: Verheißung: die Läuterung der Nationen und Jerusalems

Literatur   Vgl. oben zu Zef 3,1–8, bes.: *M. Oeming* 1987, 289–300. – *D. Smith* 1996, 169–191. – *M. Harl*, Sophonie 3,7b–13 selon Septante et dans la tradition chrétienne ancienne 1999, 209–229.

Kontext und Einheitlichkeit

Der Zusammen- Der erste Hauptabschnitt von Teil III des Zefanjabuches stellt sich nach der
hang 3,9–13   Gerichtsankündigung über Jerusalem bzw. die Völker in 3,8 als eine ebenso überraschende wie dichte Verheißung dar. Anders als im Fall der Unheilsankündigungen, die auf die Worte gegen Juda und Jerusalem jene gegen Völker folgen lassen (1,4–2,3 / 2,4–15; ähnlich nochmals im MT 3,1–8!), sind die Verheißungen in 3,9–13 gerade in umgekehrter Reihenfolge angeordnet: erst die Läuterung – unterschiedslos! – von Völkern in 3,9–10, dann die Reinigung der Stadt (Jerusalem) in 3,11–13, jedoch so, dass JHWH in der Bevölkerung der Stadt die große Scheidung vollzieht, die »stolzen Prahler« entfernt und nur ein »armes und niedriges Volk« übrig lassen wird. Die beiden Teile sind nicht nur allgemein durch das Motiv der Reinigung bzw. des Läuterungsgerichts aufeinander bezogen. Nach 3,9 II werden die geläuterten Völker alle »den Namen JHWH(s) (בשם יהוה) anrufen« – nach 3,12b–13' wird sich das Restvolk in der Stadt »im Namen JHWHs (בשם יהוה) bergen«. Die »reine *Lippe* (Rede)« der Völker in 3,9 I, fähig zur kultischen JHWH-Verehrung, hat ihr Gegenstück in der Beschreibung des Restvolks in 3,13c, dort indes weniger kultisch als vielmehr ethisch akzentuiert: »... und nicht findet sich in ihrem *Mund* trügerische *Zunge*«.

Wie aber sollen wir die Abfolge und den inneren Zusammenhang zwischen 3,9–10 und 3,11–13 verstehen? Gewiss kann man sich die Dinge mit

Zef 3,9–13: Verheißung: die Läuterung der Nationen und Jerusalems

W. Rudolph (296) so zurechtlegen: »Wenn aber so die Heidenwelt in der Verehrung Jahwes einig sein wird, ist das nicht eine Schande für Juda, das in seinem Widerstreben beharrt? In dieser Frage liegt die innere Beziehung von V 11 ff. zu V 9 f. ...« Der Zeitumstand »An jenem Tag«, der V 11 einleitet, wird ja auch nicht *direkt* den »Tag« des Gerichts von 3,8 aufnehmen, sondern will zwischen 3,9–10 und 3,11–13 eine Gleichzeitigkeit herstellen. Er bezieht sich zunächst auf das »Ja, dann (aber)« von V 9 und allerdings so zusammen mit diesem Zukunftsverweis auch auf den Gerichtstag von 3,8: Dieser wird als Tag richterlicher Läuterung nach- und neuinterpretiert.

Aber das Nacheinander von 3,9–10 und 3,11–13 ist nicht frei von Spannungen: | 3,9–10 als Eintrag vor 3,11–13

(1.) Von den Nationen spricht 3,9–10 in der 3. ps.; 3,11 wechselt unvermittelt zur Anrede an die Stadt in der 2. ps.f.sg. Sie weist klar auf die Rede von der Stadt in 3,7b–d (und 3,8a korr.) sowie 3,1–4.5 zurück und ist nur von daher zu verstehen. Die Verse 3,11–13 schließen demnach sprachlich an 3,1–8 an und übergehen dabei 3,9–10. Inhaltlich interpretieren sie ausschließlich das Gericht über Jerusalem, das sie in 3,8 voraussetzen, neu; von einem Gericht über Völker zeigen sie keine Kenntnis.

(2.) Nach 3,9–10 bringen die geläuterten Völker eine »Gabe« für JHWH; Zielort ihres Aufbruchs kann nur Jerusalem sein. Dies aber setzt eine gereinigte, erneuerte Stadt schon voraus. Eigenartig bleibt dann die Ankündigung, dass sich die Stadt angesichts der ›Wallfahrt‹ der geläuterten Völker nach Jerusalem nicht zu schämen brauche (3,11a). Wenn die Reinigung Jerusalems schon vorausgesetzt ist, haben wir 3,11b (und 3,11b–13 insgesamt) als Perfektfutur zu deuten: »Denn dann werde ich aus deiner Mitte entfernt haben ...« Die Verbalsätze in 3,11–13 sind jedoch syntaktisch am einfachsten in gleicher Weise als futurische Aussagen zu verstehen wie 3,9–10.

(3.) Wie schon erwähnt, ist die Art der Reinigung und ihr Ziel durchaus unterschiedlich: Nach 3,9–10 verschafft JHWH den Völkern unterschiedslos eine »reine Lippe« zum Zweck kultischer JHWH-Verehrung. Nach 3,11–13 indes vollzieht sich die Reinigung als eine große Scheidung in Jerusalem; sie zielt darauf, dass das sich bei JHWH bergende Restvolk vor allem in ethischer Hinsicht JHWH-treu lebt, frei von hochmütigem Gehabe (3,11b–c), frei von den Untaten und der Falschheit der Rede (3,13a–c), wie sie im Rückgriff auf Zef 3,1–4 und 3,7e–f den oberen Schichten bzw. den frevlerischen Bewohnern Jerusalems zugeschrieben werden müssen.

(4.) An keinem der weiteren Belege des Verheißungs- und Ermutigungsrufes »Nicht sollst du dich (ferner) schämen müssen / zuschanden werden« (oder eine entsprechende Formulierung) an Zion / Israel ist der Blick auf andere Völker für das Verständnis konstitutiv (Jes 29,22; 54,4; Joel 2,27; vgl. Jes 45,17; 49,23). Wesentlich ist es der inmitten Israels gegenwärtige Gott, vor dem sich das Volk seiner eigenen Taten nicht mehr zu schämen braucht. Entsprechend wird die Verheißung von 3,11a im Kontext von 3,11–13 gedeutet: Die Sätze 11b–13 legen Satz 11a aus. Die Stadt wird sich ihrer früheren Sünden nicht mehr schämen müssen bzw. ihretwegen nicht mehr zuschanden werden, weil JHWH den Grund der Schande beseitigen wird (s. u. die Auslegung zu 3,11).

Die genannten Kriterien sprechen entschieden dafür, dass die beiden Abschnitte 3,9–10 und 3,11–13 literarisch unterschiedlicher Herkunft sind (so

Teil III: Zefanja 3,9–20: Der »Tag« der Läuterung und Rettung

u. a. B. *Renaud* 249.250 f.; M. *Striek* 1999, 194 ff.201 ff.243–245). Das Verhältnis erklärt sich am einfachsten, wenn wir 3,9–10 als spätere Einschaltung zwischen 3,8(a-c) und 3,11 verstehen. Die Zeitangabe »an jenem Tag«, mit der V 11 einsetzt, verknüpft redaktionell die beiden Texte und ordnet sie der gleichen Zeitebene zu.[73]

III.A.1.
Zef 3,9–10: Die Wandlung der Nationen zur gemeinsamen JHWH-Verehrung, konkretisiert in der Wallfahrt vom fernen Kusch nach Jerusalem, in welche das Diaspora-Israel einbezogen ist (Glosse in V 10)

Literatur H. A. *Brongers*, Die Wendung b^{e}šem jhwh im Alten Testament: ZAW 77 (1965) 1–20. – F. *Crüsemann*, Israel, die Völker und die Armen. Grundfragen alttestamentlicher Hermeneutik am Beispiel des Zephanjabuches, in: W. Dietrich / M. Schwantes (Hrsg.) 1996, 123–133. – W. *Groß*, Israel und die Völker: Die Krise des YHWH-Volk-Konzepts im Jesajabuch, in: ders., Studien zur Priesterschrift und zu alttestamentlichen Gottesbildern: SBBAT 30, Stuttgart 1999, 275–293; – ders., YHWH und die Religionen der Nicht-Israeliten, ebd. 295–307. – W. *Kornfeld* 1976, 55–59. – A. *Pinker*, The Book of Zephaniah: Allusions to the Tower of Babel: JBQ 28 (2000) 3–11. – A. *Pinker* / L. *Zalcman*, Drums on the Water in Fair Puzai: ZAW 111 (1999) 616–618 (zu Zef 3,10). – L. *Ruppert*, Das Heil der Völker (Heilsuniversalismus) in Deutero- und »Trito«-Jesaja: MThZ 45 (1994) 137–159. – J. M. *Salgado*, Über die Versklavung und Befreiung der »Kuschiten«. Assoziationen und Überlegungen eines dunkelhäutigen Lesers von Zef 3,10, in: W. Dietrich / M. Schwantes (Hrsg.) 1996, 113–122. – H. *Schmidt* 1969. – J. *Schreiner* 1992, 177–194. – O. H. *Steck*, Zu Zefanja 3,9–10: BZ NF 34 (1990) 90–95. – Chr. *Uehlinger*, Weltreich und »eine Rede«. Eine neue Deutung der sogenannten Turmbauerzählung (Gen 11,1–9): OBO 101, Freiburg (Schweiz) / Göttingen 1990 (bes. 453–513.492 ff.). – G. *Wanke*, Art. Heilserwartung (I) *AT*: NBL II, Lfg. 6 (1991), 99–101.103 f. – Vgl. ferner die bei R. *Kessler*, Micha: HThKAT, Freiburg 1999 (²2000), 176 f., aufgeführte Literatur zu Mi 4,1–5 (und Jes 2,2–5).

Text

Übersetzung 9 IA Ja, dann (aber) werde ich an Nationen schaffen
 I   eine (verwandelte) reine Lippe,
 IIA dass sie alle den Namen JHWH anrufen,
 IIB   dass sie ihm dienen mit vereinter Schulter

---

[73] In gleicher Weise beurteilen das Verhältnis der beiden Teiltexte eine Reihe von Kommentatoren wie W. *Nowack* 317 f.; K. *Marti* 374 f.; B. *Renaud* 250 f.; auch M. *Striek* 1999, 194.201 f.; u. a. Die literarische Einheitlichkeit von 3,9–13 vertreten hingegen u. a. W. *Rudolph* 296 f.; M. *Weigl* 1994, 190 f., der gleichwohl – wenig überzeugend – 3,11 als eigene (strukturale) »Einheit« von 3,9–10 und 3,12–13 abgrenzt.

Zef 3,9–13: Verheißung: die Läuterung der Nationen und Jerusalems

10　IA　　Aus dem Umland der Ströme von Kusch
　　IB　　werden sie ⟨,meine Verehrer, die Gemeinde (›Tochter‹) meiner
　　　　　Verstreuten⟩ mir ⟨als⟩ Gabe bringen.

9 I: Nach der Gerichtsansage über Völker im MT Zef 3,8 gewinnt bekräftigendes כִּי in der Verheißung von V 9 kontextuell den Sinn einer adversativen Partikel »vielmehr / jedoch«, vgl. z. B. Gen 31,16; Jes 28,28; Ps 141,8.

    Zu Text und Übersetzung

    Die Formulierung versteht sich elliptisch für: »Ja, dann (aber) werde ich an Nationen die Lippe umwandeln zu einer reinen Lippe (Rede / Sprache).« Die Ausgangsgröße der ›Verwandlung‹ (הפך) muss nicht eigens genannt werden, weil sie sich aus der Zielgröße, dem Effekt des umwandelnden Tuns JHWHs an Nationen ohne weiteres ergibt. Die »Lippe« steht metonymisch für die »Sprache« bzw. »Rede« oder »Redeweise«. Entsprechend wird das Verb הפך »umstürzen, umkehren, verwandeln« allein mit dem direkten Objekt des Effekts verwendet in Ex 10,19; 1 Sam 10,9. Viel häufiger findet sich freilich die Angabe des affizierten und effizierten Objekts (mit לְ): Dtn 23,6; Jer 31,13; Am 5,7.8 u. a.

    Die hebräische Zwölfprophetenrolle MurXII (DJD II, 202.184) liest על העמים »an den Nationen«, setzt also den Gattungsplural gegenüber MT אל עמים. Jedoch bestätigt LXX (ἐπὶ λαούς) eindeutig den MT. MT עמים ist in der artikellosen Form das genaue Gegenstück zu den artikellosen גוים »Völkern« in Zef 3,6.8! Im Zusammenhang von 3,9–10 können freilich nur ›alle Nationen‹ intendiert sein; dies unterstreicht V 9 II ausdrücklich und steigernd durch כלם »sie alle«. Schon die genannte Entsprechung zu 3,6.8 widerstreitet der Behauptung B. Duhms 1911, 99, der Plural עמים sei »sicher unrichtig« und müsse auf עמי »meine Nation / Volk« zurückgeführt werden; entsprechend wird häufiger korrigiert, so u. a. E. Sellin, K. Elliger (vgl. auch BHS z. St.), F. Horst z. St. und neuerdings J. Vlaardingerbroek 192.194. J. J. M. Roberts 205.210.217 (Anm. 23) schlägt עמם »their people« vor und bezieht das Personalpronomen auf die sündigen Führer von Juda. Mit dem Bezug von V 9 I auf das Volk von Juda statt auf »Nationen« sind meist literarkritische Entscheidungen verbunden, die die Verszeile mit V 11–13 verknüpfen und Zef 3,9 II und 10 als sekundären Eintrag betrachten, der den Plural »Nationen« in 9 I verursacht haben soll. Vgl. jedoch unten die Analyse!

    9 IB: שפה ברורה »eine reine Lippe (Rede / Sprache)« – in diesem Sinn auch Symmachus – gibt LXX fälschlich mit »eine Sprache für ihre Generation / Nachkommenschaft« wieder (γλῶσσαν εἰς γενεὰν αὐτῆς setzt בְּדוֹרָהּ statt MT בְּרוּרָה voraus). Das feminine Pronomen bezieht sich auf die »Erde« (γῆ) in 3,8d. Syr, Aquila, Theodotion, Theodoret von Kyros und Vg übersetzen das Partizip passiv בְּרוּרָה »rein« (f.) (in dieser Bedeutung noch Ijob 33,3) im Sinne von »ausgewählt, auserlesen«, was im Zusammenhang von Zef 3,9 nicht zutrifft; allerdings bedeutet das Verb ברר-G ebenso »aussondern, auswählen« wie auch »blank machen« (Jes 49,2). Vgl. F. Field, Origenis Hexaplorum 1875, 1014; Hieronymus, Comm. z. St. Das Targum spielt mit der Wiedergabe »eine erwählte Redensart« (ממלל חד בחור) deutlich auf das Targum (Onqelos) Gen 11,1 an (»eine Sprache und eine Redensart« – וממלל חד). Zef 3,9 soll wohl eine Rückkehr zu einem Zustand der Welt vor dem Stadt- und Turmbau zu Babel verheißen.

    9 II: Die Wendung קרא בשם יהוה heißt primär »rufen unter Verwendung des Namens ›JHWH‹«, vgl. H. A. Brongers 1965, 12. In Zef 3,9 bezeichnet die Wendung das ›An- oder Ausrufen‹ des Namens ›JHWH‹ als Ausdruck eines klaren Bekenntnisses der Völker zu ihm, in gemeinsamer Dienstbereitschaft. Vgl. die Auslegung!

Teil III: Zefanja 3,9–20: Der »Tag« der Läuterung und Rettung

V 10: לְמֵעֵ֫בֶר, meist mit »von jenseits (der Ströme von Kusch)« wiedergegeben, bezeichnet in Zef 3,10 eher das Land ›im Umkreis‹ der Ströme von Kusch, *aus* dem (separativ) oder möglicherweise *in* dem (lokativ) man JHWH Huldigungsgaben bringen bzw. darbringen wird. Für Jes 18,1 wird die Bedeutung »im Umkreis (der Ströme von Kusch)« durch 18,2.7 nahegelegt, wo von dem Volk die Rede ist, »dessen Land Ströme durchschneiden«. Vgl. B. *Gemser,* VT 2 (1952) 349–355, bes. 351 ff. zu עֵ֫בֶר im Sinne von »region alongside« neben »region across, other side«; E. *Vogt,* BZ 34 (1953) 118f.; HALAT 738a s. v. עֵ֫בֶר I. Vgl. auch H. *Wildberger,* Jesaja: BK X/2 (1978), 678.679 Anm. b, zu Jes 18,1. Die Präpositionalverbindung in Zef 3,10 wird allerdings separativ »(selbst) *aus* dem Umkreis / Umland der Ströme von Kusch« wiederzugeben sein; das Verb יבל-H »(herbei-)bringen« impliziert wohl durchwegs die Überwindung einer räumlichen Distanz, vgl. HALAT 366b; Gesenius[18] 432 f.

Für MT »Kusch«, das Gebiet südlich von Oberägypten (Nubien, heute zum Sudan gehörig; vgl. oben zu Zef 2,12!) setzen die alten griechischen Versionen (LXX, Symmachus) Αἰθιοπία, entsprechend Aethiopia in der Vg. Tg jedoch interpretiert das Wort fälschlich als הוֹדוּ »Indien« (vgl. Ester 1,1; 8,9: »von Indien bis Kusch«).

Glosse in V 10: Für die umstrittenen Worte עֲתָרַי בַּת־פּוּצַי, die oben mit »meine Verehrer, die Gemeinde (›Tochter‹) meiner Verstreuten« wiedergegeben wurden, sind mehrfach Konjekturen vorgeschlagen worden, siehe dazu HALAT 869a s. v. פּוּצַי. A. *Pinker /* L. *Zalcman* 1999, 616–618, wollen בַּת־פּוּצַי, meist mit »die Tochter meiner Zerstreuten« o. ä. übersetzt, als aus בתף וצי ›mit Tamburin, auf Schiffen‹ entstanden deuten: »From beyond the rivers of Cush, with timbrel will my suppliants bring me offerings by ship.«(618 mit Variante ebd. in Anm. 17)! Die drei Worte des MT sind zwar in der hebräischen Zwölfprophetenrolle aus der Wüste Juda MurXII (Mur 88) belegt, fehlen aber in der frühen LXX-Überlieferung nach J. *Ziegler* z. St. und in Syr. Bestätigt wird das Fehlen in LXX durch La (vgl. A. *Dold* 1940 und *S. B. D. Zandstra* 1909 z. St.) und durch Asterisierung der Worte in der Syrohexapla (am Rand). Vgl. auch D. *Barthélemy* 1992, 911. Dass die syrische Version die Worte nur weggelassen habe, weil sie diese nicht erklären konnte (vgl. M. *Sebök* 1887, 66), ist unwahrscheinlich; eine derartige Auslassung wäre für Syr zu Zef ungewöhnlich. Die Annahme einer Glosse in V 10 ist demnach von der Textüberlieferung her gut begründet; sie ist umso wahrscheinlicher, als zumindest בַּת־פּוּצַי »Tochter / Gemeinde meiner Verstreuten« (s. u.) die Judenheit in der Diaspora im Blick hat, während es ohne die Glosse in Zef 3,9–10 einheitlich um die bekehrten Heiden geht. Zur Beurteilung als Glosse vgl. schon F. *Schwally* 1890, 203, dazu D. *Deden* 292; W. *Rudolph* 292 Anm. 10c; A. S. *van der Woude* 132; B. *Renaud* 246.249; M. *Striek* 1999, 197; J. *Vlaardingerbroek* 1999, 195 f.198 f. Die Annahme eines einheitlichen Textes z. B. bei O. H. *Steck* 1990, 92 f. Anm. 12, überzeugt demgegenüber nicht.

Das Hapaxlegomenon עֲתָרַי könnte man mit E. *Sellin* (435.439) als Partizip עֹתְרַי lesen, was die partizipialen Übersetzungen in LXX-W und LXX-*L* sowie Symmachus nahe legen könnten (vgl. J. *Ziegler* z. St.). Jedoch muss man dann auch die Punktation im MT als Fehldeutung verständlich machen (עָתָר »Duft« nach Ez 8,11 ist hier unmöglich). G. *Gerleman* 1942, 57, versteht עָתָר als »altes Kollektivum« zum Partizip עֹתֵר wie arab. *ḫadam* ›Dienerschaft‹ zu *ḫādim* ›Diener‹: »meine Verehrerscharen« (?). Viel näher liegt die Analogie der Adjektive vom Typ *qatal,* so dass עָתָר als substantivierte Form gelten kann. Das Verständnis als »meine Anbeter« wird durch Textzeugen der LXX und durch Vg (»supplices mei«) gestützt (so auch W. *Rudolph* 292 Anm. 10b). Man wird G. *Gerleman* 1942, 57, zustimmen müssen, dass der Ausdruck בַּת־פּוּצַי kaum befremdlicher ist als etwa בַּת־עַמִּי »Tochter meines Volkes /

Zef 3,9–13: Verheißung: die Läuterung der Nationen und Jerusalems

Tochter ›mein Volk‹«. Die Analogie zu בַּת־עַמִּי, aber schon עֲתָרַי Zef 3,10 selbst, macht es sehr wahrscheinlich, dass פּוּצַי Partizip passiv von פוץ ›sich zerstreuen‹ ist und nicht von einem Abstraktplural פּוּצִים »Zerstreuung« (vgl. Ges-K § 124d) hergeleitet werden sollte. Ebenso wie »Tochter Zion«, aber auch »Tochter mein Volk« Personifizierungen Zions / Jerusalems bzw. des JHWH-Volkes (Volksgemeinde) darstellen, die das Kollektiv der Bewohner bzw. Volksangehörigen intendieren (vgl. Zef 3,14), so sind auch פּוּצַי, entsprechend עַמִּי »mein Volk« als Kollektiv vorgestellt, das mit בַּת »Tochter« personifizierend bezeichnet ist. Vgl. schon F. Hitzig / H. Steiner (Komm. 1881, 315): »die aus meinen Zerstreuten bestehende בת«. בַּת־פּוּצַי müsste entsprechend »Tochter Zion« / »Tochter mein Volk« (vgl. Jer 6,26; 14,17) als f. sg. konstruiert sein. Ist der Ausdruck dennoch Apposition zum Plural עֲתָרַי, so macht er ganz den Eindruck einer erklärenden Glosse; dann sollten die »Anbeter« als die bekehrten Heiden dem primären Text angehören (so z.B. F. Nötscher 801; W. Rudolph 291.292; R. Edler 1984, 22 f.57), was jedoch dem textkritischen Befund widerspricht.

Wahrscheinlicher ist mir jene in der Zef-Exegese sehr alte Annahme (vgl. R. Joseph Kara [1050–1125 n. Chr.] in Miqraot Gedolot; M. Luther u.a.), im MT Zef 3,10 sei davon die Rede, dass die bekehrten Heiden gemäß Jes 66,20 die jüdische Diaspora als ›Opfergabe‹ (מנחה) für JHWH herbeibringen. Sie dürfte der Textüberlieferung, dem MT und schon der primären Absicht der Glosse am ehesten gerecht werden. Freilich werden dann meist die fraglichen Worte insgesamt als direktes Objekt zum Verb in V 10 (mit den bekehrten Fremden als ungenanntem Subjekt) verstanden, vgl. noch E. Ben Zvi 1991, 227–230 und E. Sehmsdorf, ZAW 84 (1972) 570. Jedoch hat schon J. C. Beck (Komm. 1899, 139–141) plausibel zwischen dem Subjekt »meine Anbeter« als den in V 9 genannten geläuterten Nationen und dem direkten Objekt »die Gemeinde meiner Zerstreuten« unterschieden, wobei er allerdings von einem einheitlichen Text V 9–10 ausgeht. So gesehen, beantwortet die Glosse präzise zwei Fragen, die der primäre Text von 3,10 offen lässt bzw. deren Beantwortung er nicht näher zu präzisieren braucht: Worin besteht die »(Huldigungs-)Gabe« (מנחה)? – es ist ›meine zerstreute Gemeinde‹, nach dem Wortgebrauch von פוץ (bes. Jes 11,12; Jer 23,2) in diesem Zusammenhang nur die jüdische Diaspora. Wer bringt die »(Huldigungs-)Gabe«? – die JHWH-Verehrer, nämlich die gemäß V 9 bekehrten Völker: »Vom Uferland der Ströme von Kusch werden meine Verehrer die Tochter (Gemeinschaft) ›meine Verstreuten‹ mir als Gabe bringen«. Ein Einwand gegen die Wortstellung (z.B. P. C. Snijman 1913, 187) verfängt nicht, zumal wenn man die Einfügung der Glosse und den Unterschied der zu erwartenden syntaktischen Konstruktion (!) von עתרי »meine Anbeter / Verehrer« (m. pl.) und בת פוצי »die Tochter ›meine Verstreuten‹«(f. sg.) beachtet. »Meine Verehrer« schließt an die bekehrten Völker von V 9 an, so dass es naheliegt, sie als Subjekt zu betrachten. Die Verwandtschaft von Zef 3,10 mit Jes 66,20 im Kontext von 66,18–21 ist so eng, dass man an Abhängigkeit von dieser ebenfalls sehr späten Jes-Stelle denken muss. Vgl. noch Jes 49,22; 60,4.9; ferner Sach 8,23. Das Targum zu Zef 3,10 stützt diese Deutung der Endgestalt des Verses (vgl. auch H. Irsigler 1977, 189–191 Anm. 219); hier erscheinen sicher die Exulanten als die »Gabe«, die von einem ungenannten Subjekt (im Blick auf die bekehrten Völker V 9) herbeigebracht werden: »... durch Erbarmen (b=raḥmīn – vgl. MT עתר »[durch Opfer] erbitten, beten«) werden die Verbannten meines Volkes zurückkehren, die ins Exil geführt wurden, und solche werden sein, die sie herbeibringen – ja, gleichsam als Opfergaben»(wi=(y)hōn mētan l=hōn hā(ʾ) k=qu(w)rbānīn [nach A. Sperber]), vgl. K. J. Cathcart / R. P. Gordon 1989, 172 mit Anm. 25–27.

Teil III: Zefanja 3,9–20: Der »Tag« der Läuterung und Rettung

Analyse

Abgrenzung und Einheitlichkeit

Zef 3,9–10 versteht sich als heilvolle Nachinterpretation von 3,8 aus einer Perspektive, die in diesem Vers »Völkergericht« angekündigt sieht (3,8a–c, nicht notwendig auch 3,8d ist vorausgesetzt, s. o. zu Zef 3,8). Das Textstück 3,9–10 gehört literarisch nicht primär zur Einheit 3,11–13, sondern wurde nachträglich zwischen 3,8 (8a–c) und 3,11–13 eingesetzt (s. o. III.A. Zef 3,9–13). Die Läuterung der »Nationen« in 3,9–10 bildet nun den Hintergrund und Rahmen für die Läuterung Jerusalems in 3,11–13. Sind jedoch die Verse 9 und 10 literarisch einheitlich? Dass wir in V 10 mit einer Glosse zu rechnen haben, die ausdrücklich die jüdische Diaspora in die ›Wallfahrt‹ der JHWH-Verehrer aus dem fernen Kusch nach Jerusalem einbezieht, hat sich schon gezeigt (s. o. zu Text und Übersetzung V 10). Die Verszeile 3,9 II hebt sich von ihrem Kontext in 3,9–10 in zweifacher Hinsicht ab: Sie redet von JHWH in der 3. Person gegenüber der 1. Person der Gottesrede in 3,9 I und 3,10. Außerdem weicht V 9 II kolometrisch (4 + 3 Hebungen) von 9 I und 10* (jeweils 2+3 Hebungen) ab. Gegen eine diachrone Erklärung, die V 9 II als Zusatz betrachtet, spricht jedoch zum einen, dass die verwandelte »reine Lippe« (Rede) der Nationen von 9 I ohne die Zweckangabe von 9 II ganz unbestimmt bleibt: Wozu sollte denn die Verwandlung dienen? Zum anderen scheint die Wendung »den Namen JHWH an- bzw. ausrufen« in Gottesrede, wenn es eben auf diesen Namen ›JHWH‹ ankommt, gewiss möglich (vgl. bes. Ex 33,19). Dies ist hier der Fall (vgl. auch Zef 3,12b!). Denn die fremden Nationen sollen nicht mehr die Namen fremder Götter bekennen (vgl. Zef 1,4–5), sondern ausschließlich den Namen des einen und einzigen Gottes, den Israel als ›JHWH‹ erfahren hat und bekennt. Die einheitliche Rede von JHWH in 9 II ist somit aus der Perspektive der Nationen gut verständlich. Auch von daher lässt sich die Herstellung des Singulars »mein Volk« (עמי) im MT von 3,9 I nicht als Primärtext begründen (bes. gegen *K. Elliger* 78.79–81, der 3,9 II-10 insgesamt als sekundär betrachtet; s. o. zu Text und Übersetzung V 9 I).

Aufbau

Die universale Verheißung in Gottesrede Zef 3,9–10 mit ihren drei Verszeilen zeigt auch inhaltlich einen dreiteiligen Aufbau:
1. **Läuterungshandeln JHWHs an Nationen V 9 I:** »reine Lippe«
2. **Ziel des göttlichen Handelns V 9 II:** Bekenntnis aller Nationen zum Namen JHWH im gemeinsamen JHWH-Dienst
3. **Steigernde Erläuterung des Ziels V 10:** Sogar aus der äußersten Ferne (Kusch) bringt man Huldigungsgaben / -opfer
⟨Glosse in V 10 präzisiert: JHWHs Verehrer bringen »die Tochter meiner Verstreuten« als Gabe⟩

Prätexte? Abhängigkeit von Jes 18,1.7

Sieht man von der Formel »den Namen JHWH anrufen« in Zef 3,9 II ab, formuliert V 9 auffallend singulär. Die »gereinigte Lippe« (שפה ברורה) begegnet im Alten Testament nur in Zef 3,9. Gleiches gilt vom JHWH-Dienst aller Nationen »mit einer Schulter« (שכם אחד, ganz anders in Gen 48,22!). Dass Zef 3,9 allerdings kontrastiv an eine Rede von »Völkern, die JHWH nicht kennen und nicht seinen Namen anrufen« anschließen dürfte, zeigt ein Vergleich mit der Bitte um JHWHs gerecht strafenden Zorn über »Völker« und »Königreiche« in Ps 79,6 und entsprechend in Jer 10,25 (s. o. zu Zef 3,8!).

Der Vers Zef 3,10 hat in Jes 18,1 und 7 ein unübersehbares Gegenstück. Der Versbeginn findet sich so nur noch in Jes 18,1, dort im Sinne einer Landesbezeichnung »im Umkreis (מֵעֵבֶר לְ) der Ströme von Kusch«, in Zef 3,10 jedoch eher als Herkunftsangabe »aus dem Umkreis (מֵעֵבֶר לְ) der Ströme von Kusch«. Die zweite Vers-

Zef 3,9–13: Verheißung: die Läuterung der Nationen und Jerusalems

hälfte von Zef 3,10 spiegelt in Kurzform den späten Zusatz Jes 18,7 zur Einheit Jes 18,1–6 wider. Der Zusatz nimmt die Beschreibung der »gefürchteten« Nation der Kuschiter von 18,2 her auf und verkündet, dass von eben diesem Volk »Huldigungsgeschenke« (hier שׁי statt מנחה) »gebracht werden« (יבל-H »bringen« wie in Zef 3,10). Ausdrücklich nennt Jes 18,7 als Adressaten »JHWH Zebaot« und als Zielort »die Stätte des *Namens* JHWH Zebaots, der Zionsberg« (vgl. auch den »Namen JHWH[s]« in Zef 3,9 II)! Zef 3,10 verknüpft in seiner Formulierung demnach Jes 18,1 und 7 so auffällig, dass man den Jesajatext 18,1–7 als vorgegebenen Spender-Text für die Zefanja-Stelle bezeichnen muss.

Andere mögliche Prätexte für Zef 3,(9–)10 lassen sich nicht so leicht benennen. Die Wendung יבל שׁי-H »Gabe herbeibringen« verbindet Jes 18,7 mit den wohl nachexilischen Psalmtexten Ps 68,30b und Ps 76,12. In beiden Fällen ist daran gedacht, dass Könige (Ps 68,30b; vgl. Ps 76,13) bzw. Völker im Umkreis (vgl. Ps 76,12.11*) Gaben zu dem Gott bringen, der als Weltenherr vom Tempel über Jerusalem aus (Ps 68,30a) seine Macht und sein Gericht erweist (zu den Schwierigkeiten der Datierung von Ps 68* und Ps 76* vgl. nur *H. Gunkel*, Die Psalmen, Göttingen [5]1968, 283 f.286, gegenüber *E. Zenger* in *F.-L. Hossfeld* / ders., Psalmen 51–100: HThKAT, Freiburg 2000, 250.255.389 f.399, der für die Primärform beider Psalmen noch eine spätvorexilische Datierung für möglich hält). Ps 68,32 verheißt und wünscht, dass aus Ägypten kostbare Gaben (aus Bronze?) kommen und Kusch ›seine Hände zu Gott erhebt‹. Wieder ist der ferne Süden am Rande der vorgestellten bewohnten Erde hervorgehoben als Beispiel der Huldigung der Völker für JHWH wie in Zef 3,10. Ähnliche Motivik zeigt sich in der Rede von Ägypten und Kusch in Jes 45,14! Dass das Motiv der Völkerhuldigung vor dem Gott Israels als dem Herrn der Welt sich gerne mit dem fernen Kusch verbindet, setzt Zef 3,10 sicher voraus. Eine direkte literarische Abhängigkeit bzw. Aufnahme von Ps 68 und Jes 45 wird man hingegen nicht behaupten können – anders als im Fall von Jes 18,1–7.

Zef 3,10 greift freilich nicht nur auf Jes 18,1–7 zurück, sondern schließt im Kontext des Zefanjabuches kontrastierend an das Unheilswort über die Kuschiter Zef 2,12 an. Wie nun auf 2,12 die Ankündigung gegen Assur und Ninive in 2,13–15 folgt, so sollte nach *O. H. Steck* (1990, 90–95, bes. 91 f.) auch Assyrien neben Ägypten in Zef 3,9–10 implizit angesprochen sein. *Steck* will einen Hinweis darauf zumal der Constructus-Verbindung בת־פוצי »Tochter meiner Verstreuten« in (der Glosse von) 3,10 entnehmen (vgl. Nah 3,18 und Jes 47,1.5). Die weitgehenden Bezüge, die *Steck* von Zef 3,9–10 her über Jes 18 hinaus zu Jes 19,18–25 sowie zu Jer 46 und Ez 29–30 herstellen will, halten einer Überprüfung kaum stand. Das entschiedene Interesse an »Ägypten« und »Assur«, das für Jes 19,18–25 prägend ist (Kusch / Nubien / Äthiopien spielt hier keine Rolle!), lässt sich auch aus der Glosse in Zef 3,10, die *Steck* zu Unrecht nicht als solche beurteilt, nicht erkennen. Wortbezüge wie עתרי »meine Anbeter« Zef 3,10 und עתר-N »sich erbitten lassen« Jes 19,22 oder עבד »dienen« Zef 3,9 II und Jes 19,21.23 führen auf eine ähnliche Heilsthematik in Jes 19 für Völker, die am wahrscheinlichsten die Ptolemäer und Seleukiden im 3. Jh. v.Chr. repräsentieren. Zef 3,9–10 ist kaum von Jes 19,18–25 literarisch beeinflusst (die detaillierten Vorstellungen vom JHWH-Kult der Ägypter und Assyrer und der Rolle Israels in diesem Zusammenhang in Jes 19,18–25 haben keine »Wallfahrt« nach Jerusalem im Blick). Die Glosse in 3,10 dürfte ihren engsten Anhalt in Jes 66,20 haben (s. o. zu Text und Übersetzung sowie unten zur Auslegung).

Teil III: Zefanja 3,9–20: Der »Tag« der Läuterung und Rettung

Auslegung

Die Anfangsworte von Zef 3,9 signalisieren einen Anschluss an das Völker- V 9 I
gericht von MT Zef 3,8 und zugleich die große Heilswende. כי אז »Ja, dann«
leitet die Ankündigung des völlig neuen Handelns JHWHs zur Läuterung
der Völker ein und parallelisiert gezielt die Einleitung von Satz 3,11b, der
die Reinigung Jerusalems ansagt. Nach Zef 3,8 kann 3,9 kontextuell nur in
adversativem Sinn anschließen (»Jedoch / vielmehr dann ...«, s. o. zum
Text). Das umstürzend Neue an JHWHs Handeln bezeichnet das Verb הפך
»umwenden, umstürzen, umwandeln«. Es kann allein den Umsturz, die Vernichtung des Bestehenden bedeuten, so sprichwörtlich von der Vernichtung
Sodoms und benachbarter Städte am Toten Meer in Gen 19,21.25.29; Dtn
29,22 u. a. Die Beseitigung des Alten ist freilich auch vorausgesetzt, wenn
von der Schaffung eines neuen Zustands durch »Wandlung« die Rede ist, sei
das Neue nun positiv (z. B. Jer 31,13) oder negativ (Am 5,7).

Die Wende zum Heil für Nationen wird nach Zef 3,9 sichtbar in der »geläuterten, reinen Lippe«, die JHWH ihnen schafft, damit sie ›Lauteres‹ redet
(vgl. Ijob 33,3). Die Basis ברר »absondern, auswählen, reinigen« ist im Gegensatz zum Fachterminus für die primär kultisch-levitische Reinigung טהר
nicht kultisch geprägt (V. Hamp, ThWAT I [1973] 844.841–845). Trotz mancher Berührung der beiden Wortbasen im religiös-sittlichen Gebrauch (vgl.
Ps 19,9; 51,4.9.12) ist besonders für ברר die Rede von der Reinheit des Herzens (Ps 24,4; 73,1) und der Hände (Ps 18,21.25 // 2 Sam 22,21.25; Ijob
22,30) charakteristisch. Die »reine Lippe« von Zef 3,9, metonymisch für
die geläuterte Rede, setzt also ein geläutertes Herz voraus und versteht sich
im Sinne einer umfassenden sittlich-religiösen Läuterung, auch wenn Zef
3,9 II gewiss die kultische Verehrung JHWHs und das Bekenntnis zu seinem
Namen als Ziel des läuternden göttlichen Handelns hervorhebt.

Im Kontext von Zef 3,9–13 steht die »reine Lippe« im Gegensatz zu der
»trügerischen, lügnerischen Zunge«, die man nach 3,13c (vgl. 13b) beim
Restvolk in Jerusalem nicht mehr antreffen wird. Im Kontrast dazu steht
aber auch die Wortverbindung »unrein (טמא) an Lippen« von Jes 6,5; טמא
bezeichnet in Jesajas Rede nicht nur levitisch-kultische Unreinheit im Gegensatz zum Terminus טהר, sondern umfassender Schuld und Sünde, die
zum prophetischen Reden im Auftrag Gottes unfähig machen und deshalb
gesühnt werden müssen (Jes 6,7). Ähnlich deutet die »reine Lippe« von Zef
3,9 I an, dass die Völker zur ›wahren Rede‹ und zum wahren, legitimen
Gottesbekenntnis gelangen sollen (V 9 II). Nur JHWH selbst, nicht ein Bekehrungsentschluss und eine sittliche Anstrengung der Völker kann solche
Läuterung bewirken (vgl. Jer 24,7; Ez 36,23–27!).

Die zweite Verszeile von V 9 beantwortet mit ihren beiden parallelen In- V 9 II
finitiv-Gruppen die Frage, wozu die »reine Lippe« dienen soll. Die Wendung
קרא בשם יהוה in der primären Bedeutung »rufen unter Verwendung des Na-

mens JHWH« (s. o. zur Übersetzung) bezeichnet hier in der Parallele zum einträchtigen JHWH-Dienen (עבד) umfassend die rechte JHWH-Verehrung. Wenn das Gericht über jene in Juda und Jerusalem ergangen sein wird, die sich zwar vor JHWH niederwerfen, aber bei einem fremden Königsgott schwören (Zef 1,5) und wenn Jerusalem geläutert ist (Zef 3,11–13), dann werden auch die Völker die Forderung der Mose-Tora an Israel erfüllen: JHWH dienen und allein bei seinem Namen schwören (Dtn 6,13). Die Wendung קרא בשם יהוה zielt zuerst auf das mit »reiner Lippe« gesprochene klare Bekenntnis zu JHWH: »den Namen ›JHWH‹ ausrufen, proklamieren, preisend bekennen« (vgl. Jes 12,4; Ps 105,1 // 1 Chr 16,8; Ps 80,19; 116,13.17, vgl. Ex 33,19; 34,5). Das grundlegende öffentliche Bekenntnis zum Namen JHWHs vor anderen Menschen und Völkern ist jeweils Teil eines vielstimmigen Bekenntnisses *aller* Völker als Ausdruck legitimen JHWH-Kults. Zef 3,9 zielt auf eine kultische JHWH-Verehrung, die alle Formen der lobend-dankenden und klagend-bittenden Anrufung des Namens JHWH einschließt (vgl. 1 Kön 18,24; 2 Kön 5,11; Jes 64,6; Ps 80,19; 116,4). »Dabei geht es beim Anrufen des Namens nicht um ein magisches Herbeizwingen der Person durch den Namen, sondern um den Kontaktschluss durch Anruf, der allem gottesdienstlichen Geschehen zugrunde liegt.« (*F.-L. Hossfeld / E.-M. Kindl*, ThWAT VII [1993] 122, vgl. Gen 4,26; 12,8; 13,4 u. a.).

In der Vision von Zef 3,9 gibt es keine Völker mehr, ›die JHWH nicht kennen‹ und keine Königreiche, ›die seinen Namen nicht anrufen‹ (Ps 79,6; Jer 10,25)! Wenn V 9 das Anrufen des Namens JHWH umfassend als ein auf JHWH gerichtetes ›Dienen‹ (עבד) kennzeichnet, so hat dieses Verb ausschließlich positive Konnotation, nichts von der Ambivalenz, die dem auf Menschen bezogenen Dienen anhaftet. Das ›Gott-Dienen‹ von V 9 zielt auf ein grundlegendes stetiges Gottesverhältnis, das sich in Akten kultischer Gottesverehrung konkretisiert, aber jeden einzelnen Akt übersteigt und umgreift, wie dies zumal in vom Buch Dtn her geprägter Redeweise und Literatur deutlich ist. Der JHWH-Dienst steht dabei nicht im Gegensatz zum Unglauben, sondern zum ›Anderen-Göttern-Dienen‹ (Dtn 6,13 f.; 7,4; 10,12; 12,2.30 u. a.; Jos 24,2.14.15.16 u. a.). Denn es gehört zum Mensch-Sein, einem Gott zu dienen (*C. Westermann*, THAT II [1976] 195.198). Wie in Zef 3,9 wird der JHWH-Dienst (עבד) fremder Völker, hier der Ägypter und Assyrer, ähnlich in dem wohl frühhellenistischen Text Jes 19,21.23 (ca. 3. Jh. v. Chr.) zum Gegenstand endzeitlicher Verheißung (vgl. auch vom verheißenen Gottesdienst Israels Jer 30,9; Ez 20,40).

Die metaphorische Umstandsangabe שכם אחד »mit *einer* Schulter«, die den *einträchtigen* kultischen Dienst der Nationen für JHWH hervorhebt, ist ohne Parallele in der Bibel. Sprachlich kommen in jeweils anderen Kontexten die Attributverbindungen »*eine* Rede (›Mund‹)« in 1 Kön 22,13 und »*ein* Herz und *ein* Lebenswandel (›Weg‹)« in Jer 32,39 nahe (*L. Sabottka* 1972, 117 f.). Die Bildsprache von Zef 3,9 IIB schließt an die Vorstellung

»mit *einer* Schulter«

von Trägern an, die ihre Last gewöhnlich auf der Schulter transportieren (Gen 21,14; 24,15.45; 49,15! u.a.), auch im Zusammenhang des kultischen JHWH-Dienstes in Num 7,9! Das Besondere in Zef 3,9 liegt darin, dass alle Nationen *gemeinsam* die eine und selbe ›Bürde‹ des JHWH-Dienstes tragen. V 10 nimmt dieses spezifische Bild vom Tragen »mit einer einzigen Schulter« in die Verheißung auf, dass man aus dem fernen Kusch מנחה »Gabe (Opfer)« – ein kollektiver Singular! – für JHWH »herbeibringen« wird. LXX deutet die Aussage von Zef 3,9 IIB auf das Bild vom Tragen des »Jochs« (ὑπὸ ζυγὸν ἕνα), das man auf den Nacken (nicht die Schulter) der Zugtiere legt (vgl. im übertragenen Sinn Gen 27,40; Dtn 28,48; Jes 9,3; 10,27!; 14,25; Jer 30,8).

Verhältnis zu Gen 11,1–9? Zef 3,9 verheißt nicht, dass die Nationen JHWH in ein und derselben Sprache dienen werden. Der Vers greift sprachlich nicht unmittelbar auf Gen 11,1 zurück, wonach die Erdenbewohner in der Urzeit vor der sog. babylonischen Sprachverwirrung alle שפה אחת »*eine* Lippe (Sprache / Rede)« hatten und dieselben Worte gebrauchten. Gleichwohl, auf einer neuen Ebene, nämlich der allumfassenden Anrufung des Namens ›JHWH‹ im einträchtigen JHWH-Kult, haben die Nationen doch eine gemeinsame religiöse ›Sprache‹ gefunden. So verstanden, können wir die »*eine* Lippe« von Gen 11,1 in einer neuen universalen Sicht auf betont religiöser Ebene in der »geläuterten Lippe« der Nationen und in ihrem kultischen Dienst »mit vereinter Schulter« wiedererkennen (s. u. ›Situation und Sinn‹ zur liturgischen Lesung im Judentum). Dann holt die endzeitliche Verheißung von Zef 3,9 eine urzeitliche Vorstellung von der einen Sprache der Menschheit ein, transformiert und überbietet sie aber religiös in der gemeinsamen universalen JHWH-Anrufung, dem einträchtigen JHWH-Dienst. Denn nach Gen 11,1–9 nutzt die urzeitliche Menschheit die eine gemeinsame Sprache / Rede gerade nicht zum gemeinsamen Gottesbekenntnis oder Gotteslob, anders als dies für die »geläuterte Rede« der Nationen von Zef 3,9 zutrifft.

Das Motiv der *einen* Sprache in der Urzeit scheint – anders als in Gen 11,1 ff. – mit charakteristischem religiösen Bezug auf die Gottheit in der Beschwörung des Nudimmud / Enki im sumerischen Epos ›Enmerkar und der Herr von Aratta‹ vertreten zu sein. In Z. 145–146 der Dichtung heißt es – so in der urzeitlichen Deutung des Textes – dass alle Welt zu Enlil, dem altmesopotamischen Hauptgott, »in *einer* Sprache« redete, d.h. die Gottheit preisen konnte. Unklar und im Verständnis sehr umstritten sind die Zeilen 150–155, nach denen der Gott Enki die Verschiedenheit der Sprachen oder umgekehrt ihre Einheit hergestellt hat. Vgl. zum Text *Th. Jacobsen*, The Harps that once ... Sumerian Poetry in Translation, New Haven and London 1987, 289 f. gegenüber *H. Schmökel* in RTAT 112 f.; vgl. die Bearbeitung von *Chr. Uehlinger*, Weltreich und »eine Rede«. Eine neue Deutung der sogenannten Turmbauerzählung (Gen 11,1–9): OBO 101, Freiburg Schweiz / Göttingen 1990, 409–420; *H. Seebass*, Genesis I: Urgeschichte (1,1–11,26), Neukirchen-Vluyn 1996, 280–281.

V 10 Erläuternd und steigernd zugleich schließt V 10 in Gottesrede an V 9 an: Sogar aus dem in biblischer Weltsicht denkbar fernen Kusch südlich von Oberägypten (s.o. zu Zef 2,12!), nach Homer (Odyssee I, Z. 22–23) dem Land der fern wohnenden Äthiopen, der Menschen am Rand der bewohnten Welt, wird man »Huldigungsgabe« für JHWH herbeibringen. Mit den

»Strömen von Kusch«, die nach Jes 18,2 und 7 das Land der Kuschiter durchschneiden, wird der Atbara sowie der Blaue und Weiße Nil bezeichnet sein, wohl aber auch schon die große Nilschleife in Ost-West-Richtung zwischen dem 18. und 20. Breitengrad (von Süden nach Norden gesehen bzw. in umgekehrter Richtung zwischen dem 3. und 5. Nilkatarakt). Vgl. oben Abb. 19 zu Zef 2,12.13–15! Den Plural constructus נהרי »Ströme …« als Plural der Ausdehnung zu deuten und damit allein den Nil bezeichnet zu sehen (so W. Rudolph 296 Anm. 4), geht schwerlich an, trotz Nah 3,8 u. a., wonach יארים »Ströme / Flüsse« für den Nil mit seinen Armen und Kanälen stehen kann. Jes 18,1.2 und 7 bzw. 18,1–7 insgesamt, ein Text, von dem Zef 3,10 mit höchster Wahrscheinlichkeit abhängt (s. o. Analyse), lässt eine Unterscheidung zwischen den Strömen von Kusch und dem Nil (hier als ים »Meer« 18,2 wie in Jes 19,5 und Nah 3,8) erkennen. Eine genaue geographische Vorstellung darf man bei dem Ergänzer von Zef 3,9–10 kaum voraussetzen.

Wer »aus dem Umkreis / Umland der Ströme von Kusch« (s. o. zur Übersetzung) »Gabe« für JHWH herbeibringen wird, sagt der Primärtext von V 10 (ohne Glosse!) nicht ausdrücklich. Das Subjekt des Satzes schließt aber sinngemäß an die »Nationen« von V 9 in ihrer Gesamtheit an. Demzufolge hat Zef 3,10 nicht allein die JHWH-Verehrer aus dem fernen Nubien als Gabenbringer nach Jerusalem im Blick. Vielmehr sind sie ein besonders hervorstechendes Beispiel für eine weltweite Bewegung hin zu JHWH.

Was die Verehrer »herbeibringen« (יבל-H), benennt Zef 3,10 nicht mit dem neutraleren Ausdruck שׁי »Tribut, Gabe, Geschenk«, wovon in Jes 18,7; Ps 68,30b und Ps 76,12 die Rede ist (s. o. die Analyse). מנחתי »meine Gabe« (Gabe für mich!) kann parallel zu den eben genannten Texten מנחה, wie häufig (37mal nach HALAT 568b–569a), als profane Gabe voraussetzen. Hos 10,6, der einzige weitere Beleg der Verbindung von יבל-H »herbeibringen« mit מנחה, bezeugt sicher die Bedeutung »Tribut«. Im Anschluss an den kultischen JHWH-Dienst der Völker, den Zef 3,9 verheißt, erhält jedoch מנחה den Sinn eines »Huldigungsopfers« (vgl. Gen 4,3–5; 1 Sam 2,17; 26,19). Konkret an »Speiseopfer« (wie sehr häufig in priesterlich-kultischem Kontext) ist jedenfalls nicht gedacht, anders als z. B. in Jes 19,21; Jer 14,12; 33,18 neben weiteren Opferarten; Speiseopfer als Gaben judäischer Wallfahrer nach Jerusalem nennt Jer 17,26 (vgl. Jer 41,5).

Wohin die geläuterten JHWH-Verehrer der Völker ihre Gabe für den einen und einzigen Gott bringen, wird aus dem Kontext von Zef 3,9–10 ohne weiteres deutlich: Es kann nur ein schon als gereinigt vorausgesetztes Jerusalem sein. Daran lassen die Verse 3,11–13, die ihrerseits an das Wehe- und Gerichtswort über Jerusalem in 3,1–4(5) und 3,6–8* anschließen, keinen Zweifel. Zef 3,14 ff. nennt ausdrücklich »die Tochter Zion / Jerusalem«! »Der Ort des Namens JHWH Zebaots, der Berg Zion«, der in dem Prätext Jes 18,7 von Zef 3,10 ausdrücklich das Ziel der Wallfahrt vom fernen Kusch her benennt, muss daher in Zef 3,10 nicht mehr eigens erwähnt werden.

Teil III: Zefanja 3,9–20: Der »Tag« der Läuterung und Rettung

»Völkerhuldigung / Völkerwallfahrt«
Das Motiv der Völkerwallfahrt zum Zion als Ausdruck und Konkretisierung des auch in der Mitwelt des alten Israel bekannten Motivs der Völkerhuldigung vor der Gottheit bzw. dem König als ihrem Repräsentanten tritt biblisch in mindestens vier Formen bzw. mit vier Zielsetzungen auf:

(1.) Die Völkerhuldigung in der Form des Herbeibringens von Tribut, von Huldigungsgaben zu JHWH nach Jerusalem geht wie in Zef 3,10 und Jes 18,7 vom fernen Kusch aus bzw. bezieht Kusch ausdrücklich ein in Ps 68,30b.32, ähnlich in Jes 45,14–15. Ohne Erwähnung von Kusch ist das Motiv breit ausgeführt in Jes 60, dazu in Hag 2,7 und in Sach 14,14 sowie Tob 13,13. Als Hintergrund der Wallfahrt mit Gaben zum Weltenkönig nach Jerusalem zeichnet sich die Tradition vom Herbeibringen des Tributs an den (Groß-)König ab, wie sie in Ps 72 (V 10–11) sich ausprägt.

(2.) Die Völker bringen die Söhne und Töchter Israels heim aus Exil und Diaspora nach Jerusalem, wie Jes 49,22; 60,4.9; 66,20 und danach am wahrscheinlichsten auch die Endgestalt von Zef 3,10 es verheißt.

(3.) Ziel der Völkerwallfahrt zum Zion kann es aber auch sein, sich zu JHWH zu bekennen und ihn zu verehren, ohne dass besondere Gaben erwähnt wären, so in Sach 2,15; 6,15; 8,20–22; der Zusatz Sach 8,23 schreibt jüdischen Menschen eine Vermittlerrolle zu, da sie Angehörige der Völker zu JHWH hinführen werden. Das Ziel der JHWH-Verehrung in Jerusalem wird auch genannt in Sach 14,16–19; Ps 102,23; Tob 14,6, ferner Jes 55,5 und Jes 49,7; vgl. auch Ps 87! Da Zef 3,9–10 die Einheit Israels mit den Völkern in der Verehrung JHWHs voraussetzt, erinnert unser Text zumal an Sach 2,15: »Viele Völker« sollen danach zum einen Volk JHWHs werden. Er aber wird inmitten der Tochter Zion wohnen und so zugleich die Mitte der Völkerwelt sein (vgl. *R. Lux*, »Wir wollen mit euch gehen ...«. Überlegungen zur Völkertheologie Haggais und Sacharjas, in: *C. Kähler* u.a. (Hrsg.), Gedenkt an das Wort. FS *W. Vogler*, Leipzig 1999, 127 [107–133]). Im Hintergrund dieser Motivik der Verehrung JHWHs durch die Völker dürfte die Teilnahme von Völkern am Gottesdienst Israels stehen, wie sie in Ps 47,10 (mit V 2) und in weiteren JHWH-König-Psalmen (Ps 96,7–9; 98,4–6; 99,2–5) verkündet und besungen wird.

(4.) Ziel der berühmten Texte von der Völkerwallfahrt zum Zion in Jes 2,2–4.5 und Mi 4,1–3.4.5 ist es, JHWH als den alleinigen Friedensrichter und Schlichter in den Konflikten der Völker aufzusuchen. Seine gerechten Entscheide werden die Waffen unnötig machen. Die Texte setzen den Vorstellungskreis von dem Gott und dem König als seinem irdischen Repräsentanten voraus, der als Weltenherr bzw. oberster Richter Konflikte zwischen Menschen und Völkerschaften entscheidet (vgl. von Gott Ps 99,4; vom König auf dem Zion Ps 2,10–12; 72,4.7–9.12–14; auch Ps 110,6a; vom messianischen Königsspross Jes 11,4, wo das Recht verschaffende Handeln mit denselben Verben wie in Jes 2,4 und 4,3 beschrieben wird; im Nachtrag Jes 11,10 ist es »die Wurzel Isais«, der Heilskönig, an den sich die Völker wenden). Beide Völkerwallfahrtstexte werden mit guten Gründen in die frühnachexilische Zeit bzw. die eher frühere Perserzeit etwa des 5. Jh. v. Chr. datiert (vgl. zur Diskussion *R. Kessler*, Micha: HThKAT, Freiburg 1999, 181 f.). Mi 4,5 unterscheidet für die Gegenwart des Verfassers klar zwischen dem Gottesdienst der Völker, die ihre jeweiligen Götter verehren und dem Gottesdienst Israels, das seinen Weg im Namen JHWHs, seines Gottes, geht und gehen soll. Die Zukunftsvision von Zef 3,9–10 macht hingegen keinen Unterschied mehr: Alle Völker werden mit dem geläuterten Israel, das der Text voraussetzt, vereint sein im einträchtigen Bekenntnis zum Namen JHWHs.

Zef 3,9–13: Verheißung: die Läuterung der Nationen und Jerusalems

Gewiss steht Zef 3,9–10 bereits im Gefolge einer weltweit intendierten Einladung hin zum einzigen Gott und Retter JHWH, wie wir sie zuerst aus Deuterojesaja kennen (Jes 45,22–23, aber auch schon V 20–21). Vieles spricht jedoch dafür, dass zumal Zef 3,10 auf dem Hintergrund von Jes 18,7 wie auch Hag 2,7 und Jes 60 als eine implizite Kritik und gezielte religiöse Umpolung einer persischen Reichsideologie und Großmachtpolitik verstanden werden kann. Während im Perserreich die Abordnungen der vielen von den Persern beherrschten Völker ihren Tribut oder auch Geschenke ins Zentrum des Reiches, zur Metropole Persepolis, bringen, verkündet Zef 3,10, dass selbst aus dem fernsten Süden und damit letztlich alle Völker (entsprechend 3,9!) ihre Gabe zum wahren und einzigen Zentrum der Welt, zu JHWH selbst, bringen werden! Als Mittelpunkt der weltweiten Verehrung ist Jerusalem sicher vorausgesetzt (vgl. 3,11–13.14ff.). Es muss nicht eigens genannt werden, zumal das eigentliche Ziel der Wallfahrer zuallererst JHWH selbst ist.

Plastischer Ausdruck der persischen Reichsordnung sind die berühmten Reliefs von Völkerprozessionen auf den Wänden der Osttreppen des Apadana, der großen Empfangshalle in der von Dareios I. (522–546 v. Chr.) und seinen Nachfolgern errichteten Metropole Persepolis. Auf der Gründungsurkunde des Apadana rühmt sich Dareios, dass sein Reich von den Skythen bis nach Kusch (Äthiopien) und von Indien bis nach Sardes (Lydien) reiche (vgl. *H. Koch*, Es kündet Dareios der König ... Vom Leben im persischen Großreich: Kulturgeschichte der antiken Welt, Mainz 1992, 93); Est 1,1 gibt entsprechend die Ausdehnung von Indien bis nach Kusch an. Es verwundert daher nicht, dass unter den 23 Tributbringern im Bildprogramm der Apadana-Treppen unter anderem neben den Ägyptern auch die Äthiopier erscheinen. Vgl. Abb. 23!

Herodot zählt allerdings die Äthiopier zu jenen Völkerschaften, die im Perserreich keine Steuern zahlten, sondern freiwillige Geschenke brachten (Historien III, 97). Die Tradition des Motivs der Huldigung und Gabendarbringung für den König oder die Gottheit ist auch ikonographisch viel älter als die Persepolis-Reliefs. Die Darstellung des Äthiopierzugs in Persepolis hat eine treffende Entsprechung in einer Grabmalerei in Theben (Abd el Qurna, Grab des Huy) zur Zeit des Tutanchamun (1336–1327 v. Chr.); dort sind es Nubier, die dem Pharao ihre kostbaren Gaben (darunter Gold und eine Giraffe) überbringen (vgl. AOBPs Abb. 409!). Am Ende einer Bauinschrift Amenophis' III. (1390–1352 v. Chr.) bezeugt eine hymnische Rede des Götterkönigs Amun an den Pharao einen Tributzug der Nubier: »When I turn my face to the south, I *work* a wonder for thee: – I make the princes of the wretched Ethiopia bestir themselves for thee, Bearing all their tribute upon their backs.« (ANET 376[375 f.]; AOT 20).

Zef 3,10 hat in der Textüberlieferung durch die Einfügung der Worte בת פוצי עתרי »meine Anbeter – die Tochter meiner Verstreuten« eine bedeutsame

Umpolung persischer Reichsideologie?

Die Heimkehr der Diaspora (MT V 10 mit Glosse)

Teil III: Zefanja 3,9–20: Der »Tag« der Läuterung und Rettung

Abb. 23
Ausschnitt aus den Reliefs auf den Wänden der Osttreppen der großen Empfangshalle in Persepolis. Angeführt von einem persischen Hofbeamten bringen drei Abgeordnete der Äthiopier in dieser »Einführungsszene« für ihr Land charakteristische Gaben herbei (ein Gefäß mit Deckel vermutlich mit Spezereien, Ölen oder Gewürzen, dazu einen Elefantenzahn und eine Giraffe, wie sie auch in ägyptischen Tributdarstellungen und Geschenklisten als Tributgabe der Nubier / Äthiopier mehrfach vorkommt). Darstellung nach *H. Koch*, Es kündet Dareios der König ... Vom Leben im persischen Großreich: Kulturgeschichte der antiken Welt, Mainz 1992, 118; vgl. *G. Walser*, Die Völkerschaften auf den Reliefs von Persepolis, Berlin 1966, Taf. 30 und Taf. 81, dazu S. 100–102. Gezeichnet von *C. Diller*.

Umprägung und Sinnerweiterung erfahren. Zur Textbezeugung sowie zur lexikalischen und kontextuellen Deutung der Glosse in V 10 wurde oben (zu Text und Übersetzung) das Nötige gesagt. Die Glosse benennt ausdrücklich, was der Primärtext von V 10 offen gelassen hatte: Es sind »meine Anbeter / Verehrer« (עתרי als Satzsubjekt) aus den geläuterten und bekehrten Völkern (V 9), welche ein gegenüber dem Primärtext neues direktes Objekt, nämlich »die Tochter meiner Verstreuten / meine verstreute Gemeinde« (בת פוצי) »als meine Huldigungsgabe« (מנחתי), herbeibringen – nach Jerusalem! Dieses JHWH-Volk in der Diaspora also wird die Gott wohlgefällige »Opfergabe« sein! Formulierung und Vorstellung erinnern so sehr an Jes 66,20, dass man die Glosse in Zef 3,10 von dort her inspiriert ansehen muss (s. o. zum Text; ebd. auch zu anderen Kontextdeutung der fraglichen Worte, die darin eine Einschränkung des Verehrerkreises auf die Diaspora erkennen wollen, sofern man nicht zu Textkorrekturen Zuflucht nimmt). An der Jesajastelle sind es die aus dem Völkergericht JHWHs Entronnenen oder eher Völker selbst, die »alle eure Brüder aus allen Völkern als Huldigungsgabe (מנחה!) für JHWH« herbeibringen werden (vgl. *W. Groß*, Israel und die Völker 1999, 288 f.286–293).

Datierung der ›Diaspora-Glosse‹

Wann wurde die Glosse in Zef 3,10 eingefügt? Jes 66,20 setzt bereits Jes

Zef 3,9–13: Verheißung: die Läuterung der Nationen und Jerusalems

60,4.9 und Jes 49,22 f. voraus (vgl. ferner Sach 8,23) und dürfte kaum vor der frühhellenistischen Zeit Judas im 3. Jh. v. Chr. verfasst worden sein (vgl. *O. H. Steck*, Der Abschluß der Prophetie 1991, 93 f. Anm. 175.176). Die griechische Version des um 200 v. Chr. vorliegenden Zwölfprophetenbuches wird in der ersten Hälfte des 2. Jhs. v. Chr. entstanden sein (vgl. schon *A. Kaminka* 1928, 47; s. o. in der Einleitung zum Kommentar Nr. 8 zur LXX von Zef). Dann gehört die Glosse in V 10, die in der Primärform der griechischen Version dieses Verses noch nicht bezeugt ist (s. o. zum Text!) am ehesten dem 2. Jh. v. Chr. an.

MT Zef 3,10 rechnet mit einer jüdischen Diaspora sogar im fernen Kusch, nicht nur etwa in Ägypten, wohin nach dem Fall Jerusalems 586 v. Chr. Judäer ausgewandert waren (Jer 41,16–44,30; in Jer 44,1.15 wird unter den Ansiedlungsorten auch »Patros«, d. h. Oberägypten, genannt!). Auch Jes 11,11 nennt u. a. Patros (Oberägypten) und Kusch (Nubien) als Gebiete, von denen her JHWH »den Rest seines Volkes« sammeln wird (V 12). Während sich in Jes 11,11–16 jedoch die Heimkehr der Verstreuten mit einer feindlichen Haltung den Völkern gegenüber verbindet, bezieht Zef 3,10 die jüdische Diaspora in eine universale Heilsperspektive für die Völker ein. Sie übersteigt auch noch die Ankündigungen von Jes 66,20 und seiner oben genannten Prätexte (bes. Jes 60). Der MT Zef 3,10 und Jes 11,11 weisen unabhängig voneinander auf die Kenntnis einer jüdischen Diaspora im fernen Nubien hin.

> Jüdische Gruppen in Nubien

Möglicherweise waren schon im Verlauf des Feldzugs des Perserkönigs Kambyses gegen Kusch, nachdem er Ägypten erobert hatte, kleinere Gruppen von Judäern als Söldner nach Nubien gelangt (um und nach 525 v. Chr.). Außerdem ist auf die durch aramäische Papyri und Ostraka bekannt gewordene religiös synkretistische jüdische Militärkolonie auf der Insel Elephantine bei Syene (heute Assuan) hinzuweisen. Sie bestand am wahrscheinlichsten vom 6. Jh. an bis kurz nach 400 v. Chr. Ihr JHW-(/JHWH-)Tempel wurde 410 v. Chr. von Ägyptern auf Betreiben der Chnum-Priester zerstört. Angehörige dieser Militärkolonie, die sich gegenüber den Persern loyal verhielten, mögen nach der (zeitweiligen) Ablösung der Perserherrschaft durch Ägypter nach 400 v. Chr. in Richtung Nubien gezogen sein und sich dort niedergelassen haben. (Vgl. *B. Porten*, Archives from Elephantine. The Life of an Ancient Jewish Military Colony, Berkeley and Los Angeles 1968, 301 u. a.; *W. Kornfeld* 1976, 55–59). Jüdische Gruppen zumindest in Oberägypten bezeugt auch ein aramäischer Text in demotischer Schrift an der Wende vom 4. zum 3. Jh. v. Chr., in dem von der Ankunft von Soldaten aus Juda, Samaria und Jerusalem die Rede ist (ediert in englischer Version von *R. C. Steiner* als Nr. 1.99 in: *W. Hallo* u. a. [Hrsg.], The Context of Scripture I, Leiden u. a. 1997, 309–327, Col. XVI, 1–6).

Im Zusammenhang von Zef 3,9–10 fügt sich der glossierte Endtext von V 10 in die Tendenz des Primärtextes ein: Die ›Wallfahrt‹ aus dem fernen Süden ist nur gesteigerter Ausdruck für die Hoffnung, dass weltweit die durch das Gericht hindurch geläuterten Völker zusammen mit der ebenfalls als weltweit vorgestellten Diaspora Israels hinfinden zu JHWH.

Teil III: Zefanja 3,9–20: Der »Tag« der Läuterung und Rettung

Situation und Sinn

Datierung   Zef 3,9–10 versteht sich am besten auf dem Hintergrund der späteren Perserzeit (vgl. oben die Auslegung, besonders zum Motiv der Völkerhuldigung). Die Verse setzen nicht nur den nachexilischen Zusatz Jes 18,7 voraus, sondern sachlich auch Sach 2,15; 6,15; 8,20–22(23), sowie auch die perserzeitlichen Texte von der Wallfahrt zum Zion in Jes 2,2–4.5 und Mi 4,1–3.4.5. Zef 3,9–10 überwindet die Unterscheidung zwischen dem Gottesdienst der Völker und jenem Israels in Mi 4,5. Ein Wissen von JHWH-Verehrern zumindest im fernen Oberägypten (vgl. die jüdische Militärkolonie auf der Nilinsel Elephantine beim heutigen Assuan), wenn nicht gar im südlich angrenzenden Kusch / Nubien selbst, werden wir für Zef 3,10 voraussetzen dürfen. Andererseits deutet in Zef 3,9–10 noch nichts auf die Ausbildung einigermaßen stabiler Diadochenreiche im 3. Jh. hin (Ptolemäer / Lagiden in Ägypten und Palästina, Seleukiden in Mesopotamien und Nordsyrien). Somit scheint die Situation, wie sie Jes 19,19–25 mit der Rede von »Ägypten« und »Assur« erkennen lässt, noch nicht vorausgesetzt. Wir dürfen daher mit einer Entstehung noch im perserzeitlichen späteren 5. oder schon im 4. Jh. v. Chr. rechnen, ohne dass eine nähere Eingrenzung möglich wäre. Auch Zef 2,11 dürfte noch in die späte Perserzeit gehören (s. o. zu Zef 2,11 »Auslegung« und »Situation«). Über die programmatische Botschaft Deuterojesajas und Tritojesajas hinaus (bes. Jes 45,20–23!, dazu *L. Ruppert* 1994) war die tolerante Religionspolitik der Achämeniden und der Zarathustrismus als persische Staatsreligion mit dem alles überragenden Gott Ahuramazda, dem »weisen Herrn« als dem allwissenden Schöpfergott, der Herausbildung einer universalen Verheißung, wie sie Zef 3,9–10 formuliert, jedenfalls günstig. Sicher erst der hellenistischen Zeit Palästinas, am ehesten dem 2. Jh. v. Chr., gehört die Glosse in 3,10 an. Sie setzt wahrscheinlich schon Jes 66,20 voraus (s. o.). Dann verengt sie nicht einfach den Blick auf die jüdische Diaspora als der »Tochter meiner Verstreuten«, sondern verknüpft diese ausdrücklich mit den »Anbetern« aus den Völkern.

Buchkontext   Die Verheißung des einträchtigen JHWH-Dienstes der geläuterten Völker in 3,9 mit ihrer Konkretisierung im Bild der Wallfahrt vom fernen Kusch her in 3,10 hat im Zefanjabuch eine weitere universal gerichtete Verheißung ausgelöst: Zef 2,11 korrigiert und übersteigt Zef 3,10 insofern, als jener Vers die Verehrung JHWHs durch »alle Inseln der Völker« nicht mehr an Jerusalem als Zentrum gebunden sieht, sondern an die jeweiligen Heimatorte der JHWH-Verehrer verlagert (s. o. zu Zef 2,11!). Wie Zef 2,11 im Endtext von 2,4–15 die innere Mitte und das eigentliche Ziel der Völkerworte aufscheinen lässt, so markiert 3,9–10 in Zef 3 und im Aufbau des Zefanjabuches insgesamt die große Wende hin zum universalen JHWH-Bekenntnis und zur JHWH-Herrschaft. Nach dem Gericht über Jerusalem (3,6–8) und dem Völkergericht (nach 3,8) bildet Zef 3,9–10 nun die weltweite Heilsperspek-

Zef 3,9–13: Verheißung: die Läuterung der Nationen und Jerusalems

tive, innerhalb derer sich die Läuterung Jerusalems vollzieht (3,11–13) und eine glückliche Zukunft für die Tochter Zion und das Israel in der Diaspora sich entfalten kann (3,14–20). Aus den feindlichen Völkern, die JHWH nach dem primären Sinn von Zef 3,8 als Strafwerkzeuge gegen Jerusalem einsetzt, sind die geläuterten JHWH-Bekenner geworden, die nun als ›Wallfahrer‹ nach Jerusalem ziehen. Die Wandlung aber hat JHWH nicht schon durch ein ›Völkergericht‹ erreicht, wie es der MT von 3,8 vorstellt. Es bedurfte – freilich durch das Gericht hindurch – eines umstürzend neuen göttlichen Handelns: Keine Einsicht und Umkehr der Völker aus eigenem Antrieb schafft die heilvolle Zukunft, sondern allein JHWHs gnädiges läuterndes Eingreifen in die Völkergeschichte.

»Die Verheißungen von 2,11 und 3,9 enthalten die wohl weitreichendsten Perspektiven für die nichtisraelitische Völkerwelt, die es im Alten Testament gibt« (F. *Crüsemann* 1996, 130). 2,11 expliziert und denkt zu Ende, was in 3,9 schon mitgehört werden kann: dass »jeder von seinem Ort aus« JHWH verehren wird. Alle Völker bilden dann auch nach 3,9–10 ein einziges großes JHWH-Volk, ohne dass sie deshalb zu »Israel« würden. Die Sonderstellung Israels, die einzigartige Beziehung des »Restes Israels« (3,13!) zu JHWH, bleibt erhalten, wie auch 3,14–20 unterstreichen. Von den Motiven, weshalb JHWH so heilvoll an den »Nationen« (עמים) handeln wird, so dass sie einmütig seinen Namen anrufen werden (3,9), erfahren wir nichts. Die Frage nach dem Geschick der Völker stellte sich gewiss angesichts des in 3,11–13 angekündigten Läuterungsgerichts über Jerusalem. Da die Völker unterschiedslos nach 3,8 vom Gottesgericht getroffen werden sollten, konnte nicht eine Scheidung zwischen ihnen, sondern nur ihre gemeinsame »umstürzende« Verwandlung (הפך 3,9) ihnen neue Zukunft durch das Gericht hindurch eröffnen. Diese Zukunft liegt in einer heilvollen Verbindung mit JHWH, der sich »in Liebe« Jerusalem zuwendet (3,17), dem aber auch das Geschick der Völker am Herzen liegt (vgl. J. *Schreiner* 1992 zum Problem der geforderten und erhofften Wandlung des Menschen in der Prophetie).

Universale Heilsperspektive

Die Verkündigung JHWHs als des einzigen Gottes über die ganze Erde in Sach 14,9 wird im Targum Jonathan zu dieser Stelle in einer Weise ausgelegt, die offensichtlich Zef 3,9 aufnimmt. Während der einträchtige JHWH-Dienst »mit *einer* Schulter« von Zef 3,9 in der hebräischen Bibel einzigartig da steht, rezipiert das Targum eben diese Formulierung von V 9 in Sach 14,9: »Und offenbaren wird sich die Königsherrschaft JHWHs über alle Bewohner der Erde. In jener Zeit werden sie vor JHWH dienen *mit einer (einzigen) Schulter* (כתף חד)...«

Zur Rezeption und Wirkung

Im Dreijahreszyklus der liturgischen Tora-Lesung in der alten palästinischen Synagoge war Zef 3,9 Teil der Prophetenlesung (Haftara) Zef 3,9–17.20 (ferner auch 3,9–19) zum Seder 9, dem Tora-Abschnitt, der mit Gen 11,1 beginnt: Die »geläuterte Lippe (Rede)« von Zef 3,9 wird mit der »einen (universalen) Lippe (Rede / Sprache)« in der Urzeit von Gen 11,1 verknüpft und wechselseitig interpretiert (J. Mann, The Bible as Read and Preached in the Old Synagogue I, Cincinatti, Ohio, 1940, 91–95; E. Ben Zvi, 1991, 24 f.), s. o. in der Auslegung zum Verhältnis von Zef 3,9 zu Gen 11,1–9! Zu dem mit Num 4,17–18 beginnenden Seder 104 wurde als Haftara Zef 3,7–15.20 gelesen. Stichwort für diese Textverknüpfung ist in diesem Fall שכם »Schulter« in Num 7,9 im gottesdienstlichen Zusammenhang wie auf neuer Sinnebene in Zef 3,9 (vgl. J. Mann ebd. II 1966, 201–208; s. auch M. Harl, LXX Sophonie 1999, 329).

Im Talmud (bAboda Zara 24a) wird Zef 3,9 auf die Proselyten gedeutet, die sich in der zukünftigen Welt herandrängen werden. Der Midrasch Genesis Rabba (88,7) zu Gen 40,23 führt Zef 3,9 als Hoffnung auf die Einheit der ganzen Welt in einer Reihe völlig unerwarteter gottgewirkter Geschehnisse auf!

Es überrascht nicht, dass in der frühen christlichen Auslegungsgeschichte gerade die universal gerichteten Verse 3,9–10 in Verbindung mit 2,11 eine hervorstechende Rolle spielen (vgl. zur frühen Rezeption oben zu Zef 2,11 »Situation und Sinn«). Origenes greift Zef 3,7–13 mehrfach auf, um die Möglichkeit eines universalen Kults eines einzigen Gottes hervorzuheben (M. Harl, Sophonie 3,7b–13, 1999, 225–227). Er interpretiert nach der LXX das »Äthiopien« von 3,10 (»Kusch« im MT) als einen Hinweis auf die Kirche aus den Nationen (im Kommentar zum Hld 1,5–6). In dieser Hinsicht folgt ihm Hieronymus in seinem Kommentar zu Zef 3,10–13. Entsprechend weist er auf den engen Zusammenhang zwischen der Läuterung der Völker und der Läuterung Israels hin. Die Auslegung dieser Exegeten lenkt den Blick auf Röm 11,25–26 bzw. 11,25–33. Das Zukunftsbild vom universalen Gottesdienst der geläuterten Völker und von der Reinigung des JHWH-Volkes in Jerusalem mit der Rettung des treuen Restes Israels in Zef 3,9–10.11–13 hat aus christlicher Perspektive ein Gegenstück in der Hoffnung des Paulus, dass »ganz Israel« gerettet wird, wenn »die Fülle der Heiden« Eingang gefunden hat in das endzeitliche Gottesvolk – nicht ohne eine Reminiszenz der auch in Zef 3,10 verheißenen ›Völkerwallfahrt‹ zum Zion!

Zef 3,9–10 schließt jede Art von religiösem Zwang, jede ›spirituelle Kolonialisierung‹ fremder Religionen aus. Allein durch Gottes vergebendes und läuterndes Handeln, das keinen Zwang kennt, werden die Nationen, gleich welcher Hautfarbe, freiwillig hinfinden zu dem Herrn der Welt, den Israel wie auch Christen und Muslime bekennen. Der Gott, der die dunkelhäutigen Kuschiter ebenso wie Israel läutert, nimmt keinem Volk Identität und Würde, wenn er sie zum einträchtigen freien Bekenntnis seines Namens führt (vgl. J. Mello Salgado 1996, 113–122, bes. 120 f.).

III.A.2.
Zef 3,11–13: Die Läuterung des hochmütigen Jerusalem als Verheißung für ein armes und treues Volk inmitten der Stadt als Rest Israels

E. S. Gerstenberger, Der Hymnus der Befreiung im Zefanjabuch, in: *W. Dietrich / M. Schwantes* (Hrsg.) 1996, 102–113. – *A. S. Kapelrud* 1981, 225–262. – *H. Seebaß*, Art. בּוֹשׁ [»sich schämen, zuschanden werden«]: ThWAT I (1973) 568–580, bes. 576f. – *G. Vanoni*, Art. עָלַז ʿālaz [»frohlocken«]: ThWAT VI (1989) 126–131, bes. 130. | Literatur

U. Berges, Die Armen im Buch Jesaja. Ein Beitrag zur Literaturgeschichte des AT: Bib 80 (1999) 153–177. – *J. S. Croatto*, Die Bibel gehört den Armen. Perspektiven einer befreiungstheologischen Hermeneutik: Ökumenische Existenz heute 5, München 1989. – *F. Crüsemann*, Israel, die Völker und die Armen, in: *W. Dietrich / M. Schwantes* (Hrsg.) 1996, 123–133. – *R. I. Cunha de Almeida*, Art. Armut: Neues Handbuch theologischer Grundbegriffe I (1991) 78–102. – *J. M. Dawsey*, The Biblical Authority of the Poor: ExpTim 101 (1989/90) 295–298. – *N. Füglister*, »Die Hoffnung der Armen ist nicht für immer verloren«. Psalm 9/10 und die sozio-religiöse Situation der nachexilischen Gemeinde, in: *G. Braulik / W. Groß / S. McEvenue* (Hrsg.), Biblische Theologie und gesellschaftlicher Wandel. FS *N. Lohfink*, Freiburg u. a. 1993, 101–124. – *A. Gelin*, Les Pauvres de Yahvé, Paris ³1956 (dt.: Die Armen – Sein Volk, Mainz 1957). – *A. George*, Art. Pauvre: DB.Suppl. 7 (1966) 387–406. – *A. George*, Art. La pauvreté dans l'AT: DB.Suppl. 8 (1971) 13–35. – *G. Gorgulho* 1991, 81–92. – *S. M. Gozzo* 1978, 237–259. – *W. Hermann*, Die Armen, die Gott suchen, in: *Chr. Kähler / M. Böhm / Chr. Böttrich* (Hrsg.), Gedenkt an das Wort. FS *W. Vogler*, Leipzig 1999, 68–77. – *Ihromi* 1972, bes. 102–160. – *H.-J. Kraus*, ʿAnī und ʿAnāw, in: BK XV/1, S. 82f. – *A. Kuschke*, Arm und reich im Alten Testament mit besonderer Berücksichtigung der nachexilischen Zeit: ZAW 57 (1939) 31–57. – *N. Lohfink* 1984, 100–108. – *N. Lohfink*, Von der ʿanawim-Partei zur »Kirche der Armen«. Die bibelwissenschaftliche Ahnentafel eines Hauptbegriffs der »Theologie der Befreiung«: Bib 67 (1986) 153–175. – *N. Lohfink*, Option for the Poor. The Basic Principle of Liberation Theology in the Light of the Bible, Berkeley 1987. – *D. Michel*, Art. Armut im Alten Testament: TRE IV (1979) 72–76. – *H.-D. Neef* 1996, 145–158. – *J. van der Ploeg*, Les pauvres d'Israel et leur piété: OTS 7 (1950) 236–270. – *M. Schwantes*, Das Recht der Armen, Frankfurt a. M. 1977, 145–156. – *M. Schwantes*, »Jhwh hat Schutz gewährt«. Theologische Anmerkungen zum Buch des Propheten Zefanja, in: *W. Dietrich / M. Schwantes* (Hrsg.) 1996, 134–153. – *M. Weigl* 1994, 255–284. – *M. Weigl* 1995, 6–11. – *K. Wengst*, Demut – Solidarität der Gedemütigten. Wandlungen eines Begriffes und seines sozialen Bezugs in griechisch-römischer, alttestamentlich-jüdischer und urchristlicher Tradition, München 1987, 35–67. – Vgl. auch die Literatur zu Zef 2,1–3: *K. Aartun, S. B. Dawes, E. S. Gerstenberger, E. Kutsch, R. Martin-Achard*. | Zum Motiv »Armut / Demut«:

J. M. Abrego, El »resto« de Israel. La gratuidad y la busqueda, elementos fundantes de una nueva relacion con Dios: SalTer 77 (1989) 709–718. – *G. W. Anderson* 1978, 11–14. – *O. Carena*, Il Resto di Israele. Studio storico-comparativo delle iscrizioni reali assire e dei testi profetici sul tema del resto: RbibS 13, Bologna 1985. – *G. Hasel*, The Remnant. The History and Theology of the Remnant Idea from Genesis to Isaiah, Berrien Springs, MI 1974 (zum Rest-Motiv bei Jesaja vgl. ebd. 216–348). – *J. Hausmann* 1987. – *G. A. King*, The Remnant in Zephaniah: BS 151 (1994) 414–427. – *S. Kreuzer*, Art. Rest (Israels) (I) AT: NBL III, Lfg. 12 (1998), 348–350. – *W. E.* | Zum Motiv »Rest Israels«:

Teil III: Zefanja 3,9–20: Der »Tag« der Läuterung und Rettung

Müller / H. D. Preuß 1973. – *R. Rendtorff*, Israels »Rest«. Unabgeschlossene Überlegungen zu einem schwierigen Thema der alttestamentlichen Theologie, in: *A. Graupner / H. Delkurt / A. B. Ernst* (Hrsg.), Verbindungslinien. FS *W. H. Schmidt*, Neukirchen-Vluyn 2000, 265–279. – *R. Rodrigues da Silva*, Resta Esperança para o Resto de Israel. Projetos de Esperança em Sofonias: EstBib 62 (1999) 16–30. – *A. Spreafico*, Il resto d'Israele: l'annuncio di un nuova comunità (Sof 3,12–13), in: *E. Bianchi* (Hrsg.), La Parola edifica la Comunità, Magnano 1996, 55–65.

Text

Übersetzung	11 a	IA	⟨An jenem Tag⟩ wirst du dich nicht mehr schämen müssen wegen all deiner bösen Taten,
		IB	durch die du mit mir (treulos) gebrochen hast.
	b	IIA	Denn dann entferne ich aus deiner Mitte
		IIB	deine stolzen Prahler,
	c	IIIA	so dass du nicht länger großtun wirst
		IIIB	auf meinem heiligen Berg.
	12 a	IA	Und ich werde in deiner Mitte übriglassen
		IB	ein Volk, arm und niedrig.
	12 b	IIA	Und bergen werden sie sich im Namen JHWHs
	13'	II*B	als der Rest Israels.
	13 a	IA	Nicht werden sie Unrecht tun,
	b	IB	und nichts Lügnerisches reden;
	c	IIA	und nicht findet sich in ihrem Mund
		IIB	trügerische Zunge.
	d	IIIA	Ja, sie werden weiden
	e		und sich lagern
	f	IIIB	und keiner schreckt (sie) auf.

Zu Text und Übersetzung
Textkritisch bietet der Abschnitt keine Probleme. Lexikalische Fragen sind in der Auslegung zu erörtern.

LXX ersetzt in 3,11b das persönliche Objekt des MT (»deine stolzen Prahler«) durch ein sachliches (»die Schlechtigkeiten deines Hochmuts«). In 3,12b–13' bezeugt LXX gegen MT die syntaktisch und kolometrisch richtige Satzabgrenzung, da sie »die Übriggebliebenen Israels« als Satzsubjekt zu 12b zieht und durch καί Satz 13a syndetisch anschließt. Noch leichter lässt sich die 3. ps.m.pl. als Subjekt von 3,12b als Aufnahme des Kollektivbegriffs »armes und niedriges Volk« von 3,12a verstehen (constructio ad sensum). Dann bildet »der Rest Israels« syntaktisch ein prädikatives Adnominale («… als der Rest Israels«) zu diesem Satzsubjekt.

Syr verknüpft den Zeitumstand »an jenem Tag« von MT 3,11a mit 3,10 (kein Trennungszeichen nach 3,10) – ein möglicher Hinweis auf den ambivalenten Bezug dieser Zeitangabe.

Analyse

Zef 3,11 wechselt gegenüber 3,9–10 zur Anrede an die 2. ps.f.sg., ohne einen Namen zu nennen. Der Vers schließt damit an die Rede von der Stadt (Jerusalem) im femininen Singular als einer personifizierten Größe in 3,1–8 (3,1–5.7b–d und em. Text 3,8a) an. 3,14 setzt mit seinen vier Imperativen, die zum Jubel aufrufen, ganz neu ein. Innerhalb von 3,11–13 lassen sich keine hinreichend sicheren Kriterien für literarische Uneinheitlichkeit finden. Einzige Ausnahme ist der Zeitumstand »an jenem Tag« zu Beginn von V 11. Er vermittelt zwischen 3,9–10 einerseits und 3,11–13 andererseits. Gewiss verweist er auch auf den »Tag« des Gerichts von 3,8, kontextuell schlägt er aber zunächst die Brücke zu כי אז »ja, dann« in 3,9a und stellt sinngemäß den folgenden Zusammenhang her: Wenn die Nationen gereinigt werden, wird Jerusalem nicht beschämt dastehen müssen. Doch ist dieser Zusammenhang literarisch sekundär. Er bildet eine neue Sinnebene, die die primäre Einheit 3,11*–13 für sich genommen noch nicht enthält (so auch *J. Vlaardingerbroek* 200 gegen *W. Rudolph*, s. o. in der Einleitung zu III.A Zef 3,9–13). Die Zeitbestimmung von 11a, die kolometrisch jedenfalls die Verszeile 11 I sprengt, lässt sich am besten als redaktionelle Verknüpfungsformel verstehen, eingesetzt von jenem Bearbeiter, der 3,9–10 vor 3,11 ff. einfügte.

כי אז am Beginn von 3,11b begründet die Ankündigung von 3,11a (»Denn dann …«). Die parallele Einführung von 3,11b und 3,9 unterstreicht den Gleichklang der Ankündigungen von 3,9–10 einerseits (Reinigung der Nationen) und 3,11–12a.b–13 andererseits (Läuterungsgericht in Jerusalem mit Verheißung für ein armes Restvolk).

Plausible *literarkritische* Argumente für eine Abgrenzung von 3,11 als eigene »Einheit« von V 12–13 (*M. Weigl* 1994, 201 f.), jedoch auch von 3,11–12a gegenüber 3,12b–13 (*Ihromi* 1972, 104–110; *M. Schwantes* 1977, 150) oder von 3,13d–f gegenüber 3,11–13c (*R. Edler* 1984, 97 f.) kann ich nicht erkennen. Sprachlich und sachlich schließt 3,12a konsequent an 3,11 an. Die Rede vom »Namen JHWHs« in einer Gottesrede in 1. Person ist ebenso wenig wie in 3,9 ein verlässliches Kriterium literarischer Uneinheitlichkeit. Versteht man den »Rest Israels« von 3,13 als prädikatives Adnominale zum Satzsubjekt von 3,12b, welches das »arme und niedrige Volk« von 3,12a aufnimmt, so schwindet auch jeder Hinweis auf eine syntaktische Zäsur zwischen 3,12a und b (s. o. zum Text). Die Identifizierung des Restvolks in der Stadt als »Rest Israels« hat in der Parallele von »Tochter Zion« // »Israel« // »Tochter Jerusalem« in 3,14 eine auffallende Entsprechung (s. u. die Auslegung; ferner *H. Irsigler* 1977, 145 f.151–158).

Zef 3,11–13 versteht sich als eine verheißende Ankündigung in Gottesrede an die namentlich nicht genannte Stadt Jerusalem; sie ist über interne Textmerkmale (»mein heiliger Berg« 11c!) hinaus von Zef 3,1–8 her ohne Schwierigkeit identifizierbar.

Ein erster Abschnitt der Einheit, die Sätze 11a–12a, ist durchwegs in der 1. Person der Gottesrede und in der 2. Person (f.sg.) der angesprochenen Stadt formuliert. Die Stadt als Adressat wird als Ganze qualifiziert entsprechend dem Sein und Verhalten der dominanten Gruppe der »stolzen Prahler« von 11b. Eine solche gruppenbezogene Sicht und Beurteilung der ganzen Stadt ist bereits in Zef 3,1.2.3–4 eingeführt. In der vorgestellten Gegenwart des Sprechers ist die Stadt noch ganz von dem treulosen und hochmütigen Verhalten der führenden Schicht bestimmt. Sie hat mit JHWH durch ihre Taten gebrochen (Relativsatz 11a). Ihr großtuerisches Gehabe, das sich

Einheitlichkeit

Struktur V 11–13

Teil III: Zefanja 3,9–20: Der »Tag« der Läuterung und Rettung

entscheidend gegen JHWH richtet, dauert in der Sprechgegenwart noch an (vgl. 11c). Es wird erst aufhören, wenn JHWH die »fröhlich Stolzen« aus der Mitte der Stadt entfernt haben wird (11b). Die Handlungen JHWHs wie auch deren Objekte setzen 11b und 12a in einen scharfen Kontrast zueinander. Sprachlich (w- + Suffixkonjugation) wie sachlich markiert 12a mit seiner Ankündigung, dass JHWH ein »armes und niedriges Volk« inmitten der Stadt übrig lassen werde, das Ziel des ersten Abschnittes der Einheit.

Im zweiten Abschnitt, in den Sätzen 12b–13f, wird das bewahrte Volk als »Rest Israels« in der 3. Person (m. pl.) beschrieben: Es wird ein JHWH treu ergebenes, bei ihm sich bergendes, im Handeln und Reden lauteres und so in Sicherheit wohnendes Volk sein – alles im klaren Gegensatz zu dem bisherigen Verhalten der Stadt (vgl. 11a–c).

Zef 3,11–13 spricht nicht nur ›in gehobener Prosa‹ (so *K. Seybold* 115), sondern lässt kolometrische Formung erkennen (vgl. auch *K. Elliger* 78). Die beiden Abschnitte bestehen jeweils aus vier Verszeilen, die charakteristisch zwischen negativer und positiver Formulierung wechseln. Die negierenden Aussagen (11a.c.13a–c.f) zielen mit Nachdruck auf ein Ende bisheriger Verhaltensweisen. Die affirmierenden Aussagen legen den Grund für eine heilvolle Zukunft der Stadt durch JHWHs Handeln (11b.12a) und beschreiben das positive Tun und Ergehen des künftigen »Restes Israels« (12b–13'.13d–f).

Die beiden Strukturabschnitte fügen sich wie zwei Strophen eines Gedichts zusammen:

1. **Ankündigung eines Läuterungsgerichts, in dem ein armes Restvolk bewahrt bleibt 11a–12a** (Gottesrede 1. ps. – Anrede an die Stadt 2. ps.f.sg.):
   Thema / Verheißung 11a: ›nicht zuschanden werden / nicht sich schämen müssen‹
   Ausführung / Begründung 11b–12a:
   Beseitigung der »stolzen Prahler« 11b
   Folge 11c: ›nicht mehr großtun‹
   Bewahrung eines »armen und niedrigen Volks« 12a

2. **Beschreibung des bewahrten Volks als »Rest Israels« 12b–13f**
   [Gottesrede]:
   Tun: ›sich bergen im Namen JHWHs‹ 12b–13'
   ›nicht Unrecht tun‹ 13a
   ›nicht falsch reden‹ 13b–c
   Ergehen: ›gedeihlich in Sicherheit leben‹ 13d–f

Auslegung

11a Die redaktionelle Verknüpfungsformel »an jenem Tag« verbindet 3,11a und somit 3,11–13 insgesamt mit 3,9–10 und weist darüber hinaus auf den Gerichtstag von 3,8 zurück. Dann verheißt 11a kontextuell, dass die personifizierend angeredete Stadt (vgl. 3,1–8!) angesichts der durch JHWH verwandelten, gereinigten Nationen und ihrer ›Wallfahrt‹ nach Jerusalem nicht »beschämt dastehen« wird (objektiv) und tatsächlich auch nicht mehr »sich schämen« wird (subjektiv). Dann haben wir indes die Sätze 11b–c als Perfektfutur zu verstehen: JHWH wird zu jener Zeit den Grund der Schande Jerusalems schon beseitigt haben (s.o. zur Analyse).

11a im Verhältnis zu V 9–10

Wenn die Einheit Zef 3,11–13 allerdings *primär* an 3,1–8 anschließt und 3,9–10 noch nicht voraussetzt (s.o.), muss 3,11 jedenfalls auch im Kontext von 3,11–13 und im Rückblick auf 3,1–8 interpretiert werden. Nun liegt es sprachlich näher, Satz 11b (und 11c) ebenso als einfache Ankündigung aufzufassen, wie dies für die Verbalsätze in 3,11–13 insgesamt zutrifft. In der *sprachlich vorgestellten Gegenwart vor dem Läuterungsgericht* von 11b kann das Verb בוש in 11a nur einen ›objektiven‹ Sinn haben: »in Schande dastehen, sich schämen *müssen*, zuschanden werden«. Ein subjektives »sich schämen« ist ausgeschlossen. Denn aus 11c geht hervor, dass die Stadt sich in der vorgestellten Gegenwart gerade nicht ihrer Sünden schämt, sondern in selbstgewissem Hochmut auf JHWHs heiligem Berg »großtut«! Satz 11a verheißt daher *das Ende eines objektiven Zustands der Schande*, der das ›gegenwärtige‹ Jerusalem kennzeichnet, aber auch, dass Jerusalem *nicht endgültig zuschanden werden* und im Gericht von Zef 3,8 zugrunde gehen soll (vgl. zu בוש מן »sich schämen müssen, zuschanden werden wegen« Hos 4,19 [BHS]; 10,6; Jes 1,29[28–31]). Zef 3,11a steht damit im Kontrast zu jenen Ankündigungen im Ezechielbuch, wonach in Israel nach Gericht und erfahrener Vergebung erst recht das Gefühl der Scham über frühere Sünden aufkommen wird (Ez 6,9; 16,61; 20,43; 36,28–32).

11a in 3,11–13

Grund und Gegenstand der objektiven Schande und des möglichen endgültigen Zuschandenwerdens sind nach Zef 3,11a »all deine (Un-)Taten, durch die du mit mir (treulos) gebrochen hast«. כל עלילותיך »all deine Taten« nimmt klar die Schuldfeststellung von Zef 3,7e–f auf: »Jedoch eifriger noch haben sie *all ihre Taten* verdorben.« Es geht um die Frevel und Verbrechen der führenden Kreise in Jerusalem (Zef 3,3–4!). Darüber hinaus können wir in 3,11a alle explizit oder implizit bezeichneten religiös-sozialen Vergehen Judas und insbesondere Jerusalems von Zef 1,4–13 und 2,1–3 her mitgemeint sehen.

Grund der Schande

Der Relativsatz in 3,11a hebt hervor, dass all diese Vergehen der Stadt nicht nur soziale Missgriffe sind, sondern Sünden, die gegen JHWH begangen wurden und die Gottesbeziehung schädigen oder zerbrechen. פשע בְּ bezeichnet hier wie öfter in der Prophetie ein frevlerisches Abfallen von

Teil III: Zefanja 3,9–20: Der »Tag« der Läuterung und Rettung

JHWH, den treulosen und empörerischen Bruch mit Gott (Jes 1,2; 43,27; 66,24; Jer 2,8.29; 3,13; 33,8; Ez 2,3; 18,31; 20,38; Hos 7,13; auch 1 Kön 8,50).

11a und 12b! Kontrastiv zu פשעת בי »Du hast mir mit gebrochen« 11a beschreibt 12b das Restvolk in Jerusalem: »Sie werden sich bergen / Zuflucht suchen (und finden) im Namen JHWHs ...« (חסה בְּ). Wie der Bruch mit JHWH zum »zuschanden werden« führt (11a), so begründet das »sich bergen in JHWHs Namen« (12b) die feste Hoffnung, bewahrt zu bleiben vor solcher Schande. Eben diesen Zusammenhang von »*nicht* scheitern / zuschanden werden« und »bei JHWH sich bergen / Zuflucht suchen« (חסה ביהוה) nimmt Zef 3,11a und 12b von Gebetsrufen des Einzelnen im Psalter her auf, z. B. Ps 31,2 »Bei dir, JHWH, berge ich mich, niemals soll ich zuschanden werden« (vgl. Ps 71,1 und in derselben Folge wie Zef 3,11a+12b in Ps 25,20; dazu E. Ben Zvi 1991, 231).

Situativer Standpunkt von 11a nach der Katastrophe Die ermutigende Verheißung, dass JHWH Jerusalem / Zion / Israel nicht zuschanden werden lässt bzw. dass es sich nicht mehr schämen muss, wie Zef 3,11a sie formuliert, taucht charakteristisch in heilsprophetischen Texten der exilischen und nachexilischen Zeit auf, so in Jes 29,22; 45,17; 54,4, Joel 2,27 (in V 26 sekundär). Stets ist da situativ ein Standpunkt *nach* eingetretenem Gericht vorausgesetzt; die Verheißung zielt darauf, einen bestehenden Zustand der Schmach und Schande als beendet zu erklären. Auch für Zef 3,11 legt sich ein solcher *situativer* Standpunkt *nach* dem schon eingetretenen Gericht über Jerusalem (3,8!) nahe. Dann wird die Nach- und Neuinterpretation des in 3,8 angekündigten Gerichts nunmehr ausdrücklich als Läuterungsgericht, das eine klare Scheidung in Jerusalem herbeiführt, erst voll verständlich. Dann hat das (objektive) Beschämtsein Jerusalems wegen seiner Treulosigkeit einen realen Hintergrund: die Erfahrung der Katastrophe. Dann hilft die Verheißung von 3,11a bzw. 3,11–13 einen objektiv gegebenen und auch subjektiv erfahrenen Zustand der Schande zu verarbeiten und zu ›bewältigen‹!

Anders als in 3,9 führt כי אז die Begründung ein (»Denn dann ...«), ebenfalls im Rückbezug auf das Gericht von 3,8, das nun nur als Gericht über Jerusalem im Blick steht. Das ›Ausschütten des Zorns‹ von 3,8c deutet 3,11b als ›Beseitigen / Entfernen‹ derjenigen ›aus der Mitte‹ der Stadt, die für das schändliche, treulose (11a) und von Selbstüberhebung (11c) gezeichnete Gesamtbild der Stadt verantwortlich sind. עלזי גאותך »die über deine (d. h. der Stadt) Hoheit Jauchzenden« bzw. (mit qualifizierendem nomen rectum) »deine hochmütig Fröhlichen« oder »deine stolzen Prahler« in 11b könnte als Annexionsverbindung auch Positives konnotieren, so in Jes 13,3, wo die Gottesrede »die über meine Hoheit Jauchzenden« oder »meine hochgemut Frohlockenden« nennt. Einen solch positiven Beiklang schließt indes der Kontext (11a und 11c) wie die Ankündigung selbst für 11b aus. Die »stolzen Prahler« Jerusalems von 3,11b stehen dem Gehabe der voller Selbstüberhebung »fröhlich-prahlerischen Stadt« (העיר העליזה) Ninive in Zef 2,15a in

11b–c

Hochmut der Oberschicht

Zef 3,11–13: Die Läuterung des hochmütigen Jerusalem

nichts nach! Man kann aus dem Adjektiv עַלִּיז »frohlockend, prahlerisch« (vgl. noch Jes 22,2; 23,7; 32,13) kontextuell ein lautes, aufdringliches, großsprecherisches Verhalten heraushören – ähnlich den »anmaßenden Schwätzern« oder »Großsprechern« (פֹּחֲזִים), als die Zef 3,4a die Propheten Jerusalems brandmarkt. Die Basis עלז »frohlocken, jauchzen, triumphieren«, ganz positiv im Jubelaufruf von Zef 3,14d verwendet, zielt ja durchwegs auf geäußerten, hörbaren Jubel, nicht die einsame, stille Herzensfreude (2 Sam 1,20; Jer 15,17; Ps 28,7 u.a.). Dass mit diesem anmaßenden, prahlerischen Gebaren der Führenden in Jerusalem von 11b auch Falschheit und Trug, auch Selbstbetrug über falsche Erwartungen (s. u. zu 11c!), einhergeht, lässt der Kontrast zu dem von JHWH bewahrten Restvolk erkennen: In deren Mund wird keine »Zunge des Trugs« sein (3,13c!).

Frevel und Verbrechen der oberen Schichten in Jerusalem (Zef 3,3–4), die 3,11a ausdrücklich als Sünde gegen Gott, als Bruch der Treue bezeichnet, stellen sich nach 3,11b und c im Kern als selbstgewisser, prahlerischer Hochmut dar. Die »stolzen Prahler« 11b prägen Sein und Tun der ganzen personifizierten Stadt (11c). Das Verb גבה »hoch sein«, im übertragenen Sinn auch positiv »erhaben, groß sein / werden« (z. B. Jes 5,16; 52,13), bedeutet in 11c nur negativ »großtun, hochmütig und hochfahrend sein« (wie Jes 3,16; Jer 13,15; Ez 16,50). Das hat mit einem überheblichen Herzen zu tun (Ez 28,2.5.17; Ps 131,1; Spr 18,12 u.a.), zeigt sich aber im äußeren Verhalten und Tun (vgl. 11a).

Die hochfahrende Stadt auf dem Zion

Die Angabe des Schauplatzes »auf meinem heiligen Berg« als Bezeichnung des Zion, wo das Heiligtum JHWHs steht und er in Heiligkeit wohnt (Ex 15,17; Jes 8,18; Ps 2,6; 3,5; 15,2; 48,2; 99,9 u.a.), lässt das selbstgewisse Großtun Jerusalems in 11c noch in einem anderen Licht erscheinen. (1.) Zum einen zeigt »mein heiliger Berg« (»Berg meiner Heiligkeit«!) an, dass die Untaten (11a) und das Großtun (11c mit 11b) Jerusalems sich mit vollem Ernst entscheidend gegen den *heiligen Gott* selbst richten. Er ist als der auf dem Zion kultisch verehrte *Welt-König* vorgestellt (vgl. Ps 48,2–3; 99,9; auch in Ps 2,6 vorausgesetzt). Als *gerechter Richter*, der sein heilvolles Recht inmitten der Stadt immer neu gibt und erweist (Zef 3,5!) setzt er den Maßstab für Jerusalem, für jene, die ›auf seinem heiligen Berg‹ wohnen wollen. Es ist, kurz gesagt, Recht tun, reine Hände haben und ein lauteres Herz, wie es die ›Toreinlass-Liturgien‹ in Ps 15 und Ps 24,3–6 einschärfen! Eben diese Bedingungen hat Jerusalem nicht erfüllt – im Gegensatz zu der angekündigten Kerngemeinde des »Restes Israels« von 3,12a.b-13! (2.) Ein weiterer Bedeutungsaspekt legt sich für das Großtun Jerusalems auf JHWHs heiligem Berg nahe. Es ist der selbstgewisse Stolz, im Schutz JHWHs, auf dem unverletzlichen Zionsberg wohnen zu dürfen. Es sind allzu sichere Erwartungen, die von der Zionstheologie und Zionstraditionen gespeist wurden. Die vorexilische Zionstheologie hatte in der Assyrerzeit von der geglaubten Präsenz JHWHs auf dem Zion her vorrangig »die Sicherheit der

Falsche Sicherheitserwartung

Stadt in Zeiten ihrer Gefährdung theologisch begründet« (E. Otto in ThWAT VI [1989] 1015.1017, vgl. Jes 8,18; Ps 2,6; 24,3; 47,9 sowie zumindest die Tradition in Ps 46 und 48!). Solche Erwartungen von der Unverletzlichkeit Zions und vom Eingreifen JHWHs zugunsten Jerusalems (vgl. 2 Kön 19,20–37 // Jes 37,21–38 und oben in der Auslegung von Zef 3,8a!) konnten, ja mussten zur Selbsttäuschung führen, wenn JHWHs Erwartungen an Juda und Jerusalem missachtet wurden. Jeremias Auseinandersetzung mit den Schalom-Propheten zeugt eindringlich von solcher falscher Selbstgewissheit in Jerusalem vor der Katastrophe (s. o. zu Zef 3,4a!).

»mein heiliger Berg«   Die Bezeichnung des Zion als הר קדשי »mein heiliger Berg« könnte auch als »Berg meines Heiligtums« gedeutet werden, was allerdings wegen Analogien wie שם קדשי »mein heiliger Name« (Am 2,7 u. a.) weniger wahrscheinlich ist. Die begriffliche Verbindung von ›Heiligtum‹ und ›Berg der Gottheit‹ hat alte mythische Wurzeln in Mesopotamien und Kanaan (vgl. z. B. KTU 1.3 III, 29–31 vom Berg Baals in Ugarit als dem »göttlichen Berg Zaphon« mit dem »Heiligtum auf dem Berg meines Erbbesitzes ...«; S. Talmon in ThWAT II [1977] bes. 473–481). In verheißender Gottesrede in 1. Person wie in Zef 3,11 begegnet der Zionstitel »mein heiliger Berg« indes ausschließlich in exilischen bzw. nachexilischen Prophetentexten (Jes 11,9; 56,7; 57,13; 65,11.25; 66,20; Ez 20,40; Joel 2,1; 4,17; Obd 16, zum Ausdruck vgl. noch Ps 2,6; ferner Jes 27,13; Jer 31,23; Sach 8,3; Dan 9,16.20; 11,45).

12a   Die Ankündigung JHWHs, »inmitten« der Stadt (vgl. 3,3a.11b.15c.17a) »ein armes und niedriges Volk« übrig zu lassen, hebt die positive Seite des göttlichen Läuterungsgerichts über Jerusalem hervor, im Kontrast zur Be-

»Ich werde übrig lassen ...«   seitigung der fröhlich-stolzen Prahler in 3,11b. Doch ist die Ambivalenz dieser Rede vom »übrig lassen« (שאר-H) eines Volkes, das dann in 12b–13' als »der Rest Israels« qualifiziert wird, gut erkennbar: Es ist zwar *nur noch* »ein armes und niedriges Volk«, aber *gerade* ein solches Volk, das JHWH inmitten der Stadt übrig lassen wird! »Daß von Israel nur noch ein Rest, unter Umständen gar nur noch ein geringer Rest bleibt, kann Ausdruck des göttlichen Zorns über ihn sein. Daß aber ein Rest immerhin geblieben ist, kann als Zeichen der göttlichen Treue oder auch der Gnade und Vergebung über alle Notwendigkeit des Gerichts hinweg gewertet werden« (H. Wildberger in THAT II [1976] 849).

In 1 Kön 19,18, neben Jer 50,20 eine der beiden weiteren Stellen, an denen das geläufige Verb שאר-H »übrig lassen« ebenfalls in der 1. Person der Gottesrede steht, tritt zum einen der primäre Zusammenhang der Vorstellung von einem Restvolk mit kriegerischen Ereignissen klar hervor (vgl. z. B. 1 Sam 11,11; 14,36; 2 Kön 25,22). Zum anderen ist deutlich, dass das göttliche Eingreifen hier eine religiös besonders qualifizierte Volksgruppe ›übrig lässt‹. Sie sichert nicht nur das physische Überleben des Volkes, sondern stellt den Kern eines neuen JHWH-Volks dar: JHWH kündigt in 1 Kön 19,18 an, in den kommenden Aramäerkriegen 7000 Menschen in Israel übrig zu

lassen, die den Baal nicht verehrt haben! In Jer 50,20 sind jene, die JHWH aus den kriegerischen Katastrophen Israels und Judas übrig lässt, nicht durch ihr Sein und Verhalten qualifiziert, sondern dadurch, dass JHWH ihnen gnädig alle Schuld verzeiht.

Exkurs: »Ein armes und niedriges Volk« als »der Rest Israels« – Ansätze einer Theologie der Armen im Zefanjabuch

Im Vergleich mit den göttlichen Ankündigungen von 1 Kön 19,18 und Jer 50,20 kommt Zef 3,12 ein unverwechselbares Aussageprofil und als ein Ansatzpunkt einer ›Theologie der Armen‹ wirkungsgeschichtliche Bedeutung zu. Kontextuell sind jene, die JHWH als »ein armes und niedriges Volk« (עם עני ודל) übrig lassen wird, ohne Zweifel im Kontrast zu den hochmütigen Prahlern der Stadt von 3,11b und deren Großtun auf JHWHs heiligem Berg in 11c religiös positiv qualifiziert: Es wird ein einfaches, vor Gott »demütiges«, ihm ergebenes Volk sein. Es ist in keiner Weise schuld an dem treulosen Bruch (פשע) der Stadt gegenüber JHWH (11a), ebenso wenig darf ihre Haltung nur als gute menschliche Charaktereigenschaft der Bescheidenheit missverstanden werden. עני bedeutet in Zef 3,12 textlich jedenfalls nicht nur einen Zustand der wirtschaftlichen und sozialen Abhängigkeit, in dem der »Arme« notgedrungen verharrt, sondern eine Haltung der ›Beugung‹ gegenüber Gott und seinem Willen (vgl. schon A. Kuschke in ZAW 57 [1939] 52: »die richtige Haltung gegenüber Gott«). Das »arme / gebeugte Volk« (עם עני), wie es noch in Ps 18,28 // 2 Sam 22,28 belegt ist, zeigt dort im Kontrast zu den »stolz erhobenen Blikken« die gleiche Konnotation (vgl. Jes 66,2; Sach 9,9).

Die im Kontext religiös qualifizierte übertragene Bedeutung der beiden Adjektive עני ודל als ›demütig, niedrig in der Haltung gegenüber Gott‹ in Zef 3,12 blendet jedoch die primäre denotative Bedeutung als »arm, elend, sozial niedrig und abhängig« nicht aus, sondern nimmt sie auf. Insofern trifft die beliebte Kontroverse ›soziale Armut‹ oder ein ›religiöser Begriff‹ von Armut kaum den textlichen Sinn der beiden Adjektive (vgl. H.-D. Neef 1996, 154, der gegenüber M. Weigl 1994, 206–210, den religiösen und ins Subjektive übergehenden Sinn von »arm« und »gering« verteidigt; immerhin will auch Weigl in seinem heftigen Plädoyer für die sozial und materiell Armen in Zef 3,12 gerade mit ihnen die »Demut« als »Tugend« verbinden, ebd. 264). Die Armut der Armen wird kontextuell nicht durch Spiritualisierung in dem Sinne gegenstandslos, dass nun auch die Reichen und Mächtigen in Jerusalem sich als ›Demütige‹ vor Gott verstehen sollten. Vielmehr traut die Verheißung nur noch dem armen Volk auch die demütige Beugung und den Gehorsam gegen den Gotteswillen zu! Allerdings lässt der Kontext der Adjektive von 3,12a in der Einheit 3,11–13 keinen Zweifel daran, dass deren *textliche* Bedeutung den Aspekt der ›Beugung‹ bzw. ›Demut vor JHWH‹ und der Treue zu ihm und seinem Willen in den Vordergrund rückt, ohne die materielle Grundlage der Armut aufzugeben. 3,11–13 versteht sich gewiss im Anschluss an Zef 1,4–2,3 und 3,1–8, gehört jedoch nicht primär derselben literarischen Ebene an (anders N. Lohfink 1984, 100–108, und ihm folgend M. Weigl 1994, 206 ff.). Ganz anders verhält es sich in Jer 5,4. Jeremia traut gerade den geringen Leuten (דלים) keine Kenntnis des »Weges« und »Rechts« ihres Gottes zu, im Gegensatz zu den »Großen«!

Die Adjektive עני und דל bilden nur in Zef 3,12a ein Hendiadyoin. Sie finden sich

Teil III: Zefanja 3,9–20: Der »Tag« der Läuterung und Rettung

indes einige Male in Parallelismen (Jes 10,2; 26,6; 72,12.13; 82,3; Ijob 34,28; Spr 22,22, primär auch in Jes 11,4, vgl. Am 2,7). In der allgemeinen Bedeutung »arm, elend« ist עני vorrangig in der Psalmensprache vertreten (ca. 30mal: Ps 10,2.9; 12,6; 14,6; 22,25 u.a.), aber auch in der Prophetie (ca. 25mal: Jes 3,14.15; 10,2.30; 14,32 u.a.) und in der Weisheitsliteratur (Spr 15,15; 22,22 u.a.; Ijob 24,4.9.11 u.a.). Als ›die Armen JHWHs‹ unterstehen sie seinem besonderen Schutz (Jes 49,12; Ps 72,2; 74,19). Noch deutlicher legt דל »schwach, gering, niedrig, hilflos, arm« den Akzent auf eine sozial niedrige Stellung und zumeist auch wirtschaftliche Armut (Jer 5,4; Ex 30,15; Lev 14,21; 19,15), vorrangig in weisheitlicher Tradition (Spr 10,15; 21,13; 22,9.22 u.a.; Sir 4,4; 10,23.30 u.a.), so auch עם דל »ein geringes / schwaches Volk« Spr 28,15.

Im Kontext des Zefanjabuches steht das Hendiadyoin »arm und niedrig« von Zef 3,12a nicht nur im Kontrast zu den Hochmütigen von 3,11b–c. Das Restvolk von 3,12a ist darüber hinaus durch einen scharfen Gegensatz zu den politisch und wirtschaftlich führenden Gruppen in Jerusalem im weiteren Buchkontext profiliert: im Gegensatz zu den besitzgierigen, ausbeuterischen und treulosen Angehörigen der Stände von Zef 3,3–4, aber auch zu den Ministern und Höflingen, die mit Gewalt und Betrug Reichtum anhäufen in 1,8–9, zu dem Händlervolk von 1,10–11 und den selbstgewissen reichen Herren und Landeigentümern von 1,12–13. In der textlichen Bedeutung und Charakterisierung des Restvolks von Zef 3,12 tritt besonders der Kontrast zu der Entfremdung von JHWH hervor, welche die Höflinge von 1,8–9 und zumal auch die Reichen von 1,12–13, die sich ein Eingreifen JHWHs nicht vorstellen können, kennzeichnet. Damit erhält das »arme und niedrige Volk« auch den konnotativen Sinn: ein von den »stolzen Prahlern« (3,11b) als den politisch und wirtschaftlich führenden Kreisen Jerusalems unterdrücktes, erniedrigtes und ausgebeutetes Volk (vgl. z.B. Ps 10,2; Jes 11,4; Sir 10,23), das gleichwohl sich als JHWH-treu erweist bzw. sich gemäß der Ankündigung von Zef 3,12–13 erweisen wird. Auf Buchebene wird dieser Bedeutungsaspekt des ›unterdrückten Volkes‹ durch die Ankündigung 3,19a bestätigt: JHWH verheißt ein Ende all derer, »die dich unterdrücken«. Es sind dort die politischen Bedränger der nachexilischen Gemeinde Jerusalems. Im Buchkontext aber können diese »Unterdrücker« von 3,19a sekundär auch auf die hochmütige Führungsschicht Jerusalems von 3,11 und 3,3–4 gedeutet werden.

Verhältnis von 3,12a zu 2,1–3* und 2,3a

Das Restvolk inmitten Jerusalems von Zef 3,12a ist als ein wirtschaftlich armes, politisch-gesellschaftlich von den führenden Kreisen ehedem erniedrigtes und unterdrücktes Volk vorausgesetzt. Vorab jedoch wird es ein gegenüber JHWH ›demütiges‹, bei ihm sich bergendes und in seinem ›Namen‹ geborgenes Volk sein, das kein Unrecht tut, frei ist von Falschheit und trügerischer Rede und ein bescheidenes, aber doch gedeihliches und von äußeren Feinden ungestörtes Leben auf JHWHs heiligen Berg (3,11c) führen darf (3,12b–13f, s.u. die Auslegung). Woran knüpft die Verheißung und Beschreibung des armen und demütigen Restvolks von Zef 3,12a (im Kontext von 3,11–13) – über den scharfen Kontrast zu den »hochmütigen« gesellschaftlich Führenden und wirtschaftlich Stolzen Jerusalems hinaus – im Zefanjabuch an? Sachlich kommt am ehesten das Droh- und Mahnwort Zef 2,1–3* als ein impulsgebender Text in Frage (siehe dazu die Auslegung!). Anknüpfung und Differenz von 3,12(11–13) gegenüber 2,1–3* treten in gleicher Weise hervor: Während das prophetische Mahnwort die Möglichkeit eröffnet, durch Suche nach »Gerechtigkeit« und »Demut« am Zorntag JHWHs »vielleicht« bewahrt zu bleiben (סתר-N 2,3d), kündigt die Gottesrede in Zef 3,12 die Bewahrung eines armen und demütigen Restvolks mit Gewissheit an (שאר-H »übrig lassen«, s.o. zu 3,12a). Es wird ein Volk (עם)

Zef 3,11–13: Die Läuterung des hochmütigen Jerusalem

sein, das die wesentlichen Forderungen von Zef 2,3(b-c) erfüllt – in der eröffneten Zukunft nach dem Läuterungsgericht und im Bereich der Stadt Jerusalem. Anders Zef 2,1–3*! Das »Volk (גוי)«, das nichts erstrebt« (2,1), ist am wahrscheinlichsten das Volk von Juda, das vor allem auf dem Land, nicht in befestigten Städten (Zef 1,16) lebt – im Gegensatz zu den Mächtigen und Reichen Jerusalems. Wenn ihm im Mahnwort noch eine Chance der Rettung zuerkannt wird (2,3), so doch nur nach einer sarkastischen (impliziten) Drohung, wie Spreu vom Sturmwind verweht und wie Strohstoppeln von der Zornglut verbrannt zu werden (2,1–2)! In Zef 2,1–3 erscheint Satz 3a nachinterpretierend sekundär eingefügt (vgl. die Analyse zu 2,1–3!). »Alle Gebeugten des Landes«, die JHWHs Rechtswillen schon bisher erfüllt haben, sind da bereits als eine bekannte, mehr oder weniger fest umrissene Gesamtgröße, eine Schicht oder Gruppe von JHWH-Treuen im Land vorausgesetzt. Hingegen führt Zef 3,12a »ein armes und niedriges Volk« indeterminiert ein. 3,12a setzt 2,3a noch nicht voraus, umgekehrt aber dürfte die Ankündigung von 3,12(11–13) die Einführung von 2,3a in nachexilischer Zeit zumindest mitmotiviert haben (s. o. zu 2,3a!). Nun wird das inmitten Jerusalems übrig gelassene Volk in 3,12b–13' indes als »*der Rest Israels*« erklärt. Dieser als bekannt vorausgesetzte Würdetitel weist das Restvolk Jerusalems als das wahre Israel und das die Kontinuität Israels allein bewahrende Volk aus (s. u. zu 3,12b–13'!).

Den geschichtlichen Hintergrund der Ankündigung Zef 3,12a verdeutlichen Texte aus 2 Kön und Jer, die vom Untergang des Reiches Juda, der Eroberung Jerusalems durch Nebukadnezzar II. von Babel und der Exilierung von Bevölkerungsgruppen (586 v. Chr.) berichten und dabei ähnlich wie der Zefanjatext vom »Übriglassen« einer armen Bevölkerungsschicht, »niedriger Leute«, reden: »Doch von den niedrigen Leuten des Landes (מִדַּלַּת הָאָרֶץ) ließ der Oberste der Leibwache einen Teil übrig (הִשְׁאִיר) ...« 2 Kön 25,12, entsprechend auch Jer 52,16 und Jer 39,10 (מִן־הָעָם הַדַּלִּים »von den niedrigen Leuten, die nichts hatten ...«); vgl. Jer 40,7. Schon von der Deportation nach der ersten Eroberung Jerusalems 597 v. Chr. berichtet 2 Kön 24,14, dass nur »die Niedrigen vom Volk des Landes« »übrig blieben«. Was diese Texte als geschichtliche Tatsache hinsichtlich der Bevölkerung Judas darstellen, erscheint in der Gottesrede von Zef 3,11–13 in V 12a aufgenommen, auf Jerusalem bezogen und theologisch als Ergebnis eines Läuterungsgerichtes JHWHs gedeutet. Sein und Verhalten dieses »armen und niedrigen Volks«, das frei von hochmütiger Anmaßung, Gewalttat und Lüge, in der Treue zu JHWH und geborgen in seinem Namen lebt, wird in der Verheißung von Zef 3,12–13 freilich *als Ideal und anspruchsvolle Erwartung* geschildert. Sie lässt die zugrunde liegenden bescheidenen Lebensverhältnisse des ›Restvolks‹ in Jerusalem durchscheinen – bereits in gehörigem zeitlichen Abstand von den Ereignissen von 586 v. Chr. Was Zef 3,12–13 als Idealbild eines bescheiden auf JHWHs ›heiligem Berg‹ (Zion) lebenden Volks entwirft, wird die nachexilische ›messianische Verheißung‹ Jes 11,1–9 der Sache nach fortführen (vgl. Jes 11,4 und 9!) und mit einer ganz neuen Friedensutopie verknüpfen (Jes 11,6–8!). Im Zefanjabuch sind besonders Zef 2,1–3 und 3,11–13 im theologischen Diskurs um eine ›Theologie der Armen‹ vorrangig im situativen Kontext Lateinamerikas reflektiert und ausgelegt worden (s. u. zu »Situation und Sinn« sowie oben die Literatur zum Motiv »Armut / Demut« und »Rest Israels«).

Geschichtlicher Hintergrund

12b–13' Mit Satz 12b–13' setzt der zweite Abschnitt der Einheit Zef 3,11–13 ein, die Beschreibung des von JHWH übrig gelassenen, verschonten armen und

JHWH-treuen Volks. Wenn wir, wie oben vorgeschlagen (s. o. zum Text), das direkte Objekt von 12a als Satzsubjekt in 12b–13′ aufgenommen sehen, dann wird dieses Restvolk als »der Rest Israels« qualifiziert. Ein unverbundenes Nebeneinander der Sätze 12a und 12b–13′ (mit »der Rest Israels« unmittelbar als Subjekt), welches das semantische Verhältnis der beiden Sätze offen lässt, ist dann nicht gegeben. Die beiden Aspekte – Tun und Ergehen – in der Bedeutung von חסה בְּ »sich bergen«, »Zuflucht suchen« und »Zuflucht finden« (bei / in JHWH!) sind in Satz 12b–13′ textlich vertreten. Von 12a als einer Verheißung her gesehen, liegt das positive Ergehen nahe: Das arme Volk kann sich bergen und findet Zuflucht im Namen JHWHs. Gleiches sagt (nachjesajanisch?) Jes 14,32 von den *Armen* des JHWH-Volks, die *auf dem Zion* ›Zuflucht *finden*‹.[74] Im selben Sinn ist das Verb צפן »(schützend) bergen / verbergen« in der Psalmensprache belegt (Ps 27,5; 31,21) – was der Etymologie des Namens »Zefanja« (›JHWH hat schützend verborgen‹, vgl. zu Zef 1,1) entspricht! Viel häufiger freilich drückt das für die Psalmen so charakteristische חסה in Vertrauensbekundungen des Beters aus, dass er Zuflucht bei JHWH *suchen* will (Ps 7,2; 11,1; 16,1; 18,3; 31,2; 57,2 u. a.). Diese Bedeutung verbindet Zef 3,12b–13′ als positive Verhaltensaussage mit den Verhaltensbeschreibungen in 3,13a–e. Dem Satz 12b–13′ kommt somit eine Brückenfunktion zwischen den Sätzen 12b und 13a–f zu. Der aus der Psalmensprache bekannte motivische Zusammenhang von »Zuflucht suchen bei JHWH« und »nicht zuschanden werden« weist auf den Beginn der Einheit in 3,11a zurück (s. o. zu 11a!). Die Stadt wird deshalb nicht zuschanden werden bzw. nicht mehr beschämt dastehen, weil JHWH durch ein Läuterungsgericht hindurch ein armes und ihm treu ergebenes Volk in ihr übrig lassen wird, das seine Zuflucht bei seinem Namen sucht und findet. Da das Verb חסה mit Präpositionalobjekt בשם יהוה »im / beim Namen JHWHs« nur in Zef 3,12b belegt ist, kann man fragen, ob der Ausdruck nicht einfach gleichbedeutend ist mit häufigem ביהוה »in / bei JHWH« (vgl. *H. A. Brongers*, ZAW 77 [1965] 4f.). Doch ist der Zion, ›der heilige Berg JHWHs‹ (vgl. 3,11c) bzw. Jerusalem der Ort, an dem ›JHWHs Name‹ wohnt – eine Vorstellung, die in deuteronomisch-deuteronomistischer Theologie wurzelt (Dtn 12,11; 14,23; 16,2.6.11 u. a., doch auch noch Joel 3,5 und bes. Jes 18,7, s. o. zu Zef 3,10!). Der Name manifestiert JHWHs persönliche Gegenwart und seine Anrufbarkeit im Kult (vgl. Zef 3,9, ein Vers, der schon auf dem Hintergrund von Zef 3,12 formuliert ist!). In der Fügung mit dem Verb חסה jedoch liegt auch die Konnotation ›sich bergen im Namen als der Schutzmacht JHWHs‹ nahe (vgl. Spr 18,10, auch Ps 57,2).

Die Deklaration des armen Volks in Jerusalem als »*der Rest Israels*« (שארית ישראל) setzt die Erfahrung einer vor allem kriegerischen Katastrophe

---

[74] Vgl. zur nachjesajanischen Datierung z. B. *P. Höffken*, Das Buch Jesaja. Kapitel 1–39, Stuttgart 1993, 140 f. gegenüber *H. Wildberger*, BK X/2 (1978), 575 f.585 f.

voraus, hier kontextuell gedeutet als Läuterungsgericht (vgl. oben Lit., z. B. W. E. Müller / H. D. Preuß 1973, 30–41). Da Zef 3,12b–13' nicht von der Jerusalem-Perspektive in 3,11–12a abgehoben werden kann, bezeichnet »der Rest Israels« nicht die Restbevölkerung des ehemaligen Nordreichs Israel (gegen A. S. van der Woude 134), wie dies – aus exilischer Sicht – für Jer 31,7 zutrifft. Die Wortfügung »der Rest Israels« setzt wohl durchwegs das babylonische Exil voraus (wahrscheinlich auch in Jer 6,9; in Ez 9,8 und 11,13 zumindest die erste Exilierung 597 v. Chr.; exilisch bis nachexlisch datieren Jes 46,3; Mi 2,11; 1 Chr 12,39; 2 Chr 34,9; vgl. Jes 10,20, Neh 11,20; dagegen noch vorexilisch ist »der Rest Josefs« Am 5,15). Vorgestellt als das ›wahre Israel‹, sichert dieser »Rest Israels«, das arme und JHWH-treue Volk in Jerusalem nach Zef 3,12–13, die Kontinuität und die wahre Identität des JHWH-Volks Israel. Dieses Restvolk ist – ganz anders als »der Rest des Hauses Juda« von 2,7 und »der Rest / das Übrige meines Volks« von 2,9e–f – von politischen Ambitionen und Besitzansprüchen auf das Land von Nachbarvölkern frei (s. o. die Kommentierung von Zef 2,7 und 2,9!). Seine Lebensmitte hat es im Geborgensein »im Namen JHWHs«, im vorbehaltlosen Vertrauen sowie im Schutz bei JHWH (vgl. Jes 10,20).

13a–f In solcher Weise religiös verankert, wird der Rest Israels JHWHs Rechtswillen erfüllen (vgl. 2,3a!) und gedeihlich in äußerer Sicherheit leben dürfen (Zef 3,13a–f). »Diese äußere Ohnmacht, die den Rest total unpolitisch erscheinen läßt, besitzt eine Kehrseite in der damit zwangsläufig verbundenen demütigen Haltung. Die den Rest auszeichnende Demut, die ihn nach Jahwe suchen und bei seinem Namen Zuflucht finden läßt, macht ihn zu dem der göttlichen Forderung entsprechenden idealen Volk des absoluten Gehorsams« (W. E. Müller / H. D. Preuß 1973, 73, vgl. J. Hausmann 1987, 190–192; A. Spreafico 1996, 59–62).

Drei negierte Sätze 3,13a–c erläutern vorab im Blick auf das Zusammenleben der Menschen, was 3,11a–c als Treubruch gegen JHWH und prahlerischen Hochmut gegen ihn wie auch gegen die ›armen und niedrigen‹ Leute (in der Stadt) anprangert. Die Formulierungen bleiben freilich recht allgemein; sie beziehen sich auf das Tun (3,13a) und das Reden (3,13b–c). Es geht nicht um ein spezifisches Gruppenethos, sondern um grundlegende ethische Forderungen. Sie entsprechen sachlich, z. T. auch in den Formulierungen, weitestgehend den ›Eintrittsbedingungen‹, die in den sog. Einzugs- oder Toreinlassliturgien Ps 15,1–5 (bes. V 2–3.4c) und Ps 24,3–6 (V 4) jedem prüfend vor Augen gestellt werden, der ›auf dem heiligen Berg JHWHs‹ (Ps 15,1; 24,3, vgl. Zef 3,11c!) weilen, in den Bereich der besonderen Gottesgegenwart eintreten und am heiligen Kult teilnehmen will (vgl. noch Jes 33,15 und S. Ö. Steingrímsson, Tor der Gerechtigkeit: ATS 22, St. Ottilien 1984). Was in diesen Einzugsliturgien als ethische Forderung für die Kultteilnahme präsentiert wird, das setzt Zef 3,13 in eine prophetische Verheißungsrede um: Das arme und demütige Volk auf JHWHs heiligem Berg wird

Zef 3,13 und das Ethos der Einzugsliturgien

die Grundforderungen der Gottesgemeinschaft in idealer Weise erfüllen. Es wird dazu befähigt aus der Kraft der Bergung beim Namen JHWHs, bei dem es Zuflucht sucht.

Im Einzelnen führen die Sätze 13a–f auf eine Reihe von Textbezügen. Satz 13a »Nicht werden sie Unrecht / Verkehrtheit (עולה) tun« ist wörtlich von Zef 3,5b her adaptiert: Das Restvolk handelt wie JHWH, der »gerecht« inmitten der Stadt wirkt (3,5a). Kehrt man Satz 3,13a ins Positive, zeigt sich, dass das Restvolk die Forderung von Zef 2,3b »Gerechtigkeit« zu suchen, erfüllt. Es wird nichts gemein haben mit dem Tun der notorischen ›Frevler‹ (Ps 37,1; vgl. Ps 119,3; Ijob 36,23). Entsprechendes verheißt Jes 11,9 für das Volk auf JHWHs heiligem Berg in messianischer Zeit; nach 11,4 wird es aus den »Niedrigen« (דלים) und »Armen des Landes« (עניי ארץ nach BHS z. St.!) bestehen, wie es Zef 3,12 für Jerusalem vorstellt.

Auffällig hebt Zef 3,13b–c hervor, dass das Restvolk »keine Lüge (כזב) reden« und dass man »in ihrem Mund keine Zunge des Trugs (תרמית) finden« wird. Es wird geradezu dem Gottesknecht von Jes 53,9 gleichen, der kein Unrecht (›Gewalt‹) tat und in dessen Mund kein Trug (מרמה) war. Im Kontext des Zefanjabuches erinnert dies kontrastiv zumal an das Verhalten der Propheten von Zef 3,4a, die als »anmaßende Schwätzer« und »treulose Männer« charakterisiert werden (vgl. ebenfalls von Propheten כזב »Lüge« in Ez 13,6.7.8.9.19; 22,28, dazu תרמית »Trug« Jer 14,14; 23,26). Jedoch werden wir die Sätze 13b–c wie auch 13a allgemeiner als Absage an das anmaßende, prahlerische und treulose Verhalten der Oberschicht Jerusalems zu verstehen haben (vgl. 3,11a–c und 3,3–4, dazu Jes 28,15.17). »Lüge reden« kennzeichnet die Frevler, die nicht bei JHWH weilen dürfen (Ps 5,7.5–8, 58,4; entsprechend Ps 119,18; vgl. Dan 11,27, Hos 7,13). Wie verheerend »Trug« (תרמית) sich auswirkt, zeigt Jer 8,5: Das Volk, das am Trug festhält, ist unfähig zu Einsicht und Umkehr und verfällt dem Gericht (8,10ff.).

Von der nachträglich der Einheit Zef 3,11–13 vorangesetzten Völkerverheißung Zef 3,9–10 her gesehen gewinnen im vorliegenden Zusammenhang die Sätze 3,13b–c auch einen kultisch-bekenntnishaften Sinn. Das Restvolk wird keine kultische Doppelzüngigkeit mehr kennen (vgl. Zef 1,5: sich vor JHWH niederwerfen und doch bei dem selbst erwählten ›Königsgott‹ schwören!). Es wird sich eindeutig und ausschließlich zu dem einzigen Gott bekennen, in dessen Namen es Zuflucht findet.

»weiden und lagern« Abgerundet wird die Beschreibung des religiösen und ethischen Verhaltens der verheißenen Kerngemeinde auf JHWHs heiligem Berg mit dem Bild eines glücklichen Ergehens in Zef 3,13d–f. Gegenüber den drei negierten Sätzen 13a–c führt כי 13d eine kontrastiv gesteigerte Aussage ein (»Ja, vielmehr …«), die das Gesamtbild ergänzt. Die Metapher vom »Weiden« (רעה) und »Lagern« (רבץ) 13d–e spricht von einem gedeihlichen Leben der Gemeinde als ›Herde‹ Gottes ohne Existenznot, gewiss in wirtschaftlich-bescheidenen Verhältnissen, wie es das ländliche Bild von der weidenden Herde im Gegensatz zu den ehemals reichen Herren und Kaufleuten Jerusalems (vgl. 1,12–13; 1,10–11; sekundär auch 1,18a) nahe legt. Das Weidebild von Zef 3,13d–e.f, das besonders auch von den Überlieferungen der Erzväter Israels her wohl vertraut ist, setzt die bekannte Metapher von Israel als der Herde des Hirten JHWH voraus (vgl. z. B. Ps 79,13; 80,2; 100,3; Ez 34,14–15; Hos 13,5–6; Sach 13,7; auf den Einzelnen bezogen in Ijob 11,19, auch in Ps 23!). Es hat in der (sekundären) Verheißung Jes 14,30a–b eine eng verwandte Parallele: »Da werden [auf meinen Auen] Geringe (דלים) weiden, und Arme (אביונים) lagern in Sicherheit.« Auch hier steht der Lebensbereich des Zion im Blick, wo die Elenden von JHWHs Volk Zuflucht finden (Jes 14,32, s. o. zu Zef 3,12b–13'). Die friedliche Szenerie von Zef 3,13d–f, hier in Jes 14,30 in Gottesrede präsentiert, stellt ähnlich der babylonische Großkönig Nebukadnezzar II. (605–562 v. Chr.) in einer im Libanon gefundenen Inschrift vor: »Die Leute ließ ich im Libanon wie auf einer Aue lagern, ich ließ ihnen keinen Störenfried erstehen« (Wadi-Brisa-Inschrift Z. 47–49, nach R. Borger in TUAT I/4 [1984] 405).

Das Weidebild von Zef 3,13 wird in Zef 2,7b–c jedoch als Bild der Inbesitznahme fremden Landes eingesetzt (s. Auslegung zu 2,7b–c!). Die Unheilsansage gegen Ninive Zef 2,14a (und 15d) hingegen verwendet es im primären Sinn von der Versteppung der Metropole (vgl. Jes 17,2).

Der Umstandssatz Zef 3,13f »… ohne dass einer (sie) aufschreckt« unterstreicht mit einer geläufigen Formel die Szenerie eines auch vor äußeren Feinden gesicherten Lebens der Kerngemeinde auf dem Zion (vgl. Lev 26,6; Jer 30,10//46,27; Ez 34,28; 39,26; Mi 4,4; Ijob 11,19; jedoch negativ gewendet in Dtn 28,26; Jes 17,2; Jer 7,33; Neh 2,12).

Situation und Sinn

Die Einheit Zef 3,11–13 ist sekundär durch den Zeitverweis »an jenem Tag« mit der später eingesetzten Verheißung für die Völker in 3,9–10 verknüpft worden. Primär jedoch zeigt sich 3,11–13 von 3,1–8 abhängig (s. o.). Das Jerusalem insgesamt treffende Gericht von Zef 3,8a–c erscheint in ganz neuem Licht. Es führt zu einer Scheidung in der Stadt als Reinigung von der hochmütigen Oberschicht und Bewahrung eines armen und demütigen Volks. Schon die Verheißung von 3,11a, nicht mehr beschämt bleiben zu müssen oder zuschanden zu werden, verrät den Standpunkt *nach* der Katastrophe (s. u. zu 3,11a). Inhalt und Sprache (z. B. »mein heiliger Berg«, »der Rest Israels«, Einfluss von Psalmensprache, prophetische Rezeption von Toreinlassliturgien) sprechen für einen deutlichen Abstand von der Katastrophe Judas im Jahre 586 v. Chr., d. h. für spätexilische oder eher schon frühnachexilische Entstehung (s. o. zum geschichtlichen Hintergrund!

Datierung und Intention

K. *Seybold* 115: noch Exilszeit; M. *Striek* 1999, 244f.: frühestens im 5. Jh. v. Chr., allerdings weist er zu Unrecht auch z. B. 2,3a derselben Bearbeitung zu). Es geht um eine ›Bewältigung‹, eine auf Zukunft hin orientierte Deutung der Konsequenzen aus der Katastrophe. Der prophetische Text entwirft ein Lebens-, ja ein Überlebensprogramm für eine auf Jerusalem konzentrierte Gemeinde, die sich auf den wohl schon erbauten Tempel ›auf JHWHs heiligem Berg‹ hin ausrichtet, am Ort des ›Namens JHWHs‹ wohnt.

Der Text beschreibt nicht einfach Vorfindliches als göttlich Angekündigtes. Er hat vielmehr *Appellcharakter*! Was die Gottesrede Zef 3,11–13 ansagt, ist jene Sicht des Gerichts und des Lebens der Jerusalemer Gemeinde jenseits des Gerichts, die diese sich zu eigen machen soll! Sie soll und darf sich fern aller eigenmächtigen politischen Ambitionen als das wahre Israel der Armen JHWHs wissen. Als »der Rest Israels« bewahrt diese arme Kerngemeinde die Kontinuität des JHWH-Volkes. Sie hat in niemand anderem mehr ihre Lebensmitte als »im Namen«, im Schutz und der Lebensmacht JHWHs. Demütig gegenüber Gott sowie frei von Unrecht und Falschheit in ihrem Zusammenleben untereinander erfüllt sie die Forderungen der Lauterkeit, die zum Eintritt in den heiligen Bereich Gottes befähigen (Ps 15; 24,3–6). Geborgen bei JHWH kann sie ein äußerlich bescheidenes, aber friedliches und gedeihliches Leben, frei von feindlicher Bedrohung, führen.

Zef 3,11–13 im Buchkontext
Die Einheit 3,11–13 schließt eine durch ›Fortschreibung‹ von der primären Einheit 3,1–4* her entstandene Komposition 3,1–13* ab: Jerusalem in der Schuldanklage (3,1–4.5), im angekündigten Gottesgericht (3,6–8c) und im geläuterten Zustand nach dem Gericht (3,11–13). Die Verheißung 3,11–13 bildete höchstwahrscheinlich einmal den Abschluss des Zefanjabuches (vermutlich allerdings erst nach dem Einsatz der Überschrift Zef 1,1 in ihrer vorliegenden Gestalt). Die Einheit hebt hervor, dass das Ziel allen richtenden Einschreitens JHWHs gegen sein Volk nicht der Untergang, sondern die Läuterung und Hinführung zu einem neuen Leben mit JHWH ist. Jetzt bildet die Einheit die Basis für den Jubelaufruf an die »Tochter Zion«, der das ganze Zefanjabuch mit einem heilvollen Ausblick zum Abschluss bringt (3,14–20).

Zur Rezeption
Exemplarisch für jene lange Auslegungstradition, die in dem »armen und niedrigen, geringen Volk« von Zef 3,12 hauptsächlich oder gar ausschließlich eine religiöse oder ›geistliche‹ Qualifizierung erkennt, sei die ansprechende und einflussreiche Arbeit von *Albert Gelin* (^{3}1956, deutsch 1957) genannt: Zefanja ruft »seine Zeitgenossen zu jener geistlichen ›Armut‹ auf, die Glaube ist, und zwar Glaube mit einem Einschlag von Selbstaufgabe, Demut und absolutem Vertrauen ...« (29). Diese Auslegung hat in der LXX Zef 3,12a einen frühen wichtigen Vorläufer, da sie das direkte Objekt des Satzes mit λαὸν πραΰν καὶ ταπεινόν wiedergibt (hingegen Vg / Hieronymus: »... populum pauperem et egenum«). Zumal das Adjektiv πραΰς »mild, freundlich, demütig« lässt keinen Zweifel daran, dass LXX nur noch

an die ›Demut‹ und die mit ihr verbundene ›milde Gesinnung‹ des Restvolks von Jerusalem denkt. Diese kennzeichnet auch den armen und demütigen Messias-König von Sach 9,9 und die »Freundlichen« der Seligpreisungen Jesu, die das Land (/ die Erde) erben werden (Mt 5,5, vgl. »die im Geist Armen« Mt 5,3 gegenüber Lk 6,20). Dasselbe Wortpaar πραΰς und ταπεινός nimmt der Jubelruf Jesu in Mt 11,29 auf, in dem sich Jesus als »mild und von Herzen demütig« bezeichnet! Das Buch der Offenbarung endlich beschreibt die durch das »Lamm« Erlösten als solche, in deren Mund sich keine Lüge fand (Offb 14,5, vgl. Zef 3,13b–c und Jes 53,9!).

Die traditionelle christliche Auslegung von Zef 3,12–13 in Spätantike und Mittelalter (von Augustinus bis Albertus Magnus) versteht den Text als Prophezeiung der Jesus nachfolgenden christlichen Kirche. Hieronymus denkt an die von Jesus berufenen armen und einfachen Apostel (Comm. in Sophoniam zu 3,10–13). Der Talmud hält im Blick auf Zef 3,11–12 die Überlieferung fest, der Sohn Davids [Messias] werde nicht eher kommen, als bis es keine Hochmütigen mehr in Israel gibt (bSanhedrin 98a).

Die seit den siebziger Jahren des 20. Jhs. im sozialen und kirchlichen Kontext Lateinamerikas entwickelte ›Theologie der Befreiung‹ als ›Option für die Armen‹ hat unter den Prophetenbüchern besonders auch das Buch Zefanja reflektiert und aus dem Blickwinkel gesellschaftlicher Voraussetzungen in Lateinamerika ausgelegt. Dabei spielt neben Zef 2,1–3 die Einheit 3,11–13 eine maßgebliche Rolle. Die gesellschaftliche Situation als hermeneutische Perspektive führt entscheidend zur Betonung der realen Armut des Restvolks in der Stadt Jerusalem nach Zef 3,12 (Zef 2,3 wird auf die armen Landarbeiter bezogen). Mit besonderem Nachdruck vertritt z.B. G. *Gorgulho* 1991 diese Sicht des »unterdrückte(n) und schwache(n) Volk(s)« (85), das allerdings durch das Suchen der Demut (vgl. 2,3) ein neues dynamisches Subjekt-Sein gewinnt (86). Die Spannung zwischen politisch-sozialer Armut und der Forderung nach Hinwendung zu JHWH, zur Suche nach Gerechtigkeit und Demut wird ebenso bedacht wie auch das Verhältnis des »Restes Israels« zur Völkerwelt (vgl. bes. *M. Schwantes* 1996, 134–153). Wichtige Impulse können von einer weitgehend synchronen Erfassung auch der Botschaft des Zefanjabuches für die Wirklichkeit und Vision einer »Kirche der Armen« (vgl. *N. Lohfink* 1986, 159–175) gewonnen werden. Sie lassen freilich keinen raschen Analogieschluss von der Situation der Armen in der Geschichte Israels auf unsere Zeit hin zu. Außerdem bedarf es einer differenzierten diachronen Analyse, die das Profil der Einzeltexte (so Zef 3,11–13 auch im Unterschied zu 3,1–4 und 2,1–3 bzw. 1,8–13) verstärkt wahrzunehmen sucht (vgl. oben die Literaturangaben zum Motiv »Armut / Demut«, bes. noch *S. M. Gozzo* 1978, die Arbeiten von *N. Lohfink,* auch von *M. Weigl* und vor allem den wichtigen Sammelband von *W. Dietrich / M. Schwantes* 1996; dazu *R. Rodrigues da Silva* 1999 zum Motiv »Rest Israels«).

Teil III: Zefanja 3,9–20: Der »Tag« der Läuterung und Rettung

III.B.
Zef 3,14–20: Heilszuspruch und Verheißung für das Jerusalem jenseits des Gerichts

Literatur B. G. *Curtis,* The Daughter of Zion Oracles and the Appendices to Malachi: Evidence on the Latter Redactors and Redactions of the Book of the Twelve: SBL Seminar Papers 37 Part II, Atlanta Georgia 1998, 872–892.

Die Einheiten in 3,14–20   Zef 3,14 setzt trotz des inhaltlichen Anschlusses an 3,11–13 formal ganz neu ein. Der Jubelruf bildet mit seiner Begründung eine geschlossene Einheit 3,14–15. Dieselbe Zeitebene der als gegenwärtig wirksam vorgestellten Gottesherrschaft inmitten Jerusalems zeigt auch die Einheit 3,16b–17/18'. Sie ist ebenfalls aus einem Aufruf (nun negativ formuliert) und begründenden Sätzen aufgebaut. Im Zeitbezug hebt sich davon 3,16a als eschatologisierende Einleitungs- und Verknüpfungsformel klar ab. Sie ist redaktionell und setzt das angeschlossene Ermutigungswort ausdrücklich in die Zukunft. Als Ankündigung (»An jenem Tag wird man zu Jerusalem sagen«) bezieht sich 3,16a zunächst auf die Königsherrschaft JHWHs von 3,15 zurück. Diese wird nun ebenso klar als zukünftig verstanden – und damit die Einheit 3,14–15 insgesamt.

Die beiden Einheiten in 3,14–17/18' sind als eine *Kleinkomposition,* die als Prophetenrede von JHWH in 3. Person spricht, an die Gottesrede 3,11–13 angefügt worden. Mindestens das Ermutigungswort 3,16b–17/18' ist nicht unmittelbar für den vorliegenden Kontext geschaffen, sondern als weitgehend vorgegeben redaktionell durch 3,16a angeschlossen worden. Auch 3,14–15 scheint vorgeprägt zu sein, ist indes jedenfalls deutlicher an 3,8.11–13 rückgebunden (s. u. zu 3,14–18'!).

Als sekundäre Ergänzung zu 3,14–18' tritt, nun wieder in Gottesrede gehalten, die Ankündigung 3,18a–20 in zwei Schüben hinzu. 3,18a–19 verheißt in direkter Anrede an die Stadt (2. ps.f.sg.) das Ende aller Schmach und Unterdrückung und die Sammlung des verstreuten Volks, um es auf der ganzen Erde wieder zu Ehren zu bringen. Eben dies kündigt die weitere Ergänzung 3,20 an einen nicht näher bezeichneten Adressatenkreis (2. ps.m.pl.) an. Sie unterstreicht die Naherwartung, dass die Schicksalswende und der neue Ruhm »unter allen Nationen der Erde« (vgl. 3,9!) noch zu Lebzeiten der Adressaten (»vor euren Augen«) eintreten werde.

Funktion im Buchkontext   Zef 3,14–20 bildet den zweiten Hauptabschnitt von Teil III des Zefanjabuches (3,9–20). Er schließt an den ersten Abschnitt, die Heilsankündigungen in 3,9–13, mit dem imperativischen Aufruf zur Freude und Jubel über die schon verwirklichte Königsherrschaft JHWHs inmitten der »Tochter Zion« (3,14–15) steigernd an. Während die Form der Ankündigung in 3,9–13 textlich einen Standpunkt *vor* dem als Läuterung verstandenen Gericht einnimmt, spricht 3,14–15 (und 3,16b–17/18') klar von einem Standpunkt *jen-*

Zef 3,14–20: Heilszuspruch und Verheißung für das Jerusalem jenseits des Gerichts

seits des Gerichts her, das nun insgesamt für die »Tochter Zion« aufgehoben ist. Auch die weiteren Ankündigungen (3,18–20, auch 3,16a) erscheinen nun in eine Zeitsphäre nach Aufhebung der »Rechtsurteile« gegen Jerusalem und Beseitigung der Feinde (3,15a–b) versetzt. Allerdings werden auch diese letztgenannten Ereignisse durch die Verknüpfungsformel 3,16a in die Zukunft verlegt.

Wie 3,9–13 die partikulare Sicht (Jerusalem 3,11–13) mit einer universalen Perspektive des Heils (3,9–10) verknüpft, so bringt der Abschnitt 3,14–20 beide Perspektiven in erheblich abgewandelter Form zusammen: Zentrales Thema ist das von Feinden und Unglück befreite Jerusalem, das im Schutz der heilvollen Gegenwart JHWHs leben darf. In diesen Heilsbereich Jerusalems bzw. der im weiten Sinn verstandenen Zionsgemeinde wird JHWH die in der Zerstreuung lebenden Israeliten sammeln. Universal wird dann die neue Ehre des versammelten Volks »auf der ganzen Erde« (3,19d) bzw. »unter allen Nationen der Erde« (3,20c) sein.

Der im Zefanjabuch einzigartige Aufruf zum Jubel in vier Imperativen in Zef 3,14a–d erfüllt im Kontext eine Doppelfunktion. Er leitet nicht nur den zweiten Hauptabschnitt der Verheißungen von 3,9–20 ein, sondern markiert auch den Auftakt zum Abschluss des ganzen Zefanjabuches in 3,14–20! Im Jubelruf kommt der Redeprozess des Buches durch partikulare und universale Unheils- und Heilsankündigungen hindurch an sein Ziel (s. o. einleitend zu Teil III Zef 3,9–20).

Der letzte Hauptabschnitt des Zefanjabuches leitet im Dodekapropheton von den im Sammlungsprozess als vorexilisch eingestuften Prophetenschriften zur restaurativen Prophetie der frühnachexilischen Bücher Haggai und Sach 1–8 über. Der Freudenaufruf an die »Tochter Zion« von Zef 3,14 weist über jenen von Sach 2,14 auf den Jubelruf an die Tochter Zion in Sach 9,9–10 voraus (vgl. *B. G. Curtis* 1998, bes. 890 f.). Die schon angebrochene Königsherrschaft JHWHs, seine heilvolle Gegenwart inmitten Jerusalem (Zef 3,14–15.16–17/18') wird konkretisiert im angekündigten und prophetisch geforderten Wiederaufbau des zerstörten Tempels (Hag, Sach 1–8, bes. 1,16; 6,9–15; 8,9). Denn JHWH will nach Zion zurückkehren und wieder in Jerusalem wohnen (Sach 2,14.15; 8,3)! Was Zef 3,14–18' als bereits erfahrbare Gegenwart Gottes behauptet und Sach 2,14.15 und 8,3 als nahes Kommen Gottes ansagen, das interpretiert Sach 9,9–10 neu als das Kommen des armen und demütigen messianischen Königs! Auch das Thema der Sammlung des verstreuten JHWH-Volks nach Jerusalem (und Juda) von Zef 3,18–20 ist ähnlich im Sacharjabuch vertreten (Sach 2,5–9, 2,10–13; 8,7–8).

3,14–20 als ›Überleitung‹ zu Hag und Sach

So sind es gerade die auf Jerusalem bezogenen Verheißungen, die im Zwölfprophetenbuch die Brücke von der vorexilischen zur frühnachexilischen Prophetie bilden. Dass freilich auch Zef 3,14–20 keineswegs vorexilisch, sondern ebenfalls nachexilisch datiert, wird die Auslegung erweisen.

Teil III: Zefanja 3,9–20: Der »Tag« der Läuterung und Rettung

III.B.1.
Zef 3,14–18': Aufruf zur Freude und Ermutigung, begründet in JHWHs heilvoller Gegenwart inmitten der Stadt

Literatur *K. Baltzer*, Stadt-Tyche oder Zion-Jerusalem? Die Auseinandersetzung mit den Göttern der Zeit bei Deuterojesaja, in: *J. Hausmann / H. J. Zobel* (Hrsg.), Alttestamentlicher Glaube und Biblische Theologie. FS *H. Preuß*, Stuttgart u. a. 1992, 114–119. – *M. Z. Brettler*, God is King. Understanding an Israelite Metaphor: JSOT.S 76, Sheffield 1989. – *R. E. Clements*, Zion as Symbol and Political Reality: A Central Isaianic Quest, in: *J. van Ruiten / M. Vervenne* (Hrsg.), Studies in the Book of Isaiah. FS *W. A. M. Beuken*. BEThL 132, Leuven 1997, 3–17. – *E. W. Conrad*, The »Fear Not« Oracles in Second Isaiah: VT 34 (1984) 129–152. – *F. Crüsemann*, Studien zur Formgeschichte von Hymnus und Danklied in Israel: WMANT 32, Neukirchen-Vluyn 1969, 55–56. – *P.-E. Dion*, The ›Fear not‹ Formula and the Holy War: CBQ 32 (1970) 565–570. – *F. W. Dobbs-Allsopp* 1993 (Daughter of Zion). – *E. R. Follis*, The Holy City as Daughter, in: dies. (Hrsg.), Directions in Biblical Poetry: JSOT.S 40, Sheffield 1987, 173–184. – *T. H. Gaster*, Two Textual Emendations – Zephaniah III,17: ET 78 (1966/67) 267. – *H.-J. Hermisson*, »Die Frau Zion«, in: *J. van Ruiten / M. Vervenne* (Hrsg.), Studies in the Book of Isaiah. FS *W. A. M. Beuken*: BEThL 132, Leuven 1997, 19–39. – *Ihromi*, Die Häufigkeit der Verben des Jubelns in Zefanja III 14f., 16–18: rnn, rwʿ, śmḥ, śwś und gîl: VT 33 (1983) 106–110. – *H. Irsigler*, Exegese Zef 3,14–17 (14–18a). Bibeltheologische Vorüberlegungen, in: *O. Wahl / E. Schulz* (Hrsg.), Unsere Hoffnung und Gottes Wort, Lesejahr C, Frankfurt 1994, 35–41. – *H. Irsigler*, Der Freudenaufruf an Zion in Israels Prophetie. Zef 3,14–15 und seine Parallelen, in: *J. Frühwald-König / F. R. Prostmeier / R. Zwick* (Hrsg.), Steht nicht geschrieben? FS *G. Schmuttermayr*, Regensburg 2001, 49–74. – *J. Jeremias*, Art. Königtum Gottes: NBL, Lfg. 9 (1994) 520–522. – *A. S. Kapelrud* 1981, 225–262. – *G. Mansfeld*, Der Ruf zur Freude im Alten Testament, Heidelberg (Diss.) 1965. – *Chr. Maier*, Die Klage der Tochter Zion. Ein Beitrag zur Weiblichkeitsmetaphorik im Jeremiabuch: BThZ 15 (1998) 176–189. – *S. Munoz Iglesias*, La joie de la fille de Sion: Aseign 7 (1969) 54–58. – *B. C. Ollenburger*, Zion, the City of the Great King. A theological Symbol of the Jerusalem Cult: JSOT.S 41, Sheffield 1987. – *E. Otto*, Art. צִיּוֹן ṣijjôn: ThWAT VI (1989) 994–1028. – *J. Schreiner*, Sion – Jerusalem, Jahwes Königssitz: StANT 7, München 1963. – *R. H. Shearer*, A Contextual Analysis of the Phrase ʾal tîrāʾ as It Occurs in the Hebrew Bible and in Selected Related Literature, Diss. Drew University 1985. – *O. H. Steck*, Zion als Gelände und Gestalt. Überlegungen zur Wahrnehmung Jerusalems als Stadt und Frau im Alten Testament: ZThK 86 (1989) 261–281. Aufgenommen in: ders., Gottesknecht und Zion. Gesammelte Aufsätze zu Deuterojesaja: FAT 4, Tübingen 1992, 126–145. – *M. Wischnowsky* 2001 (Tochter Zion).

Kontext und Komposition

Zusammenhang und Aufbau von 3,14–18'

Die Kleinkomposition Zef 3,14–18' aus den Einheiten 3,14–15 und 3,16a.b-17/18' markiert mit ihrem einsetzenden vierfachen Aufruf zum Jubel Ende und Höhepunkt des gesamten Redeverlaufs im Zefanjabuch. Die beiden Einheiten heben sich klar von den sie umgebenden ankündigenden Gottesreden ab. Beide sprechen als Prophetenrede von JHWH in 3. Person, beide wenden sich appellativisch an die Tochter Zion bzw. an Zion, beide setzen die rettende und tröstende Gegenwart Gottes inmitten der Zionsgemeinde voraus und behaupten sie in den motivierenden Sätzen nach den Aufrufen eindringlich. Die Einheiten unterscheiden sich jedoch auch voneinander im Vokabular, in der Bildsprache und in ihrer spezifischen Tendenz, was ihre gesonderte Kommentierung (s. u.) nahe legt. Sie sind literarisch nicht aus einem Guss, sondern durch die ankündigende Verknüpfungsformel 3,16a zusammengefügt und nachträglich ›eschatologisiert‹ bzw. als Zukunftsansage gedeutet. Gleichwohl haben sie in Aufbau und Ausrichtung soviel Gemeinsamkeiten, dass ihre Fügung ohne weiteres einleuchtet:

1. **Aufruf zur Freude an die »Tochter Zion« / »Israel« / »Tochter Jerusalem« Zef 3,14–15:**
    a. *Freudenaufruf in vier Imperativen 14a–d:*
       »Juble auf, Tochter Zion …!«
    b. *Motivation 15a–d:*
       - JHWHs befreiende Tat und Antritt der Königsherrschaft inmitten der Stadt 15a–b.c
       - Folge: kein Unheil mehr fürchten (/ erleben) 15d
2. **Aufruf zur Ermutigung an »Zion« Zef 3,16a.b-18':**
    - Einleitungs- und Verknüpfungsformel 16a: Ankündigung prophetischer Rede an Jerusalem
    a. *Ermutigungsaufruf in zwei negierten Jussiv-Formen 16b–c:*
       »Fürchte dich nicht, Zion …!«
    b. *Motivation 17a–18':*
       - JHWHs Gegenwart inmitten der Stadt als hilf- und siegreicher Held 17a–b
       - Explikation: JHWHs Freude und Jubel über die Stadt in erneuerter Liebe 17c–e/18'

Der Aufbau der beiden Einheiten in der Folge von Aufruf und dessen Motivation durch darstellende gegenwartsbezogene Verbal- und Nominalsätze läuft parallel. Über den entsprechenden Adressatenbezug (»Tochter Zion« bzw. »Zion«) hinaus sind Stichwortverknüpfungen charakteristisch. Aus der hellen Freude, zu der der ungenannte Sprecher die »Tochter Zion« (usw.) mit vier Verben des Jubelns in 3,14 herausfordert, wird in 3,17c und d der strahlende Jubel *JHWHs* über Zion. Wiederum sind es vier helle Freude und Jauchzen bezeichnende Wortbasen, die diesen göttlichen Jubel beschreiben. Die Wortbasen רנן »jubeln« und שמח »sich freuen« – in 3,14a.c verbal, in 3,17c.e nominal verwendet – schließen in symmetrischer Folge die beiden

Einheiten inkludierend zusammen. Das Motiv der Befreiung von Furcht verknüpft Ende und Anfang der aufeinander folgenden Einheiten (15d // 16b). Aussagekern der motivierenden Sätze ist jeweils das wirksame heilvolle Dasein JHWHs inmitten der Zionsgemeinde bzw. der Stadt Jerusalem (15c // 17a). So ergibt sich ein chiastischer Aufbau der Kleinkomposition 3,14–18' (vgl. auch S. Munoz Iglesias 1969, 55 f.; J. A. Motyer 956):

רני »Juble auf!« 14a
   שמחי »Freue dich!« 14c
      בקרבך »in deiner (f.) Mitte« 15c
         לא־תיראי »du brauchst nicht ... zu fürchten« 15d
         אל־תיראי »fürchte dich nicht!« 16b
      בקרבך »in deiner (f.) Mitte« 17a
   ב שמחה »in Freude / voller Lust« 17c
ברנה »mit Jubelruf« 17e

Strukturparallelen zu 3,14 und 16b–c Die Kleinkomposition Zef 3,14–18' mit ihrer Folge von Freudenaufruf (3,14) und Ermutigungszuspruch (3,16b–c) hat ihre engste, auffällige Strukturparallele in dem (spät-)deuterojesajanischen Text Jes 54,1–3.4–8. Wieder ist es das personifiziert als Frau angesprochene (hier aber ungenannte) Zion / Jerusalem, das zum Jubel aufgerufen und ermutigt werden soll: »Juble auf, Unfruchtbare, die nicht geboren hat, brich in Jubel aus und jauchze, die nicht in Wehen lag!« (Jes 54,1). Begründet wird der Freudenaufruf in Jes 54,1–3 anders als in Zef 3,15 mit den vielen Kindern, die die vereinsamte Stadt erhalten soll. Der Ermutigungszuspruch Jes 54,4–8 allerdings, wie Zef 3,16b mit dem charakteristischen »Fürchte dich nicht!« einsetzend, enthält eine Motivation, die jener in Zef 3,17c–e/18' erstaunlich ähnelt. In beiden Fällen geht es um die Geschichte der Liebe Gottes zu seinem Volk. Zef 3,17 lässt in der Metapher von dem in erneuerter Liebe über die Stadt jauchzenden Gott das Bild des Bräutigams aufscheinen, der sich hellauf über seine Braut freut (vgl. Jes 62,5; 65,19) bzw. des Ehemanns, der sich neu in Liebe seiner Frau zuwendet. Eben darum geht es in Jes 54,4–8 (bes. 6–8): Nach nur kurzer Trübung der Liebesbeziehung verbindet sich Gott neu voller Erbarmen mit Zion. Trotz je eigenständiger poetischer Ausprägung der Texte stellt sich die Frage nach dem Verhältnis von Zef 3,14–18' und Jes 54,1–8. Denn der Zusammenhang von Freudenaufruf mit dem Zuspruch »Fürchte dich nicht!« hat nur noch in Joel 2,21–22.23 eine entferntere Parallele. Hat der Kompositeur von Zef 3,14–17/18' von dem ihm weitgehend vollständig vorliegenden Jesajabuch gelernt? Die auffälligen Entsprechungen zwischen Zef 3,14–17/18' und Jes 54,1–3.4–8 legen dies nahe. Sie lassen zumindest auf einen verwandten Bearbeiterkreis dieser Prophetenschriften in spätexilischer oder eher frühnachexilischer Zeit schließen.

III.B.1.a. Zef 3,14–15: Aufruf zur Freude an die Tochter Zion, da JHWH nach dem Gericht in Jerusalem als König herrscht

Siehe oben Literatur zu Zef 3,14–18', bes.: M. Z. Brettler 1989. – F. W. Dobbs-Allsopp 1993 (Daughter of Zion). – E. R. Follis 1987. – H. J. Hermisson 1997. – H. Irsigler 2001. – G. Mansfeld 1965. – Chr. Maier 1998. – M. Wischnowsky 2001 (Tochter Zion).

Literatur

Text

14 a	IA	Juble auf, Tochter Zion!	Übersetzung
b	IB	Jubiliert ihr, Israel!	
c	IIA	Freu dich	
d		und jauchze von ganzem Herzen,	
	IIB	Tochter Jerusalem!	
15 a	IA	Aufgehoben hat JHWH die Rechtsurteile gegen dich,	
b	IB	weggeräumt dein[e] Feind[e].	
c	IIA	[Die Königsherrschaft hat] JHWH in deiner Mitte [angetreten],	
d	IIB	du brauchst nichts Böses mehr zu fürchten (/ zu erleben).	

15a: Die seit J. Wellhausen (1898, 158) beliebte Konjektur des Partizips Poʿel von ŠPṬ in 3,15a im Sinne von »deine Richter / Gegner« (vgl. Ijob 9,15) statt MT מִשְׁפָּטַיִךְ »die Rechtsurteile / Strafgerichte gegen dich« ist allerdings textkritisch kaum begründet und unnötig. Die »Lügenrichter« des Targums z. St., die dem Volk angehören, sind nur Interpretation des MT, ohne einen anderen Text vorauszusetzen. Das Abstraktum »die Rechtsurteile / Strafgerichte gegen dich« steht passend in Balance zu dem parallelen Konkretum »deine Feinde« (s. zu 3,15b). LXX denkt an die Ursache der »Strafurteile« des MT: τὰ ἀδικήματά σου »deine Ungerechtigkeiten«.

Zu Text und Übersetzung

15b: Der Singular אֹיְבֵךְ »dein Feind« des MT in 3,15b kann als Kollektivbezeichnung interpretiert werden. Die einhellige Bezeugung des Plurals אֹיְבַיִךְ »deine Feinde« in der hebräischen Zwölfprophetenrolle MurXII (Mur 88) aus der Wüste Juda wie in den antiken Versionen (LXX, Tg, Syr) spricht jedoch für diese Lesart.

15c: In Satz 15c lese ich sachlich im Anschluss an eine gutbezeugte griechische Überlieferung (βασιλεύσει, vgl. J. Ziegler z. St. und den Vorschlag יִמְלֹךְ BHS z. St. mit Verweis auf Mi 4,7, wo allerdings korrekt וּמָלַךְ »er wird herrschen« steht), die durch La (u. a.) bestätigt wird, statt der Constructus-Verbindung מֶלֶךְ יִשְׂרָאֵל »der König Israels« des MT die Suffixkonjugation מָלַךְ »er hat die Herrschaft angetreten / sich als König erwiesen«. Sie erklärt leicht die Deutung von מלך als »König« und damit die Einfügung von יִשְׂרָאֵל von Satz 14b her, die ihrerseits in der Verszeile 3,15 II kolometrisch stört (Kolon 15 IIA erhält vier statt der erwarteten drei Hebungen).

15d: Durch wenige hebräische Manuskripte, die Editio Bombergiana des Jakob ben Chajim von 1524/25 sowie LXX (mit La) und Syr ist תִּרְאִי von ראה »sehen« (»erleben«, vgl. Jer 44,17; Ps 90,15; Spr 27,12) als Variante neben תִּירְאִי von ירא »sich fürchten« (MT, Vg, Tg) gut etabliert (vgl. z. B. I. J. Ball 1972/1988, 182). Beide Lesarten sind vertretbar. Da 3,15d das ›Nichtmehrsein‹ eines bisherigen Zustands aus-

Teil III: Zefanja 3,9–20: Der »Tag« der Läuterung und Rettung

drückt, scheint der Satz primär anzusagen, dass die Tochter Zion das ›Unheilserlebnis‹ der Feindherrschaft von 3,15a–b nie mehr wird ertragen müssen (vgl. BHS z. St. und HALAT 413b). 3,15d könnte im MT von 3,16b (»fürchte dich nicht ...«) beeinflusst sein. Gleichwohl ist eine Änderung des MT nicht zwingend. Die MT-Variante schließt nicht nur die tatsächliche Erfahrung von kommendem Unheil, sondern auch schon die Furcht davor aus, steigert demnach die Aussage. Möglicherweise dürfen wir in der Differenz der beiden Varianten einen Hinweis auf eine ursprüngliche Selbstständigkeit der Einheit und ihre redaktionelle Einbindung in den Kontext erkennen.

Analyse

Der begründete Freudenaufruf Zef 3,14–15 ist wie das Ermutigungswort 3,16b–17/ 18' zweiteilig aufgebaut; die Kleinkomposition der beiden Worte hat ihre nächste Strukturparallele in Jes 54,1–3.4–8 (s. o. zu 3,14–18' unter III.B.1.).

Ist Zef 3,14–15 ursprünglich selbstständig?
Die Einheit 3,14–15 scheint in ihrer überlieferten Form kaum völlig unabhängig von ihrem Vortext entstanden zu sein. Allerdings lässt sich eine redaktionelle Einbindung und Anpassen eines vorgegebenen Textes nicht ausschließen. Dafür spricht der formal und inhaltlich geschlossene Aufbau, die neue und eigenständige Anrede an die »Tochter Zion / Jerusalem« als »Israel«, wie auch die vom Vortext her nicht unmittelbar angeregte Rede von der Beseitigung der »Feinde« (vgl. Nah 2,1; Jes 41,11–12) und vom Antritt der Königsherrschaft JHWHs (vgl. bes. Jes 52,7–9) inmitten der »Tochter Zion«. Sollte LXX in Zef 3,15c und 3,15d (s. o. zum Text) möglicherweise die Lesarten des ursprünglich selbstständigen Jubelrufs Zef 3,14–15 bewahrt haben, während der MT mit »der König Israels« in 15c und mit dem Verb ירא »(sich) fürchten« die Fassung des Bearbeiters für das Zefanjabuch verrät? Wahrscheinlicher haben wir im MT für 3,15c mit einer späteren Textvariante zu rechnen, während die MT-Fassung von 3,15d von jenem Bearbeiter stammen kann, der 3,16–17/18' anfügte. Von einem ursprünglich selbstständigen kleinen Lied Zef 3,14–15 (wie auch 3,16b–17/18') gehen mehrere Kommentatoren aus (z. B. *K. Elliger* 81; *B. Renaud* 256; *K. Seybold* 116; *J. Vlaardingerbroek* 208).

Rückbezüge auf 3,1–8.11–13
Die Einheit 3,14–15 ist innerhalb der Heilsverheißungen für die Völker, für Jerusalem und die Diaspora Zef 3,9–20 literarisch klar abgegrenzt. Zugleich ist sie aber durch unverwechselbare Bezüge in ihren literarischen Kontext eingebunden. In ihr wird Jerusalem, die in 3,1–8 und 11–13 nicht namentlich genannte Stadt, als »Tochter Zion« bzw. »Tochter Jerusalem« eindeutig identifiziert. Auf sie bezieht sich das leitwortartig wiederholte »in ihrer Mitte (קרב)« Zef 3,3a.5a bzw. »aus deiner Mitte« 3,11b und »in deiner Mitte« 3,15c und 3,17a. Auch das in der 2. ps.pl. adressierte »Israel« von 3,14b schließt an den Vortext an; es nimmt den »Rest Israels« von 3,13 her auf, der als JHWH-treues »armes und niedriges Volk« (3,12a) in 3,12b–13 in der 3. ps.pl. beschrieben wird. Dass JHWH selbst die »Rechtsurteile« als »Strafgerichte« gegen Jerusalem aufgehoben (3,15a) und die Feinde der Stadt vertrieben hat (3,15b), weist klar genug auf Zef 3,8 zurück. Die Verbform הסיר »[JHWH] hat (schon) beseitigt« in 3,15a schließt stichwortartig an אסיר »ich [JHWH] werde beseitigen« in 3,11b an. Jedoch geht es in 3,15 nicht um hochmütige Übeltäter in Jerusalem, sondern ausdrücklich um äußere Feinde Jerusalems (3,15b), wovon nur in 3,8 die Rede sein kann.

Zef 3,14–18': Aufruf zur Freude und Ermutigung

Nach 3,8 ist es nicht nur JHWHs allgemeiner »Rechtsanspruch« (מִשְׁפָּט), Völker- und Königreiche zusammenzubringen, um über sie seine Zornglut auszuschütten. Vielmehr lässt der Zusammenhang und Rededuktus der begründeten Unheilsankündigung in 3,6–8 keinen Zweifel daran, dass מִשְׁפָּטִי in 3,8c nach dem Schuldaufweis in 3,6–7 und der Folgerung in V 8 (»darum wartet mir [nur] … auf den Tag, da ich als ›Richterzeuge‹ aufstehe …«) über den vorausgesetzten Rechtsanspruch hinaus als »mein Rechtsurteil« bzw. »mein Gericht« zu verstehen ist (s. o. die Auslegung von Zef 3,6–8 unter II.B.2.!). Dann sind die »Feinde« Jerusalems, die JHWH nach 3,15b schon »weggeschafft« oder »abgewendet« hat, niemand anders als die »Völker« und »Reiche« von 3,8. M.a.W., die Sätze 3,15a–b, welche die »Rechtsurteile / Strafgerichte« JHWHs nur gegen die »Tochter Zion« und nur deren »Feinde« in den Blick nehmen, sehen in 3,8 allem Anschein nach das Gericht ausschließlich über die Jerusalemer, nicht über die »Völker« und »Reiche« angekündigt. Letztere sollten vielmehr als Gerichtswerkzeuge gegen Jerusalem dienen (s. o. in der Analyse und Auslegung zu Zef 3,8!). Mit dem Ausblick auf eine Zukunft, frei von Unheilsfurcht, d. h. frei von der vorausgesetzten erlittenen Feindesnot, greift 3,15d nochmals auf 3,8 (6–8) zurück, schließt aber inhaltlich auch an das Bild des in ungestörter Sicherheit lebenden Restvolkes von Jerusalem in 3,13d–f an.

Die genannten Bezüge lassen hinreichend erkennen, dass Zef 3,14–15 von seinem Vortext abhängig und jedenfalls auf ihn hin gestaltet ist.

Inwiefern ist Zef 3,14–15 von vorgegebenen Typen der Redestruktur geprägt oder beeinflusst? In der exegetischen Gattungskritik lassen sich im Wesentlichen drei Ansätze ausmachen (vgl. dazu H. Irsigler 2001, 59–62):

Strukturprägende Redeform?

(1.) Von einem »*Thronbesteigungslied*« sprechen jene, für die das Motiv vom Königtum JHWHs in 3,15c der eigentliche Auslöser der Textbildung ist (z. B. F. Horst 199f., K. Elliger 81, A. S. Kapelrud 1975, 39f.). Ohne Zweifel verknüpft 3,15c das Zefanjawort sprachlich und thematisch mit den sog. »Thronbesteigungspsalmen« oder besser »JHWH-Königs-Hymnen« Ps 47; 93; 96–99. Deren Tradition entstammt wahrscheinlich der Feier von JHWHs Königsmacht und Herrschaftserweis im Kult des vorexilischen Herbstfestes Israels. Im Unterschied aber zu Jubelrufen wie Ps 47,2; 98,4.6 zielt Zef 3,14 nicht auf einen Jubel, der unmittelbar JHWH gilt bzw. »vor« ihm sich vollzieht, so sehr der Sprechakt des ganzen Textes Gotteslob impliziert. 3,14–15b wird von dieser Gattungsangabe nicht erfasst.

Thronbesteigungslied?

(2.) Als einen »Heilszuspruch« hat F. Crüsemann die geprägte Redeform »*Aufruf zur Freude*« nachgewiesen (ders., Studien zur Formgeschichte von Hymnus und Danklied in Israel: WMANT 32, Neukirchen-Vluyn 1969, 55–65). Aus insgesamt zwölf fast durchwegs prophetischen Texten erschließt er die typischen Merkmale der Form, die sich charakteristisch von dem sog. Erhörungsorakel als Heilszuspruch (vgl. Zef 3,16b–17) unterscheidet, sich aber auch von dem »imperativischen Hymnus« deutlich abhebt (ebd., bes. 60–63: Jes 12,4–6; Zef 3,14–15; Sach 2,14; 9,9–10; Klgl 4,21; Jes 54,1; Joel 2,21–24; Hos 9,1; dazu Jes 66,10; Jer 50,11; Mi 7,8; Jes 14,29). Charakteristisch sind Verben der Freudenäußerung. Imperativisch angesprochen ist häufig, jedoch nicht ausschließlich, eine feminine Personifikation von Stadt oder Land. Die Motivation oder Begründung der Imperative (häufig eingeleitet durch כִּי »denn, wahrhaftig«) formuliert mehrfach perfektische Sachverhalte und hält in der Regel die direkte Anrede durch. Thematisch spricht die Begründung von JHWH-Taten der Rettung bzw. trifft heilvolle Aussagen als Zuspruch an die Angeredeten. *Crüsemann* hält es für wahrscheinlich, dass der ursprüngliche »Sitz im Leben«, der vor allem in der Umkehrung Hos 9,1, aber auch in Jes 54,1 noch klar zu erkennen sei,

Heilszuspruch im Bereich des Fruchtbarkeitskults?

Teil III: Zefanja 3,9–20: Der »Tag« der Läuterung und Rettung

»ein Heilszuspruch im Bereich des Sexual- und Fruchtbarkeitskultes war«, primär an Frauen gerichtet, denen Fruchtbarkeit zugesagt wurde. Die Gattung sei dann von der Heilsprophetie aufgegriffen und auf Israel bzw. Zion übertragen worden (ebd. 65).

Nicht an der Formbestimmung, jedoch an der Vermutung zum primären »Sitz im Leben« sind indes stärkste Zweifel angebracht.[75] Hos 9,1, eine negative Anspielung auf die Gattung des Freudenaufrufs (»Freue dich nicht, Israel, [jauchze nicht] wie die Völker ...«), zielt gewiss auf kultische Festfreude, zu der Priester (oder Kultpropheten?) aufgerufen haben werden. Aber die prophetische Kritik Hoseas richtet sich nicht gegen Festfreude, die es in Israel so gut wie in anderen Kulturen gab bzw. gibt, sondern gegen einen verdorbenen JHWH-Kult Israels, den Hosea als ›baalisiert‹ bezichtigt. – Wenn in Jes 54,1 die »Unfruchtbare« zum Jubel aufgefordert wird, so handelt es sich nur um *eine* Weise der Personifikation Jerusalems. Jes 54,1–3.4–6 lässt Jerusalem in verschiedenen Frauenrollen auftreten, die sich als poetische Bilder nicht ausgleichen lassen (z. B. die Unfruchtbare, die Einsame, vielleicht auch die Verheiratete V 1 – die Witwe V 4 – die Gemahlin V 5). Die Bilder zielen auf den desolaten Zustand der Stadt und ihrer Bewohner in der Exils- und frühen Nachexilszeit und auf die Heilswende durch JHWH. Das Fruchtbarkeitsmotiv spielt vielleicht in Joel 2,21–22 eine Rolle. Gattungsprägend ist es für die Textexemplare des »Aufrufs zur Freude« jedenfalls nicht!

Jubelruf als Siegesproklamation!

(3.) Die bisher eingehendste Studie zu den Freudenaufrufen im Alten Testament hat G. *Mansfeld* in seiner Dissertation 1965 vorgelegt. Das von ihm bestimmte Grundmuster eines begründeten Freudenaufrufs als »*Jubelruf*« geht von affirmativ formulierten, positiv intendierten Imperativen der Freude aus.[76] Typische Merkmale sind: 1. der Jubelruf im Imperativ, 2. die Nennung der angeredeten Personen im Plural; auch in Singularformen wie in Jes 54,1 und in den charakteristischen »Tochter-Anreden« ist ein Kollektiv bezeichnet!, 3. ein Aussagesatz, der einen perfektischen Sachverhalt formuliert, mehrfach mit כִּי »denn, wahrhaftig« angeschlossen. Diese Formmerkmale sind klar in Zef 3,14–15 zu erkennen.[77] Als primäre Situation (»Sitz im Leben«) bestimmt *Mansfeld* die öffentliche Proklamation einer zuvor eingetroffenen Siegesmeldung. Adressaten sind primär die während eines Krieges zu Hause gebliebenen Einwohner einer Stadt, vor allem Frauen (vgl. bes. 2 Sam 1,20!, ferner Ex 15,20 f.; 1 Sam 18,6 f.; Ps 68,12; Jdt 15,12–14). Als »Siegesproklamation« ist der Jubelruf allerdings nach *Mansfeld* keine rein profane Redegattung, sondern »sakral« verwurzelt. Die Gemeinschaft, der JHWHs helfendes und rettendes Handeln verkündet wird (wohl vorab durch Priester oder Kultpropheten), soll in der Freude über den proklamierten Sieg JHWHs Handeln loben (ebd. 32–45).

Der »Jubelruf«, als priesterlich-prophetischer »Heilszuspruch« verstanden, dürfte

---

[75] Vgl. zur Kritik C. *Barth*, Art. גיל: ThWAT I (1973) 1016.1018 (1011–1018) und G. *Vanoni*, Art. שׂמח: ThWAT VII (1993) 813 f. (808–822); E. *Ruprecht*, Art. שׂמח: THAT II (1976) 834; F. *Matheus*, Singt dem Herrn ein neues Lied. Die Hymnen Deuterojesajas: SBS 141, Stuttgart 1990, 47 f.; J. *Vlaardingerbroek* 206 f.

[76] Ebd. 11: Dtn 32,43; Jes 12,6; 44,23; 45,8; 48,20; 49,13; 52,9; 54,1; 66,10–11; Jer 31,7; Joel 2,21.23; Nah 2,1; Zef 3,14–15; Sach 2,14; 9,9; Ps 69,33–34; vgl. negiert Hos 9,1. Zur Gattung des »Jubelrufs« insgesamt ebd. 11–101! *Mansfeld* unterscheidet vom »Jubelruf« ein vom ihm so genanntes »Empfangslied«, für das eine begründete Aufforderung zum »Singen« charakteristisch ist, fortgeführt durch Freuden-Jussive, ebd. 102–144.

[77] G. *Mansfeld* (ebd. 13) sieht die »ganz reine Form« in Jes 44,23; 49,13; 52,9 (nicht 7!); Joel 2,21; Ps 69,33–34 (vgl. Hos 9,1) vertreten, dazu in den Texten ohne die Partikel כִּי Zef 3,14–15; Jes 48,20; Jer 31,7.

für verschiedene Situationen heilvoller Erfahrung offen sein, kaum ausschließlich auf eine Siegessituation nach kriegerischem Kampf festgelegt. Allerdings hat G. *Mansfeld* den wichtigen und wesentlichen Zusammenhang der Redeform mit der Situation einer Siegesproklamation überzeugend nachgewiesen. Unabhängig von ihm bestimmt auch M. H. *Floyd* (2000, 245) den »Sitz« der für Zef 3,14–15 textprägenden Gattung als »victory celebration«.

Zef 3,14–15 unterscheidet sich von den Freudenaufrufen in den Psalmen (Ps 32,11; 33,1; 47,2 u.a.) durch das fehlende Präpositionalobjekt, das für die Freude »an« bzw. »vor« JHWH in den Psalmen so typisch ist. Die begründenden Sätze in Zef 3,15 bezeichnen den Gegenstand des Jubels. Sie sind jedoch sprachlich nicht unmittelbar als Freudenäußerung (direkte Rede) formuliert, da in ihnen die Anrede an die Adressaten weiterläuft. Die Nähe des Zefanjatextes zu den Hymnen Deuterojesajas und zu seiner Botschaft der Befreiung ist in der Exegese mit Recht immer wieder betont worden. In Jes 52,7–10 sind eben jene tragenden Strukturelemente und Motive verknüpft, die Zef 3,14–15 prägen: der Jubelruf (Jes 52,9a–b an die »Trümmer Jerusalems«), der seinen Grund und seinen Gegenstand in dem tröstenden und rettenden Handeln JHWHs an seinem Volk bzw. an Jerusalem hat (52,9c–d) – in weltweiter Perspektive (V 10), dazu die Proklamation des Machterweises JHWHs als König (»Die Königsherrschaft hat dein Gott angetreten!« 52,7, Satz f). Zef 3,14–15 kombiniert diese auf Zion bezogenen Motive des Jesajatextes.

Die Redeform des begründeten »Aufrufs zur Freude«, ursprünglich als »Siegesproklamation« (nach Eintreffen der Meldung eines Sieges im Kampf) ist primär in einem militärisch-politischen Kontext bzw. in der Folgesituation von kriegerischen Ereignissen verankert (vgl. Jes 52,7–10; Sach 9,9–10; auch Jes 54,3 im Kontext von 54,1–3). Sie prägt unverkennbar die Textstruktur von Zef 3,14–15. Jedoch sind auch andere Gattungseinflüsse nicht zu übersehen: die Topik der JHWH-Königs-Hymnen in Zef 3,15c, wohl aber auch die Analogie der kultischen Aufrufe zur Freude in den Psalmen und ferner die Kenntnis des geläufigen imperativischen Hymnus‹ mit seinen Aufrufen zum Gotteslob im Festkult Israels (vorab im Imperativ Plural »jubiliert, Israel!« 3,14b). Der prophetische Freudenaufruf an Zion / Jerusalem und seine Bewohnerschaft erscheint kompositorisch an wichtigen Zielpunkten und Schaltstellen der Bücher Zefanja, Jesaja, Sacharja und ferner Joel eingesetzt (vorwiegend abschließend in Zef 3,14–15; Jes 12,6; 52,9–10; 66,10–14; Joel 2,23; Sach 2,14; auch eröffnend in Jes 54,1; Sach 9,9–10; vgl. H. *Irsigler* 2001, 62–74).

Resümee

Auslegung

Der Spruch setzt schwere Feindesnot für Jerusalem als göttliches Strafgericht voraus (vgl. 3,8), aber auch schon die Erfahrung neuer Freiheit von feindlicher Bedrohung. Diese Situation ist charakteristisch für die frühe Nachexilszeit Judas. Schon war der Tempel in Jerusalem in bescheidener Größe wieder aufgebaut (520–515 v. Chr.). Der exilierte Prophet Ezechiel hatte einst den Auszug von JHWHs Herrlichkeit aus dem Tempel visionär erleben müssen (Ez 10,18–22). Doch die Schau des neuen Tempels der Heilszeit sprach von der Hoffnung auf die Rückkehr von JHWHs Herrlich-

Situative Voraussetzung und Motivation

keit nach Jerusalem, von seinem Thronen im Heiligtum und von seinem immerwährenden Wohnen in der Mitte seines Volkes (Ez 43,1–12). Der Prophet Sacharja hatte (in der Zeit von 520–518 bzw. bis kurz vor 515 v. Chr.) den Sieg über Israels Feinde und ihre volle Entmachtung als Werk JHWHs verkündet und die »Tochter Zion« zum Jubel über das bevorstehende Kommen JHWHs und sein Wohnen inmitten der Stadt (im neu errichteten Tempel) aufgerufen (Sach 2,14 im Kontext von 2,10–17, vgl. 1,14–17; 2,1–4; 2,9). Der Redestruktur und näherhin der Motivation des Jubelaufrufs in Zef 3,14–15 kommt Jes 12,6 im nachexilischen eschatologischen Danklied Jes 12,1–6 noch näher: »Jauchze und juble, Bewohnerin Zions. Denn groß ist in deiner Mitte der Heilige Israels!«. Hier wie im Zefanjatext liegt der Akzent auf der bereits wirksamen Heilsgegenwart Gottes inmitten der Zionsgemeinde. Die Exilswende und das neue Leben für Zion, das »Deuterojesaja« (noch vor 540 v. Chr.) in brennender Naherwartung verkündet hatte, war doch so weit schon verwirklicht, dass der Ergänzer von Zef 3,14–15 die Zionsgemeinde mit ihrer Mitte im nachexilischen Tempel ohne jede Einschränkung zum vollen Jubel, zur dankbaren Freude aufrufen kann. Die Dynamik solchen Jubels weist freilich über die Gegenwart hinaus und versteht die Begründung für den Jubel wie bei Deuterojesaja als etwas Endgültiges: JHWH hat schon ein für alle Mal die Feinde entfernt und seine Königsherrschaft inmitten der Zionsstadt aufgerichtet. Noch sind allerdings nicht alle Augen geöffnet und fähig, die neue Wirklichkeit wahrzunehmen, in ihrer ganzen Tragweite dankbar und heilsam zu erleben. Daher ist der Aufruf nötig, sich dem dankbaren Jubel ganz zu überlassen und sich der neuen Wirklichkeit des Handelns und Daseins JHWHs zu öffnen.

»Tochter Zion / Jerusalem«

14a–d

Direkt angesprochen ist durchwegs die Stadt und Bewohnerschaft Jerusalems (vgl. Jes 12,6) als »Tochter Zion« bzw. »Tochter Jerusalem« (Zef 3,14a.c-15d). בת »Tochter« personifiziert in der 2. ps.f.sg. die Stadt doch wohl in Einheit mit der Bewohnerschaft als Frauengestalt. Die Constructus-Verbindung mit nomen regens בת »Tochter« ist nicht als Zugehörigkeitsrelation im Sinne von »Tochter von ...«, sondern als Erläuterungsbeziehung zu verstehen: »Tochter ›Zion‹ / ›Jerusalem‹«.[78] Nur in der direkten Anrede an »Israel« (3,14b), in der der personifizierende »Tochter«-Name bezeichnenderweise fehlt, steht der Imperativ im Plural der 2. ps.m.

Die »Tochter Zion«, stets in poetischen Texten (insgesamt 26mal, vgl. z. B. *H. Haag* in ThWAT I [1973] 868f; *W. F. Stinespring* in IDB Suppl. Vol., 985), bezeichnet schon in vorexilischer Zeit das in einer Frauengestalt personifizierte Jerusalem, in elender oder bedrohter Lage (Jes 1,8; 10,32; Jer 4,31; 6,2.23). Die Not der Stadt durch Feindbedrängnis, die in Zef 3,14–15 vorausgesetzt ist und nunmehr schon als überwunden

---

[78] Gegen *F. W. Dobbs-Allsopp*, The Syntagma of *bat* Followed by a Geographical Name in the Hebrew Bible: CBQ 57 (1995) 451–470; *M. H. Floyd* 2000, 238, vgl. z. B. Waltke / O'Connor 153, §9.5.3 h; *H. Irsigler* 2001, 54 Anm. 9.

proklamiert wird, erinnert jedoch besonders auch an das Buch der Klagelieder. Darin steht die beklagte und selbst klagende »Tochter Zion« (Klgl 1,6; 2,1.4.8.10.13.18; 4,22) neben der »Tochter Jerusalem« (Klgl 2,13.15), aber auch neben »Israel« wie in Zef 3,14b und »Jakob« sowie der »Tochter Juda« (vgl. Klgl 2,1–3) bzw. der »Tochter ›mein Volk‹« (2,11). Die »Tochter Zion / Jerusalem« repräsentiert demnach wie in Klgl auch in Zef 3,14 das JHWH-Volk Israel. Die Mutterstadt Jerusalem, der mütterlich bergende Raum für ihre Bewohner (vgl. Ps 87) ist der eigentliche Ort des Gottesvolks (vgl. dazu treffend *H.-J. Hermisson* 1997, 20.23 f.29 f., zu Zion im Deuterojesajabuch; ferner *O. H. Steck* 1989, 261–281, bzw. 1992, 126–145). Zugleich dürfte aber der »Tochter«-Name auf dem Hintergrund der in Zef 3,14–15 vorausgesetzten Not ebenso wie in der Rede von der »Tochter Zion / Jerusalem« in Klgl Wehrlosigkeit und Hilfsbedürftigkeit dieser Frauengestalt assoziieren, gerade angesichts der mitgemeinten und erwarteten Würde, Schönheit und Prosperität der (jungen) Frau (vgl. z. B. Jer 6,2; Klgl 1,6; 2,1 u. a.). Dass die Personifikation einer Stadt oder eines Landes als »Tochter« häufig im Zusammenhang einer Bedrohung, Bedrängnis und Not bzw. nicht selten auch in einem Klagekontext begegnet und sich auch von daher Analogien zu mesopotamischen Stadtklagen und zum Motiv der trauernden Stadt bzw. Stadtgöttin ergeben, hat in neuerer Zeit vorab *F. W. Dobbs-Allsopp* 1993 nachgewiesen. Religionsgeschichtliche Hintergründe des »Tochter«-Namens der Stadt werden allgemeiner in der Vorstellung von der Stadtgöttin auch im westsemitischen und griechisch-hellenistischen Kulturraum gesucht.[79]

Die poetische Metapher von der »Tochter Zion« als Frauengestalt hat im Alten Testament den mythischen Hintergrund längst entschärft. Statt des Glanzes einer Stadtgöttin erweckt aber der Name »Zion« die Erinnerung an heilvolle Zionsvorstellungen und -traditionen, an seit der frühen Königszeit Israels / Judas herausgebildete Glaubensinhalte: JHWH hat sich Zion als Wohnort erwählt (Ex 15,17 f.; Jes 8,18; Ps 46,5; 76,3; 132,13 ff.), er hat dort einen edlen Eckstein, ein sicheres Fundament gelegt (Jes 28,16, vgl. 14,32). Jerusalem ist die Stadt JHWHs, des »großen Königs« der Welt, des »Höchsten«, wie ihn zumal die Zionslieder besingen (Ps 46,5; 48,3; vgl. 47,3). Hier ist Gott als Burg und sicherer Schutz »mit« seinem Volk und lässt es in seinem Segensbereich wohnen (Ps 46; 48).

Freilich hatte die Tempeltheologie, vorab vermittelt durch die sog. Einzugsliturgien (Ps 15; 24,3–5; Jes 33,14–16; vgl. *S. Ö. Steingrímsson*, Tor der Gerechtigkeit: ATS 22, St. Ottilien 1984) auf dem »heiligen Berg« JHWHs, auch mit dessen Forderungen und Maßstäben für ein Leben in seiner Gegenwart konfrontiert. Daher wird der arme Rest Israels, der sich im Namen JHWHs birgt, auch im sozialen Bereich das Rechte tun (Zef 3,12–13).

Dieses neue »Israel« spricht der Autor und »prophetische« Sprecher in 3,14 als »Tochter Zion / Jerusalem« direkt an und fordert es in den vier Imperativen, die Totalität und Intensität signalisieren, zu überschäumendem Jubel auf. Die Zusammenstellung der vier Verben רנן »jubeln«, רוע-H »jubelnd schreien«, שׂמח »sich freuen« und עלז »jauchzen« ist im Alten Testament

Verben des Jubels

---

[79] Vgl. bes. noch *A. Fitzgerald*, The Mythological Background for the Representation of Jerusalem as Queen and False Worship as Adultary in the Old Testament: CBQ 34 (1972) 403–416; *O. H. Steck* 1992, 134 f. Anm. 46. 51, 138–139; *E. R. Follis* 1987, 173–184, vorrangig zur Göttin Athene als Stadtgöttin Athens und Tochter des Zeus.

Teil III: Zefanja 3,9–20: Der »Tag« der Läuterung und Rettung

einmalig (*Ihromi* 1983, 106–110). Sie spricht von einer Freude, die sich laut jauchzend, mit gellenden Rufen, mit triumphierendem Jubelgeschrei, aber auch singend, lachend und tanzend Ausdruck verschafft (vgl. z. B. Jes 16,10). Vgl. Abb. 24! Die Freude kann sich aber auch in artikulierten Worten und Liedern äußern (vgl. z. B. Jer 31,7; Ps 51,16). Der Jubel vollzieht sich »*mit ganzem Herzen*«, er erfasst die ganze Person, wie der erweiterte Satz 3,14c–d mit den beiden Verben שׂמח »sich freuen« und עלז »jauchzen, triumphieren« unterstreicht. Solche Freude ist selbst schon Zeichen und Gabe des neuen Heils für Zion (vgl. im Anschluss an Deuterojesaja z. B. Jes 35,10; 61,3.7.10; vgl. im Neuen Testament Joh 15,11). Die Verben der Freudenäußerung haben kein Präpositionalobjekt bei sich, sie beziehen sich nicht auf einen personalen Adressaten. Es geht sprachlich daher nicht um eine Freude »an« oder »vor« JHWH, wie sie für die Freudenaufrufe in den Psalmen Israels so typisch ist (Ps 32,11; 33,1; 47,2; 66,1; 81,2; 97,12; 98,4.6; 100,1).

Vielmehr sind es in Zef 3,15a–b perfektische Sachverhalte, konstatierte Tatbestände, die den Grund und insofern auch den Gegenstand des Jubels ausmachen: JHWH hat schon befreiend eingegriffen. Er hat die Völker, die er einst als Strafwerkzeuge gegen Jerusalem (in der Katastrophe von 586 v. Chr.) aufgeboten hatte (vgl. Zef 3,6–8), weggeschafft (3,15b, s. o. in der Analyse zu den Rückbezügen von 3,14–15!). Die »Feinde«, die JHWH schon »weggeschafft hat« (פנה-D), wie man einen Weg »bahnt« und von Hindernissen »freiräumt« (Jes 40,3; 57,14; 62,10; Mal 3,1) sind gewiss textlich zuallererst äußere Feinde der »Tochter Zion / Jerusalem« bzw. »Israels« (nicht Feinde JHWHs, vgl. Jes 1,24; 66,6.14). Auch auf der Endtextebene liegt es nicht nahe, sie als ›innere Feinde‹ zu verstehen und auf die »hochmütigen Prahler« von 3,11b bzw. die Oberschichtkreise von 3,3–4 zu beziehen (so z. B. *E. Ben Zvi* 1991, 241 f.; auch *R. Kessler* 1996, 99 f.). Zef 3,14–15 wiederholt nicht nur als vorweggenommene Tatsache, was 3,11–13 ankündigt. Dass JHWH den Grund der »Rechtsurteile« (3,15a) gemäß der Ankündigung von 3,11b beseitigt hat, setzt 3,14–15 schon voraus. Dann kann 3,15a–b feststellen, dass JHWH die über Jerusalem verhängten Strafgerichte, die durch äußere »Feinde« als den Werkzeugen des göttlichen Zorns konkretisiert und vollzogen wurden (3,8!), aufgehoben hat. Nach 3,15a–b hat JHWH eine *äußere* Bedrohung und Feindesnot abgewandt (so mit Recht *J. D. Nogalski* 2000, 214: 3,14–17 »shifts away from internal problems and takes up external concerns«). Möglicherweise hat man Zef 3,15b konkret auf das Ende der Präsenz babylonischer Besatzer in Jerusalem zu beziehen. JHWH hat ganz von sich aus der Wirkung des erfahrenen Gerichts über Jerusalem ein Ende gesetzt. Die Sätze 3,15a–b zielen auf einen ein für alle Mal gültigen, bleibenden Tatbestand. JHWH hat – wie 15a verallgemeinernd im pluralischen Objekt ausdrückt – die »Rechtsurteile« bzw. »Strafgerichte« (vgl. Ez 5,8) gegen die Stadt insgesamt »aufgehoben« (in Ijob 27,2; 34,5 bezeichnet die

Zef 3,14–18': Aufruf zur Freude und Ermutigung

Abb. 24
Gruppe assyrischer Frauen auf einem Kalksteinrelief in Ninive aus der Zeit Assurpanibals (669–627 v. Chr.). Während eine Frau sich rhythmisierend auf den Hals schlägt, um einen langgezogenen trillernden, gellenden Laut hervorzubringen, klatschen die anderen in die Hände – ein Ausdruck von Jauchzen und Jubel.
Quelle: AOBPs ([5]1996) 313 Abb. 447.

Wendung hingegen den Entzug von beanspruchtem Recht). Die »Rechtsurteile« von Zef 3,15a sind das für Jerusalem negative Gegenstück zu den heilvollen »Urteilen« Gottes in Ps 48,12; 97,8.

15c   Der Primärtext von 15c bringt den Höhepunkt: Wenn die Strafurteile aufgehoben und die äußeren Feinde beseitigt sind, dann hat JHWH seine Königsherrschaft inmitten der Stadt angetreten, seine Königsmacht erwiesen. Sind die Feinde zurückgeschlagen, kann der Sieger in seine Stadt einziehen und als König herrschen! Im Gottesdienst des Salomonischen Tempels vor der Exilszeit war JHWHs *weltweite* Königsherrschaft gefeiert worden (Jes 6,3; Ps 24,7–10; 29; 89,6ff.; 93). Jetzt, im engen Anschluss an Deuterojesajas Naherwartung (Jes 52,7 im Kontext von 7–10), ist es für das Restvolk Israel, das sich als Zionsgemeinde zusammenfindet, wichtig, dass JHWH gerade *inmitten* dieser »Tochter Zion« seine schon gegenwartswirksame befreiende Königsherrschaft aufrichtet, nicht erst in der Zukunft wie (wohl später) z. B. Jes 24,23 und Mi 4,7 betonen. Textlich primär ist der Proklamationsruf (vgl. Ps 96,10) in Zef 3,15c, hier in der Form מָלַךְ יהוה »König geworden ist JHWH« (vgl. bes. Jes 52,7; auch Ps 47,9 und Jes 24,23c). Zef 3,15c verknüpft 3,14–15 sprachlich und thematisch mit den sog. »Thronbesteigungspsalmen« oder »JHWH-Königs-Hymnen« (Ps 47; 93; 96–99, geprägt durch die Formel יהוה מָלַךְ »JHWH ist König geworden / herrscht nunmehr als König« Ps 93,1; 96,10 = 1 Chr 16,31; Ps 97,1; 99,1). Mit diesem Ruf bekennt Israel rühmend den Erweis von Gottes Königsherrschaft im Festkult. Der überlieferte hebräische Text des MT ersetzt jedoch den Proklamationsruf durch einen Nominalsatz mit dem Bekenntnis der ständigen heilsamen Gegenwart Gottes »als König Israels« (bes. Jes 41,21; 43,15; 44,6) »in deiner Mitte« (vgl. Ps 46,6; 48,2–4 sowie Jes 12,6; Jer 14,9; Sach 2,14). Vom Ende des Textes her wird in jedem Fall aus dem Jubel von V 14 wahrer »Königsjubel« (vgl. Num 23,21; Ps 47,2; 96,6; 98,4.6; zur Situation 1 Kön 1,40).

Königsherrschaft JHWHs

Proklamationsruf

15d   Erst am Ende in 3,15d wird deutlich, dass die zugesprochene Königsherr-

Teil III: Zefanja 3,9–20: Der »Tag« der Läuterung und Rettung

schaft Gottes die Gegenwart in eine endgültige Zukunft hinein transzendiert: »du brauchst nie mehr Unheil zu fürchten« (vgl. Ps 23,4; 49,6) – oder (möglicherweise primär) »sehen, erleben« (vgl. 2 Kön 22,20; Jer 44,17). Daran setzt die redaktionelle Verknüpfungsformel 3,16a an. Sie deutet die in 3,15c als schon gegenwärtig proklamierte Königsherrschaft als Perspektive der Zukunft und Hoffnung (s. u.).

Situation und Sinn

Der Jubelaufruf Zef 3,14–15 als Heilszuspruch setzt voraus, dass die »Tochter Zion« noch vom schlimmen Geschick, von der Feindesnot, in der sich JHWHs Gericht auswirkt, gezeichnet ist. Der Spruch versteht sich am ehesten aus der frühnachexilischen Perserzeit Judas und Jerusalems. Die kleinräumige Zionsgemeinde, die hier unmittelbar als »Israel« tituliert werden kann, hat wohl schon ihre Mitte im nachexilischen Tempel (erbaut 520–515 v. Chr.) gefunden. Aber noch wirken die desolaten Folgen der Katastrophe Jerusalems und des Exils nach (s. o. die Auslegung zur Situation nach und im Anschluss an Deuterojesaja). Jerusalem sind noch nicht die Augen geöffnet für die neue Wirklichkeit, die 3,15 als schon eingetreten verkündet. Es bedarf eines ›prophetischen‹ Impulses, dass die Stadt das Neue der Situation begreift. Sie hat Grund zu strahlendem Jubel und soll dazu befähigt und ermutigt werden, frei von Furcht, je wieder derartige Not erleben zu müssen. Die Anerkennung der befreienden Tat JHWHs und seiner darin erwiesenen Königsherrschaft inmitten der Stadt, wie sie der prophetische Sprecher in 3,15a–c bekennt, soll das »Israel«-Volk, das sich in der Zionsgemeinde konkretisiert, voll Freude nachvollziehen. Deshalb wird der Verfasser von 3,14–15 zu einem Evangelisten, einem Freudenbotschafter für »Israel«. Die Freude soll für die Zionsgemeinde zum ›Schwungrad‹ neuen Lebensmutes werden. Solche Freude zielt zugleich auf das Lob des rettenden und heilvoll herrschenden Gottes.

Zum literarischen Ort

Mit dem außergewöhnlichen vierfachen Jubelaufruf, der den Schlussabschnitt Zef 3,14–20 markiert, kommt der Redeprozess im Zefanjabuch zum volltönenden Höhepunkt. Im Kontext des Zwölfprophetenbuchs weist der Aufruf zugleich auf Sach 2,14 und Sach 9,9–10 voraus. Darin deutet sich die Brückenfunktion der Zefanjaschrift von den vorexilisch datierten zu den nachexilischen Prophetenbüchern Haggai und Sacharja an (s. o. bes. in der Einleitung zu Zef 3,14–20 unter III.B).

Zur Redesituation

Doch der Jubelruf von Zef 3,14–15 hat kaum nur einen »Sitz« im Zefanjabuch und darüber hinaus im Dodekapropheton. *Redesituativ* will der Text ja einer Israelgemeinde, in der noch wenig Freude zu spüren ist, die Augen für die neue Wirklichkeit öffnen und sie zum Jubel über JHWHs befreiende Tat befähigen. Ein Aufruf wie 3,14 will gehört sein! Der ›prophetische‹ Spruch fügt sich gut in den redesituativen Rahmen einer gemeindlichen Versammlung und eines liturgischen Geschehens (vgl. auch R. Edler 1984, 62). Zusammen mit diesem Heilszuspruch wird die Zefanjaschrift in einem solchen Kontext vorgetragen und zur Belehrung, Warnung, aber auch zur Ermutigung eingesetzt worden sein, gewiss zuerst am Ort der »Tochter Zion« selbst, in den Vorhöfen des Heiligtums, in dem die Präsenz JHWHs bei seinem Volk am dichtesten erfahrbar wird.

LXX bezieht den Jubelruf Zef 3,14–15 unzweifelhaft auf die Befreiung der Tochter Zion aus der Hand äußerer Feinde durch den Herrn, der den Grund der durch Feinde ausgeführten Strafaktion, nämlich »deine Ungerechtigkeiten«, hinweggenommen hat. Das Prophetentargum hingegen verschiebt den Blickwinkel auf die inneren Verhältnisse Jerusalems: JHWH hat »die Lügenrichter aus deiner Mitte« vertrieben, er hat »deine Feinde« weggeräumt (3,15a–b). Letztere können nun innere und äußere Feinde sein. Die Königsherrschaft Gottes, die der MT als gegenwärtig feststellt, wird im Tg zum Gegenstand der *Verheißung*, dass »der König Israels« »seine Schechina«, seine irdische ›Einwohnung‹, Verkörperung seiner wirksamen Gegenwart, inmitten der Zionsgemeinde bzw. Israels wohnen lassen werde (vgl. die entsprechende Verheißung im Tg zu Zef 3,5 und 3,17a). Die Sichtweise des Tg nimmt der Talmud für Zef 3,15a–b insofern auf, als auch hier einerseits die Binnenperspektive, das Ende der schlechten Richter in Israel betont wird und andererseits die perfektische Aussage der beiden Sätze auf die Zukunft, die Zeit des Messias bezogen wird (vgl. nach R. Papa bSanhedrin 98a; bSchabbat 139a).

Zur frühen Rezeption

Hieronymus (Comm. z. St.) sieht Zef 3,14–18 insgesamt und die göttliche Königsherrschaft in »Israel« nach 3,15 im Besonderen in der ersten Ankunft des Christus erfüllt: »Si enim haec necdum facta sunt, sed futura, frustra credidimus Salvatoris adventum« (III., Z. 472–474). Das Neue Testament versteht den Titel »König von Israel«, wie ihn der MT Zef 3,15c bezeugt, gemäß einem frühjüdischen Sprachgebrauch im messianischen Sinn und bezieht ihn auf Jesus von Nazaret (Joh 1,49 sowie Mt 27,42 und Mk 15,32).

Der Jubelruf Zef 3,14–15 gewinnt seine bleibende Beachtung vorab darin, dass er die Hoffnung auf den vollen Erweis von Gottes heilvoller Herrschaft und Präsenz im Gottesvolk verbürgt. Er erinnert aber auch daran, dass es immer wieder der ›prophetischen‹ Menschen bedarf, die jene, deren Augen und Ohren verschlossen sind, auf die Wirklichkeit göttlicher Befreiungstat und Gegenwart hinweisen, damit sie ihnen zur Quelle »das ganze Herz« ergreifender Freude werden kann.

Teil III: Zefanja 3,9–20: Der »Tag« der Läuterung und Rettung

III.B.1.b. Zef 3,16–18': Ermutigungszuspruch an Zion, weil JHWH sich über die Stadt freut und seine Liebe erneuert

Literatur Siehe oben zu Zef 3,14–18', bes.: *E. W. Conrad* 1984. – *P.-E. Dion* 1970. – *T. H. Gaster* 1966/67. – *Ihromi* 1983. – *H. Irsigler* 1994. – *R. H. Shearer* 1985.

Text

Übersetzung
16 a		⟨*An jenem Tag wird man zu Jerusalem sagen:*⟩
b	IA	*Fürchte dich nicht, Zion!*
c	IB	*Lass deine Hände nicht sinken!*
17 a	IA	*JHWH, dein Gott, ist in deiner Mitte,*
/b	IB	*als ein Held, / der (siegreich) hilft.*
c	IIA	*Er freut sich über dich voller Lust:*
d	IIB	*er [erneuert dir] seine Liebe.*
e	IIIA	*Er jauchzt über dich mit Jubelruf*
[18']	IIIB	*[gleichwie am Tag der Begegnung (/ des Festes)].*

Zu Text und Übersetzung

16a: LXX ersetzt das Passiv des MT und macht Gott ausdrücklich zum Sprecher, der Jerusalem anredet (... ἐρεῖ κύριος ...), was freilich der Rede von JHWH in 3. Person in 3,17 widerstreitet. Fraglich ist allerdings, ob LXX den HT יאמר als passivum divinum verstand, wahrscheinlicher liest sie die Aktiv-Form יאמר und setzt den Gottesnamen als Subjekt verdeutlichend hinzu.

16b: Gegen die kolometrische Struktur 16b // c bezieht der MT die Redeeinleitung 16a in den Parallelismus ein, indem er den Atnach nach אל־תיראי »Fürchte dich nicht!« setzt und so Jerusalem 16a und Zion 16b in Parallele zu bringen sucht, trotz des unterschiedlichen syntaktischen Zusammenhangs (Redeeinleitung bzw. direkte Rede).

16c: Vor nachfolgendem Subjektssubstantiv im femininen Dual (oder Plural) kann die Verbalform maskulin sein, Ges-K § 145p; Joüon / Muraoka II § 150c.d. Das gilt für die Redewendung von 16c mit nachfolgendem Subjekt durchwegs (so noch 2 Sam 4,1; Neh 6,9; 2 Chr 15,7), anders bei voranstehendem Subjekt (Jes 13,7; Ez 7,17).

17b.c–e: Der asyndetische Relativsatz יושיע (»er hilft«) bezeichnet mit seiner Langform der Präfixkonjugation Gleichzeitigkeit zum Nominalsatz 17a wie auch zur Sprechergegenwart. Dasselbe gilt für die entsprechenden Verbalformen an erster Satzposition in 17c.d.e. Dass sie nicht eingebettete ›Relativsätze‹ sind, ist allein semantisch und ferner kolometrisch (jeweils Beginn eines eigenen Kolons) erkennbar.

17d: MT »er schweigt in seiner Liebe« (חרש III im H-Stamm [wie auch G-Stamm] »schweigen«) ist im Zusammenhang mit 17c und d störend und kaum verständlich, trotz zahlreicher Bemühungen, dieses Schweigen – etwa als Verzicht auf Strafe (*E. Ben Zvi* 1991, 251 f.) oder als »Niederdrücken« der Schuld (so Tg z. St.) – kontextuell verstehbar zu machen. Doch weder geht es im Kontext von V 16–17 um Fragen von Schuld und Strafe, noch darf die Zeitrelation ›jetzt – dann‹ in das Verhältnis der gleichgebauten Sätze 17c–e eingetragen werden, wie dies *T. H. Gaster* (1966/67, 267) tut: »Though now He be keeping silent about His love, He will then joy over thee in a burst of song.« Gegen die Interpretation von *L. Sabottka* (1972, 132–134) »Er komponiert in seiner Liebe« / »Er singt ein Lied in seiner Liebe« (134) spricht lexikalisch die Schwierigkeit חרש II »handwerklich herstellen«, auch übertragen »planen« (nach Gesenius[18] 402 zu חרש I »pflügen« gehörend, vgl. HALAT 343b) sogar mit »komponieren« und »singen« zu verbinden. Außerdem verweisen 17c und e allgemeiner auf einen jubelnden und jauchzenden, nicht aber gerade auf einen musizierenden Gott! Einiger Beliebtheit erfreut sich die von *P. Müller*, ThStKr 80 (1907) 310, und *A. van Hoonacker* (Komm. 1908, 535) vorgeschlagene leichte Konjektur ירחש (vgl. Ps 45,2) »er wallt über (in seiner Liebe)«. Der Textform, die in LXX und Syr vorausgesetzt ist (»er erneuert dich in seiner Liebe«), folgt der auf *B. Duhm* (1911, 99) zurückgehende Vorschlag, »er erneuert (יְחַדֵּשׁ) seine Liebe« zu lesen, vgl. BHS z. St. und zur Aussage Jes 62,4–5 und 65,18–19! Allerdings ist es kaum nötig, den D-Stamm herzustellen; ein H-Stamm יחדיש (so z. B. schon *C. T. Anton* 1811, 10) in entsprechender Bedeutung kann, obwohl sonst nicht belegt, neben dem D-Stamm bei Zustandsverben nicht überraschen (Joüon / Muraoka I § 52d Anm. 3). MT scheint neben der Verwechslung von ד mit ר im Verb auch eine Verwechslung des Buchstabens Kaf, primär als enklitisches Personalpronomen an der Verbform in der Funktion eines dativus commodi, mit der Präposition ב vorauszusetzen. Daher die oben angenommene Lesung: יחדישך אהבתו »er erneuert dir seine Liebe«.

17e/18': Zef 3,18 bleibt eine schwere textkritische crux (s. u. zu Zef 3,18a–20!). Die Anfangsworte נוגי ממועד (3,18') bieten keinen verlässlichen Text, obwohl sie lexikalisch verständlich sind: »Fest-fern Trauernde / die Betrübten fern von der Festversammlung« bzw. »die ohne Festfeier Betrübten«, weniger wahrscheinlich »die wegen der (fehlenden) Festfeier Betrübten« (vgl. Klgl 1,4a). Da die Annahme eines Partizips von יגה (I) im N-Stamm »bekümmert, betrübt« auch Klgl 1,4d inhaltlich einwandfrei erklärt, steht nichts im Weg, MT נוגי Zef 3,18' entsprechend als Constructus-Form vor einer Präpositionalverbindung zu erklären (vgl. Gesenius[18] 435; HALAT 368b und Joüon / Muraoka II § 129m). Schon Hieronymus (»Nugas«) bezeugt vormasoretisch den ungewöhnlichen Anlaut *nū-* des MT נוּגֵי, statt des erwarteten *nō-* (נוֹגֵי), vgl. Bauer / Leander 193, §14q. Problematisch ist die Annahme einer Basis *NuG* »abweichen, weggehen« nach dem Vorschlag von *C. H. Gordon*, Ugaritic Textbook. Glossary Nr. 1624, bei *L. Sabottka* 1972, 135: »Die von mir gewichen [mit Lesung *nūgay* als Partizip G-Stamm passiv, was eher auf die Bedeutung »weggebracht werden« schließen lässt], raffte ich hinweg aus der Gemeinde ...«; *G. del Olmo Lete* 1973, 302 f., übersetzt Zef 3,18: »a los que se apartan (/apartaban) de (tu) asamblea, los arrojé de ti; eran una carga ignominiosa para ella (mi)«; s. auch HALAT 640b. Auf Klgl 1,4d kann sich dieser Vorschlag allerdings kaum berufen. Der ugaritische Beleg (KTU 1.14:III:27) wird auch von einer Wurzel *NGY* mit gleicher Bedeutung abgeleitet (z. B. *S. Segert*, A Basic Grammar of the Ugaritic Language, Berkeley u. a. 1984, 193). Da Zef 3,17a–d klar im Qina-Rhythmus zu lesen sind (3+2 Hebungen), wird die notwendige Ergänzung der Verszeile III von V 17 in den beiden Worten von 3,18' liegen. Die häufig akzeptierte Lesung von LXX ὡς ἐν ἡμέρᾳ ἑορτῆς, entsprechend auch La und Syr, die כיום מועד »gleichwie an einem Festtag« voraussetzt, fügt sich so gut in den Kontext von Zef 3,17 ein, dass sie nicht Notbehelf sein kann (gegen *W. Rudolph* 293 f. Anm. 18a–a). Für מועד ist in dieser Wortfügung die Bedeutung »Festtag« durch Klgl 2,7.22 und Hos 9,5 gesichert. Hos 12,10 hingegen denkt mindestens zugleich an die erste »Begegnung« JHWHs mit Israel: »wie in den Tagen der Begegnung«. Diese Plural-Variante (... בימי »wie in den Tagen ...«) ist auch in Zef 3,18' möglich.

Analyse

An die Redeeinleitung 3,16a schließt sich der zweiteilige Heilszuspruch mit dem Ermutigungsaufruf 16b–c und der Motivation 17a–18' an (s. o. zu Zef 3,14–18' unter III.B.1). Die Verknüpfungsformel 16a im Weissagungsstil zeigt ihren redaktionellen Charakter nicht nur an der fehlenden kolometrischen Einbindung in den Spruch, sondern vorab an der Differenz der Zeitebene: 16b–18' ist konsequent auf die Sprechergegenwart bezogen. Dieser gegenüber 3,14–15 trotz chiastischer Motivbezüge (s. o. zu 3,14–18'!) neue und eigenständige Heilszuspruch (vgl. z. B. *B. Renaud* 256) ist redaktionell als passende Ergänzung zu 3,14–15 angefügt worden.

»Heilsorakel«
Zef 3,16b–18' will als prophetische Heilszusage gehört und verstanden werden. Die Redeform setzt die Wende der Not als von JHWH her schon vollzogen voraus. Sie geht auf ein priesterliches oder (kult-)prophetisches Heils- oder Erhörungsorakel zurück, das in einem kausalgottesdienstlichen Rahmen auf die Klage eines Einzelnen Antwort gibt (grundlegend: *J. Begrich,* Das priesterliche Heilsorakel: ZAW 52 [1934] 81–92). Charakteristische Merkmale sind der ermutigende Zuspruch »Fürchte dich nicht!«(Klgl 3,57) und die konstatierende Heilszusage als Gotteswort in 1. Person. Deuterojesaja, der große Heilsprophet der Spätexilszeit, hat diesen Redetyp als erster umfassend für seine Trostbotschaft eingesetzt (Jes 41,8–13.14–16; 43,1–4.5–7; 44,1–5; 54,4–8; vgl. auch *E. W. Conrad* 1984).

Solche Heilsorakel kommen jedoch schon primär auch außerhalb kasualgottesdienstlicher Klagekontexte in Ermutigungsworten vor (vgl. z. B. Gen 15,1; 21,17; 26,23–24; 46,1–3). Neuassyrische Heilsorakel sind für die Könige Asarhaddon und Assurbanipal bezeugt (*M. Weippert,* Assyrische Prophetien der Zeit Asarhaddons und Assurbanipals, in: *F. M. Fales* (Hrsg.), Assyrian Royal Inscriptions, Rom 1981, 71–115, vgl. TUAT II/1 56–65). Ein durch »Seher« und »Wahrsager« vermitteltes Exemplar findet sich in der aramäischen Dankinschrift des Königs ZKR von Hamat (frühes 8. Jh. v. Chr., TUAT I/6, 626–628; KAI Nr. 202).

Zef 3,16b–18' wandelt die Redeform insofern ab, als dieser Heilszuspruch nicht in Gottesrede, sondern in Prophetenrede über JHWH in 3. Person ergeht wie schon 3,14–15. Zef 3,17a–b begründet den Zuspruch »Fürchte dich nicht!« an Zion zunächst nominal darstellend mit der Zusage, dass JHWH als machtvoller Retter »in deiner Mitte« gegenwärtig ist. Als gleichzeitig und auf Zukunft hin malen die nachfolgenden Verbalsätze 3,17c.d.e (18') das gewagte Bild eines in erneuerter Liebe zu Zion jauchzenden Gottes.

Auslegung

Die eschatologisierende Redeeinleitungs- und Verknüpfungsformel der Redaktion in 3,16a versetzt das angeschlossene primär eigenständige Ermuti- 16a

Zef 3,14–18': Aufruf zur Freude und Ermutigung

gungswort 3,16b–18' in eine unbestimmte Zukunft. Durch 3,16a wird rückwirkend auch der Jubelruf 3,14–15 und somit die Königsherrschaft Gottes von 3,15 in die Zukunft transponiert. Einen direkten Hinweis auf den »Tag« JHWHs von Zef 3,8 kann man der Formel 3,16a nicht entnehmen. Im überlieferten Redezusammenhang stellt »an jenem Tag« von 3,16a die Einheiten 3,14–15 und 3,16b–18' der Zeitebene der Verheißung für Jerusalem 3,11–13 gleich. Jedoch dürfte 3,16a und damit 3,14–18' insgesamt weder das universale Gericht von 3,8d noch die Völkerverheißung von 3,9–10 ursprünglich voraussetzen. Im Buchkontext freilich gehört nun 3,14–18' derselben Ebene des angekündigten »Tages« von 3,8 an wie 3,9–10 und 3,11–13. Um dessen heilvolle Sicht für Jerusalem geht es dann auch in 3,16b–18'.

16b–c Die Situation Zions, in die das Ermutigungswort hineinspricht, ist deutlicher noch als nach 3,14–15 von Furcht, Kleinmut und lähmender Resignation gezeichnet. Es ist jene Mutlosigkeit, gegen die schon Deuterojesaja im Kreis der Exilierten anging, genauer: ein schwacher und angefochtener Glaube an Gottes wirksame Nähe, seinen Schutz und seine Hilfe (vgl. Jes 40,27; 49,14). Vor allem ist an Situationsmerkmale zu denken, wie sie aus Texten der tritojesajanischen Sammlung verschiedentlich erkennbar sind. Der Geist von »Bedrückten und Zerschlagenen« (Jes 57,15; 61,1–3), die schmerzlich Gottes schützende Nähe vermissen (Jes 58,2–3; 59,1; 63,19), sucht Trost. Die Schwierigkeiten der Tempelgemeinde von Jerusalem in der Zeit der nachexilischen Restauration werden greifbar. Das kleine Juda mit seinem religiösen Zentrum in der Zionsstadt wurde erst unter Nehemia von der Provinz Samaria gelöst und selbständige Provinz im Perserreich. Argwohn, Eifersucht und Feindschaft von Seiten Samarias im Norden und Ammons im Osten sowie der Araber im Süden begleiteten den Wiederaufbau der Jerusalemer Stadtmauer (Neh 3–4). Hinzu kommt die Mühe, das soziale, wirtschaftliche, politische wie insgesamt das religiöse Leben zu ordnen, Stagnation und Unfrieden im Inneren zu überwinden (vgl. Mal 1–3; Jes 58; Neh 5!). Solche Situationen führen die glaubende Gemeinde immer wieder auf die Grundfrage nach Gott, nach seiner Nähe, seiner Macht und seinem Willen zu helfen. Es ist die Frage nach erfahrbarem Heil: »Ist JHWH in unserer Mitte oder nicht?« (Ex 17,7). »Warum bist du (Gott) … wie ein Held, der nicht zu retten / helfen vermag? Du bist doch in unserer Mitte …!« (Jer 14,9).

Situationsmerkmale

Der vorausgesetzten Klage und dem Kleinmut der Gemeinde, die mit dem heilvoll klingenden Namen »Zion« (s. o. zu Zef 3,14a–d!) personifizierend wie eine Frau direkt angeredet wird, antwortet der prophetische Zuspruch. Im Stil des alten priesterlichen (oder prophetischen) Heilsorakels, das auf eine Klage der / dem Einzelnen wirkliche Erhörung und Notwende zusagt, setzt der Zuspruch mit »Fürchte dich nicht!« (3,16b) ein. Die Redeform des Zuspruchs erinnert an eine lange Geschichte der Heilsrede in Israel (von Gen 15,1 und 21,17 bis Lk 1,13.30; 2,10). Die Ermutigungsanrede »Fürchte

Gegen Furcht und Kleinmut

Teil III: Zefanja 3,9–20: Der »Tag« der Läuterung und Rettung

dich nicht!« (oder im Plural) begegnet in den Prophetenbüchern abgesehen von Jes 7,4 allerdings nur in Texten der exilischen und nachexilischen Epoche (Jes 35,4; 40,9; 41.10.13.14; 43,1.5; 44,2; 54,4; Jer 30,10; 46,27.28; Joel 2,21.22; Hag 2,5; Sach 8,13.15). Wo Furcht herrscht, wird Handeln und Leben gelähmt, wie es die Wendung »die Hände sinken lassen« (3,16c) anzeigt. Die Wendung scheint vorab in militärisch-kriegerischen Kontexten gebraucht worden zu sein, zum Ausdruck von Mutlosigkeit im Kampf oder bei Bedrohung (2 Sam 4,1; Jes 13,7; Jer 6,24; 50,43; Ez 7,17; 21,12; 2 Chr 15,7; Neh 6,9). Wo die eigene Hilflosigkeit erfahren wird, da kann aber auch der Blick frei werden hin auf den rettenden Gott.

Jeder Satz von V 17, der Motivation des Ermutigungsaufrufs V 16, stößt helle Töne an, die sich verbinden und durchdringen. Heilvolle Traditionen werden wach: »JHWH, dein Gott« aus der zusagenden und fordernden Sprache des Dtn (5,6; 6,5.10 u. a.); »in deiner Mitte« aus der Glaubensgewissheit der Tempel- und Zionstraditionen (vgl. Ps 46,6 und das Motiv ›Gott mit uns‹ in Ps 46,4.8.12 und Jes 7,14!); »ein Held der (siegreich) hilft / rettet / befreit« (יָשַׁע-H, vgl. den Namen »Jesaja«), d. h. der mächtige Gott, der einst für sein Volk im Kampf eintrat und der Herr aller feindlichen Mächte ist (גִּבּוֹר »Held / gewaltiger Krieger« von Gott Ps 24,8; Dtn 10,17; Jes 42,13; Jer 32,18; vgl. MT Zef 1,14d?). Der behauptende Heilszuspruch Zef 3,17a–b »JHWH, dein Gott ist in deiner Mitte, *als ein Held, der siegreich hilft* (גִּבּוֹר יוֹשִׁיעַ)!« antwortet geradezu auf die schwere Klage und Anklage von Jer 14,9 (s. o.!), JHWH sei für Juda und Jerusalem »wie ein Held (כְּגִבּוֹר), der nicht (siegreich) zu helfen (לְהוֹשִׁיעַ) vermag«! Der Zuspruch unterstreicht: JHWH ist doch wirkmächtig da. Wenn er »rettet / hilft«, befreit er von Angst und eröffnet Zukunft, die Freiheit neuen Lebens, neuer Liebe.

Daher schließt die Heilszusage mit dem schönen Bild von dem Gott, der sich herzlich freut über Zion wie ein Mann, der seine Jugendliebe zu seiner Frau erneuert (korr. Text 17d). Die Vorstellung von Gott als dem Bräutigam klingt an, der bei der Begegnung mit seiner Braut von seliger Liebe und Freude erfüllt ist. Eben dies verkündet ganz ähnlich ein unbekannter prophetischer Sprecher von JHWHs Jubel über Zion im spätprophetischen Tritojesaja (Jes 62,4–5; 65,19!; vgl. Hos 2,17; Jes 54,5–6; Jer 2,2; 32,41; Dtn 30,9).

Die hintergründige Metapher von Gott als Bräutigam, der sich in hellem Jubel über Zion als seine Braut freut, tritt deutlicher hervor, wenn wir den korrigierten Text כְּיוֹם מוֹעֵד von 3,18' mit »wie am Tag der Begegnung« (vgl. Hos 12,10) wiedergeben dürfen (so *E. Sellin* 440.442; *K. Elliger* 81 f.; *D. Deden* 294; vgl. auch *B. Renaud* 253). Dann erinnert der Text an den ›Tag‹ der ersten Liebe von Mann und Frau, von JHWH und Israel (Hos 2,17; Jer 2,2; 31,3) was Zef 3,17 auf das Verhältnis JHWHs zur Gottesstadt überträgt. Die beiden Verszeilen 17 II und III stehen dann als Tetrakolon semantisch noch enger als Parallelen zusammen, die einander erläutern und ergänzen. Jeden-

Randnotizen:
17a–b
Gott als »Held«
17c–e/18
Gott als Bräutigam
Freude der Begegnung
Festfreude

falls aber konnotiert מוֹעֵד die »Festversammlung« und »Festfeier« (vgl. Klgl 2,7.22; Hos 9,5; Jes 33,20: »Zion, die Stadt unserer Feste«; Sach 8,19). Das Wort weckt so auch die Vorstellung von der Festfreude in Israel, vor allem am großen Herbstfest bzw. dem Laubhüttenfest (vgl. Hos 9,5; Dtn 16,13–15). Dann allerdings verlagert sich der Akzent vom göttlichen Subjekt, der Freude Gottes (»am Tag der Begegnung«) auf das menschliche Subjekt, die Freude der Menschen an den großen Festfeiern Israels, die ja »Feste JHWHs« (Hos 9,5; Lev 23,2 ff. u. a.) sind. Die Erinnerung an menschliche Festfreude als nicht gerade naheliegende Vergleichsgröße für die Freude Gottes an Zion versteht sich indes gut als Signal für die situative Intention des Textes: »Zion« durch das Bild des über die Stadt jubelnden Gottes zu neuer Freude zu befähigen und anzuspornen. Dementsprechend redet 3,17 nach Syr nicht von der Freude Gottes über Zion, sondern davon, dass Gott die Stadt »froh macht«, so dass sie sich freuen kann »wie am Tag des Festes«.

Die Textform des MT von 3,17d »er (JHWH) schweigt in seiner Liebe« scheint an dem Kontrast zum lauten Jubel Gottes über Zion interessiert zu sein (Deutungen s. o. zum Text von 17d!). Rührt die (sehr wahrscheinliche) Verlesung des Verbs im MT 17d etwa daher, dass einem Schreiber das Bild vom laut vor Freude und Liebe jubelnden Gott zu gewagt bzw. unangemessen erschien und er es korrigieren wollte (ähnlich *Ch. L. Taylor* 1034)? Doch vielleicht will MT eher die Not der nachexilischen Zionsgemeinde deuten: Gott schweigt (vgl. Jes 64,11 / 9–10!), aber nicht im Zorn, sondern trotz allem als der Liebende (vgl. auch *T. H. Gaster*, s. o. zum Text von 17d). Wie in Zef 3,14 sind es in 3,17c.e vier Wortbasen, die die helle Freude als laute jubelnde Freudenäußerung, die keinen satzhaft artikulierten Inhalt haben muss, ausdrücken, nun als Freude Gottes, nicht Zions (s. o. zum Aufbau von Zef 3,14–18' unter III.B.1.). Die Freudenäußerung ist in 17c und e jeweils in einer figura etymologica mit bedeutungsverwandten Wortbasen formuliert: שִׂישׂ בְּשִׂמְחָה »sich freuen in (heller) Freude« 17c, גִיל בְּרִנָּה »jauchzen mit (lautem) Jubel« 17e. Satzsubjekt ist jeweils unmittelbar JHWH (3,17a), nicht der »Held, der (siegreich) hilft« von 17 IB. V 17 rezipiert inhaltlich kaum das Motiv von der Sonne, die sich »wie ein Held freut« von Ps 19,6 her (wie *H.-J. Fabry*, ThWAT VII, 723, meint). Wohl aber ist vorab die tritojesajanische Botschaft von der Freude Gottes über sein Volk in Zef 3,17 aufgenommen (s. o.: Jes 62,4–5; 65,19). שׂישׂ / שׂושׂ und גִיל als Verben der Freudenäußerung können geradezu als programmatisch für die späte Tritojesaja-Sammlung bezeichnet werden (Jes 61,10; 62,5; 65,18–19; 66,10.14; in Parallele ferner noch in Jes 35,1; Ps 35,9. Vgl. *Ihromi* 1983, 108 f.; *H.-J. Fabry* ebd. 724.725).

Gottes helle Freude

Teil III: Zefanja 3,9–20: Der »Tag« der Läuterung und Rettung

Situation und Sinn

Frühnach-exilische Zionsgemeinde

Die bedrängte Situation der frühnachexilischen Zionsgemeinde, wie wir sie zumal aus Hag, Sach 1–8, Mal 1–3, aus Texten der tritojesajanischen Sammlung (Jes 56–66, z. B. Jes 58–59) und Neh 5 (bzw. 3–6) kennen, ist in Zef 3,16b–18' noch deutlicher greifbar als in Zef 3,14–15. Ebenso unverkennbar erscheint für 3,17c–e/18' die Entsprechung und der Anschluss an Motive der Liebe und Freude Gottes über sein Volk / Jerusalem in Tritojesaja (s. o. Auslegung, vgl. aber auch Jes 54,4–8 im Anschluss an 54,1–3 wie Zef 3,16–18' im Anschluss an 3,14–15!, s. o. die Einleitung zu 3,14–18'). JHWH hatte seinem Volk schon die Erfahrung der Schicksalswende und Befreiung geschenkt. Aber da war die innere Not und auch äußere Bedrängnis in der frühen Perserzeit Jerusalems und Judas (Ende 6. Jh. bis ca. Mitte 5. Jh. v. Chr.; s. o. zu 16b–c!). Und wann sollten die weit ausgreifenden prophetischen Verheißungen für das neue Zion als der von Gottes Herrlichkeit erfüllten und verwandelten Gottesstadt wahr werden (vgl. Jes 54,11–17; 60–62)? Ps 126 fasst diese Situation von glücklich erfahrener Schicksalswende und doch Ausschau nach der Heilsvollendung treffend zusammen. Die Grundfrage in Zef 3,16–18' ist – wie schon in 3,14–15 – jene nach der befreienden und tröstenden Gegenwart Gottes, m. a. W. das Grundproblem Zions, wie der Text es deutet, ist die gebrochene oder fehlende Glaubenserfahrung der Nähe Gottes in den sehr konkreten Nöten der Zionsbewohner, auch wenn höchstwahrscheinlich der Bau des (bescheidenen) zweiten Tempels schon vollendet ist. Es ist die Erfahrung, dass Gott schweigt und sich fernzuhalten scheint (vgl. Jes 59,9–11; 63,15; 64,11). Anders gewendet: »O Gott, o Gott, wie weit bin ich von dir!« (*Else Lasker-Schüler*, Gedicht »O GOTT«, in: dies., Sämtliche Gedichte, München 1977, 127).

Die Frage nach der Nähe Gottes

In dieser Situation gilt es, sich zeigen zu lassen und wahrzunehmen, was Gott schon getan hat, an seinem Volk, an seiner bedrängten Zionsgemeinde; es gilt, das Vertrauen auf die mächtige und rettende Gegenwart Gottes zu beleben, damit lähmende Angst weicht und Zuversicht wächst. Aber ebenso ist richtig, dass die schon in der Gegenwart »Zions« erfahrene Nähe Gottes als die große Verheißung und Hoffnung noch aussteht, wie 3,16a im Weissagungsstil unterstreicht. Die Gemeinde wird neu, wenn ihr Bild von Gott sich wandelt. Für die Komposition 3,14–18' wird die Königsherrschaft Gottes (3,15) zum integrierenden Schlüsselmotiv für die Einzelzüge eines für die Gemeinde insgesamt neuen oder neu erfahrenen Gottesverständnisses: Der Gott, der sich im JHWH-Namen zugesagt hat (Ex 3,9–15), befreit von sich aus von der Last des Gerichts, von Not und Feindschaft, von Angst und Resignation. Er tritt für sein geschlagenes Volk ein, er befreit zu neuem Leben. Er jubelt und jauchzt über die Gottesstadt wie ein selig Liebender in der ersten glücklichen Begegnung und will Zion zu neuer Festfreude befähigen

Königsherrschaft Gottes als Schlüsselmotiv von 3,14–18'

(3,17). Gott freut sich, weil er liebt (3,17d; im Neuen Testament: Lk 15,7.20, vgl. Lk 10,21; Joh 15,11; 17,13).

Zef 3,14–18′ insgesamt dürfte zum Zweck gottesdienstlicher Lesung und Verkündigung des Zefanjabuches eingesetzt worden sein (s. o. zu 3,14–15). Schon im Text, der von »(der Tochter) Zion« personifizierend spricht, von der Not wie von der Freude der Stadt, vom Jubel Gottes über sie und seiner ungebrochenen Liebe zu ihr, erst recht aber in der Situation einer gottesdienstlichen Lesung verschiebt sich der Akzent, von der räumlichen Vorstellung der Stadt Jerusalem hin zur lebendigen und offenen Zionsgemeinde, ohne dass »Zion« seine topographische Verankerung verlöre. Erst das Neue Testament wird Jerusalem in einer ›himmlischen Topographie‹ als endzeitliche Verheißungsgröße beschreiben (vgl. zum »himmlischen Jerusalem« Gal 4,26; Hebr 12,22–24; Offb 3,12; 14,1; 21,2).

III.B.2.
Zef 3,18a–20: Heilsankündigung: die Sammlung der Verstreuten Israels (nach Jerusalem) und die neue Ehre des wiederhergestellten JHWH-Volks unter den Nationen der Erde

R. Kessler 1996, 93–101 (zu 3,19b–c). – *N. Mendecki*, Das Ende der Schmach und die Erhöhung Israels in Zef 3,18–20: ColT 53 (1983) 53–59. – *N. Mendecki*, Deuteronomistische Redaktion von Zef 3,18–20?: BN 60 (1991) 27–33. – *J. D. Nogalski* 2000, 207–218. – *G. Widengren*, The Gathering of the Dispersed: SEÅ 41–42 (1976/77) 224–234. – *G. Widengren*, Yahweh's Gathering of the Dispersed, in: *W. B. Barrick* (Hrsg.), In the Shelter of Elyon. Essays on Ancient Palestinian Life and Literature. FS *G. W. Ahlström*: JSOT.S 31, Sheffield 1984, 227–245. Literatur zur Formel ŠWB *šbw/yt* »(das) Geschick wenden« s. o. zu Zef 2,7!   Literatur

Text

[18a] *Ich habe (schon) [Unglück] von dir weggenommen,*   Übersetzung
[dass du] seinetwegen [nicht mehr] Schmach [ertragen musst].
MT 3,18: Die ohne Festversammlung Trauernden habe ich gesammelt, (da) sie von dir (waren). Eine Last auf ihr (d. h. auf Zion), ein Gegenstand der Schmähung (waren / sind sie).

19 a *Sieh doch, ich handle gegen alle deine Unterdrücker ⟨in jener Zeit⟩.*
  b *Da werde ich den Hinkenden helfen,*
  c *und die Versprengten will ich zusammenführen.*
  d *Und ich werde sie zu Ruhm und Namen bringen auf der ganzen Erde ⟨, ihre Schande⟩.*

Teil III: Zefanja 3,9–20: Der »Tag« der Läuterung und Rettung

20 a ⟨In jener Zeit will ich euch herbeiholen,
   b und (sogar) in eben der Zeit ist es, in der ich euch zusammenführe:
   c Ja, da will ich euch zu Namen und Ruhm machen unter allen Nationen der Erde,
      wenn ich euer Geschick vor euren Augen wende,
   d spricht JHWH.⟩

Zu Text und Übersetzung

(18a): Der sehr schwierige und gewiss nicht in seiner primären Gestalt überlieferte Text von Zef 3,18 kann nach MT in etwa so wie in obiger Übersetzung wiedergegeben werden. Vgl. zum Text von MT 3,18' oben in der Textanmerkung zu 3,17/18' (zur Einheit Zef 3,16–18'). Das Substantiv מַשְׂאֵת, sonst »Erhebung, Abgabe«, auch »Signal« (Jer 6,1) ist dann am besten entsprechend der Maskulinform מַשָּׂא als »Last« (Gesenius[17] 464b; BDB 673a) zu interpretieren.

Die alten Versionen helfen, abgesehen von der in LXX, La und Syr bezeugten Textform von 3,18' (s. o.!), nicht wesentlich weiter. Zu diesen und zu zahlreichen Übersetzungsversuchen und Konjekturvorschlägen vgl. bes. *J. Vlaardingbroek* 211 f.215 f.; *A. Spreafico* 197–199; *E. Ben Zvi* 1991, 252–254. Gemäß der oben zu 3,18' angenommenen Textform beginnt Satz 3,18a mit אספתי, was dann im korrigierten Text des Satzes »ich habe weggenommen« bedeutet (nicht wie in der MT-Fassung von 3,18 »ich habe gesammelt«). In 18a kann man davon ausgehen, dass LXX (ἐπ' αὐτήν) den MT עליה »auf ihr« stützt und Vg (ut non ultra habeas ...) die Lesung von HT משאת als ... מַשְׂאֵת »ohne zu ertragen ...« vorschlägt. Dann wird die leichte Konjektur הוה statt MT היו im Sinne von »Unglück, Verderben« (הַוָּה Ijob 30,13; Ps 57,2; 91,3; Spr 19,13 oder הֹוָה Jes 47,11; Ez 7,26 jeweils von הוה I »fallen«) das Richtige treffen (z. B. *F. Nötscher* 802; *A. Deissler*, Sophonie 1964, 471; jedoch nicht »böses Begehren«, so *E. Sellin* 440.442 f.). הוה entspricht in diesem Sinn treffend רע »Böses, Unheil« in Zef 3,15d! Anders BHS z. St. bzw. *K. Elliger* 82 (und entsprechend *F. Horst* 196 wie schon *B. Duhm* 1911, 99): »Ich nehme von dir ›den Tag‹ (היום), dessentwegen Du erträgst‹ (שאת עליו) die Schmach« (zur Konstruktion vgl. 2 Sam 19,25). Kann aber JHWH »den Tag« als Ereignis des schon eingetretenen Unheils hinwegnehmen, das zur Zerstreuung Israels (3,19!) führte? In jedem Fall bezeugt Zef 3,18a die Wendung נשא חרפה על »Schmach tragen wegen«, vgl. Jer 15,15; Ps 69,8, auch Ps 15,3 (»Schmach auferlegen«).

19a: Häufig wird die Wendung עשה כלה את »ein Ende machen mit ...« hergestellt, wie dies schon Tg (erleichternd) voraussetzt, vgl. BHS z. St. dazu Zef 1,18c; Jes 10,23; Ez 11,30; 20,47. Die Korrektur liegt nahe. Doch auch MT עשה את »handeln gegen / strafend handeln an / verfahren mit« ist belegbar und verständlich, vgl. (את als Präposition »mit, bei«, nach Bauer / Leander 642, § 810') Ez 7,27; 16,59; 22,14; 23,25.29; 39,24.

19d: Die Konstruktion mit doppeltem Objekt kann wiedergegeben werden: »Ich werde sie zu Ruhm / Preis und zu einem Namen (zum Gegenstand des Ansehens) machen auf der ganzen Erde – ihre Schande.« Wenig wahrscheinlich ist die Annahme eines asyndetischen Relativsatzes (*J. Vlaardingbroek* 218): »Ich werde sie zu Ruhm ... machen, deren Schande auf der ganzen Erde ist.« Dagegen spricht, abgesehen von der fehlenden Kontaktstellung dieses eingebetteten Satzes zu seinem Bezugspronomen, die Tatsache, dass die parallele Formulierung in Satz 20c von der »Schande« nichts weiß. Verfehlt sind die Versuche, durch Texteingriffe einen konsistenten Satz herzustellen, sei es durch Tilgung des Artikels in MT הארץ »die Erde«, um »in jedem Land ihrer Schande« herzustellen (vgl. Syr, Tg, Vg), sei es durch Tilgung des Pronominalobjekts an der Verbform, so dass nicht die Verstreuten Israels, sondern »ihre Schande« affiziertes Objekt wird, das zum »Ruhm« umgeschaffen werden soll (z. B. W. Rudolph 293).

Am einfachsten erklärt sich בשתם »ihre Schande« als erläuternde Randglosse zum persönlichen Pronominalobjekt von 19d (vgl. schon F. Schwally 1890, 208), kaum als Abkürzung der Präpositionalverbindung von der ›Wende des Geschicks‹ im Anschluss an 3,20c, so BHK / BHS z. St. nach J. Wellhausen 158. LXX interpretiert das Substantiv fälschlich als Verb und zieht dieses zu V 20: »und sie werden sich schämen in jener Zeit, wenn ich *gut an euch handle* ...« (freie Wiedergabe oder Verlesung zu אטיב statt HT אביא »ich werde kommen lassen«). LXX bezieht demnach die »Schande« auf die Feinde Zions.

20a–b: Nach dem einfachen Hauptsatz 20a kommt die Infinitivkonstruktion des MT in 20b überraschend: וּבָעֵת קַבְּצִי. Der in וּבָעֵת vorausgesetzte Artikel (nicht der erwartete status constructus וּבְעֵת!) weist darauf hin, dass MT von einem elliptischen Hauptsatz 20b ausgeht: »und in (eben) der Zeit (ist es), da / dass ich ... zusammenführe«. Die alten Versionen formulieren – wie viele neuere Kommentatoren, vgl. nur BHS z. St. – Satz 20b vereinfachend als streng zu 20a parallelen Hauptsatz (so Syr, Tg) oder nehmen entsprechend der Infinitivkonstruktion von 20b in 20a einen asyndetischen Relativsatz, bezogen auf den Zeitumstand, an (so LXX, Vg): »In jener Zeit, da ich euch herbeihole ...« Der Textform des MT in 20b ist daran gelegen, das Zusammenholen der Verstreuten nach 3,20a–b und ihre neue Ehre unter allen Nationen der Erde zeitlich und sachlich eng miteinander zu verknüpfen.

20c: Das Substantiv שבות »Wendung, Geschick« im Singular nimmt in 20c die Form des enklitischen Personalpronomens am pluralischen Nomen an (שבותיכם »euer Geschick«), wohl lautlich angeregt durch den nachfolgenden Dual (לעיניכם »vor euren Augen«). Vgl. z. B. Joüon / Muraoka I § 94j. Zur Formel שוב שבות »das Geschick wenden« vgl. oben Zef 2,7c.

Analyse

Die Schlussverse 3,18–20 des Zefanjabuches knüpfen in Gottesrede an die beiden Prophetenworte 3,14–15 und 3,16–17/18' an. Die direkte Anrede an die 2. ps.f.sg. in 3,18–19a setzt notwendig die Zionsanrede in der Einheit 3,16b–17 voraus. Die Versuche, eine literarische Kohärenz von 3,18–19(20) mit dieser vorausgehenden Einheit dadurch herzustellen, dass man V 18 (J. Vlaardingbroek 210.211) oder 18–19a (L. Sabottka 1972, 130.134–137) als durch 3,17e (»Er jauchzt über dich mit Jubelruf«) eingeleitetes *Lied JHWHs* deutet, überzeugen nicht. Zum einen reden 3,17c.e gewiss von lautem Jubel JHWHs, jedoch ohne schon an ein bestimmtes ausformuliertes ›Lied‹ zu denken. Das Verb גיל »jauchzen« leitet nie unmittelbar, d.h. ohne weitere Redeeinleitung (vgl. Ps 35,9.10), eine direkte Rede bzw. ein Lied ein. Zum anderen hebt sich das prophetische Ermutigungswort 3,16b–17/18' als strukturall, kolometrisch und inhaltlich geschlossene Texteinheit deutlich von 3,18–19.20 ab. Der in 3,17/18' klar ausgeprägte Qina-Vers (3+2 Hebungen in den Verszeilen I–III) findet sich so nicht mehr in 3,18–20. Immerhin zeigt 3,18a–19.20 noch Ansätze eines parallelismus membrorum (3,18a; 19b–c; vermutlich primär auch in

[margin: 3,18a–19.20 als Zusätze]

[margin: Ein Lied JHWHs?]

3,20a–b) und einer rhythmischen Sprache, ohne jedoch eine klare kolometrische Struktur zu erreichen (am ehesten noch 3,18a: 3+3; 3,19a: 2+2?; 3,19b: 2+2 Hebungen). Auch diese nur noch poetisierende, zur Prosa tendierende Sprachebene in 3,18a–19.20 spricht dafür, dass wir es in 3,18a–20 insgesamt mit einer sekundären Erweiterung zu tun haben. Dass sie sich selbst von vornherein als Inhalt eines ›Liedes‹ JHWHs versteht, eingeleitet durch 3,17e, ist wenig wahrscheinlich. Wohl aber kann das Anliegen, JHWH selbst am Ende des Buches noch einmal zu Wort kommen zu lassen und eine neue Verheißung (die Sammlung der Verstreuten) nachzutragen, gerade durch die Prophetenworte über ihn in 3. Person 3,14–15.16–18', deren Gesichtskreis auf Zion beschränkt ist, entscheidend angeregt sein. Zef 3,19b–c (und 19d) bildet eine Dublette zu Mi 4,6 (und 7) und dürfte vom Micha-Text abhängig sein. Siehe dazu die Auslegung!

Der Zukunftsverweis »in jener Zeit« nach MT am Ende von Satz 19a, dürfte (ähnlich wie »an jenem Tag« am Ende von Verszeile Zef 1,9 I) ein Zusatz sein. הנני mit prädikativem Partizip bezeichnet futurum instans »ich bin daran (etwas zu tun)«, wozu sich die Verlagerung in eine unbestimmte Zukunft nicht gut fügt, vgl. auch *E. Ben Zvi* 1991, 255 mit Anm. 856. Zef 3,18a stellt sprachlich ein Perfekt der Gegenwart vor, gefolgt von einer unmittelbar anstehenden Aktion in 3,19a, worauf die Sätze 3,19b–d die Folgehandlungen JHWHs ankündigen. Wahrscheinlich verdankt sich der Zeitumstand von 3,19a einer Angleichung an das V 20 einleitende »in jener Zeit«. Er will vor der zu 20a–b sachlich parallelen Aussage von der Sammlung der Verstreuten in 19b–c entsprechend den Verheißungscharakter der Aussage betonen. Zugleich erreicht er, dass die gegenwartsbezogene Aussage von V 18 (»ich habe schon weggenommen ...«) nun als Ankündigung zu verstehen ist und V 18 und 19a als gleichzeitig erscheinen.

3,20 als Variation und Steigerung

Zef 3,20 erweist sich nach 3,18a–19 zweifellos als ein weiterer Zusatz. Dafür spricht der Neueinsatz mit »in jener Zeit« 20a, die variierte Wiederaufnahme der Verheißung der Sammlung und des neuen Ruhms und Ansehens des geschlagenen verstreuten Volks 20a–b.c von 19b–c.d her, besonders aber die Steigerung der Aussage in 20c: Das von JHWH aus der Zerstreuung herbeigebrachte Volk, wird nun direkt in der 2. Person Plural angesprochen, die Geschickwende soll sich noch zu deren Lebzeiten »vor euren Augen« ereignen. V 20 schließt mit der Gottesspruchformel אמר יהוה »... spricht (hiermit) JHWH«. Sie markiert nicht nur 3,18a–20 insgesamt als Gottesrede, sondern schlägt inkludierend auch die Brücke zur Buchüberschrift דבר־יהוה »Das Wort JHWHs ...« Zef 1,1! Eine entsprechende Gottesspruchformel als Buchabschluss findet sich innerhalb der Prophetenbücher nur noch am Ende des Buches Amos (Am 9,15), wo sie die angefügte Verheißung Am 9,11–15 unterstreicht.

Zef 3,18a–20 ist demnach in zwei Schüben entstanden, abgesehen von der Nachinterpretation auf die Sammlung der »Fest-fernen« Diaspora, die der HT in 3,18 erfahren hat (s. o. zur Textkritik). Für eine weitergehende Schichtung von 3,18–20, wie sie *N. Mendecki* (1991, 30) vorschlägt (3,18.19a–c; 19d; 20a–b; 20c–d) kann ich keine literarkritisch überzeugenden Kriterien erkennen.

Auslegung

a. Zef 3,18a–19: JHWH macht den Unterdrückern Jerusalems ein Ende, sammelt das Diaspora-Volk und bringt es zu Ehren auf der ganzen Erde

MT 18 Der überlieferte MT von Zef 3,18 lässt trotz seiner sprachlichen Probleme doch erkennen, dass er die Gottesrede auf die ›Sammlung‹ (אסף) der Diaspora bezieht, auf jene Angehörige des JHWH-Volks also, die »fern von der Festversammlung« bzw. »ohne« die großen kultischen Festfeiern in Jerusalem »betrübt« sind. Der Vers nimmt in diesem Verständnis die Ankündigung, dass JHWH die Verstreuten zusammenführen wird, in 3,19b–c sachlich vorweg. Allerdings wird die Suffixkonjugation אספתי »ich habe gesammelt« trotz des zukunftsorientierten V 19 nicht als ›prophetisches Perfekt‹ (so W. Rudolph 294 Anm. 18b) zu deuten sein, da sich der rasche Wechsel der Verbalformen bei gleicher Zeitebene kaum erklären ließe. Vielmehr behauptet MT V 18, dass JHWH tatsächlich schon – wie der Hirt seine Herde (vgl. 19b–c!) – Menschen, die von den Kultfesten in Jerusalem abgeschnitten waren, »gesammelt« und das bedeutet ›heimgeführt‹ hat. Der Text lässt an die Heimkehr von Exulanten aus dem babylonischen Exil denken (wohl frühestens seit dem Perserkönig Kambyses II. 530–522 v.Chr., vgl. H. Donner, Geschichte 1986, 411), aber auch an spätere Heimkehrer aus der jüdischen Diaspora (z.B. auch aus Ägypten). Nach MT V 18 erscheinen jene Exilierten bzw. in der Diaspora Lebenden als eine »Last« für Zion / Jerusalem, als Gegenstand der »Schmähung« (חרפה wie Zef 2,8!). Wenn JHWH sie »gesammelt« hat, dann ist auch »Last« und »Schmach« von Jerusalem genommen. Dass allerdings die Sammlung der Verstreuten noch keineswegs vollendet und ihre Ehre »auf der ganzen Erde« noch nicht hergestellt ist, stellt – auch aus der Sicht von MT V 18 – Zef 3,19 unzweifelhaft klar.

[18a] Der korrigierte Text von Zef 3,18a (s.o.!) versteht das Verb אסף nicht als »(ein)sammeln« wie MT 3,18 und 3,8c, sondern als »wegnehmen, tilgen« wie in Zef 1,2–3 (s. dort!): »Ich habe (schon) [das Unglück] von dir weggenommen ...« Das Substantiv הַוָּה oder הֹוָה »Unfall, Unglück, Verderben« konnotiert den schlimmen ›Fall‹, den ›Abgrund‹, in den die Zionsstadt geraten ist (vgl. הֹוָה vom Unglück Jerusalems Ez 7,26; vom Verderben, das über Babel »fallen« [נפל] wird, parallel zu רעה »Unheil« und שׁוֹאָה »Katastrophe«). Das Unglück war für Jerusalem zum Anlass der »Schmähung« durch Nachbarn und Feinde geworden (vgl. Zef 2,8; »der Hohn der Völker« Ez 36,15[1–15!]; Mi 6,16 dazu BHS z.St.; auch Ez 36,30). Nun hat JHWHs Tat zum Ziel, Jerusalem von der ertragenen »Schmach« (vgl. Jer 15,15; Ps 69,8) und erlittenen »Schmähung« (חרפה bedeutet beides!) zu befreien. Die »Schmach«, die einstmals gerichtsprophetisch angekündigt war (vgl. Jer 23,40; 24,9; 29,18 u.a., ebenso Ez 16,54), soll ein Ende haben, wie entspre-

chend auch Ez 36,15 (und V 30), sowie Jes 54,4 und in universaler Sicht Jes 25,8 verkündet.

Als äußere Ursache von »Unglück« und »Schmach« Zions nennt Satz 19a: 19a »alle deine Unterdrücker« (מְעַנַּיִךְ) (s.o. zum Text). Die Tatsache, dass 19a eine unmittelbar anstehende Aktion bezeichnet, zwingt nicht, den vorausgehenden Satz 18a als reines ›prophetisches Perfekt‹, also ganz zukunftsbezogen zu deuten (s.o. zu MT V 18!). 3,18a kann sehr wohl als ›Perfekt der Gegenwart‹ bereits an geschichtliche Erfahrungen anschließen, in denen JHWH »Unglück« von Jerusalem hinweggenommen hat. Dass in der Formulierung des Satzes dabei imaginativ die schon eingetretenen geschichtlichen Tatbestände überschritten werden und ›alles Unglück‹ Zions als schon von JHWH beseitigt hingestellt werden soll, ist gleichwohl nicht ausgeschlossen. Auch 19a, sprachlich ein futurum instans, bezeichnet sachlich nicht nur künftiges Handeln, wie der Ausdruck »alle deine Unterdrücker« schließen lässt. Vielmehr spricht 19a prospektiv von einem Ende all derer, die jemals Jerusalem bedrängt und unterdrückt haben oder noch dabei sind, es zu tun. Schon der Zusammenhang von 19a mit 18a legt nahe, dass es *von außen kommende Bedränger* sind, an die gedacht ist, nicht gewalttätige ausbeuterische Kreise im Inneren der Gemeinde / der Stadt (vgl. Zef 3,1–4; 3,11b). Im Kontext des Zefanjabuches ist an die »Feinde« von 3,15b zu denken, an die Völker von Zef 2,4–15, besonders an die Assyrer 2,13–14.15 und an den Hohn der Moabiter und Ammoniter 2,8–9.10, aber auch an jene »Völker« und »Reiche«, die Jerusalem Unheil und Zerstörung gebracht haben (3,6–8), d.h. geschichtlich an die Großmacht der Neubabylonier. Ein Vergleich von Zef 3,18–19 mit der Redeweise von der (unbenannten) Stadt in 3,11–12, wonach Sein und Tun der hochmütigen Oberschicht die Rede von der Stadt insgesamt bestimmt (3,11a–c), empfiehlt ebenfalls nicht, die »Unterdrücker« von 3,19a im Inneren der Stadt als Ursache von Unglück und Schmach Zions zu suchen (vgl. auch J. D. *Nogalski* 2000, 217 Anm. 33, gegen R. *Kessler* 1996, 100, der 3,19a auf äußere und innere Feinde bezieht). Im freien Spiel der Lese-Assoziation kann freilich auf Buchebene im Kontext von Zef 3 auch an die ausbeuterische Oberschicht von 3,1–4 (vgl. 3,11b) als »Unterdrücker« Zions gedacht werden. Als Argument für die erkennbare Primärintention von 19a kommt jedoch bestätigend hinzu, dass der einzige weitere Beleg der Rede von »deinen Unterdrückern« – in einem ähnlichen Kontext der Verheißung für Zion! – in Jes 60,14 ebenfalls eindeutig *äußere* Feinde und Unterdrücker Zions im Auge hat, die unterwürfig zur »Stadt JHWHs« kommen sollen. Dieser Tritojesajatext gibt bereits einen wichtigen Hinweis auf die sicher nachexilische Situation Jerusalems im Spiegel spätprophetischer Verheißung auch in Zef 3,18–19. Während 3,18a die Befreiungstat JHWHs als bereits vollzogen hinstellt und der Primärtext von 19a JHWH endgültig gegen alle Unterdrücker Zions schon einschreiten sieht, legt der Zusatz »in jener Zeit« am Ende von 19a Wert darauf, dass sowohl 18a wie

Zef 3,18a–20: Heilsankündigung

19a als Verheißungen zu verstehen sind, die in der Gegenwart des Ergänzers noch nicht voll eingelöst sind. Der Zusatz gleicht V 19a mit 18a der Zeitebene eindeutiger Zukunft in den Verheißungen von 3,19b–d wie auch 3,20a an.

19b–c Die beiden Sätze der Heimkehrverheißung 3,19b–c schließen die klar zukünftige Folgehandlung zum göttlichen Einschreiten gegen die Unterdrücker Zions an. Sie haben ihre engste Parallele in Mi 4,6a.c (mit der Gottesspruchformel 6b in Parenthese). Während »und die Versprengten will ich zusammenführen« von Zef 3,19c und in Mi 4,6c völlig identisch formuliert ist, variiert Zef 3,19b das verbale Prädikat (… והושעתי את »und / da werde ich … helfen«) gegenüber Mi 4,6a (… אספה … »… ich will *sammeln* …«). Die Kollektivbezeichnung הַצֹּלֵעָה »das Hinkende, Lahmende« kommt ausschließlich in Zef 3,19b und Mi 4,6a und 7a vor. Die Paralleltexte fahren in Zef 3,19d bzw. Mi 4,7a mit ושמתי fort: »(und) ich werde (sie bzw. das Hinkende) zu (Ruhm und Namen bzw. zu einem Rest …) machen«. Derart enge und exklusive Entsprechung bei gleichzeitigen Differenzen zwischen dem Zefanja- und Micha-Text deutet auf literarische Abhängigkeit, weniger wahrscheinlich auf identische redaktionelle Verfasserschaft.[80] Mi 4,6–7 (und sein Pendant in Mi 2,12) ist ähnlich wie Zef 3,18–19.20 redaktionell eingeschrieben (*R. Kessler*, Micha: HThKAT [1999], 193; *H. W. Wolff*, Micha: BK XIV 14 [1982], 89f.94–96). Jedoch ist der Zefanjatext leichter verständlich, wenn man ihn als bereits von Mi 4,6–7 abhängig betrachtet (vgl. *H. Irsigler* 1977, 162f.). Mit Bedacht führt Zef 3,19b das Verb ישׁע-H »retten, helfen« ein statt des zu קבץ-D »zusammenführen, versammeln« 19c synonymen und erwarteten אסף »sammeln« (Mi 4,6a wie Mi 2,12; vgl. Zef 3,8c). Damit vermeidet Zef 3,19b eine Verwechslung mit der Bedeutung »wegnehmen« die das Verb אסף im Primärtext von 3,18a hat. Vor allem schließt 3,19b »ich werde helfen« an den prophetischen Zuspruch von 3,17a–b an, dass JHWH inmitten Zions da sei »als ein Held, der (siegreich) hilft« (ebenfalls ישׁע-H!). Dann erweitert sich der Sinn von 19b. Die »Hinkenden« oder »Lahmenden« sind dann *auch* »die angeschlagene Jerusalemer Gemeinde« (*K. Seybold* 118), so sehr die Metapher von 19b in der Parallele zu 19c (!) doch zunächst das bedrängte und leidende Israel in der Diaspora im Blick hat (vgl. die Rettungsverheißung in Jer 30,10–11!).Die Bildsprache von 19b erinnert an den »hinkenden« Jakob von Gen 32,32 und stellt zugleich das Bild einer Herde vor, in der auch »lahmende« Tiere sind (ähnlich Mi 4,6–7). Noch deutlicher liegt das Herdenbild dem Parallelsatz 19c zugrunde: »… und das Versprengte (die Versprengten / Verstreuten) will ich

Paralleltexte Zef 3,19 // Mi 4,6–7

Gott als guter Hirte

---

[80] Letztere vermutet jedoch *B. M. Zapff*, Redaktionsgeschichtliche Studien zum Michabuch im Kontext des Dodekapropheton: BZAW 256, Berlin u. a. 1997, 278f.; die von ihm untersuchte redaktionelle Fortschreibung im Michabuch soll demnach ihre Entsprechung in Zef 3,8–20 haben.

zusammenführen«. JHWH tritt als der gute Hirte auf, der seine »versprengte« Herde (vgl. הנדחת »das Versprengte« Ez 34,4.16) »zusammenführt / sammelt« (קבץ-D wie Ez 34,13 und ebenfalls in Gottesrede von der Sammlung der Verstreuten Jes 43,5; 56,8; Jer 23,3; 29,14; 31,8; 32,37; Ez 11,17; 20,34.41; 36,24; 37,21; 39,27; Sach 10,8.10; Neh 1,9, vgl. Dtn 30,3.4[1–5]). Das Bild vom Hirten JHWH, der seine Herde sammelt, geht in Zef 3,19b–c wie in Mi 4,6–7 (und 2,12) am wahrscheinlichsten auf die breit ausgeführte Hirten-Rede JHWHs in Ez 34 (V 1–22.30, sekundär vom messianischen Hirten David V 23 f.) zurück (*B. Renaud* 259; *H. W. Wolff*, Micha [s. o.], 95, vgl. auch Jer 23,1–5). Sämtliche für Rede und Motiv von der Sammlung der Verstreuten genannten Texte führen auf die exilische oder nachexilische Epoche Judas, mögen auch die Wurzeln dieser Rede älter sein (*G. Widengren* 1976/77 und 1984 weist auf mesopotamische Parallelen sowie auf prophetische Traditionslinien von Nordisrael bis ins nachexilische Juda hin).

Das Ziel des befreienden, helfenden und zur Heimkehr führenden Handelns JHWHs gibt Satz 19d an: Statt der von Zion ertragenen »Schmach« (3,18a!), der politischen Not und Unterdrückung (3,19a), der vorausgesetzten Schmähung und »Schande« Zions unter den Völkern (vgl. die Glosse in 19d!) soll die von JHWH geliebte Stadt (3,17) und ihre Israel-Gemeinde (3,14) wie insbesondere das bedrängte Israel, das JHWH aus der Zerstreuung sammelt (vgl. 3,19d im Rückbezug auf 19b–c!) zu »Ruhm / Lob« (תְּהִלָּה) und »Name / Ansehen« (שֵׁם) kommen »auf der ganzen Erde«. Diese Verheißung beruft sich auf die erweiterte ›Bundesformel‹ von Dtn 26,17–19 und insbesondere auf die deuteronomische Erwählungszusage von Dtn 26,19, nach der Israel zum »Ruhm / Lob, zum Namen / Ansehen und zur Zierde« (תפארת) werden soll, wenn JHWH es über alle Völker, die er geschaffen hat, erhebt als ihm »heiliges Volk«. Sie hat in Jer 13,11 und 33,9 ein nachjeremianisches und spätdeuteronomistisches Gegenstück (*H.-J. Stipp*, Deuterojeremianische Konkordanz: ATS 63, St. Ottilien 1998, 136). Ausdrücklich Jerusalems ruhmvolle Zukunft »bei allen Völkern der Erde« bzw. »auf der Erde« haben die spätprophetischen Verheißungen Jer 33,9 und Jes 62,7 im Blick. Zef 3,19 dehnt den Gesichtskreis auf die ›weltweite‹ Diaspora aus.

19d

b. Zef 3,20: Steigerung: Sammlung und neue Ehre des erniedrigten Volks unter den Nationen als Schicksalswende, noch in der Gegenwart der Angesprochenen

Steigerung durch Aktualisierung

Der Zusatz Zef 3,20 (s. o. die Analyse) geht, was den Zeitbezug anbelangt, gegenüber 3,18a–19 den umgekehrten Weg: 3,18a–19 schreitet von gegenwartsorientierten zu klar zukünftigen Aussagen voran. 3,20 hingegen setzt mit dem (vagen) Zeitumstand »In jener Zeit …« zukunftsbetont ein, zielt aber in der abschließenden Präpositionalverbindung von der ›Wende des

Geschicks‹ überraschend auf die Lebenszeit und Gegenwartserfahrung der Hörer / Leser. Der Vers stellt klar: Nicht von ferner Zukunft handeln die voraufgehenden Verheißungen, insbesondere jene von der Sammlung des JHWH-Volks und seiner neuen Ehre (3,19b–d). Vielmehr sollen die nun direkt in der 2. Person Plural angesprochenen Angehörigen der jüdischen Diaspora das Eintreffen des Angekündigten selbst noch erleben als Wende des Geschicks »für / vor euren Augen« (20c).

Gegenüber 3,19b–c tritt in 3,20a–b das Hirtenbild hinter der Sachaussage von der Sammlung und Heimführung der Verstreuten zurück. Wie 3,19 setzt auch 3,20 hyperbolisch eine ›weltweite‹ Diaspora voraus, wie wir aus den Verheißungen der neuen Ehre »auf der ganzen Erde« 19d bzw. »unter allen Nationen der Erde« 20c erschließen können. Aus dieser Zerstreuung will JHWH sein Volk »herbeiholen« (בוא-H) und »zusammenführen« (קבץ-D, s. o. zu 19c). Die Wortparallele ist im gleichen Sinn und Kontext schon vorgeprägt (Jes 43,5; Jer 31,8). Den konkreten Zielort der Heimführung braucht V 20 ebenso wenig anzugeben wie V 19. Während aber 3,18a–19 in der Anrede an das von 3,16b–18′ her vorausgesetzte Zion (18a–19a) Jerusalem als zentrales Ziel der Heimkehr zu erkennen gibt, fällt jeder Hinweis auf ein *räumliches Ziel* in V 20 weg. Gewiss ist dies einfach vom Vortext her vorausgesetzt. Aber der Akzent scheint sich doch zu verlagern: JHWH, wie die Gottesspruchformel am Ende in 20d unterstreicht, als der ›Autor‹, die legitimierende Instanz der Prophetie, ist auch das eigentliche wahre Ziel der Zusammenführung. Durch ihn und bei ihm sollen die ehemals in die Vereinzelung »Versprengten« wieder ein in tragenden Beziehungen lebendes, zur Einheit und Ganzheit »zusammengeführtes« Volk werden. Gerade als so zusammengeführtes Volk will JHWH die Adressaten »zu Namen und Ruhm« bringen (dieselbe Reihenfolge wie in Jer 13,11 und 33,9, anders als in Zef 3,19d und Dtn 26,19). Die neue Ehrenstellung der Adressaten im Gegenüber zu »allen Nationen der Erde« als *Zweck* des göttlichen Handelns markiert am Abschluss des Zefanjabuches die heilvolle Zukunftsvision für das ehemals in Schmach und Schande geratene Zionsvolk (3,18 wie auch 3,11a; 2,8!), schafft aber auch eine Inklusion zur Verheißung für die »Nationen«, die »alle« JHWHs Namen anrufen werden (3,9!).

Ziel und Zweck der Heimführung

Die figura etymologica שוב שבות »das Geschick wenden (wiederherstellen)«, in 3,20c sicher von späterer Hand als jene in Zef 2,7e (s. o.!) eingesetzt, bezeichnet nicht nur das Ende des Gerichts, sondern die umfassende »restitutio in integrum«, die Wiederherstellung verlorener Einheit und Ganzheit des Volkes in seiner Heimat, durch und bei JHWH. Die Formel verbindet Zef 3,20 wie 2,7e mit einer Reihe exilischer und nachexilischer Texte (im Zwölfprophetenbuch wohl durchwegs nachexilisch, vgl. noch Hos 6,11; Joel 4,1; Am 9,14, dazu Jer 29,14; 30,3.18 u.a.; Ez 39,25; Klgl 2,14; Ps 14,7//53,7; 126,1). Die beiden Motive ›Zusammenführung der Versprengten‹ und ›Wende des Geschicks‹ sind ganz ähnlich wie in Zef 3,20c in Dtn 30,3–4(1–

Die Wende des Geschicks

5) und Jer 29,14 verknüpft. Die Kenntnis von Dtn 30 scheint in Zef 3,20 längst vorausgesetzt. Mit dem spät-nachjeremianischen Verheißungstext Jer 33,6–11 hat Zef 3,20 das Motiv der Schicksalswende und des neuen Ruhmes (Jerusalems) bei allen Völkern der Erde gemein (Jer 33,7.9.11). Die Texte führen auf die bewegenden Fragen und Hoffnungen der frühen Judenheit in nachexilischer Zeit.

Die abschließende Gottesspruchformel weist über 3,20 und 3,18–20 hinaus und schlägt inkludierend die Brücke zur (vorgegebenen) Buchüberschrift Zef 1,1: Die Zefanjaschrift mit ihren unterschiedlichen Redeformen beansprucht gültiges Wort und Anrede Gottes an je neue Generationen zu sein.

Situation und Sinn

Zef 3,18–20 stellt sich im Anschluss an den Freudenaufruf und das Ermutigungswort an Zion 3,14–15.16–18' als ein kleines Kompendium der konkreten Lebensprobleme und religiösen Fragen wie auch der Hoffnungen der nachexilischen Zionsgemeinde und der bedrängten jüdischen Diaspora (in Mesopotamien und Ägypten) dar.

Zur Datierung   Ein Text wie Zef 3,18–20 mit seinen Bezügen zur ›weltweiten‹ frühjüdischen Diaspora (vgl. die Glosse in Zef 3,10!), wie sie sich noch in den deuterokanonischen Spätschriften Tobit und Baruch präsentiert, ist naturgemäß schwer genauer zu datieren. Die literarischen Bezüge des Textes (vgl. die Auslegung!) sprechen nachdrücklich für eine spätnachexilische Entstehung. Die grundlegende ›Restauration‹ der frühnachexilischen Zionsgemeinde (vgl. Hag und Sach 1–8) dürfen wir mit hoher Wahrscheinlichkeit voraussetzen. Wenn andererseits die LXX-Version des Zwölfprophetenbuchs noch in die erste Hälfte des 2. Jhs. v. Chr. datiert werden darf (s. o. in der Einleitung zum Kommentar Nr. 8 zur LXX von Zef), dann kann Zef 3,18–20 nicht später als im 3. Jh. v. Chr. an die frühnachexilischen Worte 3,14–18' angefügt worden sein. Die Ergänzung von Hoffnungsaussagen für die weltweite jüdische Diaspora konnte gerade *nach* den noch der spätpersischen Zeit angehörenden Verheißungen für die Völker (Zef 3,9–10; 2,11) als dringlich erscheinen. So spricht einiges für die frühhellenistische Zeit (nach dem Tod Alexanders des Großen 323 v. Chr., so auch *G. Krinetzki* 1977, 237), am ehesten wohl während der für Palästina relativ friedlichen Zeit der stabilen Ptolemäerherrschaft unter Ptolemaios II. Philadelphos 285/82–246 v. Chr. (vgl. *H.-J. Gehrke*, Geschichte des Hellenismus, München 1990, 43–45; *M. Hengel*, Judentum und Hellenismus, Tübingen ³1988, 10 f., ebd. zur jüdischen Diaspora bes. 27–32).

Allzu hart war der Gegensatz zwischen der Erwählungszusage in der deuteronomischen ›Bundesformel‹ von Dtn 26,17–19 (V 19!, s. o. zu Zef 3,19d) und der erfahrenen »Schmach« (3,18a) und »Schande« (Glosse in 3,19d). Deren Ursache lag in dem »Unglück« (korr. Text 3,18a), das die Zionsstadt getroffen hatte (vgl. 3,6–8). Dass JHWH die Strafe verfügt hatte, wird nicht mehr ausdrücklich erwähnt. Als die größte Not aber wird die *Zerrissenheit des JHWH-Volks* erfahren, das in ›weltweiter‹ Diaspora lebt und die Schmach des Fremdseins und der Abgeschnittenheit von der Mutterstadt Zion zu tragen hat. *W. Rudolph* (299) hält Zef 3,18–20 für »eines der ältesten Zeugnisse des antiken ›Antisemitismus‹, besser: Antijudaismus ...«, dessen Grund in der jüdischen *Religion* liege. Allerdings gibt der Text keinen Hinweis auf spezifische *religiöse* Anfeindung, sondern zielt auf die Not des »Versprengtseins«, auf die Bitterkeit, als ›Menschen zweiter Klasse‹ ohne »Namen«, ohne Ansehen in der Fremde leben zu müssen. Daher wird das »Geschick« des zerrissenen Volks erst dann wahrhaft »gewendet« sein (3,20c), wenn JHWH nicht nur gegen dessen »Unterdrücker« vorgeht (3,19a), sondern entscheidend als der ›gute Hirte‹ seine verstreute Herde sammelt. Erst als zusammengeführtes Zionsvolk wird es »auf der ganzen Erde« (3,19d) und »unter allen Nationen« (3,20c) in seiner Ehre und Würde völlig wiederhergestellt sein! Mit welch brennender Hoffnung der Ergänzer von 3,20 dies ersehnt, zeigt er mit seiner wagemutigen Behauptung, diese volle Restauration werde noch zu Lebzeiten des angesprochenen verstreuten Zionsvolks geschehen. In diesen direkt Angeredeten aber können sich die Hörer und Leser der Zefanjaschrift in späteren Generationen wiedererkennen, wenn sie mit ähnlicher Sehnsucht die glückliche Einheit des immer noch zersplitterten und verstreuten Gottesvolks in allen Sprachen, Nationen und Religionen erhoffen (vgl. Joh 11,52).

Bibelstellenregister
(ohne Zefanja)

Genesis		12,1	87	2 Samuel	
1,20–28	99	12,3	205	1,20	349, 410
6,7	50, 99	24,8	319	14,7	104
6–8	53			15,2	331
7,4	50, 99	Deuteronomium		15,6	98
8,21	102	4,16–18	100	22,28	393
9,11	102	4,19	111		
10	214	5,8	100	1 Könige	
10,5	214	6,13	114, 375	8,48f.	277
10,5–11	51, 53, 214, 276	11,1–5	353	11,5	105
10,11	304	12,3	50	11,33	105
11,1	51, 77, 383	16,9f.	78	19,18	392
11,1–9	376	17,3	111	22,13	375
13,2	153	19,15.16	354		
15,2	257	23,2–9	270	2 Könige	
18,16–19,29	265	23,8–9	86	10,9	104
19,21.25.29	374	26,19	52, 432	10,22	141
19,30–38	262, 265	28,29	51, 182	17,31–32	115–117
31,30	196, 203	28,30	51, 62, 157, 162	21,1–18	55
		28,39	51, 62, 157, 162	21,5	113
Exodus		28,53	51	22,13–20	332
3,16	253	28,53.55.57	173	22,14	150
5,7.12	195	28,55	51	22–23	88, 215
7,5	302	28,57	51	23,2	108
15,7	204	29,19	185	23,4–14	50, 106
15,11	273	29,22	265–266, 374	23,4–20*	55
15,17f.	413	30,3–4	52, 433	23,5	109, 111
15,20f.	410	32,4	336	23,10	50
16,9	329			23,11	113
17,7	421	Josua		23,13	105
18,13f.	331	13,2–3	241	24,1–2	217, 263
19,1f.	78	15,45–47	215, 252	24,2	68
20,4	100	23,7	114	24,14	395
24,17	185			25,18	85
		Richter			
Levitikus		2,18	197	1 Chronik	
16,1	329			16,25	273
26,25	202	1 Samuel			
		5,5	143	2 Chronik	
Numeri		14,36	329	14,8	288
4,17–18	77, 384	16,2–5	131	14,8–12	88
4,27	342, 352	18,6f.	410	14,11.12	288
7,9	376	30,14	239	21,16	88, 288

34, 3	144	64, 6	164	3, 14	330
34, 3–7	56	68, 30.32	373, 378	5, 3	108
34–35	88	69, 25	356	5, 8–22	322
		73, 11	164	5, 19	161, 164
Nehemia		76, 10	51, 198, 205	6, 5	374
3–4	421	76, 12	373	6, 7	374
5	421	79, 5	185	8, 17	342
13, 1–3	270	79, 6	356	10, 2	394
13, 16	150	82, 8	354	10, 23	51, 186–187
		83, 4	84	10, 27–32	148
Tobit		84, 3	196, 203	11, 1–9	395
13, 13	72, 378	91, 6	225	11, 4	51, 198, 205,
		94, 7	164		394, 398
Judit		96, 4	273	11, 9	52, 392, 398
1, 1	304	97, 7	280	11, 11	381
15, 12–14	410	101, 8	331	11, 11–14	267
		102, 7	307	11, 11–16	250
Ester		110, 5	51, 129, 171	11, 12	371
1, 1	370	111, 1	206	11, 14	254
8, 9	370	126, 1	249	12, 1–6	412
		126, 4	248	12, 4–6	409
1 Makkabäer		149, 4	206	12, 6	52, 411
2, 42	211			13	127
		Sprichwörter		13, 3	132, 390
Ijob		3, 34	206	13, 6	51, 125–126
20, 23	179	11, 4	171, 184	13, 9	171
24, 4	51, 205	15, 33	207	13, 13	171
30, 3	167			13, 19–22	308
38, 12–15	336	**Hoheslied**		13–23	212
38, 27	167	1, 7	251	14, 22	104, 108
		2, 7b.c	195	14, 30	252, 399
Psalmen		2, 8–9	142	14, 32	396
5, 4	335			16, 6	261
14, 1	352	**Weisheit**		17, 4	271, 274
15	391, 413	13, 1–15,19	101	17, 13	204
15, 1–5	397			18, 1	64, 370
18, 28	393	**Jesus Sirach**		18, 1–6	290
22, 28	214	3, 17–19	207	18, 1–7	377
22, 28–30	276	4, 8	207	18, 1.7	372
24, 3–5	413	33, 12	310	18, 7	52, 64, 378–
24, 3–6	391, 397	49, 1	88		379
24, 8	422	51, 10	167	19, 18–25	277, 373
25, 20	390			19, 19–25	382
27, 5	84	**Jesaja**		19, 23–25	314
31, 2	390	1, 1	83	22, 1–14	352
31, 20	84	1, 9	265	22, 2	287
31, 21	84	1, 10	265	23, 1	153
45, 2	419	2, 2–5	72, 378	23, 11	242
45, 5	208	2, 12–17	51, 127–130,	23, 14	153
46, 5	413		169	24, 1–6	99
46, 6	415, 422	2, 18	275	24, 19	201
48, 2–4	415	3, 6	95	24, 23	415
48, 3	413	3, 9	265	25, 6	159
49, 8–9	184	3, 13–15	343	25, 8	430

Bibelstellenregister

25,11	261	61,10	423	19,1–13	117
27,1	288	62,4–5	419, 422	19,13	118
28,22	51, 186–187	62,5	52, 406, 423	21,12	331
29,5	197	62,7	432	22,18	237
29,5.6	204	63,15	424	23,2	371
29,9	195, 201	63,19	421	23,11	325
29,15	161, 164	64,11	424	23,13 ff.	109
29,22	390	65,10	244	23,32	321, 332
33,14–16	413	65,18–19	419, 423	25,15–29	357
33,15	397	65,19	52, 406, 422	25,36	149
33,20	423	66,5	164	27,22	253
34,6	50, 133	66,10–14	411	29,2	139
34,9–15	306	66,10.14	423	29,10	253
34,11	296	66,20	52, 64, 371, 373, 378, 380	29,10–14	253
35,6	142			29,14	52, 267, 434
40,3	414			31,8	433
42,13	166, 422	**Jeremia**		32,35	117
43,5	433	1,1 (LXX)	50, 83	32,39	375
45,14	373	1,15–16	355	33,6–11	434
45,14–15	378	2,8	109, 325	33,9	432–433
45,17	390	2,16	252	33,12–13	244
45,22 f.	72	2,23	109	34,19	139, 203
45,22–23	276, 379	3,6–8	353	36,12–21	139
45,23	280	3,19–20	351	36–45	250
46,3–4	250	4,5	209	46,2	216
47,8	51, 63, 300	4,5–8	202	46,2–12	289, 350
47,8.10	298, 309	4,23–26	99	46,3–12	216
47,10	51, 63	5,1	158	46,6	170
49,1–6	72	5,4	203	46,10	50, 133, 170, 303
49,22	371, 378	5,6	320, 331		
51,1	206–207	5,12	164	46–51	212
52,7	52, 415	5,31	325	47,1–49,6	217
52,7–9	408	6,26	371	47,4	240, 242
52,7–10	411	7,17.34	349	48,11–12	159
52,9–10	411	7,23.28	329	48,20	153
53,9	398	7,28	51, 62, 323, 352	48,26.42	261
54,1	52, 409, 411	7,29 ff.	117	48,27	261
54,1–3	66	8,2	111	49,1–5.6	263
54,1–8	406	8,5	398	49,1–6	266
54,4	52, 390, 430	8,13	95, 97	49,2	258
54,4–8	66	8,14	202, 209	49,3	153
57,5	117	10,25	357	49,4	261
57,15	421	11,19	180	49,31	310
58,2–3	421	12,4	99	50,20	393
59,1	421	13 f.	109	50,22	149
59,3	318, 328	13,11	432–433	50,23	298, 311
59,9–11	424	13,23	86	51,41	298, 311
59,13	50, 118	13,24	204	51,54	149
59,15–20	276	14,9	421	52,24	85
60	378–379	14,17	371		
60,4.9	371, 378	14,18	287	**Klagelieder**	
60,14	52, 430	15,8	225	1,4	419
61,1	206	17,15	164	1,10	217
61,1–3	421	17,20	108	2,7.22	419

2, 15	298	36, 5	185	1, 3–2,16	41, 51, 192, 212, 217, 315
2, 15.16	309	36, 15	429		
2, 21	60	36, 15.30	430	1, 3–2,16*	66
3, 29	209	38, 14	310	1, 6	254
3, 57	420	38, 19	185	1, 6–8	222, 227
3, 61	260	38, 20	100	1, 13	263
4, 9	287	38–39	355	2, 13	95
4, 14	318, 328	39, 6	310	2, 14.16	170
4, 21	409	39, 17	50	3, 4	330
		39, 17–20	133	4, 11	265
Baruch		47, 20.21–23	251	5, 4	208
6	101			5, 11	51, 157, 162
6, 26	275			5, 15	51, 199, 208
		Daniel		5, 16–17	148
Ezechiel		3, 79–82 (LXX)	100	5, 18–20	51, 127–128, 130, 169
5, 8	414	6, 11	277		
7	127	7, 9–12	187	6, 10	124
7, 7	51, 125	14, 1–22	275	8, 1–3	95
7, 19	51, 171, 184			8, 4	51, 198, 205
7, 22	85	**Hosea**		8, 5 f.	155
8	120	1, 1	50, 83	9, 1	307
13, 11–13	173	4, 1–3	99	9, 3	158
14, 8–9	108	4, 3	50, 95, 100	9, 7	246
16, 29	153	4, 6	333		
17, 4	153	7, 11	328	**Obadja**	
21, 23–32.33–37	217	9, 1	409	15	51, 125
21, 33	68, 261	9, 5	419, 423	19 (20)	251
21, 33 f.	268	10, 5	109		
21, 36	356	10, 6	377	**Jona**	
22, 23–31	51, 325–326	11, 8–9	171	1, 2	304
22, 24	171	12, 8	153	3, 9	51, 209
22, 26	333	13, 5–6	252		
22, 31	356			**Micha**	
25, 1–5	244	**Joel**		1, 1	50, 83
25, 1–7	68	1, 1	50, 83	1, 2	343, 354
25, 1–11	261, 268	1, 14	202	2, 12	431
25, 2–5	262	1, 15	51, 125	3, 11	161, 325, 332
25, 5	308, 311	1–4	127	4, 1–3	72
25, 8	261	2, 1	51, 125	4, 1–5	378
25, 12–17	263	2, 1–11	129	4, 6	52
25, 13	108	2, 8	197	4, 6–7	64, 428, 431
25, 16	108, 235, 240, 243	2, 11	32	4, 7	415
		2, 14	51, 209	5, 5	252
25, 16–17	243	2, 16	202	6, 8	51, 208, 210
25–32	212	2, 21–23	406	6, 10 f.	155
28, 17	318	2, 21–24	409	6, 16	429
30, 1–12	289	2, 23	411	7, 3	325, 330
30, 3	51, 125	2, 27	390		
34, 4.16	432	4, 4–8	242, 254	**Nahum**	
34, 13	432	4, 13	95	3, 1	300
34, 14–15	252	4, 14	51, 125–126	3, 7.19	298, 301
35, 1–11	268			3, 8	69, 290
35, 8	287	**Amos**		3, 8–10	281
35, 12.13	260	1, 1	83	3, 8–12	312

Bibelstellenregister

3,8–19	291	14,14	378	15,7.20	425
3,9	69	14,16–19	72	15,8	158

Habakuk

		Maleachi		Johannes	
1,5	195, 201	1,11	51, 64, 214,	4,21–24	280
1,8	319, 331		277, 279	11,52	435
1,8 (MT)	51	1,14	64	15,11	414
2,20	50, 124	3	127		
3,3–11	78	3,1	414	Apostelgeschichte	
3,3–15	66, 169	3,2	129	8,27	77
3,7	87–88, 288	3,5	343, 354		
5,5	354	3,13–21	51, 129	Römer	
		3,19	125	2,5	178
Haggai		3,23–24	129	5,12	183
1,12.14	267			11,25–33	384
2,2	267	Matthäus			
2,7	378–379	5,3.5	211	2 Korinther	
		5,5	401	6,14	339
Sacharja		10,15	130		
2,14	52, 66, 403,	11,22.24	130	Hebräer	
	409, 411	11,29	401	6,13–16	264
2,15	378	12,41	314	12,22–24	425
2,17	50, 124	13,36–43	95		
8,6.11.12	267	13,41	77, 95	2 Petrus	
8,23	371	15,22 ff.	155	3,10–13	186
9,1–8	243, 245	16,26	184		
9,9	401			Offenbarung	
9,9–10	52, 66, 403,	Markus		6,17	32, 77
	409, 411	7,25 ff.	155	14,5	401
10,3	253	15,33	178	14,14–20	95
14	127			19,17–21	133
14,1–5	129	Lukas		21,1–22,5	36
14,9	383	6,20b	211	21,2	425
		11,30.32	314		

2002 X